1급에서 8급까지 漢字能力檢定試驗

한자능력검정시험
한방에
3500

1급에서 8급까지 漢字能力檢定試驗

한자능력검정시험
한방에
3500

신윤실 · 박정선 · 조기형 엮음

이담
Books

머리말

　우리나라 말의 한자 어휘에 주로 쓰이는 한자는 약 3,500자이고 이 한자는 요즘 한자 관련 각종 능력시험, 자격시험의 소재로 활용되고 있다. 국어 생활을 하는 데 필수가 되는 한자라고 할 수 있는 이 생활한자를 터득하지 않는다면 신문을 읽지도 못하고 다른 사람의 말도 제대로 알아들을 수 없고, 자기의 속내를 표현하는 데도 지장이 있으며 학문을 하는 데 있어서도 한계에 부닥칠 수밖에 없다.

　이러한 문제로 인해 1970년대에는 문교부 선정 1,800자라는 상용한자도 있었다. 중학교용 900자, 고등학교용 900자를 선정해 놓았는데 그 전통은 지금까지도 이어지고 있다. 한자교육이 소홀히 다루어지다 보니 학생들의 학력이나 의사소통력이 현저히 떨어지는 점을 간파하고 궁여지책으로 내놓은 것이 상용한자 1,800자이다.

　요즘은 중·고등학생뿐 아니라 대학생, 일반인들도 한자를 잘 몰라서 불편을 많이 겪는다. 언어생활에 있어 낱말 뜻은 대강 다 알아듣고 쓰고 있지만 정작 어떻게 생겼는지, 어떻게 읽어야 하는지 모르는 문맹 상태가 되었다. 그러다 보니 한글 전용으로 우리의 언어생활이 온전하게 유지되지 않는 맹점이 드러나게 되었고 일각에서는 다시 한자·한문 교육을 철저히 시켜야 한다는 운동이 벌어지는 세태를 보게 된다.

　이러한 풍조 속에서 한자 관련 서적도 난무하고 있는데 마침 우리 학교 교재개발실에서는 한글 생활도 중시하되 한자·한문 교육을 활성화해 보자는 차원에서 교재개발실 선생님 몇 분이 뜻을 모아 학생들이 학문적으로 성숙되고 원활한 글쓰기와 글 읽기가 가능하도록 지도하자는 뜻으로 1급부터 8급을 아우르는 생활한자 습자교본을 만들게 되었다. 습자교본이므로 유치해 보일지 모르지만 글을 배우는 학생이 한자를 익히려면 많이 써 보는 일이 급선무이므로 습자 칸을 최대한 진설하였으니 열심히 익히고 써 보아서 한자를 잘 아는 학생이 되기를 바란다.

2010년 9월
서울시 명지고등학교 교재개발실에서
조기형

일러두기

☞ 이 책에 올린 3,500여 개의 한자는 훈민정음 자모의 배열 순서에 따랐다.

  첫소리: ㄱㄲㄴㄷㄸㄹㅁㅂㅃㅅㅆㅇㅈㅉㅊㅋㅌㅍㅎ
  가운뎃소리: ㅏㅐㅑㅒㅓㅔㅕㅖㅗㅘㅙㅚㅛㅜㅝㅞㅟㅠㅡㅢㅣ
  끝소리: ㄱㄴㄷㄹㅁㅂㅅㅇㅈㅊㅋㅌㅍㅎ

☞ 이 책의 구성

  1. 한자능력시험의 모든 등급 한자를 망라하였다.
  2. 이 한 권으로 능력시험, 자격시험, 취업시험 등에 대비가 되도록 구성하였다.
  3. 상용한자 1,800자는 常(상)이라는 기호가 붙어 있다.
  4. 한자, 자원(字源), 단어, 습자(習字)의 순으로 배열되었다.
  5. 자원을 통해 한자를 익힐 수 있다.
  6. 신문에 나오는 한자어를 용례로 실었다.
  7. 국사 한자어를 용례로 실었다.
  8. 생활어, 학술어를 용례로 담았다.
  9. 습자 칸이 마련되어 있으므로 실제로 써 보며 익힐 수 있다.
  10. 한글 가나다순으로 한자를 배열하였다.
  11. 자원은 대체로 중국의 後漢(후한)때 사람 許愼(허신)이 쓴 ≪說文解字(설문해자)≫에 따랐다.
  12. 상용한자의 자원은 일반한자보다 더 자세하고 끝맺음 형식이 다르다.

☞ 한자의 筆順(필순)

  ① 위에서 아래로 쓴다.
    예) 三, 言
  ② 왼쪽에서 오른쪽으로 쓴다.
    예) 川, 明
  ③ 좌와 우가 대칭일 때 가운데를 먼저 쓴다.
    예) 水, 小, 亦, 永
  ④ 가로와 세로획이 겹칠 때에는 가로 획을 먼저 쓴다.
    예) 十, 末, 井
  ⑤ 삐침(丿)과 파임(乀)이 겹칠 때 삐침을 먼저 쓴다.
    예) 父, 交, 乂
  ⑥ 가운데를 꿰뚫는 글자는 가장 나중에 쓴다.
    예) 中, 申, 事, 車, 女, 母
  ⑦ 둘러싼 자는 가장자리부터 쓴다.
    예) 間, 聞, 同
  ⑧ 맨 아래 가로획은 맨 나중에 쓴다.
    예) 土, 國, 書
  ⑨ 책받침(辶, 走, 辵 등)은 나중에 쓴다.
    예) 超, 趙, 建, 道, 近
  ⑩ 오른쪽 위에 있는 점은 나중에 쓴다.
    예) 犬, 代

차례

한자	자원 풀이	용례
可 옳을 가 5급 常	씩씩하다[丁]와 입[口]의 뜻을 결합한 글자 甲文字에서 可는 입으로 분명하게 말하는 것을 나타냈다. 이런 자형에서 '옳다', '허락하다'의 뜻이 나왔다.	可決(가결) 의안을 옳다고 결정함 不可避(불가피) 피할 수 없음 可能(가능) 할 수 있음 許可(허가) 법률(法律)이 정한 범위(範圍)에서 허락함
加 더할 가 5급 常	힘[力]과 입[口]의 뜻을 결합한 글자[會意] 金文字에서 加는 입으로 말한 것을 힘을 써서 실천하는 것을 나타냈다. 이런 자형에서 '더하다'의 뜻이 나왔다.	增加(증가) 더하여 많아짐 追加(추가) 나중에 더하여 보탬 參加(참가) 어떤 모임이나 단체에 참여(參與)하거나 가입함 加入(가입) 조직(組織)이나 단체 등에 구성원(構成員)으로 　　되기 위하여 듦
佳 아름다울 가 3급 常	사람[亻]의 뜻과 홀 규(圭)의 음 및 뜻을 결합한 글자[形聲] 小篆字에서 佳는 아름답고 깨끗한 홀(천자가 제후를 봉할 때 내리던 토지의 경계표)을 가지고 있는 사람을 나타냈다. 이런 자형에서 '아름답다', '좋다'의 뜻이 나왔다.	佳作(가작) 잘된 훌륭한 작품(作品) 漸入佳境(점입가경) 가면 갈수록 경치가 아름다워진다는 뜻 百年佳約(백년가약) 백년을 두고 하는 아름다운 언약
架 시렁 가 3급	더할 가(加)의 음 및 뜻과 나무[木]의 뜻을 결합한 글자[形聲] 小篆字에서 架는 물건을 얹기 위해 벽면에 나무를 덧붙인 것을 나타냈다. 이런 자형에서 '시렁'의 뜻이 나왔다.	架空人物(가공인물) 실존(實存)하지 않고 만들어 낸 인물 　　(人物) 架橋(가교) 다리를 놓음. 교량을 가설(架設)함
家 집 가 7급 常	집[宀]과 돼지[豕]의 뜻을 결합한 글자[會意] 집속에 돼지가 있는 것을 나타냄 옛날에는 집 안에서 돼지를 길렀다.	家系(가계) 한 집안의 계통 國家(국가) '나라'의 호칭 家族(가족) 부부(夫婦)를 기초(基礎)로 하여 한 가정(家庭) 　　을 이루는 사람들 家庭(가정) 한 가족(家族)으로서의 집안
假 거짓 가 4급	사람[亻]의 뜻과 허물 가(叚)의 음 및 뜻을 결합한 글자[形聲] 금문자에서 가는 안의 내용과 밖의 형상이 같지 않은 것을 나타냈다. 小篆字에서 亻의 뜻이 첨가되어 뜻을 분명히 하였다. 이런 자형에서 '거짓되다', '꾸미다'의 뜻이 나왔다.	假令(가령) 어떠한 일을 가정(假定)하고 말할 때 쓰는 말, 　　예를 들면, 이를테면 假處分(가처분) 임시(臨時)로 어떤 사물(事物)을 처분(處 　　分)함, 假定가정 임시(臨時)로 정함
街 거리 가 4급	다니다[行]의 뜻과 땅 규(圭)의 음 및 뜻을 결합한 글자[形聲] 小篆字에서 街는 사람이 어디나 갈 수 있는 편리한 네 갈래의 길을 나타냈다. 이런 자형에서 '거리'의 뜻이 나왔다.	大學街(대학가) 대학(大學)이 있는 거리 街路樹(가로수) 길거리의 양쪽에 줄지어 심은 나무의 통틀 　　어 일컬음 商街(상가) 상점(商店)이 죽 늘어서 있는 거리
暇 겨를 가 4급	해[日]의 뜻과 빌릴 가(叚)의 음 및 뜻을 결합한 글자[形聲] 金文字에서 暇는 날을 빌려서 놀 수 있는 겨를이 많은 것을 나타냈다. 이런 자형에서 '한가롭다'의 뜻이 나왔다.	休暇(휴가) 일정한 일에 매인 사람이 다른 일로 말미암아 　　얻는 겨를 閑暇(한가) 할 일이 없어 몸과 틈이 있음
歌 노래 가 4급	흠(欠)과 가(哥)가 합쳐진 글자[形聲] 사람이 입을 벌리고 큰 소리로 노래 부르다의 뜻을 나타낸다.	歌曲(가곡) 우리 나라 재래 음악의 한 가지 歌手(가수) 노래 부르는 것을 직업(職業)으로 삼는 사람 校歌(교가) 학교(學校)의 기풍(氣風)을 발양(發揚)할 목적 　　(目的)으로 제정(制定)하여 학생(學生)으로 하여금 부르 　　게 하는 노래

價 값 가 5급　常	사람[亻]의 뜻과 팔 가(賈)의 음 및 뜻을 결합한 글자[形聲] 小篆字에서 價는 사람이 재물을 파는 모습을 나타냈다. 이런 자형에서 '값'의 뜻이 나왔다.	價格(가격) 물건이 지니고 있는 가치(價値)를 돈으로 나타낸 것 評價(평가) 물품의 가격(價格)을 평정함 또는 그 가격(價格) 價值(가치) 값, 값어치 物價(물가) 물건값			
伽 절 가 2급	人(사람인)+加(더할 가)가 합하여 '절'을 뜻함	伽倻(가야) 신라 유리왕 19년(42)에 낙동강 하류 지역에서 12부족의 연맹체를 통합하여 김수로 왕의 형제들이 세운 여섯 나라를 통틀어 이르는 말 伽倻琴(가야금) 우리나라 고유의 현악기			
嘉 아름다울 가 1급	음식을 그릇에 담은 모양인 주(嘉에서 加를 제외한 부분)와 '권하다'의 뜻인 加(가)로 이루어짐. 공적(功績)을 기릴 때에 음식을 주었으므로 음식을 내려 '칭찬하다'의 뜻. '경사스럽다', '아름답다'의 뜻	嘉祥(가상) 아름답고 상서로움 嘉禮(가례) 사람이 살아가는 데 갖추는 아름다운 예법			
嫁 시집갈 가 1급	계집녀(女)와 '들이다'의 뜻(=稼(가))을 나타내기 위한 家(가)를 더한 글자. 시집은 여자→'시집가다'의 뜻. 또 '떠넘기다'의 뜻으로도 쓰임.	轉嫁(전가) 허물이나 책임(責任) 따위를 남에게 넘겨씌움 改嫁(개가) 결혼하였던 여자(女子)가 다시 다른 남자와 결혼함, 재가(再嫁) 出嫁外人(출가외인) 출가(出家)한 딸은 남이나 마찬가지			
柯 가지 가 2급	뜻을 나타내는 나무 목과 可(가)가 음을 나타내어, 합하여 '가지'를 뜻함	南柯一夢(남가일몽) 남쪽 가지에서의 꿈이란 뜻으로, 덧없는 꿈이나 한때의 헛된 부귀(富貴) 영화(榮華)를 이르는 말			
呵 꾸짖을 가 1급	입구(口)와 可(가)가 합하여 이루어짐. '말하다'의 뜻으로 쓰인 口(구)와 可(가)가 합하여 '꾸짖다'는 뜻을 가짐.	呵責(가책) 꾸짖어 책망(責望)함			
稼 심을 가 1급	벼화(禾)와 좋다는 뜻(=佳(가))을 나타내기 위한 家(가)로 이루어짐. 잘 여문 볍씨→곡식(穀食)의 뜻.	稼動(가동) 사람이 움직여 일함, 기계(機械) 따위를 움직여 일하게 함			
苛 가혹할 가 1급	뜻을 나타내는 초두머리(艹(=艸)→풀, 풀의 싹)와 음을 나타내는 可(가)가 합하여 '독하다', '까다롭다'의 뜻을 가짐.	苛斂誅求(가렴주구) 가혹(苛酷)하게 세금(稅金)을 거두거나 백성의 재물(財物)을 억지로 빼앗음 苛酷(가혹) 매우 혹독(酷毒)함 苛虐(가학) 가혹(苛酷)하게 학대(虐待)함 苛斂(가렴) 조세(租稅) 등을 가혹(苛酷)하게 징수(徵收)함			
袈 가사 가 1급	옷의(衣(=衤))와 음을 나타내는 加(가)가 합한 글자.	袈裟(가사) 중이 입는 법의(法衣)			
軻 수레 가 2급	뜻을 나타내는 수레 거(車)와 음을 나타내는 可(가)가 합하여 이루어짐.	孟軻(맹가) 맹자(孟子)의 이름			

迦 부처이름 가 2급	책받침(辶(=辵)쉬엄쉬엄 가다)과 음을 나타내는 加(가)가 합하여 이루어짐.	釋迦牟尼(석가모니) 불교(佛敎)의 창시자 釋迦塔(석가탑) 석가모니의 치아, 머리털, 사리 따위를 모신 탑. 우리나라에는 경주의 불국사, 보은의 법주사, 양산의 통도사, 평창의 월정사, 칠곡의 송림사 등에 있다	
駕 멍에 가 1급	말마(馬)와 음을 나타내는 加(가)가 합하여 '탈것'을 뜻함.	駕洛國記(가락국기) 가락국(駕洛國)의 역사(歷史)를 적은 책 凌駕(능가) 무엇에 비교(比較)하여 그보다 훨씬 뛰어남	
各 각 각 6급　常	뒤에 오다[夂]와 문 입구[口]의 뜻을 결합한 글자[會意] 甲文字에서 各은 문 입구에서 이른 것을 나타냈다. 이런 자형에서 '이르다'의 뜻이 나왔다. 후에 전성되어 '각각'의 뜻으로 쓰인다.	各人各色(각인각색) 태도(態度), 언행(言行) 등이 사람마다 다름 各種(각종) 여러 가지의 종류(種類) 各別(각별) 유다름, 특별(特別)함	
角 뿔 각 6급　常	속이 빈 딱딱한 뿔의 모양을 본떠서 '뿔, 모'의 뜻을 나타낸 글자	角度器(각도기) 각도(角度)를 재는 기구(器具) 角逐戰(각축전) 승부(勝負)를 겨룸 視角(시각) 무엇을 보는 각도(角度). 보거나 생각하는 방향(方向)	
却 물리칠 각 3급　常	갈 거(去)의 음 및 뜻과 앉은 사람[卩]의 뜻을 결합한 글자[形聲] 金文字에서 却은 卻의 속자로, 앉은 사람과 뒤로 물러나는 사람의 모습을 나타냈다. 小篆字에서는 물러나 없어진 것을 나타냈다. 이런 자형에서 '물리치다'의 뜻이 나왔다.	冷却器(냉각기) 물체(物體)를 냉각(冷却)시키는 기계 賣却(매각) 물건을 팔아 버림	
刻 새길 각 4급　常	돼지 해(亥)의 음 및 뜻과 칼[刀]의 뜻을 결합한 글자[形聲] 石文字에서 刻은 돼지의 발이나 칼은 모두 파헤치는 성질이 있는 것을 나타냈다. 이런 자형에서 '새기다'의 뜻이 나왔다.	深刻(심각) 사태(事態)가 절박(切迫)하여, 중대(重大)한 일 浮刻(부각) 어떤 사물(事物)을 특징(特徵)지어 두드러지게 함 卽刻(즉각) 곧 그 시각(時刻)에	
脚 다리 각 3급　常	몸[月]의 뜻과 물러날 각(却)의 음 및 뜻을 결합한 글자[形聲] 金文字에서 각은 걸어갈 때 굽히고 펼 수 있는 정강이를 나타냈다. 이런 자형에서 '다리'의 뜻이 나왔다.	脚光(각광) 등장(登場)이 눈부실 만큼 찬란(燦爛)히 빛남 立脚(입각) 근거(根據)를 두어 그 입장(立場)에 섬 脚氣病(각기병) 비타민 B의 부족(不足)으로 다리가 붓는 병	
閣 문설주, 집 각 3급　常	문[門]의 뜻과 각각 각(各)의 음 및 뜻을 결합한 글자[形聲]. 小篆字에서 閣은 여러 사람이 이르는 집을 나타냈다. 이런 자형에서 '누각'의 뜻이 나왔다.	聯立內閣(연립내각) 둘 이상(以上)의 정당(政黨) 대표(代表)들로 구성(構成)하는 내각(內閣) 閣僚(각료) 내각(內閣)을 조직(組織)하는 여러 부처의 장관(長官)들	
覺 깨달을 각 4급　常	배워서 '확실히 보이다'의 뜻에서 깨닫다, 깨다, '분명히 드러나다'의 뜻을 나타낸다. 學(학→배우다)과 見(견→나타나다→명확해지다)의 합자(合字)로 배운 것이 확실해지다→'깨닫다'의 뜻을 나타낸다.	覺悟(각오) 마음을 작정(作定)함. 결심(決心)함 錯覺(착각) 실제(實際)와 다른 대상(對象)·현상(現象)으로 잘못 보거나 듣거나 느끼는 것 覺醒(각성) 눈을 떠서 정신(精神)을 차림 味覺細胞(미각세포) 맛을 느끼는 감각(感覺) 세포(細胞)	
恪 삼갈 각 1급	심방변(忄(=心, 㣺)→마음, 심장)과 음을 나타내는 各(각)이 합하여 이루어짐.	精勵恪勤(정려각근) 삼가 게을리하지 않고 일에 힘씀	

殼 껍질 각 1급	본디 '때리다'의 뜻을 나타내었는데 나중에 변하여 '껍질'의 뜻으로 쓰임.	地殼(지각) 지각(地殼)의 표층부(表層)를 형성(形成)하는 암석층(巖石層) 殼膜(각막) 곡식(穀食)의 알을 덮고 있는 얇은 꺼풀		
干 방패 간 4급 常	干(간)은 방패를 쥔 모양.	麻立干(마립간) 신라에서 '대군장'이라는 뜻으로 사용 임금의 칭호(稱號) 干涉(간섭) 남의 일에 영향(影響)을 주려고 하는 것. 참견 若干(약간) 정도(程度)나 양 따위가 얼마 되지 아니함		
刊 책 펴낼 간 3급 常	刂는(=刀→칼, 베다, 자르다) 칼, 刊(간)은 나무를 베다→깎다, 후에 板木(판목)에 글자를 파서 인쇄하는 뜻으로 씀.	發刊(발간) 간행(刊行) 刊行(간행) 인쇄(印刷)하여 박아 냄, 발행(發行)함		
肝 간 간 3급 常	몸[月]의 뜻과 줄기 간(干=幹)의 음 및 뜻을 결합한 글자[形聲] 石文字에서 肝은 신체의 줄기가 되는 중요한 기관을 나타냈다. 이런 자형에서 '간', '중요하다'의 뜻이 나왔다.	肝臟(간장) 간과 창자 肝炎(간염) 간에 염증(炎症)이 생기는 질환(疾患)의 총칭(總稱)		
看 볼 간 4급 常	看(간)은 눈 위에 손끝을 대고 바라보는 모양	看過(간과) 대강 보아 넘기다 빠뜨림 看做(간주) 그러한 것으로 여김 看板(간판) 상점(商店) 등에 내건 표지(標識) 看護師(간호사) 의사의 진료(診療) 보조(補助)와 환자의 간호(看護)에 종사(從事)하는 사람		
姦 간음 간 3급 常	여자[女]의 뜻이 세 번 결합한 글자[會意] 小篆字에서 姦은 여러 명의 여자가 모여 서로 자랑하는 것을 나타냈다. 이런 자형에서 '간사롭다'의 뜻이 나왔다.	姦通罪(간통죄) 간통(姦通)으로 성립(成立)되는 죄[罪]. 배우자(配偶者)의 고소(告訴)가 있는 경우 성립(成立) 強姦(강간) 강제(強制)로 간음(姦淫)함		
間 사이 간 7급 常	문[門]과 날[日]의 뜻을 결합한 글자[會意] 金文字에서 間은 閒자로 문 사이로 달이 비치는 것을 나타냈다. 이런 자형에서 '틈'의 뜻이 나왔다.	時間(시간) 어떤 시각(時刻)에서 어떤 시각(時刻)까지의 사이 瞬間(순간) 극히 짧은 시간(時間). 잠깐 동안 期間(기간) 어느 일정한 시기(時期)에서 어떤 다른 일정한 시기(時期)까지의 사이		
幹 줄기 간 3급 常	깃대의 상형, 잘 자란 나무줄기, 기둥의 뜻을 나타낸다[形聲]	幹部(간부) 단체(團體)의 우두머리 되는 사람들 根幹(근간) ① 뿌리와 줄기 ② 어떤 사물(事物)의 바탕이나 가장 중심(中心)되는 부분 基幹(기간) 어떤 조직(組織)이나 체계(體系)를 이룬 것 가운데 중심(中心)이 되는 것		
懇 간절할 간 3급 常	정성스러울 간(懇)의 음 및 뜻과 마음[心]의 뜻을 결합한 글자[形聲] 小篆字에서 懇은 맹수가 먹이를 먹으려고 눈을 흘겨 바라보며 덮치려는 마음을 나타냈다. 이런 자형에서 '간절하다'의 뜻이 나왔다.	懇切(간절) 지성(至誠)스럽고 절실(切實)함 勤懇(근간) 부지런하고 성실(誠實)함		
簡 대쪽, 간략 간 4급 常	대나무[竹]의 뜻과 사이 간(間)의 음 및 뜻을 결합한 글자[形聲] 石文字에서 簡은 종이가 없던 옛날 대나무를 작게 쪼개어 글을 쓴 대쪽을 나타냈다. 이런 자형에서 '편지'의 뜻이 나왔다.	簡單(간단) 간략(簡略)하고 또렷함 簡潔(간결) 간단(簡單)하고 깨끗함 簡略(간략) 손쉽고 간단(簡單)함		

한자	자원(字源) 풀이	용례(用例)
艮 괘이름, 그칠 간 2급	사람이 눈을 뒤로 向(향)하게 한 모양으로 '外面(외면)하다', '원망하다', '배신하다' 등의 뜻을 나타낸다.	艮卦(간괘) 팔괘(八卦)의 하나
墾 개간 간 1급	흙토(土)와 '힘쓰다'의 뜻(=勤(근))을 나타내는 부수(首)를 제외한 글자 貇(간)으로 이루어짐. 힘써 황무지를 개간하다의 뜻을 나타낸다.	開墾(개간) 버려져 있던 거친 땅을 처음으로 일구어 논밭을 만드는 것
奸 간사할 간 1급	계집녀(女)와 干(간)이 합하여 이루어짐	奸惡(간악) 간사(奸邪)하고 악독(惡毒)함 奸黨(간당) 간사(奸邪)한 사람들의 무리
揀 가릴 간 1급	재방변(扌(=手)→손)과 柬(간)이 합하여 이루어짐.	分揀(분간) 서로 같지 아니함을 가려서 앎 揀擇(간택) 왕이나 왕자, 왕녀의 배우자(配偶者)를 고르는 일
杆 몽둥이 간 2급	나무목(木)과 干(간)이 합하여 이루어짐.	欄杆(난간) 난간(欄干). 층계나 다리·마루 따위의 가장자리를 일정한 높이로 가로막은 물건 杆狀細胞(간상세포) 눈의 망막에 있는 막대 모양의 세포
澗 산골물 간 1급	삼수변(氵(=水, 氺)→물)과 間(간)이 합하여 이루어짐.	澗水(간수) 골짜기에서 흐르는 물 溪澗(계간) 산골짜기에서 흐르는 시냇물
癇 간질 간 1급	병질엄(疒→병, 병상에 드러누운 모양)과 間(간)이 합하여 이루어짐.	癇疾(간질) 경련(痙攣)·의식(意識) 장애(障礙) 등의 발작(發作)을 계속(繼續) 되풀이하는 질환(疾患)
竿 장대 간 1급	대죽(竹→대나무)과 줄기의 뜻(=幹(간))을 나타내는 干(간)으로 이루어짐. 대나무 줄기→장대의 뜻을 나타낸다.	百尺竿頭(백척간두) 백 자나 되는 높은 장대 위에 올라섰다는 뜻으로, 위태(危殆)로움이 극도(極度)에 달함
艱 어려울 간 1급	부수를 제외한 글자와 음을 나타내는 艮(간)을 바탕으로 이루어짐. '艮(간)'은 부수 글자이지만 의미(意味) 요소(要素)로 사용(使用)된 글자는 없음.	艱辛(간신) 힘들고 고생(苦生)스러움
諫 간할 간 1급	말씀언(言→말하다)에 '범하다'의 뜻(=干(간))을 나타내기 위해 柬(간)을 더한 글자. 웃어른의 面前(면전)을 무릅쓰고 '말하다'의 뜻이다.	諫諍(간쟁) 말로써 굳게 간(諫)하여 실수(失手)를 바로잡고 잘못을 고치게 함 諫言(간언) 웃어른이나 임금에게 옳지 못하거나 잘못된 일을 고치도록 하는 말

한자	자원(字源) 풀이	용례(用例)		
渴 목마를 갈 3급 | 常	물[氵]의 뜻과 다할 갈(曷)의 음 및 뜻을 결합한 글자[形聲] 金文字에서 曷은 물이 그릇에서 증발하여 한 방울도 남지 않은 것을 나타냈다. 이런 자형에서 '목마르다'의 뜻이 나왔다.	渴症(갈증) 목이 말라 물이 먹고 싶은 느낌 渴求(갈구) 몹시 애타게 구(求)하는 것 枯渴(고갈) 말라서 없어짐. 마름 渴望(갈망) 목마른 사람이 물을 찾듯이 간절(懇切)히 바람		
葛 칡 갈 2급	초두머리(艹(=艸)→풀, 풀의 싹)라는 뜻과 음만 나타내는 曷(갈)로 이루어짐. 덩굴나무의 이름.	葛藤(갈등) 칡과 등나무라는 뜻으로, 일이나 사정(事情)이 서로 복잡(複雜)하게 뒤얽혀 화합(和合)하지 못함의 비유(比喩) 葛粉(갈분) 칡뿌리를 짓찧어 앙금을 물에 가라앉혀 다시 말려서 만든 녹말가루		
喝 꾸짖을 갈 1급	뜻을 나타내는 입구(口→입, 먹다, 말하다)와 曷(갈)이 합하여 이루어짐.	喝采(갈채) 어떤 일을 훌륭하게 해낸 사람이나 그 행위에 대해 칭찬(稱讚)·찬양(讚揚)의 뜻으로 큰 소리를 지르는 것 喝取(갈취) 으름장을 놓아 억지로 빼앗음		
竭 다할 갈 1급	뜻을 나타내는 설립(立→똑바로 선 모양)과 曷(갈)이 합하여 이루어짐.	竭力(갈력) 있는 힘을 다함		
褐 갈색 갈 1급	뜻을 나타내는 옷의 변(衤(=衣)→옷)과 曷(갈)이 합하여 이루어짐.	褐色(갈색) 거무스름한 주황빛, 다색(茶色), 밤색 被褐懷玉(피갈회옥) 겉에는 거친 옷을 입고 있으나, 속에는 옥을 지녔다는 뜻으로, 어질고 덕 있는 사람이 세상(世上)에 알려지지 않으려 함을 이르는 말		
鞨 말갈 갈 1급	뜻을 나타내는 가죽혁(革→가죽)과 曷(갈)이 합하여 이루어짐.	靺鞨(말갈) 한반도 북부에 거주한 퉁구스계 제족(諸族)의 총칭. 숙신·읍루·물길은 모두 그 옛 이름임. 흑수말갈(黑水靺鞨)은 뒤에 여진국(女眞國)을 세웠음. 여진족(女眞族)·만주족(滿洲族)의 선조(先祖)임		
甘 달 감 1급 | 常	혀 가운데 음식이 놓인 모양을 가리킨 글자[指事] 甲文字에서 甘은 혀 가운데 맛있는 음식을 맛보고 있는 것을 나타냈다. 이런 자형에서 '달다'의 뜻이 나왔다.	甘受(감수) 군말 없이 달게 받음 甘美(감미) 달콤하여 맛이 좋음 苦盡甘來(고진감래) '쓴 것이 다하면 단 것이 온다'라는 뜻으로, '고생(苦生) 끝에 낙이 온다'라는 말		
減 덜다 감 1급 | 常	뜻을 나타내는 삼수변(氵(=水, 氺)→물)과 咸(함→봉하는 일을 뜻함)이 합하여 이루어짐. 물의 흐름을 막다→물의 양이 줄다→적어짐의 뜻.	急減(급감) 급히 줆, 갑자기 삭감함 減少(감소) 줄어서 적어짐, 덜어서 적게 함		
敢 감히 감 4급 | 常	손톱[爪]과 치다[攴]와 물건[口]의 뜻을 결합한 글자[會意] 金文字에서 물건을 놓고 두 사람이 서로 빼앗으려고 싸우는 것을 나타냈다. 이런 자형에서 '용감하다'의 뜻이 나왔다. 후에 전성되어 '감히'의 뜻으로 쓰인다.	果敢(과감) 결단성(決斷性) 있고 용감(勇敢)하게 행동함 敏感(민감) 예민(銳敏)한 감각(感覺) 感情(감정) 사물(事物)에 느끼어 일어나는 심정(心情). 마음 感謝(감사) 고마움		
感 느낄 감 6급 | 常	다 함(咸)의 음 및 뜻과 마음[心]의 뜻을 결합한 글자[形聲] 陶文字에서 感은 여러 사람이 다함께 마음속에서 우러나오는 생각을 나타냈다. 이런 자형에서 '느끼다'의 뜻이 나왔다.	敏感性(민감성) 사물(事物)에 대하여 재빠르고 날카롭게 느끼는 성질(性質) 味感(미감) 미각(味覺) 感激(감격) 깊이 느끼거나 강(强)한 인상을 받아 뭉클한 감정(感情)이 솟구쳐 일어나는 것		

監 볼 감 4급 常	눕다[臥]와 물건[一] 그리고 그릇[皿]의 뜻을 결합한 글자 [會意] 甲文字에서 그릇 속의 물건을 오랫동안 엎드려 살피는 것을 나타냈다. 이런 자형에서 '보다'의 뜻이 나왔다.	監督(감독) 어떤 일이나 그 일을 하는 사람을 잘못이 없도록 보살펴 다잡는 것 令監(영감) 늙은 남자의 높임말	
憾 섭섭할 감 2급	근심할 담으로도 쓰임. 뜻을 나타내는 심방변(忄(=心, 忄)→마음, 심장)과 음을 나타내는 感(감)이 합하여 이루어짐.	遺憾(유감) 마음에 남는 섭섭함	
鑑 거울 감 3급 常	쇠[金]의 뜻과 살필 감(監)의 음 및 뜻을 결합한 글자[形聲] 小篆字에서 鑑은 쇠로 만든 큰 물동이로 얼굴을 살펴보는 것을 나타냈다. 이런 자형에서 거울의 뜻이 나왔다.	東醫寶鑑(동의보감) 허준(許浚)이 편찬(編纂)한 의서(醫書) 鑑賞(감상) 예술(藝術) 작품(作品)을 감식 鑑定(감정) 사물의 특성이나 참과 거짓, 좋고 나쁨을 분별하여 판정함 鑑識(감식) 어떤 사물의 가치나 진위 따위를 알아냄 또는 그런 식견	
勘 헤아릴 감 1급	힘력(力→팔의 모양→힘써 일을 하다)과 甚(심)의 전음(轉音)이 합하여 이루어짐.	勘案(감안) 참고(參考)하여 생각함 勘考(감고) 숙고(熟考)	
堪 견딜 감 1급	토(土→흙)와 甚(심→감)을 더한 글자. 봉긋하게 높은 흙의 뜻이 본뜻이었으나, 甚(심)의 음이 壬(임)과 비슷하므로, 堪(감)을 '참다' '견디다'의 뜻으로 빌려 쓰게 되었음.	堪當(감당) 일을 능히 맡아서 해냄	
柑 귤 감 1급	뜻을 나타내는 나무 목(木→나무)과 음을 나타내는 甘(감)이 합하여 이루어짐.	蜜柑(밀감) 귤 柑橘類(감귤류) 운향과 귤나무류에 딸린 과수(果樹)나 또는 그 열매를 통틀어 이르는 말	
疳 감질 감 1급	병질엄(疒→병, 병상에 드러누운 모양)과 甘(감)이 합하여 이루어짐.	口疳(구감) 입안이 헐고 터지는 병. 구감창(口疳瘡)	
瞰 굽어볼 감 1급	뜻을 나타내는 눈목(目(=罒)→눈, 보다)과 음을 나타내는 敢(감)이 합하여 이루어짐.	鳥瞰圖(조감도) 높은 곳에서 아래를 내려다본 상태(狀態)의 그림이나 지도(地圖) 瞰視(감시) 높은 데서 내려다봄	
紺 감색 감 1급	뜻을 나타내는 실사(糸→실타래와 음을 나타내는 甘(감)이 합하여 이루어짐.	紺色(감색) 검은빛을 띤 짙은 남빛 紺靑(감청) 산뜻하고 짙은 남빛 또는 그 물감. 프러시안 블루	
甲 첫째 천간 갑 1급 常	단단한 껍질이 균열된 모양을 본뜬 글자[象形] 甲文字에서 甲은 단단한 거북의 등이나 씨앗의 두꺼운 껍질의 균열된 모양을 본떴다. 이런 자형에서 '갑옷'의 뜻이 나왔다.	同甲(동갑) 같은 나이의 사람들 鐵甲(철갑) 쇠로 만든 갑옷 甲骨文字(갑골문자) 귀갑과 짐승의 뼈에 새긴 중국(中國) 고대(古代)의 상형 문자(文字)	

匣 갑 갑 1급	터진 입구몸(匚→그릇, 모진 상자)과 甲(갑)이 합하여 이루어짐.	紙匣(지갑) 가죽이나 헝겊 따위로 쌈지처럼 조그맣게 만든 물건 掌匣(장갑) 손을 보호(保護)하거나 추위를 막거나 장식(裝飾)으로 손에 낄 수 있도록 천이나 털실이나 가죽 따위로 손의 모양과 비슷하게 만든 물건		
岬 곶 갑 2급	메산(山→산봉우리)과 음을 나타내는 甲(갑)이 합하여 이루어짐.	岬角(갑각) 바다 쪽으로, 부리 모양으로 뾰족하게 뻗은 육지		
鉀 갑옷 갑 2급	뜻을 나타내는 쇠금(金→광물·금속·날붙이)과 음을 나타내는 甲(갑)이 합하여 이루어짐.	破鉀榴彈(파갑유탄) 요새(要塞) 따위의 견고한 시설을 공격하는 데 쓰는 파괴력이 강(強)한 유탄		
閘 수문 갑 1급	뜻을 나타내는 문문(門→두 짝의 문, 문중·일가)과 음을 나타내는 甲(갑)이 합하여 이루어짐.	閘門(갑문) 물문		
江 강 강 7급 常	물[水]의 뜻과 만들 공(工)의 음 및 뜻을 결합한 글자[形聲] 金文字에서 江은 물의 흐름에 의해 만들어진 강으로 제일 큰 흐름인 양자강을 나타냈다. 이런 자형에서 '양자강'의 뜻이 나왔으나, 후에 보통명사 '강'의 뜻으로 쓰인다.	江山(강산) 강과 산 漢江(한강) 강원도 삼척군에서 시작(始作)하여 단양, 충주, 양평, 서울을 지나 서해(西海)로 흐르는 강		
降 내릴 강 4급 常	언덕[阝]의 뜻과 내릴 夅(강)의 음 및 뜻을 결합한 글자[形聲] 甲文字에서 降은 언덕 위에서 내려오는 것을 나타냈다. 이런 자형에서 '내려오다'의 뜻이 나왔다.	下降(하강) 공중(空中)에서 아래쪽으로 내림 昇降場(승강장) 정거장(停車場) 또는 정류소(停留所)의 차를 타고 내리는 곳 降水量(강수량) 비, 눈, 우박 등으로 지상(地上)에 내린 물의 총량		
剛 굳셀 강 3급 常	산등성이 岡(강)의 음 및 뜻과 칼[刂]의 뜻을 결합한 글자[形聲] 金文字에서 剛은 산등성이와 같은 큰 물체를 굳센 칼로 자르는 것을 나타냈다. 이런 자형에서 '굳세다'의 뜻이 나왔다.	剛勁(강경) 성품(性品)이 단단하고 꿋꿋함 金剛石(금강석) 순수(純粹)한 탄소(炭素)로 된 정팔면체의 결정물(結晶物)로 된 보석(=다이아몬드) 外柔內剛(외유내강) 겉으로 보기에는 부드러우나 속은 꿋꿋하고 강(強)함		
康 편안할 강 4급 常	곡식 庚(경)의 음 및 뜻과 쌀[米]의 뜻을 결합한 글자[形聲] 甲文字에서 康은 농기구를 사용하여 쌀을 찧어 정제하는 것을 나타냈다. 이런 자형에서 '튼튼하다'의 뜻이 나왔다.	康寧(강녕) 몸이 건강(健康)하여 마음이 편안(便安)함 健康(건강) 병이 없이 좋은 기능(機能)을 가진 상태(狀態)에 있는 것		
強 굳셀 강 6급 常	넓을 홍(弘)의 음 및 뜻과 벌레[虫]의 뜻을 결합한 글자[形聲] 石文字에서 強은 번식력이 강한 단단한 쌀벌레를 나타냈다. 이런 자형에서 '굳세다', '강하다'의 뜻이 나왔다.	莫強(막강) 힘이 더할 수 없이 셈 大韓自強會(대한자강회) 구한말, 국민(國民)의 교육(敎育)·계몽(啓蒙)을 통하여 자주(自主) 독립(獨立)의 기반(基盤)을 닦으려는 목적(目的)에서 조직(組織)된 단체(團體)		
綱 벼리 강 3급 常	실[糸]의 뜻과 산등성이 岡(강)의 음 및 뜻을 결합한 글자[形聲] 小篆字에서 綱은 실을 꼬아 산등성이처럼 겹쳐 만든 것을 나타냈다. 이런 자형에서 '벼리'의 뜻이 나왔다.	東史綱目(동사강목) 조선시대(時代) 영조(英祖) 때 안정복(安鼎福)이 저술(著述)한 역사책(歷史冊) 紀綱(기강) 으뜸이 되는 중요(重要)한 규율과 질서 大綱(대강) 대강령(大綱領)의 준말, 기본적(基本的)이고 중심(中心)이 되는 일의 내용(內容)		

한자	자원(字源)	용례(用例)
鋼 강철 강 3급 常	산등성 강(岡)의 음 및 뜻과 칼[刂]의 뜻을 결합한 글자[形聲] 金文字에서 剛은 산등성이와 같은 큰 물체를 굳센 칼로 자르는 것을 나타냈다. 이런 자형에서 '굳세다'의 뜻이 나왔다.	鐵鋼(철강) 탄소(炭素)를 0.04~2% 정도 함유(含有)한 철 製鋼(제강) 강철(鋼鐵)을 만듦
講 익힐 강 4급 常	말씀[言]의 뜻과 엮어 매어 쌓을 구(冓)의 음 및 뜻을 결합할 글자[形聲] 小篆字에서 講은 여러 가지 의견을 엮어 말하는 것을 나타냈다. 이런 자형에서 '강론하다'의 뜻이 나왔다.	講和(강화) 교전국(交戰國)끼리 싸움을 그만두고 서로 화해(和解)함 講究(강구) 조사(調査)하여 궁리(窮理)함 講義(강의) 글이나 학설(學說)의 뜻을 설명(說明)하여 가르침
岡 산등성이 강 2급	메산(山)部와 음을 나타내는 그물망(罓(=网, 罒)→그물)部(망→網(망)의 본디 글자, 강)로 이루어짐.	丘岡(구강) 언덕
姜 성 강 2급	薑의 간체자(簡體字). 뜻을 나타내는 계집녀(女→여자)部와 음을 나타내는 羊(양→강)으로 이루어짐. 옛 민족(民族)의 성씨(姓氏).	姜太公(강태공) 중국 주(周)나라 초기(初期)의 정치가(政治家). 본명(本名)은 여상(呂尙)
崗 뫼 강 2급	岡(뫼 강)의 속자(俗字).	花崗巖(화강암) 심성암(深成巖)의 한 가지.=그래니트(granite)
彊 굳셀 강 2급	뜻을 나타내는 활궁(弓→활)部와 음을 나타내는 畺(강)이 합하여 이루어짐.	自彊不息(자강불식) 스스로 힘써 쉬지 아니함 彊求(강구) 구(求)하기 힘든 것을 억지로 구(求)함. 강제(强制)로 구함
慷 슬플 강 1급	뜻을 나타내는 심방변(忄(=心, 㣺)→마음, 심장)部와 음을 나타내는 康(강)이 합하여 이루어짐.	慷慨無量(강개무량) 의기에 북받쳐 원통하고 슬픔이 한이 없음 悲憤慷慨(비분강개) 슬프고 분한 느낌이 마음속에 가득 차 있음
糠 겨 강 1급	뜻을 나타내는 쌀 미(米→쌀)部와 음을 나타내는 康(강)이 합하여 이루어짐.	糟糠之妻(조강지처) 지게미와 쌀겨로 끼니를 이어가며 고생(苦生)을 같이해 온 아내란 뜻으로, 곤궁(困窮)할 때부터 간고(艱苦)를 함께 겪은 본처(本妻)를 흔히 일컬음
疆 지경 강 2급	土(토)와 음을 나타내는 畺(강)이 합하여 이루어짐.	萬壽無疆(만수무강) 장수(長壽)하기를 비는 말 疆域(강역) 한 나라의 통치권(統治權)이 미치는 지역(地域)
腔 빈속 강 1급	달 월(月(=肉)→살, 몸)部와 음을 나타내는 空(공)의 전음(轉音)이 합하여 이루어짐.	胸腔(흉강) 흉부(胸部)에 있는 체강(體腔). 횡격막(橫經膜)을 사이로 복강(腹腔)과 접하며 그 속에 폐장·시장(市場) 등이 있음. 가슴속 腹腔(복강) 척추(脊椎) 동물(動物)의 몸에서 위·간·장·지라 등이 들어 있는 부분

한자	자원(字源)	용례(用例)		
薑 생강 강 1급	풀을 뜻하는 초두머리(艹(=艸)→풀, 풀의 싹)部와 음을 나타내는 畺(강)이 합하여 '생강(생강과의 다년초)'을 뜻함.	生薑(생강) 황색(黃色) 육질이고 향긋한 냄새와 매운맛이 있는 작물, 채소, 향신료로 많이 쓰임		
介 끼일 개 3급 常	사람[人]과 여덟[八]의 뜻을 결합한 글자[會意] 甲文字에서 介는 사람이 갑옷 사이에 끼여 있는 모습을 나타냈다. 이런 자형에서 '끼어들다'의 뜻이 나왔다.	紹介(소개) 두 사람 사이에 들어서 관계(關係)를 맺어 줌 介入(개입) 어떠한 사건(事件)에 관계(關係)하게 됨 媒介(매개) 중간(中間)에서 서로의 관계(關係)를 맺어 주는 일		
改 고칠 개 5급 常	몸 기(己)의 음 및 뜻과 치다[攵]의 뜻을 결합한 글자[形聲] 甲文字에서 改는 스스로의 몸에 회초리를 쳐서 잘못을 고치는 것을 나타냈다. 이런 자형에서 '고치다'의 뜻이 나왔다.	改革(개혁) 새롭게 뜯어 고침 改編(개편) 단체(團體)의 조직(組織) 따위를 고치어 편성(編成)함 改善(개선) 잘못을 고쳐 좋게 함		
皆 다 개 3급 常	견주다[比]와 밝히다[白]의 뜻을 결합한 글자[會意] 金文字에서 皆는 나란히 선 두 사람이 함께 많은 것을 견주어서 시비를 밝히는 것을 나타냈다. 이런 자형에서 '모두'의 뜻이 나왔다.	皆勤賞(개근상) 개근을 표창(表彰)하는 상 國民皆兵(국민개병) 온 국민(國民)이 법에 따라 병역(兵役) 의무(義務)를 지는 일		
個 낱 개 4급 常	사람인의 뜻과 굳을 고의 음을 결합한 글자. 金文字에서 個는 箇와 동자로 사람이 셈할 때 대나무 가지를 사용한 것을 나타냈다. 이런 자형에서 '낱개'의 뜻이 나왔다.	個人(개인) 국가(國家)나 사회(社會)에 대(對)하여 이를 구성(構成)하는 하나하나의 사람 個別(개별) 낱낱이 따로 나눔 個性(개성) 개인(個人)의 천품으로 타고난 특유(特有)한 성격		
開 열 개 6급 常	문[門]의 뜻과 평평할 견(幵)의 음 및 뜻을 결합한 글자[形聲] 小篆字에서 開는 문의 빗장을 평평하게 해서 벌어 놓은 것을 나타냈다. 이런 자형에서 '열다'의 뜻이 나왔다.	文明開化(문명개화) 인지(認知)가 열려, 인간(人間) 사회(社會)가 진보(進步)하는 일 公開(공개) 여러 사람에게 개방(開放)함 開放(개방) 문 등을 활짝 열어 놓음 展開(전개) 열리어 벌려짐		
蓋 덮을 개 3급 常	풀[艹]의 뜻과 덮을 합(盍)의 음 및 뜻을 결합한 글자[形聲] 小篆字에서 蓋는 뚜껑이 덮여 있는 그릇에 다시 풀을 얽어 덮은 것을 나타냈다. 이런 자형에서 '덮다'의 뜻이 나왔다.	蓋然性(개연성) ① 대개 그러리라고 생각되는 성질(性質) ② 어떤 일이 일어날 수 있는 가능성 頭蓋骨(두개골) 두개를 이루고 있는 골격(骨格)의 총칭(總稱)		
慨 분개할 개 3급 常	마음[忄]의 뜻과 적게 먹을 기(旣)의 음 및 뜻을 결합한 글자[形聲] 小篆字에서 慨는 장사가 뜻대로 되지 못해 탄식할 정도로 마음이 아픈 것을 나타냈다. 이런 자형에서 '슬퍼하다'의 뜻이 나왔다.	慨嘆(개탄) 의분(義憤)이 북받쳐 탄식(歎息)함 感慨無量(감개무량) 그지없도록 마음속 깊이 스며드는 느낌 憤慨(분개) 몹시 분하게 여김		
槪 대개 개 3급 常	나무[木]의 뜻과 이미 다할 기(旣)의 음 및 뜻을 결합한 글자[形聲] 小篆字에서 槪는 곡식의 부피를 잴 때 말[斗] 위에 넘치는 것을 평평하게 밀어내는 나무를 나타냈다. 이런 자형에서 '평미레'의 뜻이 나왔으며, 후에 전성되어 '대개'의 뜻으로 쓰인다.	槪括(개괄) 보다 많은 사물(事物)을 포괄(包括)하는 개념(槪念)을 만드는 일 槪念(개념) 여러 관념(觀念) 속에서 공통(共通)된 요소(要素)를 추상(抽象)하여 종합(綜合)한 하나의 관념(觀念) 槪觀(개관) 전체를 대강 살펴봄		
价 클 개 2급	착하다, 크다, 價의 간체자(簡體字). 뜻을 나타내는 사람 인변(亻(=人)→사람)部와 음을 나타내는 介(개)가 합하여 이루어짐. 갑옷을 입은 사람.	价川蓋地(개천개지) 하늘과 땅을 덮어 가린다는 뜻으로, 중생(衆生)이 본래 갖추고 있는 마음의 빛이 하늘과 땅에 가득 참을 이르는 말		

箇 낱 개 1급	竹에 음을 나타내는 固(고)를 더한 글자. 대나무를 세는 말, 옛날 竹의 반쪽인 글자(개→个에서 세로획을 하나 뺀 글자)를 이 글자 대신 썼음. 그래서 지금도 한 개를 一个(일개)로 쓰는 수가 있음.	箇條(개조) 낱낱의 조목 箇體(개체) 독립(獨立)하여 존재(存在)하는 낱낱의 물체(物體) 箇中(개중) 여럿이 있는 그 가운데	
凱 즐길 개 1급	안석궤(几→책상)部와 豈(개)가 음을 나타냄. '화락하다'의 뜻을 가진 豈(개)가 기쁨의 음악을 나타내게 됨. 따로 안석궤(几→책상)部를 더하여 만든 것으로 특히 싸움에 이김을 나타냄. 싸움이 긴 풍류, 즐겨하다.	凱旋門(개선문) 전쟁(戰爭)에 이긴 일을 기념(記念)하거나 개선군(凱旋軍)을 환영(歡迎)하기 위하여 세운 문(門) 凱歌(개가) 승리(勝利)하여 기뻐서 부르는 노래	
愾 성낼 개 1급	뜻을 나타내는 심방변(忄(=心, 㣺)→마음, 심장)部와 음을 나타내는 氣(기)가 합하여 이루어짐. 한탄, 노여움, 한숨.	愾憤(개분) 몹시 분개함	
漑 물댈 개 1급	대법원 인명용으로는 개. 뜻을 나타내는 삼수변(氵(=水, 氺)→물)部와 음을 나타내는 旣(기)의 전음(轉音)이 합하여 이루어짐. 물이 넘쳐 쏟아지다.	灌漑用水(관개용수) 관개(灌漑)하는 데 쓰이는 물 漑灌(개관) 물을 댐. 관계 漑田(개전) 전지에 물을 댐	
芥 겨자 개 1급	풀을 뜻하는 초두머리(艹(=艸)→풀, 풀의 싹)部와 음을 나타내는 介(개)가 합하여 '겨자'를 뜻함. 겨자 티끌.	芥子油(개자유) 겨자씨나 갓씨로 짠 기름 芥薑(개강) 겨자와 생강 芥子(개자) 겨자씨, 전(轉)하여 극히 작은 것	
客 손 객 5급 常	집[宀]의 뜻과 각각 각(各)의 음 및 뜻을 결합한 글자[形聲] 金文字에서 客은 집 입구로 사람이 모이는 것을 나타냈다. 이런 자형에서 '손님'의 뜻이 나왔다.	顧客(고객) 물건을 항상(恒常) 사러 오는 손님 客觀的(객관적) 객관(客觀)을 기초(基礎)로 한 모양 乘客(승객) 차, 배, 비행기(飛行機) 등의 탈것을 타는 손님	
更 다시 갱 4급 常	밝을 병(丙)의 음 및 뜻과 치다[攴]의 뜻을 결합한 글자[形聲] 金文字에서 更은 밝고 바르게 살도록 회초리를 드는 것을 나타냈다. 이런 자형에서 '고치다'의 뜻이 나왔다.	更新(갱신) 어떤 계약의 존속 기간이 만료된 때에 그 기간을 연장하는 일 更張(경장) 거문고 줄을 고쳐 맴, 해이한 것을 고치어 긴장하게 함 甲午更張(갑오경장) 갑오개혁	
坑 구덩이 갱 2급	흙토(土→흙)와 텅 빈 데의 뜻(=空(공))을 나타내기 위한 亢(갱·항)으로 이루어짐. 큰 구덩이의 뜻. 땅에 판 구덩이.	焚書坑儒(분서갱유) 진(秦)나라의 시황제(始皇帝)가 경서(經書)를 태우고 학자(學者)들을 구덩이에 생매장한 사건 坑道(갱도) 광산의 갱내에 통한 길 坑口(갱구) 광산 갱내 입구	
羹 국 갱 1급	새발 솥에 새끼 양(고, 羔)을 끓인 것.	一簞食一豆羹(일단사일두갱) 대나무로 만든 밥그릇 하나에 담긴 밥과 제기(祭器) 하나에 떠 놓은 국이라는 뜻으로, 얼마 안 되는 음식, 변변치 못한 음식을 뜻함 羹湯(갱탕) 국 羹粥(갱죽) 국과 죽	
去 갈 거 5급 常	사람이 문에서 나가는 모양을 본뜬 글자[象形] 甲文字에서 去는 사람이 문 밖으로 나가는 모양을 본떴다. 이런 자형에서 '가다'의 뜻이 나왔다.	過去(과거) 지나간 때 去來(거래) 금전(金錢)을 서로 대차(貸借)하거나 물건을 매매(賣買)하는 일 除去(제거) 사물(事物)이나 현상(現象)을 없애거나 사라지게 하는 것	

한자	자원(字源)	예(例)			
巨 클 거 4급 常	손잡이가 달린 커다란 자를 본뜬 글자[象形] 甲文字에서 巨는 십자 모양의 자를 본떴으나, 小篆字에서는 손잡이가 달린 큰 자의 모양을 본떴다. 이런 자형에서 '크다'의 뜻이 나왔다.	巨星(거성) 큰 별 또는 큰 인물(人物). 위대(偉大)한 사람 巨大(거대) 엄청나게 큼 巨額(거액) 많은 액수(額數)의 금액(金額) 巨創(거창) 사물(事物)이 엄청나게 큰 것			
車 수레 거 7급 常	수레의 모양을 본뜬 글자[象形] 甲文字에서 車는 수레의 옆모습에서 두 개의 바퀴 모양을 본떴다. 이런 자형에서 '수레'의 뜻이 나왔다.	停車場(정거장) 열차(列車)를 정지(停止)시켜 여객(旅客)·화물(貨物)을 취급(取扱)하는 곳 自轉車(자전거) 타고 있는 사람이 양발로 페달을 밟아 바퀴를 돌려서 앞으로 나아가게 장치(裝置)한 수레			
居 있을 거 4급 常	몸[尸]과 오랠 고(古)의 음 및 뜻을 결합한 글자[形聲] 金文字에서 居는 사람이 굴에 머물고 있는 것을 나타냈으나, 小篆字에서는 广이 尸로, 효이 古로 바뀌어 오래도록 거처하는 것을 나타냈다. 이런 자형에서 '살다'의 뜻이 나왔다.	獨居(독거) 혼자서 삶, 홀로 지냄 居住(거주) 일정한 곳에 자리를 잡고 머물러 삶			
拒 막을 거 4급	손[扌]의 뜻과 자거(巨)의 음 및 뜻을 결합한 글자[形聲] 小篆字에서 拒는 자로 재어 벗어나지 않게 일하는 것을 나타냈으나, 隸書字에서는 止가 才로 바뀌어 손으로 규제하는 것을 나타냈다. 이런 자형에서 '막다'의 뜻이 나왔다.	拒否(거부) 거절(拒絕)하여 받아들이지 않음 抗拒(항거) 대항(對抗)함, 버팀			
距 떨어질 거 3급 常	발[足]의 뜻과 클 거(巨)의 음 및 뜻을 결합한 글자[形聲] 金文字에서 距는 발걸음을 크게 하여 걸어간 것이, 제자리로부터 멀리 나아간 것을 나타냈다. 이런 자형에서 '떨어지다'의 뜻이 나왔다.	距離(거리) 점과 점 사이를 잇는 직선(直線)의 길이			
據 의거할 거 4급 常	손[扌]의 뜻과 돼지싸울 거(豦)의 음 및 뜻을 결합한 글자[形聲] 金文字에서 據는 큰 돼지가 손에 지팡이를 가지고 힘을 겨루는 것을 나타냈다. 이런 자형에서 '의지하다'의 뜻이 나왔다.	根據(근거) 근본(根本)이 되는 토대(土臺) 證據(증거) 어떤 사실을 증명(證明)할 수 있는 근거 占據(점거) 장소(場所)를 차지하여 자리를 잡음 論據(논거) 논설(論說)이나 의논(議論)			
擧 들 거 5급 常	더불다[與]와 손수[手]의 뜻을 결합한 글자[會意] 金文字에서 擧는 두 사람이 함께 손을 마주 드는 것을 나타냈다. 이런 자형에서 '들다'의 뜻이 나왔다.	選擧(선거) 투표(投票) 등에 의(依)하여 뽑아냄 擧論(거론) 어떤 사항(事項)을 내놓아 논제(論題)로 삼음 科擧(과거) 옛날 문무관(文武官)을 뽑을 때에 보던 시험(試驗) 擧法(열거법) 연결(連結)되거나 비슷한 말을 늘어놓아 전체적(全體的)인 내용(內容)을 강조(強調)하는 수법(手法)			
渠 도랑 거 1급	삼수변(氵(=水)→물)과 음을 빌려 대명사 '그', 의문사 '어찌'의 뜻으로도 쓰임. 자를 대고 인공적으로 만든 도랑, 개울의 뜻.	溝渠(구거) 인공적인 수로 또는 그 부지. 하천보다 규모가 작은 4~5m 폭의 개울을 뜻함 渠堰(거언) 도랑과 둑			
祛 떨 거 상용	신에게 빌어서 재앙을 제거하다의 뜻.	祛痰劑(거담제) 가래를 제거하는 약 祛祛(거거) 센 모양, 강한 모양			
醵 추렴할 거(갹) 1급	뜻을 나타내는 닭유(酉→술, 닭)와 음을 나타내는 부수를 제외한 글자 豦(거)가 합하여 이루어짐.	醵出(거출, 갹출) 한 목적(目的)에 대하여 여러 사람이 각기(各其) 금품(金品)을 냄 醵飮(거음) 술추렴 醵金(거금, 갹금) 돈을 추렴함 또는 그 돈			

한자	자원	용례	
件 물건 건 5급 | 常	사람[亻]과 소[牛]의 뜻이 결합한 글자[會意] 小篆字에서 件은 사람이 소를 잡고 있는 것을 나타냈다. 이런 자형에서 소는 농사짓는 일에 중요한 '물건'이라는 뜻이 나왔다.	物件(물건) 사람이 필요(必要)에 따라 만들어 내거나 가공(加工)하여 어떤 목적(目的)으로 이용(利用)하는 대상 事件(사건) 관심(關心)이나 주목(注目)을 끌 만한 일 條件(조건) 어떤 사물(事物)이 성립(成立)되거나 발생(發生)하는 데 갖추어야 하는 요소	
建 세울 건 5급 | 常	길게 걷다[廴]와 붓[聿]의 뜻을 결합한 글자[會意] 金文字에서 建은 국법을 기록하여 기강을 세운 것을 나타냈다. 이런 자형에서 '세우다'의 뜻이 나왔다.	建築(건축) 건조물(建造物) 따위를 지음 再建(재건) 무너진 것을 다시 일으켜 세움 建設(건설) 건물(建物)을 짓거나 시설(施設)들을 이룩함 創建(창건) 처음으로 세움	
健 튼튼할 건 5급 | 常	사람[亻]의 뜻과 세울 건(建)의 음 및 뜻을 결합한 글자[形聲] 小篆字에서 健은 사람이 몸을 똑바로 세워 반듯한 모양을 나타냈다. 이런 자형에서 '굳세다', '건강하다'의 뜻이 나왔다.	健康(건강) 병이 없이 좋은 기능(機能)을 가진 상태(狀態)에 있는 것 保健(보건) 건강(健康)을 잘 지켜 온전(穩全)하게 하는 일	
乾 하늘 건 3급 | 常	햇빛과 기운[乙=气]을 결합한 글자[會意] 小篆字에서 乾은 아침 해가 솟아올라 빛나는 모양과 초목의 싹이 솟아오르는 기운을 나타냈다. 이런 자형에서 초목의 싹이 '굳세다'의 뜻이 나왔다. 후에 가차되어 '괘 이름(하늘)'의 뜻으로 쓰인다.	乾燥(건조) 습기(濕氣)나 물기가 없음, 마름→간조가 본음 乾魚物(건어물) 말린 어물(魚物)→간어물	
巾 수건 건 1급	헝겊에 끈을 달아 허리띠에 찔러 넣은 형상. 헝겊.	三角巾(삼각건) 부상자(負傷者)의 응급(應急) 치료(治療)에 쓰이는 삼각형(三角形)의 헝겊. 手巾(수건) 얼굴이나 손이나 몸을 씻은 뒤에 물기를 닦기 위해 사용(使用)하는, 면 따위의 천으로 네모지게 만든 물건.	
腱 힘줄 건 1급	대법원 인명용으로는 건. 뜻을 나타내는 육달월(月=肉)→살, 몸)과 음을 나타내는 建(건)이 합하여 이루어짐. 힘줄의 밑동, 힘줄의 끝.	膝蓋腱(슬개건) 사두고근(四頭股筋)의 끝이 종지뼈에 붙는 힘줄	
虔 정성 건 1급	범호밑(虍→범의 문채, 가죽)과 아름다운 무늬의 뜻을 가진 文(문→'건')을 더한 글자. 범의 가죽 따위에 문신을 놓는 의식. 음을 빌려 '삼가다'(=謹(근))의 뜻으로 쓰임. 베풀다, 죽이다.	敬虔(경건) 초월적(超越的)이거나 위대(偉大)한 대상(對象) 앞에서 우러르고 받드는 마음으로 삼가고 조심하는 상태(狀態)에 있음	
鍵 열쇠 건 2급	단단히 '죄다'의 뜻(=緊(긴)) 또는 '잠그다'의 뜻(=禁(금))을 나타내기 위한 建(건)으로 이루어짐. 수레바퀴를 굴대에 단단히 고정(固定)시키는 비녀장(=轄(할))의 뜻. 자물쇠를 잠그는 열쇠의 뜻이 됨	鍵盤(건반) 피아노·풍금·타자기(打字機) 등의 건을 늘어놓은 면. 키보드 關鍵(관건) ① 빗장과 자물쇠 ② 사물(事物)의 가장 중요(重要)한 곳	
乞 빌 걸 3급 | 常	구름 기운을 가리킨 글자[指事] 甲文字에서 乞은 气(기운 기)의 가운데 획을 줄여 움직이는 구름을 나타냈다. 이런 자형에서 사람에게 기운이나 도움을 '빌다'의 뜻이 나왔다.	門前乞食(문전걸식) 이 집 저 집 돌아다니며 빌어먹음 哀乞(애걸) 동정심(同情心)에 호소(呼訴)하여 부탁(付託)을 들어 달라고 사정(事情)하여 빎	
傑 뛰어날 걸 4급 | 常	사람[亻]의 뜻과 빼어날 걸(桀) 음 및 뜻을 결합한 글자[形聲] 小篆字에서 傑은 나무 위에 우뚝 서 두 발을 어긋 딛고 선 사람을 나타냈다. 이런 자형에서 '뛰어나다'의 뜻이 나왔다. 杰(걸)과 같음.	傑人(걸인) 뛰어난 사람 英雄豪傑(영웅호걸) 영웅(英雄)과 호걸(豪傑) 俊傑(준걸) ① 재주와 지혜(智慧)가 뛰어남 ② 또는 그런 사람 傑出(걸출) 남보다 썩 뛰어남	

桀 (해 걸) 2급	부수를 제외한 글자 걸(=좌우의 발)과 木(목)의 합자(合字). 나무 위에 죄인(罪人)의 양다리를 잡아 묶어 높이 달아매는 책형의 뜻.	桀犬吠堯(걸견패요) 폭군 걸왕(桀王)의 개도 성왕(聖王) 요(堯)임금을 보면 짖는다는 뜻으로, 윗사람이 교만(驕慢)한 마음을 버리고 아랫사람을 진심과 믿음으로 대하면 충성(忠誠)을 다하게 된다는 것을 이름			
儉 (검소할 검) 4급 常	사람[亻]의 뜻과 모두 첨(僉)의 음 및 뜻을 결합한 글자[形聲] 小篆字에서 儉은 사람이 모든 방면에서 절약하여 생활함을 나타냈다. 이런 자형에서 '검소하다'의 뜻이 나왔다.	檀君王儉(단군왕검) 우리 겨레의 시조(始祖)로 받드는 태초의 임금 儉約(검약) 검소(儉素)하게 절약(節約)하여 사용(使用)함 儉素(검소) 치레하지 않고 수수함			
劍 (칼 검) 3급 常	여러 첨(僉)의 음 및 뜻과 칼[刀]의 뜻을 결합한 글자[形聲] 金文字에서 劍은 고대에 여러 사람들이 지니고 다니는 짧은 병기를 나타냈다. 이런 자형에서 '칼'의 뜻이 나왔다.	劍客(검객) 검술에 조예(造詣)가 뛰어난 사람 刻舟求劍(각주구검) 칼을 강물에 떨어뜨리자 뱃전에 그 자리를 표시(表示)했다가 나중에 그 칼을 찾으려 한다는 뜻으로, 융통성이 없고 세상일에 어둡고 어리석다는 뜻			
檢 (검사할 검) 4급 常	나무[木]의 뜻과 여러 첨(僉)의 음 및 뜻을 결합한 글자[形聲] 小篆字에서 檢은 나무 상자 안에 중요한 문서를 모아 담아 놓은 것을 나타냈다. 이런 자형에서 '봉하다', '검사하다'의 뜻이 나왔다.	檢事(검사) 검찰권을 행사하는 사법관 檢出(검출) 검사(檢査)하여 냄 劫縛(겁박) 협박하여 포박함 劫奪(겁탈) 협박하여 빼앗음			
劫 (위협할 겁) 1급	去(거)와 力(역)의 합자(合字). 가려고 하는 것을 힘으로 위협하다. 힘으로 뚜껑을 덮다.	劫(겁) 하늘과 땅이 한 번 개벽(開闢)한 때부터 다음 개벽할 때까지의 동안이란 뜻으로, 지극(至極)히 길고 오랜 시간(時間)을 이르는 말			
怯 (겁낼 겁) 1급	뜻을 나타내는 심방변(忄(=心, 忄)→마음, 심장)과 음을 나타내는 去(거)의 전음(轉音)이 합하여 이루어짐.	卑怯(비겁) 비열(卑劣)하고 겁이 많음 怯劣(겁열) 비겁하고 용렬함 怯弱(겁약) 겁이 많음 怯勇(겁용) 겁이 많은 것과 용감한 것			
揭 (들 게) 2급	뜻을 나타내는 재방변(扌(=手)→손)과 높이 '들어올리다'의 뜻(=擧(거))을 나타내기 위한 曷(갈→게)로 이루어짐. 높이 걸다.	揭揚(게양) 높이 거는 일 揭示板(게시판) 게시(揭示) 사항(事項)을 쓰거나 붙이는 판			
憩 (쉴 게) 2급	息(식→숨을 쉬다)과 음을 나타내는 舌(活의 생략형 설→머물다→게)로 이루어짐. 머물러 숨을 쉰다는 뜻	憩休(게휴) 휴게 休憩室(휴게실) 잠깐 들러 쉬게 베풀어 놓은 방			
偈 (쉴 게) 1급	뜻을 나타내는 사람인변(亻(=人)→사람)과 음을 나타내는 曷(갈)의 전음(轉音)이 합하여 이루어짐	法性偈(법성게) 신라(新羅) 때 의상(義湘) 대사가 중국에서 화엄경(華嚴經)을 연구(研究)하고 그 뜻을 추려서 지은 시(詩) 偈頌(게송) 부처의 공덕(功德)을 찬미(讚美)하는 노래			
格 (바로잡을 격) 5급 常	나무[木]의 뜻과 각기 각(各)의 음 및 뜻을 결합한 글자[形聲] 金文字에서 格은 나무의 많은 가지가 뻗어 나가는 것을 나타냈다. 이런 자형에서 '이르다', '뻗다'의 뜻이 나왔다.	格上(격상) 격을 높임 資格(자격) 일정한 신분이나 지위를 가지거나 일정한 일을 하는 데 필요한 조건이나 능력 格物致知(격물치지): 실제적인 사물을 통하여 이치를 연구하여 온전한 지식에 다다름			

한자	자원 해설	용례
隔 사이 띄울 격 3급 | 常	다리가 높아 땅 위에서부터 멀리 떨어져 있는 세발솥을 본뜬 것인데 떨어져 있다는 뜻을 분명히 하기 위하여 사다리를 본뜬 阝를 덧붙였다.	隔世之感(격세지감) 아주 바뀌어 딴 세상(世上) 또는 딴 세대(世代)와 같이 많은 변화(變化)가 있음을 의미 間隔(간격) 물건 사이, 시간 사이의 거리(距離)
激 격할 격 4급 | 常	물[氵]의 뜻과 노래할 교(敫)의 음 및 뜻을 결합한 글자[形聲] 小篆字에서 激은 물이 흐르다가 바위에 부딪쳐 맑은 소리를 내는 것을 나타냈다. 이런 자형에서 '부딪치다'의 뜻이 나왔다.	激動(격동) ① 심히 움직임 ② 매우 감동(感動)함 激揚(격양) 기운(氣運)이나 감정(感情)이 몹시 움직이어 일정하지 않은 상태
擊 칠 격 4급 | 常	떨칠 격의 음 및 뜻과 손[手]의 뜻을 결합한 글자[形聲] 小篆字에서 擊은 손으로 수레의 굴대축을 긴 막대기로 두드리는 것을 나타냈다. 이런 자형에서 '치다'의 뜻이 나왔다.	打擊(타격) 어떤 영향(影響)을 받아서 기운(氣運)이 크게 꺾임 擊退(격퇴) 적군(敵軍)을 쳐서 물리침
覡 박수 격 1급	신(神)을 섬겨, 신(神)의 뜻을 여쭤 보다, 무당의 뜻을 나타냄. 巫(무)를 여자 무당이라고 함에 대하여, 覡(격)은 박수의 뜻으로 쓰임.	巫覡(무격) 무당과 박수(남자무당)
檄 격문 격 1급	뜻을 나타내는 木(목→나무)과 음을 나타내는 敫(치다 교)의 전음(轉音)이 합하여 이루어짐. 사람의 마음을 쳐서 움직이는 것.	檄文(격문) 비상(非常) 사태(事態)에 관(關)하여, 널리 세상(世上) 사람들을 선동(煽動)하거나 의분(義憤)을 고취하려고 쓴 글 檄書(격서) 격문
膈 흉격 격 1급	뜻을 나타내는 육달월(月=肉)→살, 몸)과 음을 나타내는 부수를 제외한 글자 鬲(사이 뜨다 격)이 합하여 이루어짐.	橫膈膜(횡격막) 포유류(哺乳類)의 복강(腹腔)과 흉강(胸腔)과의 경계(境界)에 있는 근육성(筋肉性)의 막
犬 개 견 4급 | 常	개의 모양을 본뜬 글자[象形] 甲文字에서 犬은 앞발을 들고 짖어대는 개의 모양을 본떴다. 이런 자형에서 '개'의 뜻이 나왔다.	犬猿之間(견원지간) 개와 원숭이의 사이처럼, 매우 사이가 나쁜 관계 犬儒學派(견유학파) 키니코스학파. 되도록 자신의 본성에 따라 자연스럽게 생활을 영위하는 것을 이상으로 삼았기 때문에 일체의 사회적 습관을 무시함
見 볼 견 5급 | 常	눈[目]과 사람[儿]의 뜻을 결합한 글자[會意] 甲文字에서 見은 사람이 눈으로 사물을 주시하는 것을 나타냈다. 이런 자형에서 '보다'의 뜻이 나왔다.	東方見聞錄(동방견문록) 이탈리아의 여행가 마르코 폴로가 동방(東方) 여행(旅行) 중 지은 책 意見(의견) 마음에 생각하는 점(點) 發見(발견) 미처 찾아내지 못하였거나 알려지지 아니한 것을 찾아냄
肩 어깨 견 3급 | 常	왼쪽 어깨[戶]와 몸[月]의 뜻을 결합한 글자[會意] 金文字에서 肩은 몸의 양어깨가 대문처럼 쩍 벌려져 있는 것을 나타냈다. 이런 자형에서 '어깨'의 뜻이 나왔다.	肩胛筋(견갑근) 어깨뼈가 있는 자리에 붙어 있는 근육(筋肉)
牽 끌 견 3급 | 常	一은 밧줄을 본뜬 것으로 玄은 소를 끄는 밧줄로 '끌다'의 뜻을 나타내었다[形聲] 소 우(牛=牜)와 쇠코뚜레를 본뜬 모양 및 끌다(=引(인))의 뜻을 나타내기 위한 玄(현)으로 이루어짐. 쇠코뚜레를 끌어 앞으로 나아가게 함	牽制(견제) 적을 자기 쪽에 유리한 지점으로 이끌어서 억누르고 행동을 못 하게 방해(妨害)함 牽強附會(견강부회) 이치(理致)에 맞지 않는 말을 억지로 끌어 붙여 자기 주장의 조건에 맞도록 함

堅 굳을 견 4급 | 常	굳다와 흙[土]의 뜻을 결합한 글자[會意] 金文字에서 堅은 흙이 잘 굳는 성질을 나타냈다. 이런 자형에서 '굳다'의 뜻이 나왔다.	堅固(견고) 굳세고 단단함 中堅(중견) 어떤 단체(團體)나 사회(社會)에서 중심(中心)이 되어 활동(活動)하거나 중요(重要)한 구실을 하는 사람
遣 보낼 견 3급 | 常	쉬엄쉬엄 가다[辶]의 뜻과 흙덩이 견의 음 및 뜻을 결합한 글자[形聲] 甲文字에서 遣은 삼태기에 흙덩이를 담아 옮기는 것과 같이 죽은 사람을 위해 부장품을 담아 보내는 것을 나타냈다. 이런 자형에서 '보내다'의 뜻이 나왔다.	遣唐使(견당사) 중국 당(唐)나라에 보내던 사신(使臣) 派遣(파견) 일정한 임무(任務)를 주어 사람을 출장 보냄
絹 명주 견 3급 | 常	실[糸]의 뜻과 작은 벌레 연(肙)의 음 및 뜻을 결합한 글자[形聲] 小篆字에서 絹은 누에가 품은 실을 엮어 만든 것을 나타냈다. 이런 자형에서 '비단'의 뜻이 나왔다.	絹絲(견사) ① 누에고치와 실 ② 누에고치에서 뽑은 명주실 絹織物(견직물) 명주실(명주-)로 짠 피륙. 비단
甄 질그릇 견 2급	뜻을 나타내는 기와 와(瓦→기와, 질그릇)와 음을 나타내는 부수를 제외한 글자 훈(垔)의 전음(轉音)이 합하여 이루어짐.	甄萱(견훤) 후백제(後百濟)의 초대(初代) 왕 甄擢(견탁) 살펴 뽑아 씀
繭 고치 견 1급	虫(충)과 糸(사)의 합자(合字). 뽕나무 속에 누에 애벌레가 들어 있는 모양.	繭門(견문) 고치의 앞 끝, 곧 나방이 나올 자리 絹絲(견사) ① 누에고치와 실 ② 누에고치에서 뽑은 명주실
譴 꾸짖을 견 1급	뜻을 나타내는 말씀 언(言→말하다)과 음을 나타내는 遣(멀리 보내다 견)이 합하여 이루어짐. 말로 책망하여 먼 곳으로 내치다, 책망하다, 비난하다.	譴責(견책) ① 잘못을 꾸짖고 나무람 ② 공무원(公務員) 등에 대한 징계(懲戒) 처분(處分)의 하나
鵑 두견이 견 1급	뜻을 나타내는 새 조(鳥→새)와 음을 나타내는 부수를 제외한 글자(肙)의 전음(轉音)이 합하여 이루어짐.	杜鵑類(두견류) 조류(鳥類)에 딸린 한 목(目). 발가락이 네 개이며, 엄지발가락과 새끼발가락이 뒤쪽으로 향(向)하였는데, 새끼발가락만은 앞으로도 옮길 수 있음. 두견이과·앵무새과가 이에 딸림
決 결단할 결 5급 | 常	물[水]의 뜻과 터놓을 쾌(夬)의 음 및 뜻을 결합한 글자[形聲] 金文字에서 決은 물이 잘 흐르도록 물길을 터놓는 것을 나타냈다. 이런 자형에서 '터지다', '결단하다'의 뜻이 나왔다.	民族自決主義(민족자결주의) 그 민족(民族)의 문제(問題)는 그 민족(民族) 스스로가 결정(決定)해야 한다는 주장(主張) 決定(결정) 마지막으로 작정(作定)함, 일의 매듭을 지음 解決(해결) 얽힌 일을 풀어 처리(處理)함 判決(판결) 시비(是非). 선악(善惡)을 가리어 결정(決定)함
缺 이지러질 결 준4급 | 常	질그릇[缶]의 뜻과 활 장군 놓을 결의 음 및 뜻을 결합한 글자[形聲] 小篆字에서 缺은 질그릇이 활시위 깍지에 부딪혀 이지러진 것을 나타냈다. 이런 자형에서 '이지러지다'의 뜻이 나왔다.	缺乏(결핍) 부족(不足)함 缺席(결석) 출석(出席)해야 할 사람이 나타나지 않음
結 맺을 결 5급 | 常	실[糸]의 뜻과 길할 길(吉)의 음 및 뜻을 결합한 글자[形聲] 陶文字에서 結은 고대에 글자가 없을 때 좋은 일을 약속하여 실로 매듭한 것을 나타냈다. 이런 자형에서 '맺다'의 뜻이 나왔다.	連結(연결) 서로 이어 맺음 結合(결합) 둘 이상(以上)이 서로 관계를 맺고 합치어 하나가 됨

潔 깨끗할 결 준4급 | 常		물[氵]의 뜻과 삼실 결의 음 및 뜻을 결합한 글자[形聲] 隷書字에서 潔은 삼실을 베어 더러운 것을 빤 것을 나타냈다. 이런 자형에서 '깨끗하다'의 뜻이 나왔다.	淸廉潔白(청렴결백) 마음이 맑고 깨끗하며 재물(財物) 욕심(慾心)이 없음 簡潔(간결) 간략하고 요점이 있음
訣 이별할 결 준3급		뜻을 나타내는 말씀 언(言→말하다)과 음을 나타내는 부수를 제외한 글자 결(決)이 합하여 이루어짐. 딱 잘라 갈라지다. 작별하다.	訣別(결별) 관계나 교제(交際)를 영원히 끊음 擊蒙要訣(격몽요결) 선조 때 율곡 이이(李珥)가 청소년(靑少年)들의 학습(學習)을 위하여 지은 책(冊)
兼 겸할 겸 준3급 | 常		벼 화(禾) 두 자와 손[又=手]의 뜻을 결합한 글자[會意] 石文字에서 兼은 두 포기의 벼를 잡고 있는 것을 나타냈다. 이런 자형에서 '겸하다'의 뜻이 나왔다.	兼任(겸임) 두 가지 이상(以上)의 직무(職務)를 겸함 兼愛思想(겸애사상) 나와 남을 구별(區別)하지 않고 평등(平等)하게 서로 사랑하는 것이 하늘의 뜻이라는 겸애설의 사상
謙 겸손할 겸 준3급 | 常		말씀[言]의 뜻과 겸할 겸(兼)의 음 및 뜻을 결합한 글자[形聲] 小篆字에서 謙은 남을 자신과 꼭 같은 입장으로 말하는 것을 나타냈다. 이런 자형에서 '겸손하다'의 뜻이 나왔다.	謙遜(겸손) 남을 높이고 자기(自己)를 낮추는 태도(態度) 謙虛(겸허) 겸손(謙遜)하게 자기(自己)를 낮춤 謙讓法(겸양법) 자기(自己)를 낮춤으로써 상대방(相對方)을 높이어 말하는 법(法)
京 서울 경 6급 | 常		원래 높은 누각의 모양을 본뜬 글자[象形] 甲文字에서 京은 높은 곳에 위치한 누각의 모양을 본떴다. 이런 자형에서 나라의 수도 '서울'의 뜻이 나왔다.	東京(동경) 고려(高麗) 때의 사경(四京)의 하나. 지금의 경주(慶州)를 말함. 사경은 남경(南京), 동경(東京), 중경(中京), 서경(西京)을 이름 京畿道(경기도) 한반도(韓半島) 중앙부(中央部)의 서쪽에 있는 도
庚 별 경 3급 | 常		집[广]과 농기구의 뜻을 결합한 글자[會意] 甲文字에서 庚은 두 손으로 농기구를 잡고 탈곡하는 것을 나타냈다. 이런 자형에서 '곡식'의 뜻이 나왔다. 후에 엄이 첨가되었으며, 가차되어 '일곱째 천간'의 뜻으로 쓰인다.	庚申換局(경신환국) 1680년(숙종 6) 남인(南人)이 대거 실각하여 정권에서 물러난 사건 庚(경) 십간(十干)의 일곱째 庚戌國恥(경술국치) 한일(韓日) 합방(合邦)을 경술년에 당(當)한 나라의 수치(羞恥)라는 뜻으로 일컫는 말
徑 지름길 경 준3급 | 常		자축거리다[彳]의 뜻과 물줄기 경(巠)의 음 및 뜻을 결합한 글자[形聲] 小篆字에서 徑은 물줄기가 곧게 뻗어가듯이 돌아가지 않고 바로 가는 길을 나타냈다. 이런 자형에서 '지름길'의 뜻이 나왔다.	捷徑(첩경) 지름길 直徑(직경) 원의 지름
耕 밭 갈 경 준3급 | 常		쟁기[耒]의 뜻과 우물 정(井)의 음 및 뜻을 결합한 글자[形聲] 小篆字에서 耕은 쟁기로 밭이랑을 만들며 가는 것을 나타냈다. 이런 자형에서 '밭 갈다'의 뜻이 나왔다.	歸耕(귀경) 벼슬을 내어놓고 귀향(歸鄕)하여 농사(農事)를 지음 農耕期(농경기) 농사(農事)를 짓는 시기(時期)
竟 마침내 경 3급 | 常		소리[音]와 어진 사람[儿]의 뜻을 결합한 글자[會意] 金文字에서 竟은 사람이 연주하던 악곡의 한 단락이 마친 것을 나타냈다. 이런 자형에서 '마치다'의 뜻이 나왔다.	畢竟(필경) 마침내, 결국에는, 그예
頃 잠깐 경 준3급 | 常		굽다[匕]와 머리[頁]의 뜻을 결합한 글자[會意] 小篆字에서 頃은 사람의 목이 기울어진 것을 나타냈다. 이런 자형에서 '머리 기울다'의 뜻이 나왔다. 후에 전성되어 '잠깐'의 뜻으로 쓰인다.	頃刻(경각) 잠시(暫時), 잠깐 동안, 눈 깜박할 동안. 극(極)히 짧은 시간(時間) 萬頃蒼波(만경창파) 만 이랑의 푸른 물결이라는 뜻으로, 한없이 넓고 푸른 바다

景 클 경 5급 | 常	해[日]의 뜻과 높을 경(京)의 음 및 뜻을 결합한 글자[形聲] 小篆字에서 景은 影과 통용자로 해가 높은 누각을 비추는 것을 나타냈다. 이런 자형에서 '햇볕'의 뜻이 나왔다.	景致(경치) 자연(自然)의 아름다운 모습 景福宮(경복궁) 조선 태조 3년에 서울 북악산 남쪽 기슭에 세운 대궐(大闕) 背景(배경) 뒤의 경치		
卿 벼슬 경 3급 | 常	마주 대하다[卯]와 고소하다[皀]의 뜻을 결합한 글자[會意] 甲文字에서 卿은 음식 앞에 마주 앉아 있는 높은 벼슬을 한 귀한 사람을 나타냈다. 이런 자형에서 '벼슬'의 뜻이 나왔다.	樞機卿(추기경) 로마 교황(敎皇)의 최고(最高) 고문(顧問) 卿士大夫(경사대부) 영의정(領議政), 좌의정(左議政), 우의정(右議政) 이외의 모든 벼슬아치		
硬 굳을 경 준3급 | 常	돌[石]의 뜻과 고칠 경(更)의 음 및 뜻을 결합한 글자[形聲] 小篆字에서 硬은 잘 깨어지지 않는 단단한 돌을 나타냈다. 이런 자형에서 '굳다'의 뜻이 나왔다.	硬直(경직) 사고(思考) 방식(方式)이나 태도(態度)나 분위기(雰圍氣) 따위가 외곬으로 치우쳐 융통성이 없거나 딱딱한 상태(狀態)가 되는 것 動脈硬化症(동맥경화증) 동맥(動脈)의 내강(內腔)이 좁아지는 동맥(動脈)의 병		
敬 공경 경 5급 | 常	진실하다[苟]와 치다[攵]의 뜻을 결합한 글자[會意] 金文字에서 敬은 착한 양처럼 진실한 사람이 되도록 채찍질하는 것을 나타냈다. 이런 자형에서 '삼가다'의 뜻이 나왔다.	尊敬(존경) 존중(尊重)히 여겨 공경(恭敬)함 恭敬(공경) 삼가서 공손(恭遜)히 섬김 敬老(경로) 노인(老人)을 공경(恭敬)함 敬聽(경청) 남의 말을 공경(恭敬)하는 태도(態度)로 듣는 것		
傾 기울 경 4급	사람[亻]의 뜻과 목 경(頃)의 음 및 뜻을 결합한 글자[形聲]. 石文字에서 傾은 사람의 고개가 삐뚤어진 것을 나타냈다. 이런 자형에서 '기울다'의 뜻이 나왔다.	傾向(경향) 마음이나 형세(形勢)가 어느 한쪽으로 향(向)하여 기울어짐 急傾斜(급경사) 몹시 가파른 경사(傾斜)		
經 날실 경 준4급	실[糸]의 뜻과 물줄기 경(巠)의 음 및 뜻을 결합한 글자[形聲] 金文字에서 經은 흐르는 물줄기와 같이 세로 줄로 된 천의 날실을 나타냈다. 이런 자형에서 '날실'의 뜻이 나왔다.	經書(경서) 성현들의 가르침을 기록(記錄)한 책의 총칭 經濟(경제) 재화와 용역을 생산·분배·소비하는 활동 및 그와 직접 관련되는 질서와 행위의 총체 經驗(경험) 실제(實際)로 보고 듣고 겪은 일		
境 지경 경 준4급 | 常	흙[土]의 뜻과 끝날 경(竟)의 음 및 뜻을 결합한 글자[形聲] 小篆字에서 境은 나라의 영토가 끝나는 곳을 나타냈다. 이런 자형에서 '지경'의 뜻이 나왔다.	境遇(경우) 놓여 있는 조건(條件)이나 놓이게 되는 형편(形便) 또는 사정(事情) 環境(환경) 사람이나 동식물(動植物)의 생존(生存)에 커다란 영향(影響)을 미치는 조건(條件)		
輕 가벼울 경 5급 | 常	수레[車]의 뜻과 물줄기 경(巠)의 음 및 뜻을 결합한 글자[形聲] 小篆字에서 輕은 수레가 물줄기같이 힘차게 빨리 달리는 것을 나타냈다. 이런 자형에서 '가볍다'의 뜻이 나왔다.	輕視(경시) 가볍게 봄. 가볍게 여김. 깔봄 輕重(경중) 중요(重要)하지 아니한 것과 중요(重要)한 것 輕減(경감) 덜어내어 가볍게 함		
慶 경사 경 준4급 | 常	사슴[鹿]과 마음[心] 그리고 천천히 걷다[夊]의 뜻을 결합한 글자[會意] 金文字에서 慶은 결혼 등 좋은 일에 사슴으로 축하하는 풍습을 나타냈다. 이런 자형에서 '경사'의 뜻이 나왔다.	國慶日(국경일) 국가적(國家的)인 경사(慶事)를 축하(祝賀)하기 위하여 나라에서 정한 온 국민(國民)이 기념(記念)하는 날		
警 깨우칠 경 준4급 | 常	삼갈 경(敬)의 음 및 뜻과 말씀[言]의 뜻을 결합한 글자[形聲] 小篆字에서 警은 말과 행동을 삼가도록 타이르는 것을 나타냈다. 이런 자형에서 '경계하다'의 뜻이 나왔다.	警察(경찰) 사회의 일반적인 법질서를 유지하기 위한 정부의 행정 활동이나 그 조직 警告(경고) 주의(注意)하라고 경계(警戒)하여 알림		

鏡 거울 경 4급 · 常	쇠[金]의 뜻과 지경 경(竟)의 음 및 뜻을 결합한 글자[形聲] 小篆字에서 鏡은 금속에 형상을 비추면 그림자의 경계가 명확히 드러나는 것을 나타냈다. 이런 자형에서 '거울'의 뜻이 나왔다.	顯微鏡(현미경) 작은 물체(物體)를 크게 볼 수 있도록 한 장치 破鏡(파경) ① 깨어진 거울 ② 부부(夫婦)의 금실이 좋지 않아 이혼(離婚)하게 되는 일
競 다툴 경 5급 · 常	다투어 말하다[言言]와 두 사람[儿儿]의 뜻을 결합한 글자[會意] 甲文字에서 競은 두 사람이 심하게 다투어 말하는 것을 나타냈다. 이런 자형에서 '다투다'의 뜻이 나왔다.	競爭(경쟁) 같은 목적(目的)을 두고 서로 이기거나 앞서거나 더 큰 이익(利益)을 얻으려고 겨루는 것 競技(경기) 기술(技術)의 낫고 못 함을 서로 겨루는 일
驚 놀랄 경 4급 · 常	공경할 경(敬)의 음 및 뜻과 말[馬]의 뜻을 결합한 글자[形聲] 小篆字에서 驚은 말이 잘 놀라는 것을 나타냈다. 이런 자형에서 '놀라다'의 뜻이 나왔다.	驚愕(경악) (뜻밖의 일에) 놀라서 충격(衝擊)을 받는 것 驚異(경이) ① 놀랍고 이상(異常)함 ② 놀라움 驚歎(경탄) ① 매우 감탄(感歎)함 ② 몹시 놀라 탄식(歎息)함
儆 경계할 경 2급	뜻을 나타내는 사람인변(亻(=人)→사람)과 음을 나타내는 敬(경)이 합하여 이루어짐. 사람을 경계하다.	儆徹(경경) 경계하는 모양 儆戒(경계) 잘못되는 일이 없도록 미리 마음을 가다듬어 조심함. 警戒(경계) 儆備(경비) 만일을 위하여 미리 방비함. 警備(경비)
憬 깨달을 경 1급	뜻을 나타내는 심방변(忄(=心, 㣺)→마음, 심장)과 음을 나타내는 景(햇빛이 밝다 경)이 합하여 이루어짐 마음속이 밝아지다, 깨닫다.	憧憬(동경) 무엇이 그리워서 마음이 팔려 그것만을 생각함 憬悟(경오) 깨달음, 각성함
梗 줄기, 막힐 경 1급	뜻을 나타내는 나무목(木→나무)과 음을 나타내는 更(단단할 경)이 합하여 이루어짐. 단단한 가시가 있는 산느릅나무, 대강, 대개.	梗塞(경색) (사물(事物)의 흐름이나 분위기(雰圍氣) 등이) 막히거나 굳어져 순조(順調)롭지 못한 상태(狀態)가 되는 것 梗槪(경개) 개요, 대략, 대강 梗正(경정) 강하고 바름
瓊 구슬 경 2급	뜻을 나타내는 구슬옥변(玉(=玉, 王)→구슬)과 음을 나타내는 부수를 제외한 글자 夐(형)이 합하여 이루어짐.	瓊團(경단) 찹쌀수수 따위의 가루를 반죽하여 밤톨만 한 크기로 동글게 빚어, 끓는 물에 삶아 건져 고물을 묻힌 떡
磬 경쇠 경 1급	뜻을 나타내는 돌석(石→돌)部와 음을 나타내는 부수를 제외한 글자 경(→聲(성)의 고자(古字))이 합하여 이루어짐.	風磬(풍경) (절 따위 건물(建物)의) 처마 끝에 다는 경쇠 編磬(편경) 아악기(雅樂器)의 한 가지. 두 층으로 된 길이가 있고, 황종으로부터 청협종까지 16개의 경을 한 층에 여덟 개씩 매단 경(磬)쇠
痙 경련 경 1급	뜻을 나타내는 병질엄(疒→병, 병상에 드러누운 모양)과 음을 나타내는 부수를 제외한 글자 巠(힘이 더해져서 곧다 경)이 합하여 이루어짐. 갑자기 근육이 경직되다.	痙攣(경련) 근육(筋肉)이 자기(自己) 의사(意思)에 반하여 병적(病的)으로 수축(收縮)하는 현상(現象) 痙直(경직) 몸 따위가 굳어서 뻣뻣하게 되는 것
莖 줄기 경 1급	뜻을 나타내는 초두머리(艹(=艸)→풀, 풀의 싹)部와 '곧다'(=經(경))의 뜻을 巠(경)으로 이루어짐. 巠(경)은 베 짜기에서 날실의 모양으로, 반듯함, 강하다의 뜻, 풀의 똑바르고 강한 부분. 곧 줄기.	莖菜類(경채류) 줄기를 주(主)로 먹는 야채류(野菜類)의 통틀어 일컬음. 양배추·죽순(竹筍)·아스파라거스 등

한자	자원 풀이	용례	
頸 목 경 1급	뜻을 나타내는 머리혈(頁→머리)과 음을 나타내는 부수를 제외한 글자 巠(힘이 더해져서 곧다 경)이 합하여 이루어짐.	頸椎(경추) 목등뼈 頸動脈(경동맥) 대동맥에서 직접(直接) 시작(始作)되는 대동맥궁의 분지(盆地). 두경부에 혈액(血液)을 보내는 주요(主要) 동맥관	
脛 정강이 경 1급	뜻을 나타내는 육달월(月(=肉)→살, 몸)과 음을 나타내는 부수를 제외한 글자 巠(힘이 더해져서 곧다 경)이 합하여 이루어짐	脛骨(경골) 정강이뼈	
勁 굳셀 경 1급	뜻을 나타내는 힘력(力→팔의 모양→힘써 일을 하다)과 음을 나타내는 巠(힘이 있고 곧다 경)이 합하여 이루어짐. 곧고 센 힘.	强勁派(강경파) 강경(强硬)하게 나가자고 주장(主張)하는 파 勁直(경직) (뜻이)굳세고 곧음	
鯨 고래 경 1급	뜻을 나타내는 고기어(魚→물고기)部와 京(높은 언덕 경)으로 이루어짐. 언덕처럼 큰 물고기.	捕鯨船(포경선) 고래를 잡기 위해 특별(特別)한 장치(裝置)를 한 배. 경선(鯨船) 鯨腦油(경뇌유) 고래에서 짜낸 기름. 기계(機械)의 윤활유(潤滑油)로 쓰임	
系 실타래 계 4급 常	끌다[丿]와 실[糸]의 뜻을 결합한 글자[會意] 金文字에서 系는 실이 이어져 있는 것을 나타냈다. 이런 자형에서 '잇다'의 뜻이 나왔다.	傍系尊屬(방계존속) 방계(傍系) 혈족에 딸리는 존속(尊屬) 體系(체계) 낱낱이 다른 것을 통일(統一)한 조직(組織)	
戒 경계할 계 4급 常	두 손[廾]과 창[戈]의 뜻을 결합한 글자[會意] 金文字에서 戒는 두 손으로 창을 높이 들고 있는 것을 나타냈다. 이런 자형에서 뜻하지 아니한 적에 대비하여 '경계하다'의 뜻이 나왔다.	訓戒(훈계) 타일러서 경계(警戒) 懲戒(징계) 허물이나 잘못을 뉘우치도록 나무람	
季 계절 계 4급 常	벼[禾]와 씨앗[子]의 뜻을 결합한 글자[會意] 甲文字에서 季는 어린 벼의 씨앗을 나타냈다. 이런 자형에서 씨앗을 뿌려 결실 맺는 '철'의 뜻이 나왔다.	季節(계절) 규칙적으로 되풀이되는 자연현상에 따라서 일 년을 구분한 것 季節風(계절풍) 철을 따라서 방향(方向)이 바뀌는 바람	
界 지경 계 6급 常	밭[田]의 뜻과 끼일 개(介)의 음 및 뜻을 결합한 글자[形聲] 金文字에서 界는 밭과 밭 사이를 구분하기 위해 끼워 넣은 경계를 나타냈다. 이런 자형에서 '지경'의 뜻이 나왔다.	微生物界(미생물계) 미생물(微生物)의 분야(分野) 世界(세계) 지구(地球) 전체(全體)	
癸 열째 천간 계 3급 常	창을 땅에 세운 모양을 본뜬 글자[象形] 甲文字에서 癸는 끝이 세 갈래로 된 창을 땅에 세운 모양을 본떠 '창'의 뜻이 나왔으나, 小篆字에서는 구획 정리를 위해 창이나 발걸음으로 길이를 재는 것을 나타냈다. 이런 자형에서 '헤아리다'의 뜻이 나왔다.	癸未字(계미자) 조선 태종(太宗) 3(1403)년 계미년에 주자소를 두고 만든 구리 활자(活字). 癸丑日記(계축일기) 조선 광해군(光海君) 4년에 광해군이 어머니 인목대비와 영창대군을 죽일 때의 정경을 기록한 글	
契 맺을 계 6급 常	새기다와 크다[大]의 뜻을 결합한 글자[會意] 小篆字에서 契는 큰 약속의 내용을 나무에 새기는 것을 나타냈다. 이런 자형에서 계약을 '맺다'의 뜻이 나왔다.	契約(계약) 복수 당사자의 반대방향 의사표시의 합치로써 이루어지는 법률행위	

한자	자해(字解)	용례(用例)
係 맬 계 3급 常	사람[亻]의 뜻과 이을 계(系)의 음 및 뜻을 결합한 글자[形聲] 金文字에서 係는 사람이 삼실을 뽑아 잇는 것을 나타냈다. 이런 자형에서 '잇다', '당기다'의 뜻이 나왔다.	關係(관계) 둘 이상(以上)이 서로 걸림
計 셀 계 3급 常	말씀[言]과 열[十]의 뜻을 결합한 글자[會意] 金文字에서 計는 사물의 개수를 말로써 헤아리는 모양을 나타냈다. 이런 자형에서 '셈하다'의 뜻이 나왔다.	計算(계산) 수량(數量)을 헤아림 計劃(계획) 앞으로 할 일을 미리 작정(作定)함 統計(통계) 어떤 현상을 종합적으로 한눈에 알아보기 쉽게 일정한 체계에 따라 숫자로 나타냄
桂 계수나무 계 3급 常	나무[木]의 뜻과 서옥 규(圭)의 음 및 뜻을 결합한 글자[形聲]. 小篆字에서 桂는 계수나무 껍질은 약에 쓰이는데 그 모양이 홀을 엮어 놓은 것 같은 것을 나타냈다. 이런 자형에서 '계수나무'의 뜻이 나왔다.	桂香(계향) 계수나무의 향기(香氣) 桂樹(계수) 계수나무
啓 열 계 3급 常	짐 대문[戶]과 치다[攵] 그리고 입[口]의 뜻을 결합한 글자[會意] 甲文字에서 啓는 닫힌 문을 손으로 여는 것을 나타냈다. 小篆字에서는 말로 타이르며 매로 가르치는 것을 나타냈다. 이런 자형에서 '일깨우다'의 뜻이 나왔다.	啓發(계발) 슬기와 재능(才能)을 열어 깨우쳐 줌 啓導(계도) 계발(啓發)하여 지도(指導)함 啓蒙(계몽) 지식수준이 낮거나 인습에 젖은 사람을 가르쳐서 깨우침
械 기계 계 3급 常	나무[木]의 뜻과 징계할 계(戒)의 음 및 뜻을 결합한 글자[形聲] 小篆字에서 械는 죄 지은 사람을 징계하던 나무틀을 나타냈다. 이런 자형에서 '형틀'의 뜻이 나왔다. 후에 전성되어 모든 기구를 나타내는 '기계'의 뜻으로 쓰인다.	機械(기계) 도구(道具)를 짜 맞추어 이에 동력(動力)을 응용(應用)함으로써 일정한 운동(運動)을 전(傳)하여 작업(作業)을 행하게 하는 물건
階 섬돌 계 4급 常	언덕[阝]과 다 개(皆)의 음 및 뜻을 결합한 글자[形聲] 小篆字에서 階는 많은 돌이 하나하나 언덕처럼 쌓여 있는 것을 나타냈다. 이런 자형에서 '섬돌'의 뜻이 나왔다.	音階(음계) 음악(音樂)에 사용(使用)되는 음을, 어떤 한 음으로부터 차례(次例)로 늘어놓은 것 階段(계단) ① 층층대 ② 어떤 일을 하는 데 밟아야 할 일정한 순서(順序)
溪 시내 계 3급 常	물[氵]의 뜻과 시내 계(奚)의 음 및 뜻을 결합한 글자[形聲] 小篆字에서 溪는 골짜기 사이에서 흐르는 물을 나타냈다. 이런 자형에서 '시내'의 뜻이 나왔다.	溪泉(계천) 산골샘 溪聲(계성) 시냇물 소리 溪流(계류) 산골짜기에서 흐르는 시냇물
繫 맬 계 3급 常	실[糸]의 뜻 과 칠 격(毄)의 음 및 뜻을 결합한 글자[形聲] 小篆字에서 繫는 수레바퀴가 벗어나지 못하도록 끈으로 얽어맨 것을 나타냈다. 이런 자형에서 '매다'의 뜻이 나왔다.	聯繫(연계) 관련(關聯)하여 관계를 맺는 것
繼 이을 계 4급 常	실[糸]과 잇다의 뜻을 결합한 글자[會意] 金文字에서 繼는 길쌈할 때 끊어진 실을 잇는 것을 나타냈다. 이런 자형에서 '잇다'의 뜻이 나왔다.	中繼(중계) 중간(中間)에서 이어줌 繼續(계속) 끊어지지 않고 뒤를 이어 나감 繼承(계승) 조상(祖上)이나 전임자의 뒤를 이어받음
鷄 닭 계 4급 常	큰 배 해(奚)의 음 및 뜻과 새[鳥]의 뜻을 결합한 글자[形聲] 金文字에서 鷄는 큰 배의 모양과 같이 배가 큰 새를 나타냈다. 이런 자형에서 '닭'의 뜻이 나왔다.	鷄鳴(계명) 닭의 울음소리 蔘鷄湯(삼계탕) 인삼과 닭을 삶아 만든 음식 鷄林(계림) 신라(新羅) 탈해왕(脫解王) 때부터 한동안 부르던 '신라(新羅)'의 다른 이름

한자	자원(字源)	용례(用例)			
悸 두근거릴 계 1급	뜻을 나타내는 심방변(忄(=心, 㣺)→마음, 심장)과 음을 나타내는 季(계)가 합하여 이루어짐. 季(계)는 悸(훌)과 통하여 '걱정하다'의 뜻, 걱정하고 두려워하여 마음이 움직이다, '가슴이 설레다'의 뜻.	悸病(계병) 가슴이 두근거리는 병 悸心痛(계심통) 심장병으로 일어나는 가슴앓이. 고민·피로(疲勞) 등의 원인(原因)으로 심장이 울렁거리고 가슴이 답답하며 아픈 병 悸慄(계율) 두려워 떪. 전율함			
古 옛 고 6급　常	열[十]과 입[口]의 뜻을 결합한 글자[會意] 甲文字에서 古는 많은 사람의 입으로 전해지고 있는 것을 나타냈다. 이런 자형에서 '옛'의 뜻이 나왔다.	古邑(고읍) 옛 군청(郡廳)이 있던 마을 古典(고전) 후세(後世) 사람들의 모범(模範)이 될 만한 가치(價値)를 지닌 작품(作品) 古墳壁畵(고분벽화) 무덤 안의 천장(天障)이나 벽면(壁面)에 그려 놓은 벽화			
考 생각할 고 5급　常	늙다[耂]의 뜻과 숨 막힐 고의 음 및 뜻을 결합한 글자[形聲] 甲文字에서 考는 허리가 굽고 숨이 찬 노인이 지팡이에 의지한 것을 나타냈다. 이런 자형에서 '오래 살다'의 뜻이 나왔다.	考慮(고려) 깊이 생각하여 헤아림 思考(사고) 생각하고 궁리(窮理)함 再考(재고) 다시 한 번 자세(仔細)하게 생각함 參考(참고) 살펴서 생각함 論考(논고) 고증(考證)하여 밝힘			
告 고할 고 5급　常	소[牛]와 입[口]의 뜻을 결합한 글자[會意] 甲文字에서 告는 牿의 본자로 소머리 아래에 여물통이 있는 것을 나타냈다. 이런 자형에서 '외양간'의 뜻이 나왔으나, 전성되어 '알리다'의 뜻으로 쓰인다.	警告(경고) 주의(注意)하라고 경계(警戒)하여 알림 廣告(광고) 세상(世上)에 널리 알림 申告(신고) 일정한 사실을 진술, 보고하는 일 報告(보고) 알리어 바치거나 베풀어 알림			
固 굳을 고 5급　常	큰 경계[囗]의 뜻과 옛 고(古)의 음 및 뜻을 결합한 글자[形聲] 金文字에서 固는 오래되고 큰 경계를 가진 나라를 나타냈다. 이런 자형에서 '굳다'의 뜻이 나왔다.	頑固(완고) 성질(性質)이 완강(頑强)하고 고루(固陋)함 固執(고집) 자기(自己)의 의견(意見)만 굳게 내세움			
苦 쓸 고 6급　常	풀[艹]의 뜻과 오랠 고(古)의 음 및 뜻을 결합한 글자[形聲] 小篆字에서 苦는 싹이 자라 오래되면 쓴맛을 내는 씀바귀를 나타냈다. 이런 자형에서 '쓰다'의 뜻이 나왔다.	苦肉策(고육책) 적을 속이기 위하여, 자신(自身)의 희생(犧牲)을 무릅쓰고 꾸미는 계책(計策) 同苦同樂(동고동락) 괴로움과 즐거움을 함께한다는 뜻으로, 같이 고생(苦生)하고 같이 즐김			
姑 시어미 고 준3급　常	여자[女]의 뜻과 옛 고(古)의 음 및 뜻을 결합한 글자[形聲] 金文字에서 姑는 시집온 지 오래되어 아들을 장가보낸 여자를 나타냈다. 이런 자형에서 '시어머니'의 뜻이 나왔다.	姑婦間(고부간) 시어머니와 며느리 사이 姑母夫(고모부) 고모(姑母)의 남편(男便)			
孤 외로울 고 4급　常	아들[子]의 뜻과 오이 과(瓜)의 음 및 뜻을 결합한 글자[形聲] 小篆字에서 孤는 덩굴은 시들어 버리고 오이만 남은 것과 같이 부모 없이 아이만 남은 것을 나타냈다. 이런 자형에서 '외롭다'의 뜻이 나왔다.	群衆孤獨(군중고독) 모든 사람이 느끼는 외로움			
枯 마를 고 3급　常	나무[木]의 뜻과 오랠 고(古)의 음 및 뜻을 결합한 글자[形聲] 金文字에서 枯는 나무가 오래된 것을 나타냈다. 이런 자형에서 수명이 다한 '마른나무'의 뜻이 나왔다.	枯葉(고엽) 마른 잎. 시든 잎 榮枯盛衰(영고성쇠) 영화(榮華)롭고 마르고 성(盛)하고 쇠함이란 뜻으로, 개인(個人)이나 사회(社會)의 성(盛)하고 쇠함이 서로 뒤바뀌는 현상(現象)			
故 연고 고 4급　常	옛 고(古)의 음 및 뜻과 치다[攵]의 뜻을 결합한 글자[形聲] 金文字에서 故는 옛날에 일어난 여러 일들의 연고를 돌아보는 것을 나타냈다. 이런 자형에서 '옛날', '까닭'의 뜻이 나왔다.	故意的(고의적) 나쁜 생각에서 일부러 하는 (것) 事故(사고) 평시(平時)에 있지 아니하는 뜻밖의 사건(事件) 故障(고장) 기계(機械)나 설비(設備) 따위의 기능(技能)에 이상(異狀)이 생기는 일 故鄕(고향) 자기(自己)가 태어나고 자란 고장			

한자	자원(字源)	용례(用例)		
高 높을 고 6급 | 常	성 위에 세운 누각의 모양을 본뜬 글자[象形] 甲文字에서 高는 성 위에 높이 세운 누각의 모양을 본떴다. 이런 자형에서 '높다'의 뜻이 나왔다.	最高(최고) 가장 높음, 제일(第一)임 高句麗(고구려) B.C. 37년 북부여(北扶餘)의 주몽(朱蒙) 동명왕(東明王)이 세워 B.C. 668년 28대 보장왕(寶藏王) 27년까지 한반도에 존재했던 나라		
庫 곳집 고 4급 | 常	집[广]과 수레[車]의 뜻을 결합한 글자[會意] 小篆字에서 庫는 수레를 넣어두는 집을 나타냈다. 이런 자형에서 '곳집'의 뜻이 나왔으며, 후에 널리 여러 가지 무기나 문서 또는 물건을 넣어 두는 '창고'의 뜻으로 쓰인다.	倉庫(창고) 물건을 저장(貯藏)하거나 보관(保管)하는 건물(建物) 在庫(재고) 창고(倉庫)에 쌓아둔 물건		
雇 품팔 고 2급	僱의 본자(本字). 뜻을 나타내는 새추(隹→새)와 음을 나타내는 戶(호)가 합하여 이루어짐. 賈(고)와 통하여, 임금을 지불하고 '고용하다'의 뜻.	雇傭(고용) 삯을 받고 일을 함. 雇用(고용) 삯을 주고 사람을 부림		
賈 장사 고 2급 | 常	조개패(貝→돈, 재물)와 음을 나타내는 부수(首)를 제외한 글자 襾(아)의 전음(轉音)이 합하여 이루어짐. '값, 값어치'를 뜻함.	都賈(도고) 물건을 도거리로 맡아서 팖 또는 그렇게 하는 개인이나 조직 私商都賈(사상도고) 조선 후기에, 개인의 경제력을 바탕으로 하여 성장한 도고		
鼓 북 고 3급 | 常	북 고(鼓의 옛 자)의 음 및 뜻과 나뭇가지[攴]의 뜻을 결합한 글자[形聲] 甲文字에서 鼓는 나뭇가지로 북을 힘차게 두드리는 것을 나타냈다. 이런 자형에서 '두드리다'의 뜻이 나왔다.	申聞鼓(신문고) 조선 태종(太宗) 2년부터 백성이 원통(冤痛)한 일을 호소(呼訴)할 때 치게 하여, 당부에서 이를 알도록 한 북 鼓吹(고취) ① 북을 치고 피리를 붊 ② 용기(勇氣)와 기운(氣運)을 북돋우어 일으킴		
稿 원고 고 3급 | 常	벼[禾]의 뜻과 높을 고(高)의 음 및 뜻을 결합한 글자[形聲] 甲文字에서 稿는 벼를 높이 쌓아 올린 것을 나타냈다. 이런 자형에서 '볏짚'의 뜻이 나왔으며, 전성되어 '원고'의 뜻으로도 쓰인다.	原稿(원고) 인쇄물(印刷物)의 본보기를 삼기 위하여 쓴 글 寄稿(기고) 신문(新聞), 잡지(雜誌) 따위에 싣기 위하여 원고(原稿)를 보냄		
顧 돌아볼 고 3급 | 常	새 이름 고(雇)의 음 및 뜻과 머리[頁]의 뜻을 결합한 글자[形聲] 小篆字에서 顧는 봄이 되어 새가 이르는 것을 돌아보고 농사짓는 것을 나타냈다. 이런 자형에서 '돌아보다'의 뜻이 나왔다.	回顧錄(회고록) 지난 일을 회고하여 적은 기록(記錄) 顧問(고문) 자문(諮問)에 응(應)하여 의견(意見)을 제시(提示)하는 직책(職責) 顧客(고객) 물건을 항상(恒常) 사러 오는 손님		
皐 언덕 고 2급	臯(고)의 본자(本字). 흰 머리뼈와 네발짐승의 주검을 본뜬 글자. 희게 빛나다→수면이 희게 빛나는 늪의 뜻을 나타냄.	張保皐(장보고) 신라 흥덕왕(興德王) 때의 장수. 청해진(淸海鎭) 대사(大使)로 임명되어 해적을 없애고 해상권을 잡았으며, 신라와 당(唐)의 교역을 활발하게 하였음 林皐幸卽(임고행즉) 산간(山間) 수풀에서 편히 지내는 것		
呱 울 고 1급	갓난아이의 울음소리를 나타내는 의성어.	呱呱(고고) ① 아이가 세상(世上)에 나오면서 처음 우는 울음 ② 젖먹이의 우는 울음. '고고의' 형으로만 쓰임		
拷 칠 고 1급	뜻을 나타내는 재방변(扌(=手)→손)과 음을 나타내는 考(고)가 합하여 이루어짐. 考(고)는 攷(고)와 통하여, '때려눕히다'의 뜻. 손에 몽둥이를 들고 '두드리다'의 뜻을 나타냄.	拷問(고문) 죄를 진 혐의(嫌疑)가 있는 사람에게 자백(自白)을 강요(强要)하기 위하여 견디기 어려운 육체적(肉體的) 고통(苦痛)을 주며 신문(訊問)함 拷訊(고신) 고문(拷問)		

敲 두드릴 고 1급	뜻을 나타내는 등글월문(攴(=攵)→일을 하다, 회초리로 치다)과 음을 나타내는 高(고)가 합하여 이루어짐. 攴(복)은 '치다'의 뜻. 高(고)도 '두드리다'의 뜻.	推敲(퇴고) 미느냐 두드리느냐라는 뜻으로, 시문(詩文)의 자구(字句)를 여러 번 고침을 이르는 말 敲金擊石(고금격석): 두드릴 고, 쇠 금, 칠 격, 돌 석. 金石(금석)을 두들겨 淸雅(청아)한 소리를 낸다. 詩文(시문)의 聲調(성조)가 훌륭함. 금석은 악기의 재료		
辜 허물 고 1급	뜻을 나타내는 매울 신(辛→혹독하다, 맵다)과 음을 나타내는 古(고)가 합하여 이루어짐. 古(고)는 固(고)와 통하여, '굳게 닫히다'의 뜻. 죄인에게 자자하여 단단히 가두는 데서 '죄'의 뜻을 나타냄.	無辜(무고) 잘못이나 허물이 없음		
叩 두드릴 고 1급	뜻을 나타내는 입구(口→입, 먹다, 말하다)와 동시에 음을 나타내는 口(구), 부수를 제외한 글자 卩(절)이 합하여 이루어짐. 口(구)는 두드릴 때의 소리를 나타내는 의성어. 卩(절)은 사람이 무릎을 꿇은 모양을 본뜸. 무릎을 꿇고 앉아서 머리를 땅에 톡톡 두드리며 '절을 하다'의 뜻을 나타냄.	叩拜(고배) 무릎을 꿇고 절함 叩頭謝恩(고두사은) 땅에 닿도록 머리를 숙이고 받은 은혜에 고마워한다는 뜻		
痼 고질 고 1급	痼와 동자(同字). 뜻을 나타내는 병질엄(疒→병, 병상에 드러누운 모양)과 음을 나타내는 固(고)가 합하여 이루어짐. '굳다'의 固(고)와 병. 좀처럼 낫지 않는 병.	痼疾病(고질병) 오래되어 바로잡기 어렵게 된 나쁜 버릇 煙霞痼疾(연하고질) 산수(山水)의 좋은 경치(景致)를 깊이 사랑하는 마음(煙霞)이 대단히 강(强)해 마치 고치지 못할 병이 든 것 같음을 비유(比喻)해 이르는 말		
股 넓적다리 고 1급	뜻을 나타내는 육달월(月(=肉)→살, 몸)과 음을 나타내는 부수를 제외한 글자 殳(수)의 전음(轉音)이 합하여 이루어짐.	股肱之臣(고굉지신) 팔다리같이 믿음직스러워 중하게 여기는 신하		
膏 살찔 고 1급	뜻을 나타내는 육달월(月(=肉)→살, 몸)과 음을 나타내는 高(고)가 합하여 이루어짐. 高(고)는 皦(교)와 통하여 윤기 있는 백색의 뜻. 흰 지방의 뜻을 나타냄.	膏血(고혈) 사람의 기름과 피. 곧 남의 몸과 마음을 괴롭혀 얻는 이익 또는 재산 石膏像(석고상) 석고를 써서 만든 초상(肖像)		
袴 바지 고 1급	뜻을 나타내는 옷의변(衤(=衣)→옷)과 음을 나타내는 부수를 제외한 글자 夸(사타구니 과)는 '가랑이를 벌리고 서다'의 뜻.	袴衣(고의) (여름에 입는)남자(男子)의 바지와 저고리 袴下辱(과하욕) 한신이 바짓가랑이 밑을 기는 치욕을 견딤		
錮 막을 고 1급	뜻을 나타내는 쇠금(金→광물·금속·날붙이)과 음을 나타내는 固(굳을 고)가 합하여 이루어짐. 금속을 녹여 구멍을 단단히 '막다'의 뜻.	禁錮(금고) 형법이 규정하는 자유형(自由刑)의 하나. 단순히 형무소에 수용될 뿐, 노역(勞役)을 과하지 않는 점에서 징역(懲役)과 다름 錮疾(고질) 오래도록 낫지 않아 고치기 어려운 병(病)		
曲 굽을 곡 5급 · 常	대바구니의 굽어진 모양을 본뜬 글자[象形] 甲文字에서 曲은 대바구니의 굽은 모양을 본떴다. 이런 자형에서 '굽다'의 뜻이 나왔다. 곡조.	歪曲(왜곡) 비틀어 곱새김 婉曲(완곡) 말·행동을 빙 둘러서 함 戱曲(희곡) 서정시와 서사시가 종합(綜合)되어 인물(人物)의 행동, 대화(對話), 혼잣말 등을 구체적(具體的)으로 표현(表現) 전개하는 상연을 목적으로 함		
谷 골짜기 곡 3급 · 常	물[水]과 입[口]의 뜻을 결합한 글자[會意] 金文字에서 谷은 산등성이가 갈라져 물이 흘러나오는 입구를 나타냈다. 이런 자형에서 '골짜기'의 뜻이 나왔다.	溪谷(계곡) 두 산 사이에 물이 흐르는 골짜기 栗谷(율곡) 조선 중기의 대표적인 학자 이이(李珥)의 호(號) 進退維谷(진퇴유곡) 앞으로도 뒤로도 나아가거나 물러서지 못하다는 뜻으로, 궁지(窮地)에 빠진 상태		

哭 울 곡 10급 常	부르짖다와 개[犬]의 뜻을 결합한 글자[會意] 金文字에서 哭은 네 개의 입으로 몸을 구부려 우는 것을 나타냈다. 小篆字에서는 개가 놀라서 부르짖는 것을 나타냈다. 이런 자형에서 큰 소리 내어 '울다'의 뜻이 나왔다.	鬼哭(귀곡) 귀신(鬼神)의 울음 哭聲(곡성) 곡하는 소리	
穀 곡식 곡 4급 常	벼[禾]의 뜻과 껍질 각의 음 및 뜻을 결합한 글자[形聲] 甲文字에서 穀은 껍질이 있는 벼를 나타냈다. 이런 자형에서 모든 '곡식'의 뜻이 나왔다.	穀食(곡식) 벼, 보리, 밀, 조, 수수, 기장, 콩, 옥수수 따위를 통틀어 일컫는 말 穀間(곡간) 곡식(穀食)을 넣어두는 곳간	
鵠 고니 곡 1급	뜻을 나타내는 새조(鳥→새)와 음을 나타내는 告(고)의 전음(轉音)이 합하여 이루어짐.	正鵠(정곡) ① 과녁의 한가운데 되는 점 ② 목표(目標) 또는 핵심(核心)의 비유(比喩) 鴻鵠之志(홍곡지지) 큰 기러기와 고니의 뜻이라는 뜻으로, 영웅호걸의 뜻이나 원대한 포부(抱負)를 비유해 이르는 말	
梏 수갑 곡 1급	뜻을 나타내는 나무목(木→나무)과 음을 나타내는 告(고)의 전음(轉音)이 합하여 이루어짐. 告(고)는 잡힌 소를 바쳐 '고하다'의 뜻. 잡기 위한 木製(목제)의 刑具(형구).	桎梏(질곡) 차꼬와 수갑이란 뜻으로, 즉 속박(束縛)이라는 뜻	
困 곤할 곤 4급 常	울타리[口]와 나무[木]의 뜻을 결합한 글자[會意] 甲文字에서 困은 울타리 안에 나무가 있는 것을 나타냈다. 이런 자형에서 '곤란하다'의 뜻이 나왔다.	困難(곤란) 어떤 일을 하는 입장(立場)·상황(狀況)·조건(條件) 등이 좋지 않아 어렵거나 까다로운 상태(狀態) 貧困(빈곤) 가난하고 궁색(窮塞)하여 살기 어려움 困境(곤경) 어렵고 딱한 형편(形便)이나 처지(處地)	
坤 땅 곤 3급 常	흙[土]과 펴다[申]의 뜻을 결합한 글자[會意] 金文字에서 坤은 만물이 널리 펼쳐 자라는 곳을 나타냈다. 이런 자형에서 '땅'의 뜻이 나왔다.	乾坤(건곤) ① 하늘과 땅을 상징적(象徵的)으로 일컫는 말 ② 주역(周易)의 두 가지 괘명 건괘와 곤괘, 하늘과 땅, 양(陽)과 음(陰), 서북과 서남(西南)	
昆 맏, 벌레 곤 1급	緄, 崑, 蚰과 통자(通字). 발이 많은 벌레의 상형. 곤충.	昆蟲(곤충) 벌레를 통틀어 이르는 말	
棍 몽둥이 곤 1급	뜻을 나타내는 木(목→나무)과 음을 나타내는 昆(발이 많은 곤충 곤)이 합하여 이루어짐.	棍杖(곤장) 조선시대(時代) 때 죄인(罪人)을 때리던 형구(刑具)의 하나 棍棒(곤봉) 나무를 짤막하고 둥글게 깎아 만든 몽둥이	
袞 곤룡포 곤 1급	뜻을 나타내는 옷의(衣=衤→옷)와 음을 나타내는 부수를 제외한 글자 公(공)이 변하여 전음(轉音)이 됨. 공식적으로 입는 옷, 三公(삼공)의 예복.	袞龍袍(곤룡포) 임금이 입는 정복(正服). 누른빛이나 붉은빛의 비단(緋緞)으로 지음. 준말 용포(龍袍) 袞冕(곤면) 곤룡포와 면류관	
骨 뼈 골 4급 常	살 발라내다와 고기[月]의 뜻을 결합한 글자[會意] 小篆字에서 骨은 살을 발라내고 남은 것을 나타냈다. 이런 자형에서 '뼈'의 뜻이 나왔다.	骨角器(골각기) 석기시대에 동물의 뼈 또는 이빨로 만든 기물. 흔히 사슴의 뿔이나 뼈가 쓰였고, 물고기, 새의 뼈도 쓰였음. 무기, 작살, 낚시, 일용 기구, 장신구 따위가 있음 骨格(골격) 뼈의 조직	

汨 골몰할 골 1급 | 常	汨(골)과 동자(同字). 대법원 인명용으로는 골. 뜻을 나타내는 삼수변(氵(=水, 水)→물)과 음을 나타내는 날일(日→해)部의 전음(轉音)이 합하여 이루어짐.	汨沒(골몰) 물속에 잠김. 가라앉음. 세상에 나타나지 못함. 현달하지 못함. 한 일에만 몰두함			
工 장인 공 7급 | 常	공구의 모양을 본뜬 글자[象形] 甲文字에서 工은 손잡이가 있는 망치 모양의 공구를 본떴다. 이런 자형에서 공구를 사용하는 '장인'의 뜻이 나왔다. 후에 전성되어 '공교하다'의 뜻으로도 쓰인다.	工事(공사) 공장(工場)이나 토목(土木), 건축(建築) 등에 관(關)한 일 工具(공구) 공작에 쓰이는 작은 기구의 총칭 工巧(공교) 때나 기회(機會)가 우연(偶然)히 생기거나 어긋나거나 하는 일이 썩 기이(奇異)함			
公 공변될 공 6급 | 常	나누다[八]와 사사롭다[厶]의 뜻을 결합한 글자[會意] 甲文字에서 公은 사유물을 다른 사람에게 골고루 나누어 주는 것을 나타냈다. 이런 자형에서 '공평하다'의 뜻이 나왔다.	公開(공개) 여러 사람에게 널리 개방함 公告(공고) 널리 세상에 알림 公平(공평) 어느 한쪽에 기울이지 않고 공정(公正)함			
孔 구멍 공 4급 | 常	어린 아이[子]와 가슴[乙]의 뜻을 결합한 글자. 金文字에서 孔은 어린 아기가 어머니 품에서 젖을 빨고 있는 모습을 나타냈다. 이런 자형에서 '구멍'의 뜻이 나왔다.	孔子(공자) 중국 춘추(春秋)시대(時代)의 대(大)철학자(哲學者)·사상가(思想家) 骨多孔症(골다공증) 뼈 조직(組織)에 석회(石灰) 성분(成分)이 줄어들어 다공성을 나타내는 증세(症勢)			
功 공 공 6급 | 常	장인 공(工)의 음 및 뜻과 힘[力]의 뜻을 결합한 글자[形聲] 金文字에서 功은 장인이 자척(도구)에 맞추어 일을 하듯 법규를 준수하여 힘써 일해 나가는 것을 나타냈다. 이런 자형에서 '공'의 뜻이 나왔다.	功過(공과) 공로와 허물 功德(공덕) 공로와 인덕(仁德), 공적과 덕업. 功勞(공로) 애써 이룬 공적			
共 함께 공 6급 | 常	스물[卄]과 두 손[廾]의 뜻을 결합한 글자[會意] 金文字에서 共은 사람이 손으로 물건을 받쳐 들고 있는 것을 나타냈다. 이런 자형에서 '함께', '같이'의 뜻이 나왔다.	共感(공감) 남의 의견이나 논설 따위에 대하여 자기도 그러하다고 느낌. 남의 기쁨과 슬픔에 대하여 자기도 같은 감정을 가짐 共同(공동) 여러 사람이 일을 같이함			
攻 칠 공 4급 | 常	공구 공(工)의 음 및 뜻과 치다[攵]의 뜻을 결합한 글자[形聲] 甲文字에서 攻은 양손으로 끈을 잡아 돌려 공구를 갈아 다스리는 모습을 나타냈다. 이런 자형에서 전력하여'다스리다', '치다'의 뜻이 나왔다.	攻擊(공격) 나아가 적을 침 攻略(공략) 남의 땅을 쳐서 빼앗음			
空 빌 공 7급 | 常	굴[穴]의 뜻과 만들 공(工)의 음 및 뜻을 결합한 글자[形聲] 金文字에서 空은 속이 텅 비도록 땅을 파헤쳐 만든 것을 나타냈다. 이런 자형에서 '비다'의 뜻이 나왔다.	空間(공간) 영역이나 세계를 이르는 말. 물질이 존재하고 여러 가지 현상이 일어나는 장소. 空軍(공군) 군사상 공중에서의 공격과 방비를 맡은 군대 空氣(공기) 지구 표면을 둘러싼 무색투명한 기체			
供 아바지할 공 3급 | 常	사람[亻]의 뜻과 함께 공(共)의 음 및 뜻을 결합한 글자[形聲] 金文字에서 供은 다른 사람에게 물건을 드릴 때 손을 모아 조심스럽게 올리는 것을 나타냈다. 이런 자형에서 '이바지하다'의 뜻이 나왔다.	供給(공급) 수요에 따라 물품을 제공함. 물건을 댐 供覽(공람) 관람할 수 있도록 함 提供(제공) 어떤 사람에게 또는 단체(團體)에 어떤 사물(事物)을 가지거나 누리도록 주는 것			
恭 공손할 공 3급 | 常	맞잡을 공(共)의 음 및 뜻과 마음[心]의 뜻을 결합한 글자[形聲] 金文字에서 恭은 두 손을 맞잡고 진실한 마음으로 예를 갖춘 모습을 나타냈다. 이런 자형에서 '공손하다'의 뜻이 나왔다.	恭遜(공손) 공경(恭敬)하고 겸손(謙遜)함 恭敬(공경) 삼가서 예를 차려 높임			

貢 바칠 공 3급	장인 공(工)의 음 및 뜻과 조개[貝]의 뜻을 결합한 글자[形聲] 小篆字에서 貢은 재물을 만들어 일정하게 나라에 내는 것을 나타냈다. 이런 자형에서 '바치다'의 뜻이 나왔다.	貢納(공납) 공물을 바침 貢緞(공단) 감이 두껍고 무늬가 없는 비단 貢人(공인) 조선시대에 나라에 물건을 바치던 공물(貢物)을 납품(納品)하는 일을 맡아보던 사람	
恐 두려울 공 3급 常	품을 공의 음 및 뜻과 마음[心]의 뜻을 결합한 글자[形聲] 陶文字에서 恐은 죄를 진 불안한 마음을 나타냈으나, 小篆字에서는 두 손에 수갑을 차고 벌을 받는 마음을 나타냈다. 이런 자형에서 '두렵다'의 뜻이 나왔다.	恐喝(공갈) 무섭게 으르고 위협함	
拱 팔짱 낄 공 1급	뜻을 나타내는 재방변(扌(=手)→손)과 음을 나타내는 共(함께하다 공)이 합하여 이루어짐. 양손을 마주 잡다	拱包(공포) 처마 끝의 무게를 받치기 위하여 기둥머리에 짜 맞추어 댄 나무쪽 拱手(공수) 왼손을 오른손 위에 놓고 두 손을 마주 잡아, 공경(恭敬)의 뜻을 나타내는 예	
鞏 굳을 공 1급	뜻을 나타내는 가죽혁(革→가죽)과 음을 나타내는 부수를 제외한 글자 巩(공)이 합하여 이루어짐. 巩(공)은 연장을 조심스럽게 꼭 쥐는 모양을 본뜸, 다룬 가죽으로 꼭 묶다. '굳다'의 뜻을 나타냄	鞏固(공고) 굳고 튼튼함	
串 땅이름 곶 2급	대법원 인명용으론 곶. 고대에 화폐로 사용(使用)되었던 조개를 실로 꿴 모양을 본뜬 글자 꿰미(천), 꼬치(찬), 익을(관)	串柹(관시) 곶감 長山串(장산곶) 串(곶)은 岬(갑)	
戈 창 과 2급	나무로 된 자루에 끝이 뾰족한 쇠붙이를 달고, 손잡이가 있음을 나타낸 모양, 한자(漢字)의 부수로서는 무사(武事)에 관계되는 뜻을 나타냄, 손잡이가 달린 자루 끝에 날이 달린 창의 상형. 창	戈劍(과검) 창과 칼	
瓜 외, 오이 과 2급	오이 덩굴에 오이가 달려 있는 모양 오이, 참외, 수박 등	瓜田不納履(과전불납리) 오이 밭에서는 신을 고쳐 신지 않는다는 뜻으로, 의심(疑心)받을 짓은 처음부터 하지 말라는 말 瓜年(과년) 여자가 혼기(婚期)에 이른 나이 木瓜(모과) (본음은 '목과')모과나무의 열매	
果 열매 과 6급 常	나무에 달린 열매의 모양을 본뜬 글자[象形] 甲文字에서 果는 나무에 많은 열매가 맺은 모양을 본떴다. 이런 자형에서 '열매'의 뜻이 나왔다.	果敢(과감) 과단성이 있게 일을 함. 용감하게 실행함 果斷(과단) 용기 있게 결단함 果實(과실) 먹을 수 있는 나무의 열매	
科 과목 과 6급 常	벼[禾]와 말[斗]의 뜻을 결합한 글자[會意] 小篆字에서 科는 곡식의 양을 말[斗]로 헤아리거나 나누는 것을 나타냈다. 이런 자형에서 사물을 나누는 '조목'의 뜻이 나왔다.	科學(과학) 자연(自然) 과학(科學). 일정한 목적(目的)과 방법(方法)으로 그 원리(原理)를 연구(研究)하여 하나의 체계(體系)를 세우는 학문(學問) 科擧(과거) 옛날 중국 및 우리나라에서 행하여진 관리 채용 시험. 과목에 따라 인재를 뽑아 쓴다는 뜻	
過 지날 과 5급 常	쉬엄쉬엄 가다[辶]의 뜻과 입 삐뚤어질 괘(咼)의 음 및 뜻을 결합한 글자[形聲] 金文字에서 過는 입이 삐뚤어진 사람의 말이 잘못 나가는 것처럼 일이 잘못된 것을 나타냈다. 이런 자형에서 '허물'의 뜻이 나왔다.	過客(과객) 지나가는 나그네 過去(과거) 이미 지나간 때 過信(과신) 너무 믿음 看過(간과) 대강 보아 넘기다 빠뜨림	

誇 자랑할 과 3급 常	말씀[言]의 뜻과 큰 체할 과(夸)의 음 및 뜻을 결합한 글자[形聲] 小篆字에서 誇는 실제보다 지나치게 말하는 것을 나타냈다. 이런 자형에서 '자랑하다'의 뜻이 나왔다.	誇張(과장) 사실보다 지나치게 떠벌려 나타냄 誇示(과시) 실지보다 과장하여 나타내 보임 誇大妄想(과대망상) 턱없이 과장(誇張)하여 엉뚱하게 생각함	
寡 적을, 과부 과 3급 常	집 면과 재물 패 그리고 나누다 분의 뜻을 결합한 글자[會意] 金文字에서 寡는 집에서 사람이 홀로 있는 것을 나타냈으나, 小篆字에서는 分의 뜻을 첨가하여 사람이 집안의 재물을 나누어 주어 곤궁해진 것을 나타냈다. 이런 자형에서 '적다'의 뜻이 나왔다.	寡默(과묵) 말이 적음. 말을 삼가서 적게 함 寡婦(과부) 남편을 잃은 여자	
課 공부, 과정 과 5급 常	말씀[言]의 뜻과 결과 과(果)의 음 및 뜻을 결합한 글자[形聲] 小篆字에서 課는 결과를 물어 세금을 매기는 것을 나타냈다. 이런 자형에서 '부과하다'의 뜻이 나왔다.	課目(과목) 학과 課稅(과세) 세금을 매김 課題(과제) 주어진 문제(問題)나 임무(任務) 賦課(부과) 임무(任務)나 책임(責任) 따위를 지워 맡게 함	
菓 과자 과 2급	초두머리(艹(=艸)→풀, 풀의 싹)와 나뭇가지에 과실이 열려 있는 모양을 본뜬 글자 果(과)를 더하여 이루어짐.	菓子(과자) 밀가루나 쌀가루에 설탕, 우유 따위를 섞어 굽거나 기름에 튀겨서 만든 음식	
顆 낱알 과 1급	뜻을 나타내는 머리혈(頁→머리)과 음을 나타내는 果(열매 과)가 합하여 이루어짐. 열매처럼 둥근, 작은 알.	顆粒(과립) 동글고 잔 알갱이	
郭 둘레 곽 3급 常	누리다[享]와 고을[阝]의 뜻을 결합한 글자[會意] 甲文字에서 郭은 성곽을 양옆에 지은 것을 나타냈으나, 문을 첨가하여 한 겹 더 둘러싼 것을 나타냈다. 이런 자형에서 '바깥성'의 뜻이 나왔다.	城郭(성곽) 내성(內城)과 외성(外城)을 아울러 일컫는 말	
廓 둘레 곽 1급	뜻을 나타내는 엄호밑(广→집)部와 '크다'의 뜻(=擴(확·꽝))을 가지는 郭(곽)으로 이루어짐. 넓고 큰 집, 전(轉)하여, '크다'의 뜻.	輪廓(윤곽) 사물(事物)의 대강 테두리 外廓(외곽) 바깥 테두리	
槨 외관 곽 1급	椁과 동자(同字). 뜻을 나타내는 木(목→나무)과 음을 나타내는 郭(관의 겉을 싼 것 곽)이 합하여 이루어짐.	木槨墓(목곽묘) 덧널무덤과 같은 말 積石木槨墳(적석목곽분)=돌무지덧널무덤. 지하에 무덤을 파고 상자형 나무덧널을 넣은 뒤 그 주위와 위를 돌로 덮은 다음 다시 그 바깥을 봉토로 씌운 신라 귀족의 특수무덤	
藿 콩잎 곽 1급	풀을 뜻하는 초두머리(艹(=艸)→풀, 풀의 싹)와 음을 나타내는 부수를 제외한 글자 霍(황급히 지다 곽)이 합하여 '콩잎'을 뜻함. 옆 병에 떨어지기 쉬운 콩잎.	藿湯(곽탕) 콩잎국 藿羹(곽갱) 콩잎국	
官 벼슬 관 4급 常	집[宀]과 쌓다의 뜻을 결합한 글자[會意] 甲文字에서 官은 많은 사람이 집 안에 모여 있는 것으로 백성을 다스리는 집을 나타냈다. 이런 자형에서 '관청'의 뜻이 나왔다.	官僚(관료) 관리(官吏)들 官吏(관리) 국가(國家) 공무원(公務員), 관직(官職)에 있는 사람	

冠 갓 관 3급 常	덮다[冖]와 으뜸[元] 그리고 마디[寸]의 뜻을 결합한 글자[會意] 小篆字에서 冠은 규격에 따라 머리에 쓰는 모자를 나타냈다. 이런 자형에서 '갓'의 뜻이 나왔다.	冠帶(관대) 관과 띠. 관리의 신분 冠禮(관례) 남자 20세가 되어 관을 쓰는 성인이 되는 예식	
貫 꿸 관 3급 常	뚫을 관(毌)의 음 및 뜻과 조개[貝]의 뜻을 결합한 글자[形聲] 小篆字에서 貫은 조개껍질을 꿰어서 묶은 것을 나타냈다. 이런 자형에서 '꿰다'의 뜻이 나왔다.	貫徹(관철) 자신(自身)의 주장(主張)이나 방침(方針)을 밀고 나가 목적(目的)을 이룸 一貫(일관) 일이관지(一以貫之). 처음부터 끝까지 같은 주의(注意), 방법(方法)으로 계속(繼續)함	
款 문서 관 2급	하품흠방(欠→하품하는 모양)과 기뻐하다, 가까이하다, 정성, 종점에 새기다, 새겨진 법률문 조항.	借款(차관) 국가(國家) 간에 자금(資金)을 빌려 쓰고 빌려 줌 約款(약관) 조약(條約)·계약(契約) 등에서 정해진 하나 하나의 조항(條項)	
寬 너그러울 관 3급 常	집[宀]의 뜻과 뿔 가는 염소 환의 음 및 뜻을 결합한 글자[形聲] 小篆字에서 寬은 집 안에 산양이 있는 것을 나타냈다. 이런 자형에서 '너그럽다'의 뜻이 나왔다.	寬大(관대) 마음이 너그럽고 큼 寬容(관용) 마음이 넓어 남의 말을 너그럽게 받아들이거 나 용서(容恕)함	
管 대롱 관 4급 常	대나무[竹]의 뜻과 벼슬 관(官)의 음 및 뜻을 결합한 글자[形聲] 小篆字에서 管은 대나무로 대롱을 만들어 관청의 행사에 사용하는 것을 나타냈다. 이런 자형에서 '피리'의 뜻이 나왔다.	管理(관리) 사람을 통제하고 지휘(指揮) 감독(監督)하는 것 保管(보관) 물건을 어느 곳에 안전(安全)하게 두는 것 管轄(관할) 권한(權限)에 의하여 지배(支配)함	
慣 버릇 관 3급 常	마음[忄]의 뜻과 꿸 관(貫)의 음 및 뜻을 결합한 글자[形聲] 小篆字에서 慣은 고대에 돈을 꿰어 쓰는 풍습을 버리지 못하고 반복하는 것을 나타냈다. 이런 자형에서 '버릇'의 뜻이 나왔다.	慣行(관행) 관례(慣例)대로 행(行)함 習慣(습관) 저절로 익고 굳어진 행동 慣習(관습) 사회(社會)의 습관(習慣) 慣性(관성) 물체에 가해지는 외부 힘의 합력이 0일 때 자 신의 운동상태를 지속하는 성질	
館 집 관 3급 常	밥[食]의 뜻과 관청 관(官)의 음 및 뜻을 결합한 글자[形聲] 小篆字에서 館은 외국 사신에게 숙식을 제공하는 집을 나타냈다. 이런 자형에서 '객사'의 뜻이 나왔다.	博物館(박물관) 다양한 자료를 수집·보관·진열하여 교 육적 배려하에 일반 민중의 전람에 이바지하고, 또 그 들의 자료에 대하여 조사연구하는 시설 白堊館(백악관) 미국 워싱턴에 있는 미국 대통령(大統領) 의 관저(官邸)	
關 관계할 관 5급 常	문[門]의 뜻과 북에 실 꿸 관( )의 음 및 뜻을 결합한 글자[形聲] 金文字에서 關은 실을 꿴 북과 같이 나무를 문에 끼운 것을 나타냈다. 이런 자형에서 '빗장'의 뜻이 나왔다.	關聯(관련) 서로 관계(關係)가 있음 關係(관계) 둘 이상(以上)이 서로 걸림 機關(기관) 물건을 활동(活動)시키는 장치(裝置)를 하여 놓은 기계(機械)	
觀 볼 관 5급 常	황새 관(雚)의 음 및 뜻과 보다[見]의 뜻을 결합한 글자[形聲] 甲文字에서 觀은 황새가 먹이를 찾기 위해 살피는 것을 나타냈다. 이런 자형에서 '보다'의 뜻이 나왔다.	觀光(관광) 돌아다니며 구경하는 것 觀測(관측) 변화(變化)를 정확(正確), 세밀(細密)하게 관 찰(觀察)하여 수량적(數量的)인 측정(測定)을 헤아림 觀察(관찰) 사물(事物)을 잘 살펴봄	
灌 물댈 관 1급	삼수변(氵=水, 水→물)과 음을 나타내는 부수를 제외 한 글자 雚(관)이 합하여 이루어짐. 雚(관)은 卷(권) 등과 통하며, '둥글게 돌리다'의 뜻. 물을 돌리듯이 끼얹다, '따라 붓다'의 뜻을 나타냄.	灌漑(관개) 농사(農事)를 짓는 데 필요(必要)한 물을 논 밭에 대는 것 灌木(관목) 키가 작은 나무	

棺 널 관 1급	뜻을 나타내는 木(목→나무)과 음을 나타내는 官(둘러싸다 관)이 합하여 이루어짐. 사체를 감싸서 둘러싸는 관의 뜻을 나타냄	下棺(하관) (주검을 묻기 위하여)관(棺)을 광중(壙中)에 내림 剖棺斬屍(부관참시) 죽은 뒤에, 큰 죄(罪)가 드러난 사람에게 극형(極刑)을 추시(追施)하던 일. 무덤을 파고 관을 꺼내어 시체(屍體)를 베거나 목을 잘라 거리에 내걸었음		
刮 깎을 괄 1급	刀(도)는 칼 舌(설)은 팔. 氏(씨)는 도려내기 위한 칼의 상형으로 '도려내다'의 뜻. 깎아내다.	刮目相對(괄목상대) 눈을 비비고 다시 보며 상대(相對)를 대한다는 뜻으로, 다른 사람의 학식(學識)이나 업적(業績)이 크게 진보(進步)한 것을 말함		
括 묶을 괄 1급	뜻을 나타내는 재방변(扌=手→손)과 묶어서 '졸라매다'의 뜻을 나타내는 舌(설→옛 음이 '걸')로 이루어짐	包括的(포괄적) 포괄(包括)하는 상태(狀態)이거나 그러한 성질(性質)이 있는 모양 總括(총괄) 여러 가지를 한데 모아서 아우름 一括(일괄) 한데 묶음, 한데 아우르는 일		
光 빛 광 6급 常	꿇어앉은 사람 머리에 불이 있는 모양을 본뜬 글자[象形] 甲文字에서 光은 불이 사람의 머리 위에 있어 번쩍 번쩍 빛나는 것을 본떴다. 이런 자형에서 '빛나다'의 뜻이 나왔다.	月光(월광) 달빛. 달에서 비쳐 오는 빛 榮光(영광) 경쟁(競爭)에서 이기거나, 남이 하지 못한 어려운 일을 해냈을 때의 빛나는 영예(榮譽) 光線(광선) 빛. 빛살		
狂 미칠 광 3급 常	개[犭]의 뜻과 갈 왕(王=往)의 음 및 뜻을 결합한 글자[形聲] 甲文字에서 狂은 개가 미쳐서 날뛰는 것을 나타냈다. 이런 자형에서 '미치다'의 뜻이 나왔다.	狂牛病(광우병) 주로 4~5년생 소에게 일어나는 뇌병. 뇌에 스펀지처럼 구멍이 생겨 미친 듯이 사나워짐. 熱狂(열광) 너무 좋아서 미친 듯이 날뜀 狂氣(광기) 미친 증세(症勢)		
廣 넓을 광 5급 常	집[广]의 뜻과 누를 황(黃)의 음 및 뜻을 결합한 글자[形聲] 金文字에서 廣은 집안이 황톳빛 밭과 같이 넓게 펼쳐진 것을 나타냈다. 이런 자형에서 '넓다'의 뜻이 나왔다.	廣告(광고) 세상(世上)에 널리 알림 廣場(광장) 넓은 마당 廣範圍(광범위) 넓은 범위(範圍) 廣域(광역) 넓은 구역(區域)		
鑛 쇳돌 광 4급 常	쇠[金]의 뜻과 넓을 광(廣)의 음 및 뜻을 결합한 글자[形聲] 小篆字에서 鑛은 다듬지 않은 큰 쇳덩이를 나타냈다. 이런 자형에서 '광석'의 뜻이 나왔다.	炭鑛(탄광) 석탄(石炭)을 파내는 광산(鑛山) 鑛脉(광맥) 광맥(鑛脈). 유용(有用) 광물(鑛物)이 밀접(密接)하여 묻혀 있는 줄기 鎔鑛爐(용광로) 쇠붙이나 광석(鑛石)을 녹이는 가마		
匡 바룰 광 1급	뜻을 나타내는 터진 입구몸(匚은 버들, 대 따위를 구부려서 만든 상자의 상형. 그릇, 모진 상자)과 '굽히다'의 뜻을 가진 王(왕은 廣(광)과 통하여 '넓다'의 뜻. 또 상자를 만들기 위하여 구부리거나 곧게 펴서 모양을 바로잡는다는 뜻에서 전하여 '바로잡다'의 뜻을 나타냄)으로 이루어짐.	匡正(광정) 바로잡아 고침 匡定(광정) 도와서 정함 匡濟(광제) 악을 바르게 하여 선으로 인도함. 匡拯(광증)		
壙 구덩이 광 1급	뜻을 나타내는 흙토(土→흙)와 음을 나타내는 廣(넓다 광)이 합하여 이루어짐. 땅속의 넓은 구멍.	壙中(광중) 무덤의 구덩이 속. 주(主)로 시체(屍體)를 묻는 구덩이를 일컬음 壙口(광구) 무덤구덩이. 壙穴(광혈), 墓穴(묘혈)		
曠 밝을 광 1급	昿의 본자(本字). 뜻을 나타내는 날일(日→해)과 음을 나타내는 廣(넓고 크다 광)이 합하여 이루어짐. 해가 넓게 비추어 밝다. 너무 넓어 공허하다의 뜻을 나타냄.	曠日持久(광일지구) 세월(歲月)을 헛되이 오랫동안 보낸다는 뜻 曠闊(광활) 넓고 확 트임		

한자	자원 풀이	용례
胱 오줌통 광 1급	뜻을 나타내는 육달월(月=肉)→살, 몸)과 음을 나타내는 光(광)이 합하여 이루어짐.	膀胱(방광) 신장에서 흘러나오는 오줌을 저장(貯藏)했다가 일정량이 되면 요도(尿道)를 통해 배출(排出)시키는 기관(器官)
掛 걸 괘 3급 常	손[扌]의 뜻과 홀 규(圭=卦)의 음 및 뜻을 결합한 글자[形聲] 小篆字에서 掛는 卦자로 천자가 제후를 봉할 때 내린 옥을 높이 들어 가슴 앞에 거는 것을 나타냈다. 후에 卜를 첨가하였다. 이런 자형에서 '걸다'의 뜻이 나왔다.	掛圖(괘도) 걸어놓고 보는 학습용의 그림이나 지도(地圖) 掛書事件(괘서사건) 조선 중기 이후 삼정의 문란(紊亂)과 세도(勢道)정치(政治)에 시달린 백성(百姓)이 괘서(掛書), 방서 등을 이용(利用)하여 민심(民心)을 선동(煽動)한 일
卦 걸 괘 1급	뜻을 나타내는 점 복(卜→점)과 음을 나타내는 圭(규)의 전음(轉音)이 합하여 이루어짐. 圭(규)는 系(계)와 통하여 '걸다', '연결하다'의 뜻. 점칠 때 나타나는 갖가지 연결, '점괘'의 뜻을 나타냄.	卦辭(괘사) 괘의 점사 卦象(괘상) 괘의 길흉 象(상)
罫 줄 괘 1급	대법원 인명용으로는 괘. 뜻을 나타내는 넉사머리(罒=㓁, 网)→그물)와 음을 나타내는 卦(점, 걸다 괘)가 합하여 이루어짐. 그물에 걸어서 '자유를 방해하다'의 뜻. 그물코나 점괘처럼 가로 세로 교차한 선의 뜻을 나타냄.	罫線(괘선) 활자조판에 쓰이는 활자와 같은 높이의 금속판(金屬板). 칸막이나 윤곽을 나타내는 경우에 사용됨
怪 기이할 괴 3급 常	마음[忄=心]의 뜻과 밭갈 골(圣)의 음 및 뜻을 결합한 글자[會意] 小篆字에서 怪는 힘써 밭을 간 결과가 뜻대로 이루어지지 않은 마음을 나타냈다. 이런 자형에서 '괴이하다'의 뜻이 나왔다.	駭怪(해괴) 매우 괴이(怪異)함 怪常(괴상) 괴이(怪異)하고 이상(異常)함 駭怪罔測(해괴망측) 헤아릴 수도 없을 만큼 몹시 괴이(怪異)함
傀 허수아비 괴 2급	뜻을 나타내는 사람인변(亻=人→사람)과 음을 나타내는 鬼(귀: 보통이 아니고 '괴이하다'의 뜻)의 전음(轉音)이 합하여 이루어짐. 도깨비, 괴이하다. 보통과 다른 사람을 나타냄.	傀儡(괴뢰) ① 꼭두각시 ② 남의 앞잡이가 되어 이용(利用)당(當)하는 사람 ③ 망석중이
塊 덩어리 괴 3급 常	흙[土]의 뜻과 귀신 귀(鬼)의 음 및 뜻을 결합한 글자[形聲] 金文字에서 塊는 귀신처럼 불룩 튀어나온 흙덩이에서 초목이 자라는 것을 나타냈다. 이런 자형에서 '흙덩이'의 뜻이 나왔다.	金塊(금괴) 금덩어리. 황금의 덩이
愧 부끄러워할 괴 3급 常	마음[忄]의 뜻과 도깨비 귀(鬼)의 음 및 뜻을 결합한 글자[形聲] 金文字에서 愧는 옳지 못한 일을 하여 귀신이 알까 두려워하는 마음을 나타냈다. 이런 자형에서 '부끄럽다'의 뜻이 나왔다.	自愧(자괴) 스스로 부끄러워함
壞 무너질 괴 3급 常	흙[土]의 뜻과 가리다 회(襄)의 음 및 뜻을 결합한 글자[形聲]. 石文字에서 壞는 흙더미가 무너져 사람의 눈앞을 가리는 것을 나타냈다. 이런 자형에서 '무너지다'의 뜻이 나왔다.	崩壞(붕괴) 허물어져 무너짐 破壞(파괴) 깨뜨리어 헐어 버림
乖 어그러질 괴 1급	양의 뿔과 등이 서로 등져 어그러지거나 떨어진 형상을 본떠, '어긋남', '어김'의 뜻이 좌우(左右)로 서로 등지고 있는 모양과 北으로 이루어짐.	乖離(괴리) 서로 조화(調和)나 일치(一致)를 이루지 못하고 어긋나 동떨어진 상태(狀態)가 되는 것 乖愎(괴팍) 괴곽이 표준어임. 성미(性味)가 까다롭고 별나서 붙임성이 없음. 성격이 비꼬이고 팍함 壞亂(괴란) 어그러지고 어지러움

한자	자원	용례
拐 속일 괴 1급	뜻을 나타내는 재방변(扌(=手)→손)과 음을 나타내는 부수를 제외한 글자 另(과: 咼(와)의 변형으로 '사악한 말'의 뜻. 사람을 사악한 말로 속인다는 뜻을 나타냄). 방심하고 있는 부녀자를 걸어서 속이다, '유괴하다'의 뜻.	誘拐(유괴) 사람을 속여 꾀어내는 일 拐兒(괴아) 사기꾼
槐 홰나무 괴 2급	뜻을 나타내는 木(목→나무)과 음을 나타내는 鬼(귀: 둥근 덩어리의 뜻) 나무줄기가 굽어져 옹두리가 생긴 나무의 뜻을 나타냄.	槐宸(괴신) 임금의 궁전(宮殿)
魁 으뜸 괴 1급	鬼(귀)는 유다르다는 뜻. 斗(두)는 국자.	魁首(괴수) ① 무리배의 우두머리. 수괴 ② 명대에서 과거에 장원 급제한 사람 魁黨(괴당) 악당의 괴수들 魁傑(괴걸) 걸출한 사람
宏 클 굉 1급	宀(면)은 집, 厷(굉)은 '넓다'의 뜻. 옥내가 깊숙하고도 넓음을 뜻함.	宏壯(굉장) 굉장(宏莊). 퍽 크고 훌륭함 宏傑詭麗(굉걸궤려) 굉장하고 웅대하며 미려함
肱 팔뚝 굉 1급	厷이 본자(本字). 뜻을 나타내는 육달월(月(=肉)→살, 몸)과 厷(굉: 팔의 뜻)이 합하여 이루어짐	股肱(고굉) 다리와 팔이라는 뜻으로, ① 온몸을 이르는 말 ② 임금이 가장 신임(信任)하는 중신(重臣)
轟 울릴 굉 1급	車(거)를 세 개 겹쳐 많은 수레가 나아갈 때의 소리를 나타냄.	轟音(굉음) 몹시 요란(擾亂)하게 울리는 소리 轟沈(굉침) 함선(艦船)이 포격(砲擊)·폭격(爆擊) 또는 뇌격(雷擊)을 받아 큰 소리를 내며 순식간에 가라앉음 또는 그렇게 가라앉힘 轟轟(굉굉) 크게 울리는 소리, 우르르 하는 소리, 명성이 자자한 모양
巧 공교할 교 3급 常	장인[工]의 뜻과 정교할 교의 음 및 뜻을 결합한 글자[形聲] 小篆字에서 巧는 장인이 물건을 정교하게 만든 것을 나타냈다. 이런 자형에서 '공교하다'의 뜻이 나왔다.	巧妙(교묘) 솜씨나 꾀가 재치 있음. 썩 잘되고 묘함 精巧(정교) 정밀(精密)하고 교묘(巧妙)함 技巧(기교) 솜씨가 아주 묘함 工巧(공교) ① 뜻밖에 맞거나 틀림 ② 때나 기회(機會)가 우연(偶然)히 생기거나 어긋나거나 하는 일이 썩 기이(奇異)함
交 사귈 교 6급 常	사람이 두 다리를 꼬고 선 모양을 본뜬 글자[象形] 甲文字에서 交는 사람의 머리와 두 다리를 꼬고 서 있는 모양을 본떴다. 이런 자형에서 전성되어 '사귀다'의 뜻이 나왔다.	事大交隣(사대교린) 큰 나라는 섬기고 이웃 나라와는 사귐 交涉(교섭) 일을 이루기 위하여 서로 의논(議論)함 交替(교체) 자리나 역할(役割) 따위를 다른 사람 또는 다른 것과 바꿈
郊 성 밖 교 3급 常	오고갈 교(交)의 음 및 뜻과 고을[阝]의 뜻을 결합한 글자[形聲] 甲文字에서 郊는 성내에서 쉽게 왕래할 수 있는 성 밖 마을을 나타냈다. 이런 자형에서 '교외'의 뜻이 나왔다.	郊外(교외) 도시(都市) 둘레의 들이나 논밭이 비교적 많은 곳, 들 밖 近郊(근교) 도시(都市)에 가까운 주변(周邊) 東郊(동교) 서울 동대문(東大門) 밖의 근처
校 학교 교 8급 常	나무[木]의 뜻과 사귈 교(交)의 음 및 뜻을 결합한 글자[形聲] 小篆字에서 校는 구부러진 나무를 교차시켜 바로잡는 것을 나타냈다. 후에 전성되어 사람을 바로잡는 '학교'의 뜻으로 쓰인다.	學校(학교) 학생(學生)을 가르치는 교육(敎育) 기관(機關) 校訓(교훈) 학교(學校)의 이념(理念)을 간명하게 표현(表現)한 표어(標語)

教 가르칠 교 8급 | 常	본받을 효(孝)의 음 및 뜻과 치다[攴]의 뜻을 결합한 글자 [形聲] 甲文字에서 教는 아이에게 회초리를 들고 바르게 인도하는 것을 나타냈다. 이런 자형에서 '가르치다'의 뜻이 나왔다.	教育(교육) 가르치어 지능(知能)을 가지게 하는 일 教師(교사) 학술(學術)이나 기예를 가르치는 스승, 선생 教科書(교과서) 학교(學校)에서 가르치는 데 쓰는 책	
絞 목맬 교 2급	꼬다, '엄하다' 뜻을 나타내는 실사(糸→실타래)와 음을 나타내는 交(교: '짜 맞추다'의 뜻)가 합하여 이루어짐. '묶다, 죄다'의 뜻.	絞殺(교살) 목을 매어 죽임 絞首刑(교수형) 사형 방식(方式)의 하나. 목을 옭아 죽이는 형벌(刑罰) 絞縛(교박) 묶음	
較 비교할 교 3급 | 常	수레[車]의 뜻과 사귈 교(交)의 음 및 뜻을 결합한 글자[形聲] 小篆字에서 較는 수레에 실은 짐을 살피기 위해 양쪽을 서로 견주어 보는 것을 나타냈다. 이런 자형에서 '비교하다'의 뜻이 나왔다.	較差(교차) 기온(氣溫) 따위에 있어서, 어떤 기간(期間) 동안의 최고(最高)와 최저(最低)의 차 較正(교정) 비교(比較)하여 바로잡음	
僑 더부살이 교 2급	사람인변(亻(=人)→사람)과 '높다'의 뜻을 가지는 喬(교)로 이루어짐. 본디 키가 큰 사람의 뜻. 타향에서 사는 뜨내기. 타국으로 높이 날아 떠나서 사는 사람.	僑民(교민) 외국(外國)에 살고 있는 동포 僑胞(교포) 외국(外國)에 살고 있는 동포 僑居(교거) 남의 집에서 임시로 붙어 삶. 타향에서 임시로 삶. 寓居(우거)	
膠 아교 교 2급	뜻을 나타내는 육달월(月(=肉)→살, 몸)과 翏(료)는 양 날개와 꽁지깃을 뻗친 양으로, '줄짓다, 엉겨붙다'의 뜻. 동물의 뼈, 가죽으로 만든, 끈적끈적 들러붙는 '갖풀'의 뜻.	膠着(교착) 단단히 달라붙음 膠漆之交(교칠지교): 아교 교, 옻 칠, 갈 지, 사귈 교. 아교와 풀의 사귐. 사귐이 극히 두터워 아교나 풀처럼 서로 떨어질 수 없음. 교칠은 阿膠(아교)와 옻.	
橋 다리 교 5급 | 常	나무[木]의 뜻과 큰 기나무 교(喬)의 음 및 뜻을 결합한 글자[形聲] 小篆字에서 橋는 큰키나무를 걸쳐 건너는 것을 나타냈다. 이런 자형에서 '다리'의 뜻이 나왔다.	橋梁(교량) 강이나 내 등을 사람이나 차량(車輛)이 건널 수 있게 만든, 비교적 큰 규모(規模)의 다리 架橋(가교) 다리를 놓음. 교량을 가설(架設)함	
矯 바로잡을 교 3급 | 常	화살[矢]의 뜻과 높고 굽을 교(喬)의 음 및 뜻을 결합한 글자[形聲] 小篆字에서 矯는 끝이 굽은 긴 화살을 바로잡는 것을 나타냈다. 이런 자형에서 '바로잡다'의 뜻이 나왔다.	矯導所(교도소) 징역형(懲役刑)이나 금고형(禁錮刑) 또는 노역(勞役) 유치(留置)나 구류(拘留) 처분(處分)을 받은 수형자(受刑者)를 수용하는 행형(行刑) 기관(機關) 矯正(교정) 좋지 않은 버릇이나 결점(缺點) 따위를 바로잡음	
咬 물 교 1급	뜻을 나타내는 입구(口→입, 먹다, 말하다)와 음을 나타내는 交(교)가 합하여 이루어짐. 交(교)는 새 울음소리의 의성어 또는 齩(교)와 통하여 '씹다'의 뜻.	咬牙切齒(교아절치) 몹시 분하여 이를 갊 咬傷(교상) 짐승이나 독충(毒蟲)·독사(毒蛇) 따위에 물려서 상함 또는 그 상처(傷處). 물린 상처(傷處)	
喬 높을 교 1급	높은 누각 위에 깃발이 세워진 모양을 본떠, '높다'의 뜻.	喬木(교목) 줄기가 곧고 굵으며, 높이 자라는 나무. 소나무·향나무 따위. 큰키나무	
嬌 아리따울 교 1급	뜻을 나타내는 계집녀(女→여자)와 음을 나타내는 喬(높다 교)로 이루어짐. 여자의 날씬하고 요염함의 뜻.	嬌態(교태) ① (사랑스럽도록) 아름다운 태도(態度) ② 아양을 부리는 태도(態度) 嬌聲(교성) ① 아리따운 소리 ② 매혹시키는 소리	

攪 흔들 교 1급	재방변(扌(=手)→손)과 음을 나타내는 覺(각)은 交(교)와 통해 '뒤섞이다'의 뜻. 손으로 휘저어 '어지럽히다'의 뜻.	攪亂(교란) 뒤흔들어서 어지럽게 함 攪攪(교교) 뒤섞여 어지러운 모양 攪撓(교요) 攪亂(교란)			
狡 교활할 교 1급	犭((=犬)→개)과 음을 나타내는 交(교: 뒤섞임)가 합하여 이루어짐. 개 같은 사귐. 轉(전)하여 '교활하다'의 뜻.	狡猾(교활) (어떤 사람이)약은 꾀를 쓰는 것이 능함 狡兔三窟(교토삼굴) 교활한 토끼는 굴을 세 개 파 놓는 다는 뜻으로, 사람이 교묘하게 잘 숨어 재난을 피함을 비유(比喻)하여 이르는 말			
皎 달 밝을 교 1급	'희다, 깨끗하다'의 뜻을 나타내는 흰백(白→희다, 밝다)과 음을 나타내는 交(교)가 합하여 이루어짐. 交(교)는 '姣(교)'와 통하여 '아름답다'의 뜻. '희고 곱다, 맑다, 밝다'의 뜻.	皎潔(교결) ① (달이) 밝고도 맑음 ② (마음씨 등이) 조촐 하고 깨끗함 皎皎(교교) 달이 맑은 모양			
蛟 교룡 교 1급	뜻을 나타내는 벌레 충(虫→뱀이 웅크린 모양, 벌레)과 음을 나타내는 交(뒤섞이다 교)가 합하여 이루어짐. 몸이 뒤틀어져 있는 교룡.	蛟龍(교룡) 전설(傳說)상의 용의 한 가지. 때를 만나지 못하여 뜻을 이루지 못하는 영웅(英雄)·호걸(豪傑)의 비유(比喻) 蛟龍得水(교룡득수) 교룡이 물을 얻는다는 뜻으로, 좋은 기회를 얻음을 이르는 말			
轎 가마 교 1급	뜻을 나타내는 수레거(車→수레, 차)와 음을 나타내는 喬(교: 橋(교)와 통하여 '다리'의 뜻)가 합하여 이루어짐. 마치 다리처럼 보이는 가마의 뜻.	轎夫(교부) 교군(轎軍), 가마꾼 轎輿(교여) 가마와 수레. 탈것			
驕 교만할 교 1급	뜻을 나타내는 말마(馬→말)와 음을 나타내는 喬(높다 교)가 합하여 이루어짐. 높이 6척의 말. 사람을 따르지 않는, 키 큰 말의 뜻에서 '거만하다'의 뜻.	驕慢(교만) 잘난 체하고 뽐내며 방자(放恣)함 驕兵必敗(교병필패) 자기(自己) 군대(軍隊)의 힘만 믿고 교만(驕慢)하여 적에게 위엄(威嚴)을 보이려는 병정(兵丁)은 적의 군대(軍隊)에게 반드시 패한다는 뜻			
九 아홉 구 8급 常	사람의 손과 굽은 팔마디를 가리킨 글자[指事] 甲文字에서 九는 손과 팔을 자유롭게 굽혀 사용하는 모습을 나타냈다. 이런 자형에서 '모으다'의 뜻이 나왔다. 후에 전성되어 변화의 수, '아홉'의 뜻으로 쓰인다.	九月(구월) 한 해 가운데 아홉째 달 九牛一毛(구우일모): 아홉 마리의 소 가운데서 뽑은 한 개의 (쇠)털. 썩 많은 것 중의 극히 적은 부분.			
口 입 구 7급 常	사람의 입 모양을 본뜬 글자[象形] 甲文字에서 口는 말을 하거나 밥을 먹는 입의 모양을 나타냈다. 이런 자형에서 '입', '말하다'의 뜻이 나왔다.	口號(구호) 연설(演說)이 끝나나 시위행진(行進) 때 외치는 간결(簡潔)한 문구(文句) 耳目口鼻(이목구비) 귀, 눈, 입, 코를 아울러 이르는 말			
久 오랠 구 3급 常	사람을 잡아당기고 있는 것을 가리킨 글자[指事] 金文字에서 久는 사람을 뒤에서 잡아당겨 나아가지 못하게 하는 것을 나타냈다. 이런 자형에서 시간이 경과하여 '오래다'의 뜻이 나왔다.	耐久性(내구성) 오래 견디는 성질(性質) 永久(영구) 끝없이 오램 恒久的(항구적) 영구(永久)히 변(變)하지 아니할 만한			
丘 언덕 구 3급 常	작은 언덕 봉우리 모양을 본뜬 글자[象形] 甲文字에서 丘는 두 개의 작은 언덕의 모양을 본뜼다. 이런 자형에서 '언덕'의 뜻이 나왔다.	丘陵(구릉) 언덕, 나직한 산 比丘尼(비구니) 출가(出家)하여 불문(佛門)에 들어 구족계를 받은 여승 沙丘(사구) 모래로 이룬 언덕			

句 글귀 구 4급 | 常	얽다[勹]와 입[口]의 뜻을 결합한 글자[會意] 甲文字에서 句는 말이 서로 얽혀 단절되는 것을 나타냈다. 이런 자형에서 '구절', '글귀'의 뜻이 나왔다.	美句(미구) 아름다운 글귀 句節(구절) 한 토막의 글이나 말, 구와 절	
求 구할 구 4급 | 常	털가죽 옷의 모양을 본뜬 글자[象形] 甲文字에서 求는 동물의 털가죽 옷을 본떴다. 이런 자형에서 누구나 가죽옷을 입고자 하는 데서 '구하다', '탐내다'의 뜻이 나왔다.	要求(요구) 부탁하여 달라고 강력(强力)히 청함 促求(촉구) 재촉하여 요구(要求)함 追求(추구) 목적(目的)한 바를 이루고자 끝까지 좇아 구(求)함	
究 궁구할 구 4급 | 常	굴[穴]의 뜻과 아홉 구(九)의 음 및 뜻을 결합한 글자[形聲] 小篆字에서 究는 꾸불구불[九]한 굴을 파헤쳐 나아가는 것을 나타냈다. 이런 자형에서 '궁구하다'의 뜻이 나왔다.	研究(연구) 깊이 조사(調査)하여 밝힘 講究(강구) 좋은 방법(方法)을 조사(調査)하여 궁리함 探究(탐구) 진리(眞理)나 학문(學問)이나 원리(原理) 등을 파고들어 깊이 연구(研究)하는 것	
具 갖출 구 5급 | 常	조개[貝]와 두 손[廾]의 뜻을 결합한 글자[會意] 金文字에서 具는 옛날 화폐로 사용한 조개껍질을 두 손으로 꽉 잡고 있는 것을 나타냈다. 이런 자형에서 '갖추다'의 뜻이 나왔다.	文具(문구) 학용품(學用品)과 사무(事務) 용품(用品) 따위를 통틀어 일컫는 말. 문방구(文房具)	
苟 진실로 구 3급 | 常	풀[艹]의 뜻과 굽을 구(句)의 음 및 뜻을 결합한 글자[形聲] 金文字에서 苟는 풀싹을 감싸 당기며 자라는 풀을 나타냈다. 이런 자형에서 '풀이름'의 뜻이 나왔다.	苟且(구차) 몹시 가난하고 궁색(窮塞)함	
拘 잡을 구 3급 | 常	손[扌]의 뜻과 굽을 구(句)의 음 및 뜻을 결합한 글자[形聲] 小篆字에서 拘는 손을 구부려 물건이나 사람을 끌어당기는 것을 나타냈다. 이런 자형에서 '잡다'의 뜻이 나왔다.	拘束(구속) 자유(自由)를 억제(抑制)함 不拘(불구) 주로 '~하고'로 쓰이어, '무엇에 얽매이거나 거리끼지 아니하고'의 뜻	
狗 개 구 3급 | 常	개[犭]의 뜻과 굽을 구(句)의 음 및 뜻을 결합한 글자[形聲] 金文字에서 狗는 몸을 굽힌 개의 모양을 나타냈다. 이런 자형에서 '작은 개'의 뜻이 나왔다.	狗加(구가) 부여(扶餘) 때, 넷으로 나눈 각 행정(行政) 구역(區域)인 사출도를 다스리던 벼슬 중 하나 狗耶(구야) 가야국(伽倻國)	
俱 함께 구 3급 | 常	사람[亻]의 뜻과 갖출 구(具)의 음 및 뜻을 결합한 글자[形聲] 小篆字에서 俱는 사람들이 두 손으로 재화를 함께 갖추어 받들고 있는 것을 나타냈다. 이런 자형에서 '함께', '갖추다'의 뜻이 나왔다.	俱現(구현) 내용(內容)이 모조리 드러남 俱備(구비) 골고루 갖춤 俱樂部(구락부) 클럽	
區 지경 구 6급 | 常	감추다[匸]와 물건[品]의 뜻을 결합한 글자[會意] 甲文字에서 區는 물건을 감추기 위해 작은 칸으로 나눈 것을 나타냈다. 이런 자형에서 '구역', '나누다'의 뜻이 나왔다.	區域(구역) 일정한 기준(基準)에 의하여 갈라놓은 지역(地域)이나 범위(範圍) 區別(구별) 구역, 종류 등에 따라 갈라 놓음 區分(구분) 한 구역(區域)씩 나눔	
球 공 구 6급 | 常	구슬[玉]의 뜻과 구할 구(求)의 음 및 뜻을 결합한 글자[形聲] 甲文字에서 球는 사람들이 갖기를 원하는 둥근 구슬을 나타냈다. 이런 자형에서 '둥근 옥'의 뜻이 나왔다.	地球(지구) 사람이 살고 있는 땅 덩어리 蹴球(축구) 11명이 한 팀이 되어 볼을 차서 상대편의 골포스트 속에 넣음으로써 승부를 다투는 경기(競技)	

救 건질 구 5급 常	구할 구(求)의 음 및 뜻과 치다[攵]의 뜻을 결합한 글자[形聲] 金文字에서 救는 회초리를 들어 잘못된 길을 막아 바로잡아 주는 것을 나타냈다. 이런 자형에서 '구원하다'의 뜻이 나왔다.	救出(구출) 위험(危險)한 상태(狀態)에서 구(救)하여 냄 救濟(구제) 어려운 지경(地境)에 빠진 사람을 구(救)하여 냄 救助(구조) 구원(救援)하고 도와줌
構 얽을 구 4급	'맺을 구, 서까래, 꾸지나무'의 뜻을 나타내는 나무목(木→나무)과 음을 나타내는 부수를 제외한 글자 冓(짜 맞추다 구)가 합하여 이루어짐.	構造(구조) 각 부분이나 요소(要素)들을 모아 어떤 전체(全體)를 짜 이룸 構築(구축) (어떤 일의) 바탕을 닦아 이루거나 마련함 機構(기구) 기계(機械) 내부(內部)의 구조(構造)
歐 토할 구 2급	토하다, 노래하다, 치다. 嘔의 본자(本字). 뜻을 나타내는 하품흠방(欠→하품하는 모양)과 음을 나타내는 區(구별하다 구)가 합하여 이루어짐. 欠(흠)은 사람이 입을 벌리고 있는 모양. 유해한 것을 구별하여 '토하다'의 뜻.	西歐(서구) 서유럽을 중심(中心)으로 한 유럽과 미국(美國)을 중심(中心)으로 한 북아메리카의 선진문명 歐羅巴(구라파) 유럽 歐吐(구토) 배 속에 있는 것을 게움
舊 옛 구 5급 常	부엉이[萑]의 뜻과 절구 구(臼)의 음 및 뜻을 결합한 글자[形聲] 甲文字에서 舊는 부엉이가 눈을 크게 뜨고 머리 깃털을 세우며 낮에 종일토록 보금자리에 앉아 있는 것을 나타냈다. 이런 자형에서 '오래다'의 뜻이 나왔다.	同色親舊(동색친구) 한 색목(色目)에 속하는 친구(親舊). 같은 당파(黨派)의 친구(親舊) 親舊(친구) 오래 두고 가깝게 사귄 벗 復舊(복구) 그전 모양으로 되게 함. 복구례(復舊禮)의 준말
購 살 구 2급	뜻을 나타내는 조개패(貝→돈, 재물)部와 冓(구)는 '얽어 모아 합치다'의 뜻. 금전에 상당하는 것을 '사서 가지다'의 뜻.	購入(구입) 물건을 사들임 購讀(구독) 책·신문(新聞)·잡지(雜誌) 등을 사서 읽는 것
懼 두려워할 구 3급 常	마음[忄]의 뜻과 놀랄 구(瞿)의 음 및 뜻을 결합한 글자[形聲] 小篆字에서 懼는 사나운 짐승의 눈빛을 보고 놀라는 마음을 나타냈다. 이런 자형에서 '두렵다'의 뜻이 나왔다.	疑懼心(의구심) 의심(疑心)하고 두려워하는 마음 兢懼(긍구) 삼가고 두려워하는 것
驅 몰 구 3급 常	말[馬]의 뜻과 지경 구(區)의 음 및 뜻을 결합한 글자[形聲] 甲文字에서 驅는 말을 채찍질하여 일정한 장소로 가게 하는 것을 나타냈다. 이런 자형에서 '몰다'의 뜻이 나왔다.	驅出(구출) 몰아냄 驅蟲(구충) 해충(害蟲)들을 없애 버림
鷗 갈매기 구 2급	뜻을 나타내는 새조(鳥→새)와 음을 나타내는 區(구분하다 구획하다 구)로 이루어짐. 새의 이름, 갈매기. 전체가 희기 때문에 푸른 바다에서 눈에 잘 띄는 새, '갈매기'의 뜻.	鷗盟(구맹) 갈매기와 벗함이라는 뜻으로, 은거(隱居)하여 자연(自然)을 즐김
龜 거북 구 3급 常	거북이의 모양을 본뜬 글자[象形] 甲文字에서 龜는 거북의 머리, 등, 발 등의 모양을 본떴다. 이런 자형에서 '거북이'의 뜻이 나왔다. 거북 귀.	龜兔之說(귀토지설) 『토생원전(兎生員傳)』, 『토끼의간』, 『별주부전(鼈主簿傳)』 등에 토대가 되는 고대설화 龜鑑(귀감) 점치는 데 쓰는 거북등과 거울이라는 뜻으로, 사물(事物)의 본보기, 모범의 뜻
仇 원수 구 1급	뜻을 나타내는 사람인변(亻(=人)→사람)과 음을 나타내는 九(구)가 합하여 이루어짐. 九(구)는 逑(구)와 통하여 구하여 찾는 상대의 뜻. '상대방', '짝'의 뜻.	仇恨(구한) 원한(怨恨) 仇惡(구오) 원수로 여겨 미워함 仇讐(구수) 원수(怨讐), 구적

한자	자원 풀이	용례
構 얽을 구 4급 常	나무[木]와 쌓을 구(冓)의 음 및 뜻을 결합한 글자[形聲] 小篆字에서 構는 나무를 가로 세로 엇걸어 쌓아 올린 것을 나타냈다. 이런 자형에서 '얽다'의 뜻이 나왔다.	構造(구조) 각 부분(部分)이나 요소(要素)들을 모아 어떤 전체(全體)를 짜 이룸 構築(구축) (어떤 일의) 바탕을 닦아 이루거나 마련함 機構(기구) 기계(機械) 내부(內部)의 구조(構造), 하나의 조직(組織)을 이루고 있는 구조적(構造的)인 체계(體系)
駒 망아지 구 1급	두 살 난 말 또는 5척 이상 6척 이하의 작은 말. 뜻을 나타내는 말마(馬→말)와 부수를 제외한 글자 句(구)가 음을 나타냄. 句(구)는 '굽다'의 뜻. 빙글빙글 뛰어 돌아다니는 망아지.	駒馬(구마) 망아지와 말 白駒食場(백구식장) 흰 망아지도 감화(感化)되어 사람을 따르며 마당 풀을 뜯어먹게 함
嘔 게울 구 1급	뜻을 나타내는 입구(口→입, 먹다, 말하다)와 음을 나타내는 區(구)가 합하여 이루어짐. 區(구)는 구별하다. 해로운 것을 몸이 분별하여 게우다. 口(구)는 단락을 짓다. 가락을 붙여 노래하다.	嘔吐(구토) 위(胃) 속의 음식물을 토하는 것 구아
垢 때 구 1급	坸와 동자(同字). 뜻을 나타내는 흙토(土→흙)와 음을 나타내는 后(후)의 전음(轉音)이 합하여 이루어짐. 后(후)는 厚(후)와 통하여 '두껍다'의 뜻. 두껍게 낀 흙먼지의 뜻.	垢穢(구예) 때, 때가 묻어 더러움 垢汚(구오) 더러움 純眞無垢(순진무구) 마음과 몸이 아주 깨끗하여 조금도 더러운 때가 없음
寇 도둑 구 1급	宀(면)은 '옥 내(집안)', 元(원)은 '사람'의 뜻. 攴(복)은 '치다'의 뜻. 남의 집에 들어가 사람을 치는 모양→'남에게 해를 주다'의 뜻.	倭寇(왜구) 13~16세기(世紀)에 중국과 우리나라 근해(近海)를 설치고 다니던 일본(日本) 해적(海賊) 寇賊姦宄(구적간귀) 살해, 협박, 도둑직 등 갖은 악행을 하여 백성을 해치는 자.
嶇 험할 구 1급	뜻을 나타내는 메산(山→산봉우리)과 음을 나타내는 區(구획되다 구)가 합하여 이루어짐. 산이 다른 산과 구별될 정도로 험하고 울퉁불퉁하다는 뜻.	崎嶇(기구) ① 산이 가파르고 험하다는 뜻 ② (삶이) 순조(順調)롭지 못하고 온갖 어려움을 겪는 상태(狀態)에 있음 嶇路(구로) 험한 길
柩 널 구 1급	뜻을 나타내는 나무목(木→나무)과 음을 나타내는 부수를 제외한 글자 匛(구: 久(구)는 '오랫동안'의 뜻)가 합하여 이루어짐.	運柩(운구) 시체(屍體)를 넣은 관을 운반(運搬)하는 것 運柩車(운구차) 장기간에 걸쳐 사람의 시체를 담아두는 목제의 궤짝, '관'의 뜻
毆 때릴 구 1급	뜻을 나타내는 갖은등글월문(殳→치다, 날 없는 창)과 음을 나타내는 區(구별 짓다 구)가 합하여 이루어짐. 때려서 사악한 것과 구별을 지음을 뜻함.	毆打(구타) 사람을 때리고 침 毆縛(구박) 때리고 결박함 毆杖(구장) 때리고 매질함
溝 봇도랑 구 1급	'도랑, 시내, 해자, 홈통, 도랑 파다'의 뜻을 나타내는 삼수변(氵(=水, 氺)→물)과 冓(구: '짜 맞추다'의 뜻). 인공적으로 그물눈처럼 조합한 '수로'의 뜻.	溝渠(구거) 도랑, 통수로 溝壑(구학) 도랑과 골짜기. 죽어 자기 시체가 도랑이나 골짜기에 버림받는 일 下水溝(하수구) 하수가 흘러 빠지도록 만든 도랑
灸 뜸 구 1급	약쑥으로 살을 떠서 병을 다스리는 일. 뜻을 나타내는 불화(火(=灬)→불꽃)部와 음을 나타내는 久(구)가 합하여 이루어짐. 久(구)는 약쑥으로 몸의 한 점을 태워 치료나 형벌로써 사용하는 '뜸'의 뜻. 불을 써서 뜸을 뜸.	鍼灸(침구) 한방에서, 침질과 뜸질을 아울러 이르는 말

한자	자원(字源)	용례		
矩 법도 구 1급	矢(시)는 '곧다, 바르다'의 뜻. 巨(거)는 '손잡이가 있는 자' 각도나 길이를 재는 정확한 자.	矩步(구보) 올바른 걸음걸이 矩尺(구척) 곱자, 曲尺(곡척)		
臼 절구 구 1급	안에 있는 점은 확 안에 든 쌀을 나타냄. 절구, 절구로 찧다. 양손으로 들어 올리다.	脫臼(탈구) (관절(關節)에서) 뼈마디가 퉁겨져 물러나는 일. 탈골(脫骨) 臼杵(구저) 절구와 절구 공이		
舅 시아비 구 1급	뜻을 나타내는 동시에 음을 나타내는 臼(구)과 男(남)으로 이루어짐. 臼(구)는 夂(구)와 통하여 오랜 교제가 있는 남성, 외숙, 장인, 시아버지 등을 나타냄.	舅姑(구고) ① 시아버지와 시어머니 ② 장인과 장모		
衢 네거리 구 1급	뜻을 나타내는 다닐 행(行→다니다, 길의 모양)과 음을 나타내는 瞿(구: 새가 불안하여 눈을 두리번거리다)가 합하여 이루어짐. 번화하여 두리번거리게 하는 큰 거리의 뜻을 나타냄.	康衢(강구) 사방팔방으로 두루 통(通)하는 큰 길거리 衢港(구항) 거리		
謳 노래할 구 1급	대법원 인명용으로는 구. 뜻을 나타내는 말씀언(言→말하다)과 음을 나타내는 區(구)가 합하여 이루어짐 단락 지어 가락을 붙여 노래한다는 뜻.	謳歌(구가) 많은 사람이 입을 모아 칭송(稱頌)함 謳吟(구음) 노래를 부름 謳誦(구송) 사람의 덕을 칭송하는 노래		
軀 몸 구 1급	뜻을 나타내는 몸신변(身→몸, 아이 배다)과 '구부러지다'의 뜻(=勾(구)・句(구))을 나타내는 區(구)로 이루어짐. 잘게 구분이 가능한 부분으로 이루어진 신체의 뜻.	老軀(노구) 늙은 몸 巨軀(거구) 큰 몸집		
邱 땅 이름 구 2급	뜻을 나타내는 우부방(阝(=邑)→마을)과 음을 나타내는 丘(구: 北(구)로 언덕)로 이루어짐	大邱(대구) 대구(大邱)광역시(廣域市)		
鉤 갈고랑이 구 1급	뜻을 나타내는 쇠금(金→광물・금속날붙이)과 음을 나타내는 句(구)가 합하여 이루어짐. 금속제의 갈고리.	鉤勒(구륵) (미술·공예(工藝)) 동양(東洋) 화법(畵法)의 하나. 쌍선(雙線)으로 윤곽(輪廓)을 그리고, 그 사이를 채색(彩色)하는 법. 구륵법		
廏 마구간 구 1급	广(엄)＋구 '몸을 수그리다'의 뜻. 말이 수그리듯이 하고 들어가는 마구간의 뜻.	馬廏(마구) 구장극구 말을 기르는 집		
鳩 비둘기 구 1급	九(구)는 비둘기의 우는 소리의 의성어	鳩首會議(구수회의) 비둘기들이 모여 머리를 맞대듯이 여럿이 한자리에 모여 앉아 머리를 맞대고 의논함 鳩居鵲巢(구거작소) 비둘기 집과 까치 집. 옛집		

局 판 국 5급 常	자[尺]와 입[口]의 뜻을 결합한 글자[會意] 金文字에서 局은 자로 재듯이 법도에 따라 한계지어 말하는 것을 나타냈다. 이런 자형에서 '국부'의 뜻이 나왔다.	結局(결국) 일의 끝장 혹은 일의 귀결(歸結)되는 마당을 뜻함 當局(당국) 어떤 일을 담당(擔當)하는 곳 局面(국면) 일이 되어 나가는 상태(狀態)	
菊 국화 국 3급 常	풀[艹]의 뜻과 쥘 국(匊)의 음 및 뜻을 결합한 글자[形聲] 小篆字에서 菊은 한줌 모양의 국화꽃을 담장에 둘러 장식한 것을 나타냈다. 이런 자형에서 '국화'의 뜻이 나왔다.	菊花(국화) 엉거시과의 다년생(多年生) 풀. 관상용(觀賞用)임 梅蘭菊竹(매란국죽) 매화(梅花)·난초(蘭草)·국화(菊花)·대나무, 즉 사군자(四君子)를 말함	
國 나라 국 8급 常	울타리[口]와 지역[或]의 뜻을 결합한 글자[會意] 甲文字에서 國은 사람들이 창을 들고 도성을 지키는 것을 나타냈다. 이런 자형에서 '나라', '고향'의 뜻이 나왔다.	民主國家(민주국가) 민주(民主) 정치(政治)를 펴는 나라 開國(개국) ① 새로 나라를 세움 ② 외국(外國)과의 교제(交際)를 처음으로 시작(始作)함	
鞠 국문할 국 2급	뜻을 나타내는 가죽 혁(革→가죽)과 음을 나타내는 부수를 제외한 글자 匊(국: '양손으로 쌀을 뜨다'의 뜻)이 합하여 이루어짐. 기르다. 국문하다의 뜻	鞠問(국문) 국문(鞠問). 임금이 중대한 죄인(罪人)을 국청(鞠廳)에서 신문(訊問)하던 일 鞠訊(국신) 국문(鞠問) 鞠養(국양) 양육, 鞠育(국육)	
君 임금 군 4급 常	다스리다[尹]와 입[口]의 뜻을 결합한 글자[會意] 甲文字에서 君은 입으로 명령을 내려 백성을 다스리는 사람을 나타냈다. 이런 자형에서 '임금'의 뜻이 나왔다.	君臨(군림) 임금으로서 나라를 다스리는 것. 어떤 분야(分野)나 세계(世界)에서 강력한 세력(勢力)이나 영향력을 가지고 지배적(支配的)인 위치(位置)를 차지하는 것 檀君(단군) 한국의 국조(國祖)로 받드는 태초의 임금. 환웅의 아들. 아사달에 도읍(都邑)하여 고조선을 건국함	
軍 군사 군 8급 常	싸다[冖]와 수레[車]의 뜻을 결합한 글자[會意] 金文字에서 軍은 병사(사람)들이 전차의 주위를 에워싼 것을 나타냈다. 이런 자형에서 '군사'의 뜻이 나왔다.	軍隊(군대) 일정한 조직(組織) 편제(編制)를 가진 군인(軍人)의 집단(集團) 韓國光復軍(한국광복군)은 대한민국 임시 정부의 주도로 1940년 중국의 충칭에서 조직된 항일무장단체	
郡 고을 군 6급 常	임금 군의 음 및 뜻과 고을 부의 뜻을 결합한 글자[形聲] 金文字에서 郡은 임금이 나라를 다스리기 위해 여러 개의 고을로 나눈 지역을 나타냈다. 이런 자형에서 '고을'의 뜻이 나왔다.	郡守(군수) 한 군(郡)의 행정(行政) 사무(事務)를 맡아보는 으뜸 벼슬. 곧 군청(郡廳)의 으뜸 벼슬 郡廳(군청) 행정(行政) 구역(區域)의 한 가지인 군의 행정(行政) 사무(事務)를 맡아보는 관청(官廳)	
群 무리 군 4급 常	임금 군(君)의 음 및 뜻과 양[羊]의 뜻을 결합한 글자[形聲] 金文字에서 群은 임금이 신하를 거느리듯 양들이 무리지어 사는 것을 나타냈다. 이런 자형에서 '무리'의 뜻이 나왔다.	症候群(증후군) 몇몇의 증후(症候)가 늘 함께 인정(認定)이 되나 그 원인(原因)이 불명할 때 또는 단일이 아닐 때에 병명에 준하는 명칭 群衆(군중) 한곳에 무리지어 모여 있는 사람들	
窘 군색할 군 1급	뜻을 나타내는 구멍혈(穴→구멍)과 음을 나타내는 君(군: 困(곤)과 통하여 '괴로워하다'의 뜻)이 합하여 이루어짐. 궁지에 몰려 괴로워함의 뜻.	窘塞(군색) 필요(必要)한 것이 없거나 모자라 옹색함, 살기가 어려움 窘困(군곤) 군색하여 고생함	
屈 굽힐 굴 4급 常	몸[尸]의 뜻과 나아갈 출(出)의 음 및 뜻을 결합한 글자[形聲] 金文字에서 屈은 몸 뒤에 늘어뜨린 장식털이 빠져나간 것을 나타냈다. 이런 자형에서 '굽다'의 뜻이 나왔다.	屈辱(굴욕) ① 남에게 눌리어 업신여김을 받음 ② 모욕(侮辱)을 받아 면목(面目)을 잃음	

掘 뚫을 굴 2급	뜻을 나타내는 재방변(扌(=手)→손)과 음을 나타내는 屈 (굴: 厥(궐)과 통하여 '후벼내다'의 뜻 또 '구부리다'의 뜻. 허리를 굽혀 구멍을 파다)이 합하여 이루어짐.	採掘(채굴) 땅을 파서 광석(鑛石) 따위를 캐냄 掘鑿機(굴착기) 땅이나 바위를 굴착하는 건설(建設) 기계(機械)의 총칭(總稱). 불도저·착암기 따위		
窟 굴 굴 2급	뜻을 나타내는 구멍혈(穴→구멍)과 뜻을 나타내는 屈(굴: 몸을 굽히다. 몸을 굽히고 들어가는 구멍)로 이루어짐.	洞窟(동굴) 깊고 넓은 굴 石窟庵(석굴암) 신라 때 오악(五岳)의 하나인 토함산(吐含山)에 자리 잡고 있는 한국의 대표적인 석굴사찰 국보 제24호		
弓 활 궁 4급　常	활의 모양을 본뜬 글자[象形] 甲文字에서 弓은 사용하지 않을 때의 활대와 활줄이 풀어진 모양을 본떴다. 이런 자형에서 '활'의 뜻이 나왔다.	弓裔(궁예) 후고구려(後高句麗)를 건국(建國)한 왕(재위(在位) 901~918) 弓手(궁수) 활을 쏘는 사람이나 군사(軍士)		
宮 집 궁 4급　常	집[宀]과 등뼈의 뜻을 결합한 글자[會意] 甲文字에서 宮은 등뼈처럼 방과 창문이 잘 갖추어져 있는 집을 나타냈다. 이런 자형에서 '집', '궁궐'의 뜻이 나왔다.	景福宮(경복궁) 서울특별시 종로구 세종로에 있는 조선 시대의 정궐(正闕) 宮闕(궁궐) 임금이 거처(居處)하는 집		
窮 다할 궁 4급　常	굴[穴]의 뜻과 몸 궁(躬)의 음 및 뜻을 결합한 글자[形聲] 小篆字에서 窮은 작고 좁은 굴을 몸을 구부리고 들어가는 것을 나타냈다. 이런 자형에서 '궁색하다'의 뜻이 나왔다.	窮乏(궁핍) 몹시 가난하고 궁함 困窮(곤궁) ① 가난하여 살림이 구차(苟且)함 ② 어렵고 궁핍(窮乏)함 無窮(무궁) 공간(空間)이나 시간(時間) 따위의 끝이 없음		
穹 하늘 궁 1급	깊다, 높다, 크다, 활꼴, 막다. 穷과 동자(同字). 뜻을 나타내는 구멍혈(穴→구멍)과 음을 나타내는 弓(궁)이 합하여 이루어짐. 활 모양. 아치형을 한 구멍.	穹蒼(궁창) 높고 푸른 하늘 蒼穹(창궁) 창천(蒼天)		
躬 몸소 궁 1급	뜻을 나타내는 몸신변(身→몸, 아이 배다)과 음을 나타내는 궁(弓)의 뜻이 합하여 '몸'을 뜻함. 身(신)＋呂(려). 呂(려)는 '등뼈', 身(신)은 아이 밴 배. 구부렸다 폈다 할 수 있는 몸의 뜻.	躬行(궁행) 자기(自己) 스스로 행함. 몸소 행함 躬稼(궁가) 몸소 농사를 지음 躬耕(궁경) 몸소 경작함		
券 문서 권 4급　常	받들 권의 음 및 뜻과 칼[刀]의 뜻을 결합한 글자[形聲] 陶文字에서 券은 약속 내용을 칼로 새겨 나누어 갖는 것을 나타냈다. 이런 자형에서 '문서', '계약'의 뜻이 나왔다.	債券(채권) 국가(國家), 공공(公共) 단체(團體) 등이 채무(債務)를 증명(證明)하여 발행하는 유가 증권 福券(복권) 제비를 뽑아서 맞으면 일정한 상금을 타게 되는 표		
卷 책 권 4급　常	받들 권의 음 및 뜻과 앉은 사람[卩]의 뜻을 결합한 글자[形聲] 小篆字에서 卷은 앉아서 두 손으로 중요한 물건을 받들고 있는 모습을 나타냈다. 이런 자형에서 '책'의 뜻이 나왔다.	手不釋卷(수불석권) 손에서 책을 놓지 않는다는 뜻으로, 늘 책을 가까이하여 학문(學問)을 열심히 함		
拳 주먹 권 3급　常	구부릴 권(卷)의 음 및 뜻과 손[手]의 뜻을 결합한 글자[形聲] 小篆字에서 拳은 손가락을 구부려 움켜쥔 손의 모양을 나타냈다. 이런 자형에서 '주먹'의 뜻이 나왔다.	跆拳道(태권도) 우리나라 고유(固有)의 전통(傳統) 무예 拳銃(권총) 한 손으로 다룰 수 있게 만든 작은 총. 군용 또는 호신용으로 쓰임. 피스톨		

한자	자원(字源)	용례(用例)	
圈 우리 권 2급	가축을 가두어 기르는 우리의 뜻인 큰입구몸(口→에워싼 모양)과 먹여 '기르다'의 뜻을 나타내기 위한 卷(권: '말다'의 뜻)으로 이루어짐. 가축을 기르기 위해 휘몰아 넣는 '우리'	首都圈(수도권) 수도(首都)를 중심(中心)으로 이루어지는 대도시권 圈域(권역) 어떤 특정(特定)한 범위(範圍) 안의 지역(地域)이나 영역(領域)	
勸 권할 권 4급　常	황새 관(雚)의 음 및 뜻과 힘[力]의 뜻을 결합한 글자[形聲] 小篆字에서 勸은 황새가 높은 곳까지 먹이를 가져가는 것을 나타냈다. 이런 자형에서 '권하다', '힘쓰다'의 뜻이 나왔다.	德業相勸(덕업상권) 향약(鄕約)의 네 강목(綱目) 중의 하나. 좋은 행실(行實)은 서로 권장(勸獎)할 것 勸誘(권유) 상대편(相對便)이 어떤 일을 하도록 권(勸)함	
權 권세 권 준 4급　常	나무[木]의 뜻과 황새 관(雚)의 음 및 뜻을 결합한 글자[形聲] 小篆字에서 權은 황새가 나뭇가지 끝에 앉아 평형을 유지하고 있는 것을 나타냈다. 이런 자형에서 '저울', '권세'의 뜻이 나왔다.	權利(권리) 일정한 이익(利益)을 주장하고 그것을 누릴 수 있는 수단(手段)으로써 법률(法律)이 일정한 자격(資格)을 가진 사람에게 부여(附與)하는 힘 權門勢族(권문세족) 고려 후기 원 내정간섭기의 지배층으로 성장한 가문을 뜻함	
倦 게으를 권 1급	뜻을 나타내는 사람인변(亻(=人)→사람)과 음을 나타내는 卷(권: 사람이 무릎을 오그리는 모양을 본 뜸)이 합하여 이루어짐. 사람이 피로하여 무릎을 오그리는 모양에서 '고달프다'의 뜻.	倦怠(권태) 시들해져서 생기는 게으름이나 싫증 朝夕不倦(조석불권) 아침부터 저녁까지 싫증을 내지 아니함	
眷 돌볼 권 1급	뜻을 나타내는 눈목(目(=罒)→눈, 보다)과 음을 나타내는 권(眷에서 目을 제외한 부분)이 합하여 이루어짐. 目(목)＋卷(권)은 '말다'의 뜻. '시선을 도로 말다'의 뜻에서 '돌아보다'의 뜻을 나타냄.	眷屬(권속) ① 자기(自己) 집에 딸린 식구(食口) ② 한집 안의 겨레붙이 ③ '아내'의 낮춤말 眷眷(권권) 못 잊어 뒤돌아보는 모양. 사모하는 모양	
捲 거둘 권 1급	뜻을 나타내는 재방변(扌(=手)→손)과 음을 나타내는 卷(권: '말다'의 뜻)이 합하여 이루어짐.	席捲(석권) 거침없는 기세(氣勢)로 우위(優位)나 정상을 차지하여 휩쓰는 것 捲土重來(권토중래) 흙먼지를 날리며 다시 온다는 뜻으로, 한 번 실패(失敗)에 굴하지 않고 몇 번이고 다시 일어남	
厥 그 궐 3급　常	언덕[厂]의 뜻과 숨찰 궐의 음 및 뜻을 결합한 글자[形聲] 小篆字에서 厥은 언덕 아래에서 숨이 거꾸로 차오르도록 돌을 파내는 일을 하는 것을 나타냈다. 이런 자형에서 힘을 '다하다'의 뜻이 나왔다. 후에 가차되어 '그'의 뜻으로 쓰인다.	突厥(돌궐) 6세기 중엽 알타이 산맥(山脈) 부근(附近)에서 몽골·중앙(中央)아시아에 대제국(帝國)을 건설(建設)한 터키계의 유목국가(遊牧國家) 厥角(궐각) 이마를 땅에 대고 절을 함	
闕 대궐 궐 2급	뜻을 나타내는 문문(門→두 짝의 문, 문중·일가)과 '모자라다', '비다'의 뜻(=缺(결))을 나타내는 궐(闕에서 門을 제외한 부분)로 이루어짐. 欮(궐)은 '큰 입이 열리다'는 뜻. 중앙에 큰 입이 열려 있는 성문의 뜻을 나타냄.	宮闕(궁궐) 임금이 거처(居處)하는 집 補闕選擧(보궐선거) 의원(議員) 등이 그 임기(任期) 중에 사직(辭職)·실격·사망 등으로 말미암아 궐석이 생긴 경우에 하는 선거(選擧)	
蹶 넘어질 궐 1급	뜻을 나타내는 발족(足→발)과 음을 나타내는 厥(궐)이 합하여 이루어짐.	蹶起(궐기) (어떤 무리의 사람들이) 어떤 일에 대한 각오(覺悟)를 다지거나 결심(決心)을 굳히면서 기운(氣運)차게 일어서는 것. 엎어지다. 뛰어 일어나다 蹶然(궐연) 벌떡 일어나는 모양. 뛰어 일어나는 모양	
軌 바퀴자국 궤 3급　常	수레바퀴의 자국이 굴곡하면서 뻗다가 이윽고 지평선에 없어지는 모양에서 '바퀴자국'의 뜻을 나타내었다[形聲]	軌道(궤도) 움직이는 경로(經路)	

한자	자원 풀이	용례		
櫃 궤짝 궤 1급	뜻을 나타내는 木(목→나무)과 음을 나타내는 부수를 제외한 글자 匱(궤·귀)가 합하여 이루어짐. 匚(방)은 상자의 상형. 귀한 것을 넣어 두는 나무 상자.	金櫃(금궤) 금으로 장식(裝飾)하여 만든 궤 書櫃(서궤) 책 상자		
潰 무너질 궤 1급	뜻을 나타내는 삼수변(氵(=水, 水)→물)과 음을 나타내는 貴(귀)의 전음(轉音)이 합하여 이루어짐. 貴(귀)는 귀로 毀(훼)와 통하여 '무너지다'의 뜻. '제방이 무너져 물이 새다'의 뜻에서 '무너지다'의 뜻을 나타냄.	潰滅(궤멸) 무너지거나 흩어져서 없어지는 것 胃潰瘍(위궤양) 위벽의 궤양(潰瘍). 위 점막이 헐어 점막하조직까지 손상(損傷)된 병		
詭 속일 궤 1급	뜻을 나타내는 말씀 언(言→말하다)과 음을 나타내는 危(위: '불안정'의 뜻)의 전음(轉音)이 합하여 이루어짐. '거짓, 속이다'의 뜻.	詭辯(궤변) 도리(道理)에 맞지 않는 변론(辯論). 도리(道理)가 아닌 말을 도리(道理)에 맞는 것처럼 억지로 공교(工巧)롭게 꾸며대는 말		
机 책상 궤 1급　常	뜻을 나타내는 나무목(木→나무)과 음을 나타내는 부수를 제외한 글자 几(궤)가 합하여 이루어짐.	唐机(당궤) 중국에서 만들어 낸 책상 几案(궤안) 책상 机上之論(궤상지론) 실천성이 없는 허황한 이론. 卓上空論(탁상공론)		
鬼 귀신 귀 3급　常	귀신 머리와 사람[儿] 그리고 사사롭다[厶]의 뜻을 결합한 글자[會意] 甲文字에서 鬼는 죽은 사람의 혼이 사사롭게 움직이는 것을 나타냈다. 이런 자형에서 '귀신'의 뜻이 나왔다.	鬼神(귀신) 사람의 죽은 넋. 사람에게 복과 화를 준다는 정령(精靈) 魔鬼(마귀) 요사(妖邪)스럽고 못된 잡귀의 통틀어 일컬음		
貴 귀할 귀 5급　常	삼태기 궤의 음 및 뜻과 조개[貝]의 뜻을 결합한 글자[形聲] 甲文字에서 貴는 삼태기에 재물을 담아 소중히 간직한 것을 나타냈다. 이런 자형에서 '귀하다'의 뜻이 나왔다.	貴公子(귀공자) 지체가 높은 집안에 태어난 젊은 남자(男子)		
糾 얽힐 규 3급　常	사(糾에서 왼쪽 부분)와 규(糾에서 오른쪽 부분)의 합자[形聲] 규(糾에서 오른쪽 부분)에서 '실을 꼬아 합치다'의 뜻이 나왔다.	糾合(규합) 어떤 일을 꾸미려고 세력(勢力)이나 사람 등을 한데 끌어 모음 糾察(규찰) 적발하여 자세히 살핌		
規 법 규 5급　常	훌륭한 사람(夫)이 사물을 바르게 본다(見)는 의미에서 '법'을 뜻함. 길이를 구분(區分)짓거나 圓(원)을 그리거나 하는 컴퍼스의 뜻을 가짐.	規模(규모) 구조(構造) 및 모양의 크기와 범위(範圍) 規定(규정) 법령(法令)에서 개개의 조항(條項)을 정하는 일 規制(규제) (어떤 일을) 법이나 규정(規定)으로 제한(制限)하거나 금하는 것		
閨 안방 규 2급	뜻을 나타내는 문문(門→두 짝의 문, 문중·일가)과 음을 나타내는 圭(규: 위가 둥그스름하고 밑이 네모진 옥의 뜻)로 이루어짐. 圭(규) 모양의 문, 궁중의 작은 문.	閨秀(규수) 남의 집 처녀(處女)를 점잖게 이르는 말 閨房(규방) 안방, 침실(寢室), 내방(內房), 부녀자(婦女子)가 거처(居處)하는 방		
圭 서옥 규 2급	가로와 세로의 선을 이어서 기하학적 문양을 본떠서 위가 원뿔꼴, 아래가 모진 옥.	白圭(백규) 희고 맑게 잘 간 구슬 奎璋(규장) 귀한 옥, 고귀한 人品(인품)		

奎 별 이름 규 2급	사람이 가랑이를 벌리고 삼각 모양을 이루다. 하늘 위의 큰 옥, 안드로메다의 자리를 뜻함.	奎章(규장) 천자의 詩文(시문) 또는 조칙. 奎翰(규한) 奎章閣(규장각) 조선 정조가 설치한 문헌을 보관(保管)하던 관청(官廳). 학자(學者)를 모아 경사(經史)를 토론(討論)하고, 문교의 진흥(振興)을 꾀하였음
揆 헤아릴 규 2급	뜻을 나타내는 재방변(扌(=手)→손)과 음을 나타내는 부수를 제외한 글자 癸(계: 규는 헤아리다)로 이루어짐.	揆園史話(규원사화) 조선시대 쓰인 것으로 추정되는 역사책. 고조선 47대 단군의 재위 기간과 치적 등을 기록하고 있음 規度(규탁) 헤아림
硅 규소 규 1급	뜻을 나타내는 돌석(石→돌)部와 음을 나타내는 圭(옥 규)가 합하여 이루어짐.	硅素(규소) 탄소(炭素) 원소의 하나. 원소 기호(記號) Si, 원소 번호(番號) 14
逵 길거리 규 1급	책받침(辶(=辵)→쉬엄쉬엄 가다)과 부수를 제외한 글자 坴(륙)으로 이루어짐. 멀리까지 뻗어 있는 큰길의 뜻.	逵路(규로) 아홉 방향(方向)으로 통(通)한 길. 큰길
窺 엿볼 규 1급	規(규)는 '자로 재다'의 뜻. '구멍 속을 들여다보다, 엿보다'의 뜻.	管窺(관규) 대롱 구멍으로 표범을 보면 그 가죽의 얼룩점 하나밖에 보이지 않는다는 뜻에서, 견식(見識)이 좁음을 이르는 말 以管窺天(이관규천) 대롱을 통(通)해 하늘을 봄이란 뜻으로, 우물 안 개구리
歸 돌아갈 귀 4급　常	모이다와 그치다[止] 그리고 빗자루 추의 뜻을 결합한 글자[會意] 甲文字에서 歸는 친정에 오래 머물렀던 여자가 시댁으로 돌아가는 것을 나타냈다.	復歸(복귀) 본디 상태(狀態)나 자리로 다시 돌아감 歸國(귀국) 외국(外國)에서 본국(本國)으로 돌아감 事必歸正(사필귀정) 처음에는 일이 그릇되더라도 결국에 가서는 반드시 정리(正理)로 돌아감
叫 부르짖을 규 3급　常	입[口]의 뜻과 얽을 규(糾)의 음 및 뜻을 결합한 글자[形聲] 小篆字에서 叫는 말이 얽히어 답답한 상태를 나타냈다. 이런 자형에서 '부르짖다'의 뜻이 나왔다.	絶叫(절규) 힘을 다하여 부르짖음 叫彈(규탄) 잘못을 꼬집어 말함 阿鼻叫喚(아비규환) 여러 사람이 고통(苦痛)에서 헤어나려고 비명을 지르며 몸부림침을 형용(形容)해 이르는 말
葵 해바라기 규 1급	풀을 뜻하는 초두머리(艹(=艸)→풀, 풀의 싹)와 음을 나타내는 부수를 제외한 글자 癸(계: 태양으로 방위를 재는 기구의 상형). 태양 방향으로 꽃이 돌아가는 식물. '해바라기'를 뜻함.	葵花(규화) ① 촉규화(蜀葵花) ② 해바라기 葵園(규원) 해바라기 정원 葵藿(규곽) 해바라기
均 고를 균 4급　常	흙[土]의 뜻과 가지런할 균(勻)의 음 및 뜻을 결합한 글자 [形聲] 文字에서 均은 사람이 서서 땅을 고르게 펴는 것을 나타냈다. 이런 자형에서 '고르다'의 뜻이 나왔다.	均衡(균형) 치우침이 없이 고름 平均(평균) 어떤 가정(假定) 밑에서, 많은 수(數)나 같은 종류(種類)의 양(量)의 중간(中間) 값을 갖는 수
菌 버섯 균 3급　常	풀[艹]의 뜻과 구부러질 균(囷)의 음 및 뜻을 결합한 글자 [形聲] 小篆字에서 菌은 우산 모양으로 굽어서 자라는 초목을 나타냈다. 이런 자형에서 '버섯'의 뜻이 나왔다.	細菌(세균) 분열(分裂)에 의해서 번식(繁殖)하는 가장 미세(微細)한 최하등의 단세포 식물 殺菌(살균) 병원체(病原體) 및 그 밖의 미생물(微生物)을 죽임 無菌(무균) 균이 없음

한자	자원(字源)	용례(用例)		
橘 귤 귤 1급	뜻을 나타내는 木(목→나무)과 음을 나타내는 부수를 제외한 글자 矞(율: '과시하다'의 뜻)의 전음(轉音)으로 이루어짐. 그 나무에 시위적인 가시가 있는 '귤나무'의 뜻.	柑橘(감귤) 귤밀감의 총칭(總稱) 橘化爲枳(귤화위지) 강남(江南)의 귤을 강북(江北)에 심으면 탱자가 된다는 뜻으로, 사람도 환경(環境)에 따라 기질(氣質)이 변한다는 말		
克 이길 극 3급 常	사람이 물건을 지고 있는 모양을 본뜬 글자[象形] 甲文字에서 克은 무거운 물건을 짊어지고 있는 모양을 본떴다. 이런 자형에서 '이기다'의 뜻이 나왔다.	克服(극복) 곤란(困難)을 이겨내어 마음대로 함 克己復禮(극기복례) 욕망(慾望)이나 사(詐)된 마음 등을 자기(自己) 자신(自身)의 의지력(意志力)으로 억제(抑制)하고 예의(禮儀)에 어그러지지 않도록 함		
極 극진할 극 4급 常	나무[木]의 뜻과 다할 극(㔾)의 음 및 뜻을 결합한 글자[形聲] 小篆字에서 極은 집의 가장 높고 가운데 있는 들보를 나타냈다. 이런 자형에서 '들보'의 뜻이 나왔다. 후에 전성되어 '지극하다'의 뜻으로 쓰인다.	積極的(적극적) 사물(事物)에 대하여 긍정(肯定)하고 능동적(能動的)인 것 兩極化(양극화) 서로 다른 계층(階層) 또는 집단(集團)이 점점 더 달라지고 멀어지거나 그렇게 하는 일		
劇 심할 극 4급 常	범[虍]과 돼지[豕]와 칼[刂]의 뜻을 결합한 글자[會意] 小篆字에서 劇은 호랑이와 산돼지가 서로 싸워 물러나지 않는 모양을 나타냈다. 이런 자형에서 '심하다'의 뜻이 나왔다.	演劇(연극) 배우가 연출자의 지도하에 각본(脚本)에 의하여 분장하고 음악, 배경, 조명, 그 밖의 여러 가지 장치의 힘을 빌려서 어떤 사건과 인물을 구체적으로 연출하는 종합 예술		
剋 이길 극 1급	뜻을 나타내는 선칼도방(刂(=刀)→칼, 베다, 자르다)과 음을 나타내는 克(이기다 극)이 합하여 이루어짐. '칼로 이기다'의 뜻.	相剋(상극) 둘 사이가 서로 화합(和合)하지 못하고 늘 충돌(衝突)함을 이르는 말 剋復(극복) 국란을 진압하여 原狀(원상)으로 회복함 下剋上(하극상) 계급(階級)이나 신분(身分)이 낮은 사람이 윗사람을 꺾고 오름		
戟 창 극 1급	미늘 창(戟)과 동자(同字). 창과(戈→창, 무기)와 斡(간=가지)의 생략형의 합자(合字). 나무줄기처럼 가지가 있는 창의 뜻. 戈(과)와 矛(모)의 합체로 생긴 무기. 걸어당기는 戈(과)와 찌르는 矛(모)의 두 기능을 겸함.	刺戟(자극) 일정한 현상(現象)이 촉진(促進)되도록 충동(衝動)함 戟盾(극순) 창과 방패		
棘 가시 극 1급	가시가 둘이 나란히 있는 것으로 가시가 많음의 뜻. 朿(자)는 가시가 돋친 나무를 본뜬 모양. 가시가 있는 나무. 가시나무.	加棘(가극) 죄가 중한 경우(境遇)에 행하는 형벌(刑罰)의 하나. 귀양살이하는 사람이 있는 집의 담이나 울타리에 가시나무를 밖으로 둘러치는 일. 천극(栫棘) 棘圍(극위) 문과의 과거를 보는 장소. 과장, 사방에 가시나무를 둘렀으므로 이름		
隙 틈 극 1급	뜻을 나타내는 좌부변(阝(=阜)→언덕)과 음을 나타내는 부수를 제외한 글자가 합하여 이루어짐. 극은 벽의 틈. 阝(阜부)를 더해 뜻을 더함.	間隙(간극) 사물(事物) 사이의 틈 隙駒光陰(극구광음) 흘러가는 세월의 빠름은 달려가는 말을 문틈으로 보는 것과 같다는 뜻으로, 인생(人生)의 덧없고 짧음을 비유(比喩)		
斤 도끼 근 3급 常	도끼날과 자루의 모양을 본뜬 글자[象形] 文字에서 斤은 도끼의 날과 자루의 모양을 본떴다. 이런 자형에서 '도끼'의 뜻이 나왔다. 후에 가차되어 무게를 재는 단위인 '근'의 뜻으로 쓰인다.	千斤萬斤(천근만근) 무게가 천 근이나 만 근이 된다는 뜻으로, '아주 무거움'을 뜻하는 말 斤量(근량) ① 저울로 단 무게 ② 무게, 중량(重量)		
近 가까울 근 6급 常	쉬엄쉬엄 가다[辶]의 뜻과 도끼 근(斤)의 음 및 뜻을 결합한 글자[形聲] 㿝文字에서 近은 나무를 벨 때 도끼를 나무 가까이에 대고 자른 것을 나타냈다.	近郊農業(근교농업) 도시(都市)에 내다 팔기 위하여 도시(都市) 가까운 들에서 이루어지는 집약적(集約的)인 농업 近墨者黑(근묵자흑) 먹을 가까이하면 검어진다는 뜻으로, 나쁜 사람을 가까이하면 그 버릇에 물들기 쉽다는 말		

글자	자원 풀이	용례
根 뿌리 근 6급 常	나무[木]의 뜻과 어긋날 간(艮)의 음 및 뜻을 결합한 글자 [形聲] 小篆字에서 根은 땅 밑에 있는 나무뿌리가 구불구불하게 얽혀 서로 어긋나 있는 것을 나타냈다. 이런 자형에서 '뿌리', '밑'의 뜻이 나왔다.	根據(근거) 근본(根本) 되는 토대(土臺) 根本(근본) 사물(事物)의 생겨나는 근원(根源). 어떤 것의 본질(本質)로 되거나 어떤 것이 이루어지는 바탕 無根之說(무근지설) 터무니가 없는 뜬소문(所聞)
筋 힘줄 근 4급	月(육·월=살)과 사람의 팔→근육의 힘줄→체력을 나타내는 力(력)을 합하여 근육에 힘을 담게 하는 '힘줄'을 뜻하고, 대나무의 섬유 줄기로 竹(죽=대나무)을 더하였음. 살 속의 힘줄	筋肉(근육) 수축(收縮)·이완(弛緩)에 의해서 사람이나 동물(動物)의 몸을 운동(運動)시키는 기관(器官). 鐵筋(철근) 콘크리트 속에 박아 뼈대로 삼는 가늘고 긴 쇠막대
僅 겨우 근 3급 常	사람[亻]의 뜻과 적을 근(堇)의 음 및 뜻을 결합한 글자[形聲] 金文字에서 僅은 사람이 많은 재능 가운데 일부를 발휘하는 것을 나타냈다. 이런 자형에서 '겨우', '적다'의 뜻이 나왔다.	僅少(근소) 아주 적어서 얼마 되지 못함 僅僅(근근) 겨우, 간신히
勤 부지런할 근 4급 常	진흙 근(堇)의 음 및 뜻과 힘[力]의 뜻을 결합한 글자[形聲] 金文字에서 勤은 堇자로 진흙을 나타냈으나, 후에 力의 뜻이 첨가되어 가뭄과 추위에 잘 견디는 것을 나타냈다. 이런 자형에서 '수고롭다'의 뜻이 나왔다.	勤務(근무) (직장에 적을 두고) 직무(職務)에 종사(從事)하는 것 勤勞(근로) 일정한 시간(時間) 동안 일정한 노무(勞務)에 종사(從事)하는 일 勤勉(근면) 부지런히 노력(努力)함
謹 삼갈 근 3급 常	말씀[言]의 뜻과 진흙 근(堇)의 음 및 뜻을 결합한 글자[形聲] 小篆字에서 謹은 조심스럽게 진흙 길을 걷듯 말을 신중히 하는 것을 나타냈다. 이런 자형에서 '삼가다'의 뜻이 나왔다.	謹愼(근신) 언행(言行)을 삼가고 조심함. 과오(過誤)나 잘못에 대하여 반성(反省)하고 들어앉아 행동을 삼감 謹賀新年(근하신년) 삼가 새해를 축하(祝賀)한다는 인사말
槿 무궁화 근 2급	木(목)에 堇(근)으로 이루어짐.	槿友會(근우회) 1927년 신간회(新幹會)의 자매단체로서 창립(創立)된 부녀(婦女) 단체(團體). 槿域(근역) 무궁화(無窮花)가 많은 땅이라는 뜻으로, 우리나라를 달리 이르는 말 槿花(근화) 무궁화
覲 뵐 근 1급	뜻을 나타내는 볼견(見→보다)과 음을 나타내는 부수를 제외한 글자 堇(근: 勤(근)과 통하여 '근무하다'의 뜻)이 합하여 이루어짐. 가을에 제후가 임금을 뵙고 王事에 힘써 '복무하다'의 뜻을 나타냄.	覲見(근현) (찾아가거나 찾아오거나 하여 윗사람을) 만나 뵘 覲親(근친) (시집간 딸이) 친정(親庭)에 가서 어버이를 뵘
饉 주릴 근 1급	밥식(食=飠)→먹다, 음식)과 堇(근: 僅(근)과 통하여, '적다'의 뜻)이 더하여 이루어짐. 식량이 겨우 조금밖에 없는 흉년의 뜻을 나타냄.	飢饉(기근) 흉년(凶年)으로 곡식(穀食)이 부족(不足)함
今 이제 금 6급 常	모이다와 미치다의 뜻을 결합한 글자[會意] 甲文字에서 今은 세월이 흘러 모이는 시점을 나타냈다. 이런 자형에서 '지금', '미치다'의 뜻이 나왔다.	只今(지금) 이제, 이 시간(時間) 今方(금방) 이제, 방금, 지금 막 古今(고금) 옛날과 지금
金 쇠 금 8급 常	황금이 땅 가운데에 있는 모양을 본뜬 글자[象形] 金文字에서 金은 황금이 땅속에 있는 모양을 본떴다. 이런 자형에서 '금'의 뜻이 나왔다. 후에 전성되어 '쇠'의 뜻으로 쓰인다.	黃金文書(황금문서) 황제의 황금 인을 찍은 문서(文書). 특히, 1356년 독일(獨逸) 황제 칼 4세가 황제의 선거권을 세 주교와 네 제후에 한정할 것을 규정한 칙서(勅書) 未收金(미수금) 아직 거두어들이지 아니한 돈

禽 새 금 3급 常	짐승의 머리, 몸통, 발, 꼬리의 형상을 본뜬 글자[象形] 金文字에서 禽은 빨이 꺾이고 푹 주저앉은 네 발의 짐승 모양을 본떴다. 이런 자형에서 모든 '짐승'의 뜻이 나왔으나, 후에 전성되어 '날짐승'의 뜻으로 쓰인다.	家禽(가금) 알이나 고기를 식용(食用)으로 하기 위하여 집에서 기르는 날짐승. 닭, 오리, 거위 등의 새 禽獸(금수) 날짐승과 길짐승이라는 뜻으로, 모든 짐승을 말함		
琴 거문고 금 3급 常	거문고 모양을 본뜬 글자[象形] 甲文字에서 琴은 옥으로 만든 악기로 줄 매는 부분과 틀의 모양을 본떴다. 이런 자형에서 '거문고'의 뜻이 나왔다.	伽倻琴(가야금) 가야의 우륵(于勒)이 만든 현악기(絃樂器). 오동나무로 길게 만든 공명관(共鳴管) 위에 열두 줄을 세로로 매어, 줄마다 기러기발로 받친 구조(構造)임 琴瑟(금슬) ① 거문고와 비파(琵琶) ② 부부(夫婦) 사이의 정		
禁 금할 금 4급 常	수풀 림(林)의 음 및 뜻과 보여 주다[示]의 뜻을 결합한 글자[形聲] 小篆字에서 禁은 제사를 모시는 사당 주위의 나무를 함부로 베지 못하도록 한 것을 나타냈다. 이런 자형에서 '금하다'의 뜻이 나왔다.	禁止(금지) 금하여 못 하게 함 禁煙(금연) ① 담배를 끊음 ② 담배를 못 피우게 함 禁忌(금기) 꺼려서 싫어함 監禁(감금) 몸을 가두어 자유(自由)를 구속(拘束)함, 일정한 장소(場所)에 가둠		
錦 비단 금 3급 常	쇠 금(金)의 음 및 뜻과 비단[帛]의 뜻을 결합한 글자[形聲] 小篆字에서 錦은 무늬가 쌓인 아름다운 비단으로 금과 같이 귀한 것을 나타냈다. 이런 자형에서 '비단'의 뜻이 나왔다.	錦上添花(금상첨화) 비단(緋緞) 위에 꽃을 더한다는 뜻으로, 좋은 일에 또 좋은 일이 더하여짐을 이르는 말 錦繡江山(금수강산) 비단(緋緞)에 수를 놓은 듯이 아름다운 산천(山川)이라는 뜻으로, 우리나라 강산(江山)을 이르는 말		
衾 이불 금 1급	뜻을 나타내는 옷 의(衣(=衤)→옷)와 음을 나타내는 今(금: 含(함)과 통하여 '포함하다'의 뜻)이 합하여 이루어짐. 사람의 몸을 완전히 덮는 '이불'의 뜻을 나타냄.	衾枕(금침) 이부자리와 베개 衾影無慚(금영무참) 남이 안 보이는 데서도 언행을 삼가 양심에 조금도 부끄러울 것이 없음		
擒 사로잡을 금 1급	뜻을 나타내는 재방변(扌(=手)→손)과 음을 나타내는 禽(금: '사로잡다'의 뜻)이 합하여 이루어짐. '손으로 사로잡다'의 뜻.	七縱七擒(칠종칠금) 제갈공명(諸葛孔明)의 전술(戰術)로 일곱 번 놓아주고 일곱 번 잡는다는 말로, ① 자유자재로운 전술(戰術) ② 상대(相對)를 마음대로 함 ③ 무슨 일을 제 마음대로 함		
襟 옷깃 금 1급	衤(의)＋禁(금)이 합하여 이루어짐. 또한 '닫치다'의 뜻을 나타내기 위해 禁으로 이루어짐. '가슴'이라는 뜻도 있음.	襟度(금도) 남을 용납할 만한 도량(度量) 襟抱(금포) 가슴속, 마음 胸襟(흉금) 가슴속에 품은 생각		
及 미칠 급 3급 常	사람[人]과 오른손[又]의 뜻을 결합한 글자[會意] 甲文字에서 及은 사람이 뒤에서 손으로 잡는 모양을 나타냈다. 이런 자형에서 '미치다'의 뜻이 나왔다.	普及(보급) 널리 펴서 골고루 미치게 함 及其也(급기야) 마침내, 필경에는, 마지막에는 過猶不及(과유불급) 모든 사물이 정도를 지나치면 도리어 안 한 것만 못함이라는 뜻으로, 중용(中庸)을 의미		
急 급할 급 9급 常	미칠 급(及)의 음 및 뜻과 마음[心]의 뜻을 결합한 글자[形聲] 小篆字에서 急은 빨리 뒤쫓으려고 앞서가는 마음을 나타냈다. 이런 자형에서 '급하다'의 뜻이 나왔다.	急上昇(급상승) 갑자기 치솟음 시세(時勢)·신분(身分) 따위가 급격(急激)하게 높아지는 것 緊急(긴급) 일이 중대(重大)하고도 급함		
級 등급 급 6급 常	실[糸]의 뜻과 미칠 급(及)의 음 및 뜻을 결합한 글자[形聲] 小篆字에서 級은 실이 차례차례 이어진 것을 나타냈다. 이런 자형에서 '차례'의 뜻이 나왔다.	階級(계급) 세습적(世襲的)인 신분이나 직업(職業) 등에 의한 사회적(社會的)인 지위(地位) 高級(고급) 등급(等級)이 높음		

한자	자원 설명	용례
給 줄 급 5급 / 常	실[糸]의 뜻과 합할 합(合)의 음 및 뜻을 결합한 글자[形聲] 金文字에서 실을 모아 길게 이어주는 것을 나타냈다. 이런 자형에서 '주다'의 뜻이 나왔다.	供給(공급) 수요(需要)에 응(應)하여 재물(財物)을 댐 支給(지급) (금품(金品) 따위를) 내어줌, 치러 줌
扱 미칠 급 1급	뜻을 나타내는 재방변(扌(=手)→손)과 음을 나타내는 及(급: 吸(흡)은 '빨아들이다'의 뜻)이 합하여 이루어짐. '손으로 끌어들이다, 거두어 가지다'의 뜻.	取扱(취급) 사물(事物)을 다룸, 다루어 처리(處理)함
汲 길을 급 1급	뜻을 나타내는 삼수변(氵(=水, 氺)→물)과 음을 나타내는 及(급 吸(흡)은 '빨아들이다'의 뜻)이 합하여 이루어짐. 물을 끌어 올리다.	汲汲(급급) 쉬지 않고 힘쓰는 모양, 조급히 하려고 서두르는 모양 樵童汲婦(초동급부) 땔나무를 하는 아이와 물을 긷는 여자(女子)라는 뜻으로, 보통(普通) 사람을 뜻함
肯 즐길 긍 3급 / 常	뼈[止]와 고기[月]의 뜻을 결합한 글자[會意] 金文字에서 肯은 뼈 사이에 붙어 있는 살이 맛있는 것을 나타냈다. 이런 자형에서 '즐기다'의 뜻이 나왔다.	肯定(긍정) 그렇다고 인정(認定)함 首肯(수긍) 옳다고 동의함
兢 떨릴 긍 2급	克(극)은 무거운 투구를 쓴 사람의 상형. 두 사람이 나란히 '다투다'의 뜻. 다툴 때의 심리인 두려워하여 조심하다의 뜻도. 나타냄.	戰戰兢兢(전전긍긍) 전전(戰戰)은 겁을 먹고 벌벌 떠는 것. 긍긍(兢兢)은 조심해 몸을 움츠리는 것으로 어떤 위기감에 떠는 심정(心情)을 비유(比喩)한 말
矜 자랑할 긍 1급	뜻을 나타내는 창모(矛→세모진 창)와 자루의 뜻을 나타내기 위한 今(금: 含(함)과 통하여 '덮다, 포함하다'의 뜻)으로 이루어짐. '창자루'의 뜻. 兢(긍), 謹(근)과 통하여 '삼가다'의 뜻도 있고, 憐(근)과 통하여 '불쌍히 여기다'의 뜻을 나타냄.	矜持(긍지) 자신의 능력(能力)을 믿음으로써 가지는 자랑 自矜心(자긍심) 자긍하는 마음 矜恤(긍휼) 가엾게 여겨서 돕는 것
己 몸 기 5급 / 常	실이 구부러진 모양을 본뜬 글자[象形] 甲文字에서 己는 ① 일의 크기에 따라 매듭지어 표시하는 실과 ② 사람 몸의 척추 모양을 본떴다. 이런 자형에서 '몸'의 뜻이 나왔다. 후에 가차하여 '여섯째 천간'의 뜻으로 쓰인다.	利己的(이기적) 자기의 이익(利益)만 차리는 모양 克己復禮(극기복례) 욕망(慾望)이나 사(詐)된 마음 등을 자기(自己) 자신(自身)의 의지력(意志力)으로 억제(抑制)하고 예의(禮儀)에 어그러지지 않도록 함
企 꾀할 기 3급 / 常	사람[人]과 발[止]의 뜻을 결합한 글자[會意] 甲文字에서 企는 사람이 발돋움하여 멀리 바라보는 모습을 나타냈다. 이런 자형에서 '바라다', '꾀하다'의 뜻이 나왔다.	企業(기업) 영리(營利)를 목적(目的)으로 하는 경제(經濟) 사업(事業) 企待(기대) 어떠한 일이 이루어지기를 바라보고 기다림 企劃(기획) 일을 계획(計劃)함
忌 꺼릴 기 3급 / 常	몸 기(己)의 음 및 뜻과 마음[心]의 뜻을 결합한 글자[形聲] 金文字에서 忌는 사회 규범을 어기지 않기 위해 몸과 마음을 조심하는 것을 나타냈다. 이런 자형에서 '꺼리다'의 뜻이 나왔다.	忌避(기피) 꺼리어 피함 禁忌(금기) 어떤 병에 어떤 약이나 음식(飮食)이 좋지 않은 것으로 여겨 쓰지 않는 일 猜忌(시기) 어떤 사람이 자기(自己)보다 뛰어난 사람 또는 그의 뛰어난 능력(能力) 등을 샘하여 미워하는 것
技 재주 기 5급 / 常	손[扌]의 뜻과 가지 지(支)의 음 및 뜻을 결합한 글자[形聲] 小篆字에서 技는 대나무의 가느다란 가지와 같이 손의 교묘한 능력을 나타냈다. 이런 자형에서 '재주'의 뜻이 나왔다.	技術(기술) 만들거나 짓거나 하는 재주 또는 솜씨 競技(경기) 운동(運動)이나 무예(武藝) 등의 기술(技術)·능력(能力)을 겨루어 승부(勝負)를 가리는 일 技能(기능) 기술적(技術的)인 능력(能力) 또는 재능(才能)

汽 물끓는김 기 5급	삼수변(氵(=水, 氷)→물)과 蒸氣(증기)의 뜻을 나타내는 부수를 제외한 글자 气(기: 입김의 뜻)로 이루어짐. 수증기의 뜻. 물이 증발하여 마르다. 또, 그 김의 뜻을 나타냄.	汽車(기차) 증기(蒸氣) 기관차(汽罐車)로 궤도(軌道)를 달리는 열차(列車) 汽壓(기압) 증기(蒸氣) 기관(機關)에서 생긴 증기(蒸氣)의 압력(壓力)		
奇 기특할 기 4급　常	크다[大]의 뜻과 옳을 가(可)의 음 및 뜻을 결합한 글자[形聲] 金文字에서 奇는 정상적인 물건에 보다 특별히 큰 것을 나타냈다. 이런 자형에서 '기이하다'의 뜻이 나왔다.	奇跡(기적) 상식(常識)으로는 생각할 수 없는 이상(異常) 야릇한 일 奇襲(기습) 꾀를 써서 갑자기 적을 공격(攻擊)함 神奇(신기) 신묘(神妙)하고 기이(奇異)함		
其 그 기 3급　常	두 손으로 키를 잡고 있는 모양을 본뜬 글자[象形] 甲文字에서 其는 대나무 줄기로 짠 키의 모양을 본떴다. 이런 자형에서 '키'의 뜻이 나왔으나, 지시대명사 '그'의 뜻으로 전성되었다.	及其也(급기야) 마침내, 필경에는, 마지막에는 其間(기간) 그 사이, 그동안, 어떤 정해진 시기(時期)에서 다른 정해진 시기(時期)에 이르는 동안 其他(기타) 그것 외(外)에 또 다른 것		
祈 빌 기 3급　常	보여 주다[示]와 도끼[斤]의 뜻을 결합한 글자[會意] 金文字에서 祈는 제사상 앞에 무기를 놓고 전승을 기원하는 것을 나타냈다. 이런 자형에서 '빌다'의 뜻이 나왔다.	祈禱(기도) 신명에게 빎 祈願(기원) 바라는 일이 이루어지기를 빎		
紀 벼리 기 4급　常	실[糸]의 뜻과 몸 기(己)의 음 및 뜻을 결합한 글자[形聲] 金文字에서 紀는 실마리를 나타냈으나, 小篆字에서 糸의 뜻을 첨가하여 실의 매듭을 나타냈다. 이런 자형에서 '벼리'의 뜻이 나왔다.	紀傳體(기전체) 보통(普通) 본기, 세가, 열전, 서, 표 따위로 나누어 쓰는데 사마천의 『사기(史記)』에서 비롯하였음 紀綱(기강) (으뜸이 되는 중요(重要)한) 규율(規律)과 질서		
氣 기운 기 7급　常	기운 기(气)의 음 및 뜻과 쌀[米]의 뜻을 결합한 글자[形聲] 小篆字에서 氣는 밥을 지을 때 나오는 수증기를 나타냈다. 이런 자형에서 '기운'의 뜻이 나왔다.	雰圍氣(분위기) 어떤 환경(環境)이나 어떤 자리 등에서 저절로 만들어져서 감도는 느낌 景氣(경기) 기업(企業)을 중심(中心)으로 한 여러 가지 경제(經濟) 사상(事象)의 상태(狀態)		
豈 어찌 기 3급　常	북의 모양을 본뜬 글자[象形] 金文字에서 豈는 장식용 북의 모양을 본떴다. 이런 자형에서 '북'의 뜻이 나왔으나 후에 가차되어 '어찌'의 반어의 조사로 쓰인다.	豈敢毁傷(기감훼상) 부모(父母)께서 낳아 길러 주신 이 몸을 어찌 감(敢)히 훼상(毁傷)할 수 있으랴.		
起 일어날 기 4급　常	달리다[走]의 뜻과 몸 기(己)의 음 및 뜻을 결합한 글자[形聲] 石文字에서 起는 ① 달리려고 몸을 세우는 것과 ② 뱀이 머리를 쳐들고 달아나는 것을 나타냈다.	提起(제기) 의견(意見)을 붙이어 의논(議論)할 것을 제초함 惹起(야기) 무슨 일이나 사건(事件) 따위를 끌어 일으킴 起訴(기소) 공소(公訴)를 제기(提起)함 隆起(융기) 높게 일어나 들뜸		
記 기록할 기 7급　常	말씀[言]의 뜻과 기록 기(己=紀의 본자)의 음 및 뜻을 결합한 글자[形聲] 小篆字에서 記는 말을 글로 기록하는 것을 나타냈다. 이런 자형에서 '기록하다'의 뜻이 나왔다.	記錄(기록) 사실을 적은 서류(書類) 또는 사실을 적음 記憶(기억) 지난 일을 잊지 않고 외어 둠		
飢 주릴 기 3급　常	밥[食]의 뜻과 안석 궤(几)의 음 및 뜻을 결합한 글자[形聲] 小篆字에서 飢는 흉년이 들어 먹을 것이 없어 뱃속이 비어 있는 것을 나타냈다.	飢餓(기아) 굶주림 飢饉(기근) 흉년(凶年)으로 곡식(穀食)이 부족(不足)함		

基 터 기 5급 常	그 기(其)의 음 및 뜻과 흙[土]의 뜻을 결합한 글자[形聲] 金文字에서 基는 땅 위에 있는 키의 모양을 나타냈다. 이런 자형에서 물건을 담는 '터'의 뜻이 나왔다.	基準(기준) 사물(事物)의 기본(基本)이 되는 표준(標準) 基礎(기초) 사물(事物)의 밑바닥	
寄 부칠 기 4급 常	집[宀]의 뜻과 불운할 기(奇)의 음 및 뜻을 결합한 글자[形聲] 石文字에서 寄는 때를 못 만난 불운한 사람이 남의 집에 몸을 의탁하는 것을 나타냈다. 이런 자형에서 '붙어살다'의 뜻이 나왔다.	寄附(기부) 공공(公共) 단체(團體) 또는 절, 교회(教會) 등에 무상(無償)으로 금전(金錢)이나 물품을 내놓음 寄贈(기증) 금품(金品)이나 물품 등을 타인(他人)에게 줌	
旣 이미 기 3급 常	밥 가득하다[皀]의 뜻과 숨 막힐 기(旡)의 음을 결합한 글자[形聲] 金文字에서 旣는 많은 음식을 숨 막힐 정도로 먹은 것을 나타냈다. 전성되어 '이미'의 뜻으로 쓰인다.	旣存(기존) 이미 존재(存在)함 旣得權(기득권) 정당(正當)한 절차(節次)를 밟아 법규(法規)에 의하여 얻은 권리(權利)	
棄 버릴 기 3급 常	버리다[去]와 쓰레받기의 뜻을 결합한 글자[會意] 甲文字에서 棄는 두 손으로 나무로 만든 쓰레받기에 있는 물건을 버리는 것을 나타냈다. 이런 자형에서 '버리다'의 뜻이 나왔다.	抛棄(포기) 하던 일을 중도(中途)에 그만두어 버림 廢棄(폐기) 못 쓰게 된 것을 버림. 폐지(廢止)하여 방기함	
幾 몇 기 3급 常	작다[絲]와 지키다[戍]의 뜻을 결합한 글자. 金文字에서 幾는 창을 들고 있는 적은 수의 군대가 지키는 것을 나타냈다. 이런 자형에서 '위태하다'의 뜻이 나왔다. 후에 가차되어 '몇'의 뜻으로도 쓰인다.	幾微(기미) 앞일에 대한 다소 막연(漠然)한 예상(豫想)이나 짐작(斟酌)이 들게 하는 어떤 현상(現象)이나 상태(狀態). 낌새 幾何級數的(기하급수적) 거듭할수록 수량(數量)이 더욱 높은 비율(比率)로 많아지는 것	
棋 바둑 기 2급	其(기: '정연하다'의 뜻)로 이루어짐. 정연하게 선이 그어진 '장기판'의 뜻.	將棋(장기) 판 위에 벌여 놓고, 말을 번갈아 가며 한 번씩 두어서 승부(勝負)를 가리는 민속(民俗)놀이 棋局(기국) 바둑판 棋盤(기반) 바둑판a	
欺 속일 기 3급 常	그 기(其)의 음 및 뜻과 하품[欠]의 뜻을 결합한 글자[形聲] 金文字에서 欺는 입을 크게 벌려 허황된 이야기를 하는 것을 나타냈다. 이런 자형에서 '속이다'의 뜻이 나왔다.	詐欺(사기) 꾀로 남을 속임 欺瞞(기만) 남을 그럴듯하게 속여 넘김	
期 기약할 기 5급 常	그 기(其)의 음과 달[月]의 뜻을 결합한 글자[形聲] 金文字에서 期는 달이 변화하여 다시 본래의 모습으로 돌아오는 것을 나타냈다. 이런 자형에서 '기약하다'의 뜻이 나왔다.	期待(기대) 희망(希望)을 가지고 기약한 것을 기다림 期間(기간) 어느 일정한 시기(時期)에서 어떤 다른 일정한 시기(時期)까지의 사이	
旗 기 기 7급 常	깃발의 뜻과 그 기(其)의 음 및 뜻을 결합한 글자[形聲] 金文字에서 旗는 지휘 본부에 깃발을 올려 대장이 지휘하는 것을 나타냈다. 이런 자형에서 '대장기'의 뜻이 나왔다.	旗幟(기치) ① 옛날 군중(軍中)에서 쓰던 깃발 ② 어떤 목적(目的)을 위하여 내세우는 태도(態度)나 주장(主張) 太極旗(태극기) 대한민국(大韓民國)의 국기(國旗)	
畿 경기 기 3급 常	작다와 창[戈] 그리고 밭[田]의 뜻을 결합한 글자[會意] 小篆字에서 畿는 강한 군대가 적은 병력으로 임금이 계신 도성을 지키는 것을 나타냈다. 이런 자형에서 '경기'의 뜻이 나왔다.	京畿(경기) 경기도(京畿道)의 준말 畿湖學派(기호학파) 조선 선조(宣祖) 이후(以後) 율곡(栗谷) 이이(李珥)를 조종으로 하여 이루어진 성리학(性理學)의 한 파(派)	

器 그릇 기 4급 常	많은 그릇과 개[犬]의 뜻을 결합한 글자[會意] 金文字에서 器는 많은 그릇을 지키는 개를 나타냈다. 이런 자형에서 '그릇'의 뜻이 나왔다.	武器(무기) 전쟁(戰爭)에 쓰이는 총검, 화포(火砲), 핵병기(核兵器) 따위 온갖 기구 核武器(핵무기) 원자핵의 힘을 이용(利用)한 무기(武器) 凶器(흉기) 사람을 죽이거나 해(害)치는 데 쓰는 연장
機 틀 기 4급 常	나무[木]의 뜻과 베틀 기(幾)의 음 및 뜻을 결합한 글자[形聲] 小篆字에서 機는 나무로 만든 베를 짜는 기구를 나타냈다. 이런 자형에서 '베틀'의 뜻이 나왔다.	契機(계기) 일이 일어나거나 결정(決定)되는 근거(根據) 機關(기관) 개인(個人)이나 어떤 단체의 목적을 이루는 수단 危機(위기) 위험(危險)한 고비 機會(기회) 기대(期待)하던 그때, 일을 하기에 적당(適當)한 시기(時期)
騎 말 탈 기 3급 常	말[馬]의 뜻과 의지할 기(奇)의 음 및 뜻을 결합한 글자[形聲] 金文字에서 騎는 사람이 말에 올라 의지하여 가는 것을 나타냈다. 이런 자형에서 '말 타다'의 뜻이 나왔다.	騎馬(기마) 타는 말 騎士(기사) ① 말 타는 무사 ② 중세(中世) 유럽의 무사 輕騎兵(경기병) 차림새가 가볍고 날쌘 말 탄 병사(兵士)
夔 짐승 기 특급II	사람의 얼굴을 하고, 뿔이 있고, 큰 귀를 가지며, 한 발 달린 짐승의 모양을 본뜬 것. 뿔이 있는 외발의 괴수.	夔龍紋(기룡문) 중국 옛 동기(銅器) 등에서 볼 수 있는 무늬. 기봉(夔鳳)의 몸뚱이가 길게 되어 용과 같이 생긴 것. 몸뚱이 상부가 퇴화(退化)하여 작은 날개를 달고 있는 점(點)이 용과 다름
冀 바랄 기 2급	北(북)은 북쪽, 異(이)는 다르다. 북방의 이민족이 사는 땅. 金文(금문)에 따르면, 장식이 있는 탈을 머리에 쓴, 춤추는 사람의 상형. 그 신에게 행복을 비는 데서 '바라다'의 뜻.	冀願(기원) 희망(希望), 기망(冀望) 冀州(기주) 고대 구주의 하나
嗜 즐길 기 1급	뜻을 나타내는 입구(口→입, 먹다, 말하다)部와 음을 나타내는 耆(기: 旨(지)와 통하며, '맛있다'의 뜻)가 합하여 이루어짐. 맛있어 하며 먹다. '즐기다'의 뜻.	嗜好(기호) (어떤 사물(事物)을) 즐기고 좋아함 嗜眠(기면) 잠자는 것을 즐김. 자꾸 졸림
伎 재간 기 1급	재주, 기생, 함께. 뜻을 나타내는 사람인변(亻(=人)→사람)과 음을 나타내는 支(지: '나뭇가지를 받쳐 들다'의 뜻)의 전음(轉音)이 합하여 이루어짐. 나뭇가지를 들고 연기하는 광대의 뜻.	雜伎(잡기) 중국(中國) 고대(古代)와 중세에 행(行)해진 각종(各種) 예능의 통틀어 일컬음 伎倆(기량) 기술(技術) 재주 伎能(기능) 재주
妓 기생 기 1급	뜻을 나타내는 계집 녀(女→여자)와 음을 나타내는 支(지: '나뭇가지를 받쳐 들다'의 뜻). 나뭇가지를 들고 연기하는 여자.	妓女(기녀) 기생(妓生), 관비의 총칭(總稱) 妓房(기방) 기생방
岐 갈림길 기 2급	나뭇가지처럼 갈라진 갈림길.	岐路(기로) 여러 갈래로 갈린 길. 갈림길 分岐點(분기점) ① 여러 갈래로 갈라지기 시작(始作)하는 곳 ② 사물(事物)이 방향(方向)을 바꾸어 갈라지는 점
朞 돌 기 1급	1주년. 期(기)와 통용. 뜻을 나타내는 달 월(月→초승달)과 음을 나타내는 其(기)가 합하여 이루어짐.	朞年(기년) 만 1년 不杖朞(부장기) 옛날에, 상례에서 이르는 오복(五服)의 하나. 상복만 입고 지팡이를 짚지 않는 한 돌 동안만 입는 복(服)

한자	자원(字源)	용례(用例)			
杞 구기자 기 1급	뜻을 나타내는 나무 목(木→나무)과 음을 나타내는 己(기: 사람이 무릎 꿇는 형태로 구부린 실패를 본뜬 모양)가 합하여 이루어짐. 구부려 바구니 따위를 걷는 데 쓰이는 나무, ‘구기자나무’의 뜻.	枸杞子(구기자) 구기자(枸杞子) 나무 杞憂(기우) 중국의 기(杞)나라 사람이 하늘이 무너질까 봐 침식(寢食)을 잊고 근심 걱정하였다는 뜻으로, 쓸데없는 걱정을 나타냄			
淇 물 이름 기 2급	뜻을 나타내는 삼수변(氵(=水, 氺)→물)과 음을 나타내는 其(기)가 합하여 이루어짐.	淇水(기수) 황하의 지류. 시경에 자주 나오는 말 淇園長(기원장) ‘대나무’를 달리 이르는 말			
崎 험할 기 1급	뜻을 나타내는 메산(山→산봉우리)과 음을 나타내는 奇(기: ‘굽다’의 뜻)가 합하여 이루어짐. 산길이 험악함.	崎嶇(기구) (삶이) 순조(順調)롭지 못하고 온갖 어려움을 겪는 상태(狀態)에 있음			
琦 옥 이름 기 2급	뜻을 나타내는 구슬옥변(玉(=玉, 玊)→구슬)과 음을 나타내는 奇(기: ‘보통과 다르다’의 뜻)가 합하여 이루어짐.	琦略寶貨(기뢰보화) 기이한 미옥을 선물함			
璣 구슬 기 2급	북두칠성의 셋째 별. 璇와 동자(同字). 뜻을 나타내는 구슬옥변(玉(=玉, 玊)→구슬)과 음을 나타내는 幾(기: 斤(근)과 통하며, ‘잘게 하다’의 뜻)가 합하여 이루어짐. ‘잔옥’의 뜻을 나타냄.	天璣(천기) 북두칠성의 하나. 국자 모양의 뒤쪽 아래의 별 璇璣玉衡(선기옥형) 혼천의(渾天儀). 璣衡(기형)			
箕 키 기 2급	뜻을 나타내는 대죽(竹→대나무)과 ‘키’의 뜻을 가진 其(기: 箕(기)의 原字(원자)로 ‘키’의 뜻)로 이루어짐.	箕子(기자) 중국 은나라 주왕(紂王)의 친척(親戚). 나라가 망(亡)하여 조선에 들어와, 예의·전잠(田蠶)·방직(紡織)과 팔조(八條)의 교(敎)를 가르쳤음			
綺 비단 기 1급	뜻을 나타내는 실사(糸→실타래)와 음을 나타내는 奇(기 이하다 기)가 합하여 이루어짐.	綺羅星(기라성) (밤하늘에 반짝이는 수많은 별이라는 뜻의 일본(日本) 한자(漢字) 조어) 훌륭한 사람들이 죽 늘어선 것을 비유(比喩)하는 말 綺羅(기라) 무늬 놓은 비단과 얇은 비단. 화려한 옷			
畸 기이할 기 1급	뙈기밭 기라는 뜻도 있음. 뜻을 나타내는 밭 전(田→밭)과 음을 나타내는 奇(기: ‘구부러져 있다’의 뜻)가 합하여 이루어짐. 정전법에 의해서 정리되고 남은, 별난 경작지.	畸形(기형) 보통(普通)과는 다른 모양 畸人(기인) 성질(性質)이나 행동이 보통(普通) 사람과는 다른 사람			
羈 굴레 기 1급	부수(罔(망)=그물)와 革(혁=가죽), 馬(마=말)로 이루어져, 말의 머리에 씌우는 가죽 그물, ‘굴레’의 뜻.	羈束(기속) 얽어매어 묶음 羈縻(기미) 맴. 매임			
耆 늙을 기 2급	뜻을 나타내는 늙을 로(老(=耂)→노인, 늙다)와 음을 나타내는 旨(지: 詣(예)와 통하며, ‘이르다’의 뜻)의 전음(轉音)이 합하여 이루어짐. 이르러 늙은 사람의 뜻.	耆老(기로) 육십 세 이상(以上)의 노인(老人) 耆英會(기영회) 덕망이 있는 노인의 모임			

肌 살가죽 기 1급	뜻을 나타내는 육달월(月(=肉)→살, 몸)과 음을 나타내는 부수를 제외한 글자 几(궤: 緊(긴)과 통하여, '바짝 켕기다'의 뜻)가 음을 나타냄. 육체를 덮는 켕긴 '살갗'의 뜻.	肌骨(기골) 살과 뼈대 氷肌玉骨(빙기옥골) ① 살결이 맑고 깨끗한 미인을 비유적(比喩的)으로 이르는 말 ② 매화(梅花)의 곱고 깨끗함을 비유적(比喩的)으로 이르는 말			
譏 비웃을 기 1급	뜻을 나타내는 말씀 언(言→말하다)과 음을 나타내는 幾(기: '세세하다'의 뜻)가 합하여 이루어짐. 세세하게 남의 결점을 찾아 말하다. '헐뜯다'의 뜻.	譏評(기평) 헐뜯어 평론함 譏弄(기롱) ① (남을) 속이어 희롱(戲弄)하거나 농락(籠絡)함 ② 실없는 말로 시시덕거림 譏而不征(기이부정) 기찰만 할 뿐 세금을 거두지 않음.			
沂 물이름 기 2급	뜻을 나타내는 삼수변(氵(=水, 氺)→물)과 음을 나타내는 斤(근).	沂水(기수) 浴沂之樂(욕기지락) 제자(弟子)를 데리고 교외에 나가서 노는 즐거움			
騏 준마 기 2급	뜻을 나타내는 말 마(馬→말)와 음을 나타내는 其(기)가 합하여 이루어짐.	騏驥(기기) ① 몹시 빨리 달리는 말 ② 현인(賢人)을 비유(比喩)하여 이르는 말			
驥 천리마 기 2급	뜻을 나타내는 말 마(馬→말)와 음을 나타내는 冀(기)가 합하여 이루어짐.	蒼蠅附驥尾致千里(창승부기미치천리) 쉬파리 혼자서는 먼 길을 갈 수 없지만 천리마의 꼬리에 붙으면 천릿길도 갈 수 있다는 뜻으로, 범인(凡人)이 현자(賢者)에게 달라붙어 공명(功名)을 이룸을 이르는 말			
麒 기린 기 2급	뜻을 나타내는 사슴록(鹿→사슴)部와 크다(=傀(괴))의 뜻을 나타내기 위한 其(기)로 이루어짐.	麒麟閣(기린각) 한(漢)나라 선제(宣帝)가 지은 누각(樓閣). 공신(功臣) 11명의 상(像)을 그리어 이 각상(閣上)에 걸었음 麒麟兒(기린아) 재능, 기예가 비상히 뛰어난 소년			
緊 긴할 긴 3급　常	臤 간의 음 및 뜻과 실[糸]의 뜻을 결합한 글자[形聲] 小篆字에서 緊은 실을 굳게 얽은 것을 나타냈다. 이런 자형에서 '팽팽하다'의 뜻이 나왔다.	緊張(긴장) 마음을 다잡아 정신(精神)을 바짝 차리거나 몸이 굳어질 정도(程度)로 켕기는 일 緊急(긴급) 일이 중대(重大)하고도 급함 緊要(긴요) 꼭 필요(必要)함			
吉 길할 길 5급　常	선비[士]와 입[口]의 뜻을 결합한 글자[會意] 甲文字에서 吉은 선비가 많은 지식을 가지고 선한 말을 하는 것을 나타냈다. 이런 자형에서 '길하다'의 뜻이 나왔다.	吉凶禍福(길흉화복) 길흉(吉凶)과 화복(禍福)이라는 뜻으로, 즉 사람의 운수(運數)를 이름 立春大吉(입춘대길) 입춘(立春)을 맞이하여 길운을 기원(祈願)하는 글			
拮 맞설 길 1급	뜻을 나타내는 재방변(扌(=手)→손)과 음을 나타내는 吉(길: '단단히 죄다'의 뜻)이 합하여 이루어짐. '마음을 긴장시켜서 손발을 놀려 일하다'의 뜻.	拮抗作用(길항작용) 생물체의 어떤 현상에 대하여, 두 개의 요인이 동시에 작용하면서 서로 그 효과를 줄이는 작용 拮拒(길거) 힘써 일함			
喫 먹을 끽 1급	뜻을 나타내는 입 구(口→입, 먹다, 말하다)와 음을 나타내는 契(계, 결은 '새기다'의 뜻). 입안에서 잘게 조개다, '먹다'의 뜻.	喫煙(끽연) 담배를 피우는 것 滿喫(만끽) ① (음식(飮食)을) 마음껏 먹고 마시는 것 ② (어떤 대상(對象)을) 마음껏 즐기거나 누리는 것			

漢字	字源	用例	
那 어찌 나 3급　常	긴수염 염(冉)의 음 및 뜻과 마을[阝]의 뜻을 결합한 글자[形聲] 小篆字에서 那는 긴 수염이 많이 난 사람이 사는 땅을 나타냈다. 이런 자형에서 '서쪽나라'의 뜻이 나왔으나, 후에 가차되어 '어찌'의 뜻으로 쓰인다.	刹那(찰나) 극히 짧은 시간(時間) 那落(나락) 지옥(地獄). 구원(救援)할 수 없는 마음의 구렁텅이 那何(나하, 내하) 어떠하냐, 어찌하오, 奈何(내하), 如何(여하)	
儺 푸닥거리 나 1급	뜻을 나타내는 사람인변(亻(=人)→사람)과 음을 나타내는 難(난: '새를 불에 태우다'의 뜻에서 '태워 없애다'의 뜻이 되며 또 '재앙'의 뜻도 있음)이루어짐.	儺禮(나례) 음력(陰曆) 섣달그믐날 밤에 궁중(宮中)이나 민가에서 악귀를 쫓기 위하여 베푸는 의식(儀式)	
懦 나약할 나 1급	뜻을 나타내는 심방변(忄(=心, 㣺)→마음, 심장)과 음을 나타내는 需(유: '부드럽다'의 뜻)의 전음(轉音)이 합하여 이루어짐. '마음이 부드럽고 약하다'의 뜻.	懦弱(나약) 의지(意志)가 굳세지 못함 懦劣(나열) 나약하고 용렬함	
拏 붙잡을 나 1급	뜻을 나타내는 손 수(手(=扌)→손)와 음을 나타내며 奴(노예 노)로 이루어짐. 노예처럼 붙잡다. 拿잡을 나, 拏(나)의 속자(俗字).	漢拏山(한라산) 하늘의 은한(은하수)을 잡아당길 듯 높은 산. 제주도(濟州道) 중앙(中央)의 산 拿捕(나포) 죄인을 붙잡는 일. '손을 모아서 잡다'의 뜻	
諾 허락할 낙 상용　常	말씀[言]의 뜻과 같은 약(若)의 음 및 뜻을 결합한 글자[形聲] 甲文字에서 諾은 청하는 말을 나의 뜻과 같이하는 것을 나타냈다. 이런 자형에서 '대답하다', '허락하다'의 뜻이 나왔다.	承諾(승낙) ① 청하는 바를 들어 줌 ② 청약(請約)을 받아들이어 계약(契約)을 성립(成立)시키는 의사(意思) 표시(表示)	
暖 따뜻할 난 준4급	부드러울 훤. 뜻을 나타내는 날 일(日→해)과 음을 나타내는 爰(원: 환과 통하여 '건너다'의 뜻)이 합하여 이루어짐. '해가 건너가서 따뜻하다'의 뜻.	暖房(난방) 방을 덥게 함 地球溫暖化(지구온난화) 이산화탄소(二酸化炭素) 등 온실(溫室)기체(氣體)에 의(依)해 지구(地球)의 평균(平均) 기온(氣溫)이 올라가는 현상(現象) 暖熱(난열) 따뜻한 열 暖暖妹妹(훤훤주주) 유순하여 거역하지 않는 태도	
難 어려울 난 준4급	뜻을 나타내는 새추(隹→새)部와 음을 나타내는 부수를 제외한 글자(堇(근): 화재 따위의 재앙을 만나서 양손으로 교차하고 머리 위에 축문을 얹어 비는 무당 그 기도 때 새를 희생으로 바치는 것을 나타냄)이루어짐.	論難(논란) 시비(是非)를 따져 논(論)하는 것 非難(비난) 남의 잘못이나 흠 따위를 책잡아서 나쁘게 말함 困難(곤란) 상황이 좋지 않아 어렵거나 까다로운 상태	
煖 더울 난 1급	뜻을 나타내는 불화(火(=灬)→불꽃)部와 '따뜻하게 하다'의 뜻을 나타내는 爰(원: '끌어당기다'의 뜻)으로 이루어짐. 불을 끌어당기어 쪠다. '따뜻하게 하다'의 뜻.	煖爐(난로) 몸이나 방 안을 덥게 하는 난방(暖房) 기구(器具)의 하나. 석탄(石炭)·유류(油類)·가스·전기(電氣) 등을 쓰는 것과 더운 물이나 더운 김으로 덥게 하는 것도 있음 煖熱(난열) 더위	
捏 꾸밀 날 1급	뜻을 나타내는 재방변(扌(=手)→손)과 음을 나타내는 부수를 제외한 글자 㘝(녈: 절구 속에 흙이 있는 모양 臼(구)＋土(토))로 이루어짐. 절구로 흙을 이기다.	捏造(날조) 흙을 이겨서 물건을 만듦. 사실이 아닌 것을 사실인 것처럼 거짓으로 꾸미는 것	

한자	자원(字源)	용례
捺 누를 날 1급	뜻을 나타내는 재방변(扌(=手)→손)과 음을 나타내는 柰 (나·내) '손으로 누르다'의 뜻.	署名捺印(서명날인) 문서에 이름 또는 상호를 표시하고 　도장을 찍는 일
涅 개흙 녈 1급	뜻을 나타내는 삼수변(氵(=水, 氺)→물). 절구 속의 흙에 묻어 들어 있음. 개흙.	涅槃門(열반문) 열반(涅槃)에 들어가는 문
男 사내 남 7급　常	밭[田]과 힘[力]의 뜻을 결합한 글자[會意] 甲文字에서 男은 밭에 나가 힘써 일하는 사람을 나타냈 다. 이런 자형에서 '사내'의 뜻이 나왔다.	男兒一言重千金(남아일언중천금) 남자의 한 마디 말은 　천금같이 값지고 무거움 得男(득남) 아들을 낳음
南 남녘 남 8급　常	초목이 무성한 것을 본뜬 글자[象形] 金文字에서 南은 ① 곡식을 담는 그릇이었으나 ② 해가 떠 남쪽에 있을 때 가장 따뜻하여 초목이 잘 자라는 것을 나타냈다. 이런 자형에서 '따뜻하다'의 뜻이 나왔으나, 후에 가차되어 '남쪽'의 뜻으로 쓰인다.	南男北女(남남북녀) 남녘 남. 사내 남, 북녘 북, 계집 녀. 　남쪽은 남자가 잘나고 북쪽은 여자가 아름답다는 말. 　우리나라의 속담 南北(남북) 남쪽과 북쪽 江南(강남) 강의 남쪽
納 들일 납 4급　常	실[糸]과 안쪽[內]의 뜻을 결합한 글자[會意] 金文字에서 納은 안으로 들어가는 것을 나타냈으나, 小 篆字에서 糸가 첨가되어 실이 물을 빨아들이는 것을 나 타냈다. 이런 자형에서 '들이다'의 뜻이 나왔다.	半納(반납) 반만 납입(納入)함 納得(납득) 사리(事理)를 분별(分別)하여 해석(解釋)함 容納(용납) 너그러운 마음으로 남의 언행을 받아들임 納付(납부) 세금(稅金), 공과금 따위를 냄
衲 기울 납 1급	뜻을 나타내는 옷의변(衤(=衣)→옷)과 음을 나타내는 內 (내).	衲衣(납의) 중의 어깨에 걸치는 검은색의 법의 衲僧(납승) 납자 衲子(납자) 중의 별칭
娘 계집 낭 준3급　常	여자[女]의 뜻과 어질 량(良)의 음 및 뜻을 결합한 글자[形聲] 小篆字에서 娘은 孃자로, 예쁘고 어린 여자를 나타냈다. 이런 자형에서 '각시', '아가씨'의 뜻이 나왔다.	娘細胞(낭세포) 세포(細胞)가 분열(分裂)하여 생긴 두 개 　의 세포(細胞). 딸세포(細胞)
囊 주머니 낭 1급	물건을 채워 넣는 주머니. 東(동)은 주머니.	背囊(배낭) 두 개의 멜빵이 달린 자루 모양의 물건 囊中之錐(낭중지추) 주머니 속에 있는 송곳이란 뜻으로, 　재능(才能)이 아주 빼어난 사람은 숨어 있어도 저절로 　남의 눈에 드러난다는 비유적(比喩的) 의미(意味)
乃 이에 내 3급　常	말할 때 목에서 나오는 기운을 가리킨 글자[指事] 文字에서 乃는 목에서 나오는 기운이 구부려져 있는 모 양을 나타냈다. 이런 자형에서 말하기 어려워 말을 끊고 다시 잇는 '이에'의 뜻이 나왔다.	終乃(종내) 필경에. 마침내 乃至(내지) ① 수량(數量)을 나타내는 말들 사이에 쓰여 　'얼마에서 얼마까지'의 뜻을 나타냄 ② 혹은 人乃天(인내천) '사람이 곧 하늘'이라는 말
內 안 내 7급　常	들어가다[入]와 집[冂]의 뜻을 결합한 글자[會意] 甲文字에서 內는 밖에서 집으로 들어간 것을 나타냈다. 이런 자형에서 '안', '내실'의 뜻이 나왔다.	內容(내용) 사물(事物)의 속내나 실속 內需(내수) 국내에서의 수요(需要) 國內(국내) 나라의 안

奈 어찌 내 3급 / 常	나무[木]의 뜻과 제사 시(示)의 음 및 뜻을 결합한 글자[形聲] 小篆字에서 奈는 고대에 자두과에 속하는 붉고 푸른빛을 띤 과일로 제사지내는 것을 나타냈다. 이런 자형에서 '능금나무'의 뜻이 나왔으나 후에 가차되어 '어찌'의 뜻으로 쓰임	莫無可奈(막무가내) 도무지 어찌할 수 없음 奈勿王(내물왕) 신라(新羅) 열일곱째 임금	
耐 견딜 내 준3급 / 常	수염[而]과 법도[寸]의 뜻을 결합한 글자[會意] 小篆字에서 耐는 죄인이 법에 따라 수염이 깎이는 벌을 받는 것을 나타냈다. 이런 자형에서 '견디다'의 뜻이 나왔다.	堪耐(감내) 참고 견딤 忍耐(인내) 참고 견딤. 감인(堪忍). 내인(耐忍) 耐寒(내한) 추위를 견딤	
女 계집 녀 8급 / 常	여자가 손을 앞으로 모으고 무릎을 꿇고 앉아 있는 모양을 본뜬 글자로 '계집', '여자'를 뜻함. 보통 연약한 여성의 모습을 나타낸 것이라 생각되고 있음.	子女(자녀) 아들과 딸의 높임말 男女(남녀) 남자(男子)와 여자(女子)	
年 해 년 8급 / 常	벼[禾]의 뜻과 일천 천(千)의 음 및 뜻을 결합한 글자[形聲] 甲文字에서 年은 季의 변형자로, 많은 곡식이 자라 익는 기간을 나타냈다. 이런 자형에서 '해'의 뜻이 나왔다.	昨年(작년) 지난해 來年(내년) 올해의 다음 해 謹賀新年(근하신년) 삼가 새해를 축하(祝賀)한다는 인사말	
念 생각 념 5급 / 常	이제 금(今)의 음 및 뜻과 마음[心]의 뜻을 결합한 글자[形聲] 金文字에서 念은 현재까지 계속 생각을 지니고 있는 것을 나타냈다. 이런 자형에서 '생각하다'의 뜻이 나왔다.	槪念(개념) 여러 관념(觀念) 속에서 공통(共通)된 요소(要素)를 추상(抽象)하여 종합(綜合)한 하나의 관념(觀念) 理念(이념) 이성(理性)에 의(依)하여 얻어지는 최고(最高)의 개념(槪念). 생각, 의식(意識) 留念(유념) 마음에 기억(記憶)하여 두고 생각함	
寧 편안할 영 준3급 / 常	집[宀]과 마음[心]과 그릇[皿]의 뜻과 성할 정(丁)의 음 및 뜻을 결합한 글자[形聲] 甲文字에서 寧은 그릇을 갖춘 넉넉한 집을 나타냈으며, 小篆字에서는 心을 첨가하여 마음의 느낌을 더했다.	安寧(안녕) 몸이 건강(健康)하고 마음이 편안함 壽福康寧(수복강녕) 오래 살고 복되며 건강(健康)하고 편안(便安)함	
奴 종 노 준3급 / 常	여자[女]와 손[又]의 뜻을 결합한 글자[會意] 甲文字에서 奴는 손을 끊임없이 움직여 일하는 여자를 나타냈다. 이런 자형에서 '종'의 뜻이 나왔다. 후에 전성되어 '남자종'의 뜻으로 쓰인다.	奴隸(노예) 자유(自由)를 구속(拘束)당(當)하고 남에게 부림을 받는 사람 奴婢(노비) 사내종과 계집종 賣國奴(매국노) 나라를 팔아먹는 사람	
努 힘쓸 노 준4급 / 常	종[奴]과 힘[力]의 뜻을 결합한 글자[會意]. 小篆字에서 努는 고대에 죄를 지어 노역으로 벌 받고 있는 것을 나타냈다. 이런 자형에서 '힘들다'의 뜻이 나왔다.	努力(노력) 어떤 일을 이루기 위해 어려움이나 괴로움 등을 이겨 내면서 애쓰거나 힘쓰는 것	
怒 성낼 노 준4급 / 常	종 노(奴)의 음 및 뜻과 마음[心]의 뜻을 결합한 글자[形聲] 石文字에서 怒는 힘겨운 일을 해내며 대접받지 못하는 괴로운 노비의 마음을 나타냈다. 이런 자형에서 '성내다'의 뜻이 나왔다.	憤怒(분노) 분하여 성을 냄 激怒(격노) 몹시 성을 냄	
弩 쇠뇌 노 1급	뜻을 나타내는 활 궁(弓→활)과 음을 나타내는 奴(노: '부드럽고 탄력이 있다'의 뜻)가 합하여 이루어짐.	强弩之末(강노지말) 힘찬 활에서 튕겨 나온 화살도 마지막에는 힘이 떨어져 비단(緋緞)조차 구멍을 뚫지 못한다는 뜻으로, 아무리 강(强)한 힘도 마지막에는 결국 쇠퇴(衰退)하고 만다는 의미(意味)	

驚 둔한 말 노 1급	뜻을 나타내는 말 마(馬→말)와 음을 나타내는 奴(노예 노)가 합하여 이루어짐. 질이 떨어지는 둔한 말의 뜻.	駑馬(노마) 걸음이 느린 말. 둔한 말. 노태(駑駘) 老鈍(노둔) 재주가 없음. 아둔함			
農 농사 농 7급 常	농사철[辰]과 밭[曲=田의 변형]의 뜻을 결합한 글자[會意] 金文字에서 農은 농사철을 맞이하여 밭에 나가 두 손을 들고 일하는 것을 나타냈다. 이런 자형에서 '농사'의 뜻이 나왔다.	農民(농민) 농사(農事) 짓는 백성(百姓) 農村(농촌) 농토를 끼고 농사를 짓는 사람들이 사는 마을 農事(농사) 농작물을 심어 가꾸고 거두어들이는 일			
濃 짙을 농 2급	浓의 본자(本字). 뜻을 나타내는 삼수변(氵=水, 水)→물)과 음을 나타내는 農(농: 검질 김이 요구되는 農耕(농경)의 뜻)으로 이루어짐. 본디 이슬이 많이 내린다는 뜻. '액체가 진하다'의 뜻.	濃度(농도) 혼합(混合) 기체(氣體)나 액체(液體)의 진하고 묽은 정도(程度) 濃縮(농축) 진하게 졸아붙음. 진하게 졸임			
膿 고름 농 1급	뜻을 나타내는 육달월(月=肉)→살, 몸)과 음을 나타내는 農(농: '끈적끈적하다'의 뜻)이 합하여 이루어짐. 끈적거리는 피, 고름의 뜻.	化膿(화농) (상처(傷處) 따위가) 곪아서 고름이 생김 蓄膿症(축농증) 코 안에 고름이 괴는, 콧병의 한 가지			
惱 번뇌할 뇌 3급 常	마음[忄]의 뜻과 머리 뇌의 음 및 뜻을 결합한 글자[形聲]. 小篆字에서 惱는 마음에 갈등이 일어나 머릿속이 어지러운 것을 나타냈다. 이런 자형에서 '괴롭다'의 뜻이 나왔다.	苦惱(고뇌) 괴로워하고 번뇌(煩惱)함 煩惱(번뇌) 마음이 시달려 괴로움 百八煩惱(백팔번뇌) 불교(佛敎)에서 나온 말로 인간(人間)의 과거(過去), 현재(現在), 미래(未來)에 걸친 108가지의 번뇌			
腦 골 뇌 준3급 常	몸[月]과 정수리의 뜻을 결합한 글자[會意] 小篆字에서 腦는 사람의 머리 골을 나타냈으나, 隷書字에서 肉의 뜻을 첨가하였다. 이런 자형에서 모든 동물의 '뇌'의 뜻이 나왔다.	腦卒中(뇌졸중) 머릿골에 갑작스러운 순환(循環) 장애(障礙)가 일어나 갑자기 의식(意識)을 잃고 뇌의 기능(機能)이 상실(喪失)되는 증세(症勢) 頭腦(두뇌) 뇌			
尿 오줌 뇨 2급	尸(시: 짐승의 엉덩이, 꼬리 尾(미))와 水의 합자(合字). 꽁무니에서 나오는 물. '오줌'의 뜻.	泌尿器(비뇨기) 오줌을 만들고 그것을 배설(排泄)하는 기관(器官). 신장(腎臟)·수뇨관·방광(膀胱)·요도(尿道) 등으로 이루어짐 尿道(요도) 오줌이 나오는 길 尿意(요의) 오줌이 마려운 느낌			
訥 말더듬을 눌 1급	言(언)과 內(들어가다 내)의 합자(合字). 말이 안에 있어 나오기 어려움의 뜻. 말이 들어가 나오지 않다. '말주변이 없다'의 뜻.	語訥(어눌) 말을 더듬어 유창하지 못함 訥辯(눌변) 더듬거리는 말씨 訥言敏行(눌언민행) 군자(君子)는 말은 둔하여도 행동(行動)은 민첩(敏捷)해야 함을 이름			
紐 맬 뉴 1급	끈, 매다, 묶다. 뜻을 나타내는 실사(糸→실타래)와 음을 나타내는 丑(축: 축는 '비틀다'의 뜻)으로 이루어짐. 비틀어 단단히 매는 '끈'의 뜻.	結紐(결뉴) ① 끈을 매는 것 ② 또는 얽어 맺는 것 紐帶(유대) 끈, 띠의 뜻에서, 두 개의 것을 묶어서 연결(連結)을 맺게 하는 중요(重要)한 조건(條件). 혈연(血緣), 지연, 이해(利害) 따위			
能 능할 능 5급 常	머리[厶]와 몸[月], 그리고 앞과 뒤의 발을 가리키는 뜻을 결합한 글자. 金文字에서 能은 곰의 머리와 몸 그리고 앞뒤 발의 형상을 본떠 곰의 능한 재주를 나타냈다. 이런 자형에서 '능하다'의 뜻이 나왔으며, 새로이 熊자를 만들어 곰을 지칭했다.	可能性(가능성) 일정한 조건(條件) 밑에 현실적(現實的)이 될 수 있는 자격(資格)을 갖고 있는 일 能力(능력) 일을 감당(堪當)하거나 해결해 낼 수 있는 힘 機能(기능) 어느 기관(機關)이 그 기관(機關)으로써 작용할 수 있는 능력(能力) 또는 작용			

尼 여승 니 2급	뜻을 나타내는 尸와 음을 나타내는 匕(비)로 이루어짐. 尸(시)는 사람, 匕(비)도 '사람', 사람과 사람이 가까이함.	釋迦牟尼(석가모니) 불교(佛敎)의 개조(開祖) 摩尼山(마니산) 경기도 강화군 강화도에 있는 산 尼師今(이사금) 신라(新羅) 때 왕의 칭호(稱號)의 하나	
泥 진흙 니 준3급 常	물[氵]의 뜻과 흙 니(尼)의 음 및 뜻을 결합한 글자[形聲] 小篆字에서 泥는 물에 잠긴 끈끈한 흙을 나타냈다. 이런 자형에서 '진흙'의 뜻이 나왔다.	丸泥(환니) 한 덩어리의 흙. 흙덩어리 膠泥(교니) 회나 시멘트에 모래를 섞고 물로 갠 것. 모르타르(mortar)	
溺 빠질 닉 2급	뜻을 나타내는 삼수변(氵(=水, 氺)→물)과 음을 나타내는 弱(약하다 약)으로 이루어짐. 물속에서 약해지다. 물에 빠지다.	耽溺(탐닉) 어떤 일을 몹시 즐겨서 거기에 빠짐 溺死(익사) 물에 빠져 죽음	
匿 숨길 닉 1급	뜻을 나타내는 터진에운담(匚→감춤)과 음을 나타내는 若(약: '순진하고 얌전하다'의 뜻 또는 채소를 갈무리하다)으로 이루어짐. '숨기다, 숨다'의 뜻.	隱匿(은닉) 숨김. 감춤 匿名(익명) 어떤 일을 하면서 자기(自己) 신분(身分)을 드러내지 않기 위(爲)해 이름을 밝히지 않는 상태	

多 많을 다 6급 / 常	저녁[夕]과 저녁[夕]의 뜻을 결합한 글자[會意] 甲文字에서 多는 ① 저녁과 저녁이 이어지는 것과 ② 고기가 쌓여 있는 것을 나타냈다. 이런 자형에서 '많다'의 뜻이 나왔다.	多樣(다양) 여러 가지 모양 또는 양식(樣式) 多幸(다행) 일이 좋게 됨 多數(다수) 수효(數爻)가 많음			
茶 차 다 준3급 / 常	풀[艹]과 사람[人] 그리고 나무[木]의 뜻을 결합한 글자[會意] 小篆字에서 茶는 풀이나 나뭇잎 등을 나타냈다. 이런 자형에서 '차'의 뜻이 나왔다.	茶菓(다과) 차와 과자			
丹 붉을 단 준3급 / 常	단사를 채굴하는 우물을 본뜬 것으로 '붉은빛'의 뜻을 나타내었다[象形] 돌에 五色(오색)이 있었는데 赤色(적색)이 가장 귀하다 하여 '붉다'의 뜻이 됨. 전(轉)하여 변치 않는 마음의 뜻.	丹粧(단장) 얼굴을 곱게 하고 머리나 옷맵시를 매만져 꾸밈 牧丹(모란) 미나리아재빗과의 낙엽(落葉) 활엽(闊葉) 관목 契丹(거란) 5세기 중엽부터 내몽골 근처에 거주하던 몽골계와 퉁구스계의 혼혈족			
旦 아침 단 준3급 / 常	해[日]와 지평선[一]의 뜻을 결합한 글자[會意] 甲文字에서 旦은 해가 지상 위에 떠오르는 것을 나타냈다. 이런 자형에서 '아침'의 뜻이 나왔다.	一旦(일단) 한번, 우선(于先) 잠깐 元旦(원단) 설날 아침			
但 다만 단 준3급 / 常	사람[亻]의 뜻과 아침 단(旦)의 음 및 뜻을 결합한 글자[形聲] 小篆字에서 但은 해가 뜨는 아침에 사람이 일어나 하루의 일을 시작한다는 뜻을 나타냈다. 이런 자형에서 가차되어 '홀로', '다만'의 뜻으로 쓰인다.	但只(단지) 다만, 겨우, 오직, 한갓 非但(비단) 부정(否定)의 뜻을 가진 문맥(文脈) 속에서 '다만', '오직'의 뜻을 나타냄			
段 층계 단 4급 / 常	끝 단(耑)의 음 및 뜻과 치다[殳]의 뜻을 결합한 글자[形聲] 金文字에서 段은 막대기 끝으로 물건을 쳐서 깨뜨린 것을 나타냈다. 이런 자형에서 '조각'의 뜻이 나왔다.	段階(단계) 일의 차례(次例)를 따라 나아가는 과정(過程) 手段(수단) 어떤 목적(目的)을 이루기 위한 행동 방도 一段落(일단락) 일의 한 단계(段階)가 끝남			
單 홀 단 준4급 / 常	의식에 쓰는 큰 술잔을 본뜬 글자[象形] 甲文字에서 單은 두 기둥과 다리가 있는 큰 술잔의 모양을 본떴다. 이런 자형에서 '크다'의 뜻이 나왔으나, 전성하여 '유일하다'의 뜻으로 쓰인다.	單純(단순) 복잡(複雜)하지 않고 간단(簡單)함 簡單(간단) 간략(簡略)하고 또렷함 單獨(단독) 단 하나. 단 한 사람. 혼자			
短 짧을 단 6급 / 常	화살[矢]과 제기[豆]의 뜻을 결합한 글자[會意] 小篆字에서 短은 사물 가운데 가장 짧고 작은 제기와 화살을 나타냈다. 이런 자형에서 '짧다'의 뜻이 나왔다.	短縮(단축) 짧게 줄어듦 長短(장단) 긴 것과 짧은 것 短期(단기) 짧은 기간(期間)			
團 둥글 단 5급 / 常	울타리[口]의 뜻과 실패 전(專)의 음 및 뜻을 결합한 글자[形聲] 小篆字에서 團은 실패에 실을 감듯이 일정한 구역 안에 둥글게 모아 놓은 것을 나타냈다. 이런 자형에서 '모이다', '둥글다'의 뜻이 나왔다.	義烈團(의열단) 1919년 만주 지린성[吉林省]에서 김원봉을 중심으로 조직된 항일 무력독립운동 단체 團體(단체) 공동(共同)의 목적(目的)을 달성(達成)하기 위하여 의식적으로 결합한 두 사람 이상의 집단(集團) 集團(집단) 개인(個人)이 모여서 이룬 단체(團體)			

한자	자원(字源)	용례(用例)	
端 끝 단 준4급 常	서다[立]의 뜻과 끝 단(耑)의 음 및 뜻을 결합한 글자[形聲] 金文字에서 端은 땅 위에 곧바로 돋아 나오는 풀싹이나 뿌리를 나타냈다. 이런 자형에서 '바르다'의 뜻이 나왔다.	尖端(첨단) 시대(時代)의 思潮(사조), 유행(流行) 같은 것에 앞장서는 일 弊端(폐단) 좋지 못하고 해로운 점 端緖(단서) 일의 실마리, 실마리	
壇 단 단 5급 常	흙[土]의 뜻과 도타울 단(亶)의 음 및 뜻을 결합한 글자[形聲] 小篆字에서 壇은 많은 곡식을 쌓아 올려 제사를 지내는 곳을 나타냈다. 이런 자형에서 '제사단'의 뜻이 나왔다.	講壇(강단) 강의(講義)나 설교를 하기 위(爲)하여 올라서게 만든 자리 敎壇(교단) 교실(敎室)에서 교사(敎師)가 강의(講義)하는 단	
檀 박달나무 단 준4급 常	나무[木]의 뜻과 클 단(亶)의 음 및 뜻을 결합한 글자[形聲] 小篆字에서 檀은 크고 단단한 나무를 나타냈다. 이런 자형에서 '박달나무'의 뜻이 나왔으며, 가차되어 우리나라 시조가 박달나무 아래에서 태어났다는 신화에서 '단군'의 이름이 나왔다.	檀君(단군) 한국(韓國) 민족(民族)의 조상(祖上)으로 신봉(信奉)되고 있음 神檀樹(신단수) 단군(檀君) 신화(神話)에서 환웅(桓雄)이 처음 하늘에서 그 밑에 내려왔다는 신령(神靈)한 나무	
斷 끊을 단 준4급 常	잇다와 도끼[斤]의 뜻을 결합한 글자[會意] 甲文字에서 斷은 이어진 실타래를 도끼로 자르는 것을 나타냈다. 이런 자형에서 '끊다'의 뜻이 나왔다.	判斷(판단) 어떤 사물(事物)에 대해 생각하여 판가름함 遮斷(차단) 막아서 멈추게 함 斷乎(단호) 일단 결심(決心)한 것을 과단성(果斷性) 있게 처리(處理)하는 모양 診斷(진단) 의사(醫師)가 환자(患者)의 병을 판단함	
鍛 불릴 단 2급	뜻을 나타내는 쇠금(金→광물·금속·날붙이)部와 음을 나타내는 동시에 '두드리다'의 뜻을 가진 段(단: '철저하게 가공을 거듭하다'의 뜻)을 더한 글자. 쇠를 두드려 단련하다→'대장일'의 뜻.	鍛鍊(단련) (쇠를) 불에 달구어 두드려서 단단하게 하는 것 鍊鍛(연단) 단련(鍛鍊) 煆鐵(단철) 쇠를 달굼	
湍 여울 단 2급	뜻을 나타내는 삼수변(氵=水, 水)→물)部와 음을 나타내는 부수를 제외한 글자 耑(단: 遄(천)과 통하여 '빠르다'의 뜻)이 합하여 이루어짐. 여울의 뜻.	急湍(급단) 물결이 빠르게 흐르는 여울. 물살이 센 여울	
簞 소쿠리 단 1급	뜻을 나타내는 대죽(竹→대나무)部와 음을 나타내는 單(단: 坦(탄)과 통하여 '납작하다'의 뜻)이 합하여 이루어짐. 납작한 죽제의 작은 상자.	瓢簞形(표단형) 표주박과 같은 모양 簞食瓢飮(단사표음) 대그릇의 밥과 표주박의 물이라는 뜻으로, 좋지 못한 적은 음식(飮食)	
緞 비단 단 1급	뜻을 나타내는 실사(糸→실타래)部와 음을 나타내는 段(단)으로 이루어짐.	貢緞(공단) 두껍고 무늬가 없으며 윤기(潤氣) 있는 고급 비단 緋緞(비단) 명주실로 두껍고도 윤이 나게 잘 짠 피륙의 통틀어 일컬음	
蛋 새알 단 1급	뜻을 나타내는 벌레충(虫→뱀이 웅크린 모양, 벌레)部와 음을 나타내는 부수를 제외한 글자 延(연: 誕(탄)과 통하여 '나다'의 뜻. 벌레나 뱀이 생겨나는 알을 뜻함)으로 이루어짐.	蛋白質(단백질) 아미노산으로 구성(構成)된 고분자(高分子) 화합물	
達 통달할 달 준4급 常	쉬엄쉬엄 가다[辶]의 뜻과 새끼양 달의 음 및 뜻을 결합한 글자[形聲] 金文字에서 達은 어린 새끼양이 어미양이 있는 곳으로 찾아가는 것을 나타냈다. 이런 자형에서 '이르다'의 뜻이 나왔다.	傳達(전달) 전(傳)하여 이르게 함 到達(도달) 목적(目的)한 데에 미침 發達(발달) 사물(事物)이 자라거나 나아지거나 하여 더욱 완전(完全)한 지경(地境)에 이름. 진보(進步)함	

한자	자원(字源)	용례(用例)		
撻 매질할 달 1급	뜻을 나타내는 재방변(扌(=手)→손)部와 음을 나타내는 達(달: 매질할 때의 소리를 나타내는 의성어)이 합하여 이루어짐. '손으로 매질하다'의 뜻.	鞭撻(편달) ① 채찍으로 때리는 것. 편복(鞭) ② (어떤 사람을) 잘할 수 있도록 따끔하게 나무라는 것 撻楚(달초) (어버이나 스승이) 잘못을 경계(警戒)하느라고 회초리로 종아리를 때림		
疸 황달 달 1급	뜻을 나타내는 병질엄(疒→병, 병상에 드러누운 모양)部와 음을 나타내는 旦(단: 膽(담)과 통하여 '쓸개즙'의 뜻. 쓸개즙의 색소가 피부로 이행하여 일어나는 병)으로 이루어짐.	黃疸(황달) 담즙의 색소(色素)가 혈액(血液) 속으로 이행(履行)하여 살갗과 오줌이 누렇게 되는 병		
淡 맑을 담 준3급 | 常	물[氵]의 뜻과 불꽃 염(炎)의 음 및 뜻을 결합한 글자[形聲] 甲文字에서 淡은 불에 끓인 증류수를 나타냈다. 이런 자형에서 '맑다', 맛이 '싱겁다'의 뜻이 나왔다.	淡淡(담담) 욕심(慾心)이 없고 마음이 깨끗함 淡水(담수) 짠맛이 없는 맑은 물. 단물, 민물 冷淡(냉담) 태도(態度)나 마음이 쌀쌀함		
潭 못 담 2급	뜻을 나타내는 삼수변(氵(=水, 氺)→물)部와 음을 나타내는 동시에 깊다는 뜻을 가진 覃(깊다 담)으로 이루어짐. 깊은 물을 가득히 채운 곳이란 뜻.	白鹿潭(백록담) 한라산(漢拏山) 정상(頂上)에 있는 지름 500m의 화구호(火口湖) 淸潭(청담) 맑은 물 潭水(담수) 깊은 못이나 늪의 물		
談 말씀 담 5급 | 常	말씀[言]의 뜻과 불꽃 염(炎)의 음을 결합한 글자. 小篆字에서 談은 화롯가에 앉아 서로 이야기하는 것을 나타냈다. 이런 자형에서 '말씀'의 뜻이 나왔다.	會談(회담) 모여서 이야기함 壯談(장담) 확신(確信)을 가지고 자신(自信) 있게 하는 말 談話(담화) 이야기. 의견(意見)이나 태도(態度)를 분명(分明)히 하기 위(爲)하여 하는 말		
擔 멜 담 준4급 | 常	손[扌]의 뜻과 살필 첨(詹)의 음 및 뜻을 결합한 글자[形聲] 小篆字에서 擔은 손으로 짐을 잘 살피어 기울어지지 않도록 어깨에 지는 것을 나타냈다. 이런 자형에서 '메다'의 뜻이 나왔다.	負擔(부담) 어떤 일이나 의무(義務)·책임(責任) 따위를 떠맡음 分擔(분담) 일을 나누어서 맡음 擔當(담당) 어떤 일을 넘겨 맡음		
膽 쓸개 담 2급	뜻을 나타내는 육달월(月(=肉)→살, 몸)部와 음을 나타내는 담(膽에서 月을 뺀 부분, 첨은 차양의 뜻)으로 이루어짐. '쓸개'의 뜻, 간장을 차양삼아 자리하고 있는 기관, '쓸개'의 뜻을 나타냄.	落膽(낙담) ① 일이 뜻대로 되지 않아 맥이 풀리는 것 ② 너무 놀라서 간이 떨어지는 듯하는 것 肝膽相照(간담상조) '간과 쓸개를 내놓고 서로에게 내보인다'라는 뜻으로, 서로 마음을 터놓고 친밀(親密)히 사귐		
痰 가래 담 1급	뜻을 나타내는 병질엄(疒→병, 병상에 드러누운 모양)部와 음을 나타내는 炎(염)이 합하여 이루어짐.	祛痰劑(거담제) 가래를 묽게 하여 없애는 약		
憺 참담할 담 1급	편안하다, 움직이다. 뜻을 나타내는 심방변(忄(=心, 㣺)→마음, 심장)部와 음을 나타내는 詹(담: 淡(담)과 통하여 '담백하다'의 뜻. 마음이 무슨 일에나 담담하고 욕심이 없어 '편안하다'의 뜻을 나타냄)으로 이루어짐.	慘憺(참담) (=慘澹) 딱하고 슬픈 모양 憺憺(담담) 움직이는 모양 憺畏(담외) 두려워함. 畏懼(외구)		
澹 담박할 담 1급	싱겁다, 조용하다, 담박하다. 뜻을 나타내는 삼수변(氵(=水, 氺)→물)部와 음을 나타내는 詹(담: 淡(담)과 통하여, '담백하다'의 뜻. 마음이 무슨 일에나 담담하고 욕심이 없어 '편안하다'의 뜻을 나타냄, '담박하다'의 뜻을 나타냄)의 전음(轉音)으로 이루어짐.	暗澹(암담) 희망(希望)이 없고 막연(漠然)함 雅澹(아담) (=雅淡) ① 고상(高尙)하고 담박함 ② 조촐하고 산뜻함		

한자	자원(字源)	용례(用例)
譚 말씀 담 1급	뜻을 나타내는 말씀언(言→말하다)部와 음을 나타내는 覃(담: '깊고 두텁다'의 뜻. 깊이 있는 이야기의 뜻)이 합하여 이루어짐.	民譚(민담) 예로부터 민간(民間)에 입을 통(通)해 전(傳)해 내려오는, 흥미(興味) 위주(爲主)의 허구적 이야기 英雄譚(영웅담) 영웅(英雄)에 관(關)한 전설(傳說) 譚叢(담총) 여러 가지 이야기를 모아놓은 것
曇 흐릴 담 1급	날일(日→해)部와 雲(운)의 합자(合字). 해가 구름 속으로 가라앉아서 '흐리다'의 뜻을 나타냄.	曇曇(담담) ① 검은 구름의 모양 ② 구름이 끼는 모양 曇天(담천) 구름이 낀 하늘
畓 논 답 3급 常	우리나라에서만 쓰이는 글자. 물[水]과 밭[田]의 뜻을 결합한 글자[會意] 畓字에서 畓은 우리나라에서 만든 한자로, 가로 세로 구획된 밭에 물의 뜻을 첨가하여 밭과 구별된 '논'의 뜻을 나타냈다.	村主位畓(촌주위답) 신라 때 촌주가 국가의 역을 수행한 대가로 직전(職田)의 명목으로 지급받은 토지 田畓(전답) 밭과 논
答 대답 답 7급 常	대나무[竹]의 뜻과 합할 합(合)의 음 및 뜻을 결합한 글자[形聲] 小篆字에서 答은 종이가 없던 옛날에 대나무를 쪼개어 주고받는 글을 쓴 대쪽을 나타냈다. 이런 자형에서 '대답하다'의 뜻이 나왔다.	答辯(답변) 어떠한 물음에 밝히어 대답(對答)함 應答(응답) 물음이나 부름에 응(應)하여 대답(對答)함 問答(문답) 물음과 대답(對答). 서로 묻고 대답(對答)하고 함
踏 밟을 답 준3급 常	발[足]의 뜻과 유창할 답(沓)의 음 및 뜻을 결합한 글자[形聲] 小篆字에서 踏은 말을 거침없이 하듯이 두 발을 잇달아 내딛는 것을 나타냈다. 이런 자형에서 '밟다'의 뜻이 나왔다.	踏步(답보) 제자리에 서서 하는 걸음. 제자리걸음 踏襲(답습) 선인(先人)의 행적(行蹟)을 그대로 따라 행함, 전해 온 방식(方式)을 그대로 함 踏查(답사) 실재로 가서 보고 자세(仔細)히 조사(調査)함
遝 뒤섞일 답 1급	뜻을 나타내는 책받침(辶(=辵)→쉬엄쉬엄 가다)部와 음을 나타내는 부수를 제외한 글자 眔(답: 沓(답)과 통하여 '겹치다'의 뜻. '길 가는 사람들이 겹치다, 뒤섞이다'의 뜻을 나타냄)이 합하여 이루어짐.	遝至(답지) 한 군데로 몰려듦. 한 군데로 들이 몰려서 옴
唐 당나라 당 준3급 常	큰 뜻 경의 음 및 뜻과 입[口]의 뜻을 결합한 글자[形聲] 甲文字에서 唐은 큰 소리로 말하는 것을 나타냈다. 이런 자형에서 '황당하다'의 뜻이 나왔다. 후에 가차되어 나라 이름으로 쓰인다.	唐惶(당황) 놀라서 어리둥절하거나 다급(多急)하여 어찌할 바를 모름 唐突(당돌) 충돌(衝突)함, 꺼리는 마음이 없음 遣唐使(견당사) 중국 당(唐)나라에 보내던 사신(使臣)
堂 집 당 6급 常	높을 상(尚)의 음 및 뜻과 흙[土]의 뜻을 결합한 글자. 金文字에서 堂은 흙 위에 높다랗게 세운 건축물을 나타냈다. 이런 자형에서 '집'의 뜻이 나왔다.	堂堂(당당) 위엄(威嚴)이 있고 떳떳한 모양 講堂(강당) 강의(講義)나 의식(儀式)을 하는 데 쓰는 방
當 마땅 당 5급 常	숭상할 상(尚)의 음 및 뜻과 밭[田]의 뜻을 결합한 글자[形聲] 金文字에서 當은 물건을 나누어 주는 것을 나타냈으나, 小篆字에서 田이 첨가되어 농토와 곡식을 바꾸는 것을 나타냈다. 이런 자형에서 '마땅하다'의 뜻이 나왔다.	該當(해당) 어떤 조건(條件)에 들어맞음. 꼭 맞음 堪當(감당) 일을 능히 맡아서 해냄 當時(당시) 일이 생긴 그때. 그때
糖 엿 당 준3급 常	쌀[米]의 뜻과 당나라 당(唐)의 음 및 뜻을 결합한 글자[形聲] 小篆字에서 糖은 두 손으로 절굿공이를 잡고 쌀을 찧어 끓이는 것을 나타냈다. 이런 자형에서 '엿'의 뜻이 나왔다.	糖尿(당뇨) 포도당(葡萄糖)이 많이 섞이어 나오는 병적(病的)인 오줌 糖類(당류) 가용성(可溶性)이며 단맛이 있는 탄수화물의 총칭 糖分(당분) 사탕질의 성분(成分). 당류(糖類)의 성분(成分)

黨 무리 당 준4급 常	높을 상(尙)의 음 및 뜻과 검다[黑]의 뜻을 결합한 글자[形聲] 甲文字에서 黨은 불꽃에 그슬린 집들이 모여 있는 곳을 나타냈다. 이런 자형에서 '무리', '마을'의 뜻이 나왔다.	黨派(당파) 당 안의 분파(分派). 붕당(朋黨)·정당(政黨)의 나누인 갈래 黨論(당론) 당의 의견(意見)이나 의논(議論). 붕당(朋黨)의 논의(論議)			
塘 못 당 2급	뜻을 나타내는 흙토(土→흙)部와 음을 나타내는 唐(당: '크다'의 뜻)이 합하여 이루어짐. 흙으로 쌓은 큰 둑의 뜻을 나타냄.	塘池(당지) 저수지 柳塘春水漫花塢夕陽遲(류당춘수만화오석양지) 버들나무 연못에 봄물은 넘치고, 꽃동산에 저녁볕은 더딤			
撞 칠 당 1급	뜻을 나타내는 재방변(扌(=手)→손)部와 음을 나타내는 童(동)이 합하여 이루어짐은 의성어로 '둥'치다의 뜻을 나타냄.	撞球(당구) 대 위에 상아로 된 붉은 공과 흰 공을 놓고 큐로 쳐서 맞춰 승부(勝負)를 정하는 실내(室內) 오락(娛樂) 自家撞着(자가당착) 자기(自己)의 언행(言行)이 전후(前後) 모순(矛盾)되어 일치(一致)하지 않음 撞撞(당당) 계속 치는 모양			
棠 아가위 당 1급	뜻을 나타내는 木(목→나무)部와 음을 나타내는 尙(상)의 전음(轉音)이 합하여 이루어짐.	甘棠之愛(감당지애) 선정(善政)을 베푼 인재(人材)를 사모(思慕)하는 마음이 간절(懇切)함을 비유(比喩)해 이르는 말 棠棣(당체) 산앵두나무			
螳 사마귀 당 1급	뜻을 나타내는 벌레충(虫→뱀이 웅크린 모양, 벌레)部와 음을 나타내는 堂(당: 금속이 부딪치는 소리의 의성어. 낫 모양의 앞발에서 쨍강 소리가 들릴 것 같은 벌레, '버마재비'의 뜻을 나타냄)이 합하여 이루어짐.	螳螂之斧(당랑지부) 자기(自己) 힘을 생각지 않고 강적(强敵) 앞에서 분수(分數)없이 날뛰는 것에 비유(比喩)해서 씀 螳螂科(당랑과) 사마귀과			
大 큰 대 8급 常	사람이 양팔과 두 다리를 벌리고 있는 모양을 본뜬 글자[象形] 甲文字에서 大는 양팔과 두 다리를 벌려 사람이 가장 크게 보이는 모습을 본떴다. 이런 자형에서 '크다'의 뜻이 나왔다.	大統領(대통령) 공화국(共和國)의 원수(元首) 大學(대학) 최고급(最高級)의 학교(學校) 大部分(대부분) 반이 훨씬 넘는 수효(數爻)나 분량(分量), 거의 모두			
代 대신할 대 6급 常	사람[亻]의 뜻과 주살[弋]의 뜻을 결합한 글자[會意] 甲文字에서 代는 활을 들고 국경을 번갈아 지키는 군인을 나타냈다. 이런 자형에서 '대신하다'의 뜻이 나왔다.	代表(대표) 전체(全體)의 상태(狀態)나 성질(性質)을 어느 하나로 잘 나타내는 일 代替(대체) 다른 것으로 바꿈 代身(대신) 남을 대리(代理)함			
垈 터 대 2급	우리나라에서만 쓰이는 글자. 뜻을 나타내는 흙토(土→흙)部와 음을 나타내는 代(대)로 이루어지며, '집터'의 뜻.	垈地(대지) 집터로서의 땅			
待 기다릴 대 6급 常	자축거리다[彳]와 관청[寺]의 뜻을 결합한 글자[會意] 小篆字에서 待는 일을 보기 위해 관청에서 차례를 기다리며 서성거리는 것을 나타냈다. 이런 자형에서 '기다리다'의 뜻이 나왔다.	待遇(대우) 예의(禮儀)를 갖추어 대함. 접대(接待) 待接(대접) 손님을 맞음 待避(대피) 위험을 피(避)하여 기다림 待合室(대합실) 손님이 기다리도록 마련해 놓은 곳			
帶 띠 대 준4급 常	천[巾]으로 만든 허리띠의 모양으로 본뜬 글자[象形] 金文字에서 帶는 긴 옷을 겹쳐 입은 옷 위에 장식품을 맨 허리띠를 본떴다. 이런 자형에서 '띠', '차다'의 뜻이 나왔다.	帶同(대동) 함께 데리고 감 帶分數(대분수) 정수(整數)와 진분수(眞分數)와의 합으로 이루어진 수			

貸 빌릴 대 준3급 | 常	대신할 대(代)의 음 및 뜻과 조개[貝]의 뜻을 결합한 글자[形聲] 金文字에서 貸는 남에게 재물을 내어주고 대가를 받는 것을 나타냈다. 이런 자형에서 '빌리다'의 뜻이 나왔다.	貸出(대출) 금전(金錢)·물품 따위를 빌려줌 貸與(대여) 빌려줌 貸金(대금) 빌려준 돈	
隊 떼 대 준4급 | 常	언덕[阝]의 뜻과 멧돼지 수의 음 및 뜻을 결합한 글자[形聲] 甲文字에서 隊는 언덕에서 사람이 거꾸로 떨어지는 것을 나타냈으나, 小篆字에서는 산언덕에 돼지가 무리지어 다니는 것을 나타냈다. 이런 자형에서 '무리'의 뜻이 나왔다.	隊列(대열) 무리를 지어 죽 늘어선 행렬(行列) 隊員(대원) 대를 구성(構成)하고 있는 사람 隊長(대장) 한 대(隊)의 우두머리	
臺 대 대 준3급 | 常	높다와 이르다[至]의 뜻을 결합한 글자[會意] 小篆字에서 臺는 사방을 보기 위해 흙을 높이 쌓아 머무르는 곳을 나타냈다. 이런 자형에서 '누각'의 뜻이 나왔다.	臺詞(대사) 무대(舞臺) 위에서 각본(脚本)에 따라 배우(俳優)가 연극(演劇) 중에 하는 말 土臺(토대) 상부(上部)를 지탱(支撐)하는 밑바탕	
對 대할 대 6급 | 常	일[業]과 법도[寸]의 뜻을 결합한 글자. 甲文字에서 對는 한 손으로 종을 매다는 널빤지를 마주 대하여 잡고 있는 것을 나타냈다. 이런 자형에서 '마주 대하다'의 뜻이 나왔다.	對策(대책) 어떤 사건(事件) 또는 시국(時局)에 대한 방책(方策) 對應(대응) 마주 대함, 상대(相對)함 對備(대비) 어떠한 일에 대응(對應)할 준비(準備)	
戴 일 대 2급	뜻을 나타내는 창과(戈→창, 무기)部와 귀신(鬼神)이 탈을 머리 위에 이는 모양을 본뜬 異(이: 鬼頭(귀두)의 탈을 쓰고 양손을 들고 있는 사람의 상)와 음을 나타내는 재(哉에서 異를 제외한 부분)로 이루어짐.	推戴(추대) (어떤 사람을 높은 직위(職位)로) 오르게 하여 받듦 戴冠式(대관식) 유럽에서 임금이 즉위한 뒤에, 정식으로 왕관을 받아 쓰고 등극을 선시하는 의식	
擡 들 대 1급	뜻을 나타내는 재방변(扌(=手)→손)部와 음을 나타내는 동시에 '높다'의 뜻을 가진 臺(대: 흙을 높이 쌓은 전망대)로 이루어짐. 손으로 높이 '들어 올리다'의 뜻.	擡頭(대두) ① 머리를 듦 ② 文章(문장) 중에서 경의를 표하기 위해 貴人(귀인)의 성명 위에 한자 간격을 비워두는 書式(서식) 擡擧(대거) ① 들어 올림 ② 擢用(탁용)함	
袋 자루 대 1급	뜻을 나타내는 옷의(衣(=衤)→옷)部와 음을 나타내는 동시에 '싸다'의 뜻을 나타내기 위한 代(대)로 이루어짐. 물건을 싸서 넣는 '부대'의 뜻	負袋(부대) 종이·피륙 등으로 만든 큰 자루 包袋(포대) 피륙·가죽·종이 따위로 만든 자루 袋鼠(대서) 캥거루	
德 덕 덕 5급 | 常	자축거리다[彳]의 뜻과 큰 덕(德)의 음 및 뜻을 결합한 글자[形聲] 甲文字에서 德은 十과 目은 直의 본자로 여러 사람이 관찰하는 것을 나타냈으나, 小篆字에서는 心을 첨가하여 곧은 마음으로 세상을 살아가는 것을 나타냈다. 이런 자형에서 '덕'의 뜻이 나왔다.	德談(덕담) 잘되라고 비는 말 德目(덕목) 충(忠)·효(孝)·인(仁)·의(義) 등 덕을 분류(分類)하는 명목(名目)	
刀 칼 도 준3급 | 常	구부정하게 굽은 칼의 모양을 본뜬 글자[象形] 甲文字에서 윗부분은 칼자루를, 아랫부분은 칼몸을 본떴다. 이런 자형에서 '칼'의 뜻이 나왔다.	銀粧刀(은장도) 노리개로 차던, 칼자루와 칼집을 은으로 장식(裝飾)한 작은 칼 面刀(면도) 얼굴에 있는 잔털이나 수염을 깎는 일. 면도칼	
到 이를 도 5급 | 常	이르다[至]의 뜻과 칼 도(刀)의 음 및 뜻을 결합한 글자[形聲] 金文字에서 위험한 곳에 갈 때 칼을 들고 자신을 지켜서 이르는 것을 나타냈다. 이런 자형에서 '이르다'의 뜻이 나왔다.	到着(도착) 목적(目的)한 곳에 다다름 到達(도달) 정한 곳에 다다름 到來(도래) 이르러서 옴. 닥쳐 옴	

度 법도 도 6급 | 常	무리[庶]와 손[又]의 뜻을 결합한 글자[會意] 金文字에서 많은 사람들이 물건이나 숫자를 헤아릴 때에 손가락을 사용한 것을 나타냈다. 이런 자형에서 '법도', '헤아리다'의 뜻이 나왔다.	程度(정도) 얼마가량의 분량 制度(제도) 제정(制定)된 법규(法規) 態度(태도) 속의 뜻이 드러나 보이는 겉모양		
挑 돋울 도 3급 | 常	손[扌]의 뜻과 조짐 조(兆)의 음 및 뜻을 결합한 글자[形聲] 小篆字에서 좋은 조짐을 믿고 손으로 집적거리는 것을 나타냈다. 이런 자형에서 '가리다'의 뜻이 나왔다.	挑戰(도전) 정면으로 맞서 싸움을 걺		
逃 달아날 도 4급 | 常	쉬엄쉬엄 가다[辶]의 뜻과 조짐 조(兆)의 음 및 뜻을 결합한 글자[形聲] 甲文字에서 불길한 조짐을 보여 급히 달아나는 것을 나타냈다. 이런 자형에서 '도망가다'의 뜻이 나왔다.	逃亡(도망) 피하여 달아남 逃避(도피) 도망(逃亡)하여 몸을 피함		
島 섬 도 5급 | 常	새조(鳥)의 음 및 뜻과 산[山]의 뜻을 결합한 글자[形聲] 小篆字에서 새가 바다 가운데 있는 산에 앉아 있는 모양을 나타냈다. 이런 자형에서 '섬'의 뜻이 나왔다.	獨島(독도) 경북 울릉군 울릉읍 도동리(道洞里)에 딸린 섬 韓半島(한반도) '우리나라'를 지형적(地形的)으로 일컫는 말 島嶼(도서) 크고 작은 섬들		
倒 넘어질 도 3급 | 常	사람[亻]의 뜻과 이를 도(到)의 음 및 뜻을 결합한 글자[形聲] 小篆字에서 사람이 넘어져 땅에 이르게 된 상태를 나타냈다. 이런 자형에서 '넘어지다'의 뜻이 나왔다.	罵倒(매도) 몹시 꾸짖음 壓倒(압도) 눌러서 넘어뜨림 顚倒(전도) 위와 아래를 바꾸어서 거꾸로 함		
徒 무리 도 4급 | 常	자축거리다[彳]의 뜻과 흙 토(土)의 음 및 뜻 그리고 그치다[止] 지의 뜻을 결합한 글자[形聲] 金文字에서 땅 위에서 걸어가는 사람을 나타냈다. 이런 자형에서 '걷다'의 뜻이 나왔다. 후에 전성되어 '무리', '헛되다'의 뜻으로 쓰인다.	信徒(신도) 종교(宗敎)를 믿는 사람들 敎徒(교도) 종교(宗敎)를 믿는 사람이나 그 무리		
途 길 도 준3급 | 常	쉬엄쉬엄 가다[辶]와 남다[余]의 뜻을 결합한 글자[會意] 小篆字에서 외기둥 집에 서까래가 사방으로 뻗친 것과 같이 여러 사람이 다닐 수 있는 길을 나타냈다. 이런 자형에서 '길'의 뜻이 나왔다.	別途(별도) 딴 방면(方面)이나 방도. 딴 용도(用途) 途中(도중) 길을 가고 있는 동안 中途(중도) 일이 되어 가는 동안		
桃 복숭아나무도 준3급 | 常	나무[木]의 뜻과 조짐 조(兆)의 음을 결합한 글자[形聲] 小篆字에서 복숭아 열매가 두 쪽으로 잘 갈라지는 것을 나타냈다. 이런 자형에서 '복숭아나무'를 나타냈다.	武陵桃源(무릉도원) 이 세상(世上)을 떠난 별천지(別天地)를 이르는 말 扁桃腺(편도선) 사람의 입속 양쪽 구석에 하나씩 있는, 편평(扁平)하고 타원형(楕圓形)으로 생긴 림프샘		
悼 슬퍼할 도 2급	뜻을 나타내는 심방변(忄(=心, 㣺)→마음, 심장)과 음을 나타내는 卓(탁은 '높이 뛰어오르다'의 뜻)으로 이루어짐. '마음이 슬픔 때문에 동요하다'의 뜻.	哀悼(애도) 사람의 죽음을 슬퍼함 追悼(추도) 죽은 사람을 생각하여 슬퍼함		
陶 질그릇 도 3급 | 常	언덕[阝]의 뜻과 질그릇 도의 음 및 뜻을 결합한 글자[形聲] 小篆字에서 언덕에 가마굴을 만들어 질그릇을 구워낸 것을 나타냈다. 이런 자형에서 '질그릇'의 뜻이 나왔다.	陶醉(도취) 흥취(興趣) 있게 술이 얼근히 취함. 어떠한 것에 마음이 쏠려 취(醉)하다시피 함 陶山書院(도산서원) 퇴계 이황의 학덕을 기리기 위하여 문인과 유림이 중심이 되어 창건		

한자	자원(字源)	용례(用例)
盜 훔칠 도 4급 常	침과 그릇[皿]의 뜻을 결합한 글자[會意] 甲文字에서 그릇의 음식을 보고 침을 흘리며 탐내는 것을 나타냈다. 이런 자형에서 '훔치다'의 뜻이 나왔다.	盜聽(도청) 몰래 엿들음 强盜(강도) 남의 재물(財物)을 빼앗는 도둑 盜用(도용) 남의 명의(名義)나 물건을 몰래 씀
渡 건널 도 3급 常	물[氵]의 뜻과 지날 도(度)의 음 및 뜻을 결합한 글자[形聲] 小篆字에서 물 위를 지나가는 것을 나타냈다. 이런 자형에서 '건너다'의 뜻이 나왔다.	讓渡(양도) 권리(權利)나 이익(利益) 따위를 남에게 넘겨 줌 賣渡(매도) 팔아넘김
道 길 도 7급 常	쉬엄쉬엄 가다[辶]와 머리[首]의 뜻을 결합한 글자[會意] 金文字에서 사람이 가야 할 길과 같이 살아갈 때 지켜야 할 도리를 나타냈다. 이런 자형에서 '길', '도리'의 뜻이 나왔다.	報道(보도) 새로운 소식(消息)을 일반(一般)에게 알림 道路(도로) 사람이나 차가 다닐 수 있게 만든 길
塗 칠할 도 3급 常	강이름 도(涂)의 음 및 뜻과 흙[土]의 뜻을 결합한 글자[形聲] 小篆字에서 개울물을 따라 난 길을 나타냈다. 이런 자형에서 '길'의 뜻이 나왔다.	塗褙(도배) 종이를 벽·반자·장지 등에 바르는 일 塗裝(도장) (물체(物體)의 겉에 도료(塗料)를) 곱게 칠하거나 바름
跳 뛸 도 3급 常	발[足]의 뜻과 조짐 조(兆)의 음 및 뜻을 결합한 글자[形聲] 小篆字에서 땅이 갈라질 정도로 힘차게 발을 굴러 높이 뛰어오르는 것을 나타냈다. 이런 자형에서 '뛰다'의 뜻이 나왔다.	跳躍(도약) ① 몸을 위로 솟구쳐 뛰는 것 ② (어떤 사람이나 단체(團體)가) 능력(能力)이나 수준(水準) 등에 있어서 더 높은 단계(段階)로 발전(發展)하는 것
圖 그림 도 6급 常	울타리와 도읍의 뜻을 결합한 글자. 金文字에서 여러 사람이 모여 사는 성곽이 잘 갖추어진 도읍을 나타냈다. 이런 자형에서 '그림', '지도'의 뜻이 나왔다.	試圖(시도) 무엇을 이루어 보려고 계획(計劃)하거나 행동하는 것 意圖(의도) 하고자 하는 생각이나 계획(計劃) 構圖(구도) 전체적(全體的)으로 조화(調和)되게 배치(配置)하는 도면(圖面) 구성(構成)의 요령
稻 벼 도 3급 常	벼[禾]의 뜻과 절구 요(舀)의 음 및 뜻을 결합한 글자[形聲] 甲文字에서 절구에 곡식을 넣어 찧는 것을 나타냈다. 이런 자형에서 '벼'의 뜻이 나왔다.	立稻先賣(입도선매) 벼를 논에 세워 둔 채로 미리 돈을 받고 팖 水稻(수도) 논에 물을 대어 심는 벼. 논벼
導 이끌 도 4급 常	길 도(道)의 음 및 뜻과 손[寸]의 뜻을 결합한 글자[形聲] 金文字에서 가야 할 길을 손가락으로 인도하는 것을 나타냈다. 이런 자형에서 '인도하다'의 뜻이 나왔다.	導入(도입) 인도(引導)하여 들임 誘導(유도) 꾀어서 이끎 主導(주도) 주장(主將)이 되어 이끎 指導(지도) 어떤 목적이나 방향에 따라 가르쳐 이끎
掉 흔들 도 1급	뜻을 나타내는 재방변(扌(=手)→손)과 음을 나타내는 卓(탁: '높다'의 뜻)으로 이루어짐. '손을 높이 치켜 올리다'의 뜻.	尾大難掉(미대난도) 꼬리가 커서 흔들기 어렵다는 뜻으로, 일의 끝이 크게 벌어져서 처리(處理)하기가 어려움을 이르는 말 掉尾(도미) 꼬리를 흔듦. 끝판에 더욱 활동함. 문장이 결론에 힘이 있음
堵 담 도 1급	뜻을 나타내는 흙토(土→흙)部와 음을 나타내는 者(자: 받침대 위에 섶나무 따위를 쌓아 놓은 것을 본뜬 것. 흙벽. '덮어서 가로막다'의 뜻)로 이루어짐. 다른 사람의 침입을 막기 위한 토담.	安堵(안도) 사는 곳에서 평안(平安)히 지냄 堵列(도열) 담같이 죽 늘어서다. 많은 사람이 죽 늘어섬 堵墻(도장) 담

한자	자원(字源)	용례(用例)			
屠 잡을 도 1급	뜻을 나타내는 주검시밑(尸→주검)과 음을 나타내는 者(자: '많이 모이다'의 뜻)로 이루어짐. 시체가 많이 모이다. '동물의 몸을 베어 발기다'의 뜻.	屠殺(도살) 육축(六畜)을 잡아 죽임 屠畜場(도축장) 도살장(屠殺場) 屠戮(도륙) 무참하게 마구 죽임. 죄다 무찔러 죽임			
搗 찧을 도 1급	뜻을 나타내는 재방변(扌(=手)→손)과 음을 나타내는 島(도)가 합하여 이루어짐.	搗精(도정) 곡식(穀食) 등을 찧거나 쓿는 일. 용정(舂精) 搗衣(도의) 다듬이질 함			
淘 쌀 일 도 1급	개통하다, 씻다. 뜻을 나타내는 삼수변(氵(=水, 氺)→물)과 음을 나타내는 부수를 제외한 글자 匋(도기 도)가 합하여 이루어짐. 질그릇에 쌀을 넣고 물을 부어 잡물을 제거하다. '일다'의 뜻.	淘金(도금) 금을 골라서 가림 淘汰(도태) 물에 일고 씻어서 깨끗하게 한다는 뜻으로, 여럿 가운데 쓸데없거나 적당(適當)하지 않은 것이 줄어 없어지거나 줄어서 없어지게 함			
萄 포도 도 1급	풀을 뜻하는 초두머리(艹(=艸)→풀, 풀의 싹)部와 음을 나타내는 부수를 제외한 글자 匋(도)가 합하여 '포도'를 뜻함.	葡萄(포도) 포도나무의 열매 葡萄糖(포도당) 단당류(單糖類)의 하나. 백색(白色) 결정(結晶)이며, 단맛은 설탕의 절반(折半) 정도(程度)임			
都 도읍 도 5급 常	사람[者]과 고을 부의 뜻을 결합한 글자[會意] 金文字에서 고을 중에서도 많은 사람이 사는 곳을 나타냈다. 이런 자형에서 '도읍지'의 뜻이 나왔다.	首都圈(수도권) 수도를 중심으로 이루어지는 대도시권 首都(수도) 한 나라의 정부(政府)가 있는 도시(都市), 서울 都市(도시) 일정한 지역의 정치·경제·문화의 중심이 되는, 사람이 많이 사는 지역			
滔 물 넘칠 도 1급	뜻을 나타내는 삼수변(氵(=水, 氺)→물)과 음을 나타내는 부수를 제외한 글자 舀(도: 壽(수)와 통하여 '이어지다'의 뜻)로 이루어짐. '물이 줄어 퍼지다'의 뜻.	滔天(도천) 높은 하늘에 널리 퍼짐. 하늘을 두려워하지 않고 업신여김. 죄악이 큼 滔滔(도도) ① 물이 창일하여 흐르는 모양 ② 거침없이 말을 잘하는 모양 ③ 넓은 모양			
濤 큰 물결 도 1급	뜻을 나타내는 삼수변(氵(=水, 氺)→물)과 '밭두둑'(=疇(주))의 뜻을 나타내기 위한 壽(길게 연이어지다 수→'도')로 이루어짐. 두둑처럼 볼록 솟은 큰 물결의 뜻. 연이어진 물결.	波濤(파도) 큰 물결 濤聲(도성) 파도소리			
燾 비출 도 2급	뜻을 나타내는 연화발(灬(=火)→불꽃)과 음을 나타내는 壽(수)로 이루어짐.	燾奡(도오) 험준하고 깊숙함 燾育(도육) 덮어 잘 보호하여 기름 燾載(도재) 天地(천지)			
睹 볼 도 1급	覩가 고자(古字). 뜻을 나타내는 눈목(目(=罒)→눈, 보다)과 음을 나타내는 者(자: '모으다'의 뜻)로 이루어짐. '시선을 한곳에 모아 보다'의 뜻.	目睹(목도) (어떤 모습이나 장면(場面)을) 눈으로 보는 것. 문어적인 말임. 목격 睹聞(도문) 보고 듣는 일. 見聞(견문)			
禱 빌 도 1급	뜻을 나타내는 보일시(示(=礻)→보이다, 신)部와 음을 나타내는 壽(수: 수명이 길기를 빎의 뜻)로 이루어짐.	祈禱(기도) 신에게 빎 默禱(묵도) 소리를 내지 않고 마음속으로 기도(祈禱)하는 것 祝禱(축도) 축복기도(祝福祈禱)			

한자	자원 풀이	용례	
賭 걸 도 1급	뜻을 나타내는 조개패(貝→돈, 재물)部와 음을 나타내는 者(자: '집중하다, 쏟아 넣다'의 뜻)로 이루어짐. '금품을 쏟아부어 노름을 하다'의 뜻.	賭博(도박) 승부(勝負)가 불확실(不確實)한 일에 요행(僥倖)을 바라고 돈을 거는 일. 노름 賭坊(도방) 도박장	
蹈 밟을 도 1급	뜻을 나타내는 발 족(足→발)과 음을 나타내는 부수를 제외한 글자 舀(도: '뽑아내다'의 뜻)로 이루어짐. '발을 위로 뽑아 올리다'의 뜻에서 '제자리걸음'의 뜻.	舞蹈(무도) 춤을 추는 것	
鍍 도금할 도 1급	뜻을 나타내는 쇠금(金→광물·금속·날붙이)과 음을 나타내는 度(도: '건네다'의 뜻)가 합하여 이루어짐. 얇은 금은 따위를 다른 금속에 씌워 건네다. 도금의 뜻.	鍍金(도금) 녹을 막거나 장식(裝飾)을 하기 위하여 금속(金屬) 표면(表面)에 금이 나 은·니켈 따위의 얇은 막을 입히는 일	
毒 독 독 4급 常	어린 풀[生]과 막다[毋]의 뜻을 결합한 글자. 小篆字에서 어린 초목을 자라지 못하게 한 것을 나타냈다. 이런 자형에서 '해하다'의 뜻이 나왔다.	酷毒(혹독) 몹시 까다롭고 심악스러움 毒感(독감) 매우 지독(至毒)한 감기(感氣) 毒素(독소) 해롭거나 나쁜 요소(要素)	
督 감독할 독 4급 常	어릴 숙(叔)의 음 및 뜻과 눈[目]의 뜻을 결합한 글자[形聲] 小篆字에서 어린 아이를 잘 보살펴야 하는 것을 나타냈다. 이런 자형에서 '감독하다', '권하다'의 뜻이 나왔다.	監督(감독) 어떤 일이나 그 일을 하는 사람을 잘못이 없도록 보살펴 다잡는 것 督勵(독려) 감독(監督)하며 격려(激勵)함 基督敎(기독교) 세계(世界) 3대 종교(宗敎)의 하나, 예수 그리스도와 유일신인 하나님을 믿음	
篤 도타울 독 3급 常	대 죽(竹)의 음 및 뜻과 말[馬]의 뜻을 결합한 글자[形聲] 馬(마→말)와 음과 함께 '늦다'의 뜻을 나타내기 위한 竹(죽→독)으로 이루어짐. 말의 걸음이 늦다는 뜻. 음을 빌려 두텁다는 뜻으로 씀.	敦篤(돈독) 인정(人情)이 도타움 篤實(독실) 성실(誠實)하고도 극진(極盡)함	
獨 홀로 독 5급 常	개와 해바라기 벌레의 뜻을 결합한 글자[會意] 小篆字에서 개와 해바라기 벌레는 싸워 상대를 물리친 후에 먹는 습성을 나타냈다. 이런 자형에서 '홀로'의 뜻이 나왔다.	獨島(독도) 경북 울릉군 울릉읍 도동리(道洞里)에 딸린 섬 單獨(단독) 단 하나, 단 한 사람, 혼자 獨裁(독재) 특정(特定)한 개인·단체 등이 권력을 차지하고 모든 일을 단독(單獨)으로 지배하는 형태	
讀 읽을 독 6급 常	말씀[言]과 팔 매(賣)의 음 및 뜻을 결합한 글자[形聲] 小篆字에서 물건을 팔 때 소리치듯 글을 소리 내어 읽는 것을 나타냈다. 이런 자형에서 '읽다'의 뜻이 나왔다.	讀書(독서) 책을 그 내용(內容)과 뜻을 헤아리거나 이해(理解)하면서 읽는 것 讀者(독자) 책·신문(新聞)·잡지(雜誌) 따위의 출판물(出版物)을 읽는 사람 朗讀(낭독) 소리를 높이어 밝게 읽음	
瀆 도랑 독 1급	뜻을 나타내는 삼수변(氵(=水, 氺)→물)과 음을 나타내는 부수를 제외한 글자 賣(독: 蜀(촉)과 통하여 '불쾌하다'의 뜻)으로 이루어짐. '불쾌한 물, 도랑, 더럽히다'의 뜻.	冒瀆(모독) 권위(權威)나 명예(名譽)나 위신(威信) 등을 떨어뜨리거나 깎아내려 욕되게 하는 것 瀆職(독직) 직분을 더럽힘. 관공리가 직위를 남용하여 비행을 저지름	
禿 대머리 독 1급	벼화(곡식의 둥근 알禾→곡식)部와 부수를 제외한 글자 儿(인: 사람의 뜻)의 합자(合字), 두발이 없어져 대머리가 됨	禿頭(독두) 대머리 禿山(독산) 민둥산 禿樹(독수) 낙엽 진 나무 禿翁(독옹) 대머리 진 늙은이	

豚	고기[月=肉]와 돼지[豕]의 뜻을 결합한 글자[會意] 甲文字에서 살이 찐 새끼 돼지를 나타냈다. 이런 자형에서 '돼지'의 뜻이 나왔다.	養豚(양돈) 돼지를 기름 豚肉(돈육) 돼지고기. 식용으로 하는 돼지의 고기		
돼지 돈 3급 | 常				
敦	드릴 향(享)의 음 및 뜻과 치다[攵]의 뜻을 결합한 글자[會意] 甲文字에서 가득 담은 제사 그릇을 들고 서 있는 모습을 나타냈으나, 小篆字에서는 양고기를 받들고 있는 것을 나타냈다. 이런 자형에서 '정성되다'의 뜻이 나왔다.	敦篤(돈독) 인정(人情)이 도타움		
도타울 돈 3급 | 常				
惇	뜻을 나타내는 심방변(忄(=心, 㣺)→마음, 심장)과 음을 나타내는 享(돈: '두텁다'의 뜻)의 전음(轉音)이 합하여 이루어짐. 마음이 두텁다 곧 정성의 뜻.	惇惠(돈혜) 두터운 은혜(恩惠) 惇惇(돈돈) 淳厚(순후)한 모양 惇誨(돈회) 정성을 다하여 가르침		
도타울 돈 2급				
沌	뜻을 나타내는 삼수변(氵(=水, 氺)→물)과 음을 나타내는 부수를 제외한 글자 屯(둔: '떼 지어 모이다'의 뜻)이 합하여 이루어짐. '물이 뒤섞이다'의 뜻.	混沌(혼돈) 사물(事物)의 구별(區別)이 확실(確實)하지 않은 상태		
뒤섞일 돈 1급				
頓	뜻을 나타내는 머리혈(頁→머리)과 음을 나타내는 屯(둔: '떼 지어 모이다'의 뜻)으로 이루어짐. 머리가 땅에 닿도록 '절하다'의 뜻. 머리를 땅에 대는 절.	査頓(사돈) 혼인한 두 집안 사이에서, 서로 같은 항렬(行列)의 상대편 사람을 호칭하거나 지칭하는 말 斗頓(두둔) 편들어서 감싸 줌 整頓(정돈) 가지런히 바로잡음		
조아릴 돈 2급				
突	굴[穴]과 개[犬]의 뜻을 결합한 글자[會意] 甲文字에서 굴에서 개가 갑자기 뛰어나오는 것을 나타냈다. 이런 자형에서 '부딪치다'의 뜻이 나왔다.	衝突(충돌) 서로 대질러서 부딪침 突破(돌파) 무찔러 깨뜨림. 뚫어 깨뜨림 突入(돌입) 어떤 곳이나 상태(狀態)에 기세(氣勢) 있게 뛰어드는 것		
갑자기 돌 준3급 | 常				
乭	한국 한자. 뜻을 나타내는 돌석(石→돌)部와 음을 나타내는 乙(을)이 합하여 이루어짐.	申乭石(신돌석) 조선 후기의 평민 의병장. 을사조약이 맺어진 이듬해인 1906년 의병을 일으킴		
이름 돌 2급				
冬	이르다[夂]와 얼음[冫]의 뜻을 결합한 글자[會意] 甲文字에서 얼음이 얼어붙은 모양을 나타냈으나, 小篆字에서는 집에 추위가 이르는 것을 나타냈다. 이런 자형에서 '겨울'의 뜻이 나왔다.	冬眠(동면) 일부의 동물이 겨울 동안 활동을 중지하고 땅 속이나 물속에서 잠을 자듯이 의식이 없는 상태로 지내는 일 嚴冬雪寒(엄동설한) 눈 내리는 깊은 겨울의 심한 추위		
겨울 동 7급 | 常				
東	나무[木]와 해[日]의 뜻을 결합한 글자[會意] 甲文字에서 束과 같은 자로 양쪽 끝이 끈으로 묶여 있는 큰 자루 모양을 나타냈다. 小篆字에서는 아침에 해가 나뭇가지에 걸려 있는 것을 나타냈다.	東海(동해) 동쪽의 바다 東洋(동양) 유라시아 대륙의 동부 지역 紅東白西(홍동백서) 제사(祭祀) 때 붉은 과실(果實)은 동쪽에 흰 과실(果實)은 서쪽에 차리는 격식(格式)을 뜻함		
동녘 동 8급 | 常				
同	모두[凡]와 입[口]의 뜻을 결합한 글자[會意] 甲文字에서 여러 사람의 입을 한곳에 모아 같게 한 것을 나타냈다. 이런 자형에서 '같다'의 뜻이 나왔다.	同價紅裳(동가홍상) 같은 값이면 다홍치마. 같은 값이면 좋은 물건을 가짐 同苦同樂(동고동락) 괴로움도 즐거움도 함께 함		
같을 동 2급 | 常				

한자	자원(字源)	용례(用例)
洞 골 동 7급 常	물[氵]의 뜻과 같은 동(同)의 음 및 뜻을 결합한 글자[形聲] 金文字에서 물이 있는 곳에 같이 모여 사는 것을 나타냈다. 이런 자형에서 '마을'의 뜻이 나왔다.	空洞化(공동화) 으레 있어야 할 것이 없어져 텅 비게 됨 洞窟(동굴) 깊고 넓은 굴 洞長(동장) 한 동네의 우두머리
凍 얼 동 준3급 常	얼음[冫]의 뜻과 동녘 동(東)의 음을 결합한 글자[形聲]	凍結(동결) 얼어붙음. 빙결(氷結) 凍傷(동상) 심한 추위에 발가락·손가락·귀 등의 살이 얼어서 상하는 증상(症狀) 冷凍(냉동) 인공적(人工的)으로 얼게 함
桐 오동나무 동 2급	뜻을 나타내는 나무목(木→나무)部와 음을 나타내는 동시에 바로 통하는 뜻을 가진 同(동: 筒(통)과 통하여 '통'의 뜻. 나무로서 속이 통처럼 되어 있는 오동나무)으로 이루어짐. 나뭇결이 바른 나무의 뜻	梧桐科(오동과) 쌍떡잎식물(植物) 갈래꽃무리에 딸린 한 과
動 움직일 동 7급 常	무거울 중(重)의 음 및 뜻과 힘[力]의 뜻을 결합한 글자[形聲] 甲文字에서 농사를 중시하던 고대에 해가 뜨면 밭에 나가 손발을 움직여 힘써 일하는 것을 나타냈다. 이런 자형에서 '움직이다'의 뜻이 나왔다.	活動(활동) 기운(氣運)차게 움직임 運動(운동) 물체(物體)가 시간(時間)의 경과(經過)에 따라 위치(位置)를 바꾸는 일 不動産(부동산) 토지(土地)나 집처럼 움직여서 옮길 수가 없는 재산(財産)
童 아이 동 6급 常	金文字에서 무거운 죄를 지은 사람을 노비로 삼아 어리석은 아이로 여긴 것을 나타냈다. 이런 자형에서 '아이'의 뜻이 나왔다.	兒童(아동) 어린아이 童話(동화) 아동(兒童) 문학(文學)의 한 부문(部門) 童子(동자) 사내아이
棟 마룻대 동 2급	木(목)과 음을 나타내며 동시에 '제일 위'의 뜻(=上(상))을 나타내기 위한 東(동: 重(중)과 통하여 '무겁다'의 뜻)으로 이루어짐. '집의 맨 꼭대기의 나무'의 뜻. 마룻대. 집 가운데에서 가장 무게가 실리는 중요한 부분.	病棟(병동) 여러 개의 병실로 된 병원(病院) 안의 한 채의 건물(建物) 汗牛充棟(한우충동) 수레에 실어 운반(運搬)하면 소가 땀을 흘리게 되고, 쌓아올리면 들보에 닿을 정도(程度)의 양이라는 뜻으로, 장서(藏書)가 많음을 이르는 말
銅 구리 동 준4급 常	쇠[金]의 뜻과 같은 동(同)의 음 및 뜻을 결합한 글자[形聲] 小篆字에서 빛깔이 금과 같은 금속을 나타냈다. 이런 자형에서 '구리'의 뜻이 나왔다.	銅錢(동전) 구리로 만든 돈. 동화(銅貨). 적동전(赤銅錢). 적동화(赤銅貨) 銅像(동상) 구리로 그 사람의 형상(形像)을 만들어 세운 기념상(記念像)의 총칭(總稱)
憧 동경할 동 1급	뜻을 나타내는 심방변(忄(=心, 忄)→마음, 심장)部와 음을 나타내는 童(동: 動(동)과 통하여 '움직이다'의 뜻. '마음이 움직여 정해지지 않다'의 뜻)이 합하여 이루어짐.	憧憬(동경) 무엇이 그리워서 마음이 팔려 그것만을 생각함 憧憧(동동) 마음이 정하여지지 아니한 모습
疼 아플 동 1급	뜻을 나타내는 병질엄(疒→병, 병상에 드러누운 모양)部와 음을 나타내는 冬(동: 螽(동)과 통하여, '북을 둥둥 치다'의 뜻. '동안을 두고 아프다, 쑤시다'의 뜻을 나타냄)이 합하여 이루어짐	疼痛(동통) (신경(神經) 자극(刺戟)에 의하여) 몸이 쑤시게 느껴지는 아픔 疼腫(동종) 붓고 아픔
瞳 눈동자 동 1급	뜻을 나타내는 눈목(目(=罒)→눈, 보다)部와 음을 나타내는 童(동: 어린이의 뜻)이 합하여 이루어짐. 눈 속의 어린이, '눈동자'의 뜻을 나타냄.	瞳子(동자) 눈동자 瞳孔(동공) 눈동자. 눈알의 한가운데에 있는, 빛이 들어가는 부분

胴 몸통 동 1급	큰 창자 동이라는 뜻으로도 쓰임. 뜻을 나타내는 육달월(月(=肉)→살, 몸)部와 음을 나타내는 同(동: 筒(통))과 통하여 管(관)의 뜻)이 합하여 이루어짐.	胴體(동체) 물체(物體)의 중심(中心)을 이루는 부분. 특(特)히 비행기(飛行機)의 날개와 꼬리를 제외한 몸체 부분. 물건의 중앙 부분		
董 감독할 동 2급	뜻을 나타내는 초두머리(艹(=艸)→풀, 풀의 싹)部와 음을 나타내는 重(무겁다 중→'동'은 변음(變音))으로 이루어짐. 풀의 이름. 음을 빌려 '바로잡다'의 뜻. 무거운 물건이 늘어진 것처럼 地下莖(지하경)이 있는 연근을 뜻함.	董督(동독) 맡아서 감독함 骨董品(골동품) 본뜻은 뼈같이 견고할 물품. 희소가치가 있어서 보존(保存) 또는 미적 감상(鑑賞)의 대상(對象)이 되는 물건		
斗 말 두 준4급　常	곡식의 양을 재는 자루가 달린 국자의 모양을 본뜬 글자[象形] 甲文字에서 자루가 달린 곡식의 양을 재는 국자의 모양을 본떴다. 이런 자형에서 곡식의 양을 재는 '말'의 뜻이 나왔다.	斗頓(두둔) 편들어서 감싸 줌 北斗七星(북두칠성) 북쪽 하늘의 큰곰자리에서 가장 뚜렷하게 보이는, 국자 모양을 이룬 일곱 개의 별		
豆 콩 두 준4급　常	제기의 모양을 본뜬 글자[象形] 甲文字에서 음식을 담은 그릇의 모양을 본떴다. 이런 자형에서 '제기'의 뜻이 나왔다. 후에 가차되어 '콩'의 뜻으로 쓰인다.	豆腐(두부) 콩으로 만든 음식(飮食)의 하나 綠豆(녹두) 밭에 심는 콩과에 딸린 한해살이풀. 豆油(두유) 콩기름. 콩에서 짜낸 기름		
頭 머리 두 6급　常	제기 두(豆)의 음 및 뜻과 머리(頁)의 뜻을 결합한 글자[形聲] 金文字에서 제기 모양과 비슷한 머리 모양을 나타냈다. 이런 자형에서 '머리'의 뜻이 나왔다.	沒頭(몰두) 다른 생각을 할 여유(餘裕)가 없이 어떤 일에 오로지 파묻힘 念頭(염두) 머릿속의 생각		
兜 투구 두 1급	미혹하다 속음으로 '도', 兜(두)의 본자(本字). 사람이 투구를 쓴 모양을 본뜸. '사람의 머리를 덮는다'의 뜻.	兜率(도솔) 미륵보살이 사는 정토 馬兜鈴(마두령) 쥐방울 兜鍪(두무) 투구		
杜 막을 두 2급	뜻을 나타내는 나무목(木→나무)部와 음을 나타내는 土(토: 그득히 충실함의 뜻. '나무로 막다'의 뜻)로 이루어짐. 나무의 이름, 또 음이 遮(차=가로막다)와 통하므로 그 뜻을 빌려 '막다'의 뜻으로 쓰이게 됨.	杜絶(두절) 막히고 끊어짐, 팥배나무, 끊다 杜門不出(두문불출) 문을 닫고 나가지 않는다는 뜻으로, 집에만 틀어박혀 사회(社會)의 일이나 관직(官職)에 나아가지 않음을 이르는 말 杜鵑(두견) 두견이		
痘 역질 두 1급	뜻을 나타내는 병질엄(疒→병, 병상에 드러누운 모양)部와 음을 나타내는 豆(두: '콩'의 뜻. 마마자국이 콩알과 비슷한 데서, '천연두'의 뜻을 나타냄)가 합하여 이루어짐.	天然痘(천연두) 여과성성(濾過性性) 바이러스에 의해 일어나며 피부(皮膚)에 발진이 나서 나은 뒤에도 마맛자국이 남는 병 水痘(수두) 작은 마마. 어린아이의 피부에 붉고 둥근 발진이 났다가 얼마 뒤에 작은 물집으로 변하는 바이러스성 전염병		
屯 진칠 둔 3급	풀철(屮→초목의 싹, 왼손)部와 陣(진: 진치다)의 뜻으로 쓰이게 됨. 유아의 머리를 묶어 꾸민 모양을 본떠, 많은 것을 묶어 모으다. 사람이 모이다. '진을 치다'의 뜻.	駐屯(주둔) 군대(軍隊)가 한 지역(地域)에 머무르는 것 屯田(둔전) 지방(地方)에 주둔(駐屯)한 군대(軍隊)의 군량이나 관청(官廳)의 경비(經費)에 쓰도록 지급(支給)된 토지(土地)		
鈍 둔할 둔 3급　常	쇠[金]의 뜻과 두꺼울 둔(屯)의 음 및 뜻을 결합한 글자[形聲] 小篆字에서 쇠로 만든 칼의 날이 두꺼워진 것을 나타냈다. 이런 자형에서 '무디다'의 뜻이 나왔다.	鈍化(둔화) 둔하여짐 愚鈍(우둔) 어리석고 둔함. 우로(愚魯) 鈍感(둔감) 감각(感覺)이 둔함		

臀 볼기 둔 1급	뜻을 나타내는 육달월(月=肉)→살, 몸)部와 음을 나타내는 殿(전: '볼기'의 뜻)의 전음(轉音)이 합하여 이루어짐.	臀部(둔부) 등의 아래, 다리 위쪽에 반구형(半球形)으로 내민, 한 쌍의 신체(身體) 부분. 엉덩이 臀肉(둔육) 볼깃살 臀腫(둔종) 볼기짝에 나는 종기
遁 숨을 둔 1급	뜻을 나타내는 책받침(辶=辵)→쉬엄쉬엄 가다)部와 음을 나타내는 盾(순: 몸을 숨기는 방패의 뜻)의 전음(轉音)이 합하여 이루어짐. '숨어 달아나다'의 뜻.	遁甲(둔갑) 재주를 부려 변신하는 술법(術法) 隱遁(은둔) 세상(世上)을 버리고 숨음
得 얻을 득 준4급 | 常	자축거리다[行]와 조개[貝] 그리고 손[寸]의 뜻을 결합한 글자[會意] 甲文字에서 필요한 재화를 얻기 위해 가는 것을 나타냈다. 이런 자형에서 '얻다'의 뜻이 나왔다.	所得(소득) 수입(收入)이 되는 이익(利益) 獲得(획득) 얻어 내거나 얻어 가짐. 손에 넣음 旣得權(기득권) 정당(正當)한 절차(節次)를 밟아 이미 법규(法規)에 의하여 얻은 권리
登 오를 등 7급 | 常	걷다와 그릇[묘]의 뜻을 결합한 글자[會意] 甲文字에서 두 손에 제기를 들고 제사대에 오르는 것을 나타냈다. 이런 자형에서 '오르다'의 뜻이 나왔다.	登錄(등록) 법령(法令)의 규정(規定)에 의한 어떠한 사항(事項)을 공증(公證)하기 위하여 관계(關係)되는 관청(官廳)의 공부(公簿)에 기재(記載)하는 일 登校(등교) 학교(學校)에 출석(出席)함
等 무리 등 6급 | 常	대나무[竹]와 관청[寺]의 뜻을 결합한 글자[會意] 小篆字에서 관청에서 대쪽으로 만든 서류를 순서에 따라 나눈 것을 나타냈다. 이런 자형에서 '등급'의 뜻이 나왔다.	等級(등급) 신분(身分)·값·품질(品質) 등의 높고 낮음의 차례(次例)를 분별(分別)한 층수 平等(평등) 차별이 없이 동등한 등급 劣等感(열등감) 자기를 남보다 못하거나 무가치하게 낮추어 평가하는 생각
燈 등 등 준4급 | 常	불[火]의 뜻과 오를 등(登)의 음 및 뜻을 결합한 글자[形聲] 小篆字에서 음식을 담는 제기를 나타냈으나, 隷書字에서 金이 火로 바뀌어 등잔 위에 올린 불을 나타냈다. 이런 자형에서 '등잔', '등불'의 뜻이 나왔다.	街路燈(가로등) 길거리를 밝히기 위하여 길거리에 설치(設置)한 등(燈) 電燈(전등) 전구(電球)에 전력(電力)을 공급(供給)하여 광원(光源)으로 한 것
謄 베낄 등 2급	말씀 언(言→말하다)과 言(언)+胦(짐: '위로 올리다'의 뜻). 원본을 밑에 깔고, 그 밑에 깔고, 그 밑에 말이 얇은 종이에 내비치게 하여 '쓰다, 베끼다'의 뜻을 나타냄.	謄寫(등사) 등사기로 박는 것. 베껴 씀 謄本(등본) 문서(文書)의 원본(原本)의 내용(內容)을 그대로 베낌 또는 그런 서류(書類) 謄抄(등초) 原本(원본)에서 베껴 냄
騰 오를 등 3급 | 常	말 마(馬→말)와 '잇다'(=承(승))의 뜻을 나타내기 위한 등(騰에서 馬를 뺀 부분)으로 이루어짐. 驛站(역참)에서 갈아타는 말의 뜻. 또, 昇(승=오르다)·登(등)과 통하여 쓰이게 됨	急騰(급등) 물가(物價)나 시세(時勢) 따위가 갑자기 오름 昂騰(앙등) 물건값이 오름. 등귀(騰貴) 沸騰(비등) ① 액체(液體)가 끓어오름 ② 물 끓듯 떠들썩하여짐
藤 등나무 등 2급	뜻을 나타내는 초두머리(艹=艸→풀, 풀의 싹)部와 음을 나타내고 위한 滕(등: '위로 오르다'의 뜻)으로 이루어짐.	葛藤(갈등) 칡과 등나무라는 뜻으로, 일이나 사정(事情)이 서로 복잡(複雜)하게 뒤얽혀 화합(和合)하지 못함의 비유(比喩) 藤蘿(등라) 등나무
橙 등자 등 1급	뜻을 나타내는 木(목→나무)部와 음을 나타내는 登(등: '올리다, 얹다'의 뜻)이 합하여 이루어짐. 몸을 얹다. 몸을 얹다, 발한, 걸상의 뜻.	橙色(등색) 무지개의 둘째 빛과 같은 빛깔. 곧 귤이나 등자(橙子)의 껍질과 같은 붉은빛을 띤 노란빛. 등빛 橙黃色(등황색) 붉은 빛을 띤 누런 빛깔

한자	자원	용례
裸 벗을 라 2급	贏(라)와 통자(通字). 뜻을 나타내는 옷의변(衤(=衣)→옷)部.	全裸(전라) 옷을 완전(完全)히 벗은 몸. 알몸 赤裸裸(적나라) 몸에 아무것도 걸치지 않은 발가벗은 상태(狀態)라는 뜻 裸體畵(나체화) 나체(裸體)를 주제(主題)로 하여 그린 그림
羅 벌일 라 준4급　常	그물[网]과 '매다'의 뜻을 결합한 글자[會意] 甲文字에서 그물에 새가 잡힌 것을 나타냄.	新羅(신라) 우리나라 삼국시대의 삼국 가운데 박혁거세가 지금의 영남 지방을 중심으로 세운 나라. 수도를 경주로 함 網羅(망라) 물고기를 잡는 그물과 날짐승을 잡는 그물이란 뜻에서, 널리 빠짐없이 모은다는 뜻
懶 게으를 라 1급	뜻을 나타내는 심방변(忄(=心, 㣺)→마음, 심장)部와 음을 나타내는 賴(뢰: 贏(리)와 통하여, '지치다, 야위다'의 뜻)의 전음(轉音)이 합하여 이루어짐. '마음이 지치다, 게으르다'의 뜻을 나타냄.	懶怠(나태) 게으르고 느림 懶慢(나만) 게으름
癩 문둥이 라 1급	뜻을 나타내는 병질엄(疒→병, 병상에 드러누운 모양)部와 음을 나타내는 賴(뢰)의 합하여 이루어짐.	癩病(나병) 문둥병. 나균(癩菌)에 의하여 감염되는 만성 전염성 난치병 白癩瘡(백라창) 피부(皮膚)에 내솟은 기름이 말라붙어서 연회색(鉛灰色)으로 되었다가 마른버짐처럼 떨어지는 병
邏 순라 라 1급	뜻을 나타내는 책받침(辶(=辵)→쉬엄쉬엄 가다)部와 음을 나타내는 羅(라: '그물을 치다, 두르다'의 뜻)가 합하여 이루어짐. '순찰하다'의 뜻을 나타냄.	邏卒(나졸) 조선(朝鮮)시대(時代)에 포도청(捕盜廳)에 속하여 관할(管轄) 구역(區域)의 순찰(巡察)과 죄인(罪人)을 잡아들이는 일을 맡았던 하급(下級) 병졸(兵卒) 巡邏軍(순라군) 조선(朝鮮)시대(時代) 때 도둑·화재(火災) 따위를 경계(警戒)하기 위하여 밤에 궁중(宮中)과 서울 둘레를 순시(巡視)하던 군인
螺 소라 라 1급	뜻을 나타내는 벌레충(虫→뱀이 웅크린 모양, 벌레)部와 음을 나타내는 累(겹치다 라)의 전음(轉音)이 합하여 이루어짐. 껍데기가 나사 모양으로 겹친 형태의 '고둥'의 뜻을 나타냄.	螺絲(나사) 물건을 죄어서 고정(固定)시키기 위한 기계(機械) 부품(部品) 螺旋(나선) 소라 껍데기나 용수철(龍鬚鐵)과 같이 빙빙 감아 올린 것과 같은 모양 또는 그런 모양의 것
洛 물 이름 락 2급	시내를 뜻하는 삼수변(氵(=水, 氺)→물)部와 음을 나타내는 各(락)은 변음(變音))으로 이루어짐.	駕洛國記(가락국기) 가락국(駕洛國)의 역사(歷史)를 적은 책
落 떨어질 락 5급　常	풀[艹]의 뜻과 물방울 떨어질 락(洛)의 음 및 뜻을 결합한 글자[形聲] 小篆字에서 물방울이 떨어지듯 나뭇잎이 시들어 떨어지는 것을 나타냈다. 이런 자형에서 '떨어지다'의 뜻이 나왔다.	墜落(추락) 높은 곳에서 떨어짐 墮落(타락) 품행(品行)이 나빠서 못된 구렁에 빠짐 下落(하락) 값이나 등급(等級) 따위가 떨어짐 漏落(누락) 기록(記錄)에서 빠짐
絡 이을 락 준3급　常	실[糸]의 뜻과 각기 각(各)의 음 및 뜻을 결합한 글자[形聲] 小篆字에서 각기 여기저기 떨어져 있는 실을 연결하는 것을 나타냈다. 이런 자형에서 '잇다'의 뜻이 나왔다.	脈絡(맥락) 사물(事物)의 이어져 있는 연관(聯關) 連絡(연락) 사정(事情)을 서로 알림

樂 즐길 락 6급 常	악기를 본뜬 모양으로 보는데 도토리가 달린 상수리나무 또는 그와 비슷한 악기, 방울의 상형으로 음악의 뜻에서 파생하여 '즐겁다'의 뜻을 나타내었다[象形]	娛樂(오락) 흥미(興味) 있는 일이나 물건을 가지고 즐겁게 노는 일. 재미있게 놀아서 기분(氣分)을 즐겁게 하는 일 苦樂(고락) 괴로움과 즐거움	
烙 지질 락 1급	뜻을 나타내는 불화(火(=灬)→불꽃)部와 음을 나타내는 各(각: '앞으로 내밀다'의 뜻)의 전음(轉音)이 합하여 이루어짐. 불을 내밀어 몸에 단근질을 하는 뜻을 나타냄.	烙印(낙인) 불에 달구어 찍는 쇠도장 炮烙(포락) 紙型(지형). 불에 달구어 지짐, 그런 형벌	
酪 쇠젖 락 1급	뜻을 나타내는 닭유(酉→술, 닭)部와 음을 나타내는 各(각: '이르다'의 뜻)의 전음(轉音)이 합하여 이루어짐. 외국에서 들어온 발효유의 뜻.	駝酪(타락) 우유 馬酪(마락) 말젖 羊酪(양락) 양젖	
駱 낙타 락 1급	뜻을 나타내는 말마(馬→말)部와 음을 나타내는 各(각: 각, 락은 '이르다'의 뜻)의 전음(轉音)이 합하여 이루어짐. 외국에서 온 말, '낙타'의 뜻.	駱駝(낙타) 포유류 낙타과 속의 짐승의 총칭(總稱) 駱馬(낙마) 가리온. 몸은 희고 갈기는 검은 말 駱駱(낙락) 말이 우는 소리	
卵 알 란 4급 常	불룩한 배의 모양을 본뜬 글자. 金文字에서 알을 밴 물고기의 불룩한 배의 모양을 본떴다. 이런 자형에서 모든 생물의 '알'의 뜻이 나왔다.	受精卵(수정란) 수정(受精)을 끝낸 난자(卵子) 鷄卵(계란) 닭의 알, 달걀	
亂 어지러울 란 4급 常	'어지러워지다'와 '헝클어진 실의 끝'을 본떠 '어지러워지다'의 뜻을 나타내며, '다스리다'의 뜻도 나타낸다[形聲]	混亂(혼란) 갈피를 잡을 수 없이 어지러움 搖亂(요란) 시끄럽고 어지러움 攪亂(교란) 뒤흔들어서 어지럽게 함	
蘭 난초 란 준3급 常	풀을 뜻하는 초두머리(艹(=艸)→풀, 풀의 싹)部와 음을 나타내는 부수를 제외한 글자 闌(란)이 합하여 '난초'를 나타냄 방향이 강한 풀, '난초'의 뜻을 나타내었다[形聲]	佛蘭西(불란서) 프랑스의 음역(音譯) 芝蘭之交(지란지교) 지초(芝草)와 난초(蘭草) 같은 향기(香氣)로운 사귐이라는 뜻으로, 벗 사이의 고상(高尙)한 교제(交際)를 이르는 말	
欄 난간 란 준3급 常	木과 闌이 합쳐진 것으로 闌은 문에 건너질러 출입을 막는 나무의 뜻으로 '난간', '틀'의 뜻을 나타내었다[形聲]	本欄(본란) 잡지(雜誌) 따위에서 중심(中心)이 되는 난 空欄(공란) 지면에 비어 있는 칸	
爛 빛날 란 2급	뜻을 나타내는 불화(火(=灬)→불꽃)部와 闌(란: '오랜 시간 담가두다'의 뜻. '불 속에 오랜 시간 두다'의 뜻에서, '문드러지다, 빛나다'의 뜻)으로 이루어짐.	燦爛(찬란) 빛이 눈부시게 아름답다 能爛(능란) 익숙하고 솜씨 있음 絢爛(현란) 눈이 부시도록 찬란(燦爛)함 爛柯之樂(난가지락) 바둑의 재미	
鸞 난새 란 1급	뜻을 나타내는 새조(鳥→새)部와 음을 나타내는 䜌(란: 䜌(난)과 통하여, 방울소리를 나타내는 의성어로, 천자의 수레에 다는 방울의 뜻의 뜻을 나타냄)의 전음(轉音)이 합하여 이루어짐.	鳳鸞(봉란) 봉황새와 난새. 모두 상상상(想像上)의 신령(神靈)하다는 새임. 천하가 태평한 때에 나타나는 영조	

한자	자원(字源)	용례		
瀾 물결 란 1급	뜻을 나타내는 삼수변(氵(=水, 氺)→물)部와 음을 나타내는 부수를 제외한 글자 闌(란: 連(련)과 통하여, '줄인다'의 뜻. 물의 줄임, 큰 물결, 잔물결의 뜻을 나타냄)이 합하여 이루어짐.	波瀾萬丈(파란만장) 파도(波濤)의 물결치는 것이 만장(萬丈)의 길이나 된다는 뜻으로, 일의 진행(進行)에 변화(變化)가 심(甚)함을 비유(比喩)하는 말로 쓰임 爛漫(난만) 나뉘어 흩어지는 모양. 물이 뚝뚝 떨어지는 모양		
剌 어그러질 랄 1급	고기 뛰는 소리. 선칼도방(刂(=刀)→칼, 베다, 자르다)部와 부수를 제외한 글자 束(속: 섶나무를 묶은 단의 뜻)의 합자(合字). 다발을 잘라냄의 뜻, '낫으로 섶나무를 베려는데 나뭇가지가 뛰다'의 뜻.	潑剌(발랄) 활발(活潑)하게 약동하는 성질		
辣 매울 랄 1급	辢과 동자(同字). 뜻을 나타내는 매울신(辛→혹독하다, 맵다)部와 음을 나타내는 剌(랄: 묶은 것에 칼질하다의 뜻)의 생략형이 합하여 이루어짐. '바늘이나 칼로 찌르듯이 맛이 맵다'의 뜻.	辛辣(신랄) 맛이 몹시 쓰고 매움. 수단(手段)이 몹시 가혹(苛酷)함 惡辣(악랄) 매섭고 표독함		
藍 쪽 람 2급	뜻을 나타내는 초두머리(艹(=艸)→풀, 풀의 싹)部와 음을 나타내는 監(감)으로 이루어짐. 청색 물감을 만드는 풀이름, 전(轉)하여 남빛의 뜻.	藍色(남색) 남빛 青出於藍(청출어람) 쪽 풀에서 뽑아낸 푸른 물감이 쪽빛보다 더 푸르다는 뜻으로, 스승보다 제자(弟子)가 더 뛰어나거나 훌륭함을 이르는 말		
濫 넘칠 람 3급 常	물 수의 뜻과 볼 감의 음 및 뜻을 결합한 글자[形聲] 小篆字에서 욕조에 사람이 누울 때 물이 넘치는 것을 나타냈다. 이런 자형에서 '넘치다'의 뜻이 나왔다.	濫用(남용) 일정한 기준이나 한도를 넘어서 함부로 씀 濫發(남발) 어떤 말이나 행동 따위를 자꾸 함부로 함 氾濫(범람) 물이 넘쳐흐름 猥濫(외람) 하는 짓이 분수(分數)에 넘침		
覽 볼 람 4급 常	보다[見]와 보다[監]의 뜻을 결합한 글자[會意] 石文字에서 보고 또 자세히 살피는 모습을 나타냈다. 이런 자형에서 '두루 보다'의 뜻이 나왔다.	觀覽(관람) 연극(演劇), 영화(映畵) 따위를 구경함 閱覽(열람) 책 등을 두루 훑어서 봄 博覽會(박람회) 생산물의 개량, 발전 및 산업의 진흥을 꾀하기 위하여 농업, 상업, 공업 따위에 관한 온갖 물품을 모아 벌여 놓고 판매, 선전, 우열 심사를 하는 전람회		
籃 바구니 람 1급	뜻을 나타내는 대죽(竹→대나무)部와 음을 나타내는 監(감: '덮다'의 뜻)의 전음(轉音)이 합하여 이루어짐. 무엇을 덮어씌우는 '대바구니'의 뜻을 나타냄.	搖籃歌(요람가) 자장가 搖籃(요람) 젖먹이를 놀게 하거나 재우기 위하여 올려놓고 흔들도록 만든 물건 藍輿(남여) 대를 엮어 만든 가마		
拉 꺾을 랍 2급	뜻을 나타내는 재방변(扌(=手)→손)部와 음을 나타내는 효(립: 장소를 독차지해서 서다 또는 양발을 땅바닥에 대고 서다의 뜻에서 '꼭 누르다'의 뜻)의 전음(轉音)이 합하여 이루어짐.	被拉(피랍) 납치(拉致)를 당(當)하는 것 拉致(납치) 강제로 붙들어감 拉北(납북) 북쪽으로 납치해 감		
臘 납향 랍 1급	뜻을 나타내는 육달월(月(=肉)→살, 몸)部와 음을 나타내는 부수를 제외한 글자 巤(렵: 랍은 큰 사냥을 하여 얻은 긴 갈기의 상형)의 전음(轉音)이 합하여 이루어짐. 큰 사냥을 하여 얻은 사냥감으로 조상에게 지내는 제사 이름, 그것을 거행하는 年末(연말)의 뜻	希臘劇(희랍극) 고대 그리스를 지칭하는 명칭 臘月(납월) 섣달, 곧 12월 臘尾(납미) 연말. 年末(연말)		
浪 물결 랑 3급 常	물[氵]의 뜻과 어질 량(良)의 음 및 뜻을 결합한 글자[形聲] 金文字에서 물이 깨끗하고 아름답게 물결치는 것을 나타냈다. 이런 자형에서 '물결'의 뜻이 나왔다.	樂浪(낙랑) 한사군의 하나. 313년 고구려(高句麗)에 병합(倂合)되었음 孟浪(맹랑) 생각하던 바와는 달리 아주 허망(虛妄)함, 똘똘하고 깜찍함		

한자	자원 풀이	용례	
郎 사나이 랑 준3급 | 常	어질 량의 음 및 뜻과 고을 부의 뜻을 결합한 글자[形聲] 金文字에서 한 고을에서 어질고 착한 일을 잘하는 이름난 사람을 나타냈다. 이런 자형에서 전성되어 '남편', '사내'의 뜻이 나왔다.	花郞(화랑) 신라(新羅) 때 비롯한 청소년(靑少年)들의 수양(修養) 단체. 심신(心身)의 단련(鍛鍊)과 정치(政治)와 사회의 선도를 이념으로 하였음	
朗 밝을 랑 5급	달빛이 아름답고 밝게 비춘다는 뜻을 나타내는 달월(月→초승달)과 良(량: '좋다'의 뜻. 좋은 달의 뜻에서, '밝다'의 뜻을 나타냄)은 맑게 환히 비쳐 보이듯이 아름다움, 朗(랑)은 아름답고 맑게 밝음.	明朗(명랑) 유쾌(愉快)하고 활달(豁達)한 특성 朗朗(낭랑) 소리가 명랑(明朗)한 모습, 빛이 매우 밝음 朗報(낭보) 명랑하고 반가운 소식	
廊 복도 랑 준3급 | 常	집[广]의 뜻과 사내 랑(郞)의 음 및 뜻을 결합한 글자[形聲] 小篆字에서 손님을 맞이하거나 평소 남자들이 기거하는 집을 나타냈다. 이런 자형에서 '행랑'의 뜻이 나왔다.	空中回廊(공중회랑) 아군(我軍) 항공기(航空機)가 쓰도록 지시(指示)되고 제한(制限)된 비행(飛行) 항로(航路) 舍廊房(사랑방) 사랑으로 쓰는 방	
狼 이리 랑 1급	뜻을 나타내는 개사슴록변(犭(=犬)→개)部와 음을 나타내는 良(량: '浪(랑)'과 통하여, '물결'의 뜻)의 전음(轉音)이 합하여 이루어짐. 밀려오는 파도처럼 떼를 지어 덮쳐오는 '이리'의 뜻을 나타냄	天狼星(천랑성) 큰개자리의 별인 시리우스(Sirius)의 중국칭호(稱號). 항성(恒星) 가운데서 광도(光度)가 가장 셈	
來 올 래(내) 7급 | 常	보리 이삭의 모양을 본뜬 글자[象形] 甲文字에서 보리의 줄기와 잎과 뿌리를 나타냈다. 후에 가차되어 '오다'의 뜻으로 쓰이게 되자 夂를 첨가하여 새로이 麥자를 만들어 '보리'의 뜻을 나타냈다.	招來(초래) 어떤 결과(結果)를 가져옴 未來(미래) 아직 오지 않은 때 去來(거래) 금전(金錢)을 서로 대차(貸借)하거나 물건을 매매(賣買)하는 일	
萊 명아주 래 2급	菜의 본자(本字). 풀을 뜻하는 초두머리(艹(=艸)→풀, 풀의 싹)部와 음을 나타내는 來(래)가 합하여 '명아주'를 뜻함.	老萊之戱(노래지희) 노래자가 늙은 부모를 기쁘게 하려고 색동옷을 입고 아이 흉내를 내었다는 말	
冷 찰 랭(냉) 5급 | 常	'얼음과 시원스럽다'의 뜻이 합쳐져 '시원스럽', '차가워지다'의 뜻을 나타내었다[形聲]	冷麵(냉면) 찬 국이나 또는 무김치 국물 등에 말아서 먹는 국수 冷溫(냉온) 차가움과 따뜻함	
略 다스릴 략 4급 | 常	밭[田]의 뜻과 각각 각(各)의 음 및 뜻을 결합한 글자[形聲] 金文字에서 밭의 경계를 각자의 발걸음에 의해 대략 정한 것을 나타냈다. 이런 자형에서 '간략하다'의 뜻이 나왔다.	方略(방략) 일을 해 나갈 방법(方法)과 계략(計略) 省略(생략) 덜어서 빠뜨림 戰略(전략) 싸움의 경륜	
掠 노략질 략 3급 | 常	손[扌]의 뜻과 도성 경(京)의 음 및 뜻을 결합한 글자[形聲] 小篆字에서 오랑캐가 도성에 쳐들어가 재물을 빼앗는 것을 나타냈다. 이런 자형에서 '빼앗다'의 뜻이 나왔다.	攻掠(공략) 공격(攻擊)하여 약탈(掠奪)함 侵掠(침략) 침노(侵擄)하여 약탈(掠奪)하는 것	
良 좋을 량 5급 | 常	곡류(穀類) 중에서 특히 좋은 것만을 골라내기 위한 기구의 상형(象形)으로 '좋다'의 뜻을 나타냄.	良藥(양약) 좋은 약 良妻(양처) 어진 아내 改良(개량) 나쁜 점(點)을 고쳐 좋게 함	

兩 두 량 준4급 | 常	저울추 두 개가 나란히 매달려 있는 모양을 본뜬 글자로 '둘', '한 쌍'을 뜻함. 兩(량)은 무게의 단위이며 나중에 돈의 단위에도 쓰고 또 둘, 쌍의 뜻으로 씀.	半兩錢(반량전) 중국 진(秦)나라·한(漢)나라 때에 만들어 쓰던 돈. 兩班(양반) 조선시대에 지체나 신분이 높은 상류 계급(階級) 사람		
凉 서늘 량 준3급 | 常	물[氵]의 뜻과 높을 경(京)의 음 및 뜻을 결합한 글자[形聲] 小篆字에서 물가의 높은 언덕이 서늘한 것을 나타냈다. 이런 자형에서 '서늘하다'의 뜻이 나왔다.	荒凉(황량) 황폐(荒廢)하여 거칠고 쓸쓸함 納凉(납량) 여름에 더위를 피(避)하여 서늘함을 맛봄 淸凉(청량) 맑고 서늘함		
梁 들보 량 준3급 | 常	물[氵]와 칼날[刃] 그리고 나무[木]의 뜻을 결합한 글자[會意] 金文字에서 나무를 잘라 물 위에 놓아 건너는 것을 나타냈다. 이런 자형에서 '다리'의 뜻이 나왔으며, 전성되어 '대들보'의 뜻으로도 쓰인다. 樑(량).	橋梁(교량) 강이나 내 등을 사람이나 차량(車輛)이 건널 수 있게 만든, 비교적 큰 규모(規模)의 다리 露梁海戰(노량해전) 조선 선조((1598) 노량 앞바다에서, 이순신(李舜臣) 장군이 왜병과 싸운 마지막 해전.		
量 헤아릴 량 5급 | 常	말하다[日]와 무겁다[重]의 뜻을 결합한 글자[會意] 金文字에서 말[斗]로 무게나 부피의 정도를 재는 것을 나타냈다. 이런 자형에서 '헤아리다'의 뜻이 나왔다.	測量器(측량기) 측량(測量)하는 데 쓰이는 기구 物量(물량) 물건의 분량		
諒 믿을 량 3급 | 常	말씀[言]과 크다[京]의 뜻을 결합한 글자[會意] 小篆字에서 큰 뜻을 지닌 사람의 말과 생각을 나타냈다. 이런 자형에서 '믿다'의 뜻이 나왔다.	惠諒(혜량) 살펴서 이해(理解)함의 뜻으로, 편지(便紙)에서 쓰는 말. 겸손(謙遜)한 표현(表現)임. '부디 저의 간청(懇請)을 혜량(惠諒)하여 주시기 바랍니다'의 뜻		
糧 양식 량 4급 | 常	쌀[米]의 뜻과 헤아릴 량(量)의 음 및 뜻을 결합한 글자[形聲] 篆字에서 여행이나 행군 때 일정한 쌀의 분량을 헤아려 만든 마른 양식을 나타냈다. 이런 자형에서 '양식'의 뜻이 나왔다.	軍糧米(군량미) 군대(軍隊)의 양식(糧食)으로 쓰는 쌀 食糧(식량) 먹을 양식(糧食)		
輛 수레 량 2급	수레를 세는 단위. 수레거(車→수레, 차)部와 음을 나타내는 兩(량: '둘'의 뜻. 두 바퀴가 있는 수레의 뜻을 나타냄)이 합하여 이루어짐.	車輛(차량) 기차(汽車)의 한 칸, 여러 수레의 총칭		
亮 밝을 량 2급	어진사람인발(儿→사람의 다리 모양)과 高(고)의 생략형으로, 사람이 높은 곳에 있으면 똑똑히 보이므로 '밝다'의 뜻. 또 高明(고명)한 인사는 남을 보좌할 수 있으므로 '돕다'의 뜻	淸亮(청량) 소리가 맑고 깨끗함 亮達(양달) 총명하여 사리에 통달함		
倆 재주 량 1급	倆의 본자(本字). 뜻을 나타내는 사람인변(亻(=人)→사람)部와 음을 나타내는 兩(량: 천칭으로 무게를 다는 뜻)이 합하여 이루어짐. 자잘한 것을 계량하는 솜씨가 있는 사람. 수완의 뜻.	技倆(기량) 기술적(技術的)인 재간이나 솜씨		
樑 들보 량 2급	뜻을 나타내는 木(목→나무)部와 음을 나타내는 梁(량)이 합하여 이루어짐.	上樑文(상량문) 상량식(上樑式)을 할 때 읽는, 상량(上樑)을 축복(祝福)하는 글		

粱 양식 량 준3급	뜻을 나타내는 쌀미(米→쌀)部와 음(音)을 나타내는 粱(량)의 생략형(省略形)이 합(合)하여 이루어짐.	黃粱(황량) 메조. 찰기가 없는 조
旅 군사 려(여) 5급 常	'깃발과 따르다'의 뜻을 결합한 글자[會意] 甲文字에서 깃발을 중심으로 사람들이 모여 있는 것을 나타냈다. 이런 자형에서 '군사', '함께'의 뜻이 나왔다.	客旅(객려) 여행(旅行) 나그네
慮 생각할 려 4급 常	호랑이 호(虎)의 음 및 뜻과 생각[思]의 뜻을 결합한 글자[形聲] 小篆字에서 사나운 호랑이가 나타나 피해를 볼까 걱정스러워하는 마음을 나타냈다. 이런 자형에서 '염려하다', '생각하다'의 뜻이 나왔다.	憂慮(우려) (어떤 일을) 잘못되지 않을까 걱정하는 것 考慮(고려) 깊이 생각하여 헤아림 配慮(배려) 보살펴 주려고 이리저리 마음을 써 줌
勵 힘쓸 려 준3급 常	힘력(力→팔의 모양→힘써 일을 하다)部와 음을 나타내는 부수를 제외한 글자 厲(여)가 합하여 이루어짐. '애써 갈다'의 뜻과 힘이 합쳐져 '힘쓰 하다'의 뜻을 나타내었다[形聲]	激勵(격려) 장려(獎勵)함. 북돋움 督勵(독려) 감독(監督)하며 격려(激勵)함 獎勵(장려) 좋은 일에 힘쓰도록 권(勸)하여 북돋아 줌
麗 고울 려 준4급 常	붙을 려의 음 및 뜻과 사슴[鹿]의 뜻을 결합한 글자[形聲] 甲文字에서 두 마리 사슴이 나란히 붙어 있는 것을 나타냈다. 이런 자형에서 '곱다'의 뜻이 나왔다.	高句麗(고구려) B.C. 37년 북부여(北扶餘)의 주몽(朱蒙) 동명왕(東明王)이 세워 B.C. 668년 나(羅)·당(唐) 연합군(聯合軍)에 의해 멸망한 삼국 중 한 나라. 高麗(고려) 왕건(王建)이 세운 나라(918~1392) 도읍(都邑)은 개성(開城)
侶 짝 려 1급	侶의 본자(本字). 뜻을 나타내는 사람인변(亻(=人)→사람)部와 呂(려: 척추가 이어져 있는 모양으로, '이어지다'의 뜻)로 이루어져, 동아리·한패를 뜻함. 나란히 늘어선 사람, 동무.	伴侶者(반려자) 짝이 되는 사람 僧侶(승려) 스님, 중
呂 음률 려 2급	呂의 본자(本字). 사람의 등뼈(척추)가 이어져 있는 모양을 본뜸.	律呂(율려) 음악(音樂)이나 음성(音聲)의 가락. 六呂(육려): 육려는 陰聲(음성)에 속하는 여섯 가지 소리로, 大呂(대려), 夾鐘(협종), 仲呂(중려), 林鐘(임종), 南呂(남려), 應從(응종)이라 한다.
廬 오두막집 려 2급	뜻을 나타내는 엄호밑(广→엄은 집)部와 음을 나타내는 盧(로: '빙 두르다'의 뜻. 둘레를 빙 두르기만 했을 뿐인 집, '초막'의 뜻)의 전음(轉音)이 합하여 이루어짐.	三顧草廬(삼고초려) 유비(劉備)가 제갈공명(諸葛孔明)을 세 번이나 찾아가 군사(軍師)로 초빙(招聘)한 데서 유래(由來)한 말
戾 어그러질 려 1급	戾(려), 俵(려)의 본자(本字). 지게호(戶→지게문)部와 犬(견)의 합자(合字). 따라서 어그러짐의 뜻. 문간에 있는 집지키는 개의 뜻. '사납다, 어그러지다'의 뜻.	返戾(반려) (서류(書類) 등을) 결재(決裁)하지 않고 되돌려 보내는 것 剛戾自用(강려자용) 스스로의 재능과 지혜만 믿고 남의 말을 듣지 않음을 말함
濾 거를 려(여) 1급	뜻을 나타내는 삼수변(氵(=水, 氺)→물)部와 음을 나타내는 慮(려: '삥 돌리다'의 뜻)가 합하여 이루어짐. '액체를 천 따위의 속에서 돌리어 기르다'의 뜻을 나타냄.	濾過(여과) 기름종이나 여과기(濾過器)를 써서 액체(液體) 중의 침전물(沈澱物)을 걸러서 받여냄

礪 숫돌 려(여) 2급	뜻을 나타내는 돌석(石→돌)部와 음을 나타내는 부수를 제외한 글자 厲(려: 심하게 '문지르다, 숫돌'의 뜻)가 합하여 이루어짐.	河山帶礪(하산대려) 황하(黃河)가 허리띠같이 가늘어지고, 태산(泰山)이 숫돌만큼 작아진다 할지라도 변(變)하지 않겠다는 굳은 맹세(盟誓)의 말			
閭 이문 려(여) 1급	뜻을 나타내는 문문(門→두 짝의 문, 문중·일가)部와 음을 나타내는 呂(려: '모여서 이어지다'의 뜻)가 합하여 이루어짐. 집들이 모여서 이어진 마을의 문.	倚閭之望(의려지망) 자녀(子女)가 돌아오기를 기다리는 어머니의 마음 閭閻(여염) 여문, 민간 사람			
驪 가라말 려 2급	뜻을 나타내는 말마(馬→말)部와 음을 나타내는 麗(려: '鸝(려), 黎(려)'와 통하여 '검다'의 뜻. 윤기가 흐르는 검은 말의 뜻)가 합하여 이루어짐.	驪龍之珠(여룡지주) 검은 용의 덕 밑에 있는 귀중한 구슬			
黎 검을 려 1급	뜻을 나타내는 기장서(黍→기장)部와 음을 나타내는 리(黎에서 윗부분)의 생략형이 합하여 이루어짐. 黍+利는 隣(린)과 통하여, '이웃하다'의 뜻. '이웃하는 기장'의 뜻에서, '많다'의 뜻을 나타냄. 또 莽(린)과 통하여 '희미한 빛, 검다, 새벽녘'의 뜻.	黎首(여수) 검은 머리의 백성이라는 뜻. 일반 백성은 늘 햇볕 속에서 일하여 검게 되므로 여수라 함			
力 힘 력 7급　常	팔의 근육 모양을 본뜬 글자[象形] 甲文字에서 한 팔로 물건을 들 때 생기는 팔의 근육 모양을 본떴다. 이런 자형에서 '힘쓰다'의 뜻이 나왔다.	努力(노력) 어떤 일을 이루기 위해 어려움이나 괴로움 등을 이겨 내면서 애쓰거나 힘쓰는 것 能力(능력) 일을 감당(堪當)하거나 해결(解決)해 낼 수 있는 힘			
歷 지날 력 5급　常	지날 력(厤)의 음 및 뜻과 그치다[止]의 뜻을 결합한 글자[形聲] 金文字에서 오랜 세월 속에 담긴 발자취를 나타냈다. 이런 자형에서 '지내다'의 뜻이 나왔다.	歷史(역사) 인류 사회의 변천과 흥망의 과정 또는 그 기록 經歷(경력) 겪어 지내 온 여러 가지 일 履歷(이력) 지금까지 학업(學業), 직업(職業) 따위의 경력(經歷)			
曆 책력 력 준3급　常	셀 력(厤)의 음 및 뜻과 날[日]의 뜻을 결합한 글자[形聲] 金文字에서 하루하루 흘러가는 날짜를 차례로 기록한 것을 나타냈다. 이런 자형에서 '책력'의 뜻이 나왔다.	月曆(월력)=달력. 1년 가운데 달, 날, 요일, 이십사절기, 행사일 따위의 사항을 날짜에 따라 적어 놓은 것 陽曆(양력) 태양력(太陽曆)의 준말 陰曆(음력) 태음력(太陰曆)의 준말. 구력			
瀝 쏟을 력 1급	뜻을 나타내는 삼수변(氵(=水, 氺)→물)部와 음을 나타내는 歷(력)이 합하여 이루어짐.	披瀝(피력) 평소(平素)에 숨겨둔 생각을 모조리 털어내어 말함 瀝靑(역청) 본래(本來)는 천연(天然) 아스팔트라는 뜻 瀝瀝(역력) 물 또는 바람 소리의 형용			
礫 조약돌 력 1급	뜻을 나타내는 돌석(石→돌)部와 음을 나타내는 樂(락: 도토리를 본뜬 것. '잔돌, 자갈'의 뜻)의 전음(轉音)이 합하여 이루어짐.	礫石(역석) ① 조약돌 ② 자갈 礫層(역층) 자갈이 많은 지층(地層)			
連 잇닿을 련 4급　常	쉬엄쉬엄 가다[辶]와 수레[車]의 뜻을 결합한 글자[會意] 金文字에서 둥근 수레바퀴가 잇달아 나아가는 것을 나타냈다. 이런 자형에서 '잇다'의 뜻이 나왔다.	連結(연결) 서로 이어 맺음 關連(관련) 어떤 일과 다른 일의 사이에 인과적인 관계가 있음			

蓮 연밥 련 3급 常	'초두머리(艹(=艸)→풀, 풀의 싹)와 어지다'의 뜻을 나타내는 連(련)으로 이루어짐. 뿌리가 길게 이어진 水草(수초) 連은 '이어지다'의 뜻으로 나란히 열매가 달리는 연을 일컫는다[形聲].	木蓮(목련) 자목련, 백목련 따위를 일컫는 말
煉 불릴 련 2급	뜻을 나타내는 불화(火(=灬)→불꽃)部와 음을 나타내는 東(련: 練(련)과 통하여, '이기다'의 뜻)의 전음(轉音)이 합하여 이루어짐. '화력으로 금속을 달구어 녹이다'의 뜻	煉丹(연단) 체기(體氣)를 단전(丹田)에 모아 몸과 마음을 수양(修養)하는 일 煉瓦(연와) 구운 벽돌 煉乳(연유) 달여서 진하게 만든 우유
憐 불쌍히 여길 련 3급 常	마음[忄]의 뜻과 반딧불의 음 및 뜻을 결합한 글자[形聲] 石文字에서 시체의 뼈에 반짝이는 인을 보고 전쟁에 죽은 사람들을 생각하는 마음을 나타냈다. 이런 자형에서 '불쌍히 여기다'의 뜻이 나왔다.	愛憐(애련) 가엾게 여기어 사랑함 同病相憐(동병상련) 같은 병자(病者)끼리 가엾게 여긴다는 뜻으로, 어려운 처지(處地)에 있는 사람끼리 서로 불쌍히 여겨 동정(同情)하고 서로 도움
練 익힐 련 5급 常	東은 자루 속에 물건을 넣은 모양을 본떠 '속에 가두다'의 뜻으로 이가 糸와 합쳐져 상당 기간 물속에 담가 잘 삶아 '누인 실, 누인 명주, 누이다'의 뜻을 나타내었다[形聲]	未熟練(미숙련) 아직 익숙하지 못함
聯 잇달 련 4급	耳+絲: 耳(이)는 고대의 전쟁에서 전승자가 적의 왼쪽 귀를 首級(수급) 대신 잘라서 '늘어놓다'의 뜻을 나타내는 데 썼음. 絲(사)는 줄이 이어진 실의 뜻. 합하여, '연하다'의 뜻.	聯盟(연맹) 공동(共同) 목적(目的)을 가진 조직(組織) 聯想(연상) 하나의 관념(觀念)이 다른 어떤 관념(觀念)을 불러일으키는 심리(心理) 작용(作用)
鍊 불릴 련 3급 常	쇠[金]의 뜻과 가릴 간의 음 및 뜻을 결합한 글자[形聲] 篆字에서 쇠 중에서 좋은 것을 가려 강철을 만드는 것을 나타냈다. 이런 자형에서 '단련하다'의 뜻이 나왔다.	訓鍊(훈련) 익숙하도록 가르치거나 되풀이하여 연습(練習)하는 일 試鍊(시련) 겪기 어려운 시험(試驗)과 단련(鍛鍊)
戀 사모할 련 준3급 常	마음심(心(=忄, 㣺)→마음, 심장)部와 緣(련)으로 이루어짐. 마음이 끌리다, 전(轉)하여 사랑하여 그리워한다는 뜻 말 이어질 련의 음 및 뜻과 마음[心]의 뜻을 결합한 글자[形聲]	愛戀(애련) 사랑하고 그리워함 悲戀(비련) ① 슬프게 끝나는 연애 ② 애절(哀切)한 그리움
輦 손수레 련 1급	부수를 제외한 글자(→사람이 나란히 감)와 車(거)의 합자(合字). '사람이 수레 앞에서 끌다'의 뜻. 車+夫(반): 夫는 손발에 힘을 준 두 사람을 본뜬 것. 둘이 나란히 끄는 수레. '손수레'의 뜻.	高冠陪輦(고관배련) 높은 관을 쓰고 연을 모시니 제후(諸侯)의 예로 대접(待接)했다 輦轂(연곡) 천자가 타는 수레 輦道(연도) ① 연로 ② 궁중의 길
劣 못할 렬 3급 常	'힘이 적다, 약하다'의 뜻에서 '못하다'의 뜻이 되었음 '힘이 적다'의 뜻에서 '남보다 못하다'의 뜻을 나타내었다[會意]	拙劣(졸렬) 옹졸하고 비열(卑劣)함, 서투르고 보잘것없음 庸劣(용렬) 못생기고 재주가 남만 못하고 어리석음, 변변하지 못함
列 졸 렬 준4급 常	앙상한 뼈 알(歹)의 음 및 뜻과 칼[刂]의 뜻을 결합한 글자[形聲] 金文字에서 도구를 가지고 앙상한 뼈를 정돈해 놓은 것을 나타냈다. 이런 자형에서 '벌이다'의 뜻이 나왔다.	行列(행렬) ① 여럿이 벌이어 줄서서 감 또는 그 줄 ② 어떤 수를 정한 몇 개의 행과 몇 개의 열로 나열한 표 等差數列(등차수열) 어떤 수(數)로부터 시작(始作)하여 차례(次例)차례(次例)로 일정한 숫자를 가(加)해서 이루어지는 수열.

烈 세찰 렬 4급 | 常	벌릴 렬(列)의 음 및 뜻과 불[灬]의 뜻을 결합한 글자[形聲] 石文字에서 불길이 맹렬하게 번지는 것을 나타냈다. 이런 자형에서 '세차다'의 뜻이 나왔다.	烈女門(열녀문) 열녀(烈女)의 행적(行蹟)을 기리어 세운 정문 烈烈(열렬) 대단히 맹렬(猛烈)함 熾烈(치열) 세력(勢力)이 불길같이 맹렬(猛烈)함		
裂 찢을 렬 3급 | 常	벌릴 렬(列)의 음 및 뜻과 불[灬]의 뜻을 결합한 글자[形聲] 石文字에서 불길이 맹렬하게 번지는 것을 나타냈다. 이런 자형에서 '세차다'의 뜻이 나왔다.	破裂(파열) 깨뜨리거나 갈라져 터짐 龜裂(균열) 사이에 틈이 생기는 일 分裂(분열) 나뉘어 갈라짐		
廉 청렴할 렴(염) 3급 | 常	집[广]의 뜻과 겸할 겸(兼)의 음 및 뜻을 결합한 글자[形聲]. 石文字에서 벼슬하는 선비가 집에서 농사를 겸하여 백성의 재물을 탐하지 않고 근면하게 사는 것을 나타냈다. 이런 자형에서 '청렴하다'의 뜻이 나왔다.	淸廉(청렴) 성품(性品)이 고결(高潔)하고 탐욕(貪慾)이 없음 沒廉(몰렴) 몰염치(沒廉恥). 염치(廉恥)가 없음 破廉恥(파렴치) 수치(羞恥)를 수치(羞恥)로 알지 아니함		
斂 거둘 렴(염) 1급	뜻을 나타내는 복(攴=攵)→일을 하다, 회초리로 치다)部와 음을 나타내는 僉(첨: '많은 사람이 이구동성으로 말하다'의 뜻. 복을 더하여 '합쳐서 거두다'의 뜻)의 전음(轉音)이 합하여 이루어짐.	苛斂雜稅(가렴잡세) 가혹하게 억지로 거두어들이는 여러 가지 세금 苛斂誅求(가렴주구) 가혹(苛酷)하게 세금(稅金)을 거두거나 백성(百姓)의 재물(財物)을 억지로 빼앗음		
殮 염할 렴(염) 1급	뜻을 나타내는 죽을사변(歹=歺)→뼈, 죽음)部와 음을 나타내는 僉(거두다 첨)의 전음(轉音)이 합하여 이루어짐.	改殮(개렴) 고쳐서 염을 함 棺殮(관렴) 시체(屍體)를 관에 넣음		
濂 내이름 렴(염) 2급	뜻을 나타내는 삼수변(氵=水, 氺)→물)部와 음을 나타내는 廉(렴)이 합하여 이루어짐.	周濂溪集(주렴계집) 중국 북송의 유학자(儒學者)인 주돈이의 문집(文集)		
簾 발 렴(염) 1급	뜻을 나타내는 대죽(竹→대나무)部와 음을 나타내는 廉(렴: 방의 구석)이 합하여 이루어짐. 가느다란 대나무를 잇대어 만든 것, '발' 방의 구석에 드리우는 '발'을 뜻함.	垂簾聽政(수렴청정) 발을 내리고 정사(政事)를 듣는다는 뜻으로, 나이 어린 임금이 등극(登極)했을 때 왕대비(王大妃)나 대왕대비(大王大妃)가 왕을 도와서 정사(政事)를 돌봄을 이르는 말		
獵 사냥 렵(엽) 3급 | 常	개[犭]의 뜻과 털 난 짐승 렵(巤)의 음 및 뜻을 결합한 글자[形聲] 石文字에서 날짐승을 쫓아내는 것을 나타냈으나, 小篆字에서 辵이 犬으로 바뀌어 개를 데리고 가는 것을 나타냈다. 이런 자형에서 '사냥'의 뜻이 나왔다.	密獵者(밀렵자) 밀렵하는 사람 狩獵(수렵) 사냥		
令 영 령(영) 5급 | 常	모이다와 병부[卩]의 뜻을 결합한 글자[會意] 甲文字에서 여러 사람을 모아 무릎을 꿇려 놓은 모양을 나타냈다. 이런 자형에서 '명령'의 뜻이 나왔다.	命令(명령) 윗사람이 아랫사람에게 무엇을 하도록 시킴 防穀令(방곡령) 조선 고종(高宗) 26(1889)년에 함경(咸鏡) 감사(監司) 조병식이 일본(日本)에 대한 쌀 수출(輸出)을 금지(禁止)한 명령(命令)		
零 내릴 령(영) 3급 | 常	令은 신의 뜻을 '듣다'의 뜻으로 신의 뜻에 맞아서 '비가 서서히 내리다', '떨어지다'의 뜻을 나타내었다[形聲]	零下(영하) 기온(氣溫)의 도수(度數)를 나타내는 때, 0℃ 이하(以下)를 이르는 말		

한자	자원(字源)	용례(用例)
領 옷깃 령(영) 5급 常	아리따울 령(令)의 음 및 뜻과 머리[頁]의 뜻을 결합한 글자 [形聲] 小篆字에서 머리를 받쳐주고 어깨를 이어주는 신체 부분을 나타냈다. 이런 자형에서 '목'의 뜻이 나왔다. 후에 전성되어 '거느리다'의 뜻으로 쓰인다.	無血占領(무혈혁명) 피 흘리는 싸움 없이 혁명을 일으킴 橫領(횡령) 남의 물건을 제멋대로 가로채거나 불법(不法)으로 가짐 占領(점령) 일정(一定)한 장소(場所)를 차지함. 점거(占據)
嶺 재 령(영) 3급 常	산[山]의 뜻과 거느릴 령(領)의 음 및 뜻을 결합한 글자[形聲] 小篆字에서 여러 산등성이를 거느린 우뚝 솟은 산을 나타냈다. 이런 자형에서 '봉우리'의 뜻이 나왔다.	海嶺(해령) 큰 바다 밑에 산맥(山脈) 모양으로 솟은 지형(地形)
靈 신령 령(영) 3급 常	내릴 령(霝)의 음 및 뜻과 무당의 뜻을 결합한 글자. 石文字에서 무당이 옥을 받들고 비 내리기를 비는 것을 나타냈다. 이런 자형에서 '신령'의 뜻이 나왔다.	精靈(정령) 육체(肉體)를 떠난, 죽은 사람의 혼백(魂魄)
圄 옥 령(영) 1급	큰입구몸(口→에워싼 모양)部와 음을 나타내는 令(령: 무릎을 꿇고 신의 뜻을 듣는 사람의 상형. 울타리 안에 무릎 꿇는 사람의 모양에서 '감옥'의 뜻)이 합하여 이루어짐.	圄圉(어령) 감옥(監獄). 영어(圄圉)
鈴 방울 령 1급	쇠금(金)部와 음을 나타내는 令(령: 冷(랭)과 통하여, '서늘하다'의 뜻. 서늘한 소리가 나는 방울의 뜻)이 합하여 이루어짐.	馬兜鈴(마두령) 쥐방울 猫頭懸鈴(묘두현령) 고양이 목에 방울 달기라는 속담(俗談)의 한역으로, 불가능한 일을 의논(議論)함을 이르는 말
齡 나이 령 1급	이치(齒→이, 나이)部와 令(령: 欞령)과 통하여, '같은 간격으로 정연히 늘어서다'의 뜻)으로 이루어짐. 태어난 후 지나온 나이의 뜻. 같은 간격으로 매겨지는 나이의 뜻.	老齡(노령) 늙은 나이 高齡(고령) ① 나이가 많음 ② 또는 많은 나이 年齡層(연령층) 같은 나이 또는 가까운 나이의 사람들의 층
逞 왕성할 령 1급	책받침(辶(=辵)→쉬엄쉬엄 가다)部와 음을 나타내는 呈(정: 드러내다)의 전음(轉音)이 합하여 이루어짐, '자기의 뜻을 드러내어 일을 진행시키다'의 뜻.	不逞(불령) 원한(怨恨)이나 불평(不平). 불만을 품고 국가(國家)의 구속에서 벗어나 제 마음대로 행동함 逞兵(영병) 뛰어나게 강(强)한 병사(兵士)
例 법식 례 6급 常	사람[亻]의 뜻과 벌릴 렬(列)의 음 및 뜻을 결합한 글자[形聲] 甲文字에서 사람이 줄을 지어 나열한 것을 나타냈다. 이런 자형에서 '비교', '본보기'의 뜻이 나왔다.	年例會(연례회) 한 해에 한 번씩 정기적(定期的)으로 모이는 모임
禮 예도 례 6급 常	감주를 신에게 바쳐 행복의 도래를 비는 의식의 뜻을 나타내었다[形聲]	默禮(묵례) 말없이 고개만 숙이는 인사(人事) 無禮(무례) 예의(禮儀)가 없음
隷 종 예 2급	죄인이나 이민족을 붙잡아서 종으로 '삼다, 복종시키다'의 뜻을 나타내었다[會意]	隷書(예서) 종들도 다 알아볼 수 있는, 쉬운 글씨체. 육서 중 하나. 奴隷(노예) 자유를 구속당하고 남에게 부림을 받는 사람.

老 늙은이 로 7급 常	甲文字에서 허리를 구부리고 지팡이를 짚은 노인의 모습을 형상화한 것임을 잘 알 수 있는데 篆文은 그것이 변형된 것으로 '늙은이'의 뜻을 나타내었다[象形]	敬老(경로) 노인(老人)을 공경(恭敬)함 不老草(불로초) 선경에 있으며, 사람이 먹으면 늙지 아니하는 풀			
勞 일할 로 5급 常	화톳불이 타듯이 힘을 연소시켜서 '피로해지다'의 뜻을 나타내었다. 또 거성일 때에는 '수고를 위로하다'의 뜻을 나타내었다[會意]	勤勞關係(근로관계) 노동(勞動)관계			
路 길 로 6급 常	발[足]의 뜻과 각각 각(各)의 음 및 뜻을 결합한 글자[形聲] 金文字에서 사람마다 각자가 걸어 다닐 수 있는 곳을 나타냈다. 이런 자형에서 '길'의 뜻이 나왔다.	道路(도로) 사람이나 차가 다닐 수 있게 만든 길 經路(경로) 지나가는 길 岐路(기로) 여러 갈래로 갈린 길. 갈림길			
露 이슬 로 준3급 常	비[雨]의 뜻과 길 로(路)의 음 및 뜻을 결합한 글자[形聲] 甲文字에서 만물을 적시는 비를 나타냈다. 이런 자형에서 '이슬'의 뜻이 나왔다.	暴露(폭로) 남의 비밀(秘密), 비행(非行) 따위를 파헤쳐서 남들 앞에 드러내 놓는 일 吐露(토로) 속마음을 죄다 드러내어서 말함			
爐 화로 로 준3급 常	불[火]의 뜻과 큰 그릇 로(盧)의 음 및 뜻을 결합한 글자[形聲] 小篆字에서 범 모양의 다리가 있는 큰 그릇을 나타냈으나 후에 金이 火로 바뀌어 첨가하여 큰 그릇에 불을 담아 놓은 것을 나타냈다. 이런 자형에서 '화로'의 뜻이 나왔다.	鎔鑛爐(용광로) 쇠붙이나 광석(鑛石)을 녹이는 가마 火爐(화로) 열을 이용(利用)하기 위하여 불을 담아 두는 그릇			
撈 잡을 로 1급	공것 로. 뜻을 나타내는 재방변(扌(=手)→손)部와 음을 나타내는 勞(로)가 합하여 이루어짐.	漁撈(어로) 수산물(水産物)을 잡거나 채취(採取)함 撈救(노구) 물에 빠진 것을 건져 구함 撈採(노채) 물속으로 들어가 채취함			
盧 밥그릇 로 2급	뜻을 나타내는 그릇명받침(皿→그릇)部와 음을 나타내는 부수를 제외한 글자(로: 아가리가 작은 항아리의 뜻)가 합하여 이루어짐. 물레를 돌려 만든 '밥통'의 뜻을 나타냄.	飛盧峯(비로봉) 태백산맥에 솟아 있는, 강원도 원성군(原城郡)에 있는 치악산(稚岳山)의 최고봉 木盧酒店(목로주점) 술청에 목로(木盧)를 베풀고 술을 파는 집 盧弓盧矢(노궁노시) 까만 칠을 한 활과 화살			
蘆 갈대 로 2급	풀을 뜻하는 초두머리(艹(=艸)→풀, 풀의 싹)部와 음을 나타내는 盧(로: 旅(려)와 통하여 '줄 잇다'의 뜻. 줄 이어 나는 풀, '갈대'를 뜻함)가 합하여 '갈대'를 뜻함.	政如蒲蘆(정여포로) 부들과 갈대가 빨리 자라듯이, 정치(政治)의 효력(效力)이 빨리 나타남을 비유(比喻)해 이르는 말 蘆花(노화) 갈대꽃			
虜 포로 로 1급	뜻을 나타내는 재방변(扌(=手)→손)部와 음을 나타내는 虜(사로잡을 로)가 합하여 이루어짐 說文(설문)에서는 毌(관)＋力(력)＋로. 관은 '꿰다', 포로를 새끼줄로 꿰어 구속하다의 뜻.	捕虜(포로) 전투(戰鬪)에서 사로잡힌 적군(敵軍) 撈掠(노략) 큰 떼를 지어 돌아다니면서 사람과 재물을 빼앗음			
魯 노둔할 로 2급	고기어(魚: 鹵(로)와 통하여 '쓸모없는 미련퉁이'의 뜻. '白(백)'은 입을 본뜬 것. 갑골문에서는 口(구) '말씨가 둔하다, 미련하다'의 뜻을 나타냄)部의 전음(轉音)과 '말하다'의 뜻인 白으로 이루어짐.	愚魯(우로) 우둔(愚鈍) 魯魚之誤(노어지오) 로라는 글자와 어라는 글자를 혼동하는 오류. 글자를 잘못 쓰기 쉬움을 가리키는 말			

鷺 해오라기 로 2급	뜻을 나타내는 새조(鳥→새)部와 음을 나타내는 路(로: 露(로)와 통하여 '희다'의 뜻. 온몸이 흰 '해오라기'의 뜻) 로 이루어짐.	蒼鷺(창로) 해오라기 白鷺(백로) 흰 해오라기 黑鷺(흑로) 검은 해오라기
鹿 사슴 록 3급　常	사슴의 모양을 본뜬 글자[象形] 甲文字에서 사슴의 머리와 뿔 또 네발의 모양을 본떴다. 이런 자형에서 '사슴'의 뜻이 나왔다.	鹿茸(녹용) 사슴의 연한 뿔 逐鹿(축록) 사슴을 쫓는다는 뜻으로, 정권(政權) 또는 지 　위(地位)를 얻기 위(爲)해 다툼을 이르는 말
祿 녹 록 준3급　常	보여 주다[示]의 뜻과 깎을 록(彔)의 음 및 뜻을 결합한 글자 [形聲] 甲文字에서 불지게를 나타냈으나 小篆字에서 示가 첨가 되어 물을 구하기 위해 제사지내는 것을 나타냈다. 이런 자형에서 '복'의 뜻이 나왔다.	祿俸(녹봉) 옛날, 나라에서 벼슬아치들에게 주던 곡식 　(穀食)·돈 따위를 일컫는 말
綠 초록빛 록 6급　常	실[糸]의 뜻과 나무 깎을 록(彔)의 음 및 뜻을 결합한 글자 [形聲] 甲文字에서 조개풀을 깎아 실을 가공하는 것을 나타냈 다. 이런 자형에서 '푸르다'의 뜻이 나왔다.	葉綠素(엽록소) 녹색식물의 세포(細胞) 속에 포함되어 　있는 엽록체 안의 녹색(綠色)의 색소 常綠(상록) 식물(植物)이 가을과 겨울에도 잎이 지지 않 　고 늘 푸른빛을 띰, 언제나 푸름
錄 기록할 록 준4급	쇠[金]의 뜻과 푸를 록(彔)의 음 및 뜻을 결합한 글자[形聲] 小篆字에서 청색과 황색의 중간인 금색을 나타냈다. 이 런 자형에서 '금빛'의 뜻이 나왔으나 후에 전성되어 '기 록하다'의 뜻으로 쓰인다.	記錄(기록) 사실을 적은 문서 收錄(수록) 모아서 적음 登錄金(등록금) 학교에 등록(登錄)할 적에 내는 납입금 錄事(녹사) 사건을 기록하는 관직. 書記(서기)
碌 푸른 돌 록 1급	뜻을 나타내는 돌석(石→돌)部와 음을 나타내는 부수를 제외한 글자 彔(록)이 합하여 이루어짐.	碌碌(녹록) 하잘것없음, 보잘것없음 녹록(錄錄)
麓 산기슭 록 1급	뜻을 나타내는 동시에 음을 나타내는 鹿(絡)과 통하여 '길게 이어지다'의 뜻. 산자락에 길게 이어지는 임야. '산 기슭'의 뜻)部와 林(림)이 합하여 이루어짐.	短麓(단록) 길지 않은 산기슭
論 논할 론 준4급　常	侖(륜→冊(책)과 집(人+一)의 합자(合字), 집(人+一)은 모으는 일, 侖(륜론)은 책을 읽고 정리하는 일)과 여러 사람과 의견을 교환하며 정리하여 말한다(言)는 뜻이 합 하여 '논의하다'를 뜻함.	輿論(여론) 국민(國民)들이 나타내는 공통(共通)된 의견 　(意見) 言論(언론) 말로나 글로써 자기(自己)의 의사(意思)를 발 　표(發表)하는 일
弄 희롱할 롱 준3급　常	구슬[玉]과 두 손[廾]의 뜻을 결합한 글자[會意] 小篆字에서 두 손으로 구슬을 가지고 만지며 노는 모습 을 나타냈다. 이런 자형에서 '희롱하다'의 뜻이 나왔다.	嘲弄(조롱) 우습거나 형편없이 여겨 비웃고 놀리는 것 愚弄(우롱) 사람을 바보로 만들어 놀림 戲弄(희롱) 말이나 행동으로 실없이 놀리는 짓 才弄(재롱) 재미있는 말과 귀여운 행동
籠 대그릇 롱 2급	竹(죽)과 음과 함께 '살창'의 뜻을 나타내기 위한 龍(룡: '처넣다, 잔뜩 담다'의 뜻. 흙을 잔뜩 넣는 '대바구니, 삼태 기'의 뜻)으로 이루어짐. 대나무를 살창 모양으로 짠 그릇.	欌籠(장롱) 옷 따위를 넣어 두는 장과 농의 총칭(總稱)

龒 언덕 롱 1급	뜻을 나타내는 흙토(土→흙)部와 음을 나타내는 龍(룡: 꿈틀거리는 용의 상형)이 합하여 이루어짐. 용의 등처럼 너울거리는 언덕, 밭두둑의 뜻.	先龒(선롱) 선산(先山) 龒斷(농단): 밭두둑 롱, 끊을 단. 깎아 세운 듯이 높이 솟은 언덕. 홀로 우뚝한 곳을 차지한다. 가장 유리한 위치에서 이익과 권력을 독차지한다는 말		
聾 귀머거리 롱 1급	뜻을 나타내는 귀이(耳→귀)部와 음을 나타내는 龍(룡: '처넣다, 잔뜩 담다'의 뜻)이 합하여 이루어짐. '귀가 꽉 차서 똑똑히 들리지 않다'의 뜻을 나타냄.	耳聾症(이롱증) 소리를 듣지 못하는 병증(病症) 聾啞(농아) 귀머거리와 벙어리		
瓏 옥소리 롱 1급	뜻을 나타내는 구슬옥변(玉(=玉, 玊)→구슬)部와 음을 나타내는 龍(룡: 용의 뜻)이 합하여 이루어짐. 용무늬가 있는 옥의 뜻.	玲瓏(영롱) 광채(光彩)가 찬란(燦爛)함 瓏瓏(농롱) ① 옥(玉) 등(等)이 서로 부딪치는 소리 ② 광채(光彩)가 찬란(燦爛)함		
雷 우레 뢰 준3급　常	번개와 천둥을 가리킨 글자[指事] 金文字에서 번개와 천둥소리가 공중에서 퍼지는 것을 나타냈으나, 小篆字에서 雨를 첨가하여 뜻을 더했다. 이런 자형에서 '우뢰'의 뜻이 나왔다.	地雷(지뢰) 땅속에 묻어, 그 위를 사람이나 전차 등이 지나면 폭발(爆發)하도록 장치(裝置)한 폭약(爆藥). 魚雷(어뢰) 군함·잠수함에 발사(發射)되는, 물고기 모양의 수중 폭발물		
賴 의뢰할 뢰 준3급　常	빠를 랄(剌)의 음 및 뜻과 조개[貝]의 뜻을 결합한 글자[形聲] 金文字에서 묶어 두었던 귀중한 재화를 칼로 잘라 팔아서 이익을 얻는 것을 나타냈다. 이런 자형에서 '의지하다'의 뜻이 나왔다.	信賴(신뢰) 남을 믿고 의지(依支)함 依賴(의뢰) 남에게 의지(依支)하거나 부탁(付託)함		
磊 돌무더기 뢰 1급	石(석)을 셋 포개어, 많은 돌이 '쌓이다'의 뜻을 나타냄.	磊落(뇌락) 마음이 활달(豁達)하여 작은 일에 거리낌없음. 磊磊落落(뇌뇌락락) 磊嵬(뇌외) ① 돌이 많이 쌓인 모양 ② 轉(전)하여 가슴 속에 불평이 쌓인 모양		
牢 우리 뢰 1급	갓머리(宀→집, 집안)部와 소우(牛(=牜)→소)部의 합자(合字). 소를 넣어두는 건물(建物)의 뜻. 전(轉)하여, 죄인(罪人)을 가두어 두는 곳의 뜻. 우리에 들어간 소.	狴牢(폐뢰) 조선시대에, 죄인(罪人)을 맡아서 지키던 사람 牢不可破(뇌불가파) 견고하여 깨뜨릴 수 없음		
儡 영락할 뢰 1급	뜻을 나타내는 사람인변(亻(=人)→사람)部와 음을 나타내는 부수를 제외한 글자 畾(뢰: '흙을 쌓다'의 뜻. 빙그르르 움직이는 모양을 나타내는 의태어)가 합하여 이루어짐. 흙을 쌓아서 머리를 둥글게 만들어 빙그르르 움직이는 인형의 뜻.	傀儡(괴뢰) 꼭두각시, 남의 앞잡이가 되어 이용(利用)당(當)하는 사람		
賂 뇌물 뢰 1급	뜻을 나타내는 조개패(貝→돈, 재물)部와 음을 나타내는 各(각: '이르다'의 뜻)이 합하여 이루어짐. '재보를 가져오다, 보내다'의 뜻.	賂物(뇌물) 자기(自己)의 뜻하는 바를 이루기 위하여 남에게 몰래 주는 정당(正當)하지 못한 재물(財物) 賂謝(뇌사) 뇌물(賂物)		
了 마칠 료(요) 3급　常	아이가 태어난 것을 가리킨 글자[指事] 金文字에서 子와 통용자로 아이의 머리 부분을 생략했으나 小篆字에서 양팔을 몸에 붙이고 태어난 아이를 나타내게 되었다. 이런 자형에서 전성되어 해산을 '마치다'의 뜻이 나왔다.	魅了(매료) 남의 마음을 홀리어 사로잡음 修了狀(수료장) 수료증		

한자	자원 풀이	용례
料 헤아릴 료 5급 常	'쌀을 말로 되다'의 뜻에서 일반적으로 '헤아리다'의 뜻을 나타내었다[會意] 나중에 쌀에 한하지 않고 물건의 양을 재는 것이나 물건의 부피를 나타냄.	材料(재료) 물건을 만드는 데 드는 원료 資料(자료) 무엇을 하기 위한 재료(材料)
僚 동료 료 3급	뜻을 나타내는 사람인변(亻(=人)→사람)部와 음을 나타내는 尞(료)가 합하여 이루어짐. 尞(료)는 횃불의 뜻. 빛나도록 잘생긴 사람의 뜻. 尞(료)는 寮(료)와 통하여, 관청의 동료를 나타냄.	閣僚(각료) 내각(內閣)을 조직(組織)하는 여러 부처의 장관(長官)들 官僚(관료) 관리 同僚(동료) 같은 곳에서 같은 일을 보는 사람
療 병 고칠 료 2급	뜻을 나타내는 병질엄(疒→병, 병상에 드러누운 모양)部와 음을 나타내는 부수를 제외한 글자 尞(료: 料(료)와 통하여 '끝나다, 다스리다'의 뜻)가 합하여 이루어짐. '병을 다스려 고치다'의 뜻을 나타냄.	診療(진료) 진찰(診察)과 치료(治療) 治療(치료) 병이나 상처(傷處)를 다스려서 낫게 함 醫療(의료) 병을 치료(治療)함
寮 벼슬아치 료 1급	뜻을 나타내는 갓머리(宀→집, 집 안)部와 음을 나타내는 부수를 제외한 글자 尞(료)가 합하여 이루어짐.	內寮(내료) 궁중(宮中)에서 전명(傳命) 등 잡무에 종사(從事)하던 벼슬아치의 통틀어 일컬음. 환관(宦官)은 이의 대표적(代表的)임 寮舍(요사) 기숙사
寥 쓸쓸할 요(료) 1급	뜻을 나타내는 갓머리(宀→집, 집 안)部와 음을 나타내는 료(부수를 밴 나머지 글자)가 합하여 이루어짐.	寂寥(적요) 적적하고 쓸쓸함. 적막(寂寞)함 寥寥(요료) ① 적막한 모양 ② 텅 비고 넓은 모양 寥闊(요활) 텅 비고 넓음
瞭 밝을 료 1급	뜻을 나타내는 눈목(目(=罒)→눈, 보다)部와 음을 나타내는 부수를 제외한 글자 尞(료: '횃불이 밝다'의 뜻)가 합하여 이루어짐. '눈이 맑다, 밝다'의 뜻.	簡單明瞭(간단명료) 간단(簡單)하고 분명(分明)함 瞭然(요연) 환하고 똑똑함. 효연(曉然) 明瞭(명료) 분명(分明)하고 똑똑함
聊 애오라지 료 1급	뜻을 나타내는 귀이(耳→귀)部와 음을 나타내는 부수를 제외한 글자 卯(유: 留(유)와 통하여, '머무르다'의 뜻. '귀에 머물러 붙다'의 뜻에서, 귀울림, 귀에 멈추어 놓고 즐기다. '두려워하다'의 뜻 등을 나타냄. 또 假借(가차)하여 '애오라지'의 뜻도 있음)의 전음(轉音)이 합하여 이루어짐.	聊賴(요뢰) 남에게 의지(依支)하거나 의뢰(依賴)하여 살아감 聊啾(요추) 耳鳴(이명)
遼 멀 료 2급	요나라. 뜻을 나타내는 책받침(辶(=辵)→쉬엄쉬엄 가다)部와 음을 나타내는 부수를 제외한 글자 尞(료: 횃불을 본뜬 것. 옛날에 횃불을 켜서 아득히 먼 하늘에 제사 지냈음)가 합하여 이루어짐. '아득하다'의 뜻.	廣遼(광료) 넓고 아주 멂 遼隔(요격) 멀리 떨어져 있음
龍 용 룡(용) 4급 常	날아가는 용의 모양을 본뜬 글자[象形] 甲文字에서 물에 잠겨 있던 용이 때가 되어 머리를 꿈틀거리며 막 날아가는 모양을 본떴다. 이런 자형에서 '용'의 뜻이 나왔다.	恐龍(공룡) 무서운 용. 중생대(中生代)의 쥐라기로부터 백악기(白堊紀)에 걸쳐 번성(繁盛)한 동물
累 묶을 루 준3급 常	포갤 累는 밭갈피 畾(뢰)의 음 및 뜻과 실[糸]의 뜻을 결합한 글자[形聲] 小篆字에서 累는 밭이랑과 같이 실이 여러 겹으로 싸여 있는 것을 나타냈다. 이런 자형에서 '포개다'의 뜻이 나왔다.	連累(연루) 남이 저지른 죄(罪)에 관련(關聯)되는 것 累進(누진) 포개어 나감

淚 눈물 루 3급 | 常	눈물 淚는 물[氵]의 뜻과 허물 려(戾)의 음 및 뜻을 결합한 글자[形聲] 小篆字에서 淚는 잘못을 뉘우치고 흘리는 눈물을 나타냈다. 이런 자형에서 '눈물'의 뜻이 나왔다.	淚液(누액) 눈물 催淚彈(최루탄) 최루 가스를 넣는 탄환(彈丸)		
屢 자주 루 3급 | 常	집[尸]의 뜻과 어리석을 루(婁)의 음 및 뜻을 결합한 글자[形聲] 小篆字에서 집에 있는 어리석은 사람이 잘못을 되풀이하는 것을 나타냈다. 이런 자형에서 '자주'의 뜻이 나왔다.	屢次(누차) 여러 번		
漏 샐 루 준3급 | 常	샐 漏는 물[氵]의 뜻과 집 샐 루의 음 및 뜻을 결합한 글자[形聲] 小篆字에서 漏는 지붕이 뚫려 물이 흐르는 것을 나타냈다. 이런 자형에서 '새다'의 뜻이 나왔다.	脫漏(탈루) 밖으로 빠져서 새는 것 自擊漏(자격루) 조선 세종 때 제작(製作)된 시계(時計)의 한 가지		
樓 다락 루 준3급 | 常	다락 樓는 나무[木]의 뜻과 거듭 루(婁)의 음 및 뜻을 결합한 글자[形聲] 小篆字에서 樓는 나무로 층지어 거듭 세운 집을 나타냈다. 이런 자형에서 '다락'의 뜻이 나왔다.	望樓(망루) 주위(周圍)의 동정(動靜)을 살피려고 세운 높은 대 蜃氣樓(신기루) 바다 위나 사막(沙漠)에서, 빛이 굴절(屈折)하기 때문에 엉뚱한 곳에 물상(物像)이 있는 것처럼 보이는 현상		
陋 좁을 루 1급	뜻을 나타내는 좌부변(阝(=阜)→언덕)部와 음을 나타내는 부수를 제외한 글자 匧(좁다 루)가 합하여 이루어짐. 산속의 좁은 곳.	固陋(고루) 완고(頑固)하고 식견(識見)이 없음 卑陋(비루) 비루(鄙陋). (행동이나 성질(性質)이) 다랍고 추저분함		
壘 진 루 1급	뜻을 나타내는 흙토(土→흙)部와 음을 나타내는 부수를 제외한 글자 畾(뢰: '포개다'의 뜻. 흙을 포개서 쌓은 陣(진))의 전음(轉音)이 합하여 이루어짐.	堡壘(보루) 적의 접근(接近)을 막기 위한 견고(堅固)한 구축물. 보채(堡砦). '어떤 일을 하기 위한 튼튼한 발판 盜壘(도루) 야구에서, 주자(走者)가 수비자(守備者)의 틈을 타서 다음 누(壘)로 가는 일		
柳 버들 류(유) 4급 | 常	버들 柳는 나무[木]의 뜻과 토끼 묘(卯)의 음을 결합한 글자[形聲] 金文字에서 柳는 봄이 오면 제일 먼파란 싹이 나오는 나무를 나타냈다. 이런 자형에서 '버드나무'의 뜻이 나왔다.	美柳(미류) 미루나무		
留 머무를 류(유) 준4급 | 常	뜻을 나타내는 밭전(田)과 음을 나타내는 (류)로 이루어진 글자[形聲] 논밭이 있으면 그곳에 머물러 경작에 종사하게 되므로 전(轉)하여 널리 '머무르다'의 뜻을 나타냄.	滯留(체류) 여행지(旅行地) 등에서 오래 머물러 있음 抑留(억류) 불법적(不法的)으로 남의 자유(自由)를 억지로 구속(拘束)함 保留(보류) 어떤 일을 처리(處理)하지 않고 미루어 둠		
流 흐를 류 5급 | 常	흐를 流는 물[氵]과 '갑자기 흐르다'의 뜻을 결합한 글자[會意] 文字에서 流는 물이 갑자기 흘러오는 것을 나타냈다. 이런 자형에서 '흐르다'의 뜻이 나왔다.	交流(교류) 서로 주고받음 漂流(표류) 물에 떠서 흘러감, 정처 없이 돌아다님 氣流(기류) 대기(大氣)의 유동(流動)		
硫 유황 류 2급	뜻을 나타내는 돌석(石→돌)部와 음을 나타내는 부수를 제외한 글자 㐬(류: '흐르다'의 뜻)가 합하여 이루어짐. 돌 사이에서 흘러나오는 '유황'.	硫黃(유황) 비금속(非金屬) 원소의 하나. 원소 기호(記號) S, 원자번호 16 脫硫劑(탈류제) (물질(物質) 속의) 유황분을 빼어내는 물질(物質). 고무를 재생하는 데 쓰임		

한자	자원(字源)	용례(用例)	
類 무리 류 5급 常	비슷한 類는 닮을 뢰의 음 및 뜻과 머리[頁]의 뜻을 결합한 글자[形聲] 小篆字에서 類는 개의 머리가 서로 닮아 구별하기 어려운 것을 나타냈다. 이런 자형에서 '비슷하다'의 뜻이 나왔다.	種類(종류) 물건을 부문(部門)에 따라 나눈 갈래 人類(인류) 사람을 다른 동물(動物)과 구별(區別)하여 이르는 말 書類(서류) 글자로 기록(記錄)한 문서(文書)	
謬 그릇될 류 2급	뜻을 나타내는 말씀언(言→말하다)部와 음을 나타내는 부수를 제외한 글자 료(→류로 바뀜)가 합하여 이루어짐.	誤謬(오류) 그릇되어 이치(理致)에 어긋남 謬習(유습) 못된 버릇, 그릇된 습관	
溜 처마물 류 1급	뜻을 나타내는 삼수변(氵=水, 水→물)部와 음을 나타내는 留: 流(류)와 통하여 '흐르다'의 뜻. '물이 떨어져 흐르다'의 뜻을 나타냄)가 합하여 이루어짐.	蒸溜(증류) 액체(液體)를 열하여 생긴 증기(蒸氣)를 냉각(冷却)시켜 다시 액체(液體)로 만들어 정제(精製) 또는 분리(分離)를 하는 일 溜滴(유적) 떨어지는 물방울, 낙숫물 같은 것	
琉 유리 류 1급	뜻을 나타내는 구슬옥변(玉=玉, 王→구슬)部와 음을 나타내는 부수를 제외한 글자 流(류)로 이루어짐. 옥 이름.	琉璃(유리) 보통(普通) 석영(石英)·탄산(炭酸) 소다·석회암(石灰巖)을 원료(原料)로 하여 고(高)온도(溫度)에서 용해(融解)시켜 식힌 물질(物質)	
六 여섯 륙 8급 常	여섯 六은 예리한 도구가 물체 사이에 끼어드는 것을 가리킨 글자[指事] 金文字에서 六은 칼끝과 같은 예리한 두 개의 도구가 물체 사이에 끼어드는 것을 나타냈다.	望六(망륙) 예순을 바라본다는 뜻으로, '나이 쉰 한 살'을 일컫는 말	
陸 뭍 륙 5급 常	뭍 陸은 언덕[阝]의 뜻과 흙덩이 륙(坴)의 음 및 뜻을 결합한 글자[形聲] 金文字에서 陸은 언덕과 울룩불룩 튀어나온 흙덩이가 잇닿은 것을 나타냈다. 이런 자형에서 '뭍'의 뜻이 나왔다.	大陸棚(대륙붕) 대륙(大陸)의 가장자리에 이어지는, 완만(緩慢)한 경사(傾斜)를 이룬 바다 밑의 부분 水陸萬里(수륙만리) 바다와 육지(陸地)를 사이에 두고 멀리 떨어져 있음을 이르는 말	
戮 죽일 륙 1급	뜻을 나타내는 창과(戈→창, 무기)部와 음을 나타내는 부수를 제외한 글자 㲋(료, 륙: 卯(묘)와 통하여, '돌로 잡아 째다'의 뜻. '창으로 죽이다'의 뜻을 나타냄)가 합하여 이루어짐.	屠戮(도륙) 무참하게 마구 죽임. 죄다 무찔러 죽임	
倫 인륜 륜 준3급 常	인륜 倫은 사람[亻]의 뜻과 굽을 권(卷)의 음 및 뜻을 결합한 글자[形聲] 小篆字에서 倦은 사람이 피로하여 무릎을 굽히고 일하지 않는 것을 나타냈다. 이런 자형에서 '피로하다'의 뜻이 나왔다.	倫理(윤리) 사람이 지켜야 할 도리(道理)와 규범(規範) 人倫(인륜) 사람이 지켜야 할 떳떳한 도리 悖倫兒(패륜아) 인륜(人倫)에 어그러진 행위(行爲)를 하는 사람	
輪 바퀴 륜 4급 常	바퀴 輪은 수레[車]의 뜻과 뭉치 륜(侖)의 음 및 뜻을 결합한 글자[形聲] 小篆字에서 輪은 수레에 둥그렇게 여러 쇠살을 붙여 잘 돌아가게 한 것을 나타냈다. 이런 자형에서 '바퀴'의 뜻이 나왔다.	年輪(연륜) 나무의 줄기나 가지 등의 가로 자른 면에 나타나는 그 나무의 나이를 알 수 있는 바퀴 모양의 테. 여러 해 쌓은 경력(經歷)	
崙 산 이름 륜 2급	뜻을 나타내는 메산(山→산봉우리)部와 음을 나타내는 侖(륜)이 합하여 이루어짐.	崑崙山(곤륜산) 곤산(崑山). 중국 전설(傳說) 속에 나오는 산	

綸 다스릴 륜 1급	뜻을 나타내는 실사(糸→실타래)部와 음을 나타내는 동시에 둥근 테의 뜻(=輪(륜))을 가진 侖(륜: '가닥을 잡다, 조리를 세우다'의 뜻. 가닥이 잡힌 실의 뜻을 나타냄).	經綸(경륜) 정치적(政治的)이거나 조직적(組織的)인 일에 수완(手腕)이 좋음 綸言(윤언) 조칙, 詔書(조서)
淪 빠질 륜 1급	뜻을 나타내는 삼수변(氵(=水, 氺)→물)部와 음을 나타내는 侖(륜: 輪(륜)과 통하며 '바퀴'의 뜻. 바퀴처럼 퍼지는 잔물결 또 累(루)와 통하여 피로가 겹쳐서 '물에 가라앉다'의 뜻)이 합하여 이루어짐.	隱淪(은륜) 세상(世上)을 피(避)하여 숨는 것 淪落(윤락) 나락에 떨어짐
律 법 률(율) 준4급 常	법률 律은 자축거리다[彳]의 뜻과 붓 률의 음 및 뜻을 결합한 글자[形聲] 金文字에서 律은 사람이 나아갈 바를 기록하여 하나의 본보기를 나타냈다. 이런 자형에서 '법률'의 뜻이 나왔다.	法律(법률) 국민(國民)이 지켜야 할 나라의 법 一律的(일률적) 한결같음 黃金律(황금률) 예수가 산상 수훈(山上垂訓) 중에 보인 기독교의 기본적 윤리관. 남에게 대접을 받고자 하는 대로 남을 대접하라는 가르침
栗 밤나무 률 준3급 常	밤나무 栗은 열매와 나무의 뜻을 결합한 글자[會意] 甲文字에서 栗은 가시 돋고 붉어진 송이가 매달린 것을 나타냈다. 이런 자형에서 '밤나무'의 뜻이 나왔다. 후에 전성되어 '무섭다'의 뜻으로 쓰인다.	生栗(생률) 날밤 栗田(율전) 밤나무 밭
率 헤아릴 률 준3급 常	비율 率은 새를 잡는 그물의 모양을 본뜬 글자[象形] 甲文字에서 率은 일정하게 그물코와 테두리를 짠 새를 잡는 그물 모양을 본떴다. 이런 자형에서 '비율'의 뜻이 나왔다. 거느릴 솔.	確率(확률) 어떤 일이 일어날 확실성(確實性)의 정도(程度)를 나타내는 수치(數値), 확실성(確實性)의 정도(程度) 競爭率(경쟁률) 경쟁(競爭)의 비율(比率)
慄 두려워할 률 1급	뜻을 나타내는 심방변(忄(=心, 㣺)→마음, 심장)部와 음을 나타내는 栗(률: 송이에 든 밤의 뜻. '가시를 보고 속으로 두려워하다, 무서워하다, 떨다'의 뜻)이 합하여 이루어짐.	戰慄(전율) 몹시 두렵거나 큰 감동(感動)을 느끼거나 하여 몸이 벌벌 떨리는 것 慄慄(율률) ① 두려워 떠는 모양 ② 찬기가 몸에 스며드는 모양
隆 클 륭(융) 준3급 常	높을 隆은 내리다와 나다[生]의 뜻을 결합한 글자[會意] 金文字에서 隆은 낮은 지대에서 언덕과 같이 높이 솟는 것을 나타냈다. 이런 자형에서 '높다'의 뜻이 나왔다.	顯隆園(현륭원) 조선(朝鮮) 정조(正祖) 임금의 아버지인 사도(思悼) 세자(世子)의 묘. 경기도(京畿道) 화성군에 있음 乾隆(건륭) 중국(中國)의 청(淸)나라 고종(高宗)의 연호(年號)
肋 갈비 륵 1급	대법원 인명용으로는 륵. 뜻을 나타내는 육달월(月(=肉)→살, 몸)部와 음을 나타내는 力(력: 理(리)와 통하여 '줄'의 뜻. 가슴에 줄지어 보이는 '갈빗대'의 뜻을 나타냄)이 합하여 이루어짐.	鷄肋(계륵) 닭의 갈빗대라는 뜻으로, 먹기에는 너무 맛이 없고 버리기에는 아까워 이러지도 저러지도 못하는 형편(形便) 肋骨(늑골) 갈빗대
勒 굴레 륵 1급	뜻을 나타내는 힘력(力→팔의 모양→힘써 일을 하다)部와 음을 나타내는 力(력: 힘. 힘을 들여 말을 움직임을 억누를 수 있는 가죽, '굴레'의 뜻을 나타냄)이 합하여 이루어짐.	彌勒菩薩(미륵보살) 내세에 성불하여 사바세계(世界)에 나타나서 중생을 제도하리라는 보살 勒銘(늑명) 銘(명). 명을 금속에 새김 勒奪(늑탈) 강탈(强奪)
凜 찰 름(늠) 1급	뜻을 나타내는 이수변(冫→고드름, 얼음)部와 음을 나타내는 부수를 제외한 글자 稟(름: 몸이 오그라드는 모양. 몸이 오그라드는 듯하는 추위, 차가움의 뜻)이 합하여 이루어짐.	凜凜(늠름) 의젓하고 당당(堂堂)함

陵 언덕 릉 준3급 | 常	큰 언덕 陵은 언덕[阝]의 뜻과 넘을 릉(夌)의 음 및 뜻을 결합한 글자[形聲] 金文字에서 陵은 걸어서 넘기 힘든 언덕을 나타냈다. 이런 자형에서 '큰 언덕'의 뜻이 나왔다.	鬱陵島(울릉도) 경상북도(慶尙北道) 동쪽 동해(東海) 상(上)에 있는 섬 武陵桃源(무릉도원) 별천지(別天地)를 이르는 말 凌駕(능가) 무엇에 비교(比較)하여 그보다 훨씬 뛰어남	
凌 능가할 릉 1급	뜻을 나타내는 이수변(冫→고드름, 얼음)部와 음을 나타내는 부수를 제외한 글자 夌(릉)이 합하여 이루어짐. 冫(빙)은 얼음의 상형. 夌(릉)은 '언덕에 오르다'의 뜻. '얼음이 언덕처럼 불쑥 올라가서 얼다'의 뜻.	凌駕(능가) 남을 제치고 윗자리로 올라감 凌蔑(능멸) 업신여김 凌辱(능욕) 남을 업신여기어 욕보임 凌霄花(능소화) ① 능소화나무 ② 능소화나무의 꽃	
稜 모 릉 1급	뜻을 나타내는 화(禾는 본디 木(목)이라고 썼음)部와 음을 나타내는 부수를 제외한 글자 夌(릉: 언덕의 뜻. 언덕처럼 두 면이 만나서 생기는 선, 모서리의 뜻)이 합하여 이루어짐.	稜線(능선) 산의 꼭대기 이어진 선 山稜(산릉) 골짜기와 골짜기 사이에 있는 산봉우리의 줄기 稜角(능각) 뾰족한 모	
綾 비단 릉 1급	뜻을 나타내는 실사(糸→실타래)部와 음을 나타내는 부수를 제외한 글자 夌(릉: 陵(릉)과 통하여 도도록하게 솟은 얼음의 뜻. 도드라진 무늬를 짜 넣은 비단의 뜻)이 합하여 이루어짐.	貢綾(공릉) 바닥이 공단 비슷하고 얇고 보드라운 비단(緋綾) 帽綾(모릉) 사모(紗帽)의 겉을 싸는 데 쓰는 얇은 능(綾)의 한 가지	
菱 마름 릉 1급	초두머리(艹(=艸)→풀)와 '모서리'의 뜻을 나타내기 위한 부수를 제외한 글자 夌(릉: 모난 언덕의 뜻. 그 열매가 모난 水草(수초) 곧 '마름'을 뜻함)으로 이루어짐. 모난 열매를 맺는 풀(수초)의 뜻.	菱歌(능가) 마름의 뜯는 사람의 노래 菱荷(능하) 마름과 연 菱花(능화) 마름 꽃	
里 마을 리 7급 | 常	마을 里는 밭[田]과 흙[土]의 뜻을 결합한 글자[會意] 金文字에서 里는 논밭 사이의 흙두렁을 두고 사는 곳을 나타냈다. 이런 자형에서 '마을'의 뜻이 나왔다.	三千里(삼천 리) 삼천이 되는 리수(里數) 面里(면리) 지방(地方) 행정(行政) 단위(單位)인 면과 리 五里霧中(오리무중) 짙은 안개가 5리나 끼어 있는 속에 있다는 것	
理 다스릴 리 6급 | 常	다스릴 理는 구슬[玉]의 뜻과 마을 리(里)의 음 및 뜻을 결합한 글자[形聲] 石文字에서 理는 밭이랑과 같이 무늬가 잘 드러난 구슬을 나타냈다. 이런 자형에서 '다스리다'의 뜻이 나왔다.	燮理(섭리) 음양(陰陽)을 고르게 다스림 論理(논리) ① 말이나 글에서의 짜임새나 갈피 ② 사물(事物)의 이치(理致)나 법칙성(法則性)	
利 날카로울 리 6급 | 常	이로울 利는 벼[禾]와 칼[刂]의 뜻을 결합한 글자[會意] 甲文字에서 利는 낫으로 벼를 베어 수확하는 것을 나타냈다. 이런 자형에서 '이롭다'의 뜻이 나왔다.	權利(권리) 권세(權勢)와 이익(利益) 勝利(승리) 겨루어 이김 有利(유리) 이익(利益)이 있음 便利(편리) 편하고 이로우며 이용(利用)하기 쉬움	
離 떼놓을 리 4급 | 常	떠날 離는 헤어질 리의 음 및 뜻과 새[隹]의 뜻을 결합한 글자[形聲] 小篆字에서 離는 봄, 여름에 산에 살다가 철이 바뀌면 다른 곳으로 이동하는 것을 나타냈다. 이런 자형에서 '떠나다'의 뜻이 나왔다.	距離(거리) 점과 점 사이를 잇는 직선(直線)의 길이 分離(분리) 서로 나뉘어서 떨어지거나 떨어지게 함 乖離(괴리) 서로 등지어 떨어짐	
裏 속 리 준3급 | 常	속 裏는 옷[衣]의 뜻과 속 리(里)의 음 및 뜻을 결합한 글자[形聲] 金文字에서 裏는 몸을 감싸는 옷의 안쪽을 나타냈다. 이런 자형에서 '속'의 뜻이 나왔다.	腦裏(뇌리) 머릿속 表裏不同(표리부동) 겉과 속이 같지 않음이란 뜻으로, 마음이 음충맞아서 겉과 속이 다름 暗暗裏(암암리) 남이 모르는 사이	

한자	자원 풀이	용례			
梨 배나무 리 3급 / 常	배나무 梨는 이로울 리(利)의 음 및 뜻과 나무[木]의 뜻을 결합한 글자[形聲] 甲文字에서 梨는 갈증을 풀어주고 약재로 쓰는 이로운 과일 나무를 나타냈다. 이런 자형에서 '배나무'의 뜻이 나왔다.	梨花(이화) 배나무 꽃			
履 신 리 준3급 / 常	신 履는 몸과 잔걸음과 신발[舟] 및 '걷다'의 뜻을 결합한 글자[會意] 金文字에서 履는 사람의 머리와 발을 나타냈으나, 小篆字에서는 사람이 신발을 신고 잔걸음으로 천천히 걸어가는 것을 나타냈다. 이런 자형에서 '신', '밟다'의 뜻이 나왔다.	瓜田不納履(과전불납리) 오이 밭에서는 신을 고쳐 신지 않는다는 뜻으로, 의심(疑心)받을 짓은 처음부터 하지 말라는 말			
李 오얏 리 6급 / 常	오얏 李는 나무[木]와 씨앗[子]의 뜻을 결합한 글자[會意] 金文字에서 李는 진귀한 열매를 많이 맺는 나무를 나타냈다. 이런 자형에서 '오얏나무'의 뜻이 나왔다.	桃三李四(도삼이사): 복숭아꽃은 심은 지 삼 년 만에 열매를 맺고, 오얏(자두)은 사 년 만에 맺음. 무슨 일이든 이루어지는 데에는 그에 상응하는 시간이 필요함을 비유			
吏 벼슬아치 리 준3급 / 常	아전 吏는 하나[一]와 사관[史]의 뜻을 결합한 글자[會意] 小篆字에서 史는 일을 한결같이 바르게 집행하는 사람을 나타냈다. 이런 자형에서 '아전', '관리'의 뜻이 나왔다.	官吏(관리) 국가(國家) 공무원(公務員) 胥吏(서리) 중앙(中央)과 지방(地方) 관아(官衙)에 속하여 말단의 행정 실무에 종사하는 하급 관리			
俚 속될 리 1급	뜻을 나타내는 사람인변(亻(=人)→사람)部와 음을 나타내는 里(시골 리)가 합하여 이루어짐. 촌리의 사람의 뜻에서, '상스럽다, 촌스럽다'의 뜻을 나타냄. 또 賴(뢰)와 통하여 '의지하다'의 뜻도 나타냄.	質而不俚(질이불리) 소박(素朴)하나 촌스럽지 않음 俚言(이언) 세속의 말 俚謠(이요) 유행가, 속요 俚醫(이의) 돌팔이 의원			
厘 단위 리 상용	뜻을 나타내는 민엄호밑(厂→굴 바위, 언덕)部와 음을 나타내는 里(리)가 합하여 이루어짐.	割分厘(할푼리) 0.1을 할(割)로, 0.01을 푼(또는 분, 分)으로, 0.001을 리(厘)로 나타냄			
悧 영리할 리 1급	뜻을 나타내는 심방변(忄(=心, 㣺)→마음, 심장)部와 음을 나타내는 利(리)가 합하여 이루어짐.	怜悧(영리) 눈치가 빠르고 지능(知能)이 뛰어남			
痢 설사 리 1급	뜻을 나타내는 병질엄(疒→병, 병상에 드러누운 모양)部와 음을 나타내는 利(리)가 합하여 이루어짐.	白痢(백리) 이질(痢疾)의 한 가지			
籬 울타리 리 1급	뜻을 나타내는 대죽(竹→대나무)部와 음을 나타내는 동시에 '죽 잇닿는다'는 뜻을 가진 離(리)로 이루어짐. 대나무 섶을 엮어서 친 울타리.	笊籬(조리) 흔히 쌀을 이는 데 쓰이는 제구. 가는 대오리·싸리·철사 따위로 결어서 조그마한 삼태기 모양으로 만듦 籬壁間物(리벽간물) 울타리와 벽 사이에 있는 물건. 신변 가까이 있는 물건			
罹 근심 리 1급	뜻을 나타내는 그물망(罒(=㓁, 网)→그물)部+隹(추)+忄(心). '망'은 그물을 본뜬 것. 隹(추)는 새의 상형. 그물에 걸린 새의 모양에서, 마음에 걸리다. 근심의 뜻.	罹災民(이재민) 재해(災害)를 입은 사람			

隣 이웃 린 3급 常	이웃 隣은 마을[阝]의 뜻과 도깨비불 린의 음 및 뜻을 결합한 글자[形聲] 金文字에서 隣은 언덕 아래에서 불씨를 들고 왕래하는 것을 나타냈다. 이런 자형에서 '이웃'의 뜻이 나왔다.	事大交隣(사대교린) 큰 나라체 섬기고 이웃 나라와는 사귐 近隣(근린) 가까운 곳 善隣(선린) 이웃 또는 이웃나라와 사이좋게 지냄	
吝 아낄 린 1급	뜻을 나타내는 입구(口→입, 먹다, 말하다)部와 음을 나타내는 文(문: '꾸미다'의 뜻. 잃은 것을 실제 이상으로 미화하여 '아끼다'의 뜻을 나타냄)이 합하여 이루어짐.	吝嗇(인색) 체면을 너무 돌아보지 않고 財物(재물)을 지나치게 아낌 吝愛(인애) 너무 아낌 改過不吝(개과불린) 허물을 고침에 인색(吝嗇)하지 않음을 이르는 말	
鱗 비늘 린 1급	뜻을 나타내는 고기어(魚→물고기)部와 음을 나타내는 부수를 제외한 글자 粦(린): 粦(린)은 '도깨비불'의 뜻)이 합하여 이루어짐. 도깨비불처럼 이어져서 희미하게 빛나는 '비늘'의 뜻.	片鱗(편린) 한 조각의 비늘이란 뜻으로, 사물(事物)의 아주 작은 일부분 鱗鱗(인린) ① 비늘 같은 물결의 형용 ② 비늘같이 산뜻하고 고운 모양	
躪 짓밟을 린 1급	躙(린)과 동자(同字). 뜻을 나타내는 발족(足→발)部와 음을 나타내는 藺(린)이 합하여 이루어짐.	人權蹂躪(인권유린) 인권(人權)을 침해(侵害)하는 일	
燐 도깨비불 린 1급	뜻을 나타내는 불화(火(=灬)→불꽃)部와 음을 나타내는 부수를 제외한 글자 粦(린: 도깨비 불)이 합하여 이루어짐.	燐火(인화) 도깨비 불, 鬼火(귀화), 반딧불 燐酸肥料(인산비료) 인이 인산염의 형태로 들어 있는 비료	
麟 기린 린 2급	뜻을 나타내는 사슴록(鹿→사슴)部와 음을 나타내는 부수를 제외한 글자 粦(린): 粦(린)은 隣(린)과 통하여 '서로 나란히 이웃하다'의 뜻)이 합하여 이루어짐.	騏麟(기린) 하루에 천 리를 달린다는 상상의 말 麟鳳龜龍(인봉귀룡) 기린, 봉황, 거북, 용의 네 가지 신령스런 동물	
林 수풀 림 7급 常	수풀 林은 나무[木]와 나무[木]의 뜻을 결합한 글자[會意] 甲文字에서 林은 나무와 나무가 많이 자라는 곳을 나타냈다. 이런 자형에서 '숲'의 뜻이 나왔다.	綠林(녹림) 푸른 숲이라는 뜻 密林(밀림) 나무들이 빽빽하게 들어선 깊은 숲 翰林(한림) 조선(朝鮮)시대(時代) 때 예문관(藝文館) 검열(檢閱)의 별칭(別稱)	
臨 임할 림 준3급 常	임할 臨은 구부리다[臥]와 물건[品]의 뜻을 결합한 글자[會意] 金文字에서 臨은 물건의 상태를 보기 위해 몸을 굽혀 가까이 가는 것을 나타냈다. 이런 자형에서 '임하다'의 뜻이 나왔다.	君臨(군림) 임금으로서 나라를 다스리는 것 枉臨(왕림) 남이 자기(自己) 있는 곳으로 찾아오는 일을 높여 이르는 말 降臨(강림) 신이 하늘에서 속세(俗世)로 내려옴	
淋 물 뿌릴 림 1급	뜻을 나타내는 삼수변(氵(=水, 氺)→물)部와 음을 나타내는 林(림: 효[립]과 통하여, '서다'의 뜻. '곧추선 것을 타고 물이 흘러 떨어지다, 듣다'의 뜻을 나타냄)이 합하여 이루어짐.	淋淋(임림) 비가 오는 모양 淋漓(임리) 피나 땀이 줄줄 흐르는 모양 원기가 넘치는 모양 비오는 소리 淋巴腺(임파선) 임파가 유통(流通)하는 管(관)이 모여 있는 불룩한 부분(部分)	
立 설 립 7급 常	설 立은 사람이 땅 위에 서 있는 모양을 본뜬 글자[象形] 甲文字에서 立은 사람이 팔을 벌리고 땅 위에 서 있는 모양을 본뜬다. 이런 자형에서 '서다'의 뜻이 나왔다.	孤立(고립) 어떤 곳을 벗어날 수 없는 상태(狀態)가 되는 것 樹立(수립) 국가나 정부, 제도, 계획 따위를 이룩하여 세움 設立(설립) 기관이나 조직체 따위를 만들어 일으킴 獨立(독립) 남의 힘을 입지 않고 홀로 섬	

ㄹ

| 笠
우리 립
1급 | 뜻을 나타내는 대죽(竹→대나무)部와 立(립: '서다'의 뜻. 안정되어 있어, 놓으면 그대로 서는 삿갓의 뜻) 머리 위에 얹어 비나 햇빛을 막는 대나무로 만든 것, '삿갓'. | 敝袍破笠(폐포파립) 해진 옷과 부러진 갓이란 뜻으로, 너절하고 구차(苟且)한 차림새를 말함
笠上頂笠(입상정립) 삿갓 위에 삿갓을 씀. 소용없는 사물의 비유 | | |
| 粒
낟알 립
1급 | 뜻을 나타내는 쌀미(米→쌀)部와 음을 나타내는 立(서다 립)이 합하여 이루어짐. 하나하나가 독립된 꼴을 가진 낟알의 뜻. | 粒子(입자) 알갱이, 낟알
粒雪(입설) 싸락눈
微粒子(미립자) 맨눈으로 볼 수 없는 아주 작은 알갱이 | | |

한자	자원 풀이	용례
馬 말 마 5급 常	말 馬는 말의 모양을 본뜬 글자[象形] 甲文字에서 馬는 말의 머리와 등 그리고 다리 및 꼬리 등의 옆모양을 본떴다. 이런 자형에서 '말'의 뜻이 나왔다.	出馬(출마) ① 말을 타고 나감 ② 선거(選擧)에 입후보 함 落馬(낙마) 말에서 떨어짐
麻 삼 마 준3급 常	삼 麻는 집과 삼 자라는 모양의 뜻을 결합한 글자[會意] 金文字에서 麻는 삼대를 잘라 집에서 삶아 껍질을 벗기는 것을 나타냈다. 이런 자형에서 '삼'의 뜻이 나왔다.	麻科會通(마과회통) 조선 정조(正祖) 24(1800)년 정약용(丁若鏞)이 홍역 치료(治療)에 관(關)해 펴낸 의서(醫書)
摩 문지를 마 2급	뜻을 나타내는 손수(手(=扌)→손)部와 음을 나타내며 麻(마: 삼껍질이 물에 담가 놓는 동안 문드러져 찌부러지는 모양에서, '뭉개다'의 뜻)가 합하여 이루어짐. '손으로 비벼 으깨다'의 뜻.	摩擦(마찰) 물건과 물건이 서로 닿아서 비빔 按摩(안마) 손으로 몸의 근육(筋肉)을 두드리거나 주무르는 것 摩乾軋坤(마건알곤) 천지에 가까이 다가섬
磨 갈 마 준3급 常	갈 磨는 삼 마(麻)의 음 및 뜻과 돌[石]의 뜻을 결합한 글자[形聲] 小篆字에서 磨는 삼껍질을 빨아서 부드럽게 하듯이 돌을 갈아 매끈하게 하는 것을 나타냈다. 이런 자형에서 '갈다'의 뜻이 나왔다.	研磨(연마) 갈고닦음 磨耗(마모) (마찰(摩擦)되는 부분이)닳아서 작아지거나 없어짐
魔 마귀 마 2급	뜻을 나타내는 귀신귀(鬼→귀신, 영혼)部와 음을 나타내는 麻(마: 범어의 음역. 사람을 홀리는 마귀)가 합하여 이루어짐.	惡魔(악마) 악한 신 魔鬼(마귀) 요사(妖邪)스럽고 못된 잡귀의 통틀어 일컬음 魔法(마법) 마력으로 이상(異常)야릇한 일을 하는 술법(術法)
痲 저릴 마 2급	뜻을 나타내는 병질엄(疒→병, 병상에 드러누운 모양)部와 음을 나타내는 麻(마) 합하여 이루어짐.	痲痺(마비) 신경(神經), 근육(筋肉)이 그 기능(機能)을 잃는 병 痲醉(마취) 감각(感覺)을 잃고 자극(刺戟)에 반응(反應)할 수 없게 일시적으로 마비(痲痺)시키는 일
莫 없을 막 준3급 常	저물 莫는 풀과 해의 뜻을 결합한 글자[會意] 甲文字에서 莫은 해가 풀 속으로 떨어지는 것을 나타냈다. 이런 자형에서 '저물다'의 뜻이 나왔다. 후에 가차되어 '없다'의 뜻으로 쓰였다.	索莫(삭막) 황폐(荒廢)하여 쓸쓸함 莫論(막론) 주로 '막론(莫論)하고'의 꼴로 쓰이어, '이것저것 가리고 따져 말하지 아니하고'의 뜻을 나타냄
幕 장막 막 1급 常	장막 幕은 저물 막(莫)의 음 및 뜻과 천[巾]의 뜻을 결합한 글자[形聲] 甲文字에서 幕은 날이 저물 때 해가 풀 속에 가려지듯 천으로 해를 덮어 가리는 것을 나타냈다.	開幕(개막) 막을 여는 것 懸垂幕(현수막) 선전문(宣傳文)·구호문(口號文) 따위를 적어 세로나 가로로 길게 매단 천
漠 사막 막 1급 常	사막 漠은 물[水]의 뜻과 없을 막(莫)의 음 및 뜻을 결합한 글자[形聲] 小篆字에서 漠은 강우량이 적고 물이 증발하여 없어진 것을 나타냈다. 이런 자형에서 '사막'의 뜻이 나왔다.	漠然(막연) 아득하여 분명(分明)하지 않은 모양(模樣) 沙漠(사막) 아득히 넓고 모래나 자갈 따위로 뒤덮인 불모(不毛)의 벌판

膜 막 막 2급	육달월(月=肉)→살, 몸)과 음을 나타내는 莫(막: '가리어 숨기다'의 뜻)이 합하여 이루어짐. 생물의 체내기관을 싸 덮는 얇은 거죽의 뜻을 나타냄.	被膜(피막) 덮어 싸고 있는 막 鼓膜(고막) 청각(聽覺) 기관(器官)의 한 가지 角膜(각막) 눈의 겉을 싼 투명(透明)한 막			
寞 쓸쓸할 막 1급	갓머리(宀→집, 집 안)와 음을 나타내는 莫(막: '해가 지다'의 뜻, 해 질 때처럼 '조용하다, 쓸쓸하다'의 뜻을 나타냄)이 합하여 이루어짐.	寂寞(적막) 적적함. 고요함 寞寞(막막) 고요하고 쓸쓸함, 막연함 寞天寂地(막천적지): 천지가 쓸쓸하고 고요함. 극히 쓸쓸함. 御史(어사)가 任地(임지)를 떠날 때의 슬픔을 表現(표현)한 말			
萬 일만 만 8급 常	일만 萬은 독침을 가진 곤충의 모양을 본뜬 글자[象形] 甲文字에서 萬은 두 개의 팔, 머리, 몸, 그리고 꼬리에 독침이 있는 '곤충'을 본떴다. 이런 자형에서 '전갈', '벌'의 뜻이 나왔으나, 후에 가차되어 '만'이란 숫자의 단위로 쓰인다.	萬若(만약) 만일, 혹시 萬物(만물) 세상(世上)에 있는 모든 것 萬里長城(만리장성) 중국 본토의 북변, 몽골 지역과의 사이에 축조된 성벽			
晚 늦을 만 준3급 常	저물 晩은 해[日]의 뜻과 면할 면(免)의 음 및 뜻을 결합한 글자[形聲] 小篆字에서 晩은 토끼가 꼬리를 감추듯 해가 서산으로 져서 사방이 캄캄해진 것을 나타냈다. 이런 자형에서 '저물다'의 뜻이 나왔다.	晚餐(만찬) 저녁 식사(食事) 早晚間(조만간) 머지않아 晚成(만성) 늦게야 이루어짐			
滿 찰 만 준4급 常	가득할 滿은 물의 뜻과 평평할 만의 음 및 뜻을 결합한 글자[形聲] 小篆字에서 滿은 물이 그릇에 넘쳐흘러 평평한 것을 나타냈다. 이런 자형에서 '가득하다'의 뜻이 나왔다.	不滿(불만) 마음에 차지 않아 언짢음 未滿(미만) 정한 수효(數爻)나 정도(程度)에 차지 못함 滿足(만족) 마음에 모자람이 없어 흐뭇함 肥滿(비만) 살찌고 뚱뚱함			
慢 거만할 만 3급 常	게으를 慢은 마음의 뜻과 길게 끌 만(曼)의 음 및 뜻을 결합한 글자[形聲] 小篆字에서 慢은 마음이 나태하고 몸이 늘어진 상태를 나타냈다. 이런 자형에서 '게으르다'의 뜻이 나왔다.	驕慢(교만) 잘난 체하고 뽐내며 방자(放恣)함 傲慢(오만) 태도(態度)가 거만(倨慢)함 慢性(만성) 쉽사리 낫지도 않는 병 怠慢(태만) 해야 할 일을 하지 않고 게으름을 피움			
漫 질펀할 만 3급 常	질펀할 漫은 물의 뜻과 터질 만(曼)의 음 및 뜻을 결합한 글자[形聲] 小篆字에서 漫은 물이 넘쳐 멀리까지 질펀하게 흐르는 것을 나타냈다. 이런 자형에서 '질펀하다'의 뜻이 나왔다.	漫談(만담) 재미있고 익살스러운 말로써 인정(人情)을 비판(批判), 풍자(諷刺)하는 이야기			
灣 물굽이 만 2급	삼수변(氵=水, 氺→물)과 음을 나타내는 彎(만: '활이 휘다'의 뜻. 활처럼 휘어서 바닷물이 들어오는 후미의 뜻을 나타냄)이 합하여 이루어짐.	港灣(항만) 배가 정박(碇泊·渟泊)하고, 승객(乘客)이나 화물(貨物) 따위를 싣거나 부릴 수 있도록 시설(施設)을 한 구역 灣曲(만곡) 활처럼 휘어져 굽음			
蠻 오랑캐 만 2급	벌레 충(虫→뱀이 웅크린 모양, 벌레)과 음을 나타내는 부수를 제외한 글자 䜌(변: '색다르다'의 뜻. 한민족과는 다른 습속을 가진 종족, '오랑캐'의 뜻을 나타냄)으로 이루어짐.	蠻行(만행) 야만(野蠻)스러운 행동 野蠻(야만) 지능(知能)이 미개(未開)하고 문화(文化)가 극(極)히 뒤떨어진 상태			
娩 해산할 만 2급	계집 녀(女→여자)와 음을 나타내는 免(면: 신생아가 태어나는 모습을 본뜬 것으로 娩(만)의 原字(원자). 免(면)이 '모면하다'의 뜻으로 쓰이게 되었으므로 '女(녀)'를 덧붙여 구별하게 됨)이 합하여 이루어짐.	分娩(분만) 산모가 태어날 상태(狀態)에 이른 뱃속의 아기를 몸 밖으로 나오게 하는 것 娩痛(만통) 해산할 때의 진통			

卍 만자 만 1급	인도의 크리슈나神의 가슴 선모(旋毛) 모양을 본뜸.	卍字(만자) 卍의 모양으로 된 변형 십자가의 하나로서, 아시아, 유럽을 중심(中心)으로 널리 선(善), 행복(幸福)의 상징 卍海(만해) 한용운(韓龍雲)의 법호(法號)	
彎 굽을 만 1급	활궁(弓→활)과 음을 나타내는 부수를 제외한 글자 련(→彎(만): '활이 휘다'의 뜻. 활처럼 휘어서 바닷물이 들어오는 후미의 뜻을 나타냄)이 합하여 이루어짐.	彎曲(만곡) 활처럼 휘우듬하게 굽음. 灣曲(만곡)	
挽 당길 만 1급	재방변(扌(=手)→손)과 음을 나타내는 免(면: '면, 문', 아기를 낳는 모양을 본뜸)이 합하여 이루어짐. '손으로 당겨 꺼내다'의 뜻.	挽回(만회) 바로잡아 회복(回復)함 挽留(만류) (어떤 일을) 하지 못하게 붙들고 말리는 것	
瞞 속일 만 1급	눈목(目(=罒)→눈, 보다)과 음을 나타내는 부수를 제외한 글자 㒼(만: 丏(면)과 통하여, '가리다'의 뜻)이 합하여 이루어짐. 눈을 감는 모양의 뜻으로 쓰임. 또 謾(만)과 통하여 쓰임.	欺瞞(기만) 남을 그럴듯하게 속여 넘김 瞞瞞(만만) 눈이 잘 보이지 않는 모양	
饅 만두 만 1급	밥식(食(=𩙿)→먹다, 음식)과 음을 나타내는 曼(만: '늘이다'의 뜻. 밀가루를 발효시켜서 늘인 만두의 뜻)이 합하여 이루어짐.	饅頭(만두) 밀가루를 반죽하여 고기나 야채(野菜) 등을 다져 만든 소를 넣고 둥글거나 길둥글게 빚어 찌거나 삶거나 튀긴 음식	
鰻 뱀장어 만 1급	고기어(魚→물고기)와 음을 나타내는 曼(만: '길게 뻗다'의 뜻. 길게 뻗은 물고기인 '뱀장어')이 합하여 이루어짐.	鰻鱺魚(만리어) 뱀장어	
蔓 덩굴 만 1급	풀을 뜻하는 초두머리(艹(=艸)→풀, 풀의 싹)와 음을 나타내는 曼(만: '길게 자라다'의 뜻. 길게 늘어진 덩굴풀 部를 제외한 부분)이 합하여 '덩굴'을 뜻함.	蔓延(만연) 널리 번지어 퍼짐 蔓蔓(만만) ① 널리 퍼지는 모양 ② 長久(장구)한 모양 蔓草寒煙(만초한연) 널이 퍼진 풀과 쓸쓸한 연기. 황폐한 정경	
輓 끌 만 1급	挽과 동자(同字). 수레 거(車→수레, 차)와 음을 나타내는 免(면: '빼내다'의 뜻)이 합하여 이루어짐. '수레를 빼내다, 끌어내다'의 뜻.	輓歌(만가) 상여(喪輿)를 메고 갈 때 부르는 노래 輓詞(만사) 輓章(만장) 죽은 사람을 애도하는 글 輓近(만근) 요사이, 근래	
末 끝 말 5급　常	끝 末은 나무 끝을 가리킨 글자[指事] 金文字에서 末은 한 그루 나무의 끝을 가리켰다. 이런 자형에서 나무 '끝'의 뜻이 나왔다.	結末(결말) 끝장, 일을 맺는 끝 週末(주말) 한 주일(週日)의 끝 年末(연말) 한 해의 마지막 때. 세밑 顚末(전말) 일의 처음부터 끝까지의 경과	
抹 바를 말 1급	재방변(扌(=手)→손)과 음을 나타내는 末(말: '잘라, 미세한 끝'의 뜻. '손으로 잘게 만들다, 손으로 비비어 똑똑히 보이지 않게 하다'의 뜻)이 합하여 이루어짐.	抹殺(말살) 있는 것을 아주 없애버림 一抹(일말) (어떤 감정 작용이) 없지 않을 정도(程度)로 약간 있음을 나타내는 말 抹消(말소) 기록(記錄)되어 있는 사실(事實)을 지워 없애는 것	

沫 거품 말 1급	삼수변(氵(=水, 氺)→물)과 음을 나타내는 末(말: '나무의 끝'의 뜻. 뛰어 흩어진 물의 끝, '물보라'의 뜻)이 합하여 이루어짐.	白沫(백말) 흰 빛으로 부서지는 물거품 噴沫(분말) 물방울을 내뿜음 또는 그 물방울			
靺 버선 말 2급	가죽 혁(革→가죽)과 음을 나타내는 末(말)이 합하여 이루어짐.	靺鞨(말갈) 중국 수당(隋唐),시대(時代)에 둥베이(東北)지방에서 한반도 북부에 거주한 퉁구스계 제족(諸族)의 총칭(總稱). 숙신(肅愼)·읍루·물길(勿吉)은 모두 그 옛 이름			
襪 버선 말 1급	옷의변(衤(=衣)→옷)과 음을 나타내는 蔑(멸→말로 바뀜)이 합하여 이루어짐.	洋襪(양말) 발과 다리 아랫부분에 걸쳐 신을 수 있도록 면이나 나일론 등의 섬유(纖維)로 짠, 두 짝의 물건 襪繫(말계) 대님			
亡 망할 망 5급 | 常	망할 亡은 '사람과 숨는다'의 뜻을 결합한 글자[會意] 甲文字에서 亡은 사람이 잘못되어 숨어서 지내는 것을 나타냈다. 이런 자형에서 '망하다', '잃다'의 뜻이 나왔다.	未亡(미망) 남편(男便)은 죽었으나 홀로 살아남아 있음 死亡(사망) 죽음 逃亡(도망) 피하여 달아남 滅亡(멸망) 망하여 없어짐			
妄 허망할 망 3급 | 常	망령될 妄은 잃을 망(亡)의 음 및 뜻과 여자[女]의 뜻을 결합한 글자[形聲] 金文字에서 妄은 여자가 예법을 잃어버리는 것을 나타냈다. 이런 자형에서 '망령되다'의 뜻이 나왔다.	妄言(망언) 망령(妄靈)된 말 妄靈(망령) 늙거나 정신(精神)이 흐려져서 말과 행동이 정상(正常)에서 어그러지는 상태 妄想(망상) 이치(理致)에 어긋나는 헛된 생각			
忙 바쁠 망 3급 | 常	바쁠 忙은 마음의 뜻과 잃을 망(亡)의 음 및 뜻을 결합한 글자[形聲] 小篆字에서 忙은 마음을 잃을 정도로 분주한 것을 나타냈다. 이런 자형에서 '바쁘다'의 뜻이 나왔다.	公私多忙(공사다망) 공적인 일, 사적인 일 따위로 매우 바쁨 忙中閑(망중한) 바쁜 가운데에서도 한가(閑暇)로운 때			
忘 잊을 망 3급 | 常	잊을 忘은 없을 망(亡)의 음 및 뜻과 마음[心]의 뜻을 결합한 글자[形聲] 金文字에서 忘은 마음속의 생각이 떠나서 없어져 버린 것을 나타냈다. 이런 자형에서 '잊다'의 뜻이 나왔다.	忘却(망각) 잊어버림. 기억(記憶)에서 아주 사라진 상태 忘年會(망년회) 가는 해의 모든 괴로움을 잊자는 뜻으로, 연말에 베푸는 잔치 白骨難忘(백골난망) 죽어도 잊지 못할 큰 은혜(恩惠)를 입음이란 뜻			
罔 그물 망 3급 | 常	없을 罔은 그물의 뜻과 잃을 망의 음 및 뜻을 결합한 글자[形聲] 甲文字에서 罔은 그물 모양을 나타냈으나, 小篆字에서는 그물에 걸렸던 고기가 도망가서 없어진 것을 나타냈다.	罔極(망극) 임금이나 부모(父母)의 은혜(恩惠)가 너무 커서 갚을 길이 없음			
茫 아득할 망 3급 | 常	망망할 茫은 풀[艸]과 물[水]의 뜻 그리고 없을 망(亡)의 음 및 뜻을 결합한 글자[形聲] 隸書字에서 茫은 초목이 물결처럼 아득하여 끝이 없는 것을 나타냈다.	滄茫(창망) 물이 푸르고 아득하게 넓은 모양(模樣) 茫漠(망막) 흐리멍덩하고 똑똑하지 못한 상태(狀態), 아득함 茫然自失(망연자실) 제정신(精神)을 잃고 어리둥절한 모양(模樣)을 이르는 말			
望 바랄 망 5급 | 常	바랄 望은 없을 망(亡)의 음 및 뜻과 달[月] 그리고 '우뚝 서다'의 뜻을 결합한 글자[形聲] 金文字에서 望은 신하가 임금을 바라보는 것과 같이 달을 우러러보는 것을 나타냈다.	展望(전망) 멀리 바라봄 希望(희망) 앞일에 대(對)하여 기대(期待)를 가지고 바람 失望(실망) 희망(希望)을 잃어버림 絕望(절망) 모든 기대(期待)를 저버리고 체념(諦念)함			

<table>
<tr>
<td>

網
그물 망
2급

</td>
<td>

실사(糸→실타래)와 음을 나타내는 동시에 '그물'의 뜻인 옛 글자 그물망(罓(=网, 罒)→그물)部에 '가리다'의 뜻과 음을 나타내는 亡(망)을 더한 𦉶(망=그물)으로 이루어짐. 실로 얽은 그물.

</td>
<td>

網羅(망라) 물고기를 잡는 그물과 날짐승을 잡는 그물이란 뜻에서, 널리 빠짐없이 모은다는 뜻
組織網(조직망) 그물처럼 널리 퍼져 있는 조직체의 갈래

</td>
<td></td>
</tr>
<tr>
<td>

惘
멍할 망
1급

</td>
<td>

심방변(忄(=心, 㣺)→마음, 심장)과 부수를 제외한 글자 罔(망: '그물로 잡다'의 뜻)이 음을 나타냄. '마음이 그물에 붙잡힌 것처럼 자신을 잊고 멍해지다'의 뜻.

</td>
<td>

悵惘(창망) 근심 걱정으로 경황이 없음
惘惘(민망) 답답하고 딱하여 안타까움
惘惘(망망) ① 정신을 잃고 멍하니 있는 모양 ② 뜻대로 되지 않아 당황하는 모양

</td>
<td></td>
</tr>
<tr>
<td>

芒
까끄라기 망
1급

</td>
<td>

풀을 뜻하는 초두머리(艹(=艸)→풀, 풀의 싹)와 음을 나타내는 亡(망: 亾(망). 망은 萌(맹)과 통하여, '조짐'의 뜻)이 합하여 '까끄라기(벼나 보리 등의 낱알 겉껍질에 붙어 있는 수염)'를 뜻함. 벼, 보리 등의 맨 끝.

</td>
<td>

芒種(망종) 24절기(節氣)의 하나. 양력(陽曆) 6월 5일경(頃)으로, 보리가 익고 모를 심기 좋은 때
芒刺在背(망자재배) 가시를 등(等)에 지고 있다는 뜻으로, 마음이 조마조마하고 편하지 않음을 이르는 말

</td>
<td></td>
</tr>
<tr>
<td>

每
매양 매
7급 常

</td>
<td>

매양 每는 풀싹의 뜻과 어미모의 음 및 뜻이 결합한 글자[形聲]
甲文字에서 每는 어미포기에서 새로운 싹이 무성하게 돋아나는 것과 母의 이체자로 여자가 머리에 장식을 꾸민 것을 나타냈다.

</td>
<td>

每日(매일) 하루하루의 모든 날
每週(매주) 각 주

</td>
<td></td>
</tr>
<tr>
<td>

妹
누이 매
4급 常

</td>
<td>

누이 妹는 여자[女]의 뜻과 아닐 미(未)의 음 및 뜻을 결합한 글자[形聲]
甲文字에서 妹는 아직 나이가 적고 성숙하지 않은 여자를 나타낸다. 이런 자형에서 '손아래 누이'의 뜻이 나왔다.

</td>
<td>

姉妹(자매) 여자(女子)끼리의 형제(兄弟)
男妹(남매) 오라비와 누이

</td>
<td></td>
</tr>
<tr>
<td>

埋
묻을 매
3급 常

</td>
<td>

파묻을 埋는 흙[土]의 뜻과 안 리(里)의 음 및 뜻을 결합한 글자[形聲]
甲文字에서 埋는 산천제사를 지낼 때 땅을 파서 짐승을 묻는 풍습을 나타냈다. 이런 자형에서 '파묻다'의 뜻이 나왔다.

</td>
<td>

埋沒(매몰) 파묻음. 파묻힘
埋立地(매립지) 매립(埋立)한 땅
埋葬(매장) 시체를 땅에 묻음

</td>
<td></td>
</tr>
<tr>
<td>

買
살 매
5급 常

</td>
<td>

살 買는 그물망의 음 및 뜻과 조개[貝]의 뜻을 결합한 글자[形聲]
甲文字에서 買는 돈으로 산 물건을 망태기에 넣은 것을 나타냈다. 이런 자형에서 '사다'의 뜻이 나왔다.

</td>
<td>

賣買(매매) 물건을 팔고 사고 하는 일, 흥정
購買(구매) 물건을 삼
買入(매입) 물건 따위를 사들임
買占賣惜(매점매석) 물건 값이 오를 것을 예상하고 물건을 많이 사두었다가 값이 오른 뒤 아껴서 팖

</td>
<td></td>
</tr>
<tr>
<td>

梅
매화나무 매
5급 常

</td>
<td>

매화 梅는 나무[木]의 뜻과 탐낼 매(每)의 음 및 뜻을 결합한 글자[形聲]
金文字에서 梅는 탐낼 만한 꽃을 가진 나무를 나타냈다. 이런 자형에서 '매화나무'의 뜻이 나왔다.

</td>
<td>

梅實(매실) 매화(梅花)나무의 열매
梅花(매화) 매화(梅花)나무. 장미과(薔薇科)에 딸린 큰키나무

</td>
<td></td>
</tr>
<tr>
<td>

媒
중매 매
3급 常

</td>
<td>

중매 媒는 여자의 뜻과 매화나무 매의 음 및 뜻을 결합한 글자[形聲]
小篆字에서 媒는 신맛이 나는 매화나무 열매가 맛을 조화롭게 하듯 여자가 남녀를 조화롭게 맺어주는 것을 나타냈다. 이런 자형에서 '중매하다'의 뜻이 나왔다.

</td>
<td>

媒體(매체) 어떤 작용(作用)을 한쪽에서 다른 쪽으로 전달(傳達)하는 역할(役割)을 하는 것
媒介(매개) 중간(中間)에서 서로의 관계(關係)를 맺어 주는 일 觸媒(촉매) 화학 반응 때, 반응(反應) 속도(速度)를 촉진(促進) 또는 지체(遲滯)시키는 물질(物質)

</td>
<td></td>
</tr>
<tr>
<td>

賣
팔 매
5급 常

</td>
<td>

팔 賣는 '나오다와 사다'의 뜻을 결합한 글자[會意]
金文字에서 賣는 사둔 물건을 다시 내 놓아 재화를 취하는 것을 나타냈다. 이런 자형에서 '팔다'의 뜻이 나왔다.

</td>
<td>

販賣(판매) 상품(商品)을 팖
賣却(매각) 물건을 팔아 버림
賣買(매매) 물건을 팔고 사고 하는 일, 흥정

</td>
<td></td>
</tr>
</table>

口

魅 도깨비 매 2급	뜻을 나타내는 귀신귀(鬼→귀신, 영혼)部와 음을 나타내는 未(미→매로 바뀜)가 합하여 이루어짐.	魅力(매력) 이상(異常)하게 사람의 눈이나 마음을 호리어 끄는 힘 魅惑(매혹) 매력으로 남의 마음을 사로잡는 것		
枚 줄기 매 2급	뜻을 나타내는 나무목(木→나무)部와 음을 나타내는 부수를 제외한 글자 攵(복: 손에 든 채찍, 나무줄기의 뜻을 나타냄)과 합하여 이루어짐. 轉(전)하여 나무 쪽 따위 얇고 납작한 것을 세는 말.	枚數(매수) 종이나 유리(琉璃) 따위와 같이 장으로 세는 물건의 수 枚擧(매거) 낱낱이 들어 말함 枚卜(매복) 일일이 점침		
昧 새벽 매 1급	뜻을 나타내는 날일(日→해)部와 음을 나타내는 未(미: 微(미)와 통하여, '똑똑히 보이지 않다'의 뜻)가 합하여 이루어짐. 날이 샐 무렵.	曖昧(애매) 희미(稀微)하여 분명(分明)하지 않음 無知蒙昧(무지몽매) 아는 것이 없이 어리석음 三昧境(삼매경) 오직 한 가지 일에만 마음을 집중(集中)시키는 경지(境地)		
寐 잠잘 매 1급	뜻을 나타내는 면(宀→집, 집안)部와 음을 나타내는 未(미: '눈을 감다'의 뜻)가 합하여 이루어짐. '자다'의 뜻. '爿(장)'은 침상의 현상.	寤寐不忘(오매불망) 자나 깨나 잊지 못함 夙興夜寐(숙흥야매) 아침 일찍부터 밤늦게까지 직무(職務)에 몰두(沒頭)하여 부지런히 일함을 이르는 말		
煤 그을음 매 1급	뜻을 나타내는 불화(火(=灬)→불꽃)部와 음을 나타내는 某(매: '검은 재, 검댕'의 뜻)가 합하여 이루어짐.	煤煙(매연) 연료(燃料)를 태웠을 때 생기는 그을음과 연기 煤炭(매탄) 석탄 煤炱(매태) 그을음		
罵 욕할 매 1급	뜻을 나타내는 넉사머리(罒(=网, 网)→그물)部와 음을 나타내는 馬(마: 幕(막) 따위와 통하여, '덮어씌우다'의 뜻)가 합하여 이루어짐. '그물이나 막을 덮어씌우듯이 욕설을 퍼붓다, 매도하다'의 뜻.	罵倒(매도) ① 몹시 꾸짖음 ② 심히 욕함 罵譏(매기) 욕하고 헐뜯음 罵辱(매욕) 욕설을 퍼부어 욕보임		
邁 갈 매 1급	지나다, 힘쓰다, 돌다. 뜻을 나타내는 책받침(辶(=辵)→쉬엄쉬엄 가다)部와 음을 나타내는 萬(만: '전갈의 상형으로, 그 꼬리가 뻗쳐 있듯이 뻗어가다'의 뜻)이 합하여 이루어짐. '뻗어가다'의 뜻.	邁進(매진) 힘써 나아감. 씩씩하게 나아감 高邁(고매) 높고 뛰어남 邁邁(매매) 돌아보지 아니하는 모양		
呆 어리석을 매 1급	강보에 싸인 아기를 본뜸. 宋(송), 元(원) 이래 怡의 俗字(속자).	痴呆(치매) 정상적인 정신(精神) 상태(狀態)를 잃어버린 상태		
脈 맥 맥 준4급	血(혈→몸속을 흐르고 있는 피)과 삼수변(氵(=水, 水)→물)部가 없는 '파'는 支流(지류)의 뜻의 合字(합자). 몸 안을 흐르는 핏줄의 뜻.	亂脈(난맥) 이리저리 흩어져서 질서(秩序)나 체계(體系)가 서지 않는 일 脈搏(맥박) 심장(心臟)이 오므라졌다 펴졌다 함에 따라 뛰는 맥		
麥 보리 맥 3급 常	보리 麥은 보리의 이삭, 줄기, 뿌리의 모양을 본뜬 글자 [象形] 甲文字에서 麥은 보리의 이삭, 줄기 및 뿌리의 모양을 본떴다. 이런 자형에서 '보리'의 뜻이 나왔다.	生麥酒(생맥주) 가열(加熱)시켜 살균(殺菌)하지 않은, 양조(釀造)한 그대로의 맥주(麥酒). 열처리한 맥주보다 맛은 더 신선하나 맛이 오래 유지되지는 아니한다. 蕎麥(교맥) 메밀		

한자	자원(字源)	용례(用例)
貊 맥국 맥 2급	뜻을 나타내는 갖은돼지시변(豸→짐승, 돼지)部와 음을 나타내는 百(백→맥으로 바뀜)이 합하여 이루어짐.	濊貊(예맥) 한족(韓族)의 조상(祖上)이 되는 민족(民族), 고구려(高句麗)의 전신(前身)인 부족(部族) 국가(國家)의 이름. 胡貊(호맥) 오랑캐 족속
盲 소경 맹 준3급 常	뜻을 나타내는 눈목(目(=罒)→눈, 보다)部와 음을 나타내는 동시에 '잃다'는 뜻인 亡(망)으로 이루어짐. '시력을 잃다'의 뜻.	盲目的(맹목적) 아무 분간(分揀)없이 덮어놓고 행동(行動)하는 상태 赤綠色盲(적록색맹) 붉은빛이나 녹색을 구별하지 못하는 눈 盲腸(맹장) 큰창자의 위 끝으로 작은창자에 이어진 곳에 자그마하게 내민 부분
孟 맏 맹 준3급 常	맏 孟은 아들[子]의 뜻과 그릇 명(皿)의 음 및 뜻을 결합한 글자[形聲] 金文字에서 孟은 부모가 항상 그릇에 음식을 갖추어 자식을 기른다는 것을 나타냈다. 이런 자형에서 '자라다'의 뜻이 나왔으나, 전성되어 '맏이'의 뜻으로 쓰인다.	孟子(맹자) 전국시대의 철인(哲人). 중국 전국(戰國)시대의 사상가(思想家), 유학자(儒學者) 孟浪(맹랑) 생각하던 바와는 달리 아주 허망(虛妄)함
猛 사나울 맹 준3급 常	사나울 猛은 개의 뜻과 힘쓸 맹(孟)의 음 및 뜻을 결합한 글자[形聲] 石文字에서 猛은 힘이 세고 사나운 제일가는 개를 나타냈다. 이런 자형에서 '사납다'의 뜻이 나왔다.	猛烈(맹렬) 기세(氣勢)가 몹시 사납고 세참 猛威(맹위) 맹렬(猛烈)한 위세(威勢) 猛獸(맹수) 육식(肉食)을 주(主)로 하는 매우 사나운 짐승
盟 맹세 맹 준3급 常	맹세할 盟은 밝힐 명(明)의 음 및 뜻과 그릇의 뜻을 결합한 글자[形聲] 甲文字에서 盟은 그릇에 피를 붓고 천지신명께 서로의 약속을 밝히는 것을 나타냈다. 이런 자형에서 '맹세하다'의 뜻이 나왔다.	盟誓(맹세) *본딧말: 맹서(盟誓) 장래(將來)를 두고 다짐하여 약속(約束)함 盟約(맹약) 굳게 맺은 약속(約束)
萌 움 맹 1급	풀을 뜻하는 초두머리(艹(=艸)→풀, 풀의 싹)部와 明(명: 밤이 새기 시작하다의 뜻) '싹'을 뜻함. 풀이 싹이 트다.	萌芽(맹아) 식물(植物)에 새로 트는 싹 또는 사물의 시초(始初)가 되는 것 萌動(맹동) ① 싹이 남 ② 시작함 萌蘖(맹얼) 초목의 싹
覓 찾을 멱 2급	爫(조)는 '물이 갈리어 흐르다'의 뜻과 '눈을 가늘게 뜨고 봄'의 뜻. '곁눈질로 보다'의 뜻.	騎驢覓驢(기려멱려) 나귀를 타고 나귀를 찾아다닌다는 뜻으로 가까이에 있는 것을 도리어 먼 데서 구(求)하는 어리석음을 비유(比喻)해 이르는 말
免 면할 면 준3급 常	면할 免은 토끼가 빨리 달아나는 모습을 본뜬 글자[象形] 金文字에서 免은 토끼 토에 점이 없는 글자로 빨리 달릴 때 꼬리가 보이지 않는 것을 나타냈다. 이런 자형에서 '면하다'의 뜻이 나왔다.	謀免(모면) 어떤 일 따위로부터 꾀를 써서 벗어남 罷免(파면) 직무(職務)를 그만두게 함 免疫(면역) 몸속에 들어온 병원(病原) 미생물에 대항하는 항체를 생산하여 다음에는 그 병에 걸리지 않도록 된 상태
面 낯 면 7급 常	얼굴 面은 사람 얼굴의 모양을 본뜬 글자[象形] 金文字에서 面은 사람 머리와 얼굴의 모양을 정면에서 본떴다. 이런 자형에서 '얼굴'의 뜻이 나왔다.	反面(반면) 어떠한 사실(事實)과 반대(反對)되거나 다른 방면 局面(국면) 일이 되어 나가는 상태 外面(외면) 대면(對面)하기를 꺼려 피함
眠 잘 면 준3급 常	잘 眠은 눈[目]의 뜻과 흐릿할 면의 음 및 뜻을 결합한 글자[形聲] 隸書字에서 眠은 사람이 피로하여 눈이 감기는 것을 나타냈다.	冬眠(동면) 동물이 겨울 동안 활동(活動)을 중지(中止)하고 잠을 자듯이 의식이 없는 상태로 지내는 일. 겨울잠 休眠(휴면) 동식물이 일시적으로 활동(活動)을 정지하거나 극히 기본적인 활동만을 하는 상태

口

勉 힘쓸 면 4급 常	힘쓸 勉은 면할 면의 음 및 뜻과 힘[力]의 뜻을 결합한 글자[形聲] 石文字에서 勉은 일을 하는 데 힘이 미치지 못하나, 그 일을 면하려고 더욱 힘써 실행하는 것을 나타냈다.	勤勉(근면) 부지런히 노력(努力)함 勉學(면학) 학문(學問)에 힘써 공부(工夫)함 勸勉(권면) 타일러 힘쓰게 함		
綿 솜 면 준3급 常	솜 綿은 실과 비단의 뜻을 결합한 글자[會意] 小篆字에서 綿은 가는 명주실이 잇닿아 있는 것을 나타냈다. 이런 자형에서 '솜'의 뜻이 나왔다.	綿絲(면사) 무명실. 솜을 자아 만든 실 周到綿密(주도면밀) 주의(注意)가 두루 미쳐 자세(姿勢)하고 빈틈이 없음 綿棒(면봉) 끝에 솜을 말아 붙인 가느다란 막대		
冕 면류관 면 2급	형성 曰(모)는 모자. 免(면)은 '벗다'의 뜻. 합하여 이루어짐. 썼다 벗었다 할 수 있는, 운두 높은 관.	冕旒冠(면류관) 제왕(帝王)의 정복(正服)에 갖추어 쓰는, 직(直)사각형(四角形)의 판에 많은 주옥을 꿰어 늘어뜨린 관(冠), 대부 이상이 쓰는 관 冠冕(관면) 벼슬하는 것을 이르는 말		
棉 목화 면 1급	木(나무목변)에 '비단'의 뜻인 帛(백: '깁'의 뜻)으로 이루어짐. 무명의 재료가 되는 나무의 뜻. '면'의 音(음)은 거두어들인 재료를 자아 연결하여 실로 만든다는 뜻에서 連(련=잇다)에 유래함. 깁을 만드는 목화.	棉花(면화) 목화(木花). 솜 木棉(목면) 목화 솜 棉布(면포) 무명		
沔 빠질 면 2급	뜻을 나타내는 삼수변(氵(=水, 氺)→물)部와 음을 나타내는 부수를 제외한 글자 丏(면: '덮어 막다'의 뜻)이 합하여 이루어짐. 물이 그득 차는 모양.	沔沔(면면) 물이 가득 차 넘실거리는 모양 沔水(면수) 중국 섬서성을 흐르는 漢水(한수)의 지류 沔涎(면연) 물이 흐르는 모양		
緬 가는 실 면 1급	뜻을 나타내는 사(糸→실타래)部와 음을 나타내는 面(면)이 합하여 이루어짐.	緬羊(면양) 면양(綿羊). 소과에 딸린 가축(家畜)의 하나. 털은 길고 보드라우며 곱슬곱슬함. 성질(性質)은 썩 온순(溫純)하며, 겁이 많아 한데 모여 삶 緬禮(면례) 무덤을 옮기어 다시 장사 지냄 緬憶(면억) 먼 지난 일을 회상함		
眄 결눈질할 면 1급	뜻을 나타내는 눈목(目(=罒)→눈, 보다)部와 음을 나타내는 부수를 제외한 글자 丏(면)이 합하여 이루어짐.	左顧右眄(좌고우면) 왼쪽을 둘러보고 오른쪽을 짝눈으로 자세(仔細)히 살핀다는 뜻으로, 무슨 일에 얼른 결정(決定)을 짓지 못함을 비유(比喩)함		
麵 밀가루 면 3급 常	뜻을 나타내는 맥(麥→보리)部와 음을 나타내는 面(면)이 합하여 이루어짐.	冷麵(냉면) 차게 해서 먹는 국수 炸醬麵(자장면) 국수를 고기를 넣은 중국 된장에 비빈 중국 음식(飮食)		
滅 꺼질 멸 준3급 常	멸망할 滅은 물의 뜻과 불 꺼질 멸의 음 및 뜻을 결합한 글자[形聲] 石文字에서 滅은 물로 불을 끄는 것과 같이 완전히 없어지는 것을 나타냈다.	消滅(소멸) 사라져 없어지거나 또는 자취도 남지 않도록 없애 버림 滅亡(멸망) 망하여 없어짐		
蔑 업신여길 멸 2급	풀을 뜻하는 초두머리(艹(=艸)→풀, 풀의 싹)部와 음을 나타내는 伐(벌→멸로 바뀜)이 합하여 이루어짐.	凌蔑(능멸) 업신여겨 깔보는 것 侮蔑(모멸) 업신여겨 얕봄 輕蔑(경멸) 낮추어 보거나 업신여겨 싫어하거나 미워하는 것		

한자	자원(字源)	용례(用例)	
名 이름 명 7급 常	이름 名은 저녁[夕]과 입[口]의 뜻을 결합한 글자[會意] 甲文字에서 名은 저녁이 되면 어두워 서로를 알아볼 수 없어 자신의 이름을 부른 것을 나타냈다. 이런 자형에서 '이름'의 뜻이 나왔다.	名譽(명예) 세상(世上)에서 인정(認定)받는 이름이나 자랑 名分(명분) 명목(名目)이 구별(區別)된 대로 그 사이에 반드시 지켜야 할 도리(道理)나 분수(分數) 有名(유명) 이름이 널리 알려져 있음	
命 목숨 명 7급 常	목숨 命은 명령과 입의 뜻을 결합한 글자[會意] 甲文字에서 命은 令으로 사람이 무릎 꿇고 모여 있는 것을 나타냈으나, 小篆字에서 口가 첨가되어 입으로 사람을 지휘하는 것을 나타냈다.	命令(명령) 윗사람이 아랫사람에게 무엇을 하도록 시킴 任命(임명) ① 관직(官職)에 명함 ② 직무(職務)를 맡김 生命(생명) 목숨	
明 밝을 명 6급 常	밝을 明은 해[日]와 달[月]의 뜻을 결합한 글자[會意] 甲文字에서 明은 해가 낮에 비추고 달은 밤에 떠서 밝게 비추는 것을 나타냈다. 이런 자형에서 '밝다'의 뜻이 나왔다.	說明(설명) 일정한 내용(內容)을 상대편(相對便)이 잘 알 수 있도록 풀어 밝힘 糾明(규명) 자세(仔細)히 캐고 따져 사실(事實)을 밝힘	
冥 어두울 명 3급 常	어두울 冥은 덮다와 날[日]과 여섯[六]의 뜻을 결합한 글자 [會意] 石文字에서 冥은 그믐을 전후한 6일은 달이 가려지는 것을 나타냈다. 이런 자형에서 '어둡다'의 뜻이 나왔다.	冥福(명복) 죽은 사람의 행복(幸福)을 위하여 빌어주는 일 冥想(명상) 고요한 가운데 눈을 감고 깊이 사물을 생각함 冥界(명계) 저승. 黃泉(황천) 冥冥(명명) 어두운 모양	
鳴 울 명 4급 常	울 鳴은 입[口]과 새[鳥]의 뜻을 결합한 글자[會意] 甲文字에서 鳴은 새가 입으로 지저귀는 것을 나타냈다. 이런 자형에서 '울다'의 뜻이 나왔다.	自鳴鐘(자명종) 때가 되면 저절로 울려서 시간을 알리는 시계 自鳴鼓(자명고) 외적이 침입(侵入)하면 스스로 울려 경보(警報)를 알렸다는 낙랑(樂浪)의 북 悲鳴(비명) 갑작스러운 위험이나 두려움 때문에 지르는 소리	
銘 새길 명 1급 常	새길 銘은 쇠[金]의 뜻과 이름 명(名)의 음 및 뜻을 결합한 글자[形聲] 小篆字에서 銘은 쇠에 이름을 오랫동안 전하려고 표시한 것을 나타냈다. 이런 자형에서 '새기다'의 뜻이 나왔다.	銘心(명심) 잊지 않게 마음에 깊이 새김 銘文(명문) 금석(金石)·기물(器物) 등에 새겨 놓은 글 十誡命(십계명) 열 가지 계명	
酩 술 취할 명 1급	뜻을 나타내는 닭유(酉→술)部와 음을 나타내는 名(명: 冥(명)과 통하여, '눈이 어두워지다'의 뜻)이 합하여 이루어짐. 눈이 어두워질 정도로 술에 취하다.	酩酊(명정) 정신(精神)을 차리지 못할 정도(程度)로 술에 몹시 취(醉)함 飮酩(음명) 취하도록 마심	
溟 바다 명 1급	삼수변(氵(=水, 氺)→물)部와 冥(명: 어둠)의 합자(合字). 또, 冥(명)은 음을 나타냄.	鴻溟(홍명) 큰 바다 四溟堂(사명당) 조선 선조 때의 고승으로 임진왜란 포로 문제로 활약 溟溟(명명) 어두침침한 모양. 약간 어두운 모양	
皿 그릇 명 1급	그릇을 본뜬 글자. 위는 음식을 담는 부분, 가운데는 다리, 밑은 그릇의 바닥을 나타냄.	器皿(기명) (살림살이에 쓰이는) 그릇붙이 金皿(금명) 쇠그릇 小皿(소명) 작은 그릇	
暝 저물 명 1급	뜻을 나타내는 날일(日→해)部와 음을 나타내는 冥(어둡다 명)이 합하여 이루어짐. '희미하다'의 뜻.	暝想(명상) 고요한 가운데 눈을 감고 깊이 사물을 생각함 暝暝(명명) ① 어두운 모양 ② 쓸쓸한 모양 暝帆(명범) 밤에 가는 배	

한자	자원(字源)	용례(用例)		
螟 멸구 명 1급	뜻을 나타내는 벌레충(虫→뱀이 웅크린 모양, 벌레)部와 음을 나타내는 冥(명: '깊숙하다'의 뜻)이 합하여 이루어짐.	螟蟲(명충) ① 마디충 ② 명충나방 螟蛉(명령) 나비의 유충, 배추벌레, 명령자 螟蛉子(명령자) 명령은 나나니벌이 업고 가서 기른다는 　　　전설에서 養子(양자)를 이름		
袂 소매 메 1급	뜻을 나타내는 옷의변(衤(=衣)→옷)部와 음을 나타내는 부수를 제외한 글자 夬(가르다 쾌→메로 바뀜)가 합하여 이루어짐. 옷에서 손을 내밀기 위해 갈라지도록 꿰맨 소맷자락.	衣袂(의메) 옷소매. 윗옷의 좌우에 있는 두 팔을 꿰는 부분 袂口(메구) 소맷부리 袂別(메별) 소매를 잡고 헤어짐. 作別(작별)함		
毛 터럭 모 준4급　常	털 毛는 사람의 머리털을 본뜬 글자[象形] 金文字에서 毛는 사람이나 짐승의 머리털을 본떴다. 이런 자형에서 '털'의 뜻이 나왔다.	毛髮(모발) 사람의 몸에 난 온갖 털. 머리카락 毛孔(모공) 털구멍 毛根(모근) 머리털 뿌리		
母 어머니 모 8급　常	어머니 母는 여자가 두 팔을 깍지 끼고 앉아 있는 모양을 본뜬 글자[象形] 甲文字에서 母는 성숙한 여자가 팔을 깍지 끼고 무릎을 꿇고 앉아 있는 옆모습을 본떴다.	父母(부모) 어버이. 아버지와 어머니 學父母(학부모) 학생(學生)의 어머니와 아버지 茶母(다모) 관청(官廳)의 식모(食母) 노릇을 하는 천비(賤婢)		
矛 창 모 2급	장식(裝飾)이 달린 긴 창을 본뜬 글자. (모)란 음은 칼끝이 뾰족하다는 뜻에서 온 것임.	矛盾(모순) '창과 방패(防牌)'라는 뜻으로, 말이나 행동 　　　(行動)의 앞뒤가 서로 일치(一致)되지 아니함 矛戈(모과) 창, 병기 矛櫓(모로) 창과 방패. 노는 큰 방패		
某 아무 모 3급　常	아무 某는 맛있다와 나무의 뜻을 결합한 글자[會意] 金文字에서 某는 맛있는 열매가 위에 달린 매화나무를 나타냈다. 이런 자형에서 '매화나무'의 뜻이 나왔으나, 후에 가차되어 '아무'의 뜻으로 쓰인다.	某處(모처) 어떤 곳. 아무 곳 某樣(모양) 어떠한 방식(方式) 또는 어떤 모양 某某(모모) 아무개		
侮 업신여길 모 3급　常	업신여길 侮는 사람의 뜻과 풀무성할 매(每)의 음 및 뜻을 결합한 글자[形聲] 小篆字에서 侮는 무성한 풀이 제멋대로 자라듯 사람의 기가 왕성하면 다른 사람을 능멸하게 됨을 나타냈다.	侮辱(모욕) 깔보고 욕보임 受侮(수모) 남에게 모멸을 당(當)함 侮蔑(모멸) 업신여겨 얕봄		
募 모을 모 3급　常	모을 募는 저물 모와 힘(力)의 뜻을 결합한 글자[形聲] 小篆字에서 募는 고대에 날이 저물어 방목했던 가축을 힘써 모으는 것을 나타냈다. 이런 자형에서 '모으다'의 뜻이 나왔다.	募集(모집) 사람이나 물품(物品)을 일정한 조건(條件) 아래 널리 구(求)하여 모음 募金(모금) 기부금(寄附金)을 모음 公募(공모) 널리 알려서 사람을 모음		
帽 모자 모 2급	뜻을 나타내는 수건건(巾→옷감, 헝겊)部와 음을 나타내는 冒(모)가 합하여 이루어짐.	帽子(모자) 추위를 막거나 햇볕을 가리거나 예의(禮 　　　儀)·격식(格式)을 갖추거나 모양을 내기 위해 머리에 　　　쓰는, 천이나 짐승의 털·가죽이나 털실 따위로 만든 　　　물건 帽簷(모첨) 모자의 차양		
慕 그릴 모 준3급　常	사모할 慕는 저물 모의 음 및 뜻과 마음의 뜻을 결합한 글자[形聲] 金文字에서 慕는 날이 저물어 해가 서산에 져 돌아올 사람을 생각하는 마음을 나타냈다.	追慕(추모) 죽은 사람을 사모(思慕)함 思慕(사모) 정(情)을 들이고 애틋하게 생각하며 그리워함 欽慕(흠모) 기쁜 마음으로 사모(思慕)함		

暮 저물 모 3급 常	저물 暮는 저물 모(莫)의 음 및 뜻과 해[日]의 뜻을 결합한 글자[形聲] 甲文字에서 暮는 莫과 같은 자로 해가 풀숲으로 들어가는 것을 나타냈다. 이런 자형에서 '저물다'의 뜻이 나왔다.	朝三暮四(조삼모사) 아침에 세 개, 저녁에 네 개라는 뜻으로, 당장 눈앞에 나타나는 차별(差別)만을 알고 그 결과(結果)가 같음을 모름의 비유하거나 간사(奸邪)한 꾀를 써서 남을 속임을 이르는 말	
模 본뜰 모 4급 常	본뜰 模는 나무[木]의 뜻과 꾀할 막(莫)의 음 및 뜻을 결합한 글자[形聲] 小篆字에서 模는 물건을 만들기에 앞서 나무로 미리 깎아 만든 틀을 나타냈다. 이런 자형에서 '본뜨다'의 뜻이 나왔다. 橅(모)는 속자.	模糊(모호) 흐리어 똑똑하지 못함 模樣(모양) 겉으로 나타나는 생김새나 됨됨이	
貌 모양 모 준3급 常	모양 貌는 해태의 뜻과 모습 모의 음 및 뜻을 결합한 글자[形聲] 小篆字에서 貌는 해태의 가면을 쓰고 익살을 부리는 얼굴을 나타냈다. 이런 자형에서 '얼굴'의 뜻이 나왔다. 후에 전성되어 사람의 '모습'으로도 쓰인다.	外貌(외모) 겉으로의 모습, 겉모양, 얼굴모양 變貌(변모) 달라진 모양이나 모습, 모양이나 모습이 달라짐 容貌(용모) 사람의 얼굴모양	
謀 꾀할 모 준3급 常	꾀할 謀는 말씀[言]의 뜻과 아무개 모의 음 및 뜻을 결합한 글자[形聲] 小篆字에서 謀는 누구와 말하며 일을 궁리하는 것을 나타냈다. 이런 자형에서 '꾀하다'의 뜻이 나왔다.	謀免(모면) 어떤 일 따위로부터 꾀를 써서 벗어남 圖謀(도모) 앞으로 할 일을 이루기 위하여 수단(手段)과 방법(方法)을 꾀함 陰謀(음모) 남이 모르게 일을 꾸미는 악(惡)한 꾀	
冒 무릅쓸 모 3급 常	目(목)과 나머지 글자와의 합자(合字). 눈을 물건(物件)으로 가림을 뜻하는 글자[會意]	冒瀆(모독) 권위(權威)나 명예(名譽)나 위신(威信) 등을 떨어뜨리거나 깎아내려 욕되게 하는 것 冒頭(모두) 이야기나 글의 첫머리 冒險(모험) 어떤 일을 위험(危險) 무릅쓰고 하는 것	
摸 본뜰 모 1급	뜻을 나타내는 재방변(扌(=手)→손)部와 음을 나타내는 莫(모)로 이루어짐. 손으로 '더듬다'의 뜻. 또, 摹(모)와 통용(通用)하나 지금은 摹(모)가 거의 쓰이지 않고 摸(모)가 그 뜻을 겸함.	摸倣(모방) 다른 것을 보고 본뜨거나 흉내를 냄 摸索(모색) 좋은 방법(方法)이나 돌파구를 이리저리 생각하여 찾는 것 摸寫(모사) 사물(事物)을 형체(形體) 그대로 그림. 어떤 그림을 본보기로 그와 똑같이 본을 떠서 그림	
牟 늘동자 모 2급	뜻을 나타내는 소우(牛(=牛)→소)部와 음을 나타내며 부수를 제외한 글자 厶(사: 소 울음소리의 상형. 코뚜레의 상형)가 합하여 이루어짐.	釋迦牟尼(석가모니) 불교(佛敎)의 창시자 牟麥(모맥) 모맥(麰麥). 밀과 보리 牟利輩(모리배) 이익을 탐내는 무리	
牡 수컷 모 1급	뜻을 나타내는 소우(牛(=牛)→소)部와 土(토)가 합하여 이루어짐.	牡丹(모란) (본음은 모단)작약과에 속(屬)하는 낙엽(落葉) 활엽(闊葉) 관목(灌木). 중국 원산(原産). 관상용(觀賞用)으로 재배(栽培)하는데, 잎은 크며 늦은 봄에 여러 겹의 붉고 큰 꽃이 핌. 뿌리의 껍질은 약재(藥材)로 씀. 목단	
耗 줄 모 1급	뜻을 나타내는 쟁기뢰(耒→쟁기, 경작)部와 음을 나타내는 毛(모)가 합하여 이루어짐.	消耗品(소모품) 사무(事務)용품(用品) 가운데서 쓰는 대로 닳아 없어지거나 못 쓰게 되는 물품 磨耗(마모) (마찰(摩擦)되는 부분이) 닳아서 작아지거나 없어짐	
謨 꾀할 모 1급	뜻을 나타내는 말씀언(言→말하다)部와 음을 나타내는 莫(모)가 합하여 이루어짐.	謨擬考查(모의고사) 실제(實際)의 시험(試驗)처럼 그를 본떠서 임시(臨時)로 실시(實施)해 보는 시험(試驗) 謨擬裁判(모의재판)	

木 나무 목 8급 常	나무 木은 나무의 모양을 본뜬 글자[象形] 甲文字에서 木은 나무의 줄기와 가지 그리고 땅에 뿌리를 본떴다. 이런 자형에서 '나무'의 뜻이 나왔다.	木版(목판) 나무에 새긴 책판이나 그림판. 목판으로 박은 책. 판각본(板刻本) 木材(목재) 건축(建築)·가구(家具), 그 밖에 여러 가지로 쓰이는 나무로 된 재료(材料)			
目 눈 목 6급 常	눈 目은 눈동자의 모양을 본뜬 글자[象形] 甲文字에서 目은 사람의 눈동자 모양을 본떴다. 이런 자형에서 '눈'의 뜻이 나왔다.	目標(목표) 목적을 이루기 위하여 실제적(實際的) 대상(對象)으로 삼는 것 目的(목적) 이루려 하는 일 注目(주목) 어떤 사물을 주의(注意)해서 봄			
沐 머리감을 목 2급	삼수변(氵(=水, 氺)→물)部와 음을 나타내는 동시에 물을 끼얹는다는 뜻을 나타내기 위한 木(목)으로 이루어짐. '물을 끼얹어 머리를 감다'의 뜻.	沐浴湯(목욕탕) 목욕(沐浴)을 할 수 있도록 모든 설비(設備)를 갖추어 놓은 곳			
牧 칠 목 준4급 常	기를 牧은 소[牛]의 뜻과 칠복의 음 및 뜻을 결합한 글자[形聲] 甲文字에서 牧은 회초리를 들고 소를 보살피는 것을 나타냈다. 이런 자형에서 '기르다'의 뜻이 나왔다.	牧童(목동) 가축을 돌보는 아이 牧者(목자) ① 양을 먹이는 사람 ② 신자(信者)를 이끌어 보살피는 성직자(聖職者)인 목사(牧師)나 신부(神父)를 달리 일컬음 牧畜業(목축업) 가축(家畜)을 많이 기르는 직업(職業) 牧民官(목민관) 지방의 장관			
睦 화목할 목 준3급 常	화목할 睦은 눈[目]의 뜻과 언덕 륙의 음 및 뜻을 결합한 글자[形聲] 小篆字에서 睦은 산언덕이 울룩불룩 하듯이 눈시울을 불그레해서 반갑게 맞이하는 것을 나타냈다.	睦郞廳調(목낭청조): 목씨 성을 가진 낭청. 낭청은 관아의 6품 당하관. 분명하지 않은 태도. 어름어름하면서 얼버무리는 말씨. 和睦(화목) 서로 뜻이 맞고 정다움			
穆 화목할 목 2급	벼화(禾→곡식)와 목(穆에서 禾를 뺀 부분)으로 이루어짐. 나중에 목(穆에서 禾를 뺀 부분=고운 무늬)의 뜻을 取(취)하여 '아름답다'의 뜻으로 쓰이게 됨.	穆如淸風(목여청풍) 화목할 목, 같을 여, 맑을 청, 바람 풍. 心思(심사)와 언행이 溫和(온화)한 모양. 출전 詩經(시경) 大雅(대아) 烝民篇(증민편) 落落穆穆(낙락목목) 성격(性格)이 원만(圓滿)하여 모남이 없음			
沒 빠질 몰 준3급 常	잠길 沒은 물[水]의 뜻과 빠질 몰의 음 및 뜻을 결합한 글자[形聲] 小篆字에서 沒은 물에 깊이 빠진 것을 나타냈다. 이런 자형에서 '잠기다'의 뜻이 나왔다.	沒收(몰수) 물건 따위를 모조리 거둬들임 沒入(몰입) 어떤 일에 온 정신(精神)이 빠짐			
歿 죽을 몰 1급	뜻을 나타내는 죽을사변(歹(=歺)→뼈, 죽음)部와 음을 나타내는 글자(몰)이 합하여 이루어짐.	戰歿(전몰) 싸움을 하다가 죽음			
夢 꿈 몽 준3급 常	꿈 夢은 어두울 몽의 음 및 뜻과 저녁[夕]의 뜻을 결합한 글자[形聲] 小篆字에서 夢은 저녁이 되어 사물을 보지 못함을 나타냈다. 이런 자형에서 '꿈꾸다'의 뜻이 나왔다.	惡夢(악몽) 무섭거나 기괴(奇怪)하거나 불길(不吉)한 꿈 夢遊病(몽유병) 자다가 갑자기 일어나서, 깨었을 적과 마찬가지의 짓을 하다가 다시 자는 병적(病的) 증세(症勢)			
蒙 어두울 몽 준3급 常	어릴 蒙은 풀[艸]의 뜻과 덮을 몽의 음 및 뜻을 결합한 글자[形聲] 甲文字에서 蒙은 사람 몸을 덮어 가린 것을 나타냈다. 이러한 자형에서 '덮다'의 뜻이 나왔다.	啓蒙(계몽) 무식(無識)한 사람이나 어린아이를 깨우쳐 가르침 蒙古(몽고) 유라시아 대륙 중앙부에 있는 인민(人民) 공화국(共和國) 朱蒙(주몽) 동명성왕(東明聖王)의 이름			

<table>
<tr>
<td>卯
넷째 지지 묘
3급 常</td>
<td>토끼 卯는 양쪽 문을 활짝 열어 놓은 모양을 본뜬 글자[象形]
甲文字에서 卯는 문을 열어 봄을 맞이하는 모양을 본떴다. 이런 자형에서 '문 열다'의 뜻이 나왔으나, 가차되어 '넷째 地支'(토끼)의 뜻으로 쓰인다.</td>
<td>卯年(묘년) 해의 지지(地支)가 '묘'로 된 해. 계묘년, 신묘년 따위</td>
<td></td>
</tr>
<tr>
<td>妙
묘할 묘
4급 常</td>
<td>묘할 妙는 여자[女]와 젊다[少]의 뜻을 결합한 글자[會意]
小篆字에서 妙는 소녀의 순진한 마음과 아름다운 외모를 나타냈다. 이런 자형에서 '묘하다', '예쁘다'의 뜻이 나왔다.</td>
<td>美妙(미묘) 아름답고 묘함
巧妙(교묘) 솜씨나 꾀가 재치 있고 약삭빠름
妙案(묘안) 좋은 생각</td>
<td></td>
</tr>
<tr>
<td>苗
모 묘
3급 常</td>
<td>모종 苗는 풀과 밭[田]의 뜻을 결합한 글자[會意]
小篆字에서 苗는 밭에서 돋아나는 싹을 나타냈다. 이런 자형에서 '모종'의 뜻이 나왔다.</td>
<td>種苗(종묘) 씨나 싹을 심어서 묘목(苗木)을 가꾸는 것
苗木(묘목) 木本(목본) 식물(植物)의 모종. 이식하기 전의 어린 나무</td>
<td></td>
</tr>
<tr>
<td>墓
무덤 묘
4급 常</td>
<td>무덤 墓는 저물 모(莫)의 음 및 뜻과 흙[土]의 뜻을 결합한 글자[形聲]
小篆字에서 墓는 풀숲 주위 해가 비치는 곳에 장사지내고 흙더미를 쌓아 놓은 것을 나타냈다.</td>
<td>省墓(성묘) 조상(祖上)의 산소(山所)에 가서 인사를 드리고 산소(山所)를 살피는 일
墓碑(묘비) 죽은 사람의 신분(身分), 성명(姓名), 행적(行蹟), 자손, 나고 죽은 때 등을 새긴, 무덤 앞에 세우는 비석
墓地(묘지) 무덤이 있는 땅</td>
<td></td>
</tr>
<tr>
<td>廟
사당 묘
3급 常</td>
<td>사당 廟는 집의 뜻과 조정 조(朝)의 음 및 뜻을 결합한 글자[形象]
金文字에서 廟는 역대 제왕의 위패를 모시고 제사 지내는 집을 나타냈다. 이런 자형에서 '사당'의 뜻이 나왔다.</td>
<td>宗廟(종묘) 조선시대에, 역대(歷代) 임금과 왕비(王妃)의 위패(位牌)를 모시던 왕실(王室)의 사당(祠堂)
宗廟社稷(종묘사직) 왕실(王室)과 나라를 함께 이르는 말</td>
<td></td>
</tr>
<tr>
<td>描
그릴 묘
1급</td>
<td>재방변(扌(=手)→손)部와 음을 나타내는 동시에 '베껴 그리다'의 뜻(=模(모))을 나타내기 위한 苗(묘)로 이루어짐. '손으로 그리다'의 뜻</td>
<td>描寫(묘사) 사물을 있는 그대로 그려 냄, 그려 내듯이 글을 씀
素描(소묘) 어떤 물건의 형상(形象)·색조(色調)·명암(明暗) 등을 나타내기 위하여 선(線)이나 점으로 그린 그림</td>
<td></td>
</tr>
<tr>
<td>猫
고양이 묘
1급</td>
<td>개사슴록변(犭(=犬)→개)部와 음을 나타내는 苗(묘)가 합하여 이루어짐</td>
<td>猫頭懸鈴(묘두현령) 고양이 목에 방울 달기라는 속담(俗談)의 한역으로, 불가능(不可能)한 일을 의논(議論)함을 이르는 말</td>
<td></td>
</tr>
<tr>
<td>昴
별 이름 묘
2급</td>
<td>뜻을 나타내는 날일(日→해)部와 음을 나타내는 卯(묘)가 합하여 이루어짐</td>
<td>昴星旗(묘성기) 조선시대 때의 의장기(儀仗旗)의 하나. 묘성(昴星)을 상징(象徵)하는 삼각기(三角旗)로 대가(大駕)·법가(法駕)가 나갈 때 뒤에 따랐음</td>
<td></td>
</tr>
<tr>
<td>杳
아득할 묘
1급</td>
<td>木 밑에 日이 있어 日出(일출) 전과 日沒(일몰) 후 어두움의 뜻</td>
<td>杳冥(묘명) 어둠침침하고 아득함</td>
<td></td>
</tr>
<tr>
<td>渺
아득할 묘
1급</td>
<td>물수(水(氵, 氺)→물)部와 나머지 글자 眇(묘)와의 합자(合字). 수면이 끝없이 넓음의 뜻</td>
<td>渺然(묘연) 멀리 넓고 아득함</td>
<td></td>
</tr>
</table>

戊 천간 무 3급 | 常	도끼 戊는 칼날이 넓은 도끼의 모양을 본뜬 글자[象形] 甲文字에서 戊는 초승달처럼 생긴 넓은 날이 달린 도끼를 본떴다. 이런 자형에서 '도끼'의 뜻이 나왔다. 후에 가차되어 '다섯 번째 天子'의 뜻으로 쓰인다.	戊午士禍(무오사화) 조선 연산군(燕山君) 4년(1498) 유자광의 무리인 훈구파가 사초 『조의제문』으로 사림파를 모함(謀陷)하여 이미 죽은 김종직을 부관참시하고 김일손을 비롯한 많은 선비들을 죽인 사건			
茂 무성할 무 준3급 | 常	무성할 茂는 풀[艸]의 뜻과 무성할 무(戊)의 음 및 뜻을 결합한 글자[形聲] 小篆字에서 茂는 풀이 무성한 것을 나타냈다. 이런 자형에서 '무성하다'의 뜻이 나왔다.	茂盛(무성) 풀이나 나무 따위가 우거지어 성(盛)함			
武 호반 무 준4급 | 常	군사 武는 창과 그치다[止]의 뜻을 결합한 글자[會意] 甲文字에서 武는 창으로 침범하는 적을 그치게 하는 것을 나타냈다. 이런 자형에서 '군사'의 뜻이 나왔다.	武器(무기) 전쟁(戰爭)에 쓰이는 온갖 기구 核武器(핵무기) 원자핵(原子核)이 분열(分裂), 융합(融合)할 때 생기는 힘을 이용(利用)한 무기(武器) 武裝(무장) 전투(戰鬪)를 할 수 있도록 갖추어 차린 장비			
務 힘쓸 무 준4급 | 常	힘쓸 務는 창 모의 음 및 뜻과 치자와 힘의 뜻을 결합한 글자[形聲] 小篆字에서 務는 전력을 다해 일을 추진해 나가는 것을 나타냈다. 이런 자형에서 '힘쓰다'의 뜻이 나왔다.	公務員(공무원) 공공 단체의 사무(事務)를 담당(擔當)하는 사람 業務(업무) 직장(職場)에서 의무(義務)나 직분(職分)에 따라 맡아서 하는 일 勤務(근무) (직장에 적을 두고) 직무(職務)에 종사하는 것			
無 없을 무 5급 | 常	없을 無는 사람이 두 손에 나뭇가지를 들고 춤추는 모양을 본뜬 글자[象形] 文字에서 無는 사람이 짐승의 꼬리를 잡고 춤추는 모양을 본떴고, 小篆字에서는 나무가 크고 많은 것을 나타냈다.	無視(무시) 존재(存在)나 있는 값어치를 알아주지 아니함 無責任(무책임) 책임(責任)이 없음 無條件(무조건) 어떤 일을 함에 있어서 아무런 조건이 없음			
貿 무역할 무 준3급 | 常	무역할 貿는 무성할 묘(卯)의 음 및 뜻과 조개[貝]의 뜻을 결합한 글자[形聲] 金文字에서 貿는 재화를 많이 사고팔며 바꾸는 일을 나타냈다. 이런 자형에서 '무역하다'의 뜻이 나왔다.	貿易(무역) 나라와 나라 사이에 상품(商品)을 사고팔고 하는 일			
舞 춤출 무 4급 | 常	춤출 舞는 춤출 무(無)의 음 및 뜻과 '발 어긋나다'의 뜻을 결합한 글자[形聲] 甲文字에서 舞는 無자로 사람이 나뭇가지를 들고 춤추는 것을 나타냈으나, '없다'의 뜻으로 전성되자 小篆字에서 舛를 첨가하여 뜻을 분명히 했다. 이런 자형에서 '춤추다'의 뜻이 나왔다.	舞臺(무대) 노래, 춤, 연극 따위를 하기 위하여 마련된 곳 舞踊(무용) 춤 鼓舞(고무) ① 북을 쳐 춤을 추게 함 ② 격려(激勵)하여 기세(氣勢)를 돋움, 부추겨 용기(勇氣)가 생기게 함			
霧 안개 무 3급 | 常	안개 霧는 비[雨]의 뜻과 힘쓸 무(務)의 음 및 뜻을 결합한 글자[形聲] 小篆字에서 霧는 비가 올 때 수증기가 냉기를 만나 작은 방울을 이루는 것을 나타냈다. 이런 자형에서 '안개'의 뜻이 나왔다.	霧散(무산) ① 안개가 걷힘 ② 안개가 걷히는 것처럼 흔적 없이 사라짐 五里霧中(오리무중) 짙은 안개가 5리나 끼어 있는 속에 있다는 뜻으로, 일의 갈피를 잡기 어려움			
畝 이랑 무 1급 |	'묘'라고 많이 읽음. 뜻을 나타내는 밭전(田→밭)部와 음을 나타내는 每(매)로 이루어짐.	畝(묘, 무) 넓이의 단위(單位), 곧 30평(坪). 단(段)의 십분의 일 頃畝法(경무법) 중국(中國)에서 토지(土地)를 측량(測量)할 때 쓰던 면적(面積) 단위법			
毋 말 무 1급 |	母에 一(일)을 더하여 여자를 범하는 자를 一로 금지함의 뜻.	毋論(무론) 물론(勿論)			

<table>
<tr>
<td>巫
무당 무
1급</td>
<td>무당이 춤출 때 소매의 모양을 본뜸.</td>
<td>巫堂(무당) 귀신을 섬겨 길흉을 점치고 굿을 하는 것을 업으로 하는 여자
巫覡(무격) 무당과 박수(남자무당)</td>
<td></td>
</tr>
<tr>
<td>憮
놀랄 무
1급</td>
<td>怃의 본자(本字). 뜻을 나타내는 심방변(忄(=心, 㣺)→마음, 심장)部와 음을 나타내는 無(무)가 합하여 이루어짐.</td>
<td>憮然(무연) 멍한 모양, 실의(失意)한 모양, 놀란 모양.</td>
<td></td>
</tr>
<tr>
<td>拇
엄지손가락 무
1급</td>
<td>뜻을 나타내는 재방변(扌(=手)→손)部와 음을 나타내는 母(모)가 합하여 이루어짐.</td>
<td>拇指(무지) 엄지손가락</td>
<td></td>
</tr>
<tr>
<td>撫
어루만질 무
1급</td>
<td>뜻을 나타내는 재방변(扌(=手)→손)部와 음을 나타내는 동시에 표면을 '문지르다'의 뜻(=摩(마))을 나타내는 無(무)로 이루어짐. 손으로 쓰다→'위안하다'의 뜻.</td>
<td>賑撫(진무) 도와주어 위로함
愛撫(애무) 사랑하여 어루만짐</td>
<td></td>
</tr>
<tr>
<td>蕪
거칠 무
1급</td>
<td>풀을 뜻하는 초두머리(艹(=艸)→풀, 풀의 싹)部와 음을 나타내는 無(무)가 합하여 '순무(십자화과의 채소)'를 뜻함.</td>
<td>荒蕪地(황무지) 거친 땅</td>
<td></td>
</tr>
<tr>
<td>誣
속일 무
1급</td>
<td>뜻을 나타내는 말씀언(言→말하다)部와 음을 나타내는 巫(무)가 합하여 이루어짐.</td>
<td>誣告(무고) 없는 사실(事實)을 거짓으로 꾸며 고소(告訴)하거나 고발(告發)하는 것</td>
<td></td>
</tr>
<tr>
<td>墨
먹 묵
준3급 常</td>
<td>먹 墨은 검다[黑]와 흙[土]의 뜻을 결합한 글자[會意]
金文字에서 墨은 옛날 토석 중에 검은 재질을 먹으로 사용한 것을 나타냈다. 이런 자형에서 '먹'의 뜻이 나왔다.</td>
<td>水墨畵(수묵화) 동양화(東洋畵)의 일종(一種). 채색(彩色)을 쓰지 아니하고 먹의 짙고 옅은 정도(程度)에 따라서 그린 그림
近墨者黑(근묵자흑) 먹을 가까이하면 검어진다는 뜻으로, 나쁜 사람을 가까이하면 그 버릇에 물들기 쉽다는 말</td>
<td></td>
</tr>
<tr>
<td>黙
묵묵할 묵
확장 常</td>
<td>조용할 黙은 어두울 흑(黑)의 음 및 뜻과 개[犬]의 뜻을 결합한 글자[形聲]
小篆字에서 黙은 개가 짖지 않고 묵묵히 사람을 따라 가는 것을 나타냈다. 이런 자형에서 '조용하다'의 뜻이 나왔다.</td>
<td>黙認(묵인) 모르는 체하고 하려는 대로 내버려 둠으로써 슬며시 승인함
黙想(묵상) 눈을 감고 말없이 마음속으로 생각함
黙祕權(묵비권) 피고인(被告人)이나 피의자가 심문에 대하여 자기에게 불리한 진술을 강요(强要)당하지 않는 권리</td>
<td></td>
</tr>
<tr>
<td>文
글월 문
7급 常</td>
<td>글월 文은 사람 몸의 문양을 본뜬 글자[象形]
甲文字에서 文은 사람 몸에 음양의 무늬를 본떴다. 이런 자형에서 '문양'의 뜻이 나왔다. 후에 전성되어 '글'의 뜻으로도 쓰인다.</td>
<td>文學(문학) 사상이나 감정을 언어로 표현한 예술. 또는 그린 작품
文化(문화) 자연 상태에서 벗어나 일정한 목적 또는 생활 이상을 실현하고자 사회 구성원에 의하여 습득, 공유, 전달되는 행동 양식이나 생활양식의 과정</td>
<td></td>
</tr>
<tr>
<td>門
문 문
8급 常</td>
<td>문(門)은 두 개의 문짝 모양을 본뜬 글자[象形]
甲文字에서 門은 사람이 출입할 수 있는 두 개의 문짝 모양을 본떴다. 이런 자형에서 '문'의 뜻이 나왔다.</td>
<td>部門(부문) 갈라놓은 부류(部類)
專門(전문) 한 가지의 학문(學問)이나 사업(事業)에만 전적으로 전심함
窓門(창문) 공기(空氣)나 빛이 들어올 수 있도록 벽에 만들어 놓은 작은 문</td>
<td></td>
</tr>
</table>

口

한자	자원(字源)	용례(用例)			
問 물을 문 7급 | 常	물을 問은 문 문(門)의 음 및 뜻과 입[口]의 뜻을 결합한 글자[形聲] 甲文字에서 問은 문밖에 나아가 찾아온 손님에게 안부나 소식을 묻는 것을 나타냈다. 이런 자형에서 '묻다'의 뜻이 나왔다.	問題(문제) 대답(對答), 해답(解答) 따위를 얻으려고 낸 물음 疑問(의문) 의심(疑心)하여 물음 諮問(자문) 어떤 일을 좀 더 효율적이고 바르게 처리하려고 그 방면의 전문가나 전문가들로 이루어진 기구에 의견을 물음			
聞 들을 문 6급 | 常	들을 聞은 문 문(門)의 음 및 뜻과 귀[耳]의 뜻을 결합한 글자[形聲] 金文字에서 聞은 소리를 듣는 문의 구실을 하는 귀를 나타냈다. 이런 자형에서 '듣다'의 뜻이 나왔다.	新聞(신문) 새로운 소식(消息)이나 비판(批判)을 신속(迅速)하게 보도(報道)하는 정기(定期) 간행물(刊行物) 聽聞會(청문회) 어떤 문제에 대하여 내용을 듣고 그에 대하여 물어보는 모임 所聞(소문) 들려오는 떠도는 말			
紊 어지러울 문 2급	뜻을 나타내는 실사(糸→실타래)部와 음을 나타내는 文(문)이 합하여 이루어짐.	紊亂(문란) 도덕(道德)이나 질서(秩序), 규칙(規則) 등이 어지러움			
汶 물 이름 문 2급	삼수변(氵(=水, 氺)→물)部와 음을 나타내는 文(문)으로 이루어짐. 강의 이름, 또 紛(분)과 통하여 어지러움→'수치'의 뜻으로도 쓰임.	汶山(문산) 경기도(京畿道) 파주시(坡州市)의 한 읍(邑)			
蚊 모기 문 1급	뜻을 나타내는 벌레충(虫→뱀이 웅크린 모양, 벌레)部와 음을 나타내는 文(문)이 합하여 이루어짐	蚊蠅(문승) 모기와 파리 見蚊拔劍(견문발검) 모기를 보고 칼을 뺀다는 뜻으로, ① 보잘것없는 작은 일에 지나치게 큰 대책(對策)을 세움 ② 조그만 일에 화를 내는 소견(所見)이 좁은 사람			
紋 무늬 문 준3급	뜻을 나타내는 실사(糸→실타래)部와 음을 나타내는 동시에 '무늬'의 뜻을 가진 文(문)으로 이루어짐. 실로 짜서 나타낸 무늬→'무늬'의 뜻.	指紋(지문) 사람이나 원숭이의 손가락 끝 안쪽에 이루어진 살갗의 무늬 紋樣(문양) 무늬의 모양			
勿 말 물 준3급 | 常	말 勿은 깃발의 모양을 본뜬 글자[象形] 金文字에서 勿은 고대 사대부 집에 꽂았던 깃발이었으나 후에 위급한 일을 당할 때 깃발의 색으로 위험을 나타냈다.	勿忘草(물망초) 높이는 20~30㎝이며, 잎은 길둥근꼴로 어긋맞게 나고, 봄·여름에 남색의 작은 꽃이 총상 꽃차례로 핌			
物 물건 물 7급 | 常	사물 物은 소[牛]의 뜻과 말물(勿)의 음을 결합한 글자[形聲] 甲文字에서 物은 소를 잡을 때 칼에 피가 묻어 나온 것을 나타냈으나, 小篆字에서 刀가 勿로 바뀌어 음을 나타내게 되었다. 이런 자형에서 '사물'의 뜻이 나왔다.	博物館(박물관) 고고학적 자료, 역사적 유물, 예술품, 그 밖의 학술 자료를 수집·보존·진열하고 일반에게 전시하여 학술 연구와 사회 교육에 기여할 목적으로 만든 시설 人物(인물) ① 사람 ② 뛰어난 사람, 인재(人材)			
未 아닐 미 4급 | 常	아닐 未는 나뭇가지가 무성한 모양을 본뜬 글자[象形] 甲文字에서 未는 나무에 가지를 더 그려 무성한 모양을 본떴다. 이런 자형에서 '무성하다'의 뜻으로 쓰이며, 干支의 여덟째 地支로 쓰인다.	未洽(미흡) 아직 넉넉하지 못함, 흡족(洽足)하지 못함 未來(미래) 아직 오지 않은 때 未滿(미만) 정(定)한 수효(數爻)나 정도(程度)에 차지 못함 未熟(미숙) ① 열매가 채 익지 못함 ② 일에 서툶			
米 쌀 미 6급 | 常	쌀 米는 벼의 낱알을 본뜬 글자[象形] 金文字에서 米는 쌀의 낟알이 흩어져 있는 모양을 본떴다. 이런 자형에서 '쌀'의 뜻이 나왔다.	白米(백미) 흰 쌀 米穀(미곡) 쌀 또는 쌀을 포함(包含)한 다른 곡식(穀食) 精米所(정미소) 방앗간. 쌀 찧는 일을 전문적으로 하는 곳			

한자	자원(字源)	용례(用例)	
尾 꼬리 미 준3급 | 常	꼬리 尾는 몸과 털의 뜻을 결합한 글자[會意] 金文字에서 尾는 고대 춤추는 축제 때 짐승을 흉내 내기 위하여 사람 몸의 뒤에 털로 만든 장식물을 늘어뜨린 것을 나타냈다. 이런 자형에서 '꼬리'의 뜻이 나왔다.	去頭截尾(거두절미) 머리와 꼬리를 잘라버린다는 뜻으로, ① 앞뒤의 잔사설을 빼놓고 요점(要點)만을 말함 ② 앞뒤를 생략(省略)하고 본론(本論)으로 들어감 龍頭蛇尾(용두사미) 머리는 용이고 꼬리는 뱀이라는 뜻으로, 시작(始作)은 좋았다가 갈수록 나빠짐의 비유(比喩)	
味 맛 미 준4급 | 常	맛 味는 입[口]의 뜻과 무성할 미(未)의 음 및 뜻을 결합한 글자[形聲] 小篆字에서 味는 잘 익은 과실을 입으로 먹어보는 것을 나타냈다. 이런 자형에서 '맛보다'의 뜻이 나왔다.	意味(의미) 말이나 글이 지니는 뜻, 내용 興味(흥미) 어떠한 사물에 대한 특별(特別)한 관심(關心)을 기울이는 감정(感情) 趣味(취미) 마음에 끌려 일정한 방향(方向)으로 쏠리는 흥미	
美 아름다울 미 6급 | 常	아름다울 美는 양[羊]과 크다[大]의 뜻을 결합한 글자[會意] 甲文字에서 美는 양이 크고 살찐 것을 나타냈다. 이런 자형에 전성되어 '아름답다'의 뜻으로 쓰인다.	美俗(미속)=미풍(美風), 아름다움 풍속 美術(미술) 공간(空間) 및 시각(視覺)의 아름다움을 표현(表現)하는 예술 美貌(미모) 아름다운 얼굴 모습	
眉 눈썹 미 3급 | 常	눈썹 眉는 사람의 눈썹 모양을 본뜬 글자[象形] 甲文字에서 眉는 사람의 눈과 눈썹의 모양을 본떴다. 이런 자형에서 '눈썹'의 뜻이 나왔다.	白眉(백미) 중국(中國) 蜀(촉)나라 馬良(마량)의 5형제(兄弟) 중(中) 흰 눈썹이 섞인 良(양)의 재주가 가장 뛰어나다는 데서 온 말로, 여럿 중(中)에서 가장 뛰어난 사람이나 물건(物件)을 이르는 말	
迷 미혹할 미 3급 | 常	길 잘못들 迷는 쉬엄쉬엄 가다의 뜻과 낱알 米의 음 및 뜻을 결합한 글자[形聲] 金文字에서 迷는 사람이 사통팔달에 처하여 어디로 가야 할지 방향을 잡을 수 없는 것을 나타냈다. 이런 자형에서 '길 잘못 들다'의 뜻이 나왔다.	迷惑(미혹) 마음이 흐려서 무엇에 홀림 迷兒(미아) 길을 잃고 헤매는 아이 昏迷(혼미) 정신(精神)이 흐리고 멍하게 됨	
微 작을 미 준3급 | 常	작을 微는 '자축거리다'의 뜻과 자잘할 미의 음 및 뜻을 결합한 글자[形聲] 石文字에서 微는 은밀히 걷고 가볍게 행동하는 것을 나타냈다. 이런 자형에서 '작다'의 뜻이 나왔다.	微生物(미생물) 현미경으로나 볼 수 있는 썩 작은 생물 微妙(미묘) 섬세(纖細)하고 묘(妙)함 幾微(기미) 앞일에 대한 다소 막연(漠然)한 예상(豫想)이나 짐작(斟酌)이 들게 하는 어떤 현상(現象)이나 상태. 김새 微細(미세) 매우 작음	
媚 아첨할, 예쁠 미 1급	뜻을 나타내는 계집녀(女→여자)部와 음을 나타내는 眉(미)가 합하여 이루어짐.	媚笑(미소) (남의 귀염이나 사랑을 받으려고) 아양을 부리며 곱게 웃는 웃음	
彌 두루 미 2급	활궁(弓→활)과 오래 끈다는 뜻을 가진 爾(이→미)는 변음(變音))가 합하여 이루어짐. 본디는 玺(새)를 덧붙여 彌(미)로 썼음, 본디 뜻은 '활시위를 느슨하게 함'을 이름.	彌勒(미륵) ① 미륵(彌勒) 보살(菩薩)의 준말 ② 돌부처 須彌山(수미산) 불교(佛敎)의 우주관(宇宙觀)에서 세계(世界)의 중앙(中央)에 솟아 있다는 산	
薇 장미 미 1급	풀을 뜻하는 초두머리(艹(=艸)→풀, 풀의 싹)部와 음을 나타내는 微(미)가 합하여 '고비(다년생 양치식물)'를 뜻함.	薔薇(장미) 장미과(薔薇科)의 낙엽(落葉) 관목(灌木). 높이 2~3m, 가지와 가시가 많음. 오뉴월에 여러 빛깔의 고운 꽃이 핌. 종류(種類)가 썩 많음	
靡 쓰러질 미 1급	뜻을 나타내는 아닐비(非→어긋나다, 아니다)部와 음을 나타내는 麻(마)가 합하여 이루어짐.	一世風靡(일세풍미) 그 시대의 사람들을 그 일에 쏠리게 함. 풀이 바람에 몰려 한쪽으로 쓰러지듯이 위세(威勢)에 딸려서 저절로 복종(服從)함을 이르는 말	

民 백성 민 8급 | 常	백성 民은 초목의 싹이 돋아나는 모양을 본뜬 글자[象形] 金文字에서 民은 뾰족한 물건으로 눈을 찔린 맹인 같은 어리석은 사람을 나타냈다. 小篆字에서는 땅에서 돋아 오른 초목처럼 임금에게 잘 순종하는 아랫사람을 나타냈다.	國民(국민) 나라 백성(百姓) 大韓民國(대한민국) 아시아 대륙(大陸) 동북부의 한반도(韓半島)에 위치하고 있는 민주 공화국				
敏 민첩할 민 3급 | 常	빠를 敏은 풀무성할 매(每)의 음 및 뜻과 '치다'의 뜻을 결합한 글자[形聲] 甲文字에서 敏은 풀이 빨리 자라도록 회초리로 재촉하는 것을 나타냈다. 이런 자형에서 '빠르다'의 뜻이 나왔다.	敏感性(민감성) 사물에 대하여 재빠르고 날카롭게 느끼는 성질 銳敏(예민) 감각(感覺), 행동(行動), 재치, 느낌 따위가 날카롭고 민첩(敏捷)함				
憫 민망할 민 3급 | 常	불쌍히 여길 憫은 마음의 뜻과 조문할 민(閔)의 음 및 뜻을 결합한 글자[形聲] 小篆字에서 憫은 초상당한 사람을 문에서 조문하는 마음을 나타냈다. 이런 자형에서 '불쌍히 여기다'의 뜻이 나왔다.	憐憫(연민) 가엾어 함 憫惘(민망) 답답하고 딱하여 안타까움				
悶 번민할 민 1급	뜻을 나타내는 마음심(心(=忄, 㣺)→마음, 심장)部와 음을 나타내는 門(문→민이 음을 나타냄)이 합하여 이루어짐.	苦悶(고민) 괴로워하고 번민(煩悶)함 煩悶(번민) 마음이 답답하여 괴로워함				
旻 하늘 민 2급	뜻을 나타내는 날일(日→해)部와 음을 나타내는 文(문: 閔(민)과 통하여, '가련하게 여기다'의 뜻. 만물이 시들어 떨어지는 슬픈 계절인 가을의 하늘이 합하여 이루어짐.	旻天(민천) ① 가을 하늘 ② 하늘				
玟 옥돌 민 2급	뜻을 나타내는 구슬옥변(玉(=玉, 王)→구슬)과 음을 나타내는 동시에 '곱다'의 뜻을 가진 文(문·민)으로 이루어짐. 玉(옥) 다음으로 아름다운 돌.	玟坏釉(민배유) 자기(瓷器)의 겉에 발라서 윤을 내고, 물이 스며들지 않게 하는 유리 성질(性質)의 가사				
閔 위문할 민 2급	문문(門→두 짝의 문, 문중·일가)部와 음을 나타내는 동시에 '가엾게 여기다'의 뜻(=愍(민))을 나타내기 위한 文(문·민)으로 이루어짐. 문중에 불행한 일이 있다→'가엾게 여기다'의 뜻.	閔哀王(민애왕) 신라(新羅) 44대 임금. 성은 김(金). 이름은 명(明). 838년 상대등(上大等)으로 있으면서 이 홍(李弘)과 함께 난을 일으켜 왕위(王位)에 올랐으나 이듬해 45대 신무왕(神武王)에게 살해(殺害)됨				
密 빽빽할 밀 준4급 | 常	(빽빽할 密은 빽빽할 밀의 음 및 뜻과 산의 뜻을 결합한 글자[形聲] 金文字에서 密은 산에 나무가 빽빽하게 서 있는 것을 나타냈다. 이런 자형에서 '빽빽하다'의 뜻이 나왔다.	緻密(치밀) 자세(仔細)하고 꼼꼼함 精密(정밀) 가늘고 촘촘함, 아주 잘고 자세(仔細)함				
蜜 꿀 밀 3급 | 常	꿀 蜜은 빽빽할 밀의 음 및 뜻과 벌레의 뜻을 결합한 글자[形聲] 小篆字에서 蜜은 벌이 촘촘히 지은 집에 꿀을 저장하는 것을 나타냈다. 이런 자형에서 '꿀'의 뜻이 나왔다.	蜜蠟(밀랍) 꿀을 짜낸 찌꺼기를 끓여 만든 기름 蜂蜜(봉밀) 벌꿀				
謐 고요할 밀 1급	뜻을 나타내는 말씀언(言→말하다)部와 음을 나타내는 부수를 제외한 글자 필(→밀로 바뀜)이 합하여 이루어짐.	靜謐感(정밀감) ① 고요하고 편안(便安)함 ② 세상(世上)이 태평(太平)함				

朴 순박할 박 6급 | 常	순박할 朴은 나무[木]의 뜻과 점칠 복의 음 및 뜻을 결합한 글자[形聲] 甲文字에서 朴은 나무껍질이 거북의 등처럼 줄이 져 투박한 것을 나타냈다. 이런 자형에서 '순박하다'의 뜻이 나왔다.	朴家粉(박가분) 1916~1937년에 박승직이 만든 분의 상품(商品) 이름 素朴(소박) 검소하고 꾸밈이 없음
泊 닦칠 박 3급 | 常	얇을 泊은 물의 뜻과 흰 백(白)의 음 및 뜻을 결합한 글자[形聲] 小篆字에서 泊은 물이 얕아 속이 투명하게 보이는 곳을 나타냈다. 이런 자형에서 '얇다'의 뜻이 나왔다. 후에 전성되어 '배대다'의 뜻으로 쓰인다.	碇泊(정박) 배가 닻을 내리고 머무름 宿泊(숙박) 여관(旅館)이나 주막(酒幕)에 들어 밤을 자고 머무름
拍 칠 박 4급 | 常	손뼉 칠 拍은 손의 뜻과 일백 백의 음 및 뜻을 결합한 글자[形聲] 金文字에서 拍은 손으로 가볍게 자주 치는 것을 나타냈다. 이런 자형에서 '손뼉 치다'의 뜻이 나왔다.	拍子(박자) 음악(音樂)에 있어서 곡조(曲調)의 진행(進行)하는 시간(時間)을 헤아리는 단위(單位)
迫 닦칠 박 3급 | 常	닦칠 迫은 '쉬엄쉬엄 가다'의 뜻과 흰 백(白)의 음 및 뜻을 결합한 글자[形聲] 小篆字에서 迫은 나쁜 일이 분명히 다가오는 것을 나타냈다. 이런 자형에서 '닦쳐오다'의 뜻이 나왔다.	迫力(박력) 힘차게 밀고 나가는 힘
博 넓을 박 준4급 | 常	넓을 博은 열의 뜻과 펼 부의 음 및 뜻을 결합한 글자[形聲] 金文字에서 博은 많은 것을 손으로 펼치는 것을 나타냈다. 이런 자형에서 '넓다'의 뜻이 나왔다.	博覽會(박람회) 생산물의 개량발전 및 산업의 진흥을 꾀하기 위하여 농업, 상업, 공업 따위에 관한 온갖 물품을 모아 벌여 놓고 판매, 선전, 우열 심사를 하는 전람회 博士(박사) 대학에서 수여하는 가장 높은 학위 또는 그 학위를 딴 사람
薄 엷을 막 준3급 | 常	얇을 薄은 풀의 뜻과 두루 부의 음 및 뜻을 결합한 글자[形聲] 金文字에서 薄은 창으로 넓게 펴는 것을 나타냈으나, 小篆字에서는 풀과 물이 널리 펴진 것을 나타냈다. 이런 자형에서 '얇다'의 뜻이 나왔다.	薄德(박덕) 얇은 심덕. 적은 덕행(德行) 薄力粉(박력분) 메진 밀가루
舶 배 박 2급	뜻을 나타내는 배주(舟→쪽배)部와 음을 나타내는 白(백→박으로 바뀜)이 합하여 이루어짐.	船舶(선박) 배를 전문(專門) 용어(用語)로서 이르는 말. 특(特)히, 상당(相當)히 큰 규모(規模)로 만들어진 배를 가리킴
剝 벗길 박 1급	선칼도방(刂(=刀)→칼, 베다, 자르다)部와 음을 나타내는 부수를 제외한 글자 록(→박으로 바뀜)이 합하여 이루어짐.	剝奪感(박탈감) 박탈당하였다고 여기는 느낌이나 기분(氣分) 剝製(박제) 동물(動物)의 내장(內臟)을 발라내고 안에 솜이나 대팻밥 등을 넣어 살아 있을 때와 같은 모양으로 만드는 일
搏 두드릴 박 1급	뜻을 나타내는 재방변(扌(=手)→손)部와 음을 나타내는 甫(보→박으로 바뀜)가 합하여 이루어짐.	龍虎相搏(용호상박) 용과 호랑이가 서로 싸운다는 뜻으로, 두 강자(強者)가 서로 승패(勝敗)를 다툼을 이르는 말 脈搏(맥박) 심장(心臟)이 오므라졌다 펴졌다 함에 따라 뛰는 맥

한자	자원 풀이	용례		
撲 칠 박 1급	재방변(扌(=手)→손)部와 음을 나타내는 동시에 쳤을 때 나는 소리를 나타내는 부수를 제외한 글자 業(복)으로 이루어짐. 손으로 '때리다'의 뜻.	打撲傷(타박상) 맞거나 부딪쳐서 난 상처(傷處) 撲滅(박멸) (해(害)로운 벌레 따위를) 죽여서 없애는 것		
樸 순박할 박 1급	뜻을 나타내는 木(목→나무)部와 음을 나타내는 부수를 제외한 글자 業(복)이 합하여 이루어짐.	淳樸(순박) 소박(素朴)하고 순진(純眞)함 樸厚(박후) (인품(人品)이) 후하고 소박(素朴)함		
珀 호박 박 1급	뜻을 나타내는 구슬옥변(玉(=玉, 王)→구슬)部와 음을 나타내는 白(백)이 합하여 이루어짐.	琥珀(호박) 지질시대의 나무의 송진(松津) 따위가 땅속에 파묻혀서 돌처럼 굳어진 광물(鑛物). 대개 누른빛을 띠고, 윤이 나며 투명(透明)함		
箔 발 박 1급	뜻을 나타내는 대죽(竹→대나무)部와 음을 나타내는 泊(박)이 합하여 이루어짐.	金箔(금박) 금을 두드려 종이처럼 아주 얇게 늘인 물건		
粕 지게미 박 1급	뜻을 나타내는 쌀미(米→쌀)部와 음을 나타내는 白(백→박으로 바뀜)이 합하여 이루어짐.	酒粕(주박) 지게미. 술을 거르고 남은 찌꺼기		
縛 얽을 박 1급	뜻을 나타내는 실사(糸→실타래)部와 음을 나타내는 부수를 제외한 글자 부(→박으로 바뀜)가 합하여 이루어짐.	束縛(속박) 어떤 행위(行爲)를 자유(自由)로이 못하도록 얽어매거나 제한(制限)을 더함. 얽어맴, 묶음 捕縛(포박) 잡아 묶음		
膊 팔뚝 박 1급	뜻을 나타내는 육달월(月(=肉)→살, 몸)部와 음을 나타내는 부수를 제외한 글자 부(→박으로 바뀜)가 합하여 이루어짐.	肩膊(견박) 어깨의 바깥쪽 상박(上膊)의 웃머리. 곧 견갑 관절(肩胛關節)의 어름 膊筋(박근) 팔근육		
駁 논박할 박 1급	뜻을 나타내는 말마(馬→말)部와 음을 나타내는 爻(효→박으로 바뀜)가 합하여 이루어짐.	論駁(논박) (어떤 주장(主張)이나 견해(見解)를) 논(論)하여 잘못을 말하는 것 反駁(반박) 남의 의견(意見)에 반대(反對)하여 논박(論駁)함		
反 돌이킬 반 6급 常	돌이킬 反은 기울어지는 물건을 손으로 되돌린 것을 가리킨 글자[指事] 甲文字에서 反은 기울어지려는 물건을 원상태로 돌려놓은 것을 나타냈다. 이런 자형에서 '돌이키다'의 뜻이 나왔다.	反對(반대) 두 사물이 맞서 있는 상태 反撥(반발) 반항하여 받아들이지 아니함		
半 반 반 6급 常	절반 半은 나누다와 되의 뜻을 결합한 글자[會意] 金文字에서 半은 자루가 달린 되로 곡식을 같은 양으로 나누는 것을 나타냈다. 이런 자형에서 '절반'의 뜻이 나왔다.	半官半民(반관반민) 정부(政府)와 민간(民間)이 공동(共同)으로 자본(資本)을 대어 설립(設立)·경영(經營)하는 일 折半(절반) 하나를 둘로 똑같이 나눔 半導體(반도체) 상온에서 전기 전도율이 도체와 절연체의 중간 정도인 물질		

伴 짝 반 3급 | 常	뜻을 나타내는 사람인변(亻)部와 음(音)을 나타내는 동시(同時)에 '맨다'는 뜻을 갖는 半(반)으로 이루어짐[形聲]. '반려자', '동반하다'의 뜻.	伴侶者(반려자) 반려가 되는 사람 隨伴(수반) 어떤 사물 현상(現象)에 따라서 함께 생기는 것 同伴(동반) 데리고 함께 다님		
返 돌이킬 반 3급 | 常	돌아올 返은 '쉬엄쉬엄 가다'의 뜻과 돌아올 반의 음 및 뜻을 결합한 글자[形聲] 小篆字에서 返은 갔던 길을 되돌아오는 것을 나타냈다. 이런 자형에서 '돌아오다'의 뜻이 나왔다.	返還(반환) 도로 돌려 줌 返納(반납) 남에게서 빌린 것을 돌려 줌 返送(반송) 도로 돌려보냄		
叛 배반할 반 3급 | 常	어긋날 叛은 절반 반의 음 및 뜻과 '반대하다'의 뜻을 결합한 글자[形聲] 小篆字에서 叛은 온전한 것이 반으로 나뉘어 서로 반대한 것을 나타냈다. 이런 자형에서 '어긋나다', '배반하다'의 뜻이 나왔다.	謀叛(모반) 자기 나라를 배반(背反)하고 남의 나라를 좇기를 꾀함. 지금의 외환죄에 해당(該當)함 離叛(이반) 인심(人心)이 떠나서 배반(背反)함		
班 나눌 반 6급 | 常	나눌 班은 쌍옥과 칼의 뜻을 결합한 글자[會意] 金文字에서 班은 쌍옥을 칼로 나누어 벼슬의 징표로 삼은 것을 나타냈다. 이런 자형에서 '나누다'의 뜻이 나왔다.	文班(문반) 문신(文臣)의 반열(班列) 班長(반장) '반'으로 일컬어지는 조직체(組織體)의 우두머리 兩班(양반) 조선시대에, 지배층을 이루던 신분		
般 일반 반 3급 | 常	옮길 般은 배와 몽둥이의 뜻을 결합한 글자[會意] 金文字에서 般은 배를 타고 노를 저어 가는 것을 나타냈다. 이런 자형에서 '옮기다'의 뜻이 나왔다.	一般(일반) 같은 모양 全般(전반) 통틀어 모두		
飯 밥 반 3급 | 常	먹을 飯은 밥[食]의 뜻과 뒤칠 반의 음 및 뜻을 결합한 글자[形聲] 小篆字에서 飯은 밥을 입안에서 이리저리 뒤치며 씹는 것을 나타냈다. 이런 자형에서 '먹다'의 뜻이 나왔다.	麥飯石(맥반석) 흰 누른 거위알 또는 뭉친 보리밥 모양의 돌. 예로부터 정수(淨水) 작용이 있는 돌로 알려졌음 飯饌(반찬) 밥에 곁들여 먹는 온갖 음식(飮食) 茶飯事(다반사) ① 차를 마시고 밥을 먹듯 일상적(日常的)으로 하는 일 ② 예사로운 일		
搬 옮길 반 2급	뜻을 나타내는 재방변(扌(=手)→손)部와 음을 나타내는 般(반)이 합하여 이루어짐.	運搬(운반) (물건을) 탈것 따위에 실어서 옮겨 나르는 것 搬入(반입) 운반(運搬)하여 들여옴 搬出(반출) (물품을 있던 곳의 밖으로) 운반하여 내가는 것		
盤 소반 반 3급 | 常	쟁반 盤은 옮길 반의 음 및 뜻과 그릇의 뜻을 결합한 글자[形聲] 甲文字에서 盤은 음식을 담아 옮기는 그릇을 나타냈다. 이런 자형에서 '쟁반'의 뜻이 나왔다.	基盤(기반) 사물의 밑바탕, 토대(土臺), 기초(基礎) 初盤(초반) 승부(勝負)의 첫판 地盤(지반) 기초(基礎)가 되는 땅		
拌 버릴 반 1급	뜻을 나타내는 재방변(扌(=手)→손)部와 음을 나타내는 半(반)이 합하여 이루어짐.	攪拌(교반) 휘저어 한데 섞음		
攀 더위잡을 반 1급	뜻을 나타내는 손수(手(=扌)→손)部와 음을 나타내며 樊(번→반으로 바뀜)이 합하여 이루어짐.	登攀(등반) (매우 높거나 험한 산 따위를) 오름. 반등		

斑 얼룩 반 1급	고자(古字)는 辡(변)에서 가운데에 '칼도' 대신에 文(문)을 넣은 글자. 변(辡)에서 가운데를 없앤 글자)이 음을 나타냄.	斑點(반점) 얼룩얼룩한 점			
潘 뜨물 반 2급	뜻을 나타내는 삼수변(氵(=水, 氺)→물)部와 음을 나타내는 番(번)이 합하여 이루어짐.	潘楊之好(반양지호) 반씨와 양씨 가문의 다정(多情)한 사이라는 뜻으로, 혼인(婚姻)으로 인척(姻戚) 관계(關係)까지 겹친 오래된 좋은 사이			
磻 강 이름 반 2급	뜻을 나타내는 돌석(石→돌)部와 음을 나타내는 부수를 제외한 글자 番(번)이 합하여 이루어짐.	磻溪隧錄(반계수록) 실학자인 유형원이 지은 책 磻溪(반계) 섬서성(陝西省)의 동남쪽으로 흘러 위수(渭水)로 흘러드는 강. 강태공(姜太公)이 낚시질을 하였다고 함			
蟠 서릴 반 1급	뜻을 나타내는 벌레충(虫→뱀이 웅크린 모양, 벌레)部와 음을 나타내는 番(번→반으로 바뀜)이 합하여 이루어짐.	龍蟠虎踞(용반호거) 용이 서리고, 호랑이가 웅크린다는 뜻으로, 지세가 험하여 적을 막기에 좋은 환경(環境)			
礬 명반 반 1급	뜻을 나타내는 돌석(石→돌)部와 음(音)을 나타내는 樊(번→반)이 합하여 이루어짐.	白礬(백반) 보통은 황산알루미늄과 황산칼륨의 복염인 칼륨명반을 이른다. 떫은맛이 나는 무색투명한 정팔면체의 결정			
畔 두둑 반 1급	뜻을 나타내는 밭전(田→밭)部와 음을 나타내는 동시에 '나눈다'는 뜻(=判(판))을 가진 半(반)으로 이루어져 밭과 밭을 나누는 '지경(地境)'의 뜻.	水畔(수반) 물가, 바다, 강, 못 따위와 같이 물이 있는 곳의 가장자리 湖畔(호반) 못 언저리			
絆 줄 반 1급	뜻을 나타내는 실사(糸→실타래)部와 음을 나타내는 半(반)이 합하여 이루어짐.	脚絆(각반) 걸음을 걸을 때에 아랫도리를 가든하게 하려고 발목에서부터 무릎 아래까지 감거나 돌려 싸거나 하는 띠			
頒 나눌 반 1급	뜻을 나타내는 머리혈(頁→머리)部와 음을 나타내는 分(분)이 합하여 이루어짐.	頒布(반포) 널리 펴서 알게 함			
槃 쟁반 반 1급	뜻을 나타내는 木(목→나무)部와 음을 나타내는 般(반)이 합하여 이루어짐.	涅槃(열반) 불도(佛道)를 완전(完全)하게 이루어 일체(一切)의 번뇌(煩惱)를 해탈(解脫)한 최고(最高)의 경지(境地). 니르바나			
拔 뽑을 발 3급 常	뺄 拔은 손의 뜻과 달릴 발의 음 및 뜻을 결합한 글자[形聲] 小篆字에서 拔은 사냥에 쓰기 위해 잘 달리는 개를 선발하는 것을 나타냈다. 이런 자형에서 '뽑다'의 뜻이 나왔다.	奇拔(기발) 유달리 뛰어남 選拔(선발) 많은 사람 가운데서 가려 뽑음 拔萃(발췌) 글 가운데서 요점(要點)을 뽑음 拔擢(발탁) 사람을 뽑아 씀			

한자	자원(字源) 풀이	용례(用例)
發 필 발 6급 常	필 發은 걷다와 활 그리고 '치다'의 뜻을 결합한 글자[會意] 金文字에서 發은 걸어가서 활을 쏘는 것을 나타냈다. 이런 자형에서 '쏘다'의 뜻이 나왔다.	發現(발현) 드러나 보임 發火性(발화성) 어떤 온도(溫度)에서 쉽게 불이 일어나거나 타는 성질(性質) 發表(발표) 널리 드러내어 세상(世上)에 알림 發展(발전) 더 잘되고 좋아지는 상태
髮 터럭 발 4급 常	터럭 髮은 '머리 늘어지다'의 뜻과 개 달아날 발의 음 및 뜻을 결합한 글자[形聲] 小篆字에서 髮은 개가 달아 날 때 곧게 선 꼬리 모양과 같은 머리카락을 나타냈다. 이런 자형에서 '터럭'의 뜻이 나왔다.	斷髮(단발) 머리털을 짧게 자름 頭髮(두발) 머리에 난 털 假髮(가발) 머리털로 여러 가지 모양을 만들어 치레로 머리에 쓰는 물건
勃 노할 발 1급	힘력(力→팔의 모양→힘써 일을 하다)部와 음을 나타내는 부수를 제외한 글자 李(발)이 합하여 이루어짐.	勃發(발발) 전쟁(戰爭)이나 사건(事件) 등이 갑자기 일어나는 것
渤 바다이름 발 2급	뜻을 나타내는 삼수변(氵=水, 水→물)部와 음을 나타내는 부수를 제외한 글자 勃(발)이 합하여 이루어짐.	渤海(발해) 장수(將帥) 대조영(大祚榮)이 세운 나라(698~926). 9세기(世紀) 선왕(宣王) 때 가장 번영(繁榮)하였으나, 거란족의 침입(侵入)으로 멸망(滅亡)함
潑 뿌릴 발 1급	뜻을 나타내는 삼수변(氵=水, 水→물)部와 음을 나타내는 發(발)이 합하여 이루어짐.	潑剌(발랄) 활발(活潑)하게 약동(躍動)하는 모양 活潑(활발) 생기 있고 힘차며 시원스러움
撥 다스릴 발 1급	뜻을 나타내는 재방변(扌=手→손)部와 음을 나타내는 發(발)이 합하여 이루어짐.	反撥(반발) 반항하여 받아들이지 아니함
跋 밟을 발 1급	발족(足→발)部와 음을 나타내는 부수를 제외한 글자 犮(발)이 합하여 이루어짐.	跋扈(발호) 권력자들을 따라 그 세력을 믿고 제 마음대로 날뛰며 행동(行動)하는 것
醱 술괼 발 1급	뜻을 나타내는 닭유(酉→술, 닭)部와 음을 나타내는 發(발)이 합하여 이루어짐.	발효(醱酵) 효모나 세균 따위의 미생물이 유기 화합물을 분해하여 알코올류, 유기산류, 탄산가스 따위를 생기게 하는 작용
鉢 바리때 발 2급	뜻을 나타내는 쇠금(金→광물·금속·날붙이)部와 음을 나타내는 本(본)이 합하여 이루어짐.	沙鉢通文(사발통문) 주동자가 누군지 드러나지 않게 관계자(關係者)의 이름을 빙 둘러 적은 통문으로 동학농민운동 때에 사용하기도 함
魃 가물 발 1급	뜻을 나타내는 귀신귀(鬼→귀신, 영혼)部와 음을 나타내는 부수를 제외한 글자 犮(발)이 합하여 이루어짐.	旱魃(한발) 가뭄 耐旱魃性(내한발성) 가물을 잘 타지 않는 성질(性質)

한자	자원	용례
方 모 방 7급 | 常	모 方은 농기구 중에 쟁기의 모양을 본뜬 글자[象形] 甲文字에서 方은 농기구의 머리, 몸, 발의 모양을 본떴다. 小篆字에서 方은 두 척의 조각배가 나란히 묶여 있는 것을 나타냈다.	方廣形(방광형) 넓은 네모꼴 方向(방향) 어떤 곳을 향한 쪽 方法(방법) 일이나 연구(硏究) 등을 해 나가는 길이나 수단
芳 꽃다울 방 준3급 | 常	향기풀 芳은 풀의 뜻과 방향 방의 음 및 뜻을 결합한 글자[形聲] 小篆字에서 芳은 풀이 사방으로 향기를 내는 것을 나타냈다. 이런 자형에서 '향기풀'의 뜻이 나왔다.	芳名錄(방명록) 특별(特別)히 기념(記念)하기 위하여, 남의 성명(姓名)을 기록(記錄)해 두는 책 芳香劑(방향제) 기분을 상쾌(爽快)하게 하기 위한 약품
妨 방해할 방 4급 | 常	방해할 妨은 여자의 뜻과 제멋대로 方의 음 및 뜻을 결합할 글자[形聲] 金文字에서 妨은 남녀가 욕심대로 쫓는 것은 서로에게 해로운 것만 남는 것을 나타냈다.	妨害(방해) 남의 일에 헤살을 놓아 해를 끼침 無妨(무방) ① 괜찮음 ② 해롭지 않음
防 둑 방 준4급 | 常	막을 防은 언덕부의 뜻과 배의 음 및 뜻을 결합한 글자[形聲] 小篆字에서 防은 두 척의 배를 이은 것과 같은 언덕을 나타냈다. 이런 자형에서 물을 막는 '둑'의 뜻이 나왔다.	防禦(방어) 남 또는 적의 침노(侵擄)하는 것을 막아냄 豫防(예방) (질병(疾病)·재해(災害) 따위를) 미리 대처(對處)하여 막는 것
邦 나라 방 3급 | 常	나라 邦은 무성할 봉의 음 및 뜻과 고을의 뜻을 결합한 글자[形聲] 甲文字에서 邦은 풀이 무성하게 자라는 것과 같이 인구가 불어나고 집이 늘어나는 곳을 나타냈다. 이런 자형에서 '나라'의 뜻이 나왔다.	聯邦(연방) 자치권을 가진 다수의 나라가 공통의 정치 이념 아래에서 연합하여 구성하는 국가 友邦(우방) 가까이 사귀는 나라
房 방 방 준4급 | 常	방 房은 문[戶]의 뜻과 모방(方)의 음 및 뜻을 결합한 글자[形聲] 小篆字에서 房은 집 한쪽에 네모나게 갖추어진 곳을 나타냈다. 이런 자형에서 '방'의 뜻이 나왔다.	煖房(난방) 방 또는 방처럼 칸을 이룬 공간(空間)에 열(熱)을 공급하여 따뜻하게 하는 일 廚房(주방) 음식(飮食)을 차리는 방 文房四友(문방사우) 서재에 꼭 있어야 할 네 벗, 즉 종이, 붓, 벼루, 먹을 말함
放 놓을 방 6급 | 常	놓을 放은 방위 방의 음 및 뜻과 '치다'의 뜻을 결합한 글자[形聲] 石文字에서 放은 회초리를 들고 먼 방향으로 내쫓는 것을 나타냈다. 이런 자형에서 '놓다'의 뜻이 나왔다.	放任(방임) 돌보거나 간섭(干涉)하지 아니하고 그냥 내버려둠 放送(방송) 라디오나 텔레비전을 통해서 널리 보고 듣게 함 開放(개방) 문 등을 활짝 열어 놓음
倣 본뜰 방 3급 | 常	본뜰 倣은 사람의 뜻과 놓을 방의 음 및 뜻을 결합한 글자[形聲] 小篆字에서 倣은 사람이 자신의 본성을 버리고 남을 모방하는 것을 나타냈다. 이런 자형에서 '본뜨다'의 뜻이 나왔다.	模倣(모방) 다른 것을 보고 본뜨거나 본받음
紡 자을 방 2급	실사(糸→실타래)部와 음을 나타내는 方(방)이 합하여 이루어짐.	混紡(혼방) 성질(性質)이 다른 섬유(纖維)를 두 가지 이상 섞어서 짜는 일 紡織(방직) 기계(機械)를 사용(使用)하여 실을 날아서 피륙을 짜는 것
訪 찾을 방 4급 | 常	찾을 訪은 말씀[言]의 뜻과 방법 방(方)의 음 및 뜻을 결합한 글자[形聲] 小篆字에서 訪은 좋은 방법을 구하기 위해 여러 곳을 방문하면서 많은 사람들에게 의논하는 모습을 나타냈다.	訪問(방문) 남을 찾아가 봄 巡訪(순방) 차례(次例)로 돌아가며 방문(訪問)함

傍 결 방 3급	곁 傍은 사람의 뜻과 사귈 방의 음 및 뜻을 결합한 글자[形聲] 小篆字에서 傍은 사람을 사귀어 가까이 있는 것을 나타냈다. 이런 자형에서 '곁', '가깝다'의 뜻이 나왔다.	傍觀(방관) 어떤 일에 직접(直接) 관여(關與)하지 않음 傍若無人(방약무인)곁에 사람이 없는 듯이 세상이 제 것처럼 여러 사람 앞에서 아무 어렴성 없이 마음대로 행동하고 버릇없이 굶.		
坊 동네 방 1급	흙토(土→흙)部와 음을 나타내는 동시에 '네모짐'을 뜻하는 方(방)으로 이루어짐. 네모지게 구획된 '토지(土地)', '마을'의 뜻. 또 房(방)과 통하여 '거처하는 곳'의 뜻으로도 씀.	新羅坊(신라방) 통일신라시대에, 중국 연안(沿岸) 지대(地帶)에 있었던, 신라(新羅)의 상인(商人)들과 유학승(遊學僧)들의 집단(集團) 거주지(居住地) 坊坊曲曲(방방곡곡) 어느 한군데도 빼놓지 않은 모든 곳		
尨 삽살개 방 1급	犬(견)과 나머지 글자 터럭삼(彡→무늬, 빛깔, 머리, 꾸미다)部와의 합자(合字). 털이 많은 개의 뜻. '크다'의 뜻.	尨大(방대) 엄청나게 크거나 많음		
幇 도울 방 1급	幫도울방과 同字. 뜻을 나타내는 수건건(巾→옷감, 헝겊)部와 음을 나타내는 封(봉→방으로 바뀜)이 합하여 이루어짐.	幇助者(방조자) 방조하는 사람. 거들어 도와주는 사람. 주로 나쁜 일을 뒤에서 도와주는 사람을 뜻함		
彷 거닐 방 1급	두인변(彳→걷다, 자축거리다)部와 음을 나타내는 方(방)으로 이루어짐.	彷徨(방황) 방향(方向)이나 위치(位置)를 잘 몰라 이리저리 헤매는 것		
旁 두루 방 2급	뜻을 나타내는 동시에 음을 나타내는 모 방(좌우로 퍼지다 方→모남, 방향)部와 부수를 제외한 글자 퍼져 흩어지다 범(凡범의 변형)으로 이루어짐.	旁觀(방관) 상관(相關)하지 않고 곁에서 보기만 함		
枋 다목 방 1급	뜻을 나타내는 나무목(木→나무)部와 음을 나타내는 方(방)이 합하여 이루어짐.	門地枋(문지방) 드나드는 문에서 두 문설주 밑에 가로 댄 나무		
榜 방 붙일 방 1급	뜻을 나타내는 木(목→나무)部와 음을 나타내는 旁(방)이 합하여 이루어짐.	落榜(낙방) 합격자(合格者)의 성명(姓名)을 적은 방(榜)에 자기 이름이 오르지 않음 標榜(표방) 어떠한 명목(名目)을 붙여 주의(主義), 주장(主張)을 앞에 내세움		
肪 기름 방 1급	뜻을 나타내는 육달월(月=肉→살, 몸)部와 음을 나타내는 方(방)이 합하여 이루어짐.	脂肪(지방) 지방산과 글리세롤이 결합한 유기 화합물. 상온에서 고체의 형태이며, 생물체에 함유 體脂肪(체지방) 분해되지 않고 몸 안에 그대로 쌓인 지방		
膀 쌍배 방 1급	뜻을 나타내는 육달월(月=肉→살, 몸)部와 음을 나타내는 旁(방)이 합하여 이루어짐.	膀胱(방광) 신장에서 흘러나오는 오줌을 저장(貯藏)했다가 일정량이 되면 요도(尿道)를 통해 배출(排出)시키는, 주머니 모양의 기관		

謗 헐뜯을 방 1급	말씀언(言→말하다)部와 음을 나타내는 旁(방)이 합하여 이루어짐.	毁謗(훼방) ① 남을 헐뜯어 비방(誹謗)함 ② 남의 일을 방해(妨害)함 誹謗(비방) 남을 헐뜯어 말함		
龐 어지러울 방 2급	뜻을 나타내는 용룡(龍→용)部와 음을 나타내는 龍(룡)이 합하여 이루어짐.	龐龐比干(용방비간) 夏(하)나라 桀王(걸왕)의 신하 關龍龐(관용방)과 殷(은)나라 紂王(주왕)의 신하 比干(비간). 둘 다 임금을 諫(간)하다가 죽임을 당함 따라서 '忠諫之士(충간지사)'를 비유하는 말로 쓰임		
杯 잔 배 2급 常	잔 杯는 나무[木]의 뜻과 아닐 불(不)의 음을 결합한 글자[形聲] 小篆字에서 杯는 버드나무의 속을 파내어 물이나 술을 담는 그릇을 나타냈다. 이런 자형에서 '잔'의 뜻이 나왔다.	大統領杯(대통령배) 대통령(大統領)의 명의(名義)로 주는 상 毒杯(독배) 독주(毒酒)·독약(毒藥)이 든 술잔		
拜 절 배 준4급 常	절 拜는 손과 손 그리고 아래의 뜻을 결합한 글자[會意] 金文字에서 拜는 두 손을 모아 머리를 아래로 숙여 공경의 뜻을 나타냈다. 이런 자형에서 '절하다'의 뜻이 나왔다.	崇拜(숭배) 거룩하게 높이어 공경(恭敬)함 神社參拜(신사참배) 일제 강점기에, 일제가 우리의 종교와 사상 자유를 억압하기 위하여 신사에 배례하도록 강요하던 일		
背 등 배 준4급 常	등 背는 배반할 배의 음 및 뜻과 몸의 뜻을 결합한 글자[形聲] 小篆字에서 背는 배의 반대쪽에 있는 몸의 부분을 나타냈다. 이런 자형에서 '등'의 뜻이 나왔다.	背山臨水(배산임수) 지세(地勢)가 뒤로는 산을 등지고 앞으로는 물에 면하여 있음 背景(배경) 뒤의 경치 背馳(배치) 반대(反對)로 되어 어긋남 違背(위배) 약속(約束)한 바를 어김		
倍 곱 배 5급 常	갑절 倍는 사람의 뜻과 등질 부의 음 및 뜻을 결합한 글자[形聲] 金文字에서 倍는 사람을 등지고 말하는 것을 나타냈다. 이런 자형에서 '등지다'의 뜻이 나왔다.	倍率(배율) 어떤 수(數)가 기준이 되는 수의 몇 배가 되는가를 나타내는 수 倍數(배수) 어떤 수의 갑절이 되는 수		
徘 광대 배 2급	뜻을 나타내는 사람인변(亻(=人)→사람)部와 음을 나타내는 非(비→배로 바뀜)가 합하여 이루어짐.	俳優(배우) 연극(演劇)이나 영화(映畵) 속의 인물(人物)로 분장(扮裝)하여 연기(演技)하는 사람		
配 나눌, 짝 배 준3급 常	짝지을 配는 술병과 몸의 뜻을 결합한 글자[會意] 金文字에서 配는 신랑 신부가 술을 부어 놓고 혼례를 올린 후에야 한 몸이 된다는 것을 나타냈다. 이런 자형에서 '짝짓다'의 뜻이 나왔다.	支配(지배) 아랫사람을 감독(監督)하고 사무를 정리(整理)함 配慮(배려) 보살펴 주려고 이리저리 마음을 써 줌 分配(분배) 일정한 기준(基準)에 따라 나누는 일 配偶者(배우자) 부부(夫婦)의 한쪽에서 본 다른 쪽		
培 북돋을 배 준3급 常	북돋울 培는 흙[土]의 뜻과 높일 배의 음 및 뜻을 결합한 글자[形聲] 小篆字에서 培는 흙을 높이 쌓는 것을 나타냈다. 이런 자형에서 '북돋다'의 뜻이 나왔다.	栽培(재배) 식용(食用)이나 약용(藥用), 관상용(觀賞用)을 목적으로 식물(植物)을 심어서 기름 培養(배양) 식물(植物)이나 미생물(微生物) 따위를 인공적(人工的)으로 기름		
排 밀칠 배 준3급 常	물리칠 排는 손의 뜻과 아닐 비의 음 및 뜻을 결합한 글자[形聲] 小篆字에서 排는 새가 두 날개를 펴고 날아가듯이 두 손을 앞으로 미는 모양을 나타냈다. 이런 자형에서 '물리치다'의 뜻이 나왔다.	排除(배제) 어느 범위(範圍)나 영역(領域)에서 제외하는 것 排出(배출) 불필요한 물질(物質)을 밀어서 밖으로 내보냄 排斥(배척) 반대(反對)하여 내침		

한자	자원 풀이	용례
輩 무리 배 준3급 | 常	무리 輩는 새 깃털 비의 음 및 뜻과 수레의 뜻을 결합한 글자[形聲] 小篆字에서 輩는 새의 깃털처럼 많은 수레가 줄지어 있는 것을 나타냈다. 이런 자형에서 '무리'의 뜻이 나왔다.	先輩(선배) 학교(學校)나 직장(職場)을 먼저 거친 사람 輩出(배출) 인재(人材)가 많이 나옴 後輩(후배) 늦게 시작(始作)하거나 하여 학문(學問)이나 덕행(德行)이나, 경험(經驗)이나 나이가 자기보다 뒤진 무리
賠 물어줄 배 2급	뜻을 나타내는 조개패(貝→돈, 재물)部와 음을 나타내는 부수를 제외한 글자 부(→배로 바뀜)가 합하여 이루어짐.	賠償(배상) 남에게 입힌 손해(損害)를 갚아 줌
徘 노닐 배 1급	뜻을 나타내는 두인변(彳→걷다, 자축거리다)部와 음을 나타내는 非(비→배로 바뀜)가 합하여 이루어짐.	徘徊(배회) 목적 없이 거닒
湃 물결칠 배 1급	뜻을 나타내는 삼수변(氵(=水, 氺)→물)部와 음을 나타내는 拜(배)가 합하여 이루어짐.	澎湃(팽배) ① 큰 물결이 서로 부딪쳐 솟구치는 것 ② (기세(氣勢)나 사조(思潮) 따위가) 맹렬(猛烈)한 기세(氣勢)로 일어나는 것
胚 아이 밸 배 1급	육달월(月(=肉)→살, 몸)部와 음을 나타내는 丕(비→배로 바뀜)가 합하여 이루어짐.	胚芽(배아) 수정란(受精卵)이 배낭(胚囊) 속에서 분열(分裂) 증식(增殖)한 것으로 장차 포자체(胞子體)의 바탕이 되는 것
陪 모실 배 1급	좌부변(阝(=阜)→언덕)部와 음을 나타내는 부수를 제외한 글자 咅(부)과 합하여 이루어짐.	陪席(배석) 어떤 자리에 윗사람이나 상관(上官)을 받들거나 모셔 함께 참석(參席)하는 것 陪審員(배심원) 일반 국민으로부터 선출되어 배심 재판(裁判)에 참여(參與)하는 사람
白 흰 백 8급 | 常	흰 白은 햇빛을 가리킨 글자[指事] 甲文字에서 白은 ① 해가 수평선 위로 오르기 전의 밝은 빛 ② 쌀알 또는 잣알의 모양 ③ 阜의 뜻으로 입김이 나오는 것을 나타냈다.	美白(미백) 살갗을 아름답고 희게 하는 것 明白(명백) 의심(疑心)할 나위 없이 뚜렷함
百 일백 백 7급 | 常	일백 百은 하나의 뜻과 명백할 백의 음 및 뜻을 결합한 글자[形聲] 甲文字에서 百은 사람의 얼굴, 코, 머리를 나타냈으나, 小篆字에서는 셈을 할 때 하나의 기본단위의 뜻으로 바뀌었다.	百姓(백성) 일반(一般) 국민(國民) 百貨店(백화점) 여러 가지 상품(商品)을 갖춰 놓고 파는 큰 규모(規模)의 상점(商店) 百濟(백제) 삼국시대에, 한반도 남서부에 있던 나라. 기원전 18년에 온조왕이 위례성에 도읍하여 세움
伯 맏 백 준3급 | 常	맏 伯은 사람의 뜻과 흰 백(白)의 음 및 뜻을 결합한 글자[形聲] 甲文字에서 白은 ① 엄지손가락의 모양과 ② 해의 밝은 빛을 나타냈다. 小篆字에서 人의 뜻이 첨가되어 모든 일을 밝게 처리하는 '맏', '우두머리'의 뜻이 나왔다.	畵伯(화백) 화가(畵家)의 높임말 伯爵(백작) 다섯 등급(等級)의 작위(爵位) 가운데 셋째 伯仲之勢(백중지세) 우열(優劣)의 차이(差異)가 없이 엇비슷함을 이르는 말
栢 측백 백 상용	柏의 속자(俗字). 뜻을 나타내는 나무목(木→나무)部와 음을 나타내는 百(백)으로 이루어짐.	側柏(측백) 편백과의 상록(常綠) 교목(喬木). 전체(全體)의 모양은 원추형(圓錐形)인데, 가지가 많으며 잎은 잔 비늘 꼴임

帛 비단 백 1급	뜻을 나타내는 수건건(巾→옷감, 헝겊)部와 음을 나타내는 동시에 희다는 뜻을 나타내는 白(백)으로 이루어짐. 흰 누인 명주.	幣帛(폐백) 신부(新婦)가 혼례(婚禮)를 마치고 시댁에 와서 시부모(媤父母)를 비롯한 여러 시댁 어른들에게 드리는 첫인사 帛絲(백사) 하얀 윤기(潤氣)가 흐르는 명주실(明紬－)	
魄 넋 백 1급	뜻을 나타내는 귀신귀(鬼→귀신, 영혼)部와 음을 나타내는 白(백)이 합하여 이루어짐.	魂魄(혼백) 넋. 사람의 몸에 있으면서 몸을 거느리고 정신을 다스리는 비물질적인 것 氣魄(기백) 씩씩하고 굳센 기상(氣像)과 진취성(進就性)이 있는 정신	
番 갈마들 번 6급 常	차례 番은 밭을 지나간 농부의 발자국 모양을 본뜬 글자[象形] 金文字에서 番은 밭에 씨앗을 뿌리고 지나간 농부의 발자국이 차례로 나아간 것을 본떴다. 이런 자형에서 '차례'의 뜻이 나왔다.	當番制(당번제) 어떤 일을 차례(次例)로 돌아가면서 맡아 하는 제도(制度) 局番(국번) 전화기(電話機)가 가입(加入)된 전화국(電話局)의 번호(番號)	
煩 번거로 번 3급 常	번민할 煩은 불[火]의 뜻과 머리의 뜻을 결합한 글자[形聲] 小篆字에서 煩은 머리가 불처럼 뜨거운 것을 나타냈다. 이런 자형에서 '번민하다'의 뜻이 나왔다.	頻煩(빈번) 빈번(頻繁). 도수(度數)가 번거로울 정도로 잦고 복잡(複雜)함	
繁 번성할 번 준3급 常	번성할 繁은 밭 갈기와 '치다'의 뜻을 결합한 글자[會意] 金文字에서 繁은 무성하게 자란 삼실을 나타냈으나, 小篆字에서 이 첨가되어 말의 뱃대끈을 나타냈다. 이런 자형에서 '번성하다' '뱃대끈'의 뜻이 나왔다.	繁榮(번영) 번성(繁盛)하고 영화(榮華)롭게 됨 繁殖(번식) 붇고 늘어서 많이 퍼지는 것 頻繁(빈번) 일이 매우 잦음	
飜 번역 번 3급 常	뒤칠 飜은 차례 번(番)의 음 및 뜻과 날다[飛]의 뜻을 결합한 글자[形聲] 小篆字에서 飜은 새가 차례로 깃털을 뒤집어 하늘을 날아가는 것을 나타냈다. 이런 자형에서 '뒤집다'의 뜻이 나왔다.	飜譯(번역) 어떤 말의 글을 다른 나라 말의 글로 옮김 飜覆(번복) (이미 한 말이나 결정(決定)이나 판단(判斷) 등을) 고치거나 바꾸어 처음과 다른 내용(內容)이 되게 하는 것	
蕃 우거질 번 1급	풀을 뜻하는 초두머리(艹(=艸)→풀, 풀의 싹)部와 음을 나타내는 番(번)이 합하여 이루어짐.	蕃盛(번성) 늘어 퍼지는 것 蕃息(번식) 붇고 늘어서 많이 퍼짐	
藩 울타리 번 1급	풀을 뜻하는 초두머리(艹(=艸)→풀, 풀의 싹)部와 음을 나타내는 蕃(번)이 합하여 '울타리'를 뜻함.	藩主(번주) 제후(諸侯)	
伐 칠 벌 준4급 常	칠 伐은 사람과 창의 뜻을 결합한 글자[會意] 甲文字에서 伐은 사람이 창을 들고 서로 다투는 모습을 나타냈다. 이런 자형에서 '싸우다', '치다'의 뜻이 나왔다.	討伐(토벌) 군대(軍隊)를 보내어 반항(反抗)하는 무리를 침 伐草(벌초) 무덤의 잡초(雜草)를 베는 일	
罰 죄 벌 준4급 常	벌줄 罰은 꾸짖다와 칼의 뜻을 결합한 글자[會意] 金文字에서 罰은 법을 어긴 사람을 위엄으로 타이르는 것을 나타냈다. 이런 자형에서 '벌주다'의 뜻이 나왔다.	刑罰(형벌) 죄지은 사람에게 주는 벌(罰) 處罰(처벌) 위법(違法) 행위(行爲)에 대하여 벌을 줌 罰金(벌금) 죄(罪)를 지은 사람에게서 벌(罰)로서 받는 돈	

閥 공훈 벌 2급	문 문(門→두 짝의 문, 문중·일가)部와 음을 나타내는 伐(벌)로 이루어짐. 집의 왼쪽 문기둥(오른쪽은 閱(열)이라고 함)이 원래 뜻. 전(轉)하여 家門(가문).	財閥(재벌) 재계(財界)에서 세력(勢力) 있는 자본가(資本家), 기업가(企業家)의 일단 門閥(문벌) 대대(代代)로 이어 내려오는 집안의 사회적(社會的) 신분(身分)이나 지위(地位), 가문(家門)	
筏 떼 벌 2급	뜻을 나타내는 대 죽(竹→대나무)部와 음을 나타내는 伐(벌)이 합하여 이루어짐.	筏橋(벌교) 뗏목으로 잇달아 만들어 놓은 다리	
凡 무릇 범 준3급 常	모두 凡은 쟁반의 형상을 본뜬 글자[象形]. 金文字에서 凡은 쟁반의 모양을 본떴다. 이런 자형에서 두루 담을 수 있는 '모두'의 뜻이 나왔다.	凡常(범상) 대수롭지 않고 예사로움 非凡(비범) 보통(普通)이 아니고 아주 뛰어남 平凡(평범) 뛰어난 점(點)이 없이 보통(普通)임	
犯 범할 범 4급	범할 犯은 개와 몸마디의 뜻을 결합한 글자[會意] 石文字에서 犯은 개가 사람을 물려고 덤벼드는 것을 나타냈다. 이런 자형에서 '범하다'의 뜻이 나왔다.	防犯(방범) 범죄(犯罪)가 생기지 않도록 미리 막음 未遂犯(미수범) 범죄(犯罪) 실행(實行)에 착수(着手)하였으나, 그 행위를 다 이루지 못하였거나 결과(結果)가 발생(發生)하지 아니한 범행	
汎 넓을 범 2급	뜻을 나타내는 삼수변(氵=水, 氺→물)部와 음을 나타내는 凡(범)으로 이루어짐. 물에 뜨는 모양.	汎濫(범람) 물이 넘쳐흐름 汎愛(범애) 널리 사랑함 汎濫原(범람원) 하천(河川)의 양 곁에 있는, 흔히 큰물이 질 적에 그 큰물에 잠기는 낮은 땅	
範 법 범 4급 常	본보기 範은 본뜰 범(范)의 음 및 뜻과 수레[車]의 뜻을 결합한 글자[形聲] 陶文字에서 範은 고대 전쟁에 앞서 길제사를 지낸 후 앞 수레가 길을 열어 뒤 수레에 본을 보이는 것을 나타냈다.	模範生(모범생) 학업(學業)과 품행(品行)이 본받을 만한 학생 範圍(범위) 무엇이 미치는 한계(限界) 率先垂範(솔선수범) 앞장서서 하여 모범(模範)을 보이는 것	
帆 돛 범 1급	뜻을 나타내는 수건 건(巾→옷감, 헝겊)部와 음을 나타내는 凡(범)으로 이루어짐. 바람을 받기 위한 천→'돛'.	出帆(출범) ① 배가 돛을 달고 떠남 ② 단체(團體)가 새로 조직(組織)되어 일을 시작(始作)하는 것을 비유하여 이르는 말 帆船(범선) 돛단배	
梵 불경 범 1급	木(목→나무)部와 음을 나타내는 凡(범)이 합하여 이루어짐.	梵鐘(범종) (중국의 옛 악기(樂器)인 종에 대하여) 절에서 사용(使用)하는 큰 종 梵音(범음) 경(經)읽는 소리	
氾 넘칠 범 1급	뜻을 나타내는 삼수변(氵=水, 氺→물)部와 음을 나타내는 부수를 제외한 巳(절)이 합하여 이루어짐.	氾濫(범람) ① 물이 넘쳐흐름. 범일(汎溢) ② 바람직하지 못한 것들이 크게 나돎	
犯 범할 범 4급 常	범할 犯은 개와 몸마디의 뜻을 결합한 글자[會意] 石文字에서 犯은 개가 사람을 물려고 덤벼드는 것을 나타냈다. 이런 자형에서 '범하다'의 뜻이 나왔다.	防犯(방범) 범죄(犯罪)가 생기지 않도록 미리 막음 未遂犯(미수범) 범죄(犯罪) 실행(實行)에 착수(着手)하였으나, 그 행위를 다 이루지 못하였거나 결과(結果)가 발생(發生)하지 아니한 범행	

泛 뜰 범 1급	뜻을 나타내는 삼수변(氵(=水, 氺)→물)部와 음을 나타내는 乏(핍)이 합하여 이루어짐.	泛彼中流(범피중류): 뜰 범, 저 피, 가운데 중, 흐를 류. 배가 넓은 강이나 바다의 중간쯤에 둥둥 떠 있음. 泛泛中流(범범중류)		
范 풀이름 범 2급	풀을 뜻하는 초두머리(艹(=艸)→풀, 풀의 싹)部와 음을 나타내는 氾(범)이 합하여 '풀이름'을 뜻함.	鎔范(용범) 활석(滑石)으로 된 청동기(青銅器) 주물 기구(器具)		
法 법 법 5급　常	법 法은 물의 뜻과 버릴 거의 음 및 뜻을 결합한 글자[形聲] 金文字에서 法은 물이 쉽게 평형을 유지하듯 악을 제거하여 공평하게 만드는 것을 나타냈다. 이런 자형에서 '법'의 뜻이 나왔다.	法律(법률) 나라에서 정한 법, 헌법(憲法), 법률(法律), 명령(命令), 규정(規定) 따위의 모든 법을 통틀어 일컫는 말 刑法(형법) 범죄(犯罪)와 형벌(刑罰)에 관한 내용을 규정한 법률(法律)		
碧 푸를 벽 준3급　常	푸를 碧은 옥[玉]과 돌[石]의 뜻과 밝을 백(白)의 음 및 뜻을 결합한 글자[形聲] 小篆字에서 碧은 밝고 푸른빛을 띤 옥을 나타냈다. 이런 자형에서 '푸르다'의 뜻이 나왔다.	碧溪水(벽계수) 물빛이 매우 푸르게 보이는 시냇물 桑田碧海(상전벽해) 뽕나무밭이 푸른 바다가 되었다는 뜻으로, 세상(世上)이 몰라볼 정도(程度)로 엄청나게 바뀐 것		
僻 궁벽 벽 2급	뜻을 나타내는 사람인변(亻(=人)→사람)部와 음을 나타내는 부수를 제외한 글자 辟(벽)이 합하여 이루어짐.	乖僻(괴벽) 성격 따위가 이상야릇하고 까다로움 僻派(벽파) 조선시대 후기에 일어난 당파(黨派)의 하나 窮僻(궁벽) 외따로 떨어져 구석지고 몹시 으슥함		
壁 벽 벽 준4급　常	벽 壁은 물리칠 벽의 음 및 뜻과 흙[土]의 뜻을 결합한 글자[形聲] 金文字에서 壁은 적을 물리치기 위해 흙을 쌓은 것을 나타냈다. 이런 자형에서 '벽'의 뜻이 나왔다.	障壁(장벽) 칸막이로 가리어 막은 벽 古墳壁畵(고분벽화) 무덤 안의 천장(天障)이나 벽면(壁面)에 그려 놓은 벽화 防火壁(방화벽) 불에 타지 않는 재료(材料)로 만든 벽		
劈 쪼갤 벽 1급	뜻을 나타내는 칼도(刀(=刂)→칼, 베다, 자르다)部와 음을 나타내는 부수를 제외한 글자 辟(벽)이 합하여 이루어짐.	劈頭(벽두) ① 글의 첫머리 ② 일의 첫머리		
擘 엄지손가락 벽 1급	擗과 동자(同字). 뜻을 나타내는 손수(手(=扌)→손)部와 음을 나타내며 부수를 제외한 글자 辟(벽)이 합하여 이루어짐.	巨擘(거벽) 학식(學識)이나 어떤 전문(專門) 부분에서 남달리 뛰어난 사람 擘指(벽지) 엄지손가락		
璧 둥근 옥 벽 1급	뜻을 나타내는 구슬옥변(玉(=王, 玊)→구슬)部와 음을 나타내는 辟(벽)으로 이루어짐. 고리 모양의 옥.	雙璧(쌍벽) ① 두 개의 구슬. 쌍구슬 ② 우열(優劣)이 없이 여럿 가운데에서 둘이 다 뛰어나게 훌륭한 존재(存在) 完璧(완벽) 흔히 완전무결(完全無缺)하다는 뜻으로 사용(使用)되는 말이지만, 원래(原來)는 고리 모양(模樣)의 보옥을 끝까지 무사히 지킨다는 뜻		
癖 버릇 벽 1급	뜻을 나타내는 병질엄(疒→병, 병상에 드러누운 모양)部와 음을 나타내는 부수를 제외한 글자 辟(벽)이 합하여 이루어짐.	盜癖(도벽) 남의 것을 훔치는 버릇 潔癖(결벽) 유난스럽게 깨끗함을 좋아하는 성벽		

闢 열 벽 1급	뜻을 나타내는 문문(門→두 짝의 문, 문중·일가)部와 음을 나타내는 부수를 제외한 글자 辟(벽)이 합하여 이루어짐.	開闢(개벽) 새로운 시대가 열리는 것을 비유적(比喩的)으로 이르는 말 闢土拓地(벽토척지): 버려두었던 땅을 갈고 다루어서 쓸모 있게 만듦.		
辨 분별할 변 3급 常	분별할 辨은 송사할 변의 음 및 뜻과 칼의 뜻을 결합한 글자[形聲] 小篆字에서 辨은 죄인이 송사할 때 칼로 자르듯 판가름 내는 것을 나타냈다. 이런 자형에서 '분별하다'의 뜻이 나왔다.	奴婢辨定都監(노비변정도감) 고려 공민왕 때 노비(奴婢)의 소송(訴訟)과 재판(裁判)을 맡아보던 관아		
邊 가 변 준4급 常	변방 邊은 '쉬엄쉬엄 가다'의 뜻과 보이지 않을 변의 음 및 뜻을 결합한 글자[形聲] 甲文字에서 邊은 끝이 보이지 않는 가장자리가 잇달아 연결되어 있는 것을 나타냈다.	周邊(주변) 주위(周圍)의 가장자리 一邊倒(일변도) 한쪽으로만 쏠림 邊方(변방) 나라의 경계(境界)가 되는 변두리 땅		
辯 말씀 변 4급 常	말 잘할 辯은 송사할 변의 음 및 뜻과 말씀[言]의 뜻을 결합한 글자[形聲] 小篆字에서 辯은 말을 조리 있게 하여 송사를 잘 처리하는 것을 나타냈다.	雄辯(웅변) 조리(條理) 있고, 힘차고 거침없는 변설 答辯(답변) 어떠한 물음에 밝히어 대답(對答)함		
變 변할 변 5급 常	변할 變은 말 이을 편의 음 및 뜻과 '치다'의 뜻을 결합한 글자[形聲] 小篆字에서 變은 끊임없이 말로 타이르고 회초리로 쳐서 고쳐가는 것을 나타냈다.	變化(변화) 모양(模樣)이나 성질(性質)이 바뀌어 달라짐 變更(변경) 바꾸어 고침 變數(변수) 어떠한 대응(對應) 관계(關係)로 변화(變化)하는 수		
卞 성씨, 법 변 2급	弁(변=감투)의 別體(별체)의 글자가 卞으로 변한 것.	抗卞(항변) 항의(抗議)		
弁 고깔, 말씀 변 2급	마늘모部 厶(사→관의 모양)와 廾(공→양손)의 합자(合字). 冠(관)을 씀의 뜻.	弁韓(변한) 삼한(三韓)의 하나. 후에 가야로 발전하였는데, 농업과 양잠을 주로 하고 철과 직포(織布)의 산출로 유명함		
別 다를 별 6급 常	나눌 別은 뼈와 칼의 뜻을 결합한 글자[會意] 石文字에서 別은 칼로 뼈와 살을 구별하는 것을 나타냈다. 이런 자형에서 '나누다'의 뜻이 나왔다.	特別(특별) 보통(普通)과 다름 別途(별도) 딴 방면(方面)이나 방도. 딴 용도(用途) 差別(차별) 차등이 있게 구별(區別)함		
瞥 눈 깜짝할 별 1급	뜻을 나타내는 눈목(目(=罒)→눈, 보다)部와 음을 나타내는 부수를 제외한 글자 敝(폐)가 합하여 이루어짐.	瞥眼間(별안간) 눈 깜짝할 동안, 갑자기 一瞥(일별) 한 번 흘낏 봄		
鱉 자라 별 상용	鼈의 속자(俗字). 뜻을 나타내는 고기어(魚→물고기)部와 음을 나타내는 부수를 제외한 글자 폐(→별로 바뀜)가 합하여 이루어짐.	魚鱉(어별) 물고기와 자라, 해산동물(動物)을 통틀어 이르는 말		

한자	자원(字源)	용례(用例)		
丙 남녘 병 준3급 / 常	밝을 丙은 제사상에 불을 밝힌 모양을 본뜬 글자[象形] 金文字에서 丙은 제사상 아래서 '밝다' 또는 밝은 '남녘'의 뜻이 나왔다. 후에 가차되어 십간의 '셋째 天干'의 뜻으로 쓰인다.	**丙寅洋擾**(병인양요) 흥선대원군의 천주교 탄압으로 고종 3년(1866)에 프랑스 함대(艦隊)가 강화도를 침범한 사건		
兵 병사 병 5급 / 常	군사 兵은 무기와 두 손의 뜻을 결합한 글자[會意] 甲文字에서 兵은 무기를 두 손으로 잡고 있는 것을 나타냈다. 이런 자형에서 '병사'의 뜻이 나왔다.	**兵家常事**(병가상사) 병가에서는 늘 있는 일. 전쟁에서 이기고 지는 것은 아주 흔한 일이니 지더라도 낙담하지 말라는 의미. **義兵**(의병) 의를 위하여 일어난 군사		
屛 병풍 병 3급 / 常	물리칠 屛은 집의 뜻과 아우를 병의 음 및 뜻을 결합한 글자[形聲] 小篆字에서 屛은 집에 의지하여 두 사람이 각각 방패를 들고 서로 나란히 지키는 것을 나타냈다. 이런 자형에서 '물리치다', '병풍'의 뜻이 나왔다.	**屛風**(병풍) 바람을 막기도 하고 무엇을 가리기 위하여 치기도 하는 장식(裝飾)을 위하여 방 안에 둘러치는 물건		
竝 아우를 병 3급 / 常	아우를 竝은 서다[立]의 뜻을 두 번 결합한 글자[會意] 甲文字에서 竝은 두 사람이 견주어 서 있는 것을 나타냈다. 이런 자형에서 '아우르다'의 뜻이 나왔다.	**竝駕齊驅**(병가제구) 수레를 나란히 하여 달린다. 지위나 능력 따위가 같음을 비유하여 이르는 말 **竝行**(병행) 두 가지 일을 한꺼번에 아울러 행(行)함		
病 병 병 6급 / 常	병들 病은 병의 뜻과 불 밝을 丙의 음 및 뜻을 결합한 글자[形聲] 小篆字에서 病은 건강한 사람이 열이 올라 어깨와 팔을 늘어뜨리고 있는 것을 나타냈다. 이런 자형에서 '병들다'의 뜻이 나왔다.	**痼疾病**(고질병) 오래도록 낳지 아니하여 고치기 어려운 병 **病院**(병원) 병든 사람을 진찰(診察), 치료(治療) 및 예방(豫防)하기 위한 곳 **疾病**(질병) 신체(身體)의 온갖 기능(機能)의 장애(障碍)로 말미암은 병		
倂 아우를 병 2급	뜻을 나타내는 사람인변(亻(=人)→사람)部와 음을 나타내는 동시에 '아우르다'의 뜻을 갖는 幷(병)으로 이루어짐.	**合倂**(합병) 둘 이상의 집단이나 기관 등 사물을 하나로 합침 **倂呑**(병탄) 아울러 삼킨다는 뜻으로, 남의 재물·영토·주권 등을 강제로 한데 아울러서 제 것으로 삼음 **合倂症**(합병증) 한 질환(疾患)에 관련(關聯)하여 일어나는 다른 질환		
柄 자루 병 2급	뜻을 나타내는 나무목(木→나무)部와 음을 나타내는 동시에 '쥐어 잡는다'는 뜻(=秉(병))을 나타내기 위한 丙(병)으로 이루어짐. 나무로 된 器物(기물)의 손잡이.	**權柄**(권병) 권력의 자루. 권력을 좌지우지하는 힘 **柄臣**(병신) 권력을 잡은 신하		
炳 불꽃, 밝을 병 2급	뜻을 나타내는 불화(火(=灬)→불꽃)部와 음을 나타내는 丙(병)으로 이루어짐.	**炳如日星**(병여일성):해나 별처럼 밝게 빛남		
甁 병 병 1급	뜻을 나타내는 기와와(瓦→기와, 질그릇)部와 음을 나타내는 부수를 제외한 글자 幷(병)으로 이루어짐. '단지'의 뜻.	**保溫甁**(보온병) 안에 담은 액체(液體)를, 담을 때의 온도(溫度)와 거의 일정한 온도(溫度)로 장시간 유지하도록 장치(裝置)한 병		
秉 잡을 병 2급	벼화(禾→곡식)部와 부수를 제외한 글자(손)으로 이루어짐. '벼를 한줌 갖다'의 뜻. 전(轉)하여, '잡다'의 뜻.	**秉權**(병권) 권력(權力)을 잡는 것 **秉彝之性**(병이지성) 떳떳하게 타고난 천성 **秉燭夜遊**(병촉야유) 촛불을 밝히고 밤이 깊도록 놀며 즐김		

한자	자원(字源)	용례(用例)
餅 떡 병 1급	뜻을 나타내는 밥식(食(=飠)→먹다, 음식)部와 음을 나타내는 幷(병)이 합하여 이루어짐.	煎餅(전병) 지진 떡의 총칭 畵中之餅(화중지병) 그림 속의 떡이란 뜻
步 걸음 보 준4급 常	걸을 步는 발[止]과 발[止]의 뜻을 결합한 글자[會意] 甲文字에서 步는 왼발 오른발을 번갈아 내딛는 모습을 나타냈다. 이런 자형에서 '걷다'의 뜻이 나왔다.	讓步(양보) 남에게 사양(辭讓)하여 물러나는 것 進步(진보) 더욱 발달(發達)함 初步(초보) 그 처음 단계나 수준, 첫걸음
保 지킬 보 준4급 常	보전할 保는 '사람과 지키다'의 뜻을 결합한 글자[會意] 甲文字에서 保는 사람이 아이를 감싸고 있는 모습을 나타냈다. 이런 자형에서 '보호하다' '기르다'의 뜻이 나왔다.	保護(보호) 잘 보살피고 지킴 保障(보장) 일이 잘되도록 보호(保護)하거나 뒷받침함 確保(확보) 확실(確實)히 보유(保有)함 安保(안보) 안전(安全) 보장(保障)의 준말
普 넓을 보 4급 常	넓을 普는 나란히 병(竝)의 음 및 뜻과 해[日]의 뜻을 결합한 글자[形聲] 小篆字에서 普는 구름이 해와 나란히 하여 넓게 가린 모양을 나타냈다. 이런 자형에서 '넓다'의 뜻이 나왔다.	普通(보통) 특별(特別)한 것이 없이 널리 통하여 예사로움. 당연(當然)함 普及(보급) 널리 퍼져 골고루 미치게 함. 널리 퍼뜨려서 알리거나 실행(實行)되게 함 普遍(보편) 모든 것에 두루 미치거나 통함
補 기울, 도울 보 준3급 常	기울 補는 옷의 뜻과 클 보의 음 및 뜻을 결합한 글자[形聲] 小篆字에서 補는 해진 곳을 기워 옷을 완전하게 하는 것을 나타냈다. 이런 자형에서 '깁다'의 뜻이 나왔다.	候補(후보) 어떤 지위(地位)나 신분(身分)에 오르기를 바람 또는 그 사람 補完(보완) 보충(補充)하여 온전(穩全)하게 함
報 갚을, 알릴 보 준4급 常	갚을 報는 '큰 죄와 다스리다'의 뜻을 결합한 글자[會意] 金文字에서 報는 큰 잘못을 지어 죄만큼 벌을 주어 다스리는 것을 나타냈다. 이런 자형에서 '갚다'의 뜻이 나왔다.	報道(보도) 새로운 소식(消息)을 알림 情報(정보) 관찰이나 측정을 통하여 수집한 자료를 실제 문제에 도움이 될 수 있도록 정리한 지식, 자료 報告(보고) 알리어 바치거나 베풀어 알림
譜 족보 보 준3급 常	계보 譜는 말씀의 뜻과 두루 보의 음 및 뜻을 결합한 글자[形聲] 小篆字에서 譜는 계통과 내력을 두루 기록한 것을 나타냈다. 이런 자형에서 '계보'의 뜻이 나왔다.	族譜(족보) 한 집안의 계통과 혈통의 관계(關係)를 적어 놓은 책, 한 족속의 세계를 적은 책(冊) 樂譜(악보) 음악에서 연주되는 음의 배열(配列) 또는 그 주법을 일정한 조직을 가진 글자나 기호(記號)로써 기록한 표
寶 보배 보 준4급 常	보배 寶는 집과 구슬과 패물의 뜻 그리고 술병 부의 음 및 뜻을 결합한 글자[形聲] 甲文字에서 寶는 집안에 패물과 구슬이 있는 것을 나타냈으며 小篆字에서 缶를 첨가하여 술과 진기한 재화를 잘 간직한 것을 나타냈다.	國寶(국보) 나라에서 나라의 보배로 지정(指定)한 물체(物體) 寶物(보물) 드물고 귀한 가치 있는 물건 多寶塔(다보탑) 경주 불국사 경내에 있음. 국보 제20호
堡 작은 성 보 1급	뜻을 나타내는 흙토(土→흙)部와 음을 나타내는 동시에 '막다'의 뜻(=防(방))을 가진 保(보)로 이루어짐. 흙을 쌓아 적을 막는 것.	堡壘(보루) 적의 접근(接近)을 막기 위하여 만든 견고(堅固)한 구축물 橋頭堡(교두보) 교량(橋梁)을 엄호하기 위해 축조(築造)한 보루(堡壘)
洑 보 보 1급	뜻을 나타내는 삼수변(氵(=水, 氺)→물)部와 음을 나타내는 伏(복)이 합하여 이루어짐.	民洑(민보) 백성(百姓)들이 자체(自體)로 쌓아서 만든 논의 보

甫 클 보 2급	圃(포)의 본자(本字). 田(전=밭)에 풀(풀철(屮→초목의 싹, 왼손)部)을 심은 모양을 본떠 '채소밭'을 뜻함.	杜甫(두보)(712~770) 중국 唐(당)의 시인. '시성(詩聖)'으로 불리며, 이백(李白)과 함께 중국의 최고 시인으로 꼽힌다. 작품에 〈북정(北征)〉, 〈병거행(兵車行)〉 등이 있음		
菩 보살 보 1급	풀을 뜻하는 초두머리(艹(=艸)→풀, 풀의 싹)部와 음을 나타내는 부수를 제외한 글자 咅(부)가 보리(깨달음)를 나타냄.	觀世音菩薩(관세음보살) 아미타불의 왼편에서 교화를 돕는 보살. 사보살의 하나		
輔 도울 보 2급	뜻을 나타내는 수레거(車→수레, 차)部와 음을 나타내는 동시에 '돕다'의 뜻을 가진 甫(보)로 이루어짐. 수레바퀴 양쪽의 덧방나무, 전(轉)하여, '돕다'의 뜻.	輔弼(보필) 임금을 도움 輔佐(보좌) 상관(上官)을 도와 일을 처리(處理)하는 것 輔國安民(보국안민) 국정(國政)을 보필(輔弼)해 백성(百姓)을 편안(便安)하게 함		
卜 점 복 3급 常	점 卜은 거북의 등껍질을 태워 갈라진 방향을 가리킨 글자[象形] 甲文字에서 卜은 고대에 불탄 거북의 갈라진 등껍질을 보고 점친 것을 나타냈다. 이런 자형에서 '점치다'의 뜻이 나왔다.	占卜(점복) 점을 쳐서 길흉(吉凶)을 예견(豫見)하는 일		
伏 엎드릴 복 4급 常	엎드릴 伏은 사람과 개의 뜻을 결합한 글자[會意] 小篆字에서 伏은 개가 사람 옆에 엎드려 있는 모습을 나타냈다. 이런 자형에서 '엎드리다', '숨다'의 뜻이 나왔다.	降伏(항복) 적에게 굴복(屈服)함 伏線(복선) 소설(小說)이나 희곡(戱曲) 따위의 작품(作品)에서 뒤에 나올 사건(事件)에 대하여 미리 넌지시 비쳐 두는 서술		
服 옷 복 6급 常	쫓을 服은 배의 뜻과 다스릴 복의 음 및 뜻을 결합한 글자[形聲] 甲文字에서 服은 양손으로 배의 돛을 잡고 바람에 따라 나아가게 하는 것을 나타냈다. 이런 자형에서 '쫓다'의 뜻이 나왔다.	克服(극복) 악조건이나 고생 따위를 이겨 냄 衣服(의복) 옷. 몸을 싸서 가리거나 보호하기 위하여 피륙 따위로 만들어 입는 물건 服務(복무) 직무(職務)나 임무(任務)를 맡아 봄		
復 회복 복 준4급 常	돌아올 復은 '자축거리다'의 뜻과 돌아갈 복의 음 및 뜻을 결합한 글자[形聲] 甲文字에서 復은 그릇에 음식물을 가득 담아 돌아오는 것을 나타냈다.	復興(부흥) 한 번 쇠퇴(衰退)한 것이 다시 성(盛)하여 일어남 復活節(부활절) 예수의 부활(復活)을 기념(記念)하는 날		
腹 배 복 준3급 常	배 服은 몸의 뜻과 거듭 복의 음 및 뜻을 결합한 글자[形聲] 小篆字에서 服은 사람이 숨 쉴 때 배가 울록불록 반복하여 움직이는 것을 나타냈다. 이런 자형에서 '배'의 뜻이 나왔다.	腹痛(복통) 배를 앓는 병(病) 腹案(복안) 마음속에 품고 있는 계획(計劃) 心腹(심복) ① 가슴과 배 ② 썩 가까워 마음 놓고 믿을 수 있는 사람		
福 복 복 5급 常	복 福은 '보여 주다'의 뜻과 찰 복의 음 및 뜻을 결합한 글자[形聲] 文字에서 福은 신에게 제사 지낼 때 술과 음식을 가득 채워 복을 비는 것을 나타냈다. 이런 자형에서 '복'의 뜻이 나왔다.	福祉(복지) 행복(幸福)과 이익(利益) 幸福(행복) 복된 좋은 운수(運數) 冥福(명복) 죽은 뒤에 저승에서 받는 복		
複 겹칠 복 4급 常	겹칠 複은 옷의 뜻과 거듭 복의 음 및 뜻을 결합한 글자[形聲] 小篆字에서 複은 옷을 여러 겹 입은 것을 나타냈다. 이런 자형에서 '겹치다'의 뜻이 나왔다.	複雜(복잡) 여럿이 겹치고 뒤섞여 있음 複製(복제) 그대로 본떠서 만듦 重複(중복) 같은 것이 두 번 이상 겹침		

覆 다시 복 준3급 常	뜻을 나타내는 덮을 아(襾(=西)部와 음(音)을 나타내는 復(복)이 합(合)하여 이루어짐[形聲]	飜覆(번복) (이미 한 말이나 결정(決定)이나 판단(判斷) 등을) 고치거나 바꾸어 처음과 다른 내용(內容)이 되게 하는 것 顚覆(전복) 뒤집혀 엎어짐 또는 뒤집어엎음	
僕 종 복 1급	뜻을 나타내는 사람인변(亻(=人)→사람)部와 음을 나타내는 부수를 제외한 글자 業(복)이 합하여 이루어짐.	奴僕(노복) 사내종	
匐 길 복 1급	뜻을 나타내는 쌀포몸(勹→싸다)部와 음을 나타내는 부수를 제외한 글자 畐(복)이 합하여 이루어짐.	匍匐(포복) 배를 땅에 대고 김	
輻 바퀴살 복 1급	뜻을 나타내는 수레거(車→수레, 차)部와 음을 나타내는 부수를 제외한 글자 畐(복)이 합하여 이루어짐.	輻射(복사) (열이나 빛 따위를) 한 점으로부터 사방으로 내쏨	
馥 향기 복 2급	뜻을 나타내는 향기향(香→향기롭다)部와 음을 나타내는 복(馥에서 香을 제외한 부분)으로 이루어지며 '좋은 향기'의 뜻	馥郁(복욱) 향기롭고 성함	
鰒 전복 복 1급	뜻을 나타내는 고기어(魚→물고기)部와 음을 나타내는 부수를 제외한 글자 复(복)이 합하여 이루어짐.	全鰒(전복) 전복과에 딸린 조개의 통틀어 일컬음	
本 근본 본 6급 常	근본 本은 나무의 밑부분인 뿌리를 가리킨 글자[指事] 金文字에서 本은 나무의 근본이 되는 뿌리를 나타냈다. 이런 자형에서 '근본'의 뜻이 나왔다.	根本(근본) 사물의 생겨나는 근원(根源) 拔本塞源(발본색원) 근본을 빼내고 원천을 막아 버린다는 뜻으로, 사물의 폐단을 없애기 위해 뿌리째 뽑아 버림을 이름	
奉 받들 봉 5급 常	받들 奉은 무성할 봉의 음과 '두 손으로 받들다'의 뜻을 결합한 글자[形聲] 金文字에서 奉은 두 손으로 옥을 받든 모양을 나타냈으나, 小篆字에서는 무성할 봉자를 첨가하여 음을 나타냈다. 이런 자형에서 '받들다'의 뜻이 나왔다.	奉仕(봉사) 국가나 사회 또는 남을 위하여 자신을 돌보지 아니하고 힘을 바쳐 애씀 奉獻(봉헌) 물건을 받들어 바침 奉養(봉양) 어버이나 할아버지, 할머니를 받들어 모시고 섬김	
封 봉할 봉 준3급 常	봉할 封은 가다와 흙 그리고 규칙의 뜻을 결합한 글자[會意] 小篆字에서는 제후가 명을 받아 임지로 가는 것을 나타냈다. 이런 자형에서 '봉하다'의 뜻이 나왔다.	封鎖(봉쇄) 봉하고 잠금 封套(봉투) 편지(便紙)·서류(書類) 등을 넣는 물건 封合(봉합) 꿰매거나 꿰매어 붙임	
峯 봉우리 봉 3급 常	봉우리 峯은 산의 뜻과 만날 봉의 음 및 뜻을 결합한 글자[形聲] 小篆字에서 峯은 산마루가 엇갈려 마주 모고 서 있는 것을 나타냈다. 이런 자형에서 '봉우리'의 뜻이 나왔다.	三峯集(삼봉집) 정도전(鄭道傳)의 문집(文集). 三峯(삼봉)은 그의 호 最高峰(최고봉) 가장 높은 봉우리	

俸 녹 봉 2급	뜻을 나타내는 사람인변(亻(=人)→사람)과 음을 나타내는 奉(봉)으로 이루어짐.	**薄俸**(박봉) 많지 않은 봉급(俸給) **俸給**(봉급) 계속적(繼續的) 노무(勞務)에 대한 보수(報酬)			
逢 만날봉 봉 3급 常	맞이할 逢은 쉬엄쉬엄 가다의 뜻과 만날 봉의 음 및 뜻을 결합한 글자[形聲] 甲文字에서 逢은 길을 가다가 서로 우연히 부딪치는 것을 나타냈다. 이런 자형에서 '맞이하다'의 뜻이 나왔다.	**相逢**(상봉) 서로 만남 **逢着**(봉착) 만나서 부닥침. 만남 **逢變**(봉변) 변을 당(當)함			
蜂 벌 봉 3급 常	벌 蜂은 벌레의 뜻과 만날 봉의 음 및 뜻을 결합한 글자[形聲] 小篆字에서 蜂은 벌들이 떼를 지어 모여 드는 것을 나타냈다. 이런 자형에서 '벌'의 뜻이 나왔다.	**蜜蜂**(밀봉) 꿀벌, 참벌 **蜂起**(봉기) 떼 지어 날아 나오는 벌떼처럼 사람들이 곳곳에서 일어남			
鳳 봉황 봉 3급 常	봉황 鳳은 무릇 범의 음 및 뜻과 새의 뜻을 결합한 글자[形聲] 甲文字에서 鳳은 뭇 새들 중에서 가장 신령스러운 전설상의 새를 나타냈다. 이런 자형에서 '봉황'의 뜻이 나왔다.	**鳳凰**(봉황) 중국의 전설(傳說)에 나오는 상상(想像)의 새			
縫 꿰맬 봉 2급	뜻을 나타내는 실사(糸→실타래)部와 음을 나타내는 逢(봉)이 합하여 이루어짐.	**假縫**(가봉) 시침바느질 **裁縫**(재봉) 옷감을 꿰매고 옷을 만드는 일. 바느질 **彌縫的**(미봉적) 터진 곳을 임시(臨時)로 얽어맨다는 뜻. 빈 구석이나 잘못된 것을 임시변통(臨時變通)으로 처리함			
捧 받들 봉 1급	뜻을 나타내는 재방변(扌(=手)→손)과 음을 나타내는 奉(봉)이 합하여 이루어짐.	**捧戱**(봉희) 예전에, 병사들이 나뭇가지를 무기 삼아 서로 겨루던 놀이			
棒 몽둥이 봉 1급	木(목)과 '때리다'의 뜻을 가진 奉(봉)으로 이루어짐. '때리기 위한 나무'의 뜻.	**綿棒**(면봉) 끝에 솜을 말아 붙인 가느다란 막대 **平行棒**(평행봉) 기계(機械)체조(體操) 용구(用具)의 한 가지			
烽 봉화 봉 1급	뜻을 나타내는 불화(火(=灬)→불꽃)部와 음을 나타내는 부수를 제외한 글자 夆(봉)이 합하여 이루어짐.	**烽燧**(봉수) 봉화(烽火)			
蓬 쑥 봉 2급	뜻을 나타내는 초두머리(艹(=艸)→풀, 풀의 싹)部와 음을 나타내는 逢(봉)으로 이루어짐. 풀이름.	**麻中之蓬**(마중지봉) 삼밭에 나는 쑥이라는 뜻으로, 좋은 환경(環境)에 있거나 좋은 벗과 사귀면 자연히 주위의 감화(感化)를 받아서 선인(善人)이 됨을 비유해 이르는 말			
鋒 칼날 봉 2급	뜻을 나타내는 쇠금(金→광물·금속·날붙이)과 '뾰족한 끝'의 뜻을 가진 부수를 제외한 글자 夆(봉)으로 이루어짐.	**先鋒**(선봉) 앞장서는 (것)			

夫 지아비 부 7급 | 常	사내 夫는 사람 인과 관의 뜻을 결합한 글자[會意] 甲文字에서 夫는 남자가 20살이 되면 머리를 갓끈으로 묶고 관을 써서 장년이 된 것을 나타냈다. 이런 자형에서 '사내'의 뜻이 나왔다.	夫婦(부부) 남편(男便)과 아내 工夫(공부) 학문(學問)이나 기술(技術)을 닦는 일	
父 아비 부 8급 | 常	아비 父는 손에 회초리를 든 모양을 본뜬 글자[象形] 甲文字에서 父는 손에 회초리를 들고 훈계하는 아버지의 모양을 본떴다. 이런 자형에서 '아버지'의 뜻이 나왔다.	父母(부모) 아버지와 어머니 學父母(학부모) 학생(學生)의 어머니와 아버지	
付 줄 부 준3급 | 常	줄 付는 사람과 손마디의 뜻을 결합한 글자[會意] 甲文字에서 付는 손으로 다른 사람에게 물건을 주는 모습을 나타냈다. 이런 자형에서 '주다', '붙이다'의 뜻이 나왔다.	當付(당부) 말로써 어찌하라고 단단히 부탁(付託)함 納付(납부) 관공서(官公署)나 공공(公共) 단체(團體) 등에 세금(稅金), 공과금 따위를 냄 付託(부탁) 어떤 일을 해 달라고 맡기거나 청(請)함	
否 아닐 부 4급 | 常	아닐 否는 아닐 부(不)의 음 및 뜻과 입[口]의 뜻을 결합한 글자[形聲] 金文字에서 否는 입으로 대답하지 않는 것을 나타냈다. 이런 자형에서 '아니다', '막히다'의 뜻이 나왔다.	拒否(거부) 거절(拒絶)하여 받아들이지 않음 與否(여부) 그러함과 그러하지 아니함 否認(부인) 어떤 사실(事實)이 있음을 인정(認定)하지 아니함	
扶 도울 부 준3급 | 常	도울 扶는 손과 지아비부의 음 및 뜻을 결합한 글자[形聲] 金文字에서 扶는 손으로 불편한 지아비를 부축하는 것을 나타냈다. 이런 자형에서 '돕다'의 뜻이 나왔다.	扶餘(부여) 기원전 1세기 무렵에 부여족이 북만주 일대에 세운 나라. 3세기 말에 선비족의 침입으로 쇠퇴한 후, 그 영토가 대부분 고구려에 편입됨 扶養(부양) 스스로의 힘으로 살아갈 수 없는 사람을 돌봄 扶助(부조) 남의 큰일에 돈이나 물건 등을 도와줌	
府 곳집 부 준4급 | 常	관청 府는 집의 뜻과 줄 부의 음 및 뜻을 결합한 글자[形聲] 金文字에서 府는 사람이 손에 문서를 들고 들어가는 집을 나타냈다. 이런 자형에서 '관청'의 뜻이 나왔다.	政府(정부) 국가(國家)를 다스리는 기관(機關) 議政府(의정부) 백관(百官)을 통솔(統率)하고 서정(庶政)을 총리하던 조선시대 최고(最高)의 행정(行政)기관(機關)	
附 붙을 부 준3급 | 常	붙을 附는 언덕의 뜻과 붙을 부의 음 및 뜻을 결합한 글자[形聲] 陶文字에서 附는 초목이 흙덩이에 의지하여 성장하는 것을 나타냈다. 이런 자형에서 '붙다'의 뜻이 나왔다.	期限附(기한부) 미리 기한(期限)을 붙임 牽强附會(견강부회) 이치(理致)에 맞지 않는 말을 억지로 끌어 붙여 자기주장(主張)의 조건(條件)에 맞도록 함	
負 질 부 4급 | 常	짐 질 負는 사람과 조개의 뜻을 결합한 글자[會意] 金文字에서 負는 사람이 보화를 등에 진 모습을 나타냈다. 이런 자형에서 '짐 지다'의 뜻이 나왔다.	無勝負(무승부) 내기·경기 따위에서 이기고 짐이 없이 비김 負擔(부담) 어떤 일이나 의무(義務)·책임(責任) 따위를 떠맡음 또는 떠맡게 된 일이나 의무(義務)·책임(責任) 따위	
赴 다다를 부 3급 | 常	다다를 赴는 '달리다'의 뜻과 점칠 복의 음 및 뜻을 결합한 글자[形聲] 小篆字에서 赴는 점을 쳐보고 급히 달려가는 것을 나타냈다. 이런 자형에서 '다다르다'의 뜻이 나왔다.	赴任(부임) 임무(任務)를 받아 근무(勤務)할 곳으로 감 赴告(부고) 사람이 죽은 것을 알리는 통지(通知)	
浮 뜰 부 준3급 | 常	뜰 浮는 물의 뜻과 알 부의 음 및 뜻을 결합한 글자[形聲] 金文字에서 浮는 새가 알을 품을 때 엎드려 있는 것과 같이 물 위에 떠 있는 것을 나타냈다. 이런 자형에서 '뜨다'의 뜻이 나왔다.	浮刻(부각) 어떤 사물을 특징(特徵)지어 두드러지게 함 浮上(부상) 물 위로 떠오르는 것, 어떤 현상(現象)이 보통(普通) 때보다 더 큰 관심(關心)을 끌게 됨	

符 부호 부 준3급 常	부신 符는 대나무의 뜻과 줄 부의 음 및 뜻을 결합한 글자 [形聲] 石文字에서 符는 대나무에 글을 새겨 만든 것을 나누어 주어 증거로 삼는 것을 나타냈다. 이런 자형에서 '부신'의 뜻이 나왔다.	符合(부합) 틀림없이 서로 꼭 들어맞음 符號(부호) 일정한 뜻을 나타내기 위하여 정한 기호(記號)			
婦 며느리 부 준4급 常	아내 婦는 여자와 비의 뜻을 결합한 글자[會意] 金文字에서 婦는 비를 들고 집 안을 청소하는 여자를 나타냈다. 이런 자형에서 '아내'의 뜻이 나왔다.	夫婦(부부) 남편(男便)과 아내 婦人(부인) 결혼(結婚)한 여자(女子)			
部 떼 부 6급	나눌 部는 가를 부의 음 및 뜻과 고을의 뜻을 결합한 글자 [形聲] 金文字에서 部는 나라를 다스리기 쉽게 여러 고을로 나눈 것을 나타냈다. 이런 자형에서 '나누다'의 뜻이 나왔다.	部分(부분) 전체(全體)를 몇으로 나눈 것의 하나하나 一部(일부) ① 전체(全體)의 한 부분 ② 한 번			
副 버금 부 준4급 常	버금 副는 찰 복의 음 및 뜻과 칼의 뜻을 결합한 글자[形聲] 小篆字에서 副는 가득하여 넘치는 것을 둘로 나누어 담는 것을 나타냈다. 이런 자형에서 '버금', '쪼개다'의 뜻이 나왔다.	副作用(부작용) 약이 지닌 그 본래(本來)의 작용 이외(以外)에 부수되어 일어나는 작용 副應(부응) 무엇에 좇아서 응(應)함			
富 부유할 부 준4급 常	부자 富는 집의 뜻과 찰 복의 음 및 뜻을 결합한 글자[形聲] 金文字에서 富는 술병에 술이 가득 넘치는 집을 나타냈다. 이런 자형에서 '부자', '넉넉하다'의 뜻이 나왔다.	國富論(국부론) 영국(英國)의 애덤 스미스가 중상(重商)주의(主義)를 배격(排擊)하고 자유방임주의를 내세운 책 豊富(풍부) 넉넉하고 많음 富裕層(부유층) 재산(財産)이 넉넉히 있는 계층			
腐 썩을 부 준3급 常	썩을 腐는 곳집 부의 음 및 뜻과 고기의 뜻을 결합한 글자 [形聲] 小篆字에서 腐는 쓰고 남은 고기를 곳간에 오래 둔 것을 나타냈다. 이런 자형에서 '썩다'의 뜻이 나왔다.	腐蝕(부식) 썩어서 벌레 먹은 것처럼 삭음 不正腐敗(부정부패) 생활이 바르지 못하고 썩을 대로 썩음			
膚 살갗 부 2급	육달월(月(=肉)→살, 몸)과 로(盧의 약체)로 이루어지며 살 위를 펴 덮고 있는 것의 뜻.	皮膚(피부) 몸을 덮는 살갗 身體髮膚受之父母(신체발부수지부모) 신체(身體)의 모발(毛髮)과 피부(皮膚)는 부모(父母)님으로부터 받은 것이라			
賦 부세 부 준3급 常	세금 거둘 賦는 조개[貝]의 뜻과 군사 무의 음 및 뜻을 결합한 글자[形聲] 石文字에는 賦는 군사를 유지하기 위해 거두는 재화를 나타냈다. 이런 자형에서 '세금 거두다'의 뜻이 나왔다.	賦課(부과) 임무(任務)나 책임(責任) 따위를 지워 맡게 함 割賦(할부) 지급(支給)할 돈을 여러 번으로 나누어 줌			
簿 문서 부 준3급 常	장부 簿는 대나무의 뜻과 넓을 부의 음 및 뜻을 결합한 글자[形聲] 小篆字에서 簿는 종이가 없던 예산 대나무를 넓게 쪼개어 수지 관계를 기록한 대쪽을 나타냈다.	登記簿(등기부) 등기 사항을 적어서 등기소(登記所)에 마련해 둔 공공(公共)의 장부(帳簿) 名簿(명부) 이름, 주소(住所), 직업(職業) 따위를 죽 적어 놓은 장부			
敷 필 부 2급	등글월문(攴(=攵)→일을 하다, 회초리로 치다)과 '펴다'의 뜻을 가진 부수를 제외한 글자(부)로 이루어짐. '쳐서 펴다'의 뜻.	敷衍(부연) 덧붙여 알기 쉽게 자세(仔細)히 설명(說明)을 늘어놓음 敷設(부설) (다리나 철도(鐵道) 또는 기뢰 따위를) 설치(設置)함			

俯 구부릴 부 1급	뜻을 나타내는 사람인변(亻(=人)→사람)과 음을 나타내는 付(부)가 합하여 이루어짐.	俯仰無愧(부앙무괴) 하늘을 우러러보나 땅을 굽어보나 양심(良心)에 부끄러움이 없음을 이르는 말 僉議俯(첨의부) 충렬왕(1275)에 고려(高麗)의 삼성 제도가 원나라 제도와 같다고 하여, 중서문하성과 상서성을 아울러 첨의부로 개편(改編)한 것	
剖 쪼갤 부 1급	뜻을 나타내는 선칼도방(刂(=刀)→칼, 베다, 자르다)과 음을 나타내는 부수를 제외한 글자 咅(부)가 합하여 이루어짐.	剖檢(부검) 사망(死亡) 원인(原因)을 밝히기 위해 시체(屍體)를 해부(解剖)하여 검사(檢査)하는 일 解剖(해부) (생물체(生物體)나 시체(屍體)를) 내부(內部)의 구조(構造)나 상태를 치료(治療)·관찰(觀察)·연구(研究)하기 위해 칼 따위로 자르는 일	
咐 분부할 부 1급	뜻을 나타내는 입구(口→입, 먹다, 말하다)部와 음을 나타내는 付(부)가 합하여 이루어짐.	吩咐(분부) 여러 사람에게 나누어 시키거나 나누어 줌	
埠 부두 부 1급	土(토)와 阜(부=언덕)의 합자(合字). 또, 阜(부)는 음을 나타냄.	埠頭(부두) 항만(港灣) 안에 있는 육안(陸岸)의 일부를 바다 가운데로 연장(延長)하여 물 위까지 돌을 쌓아 방죽같이 만든 선창(船艙)	
孵 알 깔 부 1급	뜻을 나타내는 아들자(子→어린 아이)部와 부수를 제외한 글자 孚(부)가 음을 나타냄.	孵化(부화) 동물(動物)의 알이 깨는 것	
斧 도끼 부 1급	뜻을 나타내는 날근(斤→도끼)과 음을 나타내는 父(부)가 합하여 이루어짐.	螳螂之斧(당랑지부) 자기 힘을 생각지 않고 강적(强敵) 앞에서 분수(分數)없이 날뛰는 것에 비유(比喩)해서 씀 磨斧作針(마부작침) 도끼를 갈아 바늘을 만든다는 뜻으로, 아무리 어려운 일이라도 끈기 있게 노력(努力)하면 이룰 수 있음을 비유(比喩)하는 말	
腑 육부 부 1급	뜻을 나타내는 육달월(月(=肉)→살, 몸)部와 음을 나타내는 府(부)가 합하여 이루어짐.	五臟六腑(오장육부) 내장(內臟)의 총칭(總稱) 肺腑(폐부) ① 폐장 ② 마음의 깊은 속 ③ 요긴(要緊)한 곳	
芙 연꽃 부 1급	풀을 뜻하는 초두머리(艹(=艸)→풀, 풀의 싹)部와 음을 나타내는 夫(부)가 합하여 '부용(연꽃)'을 나타냄.	芙蓉(부용) 연꽃	
訃 부고 부 1급	뜻을 나타내는 말씀언(言→말하다)部와 음을 나타내는 卜(복→부로 바뀜)이 합하여 이루어짐.	訃告(부고) 사람의 죽음을 알림 또는 그런 글	
賻 부의 부 1급	뜻을 나타내는 조개패(貝→돈, 재물)部와 음을 나타내는 부수를 제외한 글자(부)가 합하여 이루어짐.	賻儀(부의) 초상집에 부조로 보내는 돈이나 물품	

ㅂ

釜 가마 부 2급	뜻을 나타내는 쇠금(金→광물·금속·날붙이)部와 음을 나타내는 父(부)가 합하여 이루어짐.	釜山(부산) 경상남도에 있는 광역시 仰釜日晷(앙부일구) 보물 제845호. 17~18세기(世紀)의 조선 후기(後期)에 제작(製作)된 2개의 해시계		
阜 언덕 부 2급	산의 측면 단층의 모양을 본뜸.	高阜(고부) 높은 언덕 奄宅曲阜(엄택곡부) 주공이 큰 공이 있는 고로 노국을 봉한 후 곡부에다 궁전을 세웠다.		
駙 곁마 부 1급	뜻을 나타내는 말마(馬→말)部와 음을 나타내는 付(부)가 합하여 이루어짐.	駙馬(부마) 임금의 사위 駙馬都尉(부마도위) 임금의 사위, 駙馬(부마).		
傅 스승 부 2급	뜻을 나타내는 사람인변(亻(=人)→사람)部와 음을 나타내는 부수를 제외한 글자 尃(부)가 합하여 이루어짐.	師傅(사부) 자기를 가르쳐 이끌어 주는 사람, 스승, 선생		
北 북녘 북 8급 常	북녘 北은 두 사람이 서로 등지고 있는 모양을 본뜬 글자[象形] 甲文字에서 北은 두 사람의 의견이 맞지 않은 모양을 본떴다. 이런 자형에서 '배반하다'의 뜻이 나왔다. 후에 가차되어 '북녘'의 뜻으로 쓰인다.	北韓(북한) 해방(解放) 후 삼팔선 이북(以北)의 한국(韓國) 南北(남북) 남쪽과 북쪽 敗北(패배) 싸움에 져서 도망(逃亡)함		
分 나눌 분 6급 常	나눌 分은 나누다와 칼의 뜻을 결합한 글자[會意] 甲文字에서 分은 물체를 칼로 나눈 것을 나타냈다. 이런 자형에서 '나누다'의 뜻이 나왔다.	分析(분석) 개념(概念)을 그 속성(屬性)이나 요소(要素)로 분해(分解)하는 일 充分(충분) 분량(分量)이 적적하여 모자람이 없음 部分(부분) 전체(全體)를 몇으로 나눈 것의 하나하나		
奔 달릴 분 3급 常	달아날 奔은 '크다[大]와 풀 많다'의 뜻을 결합한 글자[會意] 金文字에서 奔은 위급한 상황에 팔을 흔들며 달아나는 모습을 나타냈으나, 小篆字에서는 止 대신을 첨가하여 분주한 뜻을 더했다.	奔走(분주) 이리저리 바쁨을 비유(比喩)하는 말 狂奔(광분) 어떤 일을 꾀하여 미친 듯이 날뛰는 것 東奔西走(동분서주) 사방으로 이리저리 바삐 돌아다님		
粉 가루 분 4급 常	가루 粉은 쌀[米]의 뜻과 나눌 분의 음 및 뜻을 결합한 글자[形聲] 小篆字에서 粉은 쌀을 잘게 나누어 부순 것을 나타냈다. 이런 자형에서 '가루'의 뜻이 나왔다.	粉飾會計(분식회계) 기업(企業)이 자금(資金) 융통(融通)을 원활(圓滑)히 할 목적으로 고의(故意)로 자산(資産)이나 이익(利益)을 부풀려 계산(計算)하는 회계(會計) 粉塵(분진) 티끌		
紛 어지러울 분 3급	어지러울 紛은 실의 뜻과 나눌 분의 음 및 뜻을 결합한 글자[形聲] 小篆字에서 紛은 실이 여러 갈래로 나누어져 얽힌 것을 나타냈다. 이런 자형에서 '어지럽다'의 뜻이 나왔다.	紛爭(분쟁) 말썽을 일으켜 시끄럽게 다툼 紛糾(분규) 일이 뒤얽혀 말썽이 많고 시끄러움 紛亂(분란) 어수선하고 떠들썩함		
憤 분할 분 4급 常	성낼 憤은 마음의 뜻과 클 분의 음 및 뜻을 결합한 글자[形聲] 小篆字에서 憤은 많은 돈을 가진 사람은 쉽게 교만해져 다른 사람에게 크게 흥분하는 마음을 나타냈다.	憤怒(분노) 분하여 성을 냄 激憤(격분) 몹시 분개(憤慨)함 憤慨(분개) 몹시 분하게 여김		

한자	자원(字源)	용례(用例)	
墳 무덤 분 3급 / 常	무덤 墳은 흙의 뜻과 꾸밀 비의 음 및 뜻을 결합한 글자 [形聲] 小篆字에서 墳은 시신을 장사지내고 흙을 높이 쌓아 언덕과 구별한 것을 나타냈다.	古墳(고분) 고대(古代)의 무덤 封墳(봉분) 흙을 쌓아 올려 무덤을 만듦	
奮 떨칠 분 준3급 / 常	떨칠 奮은 새와 크다 그리고 밭의 뜻을 결합한 글자[會意] 金文字에서 奮은 밭에 있던 새가 먹이를 뿌리치고 크게 날개 치며 날아가는 것을 나타냈다. 이런 자형에서 '떨치다'의 뜻이 나왔다.	興奮(흥분) 어떤 자극(刺戟)으로 감정(感情)이 북받쳐 일어남 奮發(분발) 가라앉은 마음과 힘을 떨쳐 일으킴 奮鬪(분투) 있는 힘을 다하여 싸움	
吩 분부할 분 1급	뜻을 나타내는 입구(口→입, 먹다, 말하다)部와 음을 나타내는 分(분)이 합하여 이루어짐.	吩咐(분부) 여러 사람에게 나누어 시키거나 나누어 줌	
噴 뿜을 분 1급	뜻을 나타내는 입구(口→입, 먹다, 말하다)部와 음을 나타내는 賁(분)이 합하여 이루어짐.	噴出(분출) 내뿜음 噴火口(분화구) 화산(火山)의 분출물(噴出物)을 내뿜는 구멍 噴水(분수) 물을 뿜어내게 되어 있는 설비(設備)	
忿 성낼 분 1급	뜻을 나타내는 마음심(心(=忄, 㣺)→마음, 심장)部와 음을 나타내는 分(분)이 합하여 이루어짐.	忿怒(분노) 분하여 몹시 성냄 忿然(분연) 벌컥 성을 내고 있는 모양. 분연히	
扮 꾸밀 분 1급	뜻을 나타내는 재방변(扌(=手)→손)部와 음을 나타내는 分(분)이 합하여 이루어짐.	扮裝(분장) 배우(俳優)가 등장인물에 어울리도록 얼굴·몸·옷 등을 꾸미는 일, 즉 어느 인물의 역을 함	
芬 향기 분 2급	초두머리(艹(=艸)→풀, 풀의 싹)와 '향기 나다'의 뜻(=薰(훈))을 나타내기 위한 分(분)으로 이루어짐. 풀이 나서 '芳香(방향)을 내뿜다'의 뜻.	芬皇寺(분황사) 신라(新羅) 27대 선덕여왕 3(634)년에 창건(創建), 원효(元曉)가 살면서 화엄경소(華嚴經疏)를 썼고 솔거가 그린 관음 보살상이 있었다 함.	
焚 불사를 분 1급	火(화=불)와 林(림=나무)의 합자(合字). 나무를 태워 사냥함의 뜻.	焚身(분신) 몸을 불사르는 것 焚香(분향) 향불을 피움	
盆 동이 분 1급	뜻을 나타내는 그릇명받침(皿→그릇)部와 음을 나타내는 동시에 '크다'의 뜻을 나타내기 위한 分(분)으로 이루어짐. 물·술 따위를 넣는 '큰 질그릇'을 뜻함.	花盆(화분) 화초(花草)를 심어 가꾸는 분 盆栽(분재) 줄기나 가지를 보기 좋게 가꾸어 감상(鑑賞)하는 초목(草木)	
糞 똥 분 1급	쓰레받기를 들고 양손으로 오물을 버림의 뜻.	糞尿(분뇨) 똥과 오줌 人糞(인분) 사람의 똥	

雰 눈 날릴 분 1급	뜻을 나타내는 비우(雨→비, 비가 오다)部와 음을 나타내는 分(분)이 합하여 이루어짐.	雰圍氣(분위기) 어떤 환경(環境)이나 어떤 자리 등에서 저절로 만들어져서 감도는 느낌	
不 아닐 부 7급　常	아니 不는 꽃받침과 그 줄기를 본뜬 글자[象形] 甲文字에서 不는 꽃받침과 곧은 줄기 및 가는 잎이 좌우로 늘어진 것을 본떴다. 새가 하늘로 올라가 돌아오지 않는 것을 나타냈다고 한다. 후에 가차되어 '아니다'의 뜻으로 쓰인다.	不足(부족) 필요(必要)한 양이나 한계(限界)에 미치지 못하고 모자람 不在(부재) 그곳에 있지 아니함 不正(부정) 옳지 않음	
弗 아닐 불 2급	끈으로 매어도 물건이 뒤로 젖히는 모양에 의하여 돌아온다는 뜻을 나타내며 음을 빌려 아니라(→不불)는 뜻으로 씀.	弗素(불소) 할로겐 원소(元素)의 하나. 造次弗離(조차불리) 남을 위한 동정심(同情心)을 잠시(暫時)라도 잊지 말고 항상(恒常) 가져야 함	
佛 부처 불 준4급　常	부처 佛은 사람의 뜻과 아닐 불의 음 및 뜻을 결합한 글자[形聲] 小篆字에서 佛은 처음에는 사람이 사물을 보아도 분명히 알 수 없는 뜻을 나타냈으나, 후에 부처님의 원음 '부다'를 음역하여 '부처'의 뜻으로 쓰이게 되었다.	佛敎(불교) 인도(印度)의 석가모니(釋迦牟尼)가 창시(創始)한 종교(宗敎).	
拂 떨칠 불 준3급　常	떨 拂은 손의 뜻과 버릴 불의 음 및 뜻을 결합한 글자[形聲] 小篆字에서 拂은 손으로 먼지를 떨어버리는 것을 나타냈다. 이런 자형에서 '떨어버리다'의 뜻이 나왔다.	支拂(지불) (물건값(物件−)이나 셈해야 할 돈을) 치르는 것 換拂(환불) 바꾸어 셈하여 치름	
彿 비슷할 불 1급	髴(불)과 동자(同字). 뜻을 나타내는 두인변(彳→걷다, 자축거리다)部와 음을 나타내는 弗(불)이 합하여 이루어짐.	彷彿(방불) 거의 비슷함, 흐릿하거나 어렴풋함	
朋 벗 붕 3급　常	벗 朋은 두 꾸러미의 조개를 본뜬 글자[象形] 甲文字에서 朋은 조개를 두 줄로 엮어 나란히 한 모양을 본떴다. 이런 자형에서 '벗', '무리'의 뜻이 나왔다.	朋友有信(붕우유신) 친구(親舊) 사이의 도리(道理)는 믿음에 있다는 뜻으로, 오륜(五倫)의 하나	
崩 무너질 붕 3급　常	산 무너질 崩은 산의 뜻과 무리 붕의 음 및 뜻을 결합한 글자[形聲] 小篆字에서 崩은 산이 무너져 온갖 토석이 함께 무너지는 것을 나타냈다. 이런 자형에서 '무너지다'의 뜻이 나왔다.	崩壞(붕괴) 허물어져 무너짐 崩御(붕어) 임금의 죽음	
棚 사다리 붕 1급	뜻을 나타내는 木(목→나무)部와 음을 나타내는 朋(붕)이 합하여 이루어짐.	山棚(산붕) 산대놀음 따위와 같은 민속놀이를 하기 위하여 큰길가나 빈 터에 마련한 임시 무대	
硼 붕사 붕 1급	뜻을 나타내는 돌석(石→돌)部와 음을 나타내는 朋(붕)이 합하여 이루어짐.	硼酸(붕산) 붕소(硼素)를 함유(含有)하는 무기산(無機酸) 硼素(붕소) 비금속 원소의 한 가지. 흑갈색(黑褐色)의 단단한 반도체(半導體)의 고체(固體)	

한자	자원(字源) 풀이	용례
繃 묶을 붕 1급	뜻을 나타내는 실사(糸→실타래)部와 음을 나타내는 崩(붕)이 합하여 이루어짐.	繃帶(붕대) 상처(傷處)나 헌데 따위에 감는, 소독(消毒)한 얇은 헝겊 띠
鵬 새 붕 2급	뜻을 나타내는 새조(鳥→새)部와 음을 나타내는 동시에 '크다'는 뜻(=凡(범))을 가진 朋(붕)으로 이루어짐. 큰 새의 이름.	大鵬(대붕) 하루에 9만 리를 날아간다는, 상상상(想像上)의 아주 큰 새 鵬程萬里(붕정만리) 봉새가 날아갈 길이 만 리라는 뜻으로, 머나먼 노정 또는 사람의 앞날이 매우 요원하다는 뜻
比 견줄 비 5급　常	견줄 比는 두 사람이 나란히 서 있는 모양을 본뜬 글자[象形] 甲文字에서 比는 두 사람이 나란히 서서 견주는 모양을 본떴다. 이런 자형에서 '견주다' 또는 '비슷하다'의 뜻이 나왔다.	比喩(비유) 사물의 설명(說明)에 있어서 그와 비슷한 다른 사물을 빌려 표현(表現)하는 일 比較(비교) 둘 이상의 것을 견주어 차이(差異)·우열(優劣)·공통점 등을 살피는 것 比重(비중) 다른 사물과 견주어지는 사물의 중요성
妃 왕비 비 준3급　常	왕비 妃는 여자[女]의 뜻과 몸기[己]의 음 및 뜻을 결합한 글자[形聲] 甲文字에서 妃는 자신의 아내가 된 여자를 나타냈다. 이런 자형에서 '왕비', '짝'의 뜻이 나왔다.	王妃(왕비) 임금의 아내 妃嬪(비빈) 왕비와 부인들
批 비평할 비 4급　常	비평할 批는 손의 뜻과 견줄 比의 음 및 뜻을 결합한 글자[形聲] 小篆字에서 批는 나란히 서 있는 사람을 손으로 견주어 보는 것을 나타냈다. 이런 자형에서 '비평하다'의 뜻이 나왔다.	批判(비판) 비평(批評)하여 판정(判定)함 批准(비준) 조약을 체결하는 최종절차로, 국가가 어느 조약의 당사국이 되기 위해 최종적 의사를 나타내는 행위
非 아닐 비 준4급　常	아닐 非는 새의 두 날개가 서로 반대 방향인 것을 가리킨 글자[指事] 金文字에서 非는 새의 두 날개가 서로 반대 방향으로 편 것을 가리켰다.	非難(비난) 남의 잘못이나 흠 따위를 책잡아서 나쁘게 말함 是非(시비) 시와 비, 잘잘못 非理(비리) 옳은 이치(理致)에 어그러짐
肥 살찔 비 준3급　常	살찔 肥는 살[月]과 뼈마디의 뜻을 결합한 글자[會意] 小篆字에서 肥는 자라나는 아이의 뼈에 살이 붙는 것을 나타냈다. 이런 자형에서 '살찌다'의 뜻이 나왔다.	肥滿(비만) 살찌고 뚱뚱함 肥沃(비옥) 땅이 걸고 기름짐
卑 낮을 비 준3급　常	낮을 卑는 술잔과 손의 뜻을 결합한 글자[會意] 金文字에서 卑는 고대에 신분이 낮은 사람은 술잔을 왼손으로 잡는 관습이 있었다. 이런 자형에서 '낮다'의 뜻이 나왔다.	卑怯(비겁) 정정(正正)당당(堂堂)하지 못하고 야비(野鄙)함 卑劣(비열) 성품(性品)이나 하는 짓이 천하고 용렬(庸劣)함 卑下(비하) 스스로를 낮춤
飛 날 비 준4급　常	날 飛는 새가 하늘을 나는 모양을 본뜬 글자[象形] 文字에서 飛는 새가 두 날개를 펼쳐 날아가는 모양을 본떴다. 이런 자형에서 '날다'의 뜻이 나왔다.	飛行(비행) 공중(空中)으로 날아서 감 飛躍的(비약적) 급격(急激)하게 향상(向上)·발전(發展)하는 것
匪 비적 비 2급	뜻을 나타내는 터진 입구몸(匚→그릇, 모진 상자)部와 음을 나타내는 非(비)가 합하여 이루어짐.	共匪(공비) 공산군(共産軍) 匪賊(비적) 무장(武裝)을 하고 떼를 지어 다니면서 살인(殺人)·약탈(掠奪)을 일삼는 도둑

祕 숨길 비 4급 | 常	뜻을 나타내는 벼화(禾)部와 음(音)을 나타내는 必(필)의 전음(轉音)이 합(合)하여 이루어짐[形聲] 원자(原字) 비(示+必)는 신을 사당 속 깊숙이 모시다→신→신과 같이 신비한 일. 본자는 祕(비)임.	祕密(비밀) 숨기어 남에게 공개(公開)하지 않음 祕資金(비자금) 추적이 불가능하도록 몰래 보관해 둔 자금 祕書(비서) 직(要職)에 있는 사람에 직속하여 그의 기밀(機密) 사무(事務) 따위를 맡아보는 직위
悲 슬플 비 준4급 | 常	슬플 悲는 그를 비의 음 및 뜻과 마음의 뜻을 결합한 글자[形聲] 金文字에서 悲는 그릇된 일로 마음이 아픈 것을 나타냈다. 이런 자형에서 '슬프다'의 뜻이 나왔다.	悲鳴(비명) 갑작스러운 위험(危險)이나 두려움 때문에 지르는 외마디 소리 慈悲心(자비심) 사랑하고 가엽게 여기는 마음 悲哀(비애) 슬픔과 설움. 슬퍼하고 서러워함
費 쓸 비 5급 | 常	소비할 費는 버릴 불(弗)의 음 및 뜻과 조개[貝]의 뜻을 결합한 글자[形聲] 小篆字에서 費는 재물을 아무렇게나 써 없애는 것을 나타냈다. 이런 자형에서 '소비하다'의 뜻이 나왔다.	費用(비용) 물건을 사거나 어떤 일을 하는 데 드는 돈. 浪費(낭비) 재물·시간 따위를 헛되이 헤프게 쓰는 것 消費者(소비자) 물건을 소비(消費)하는 사람
備 갖출 비 준4급	갖출 備는 사람의 뜻과 갖출 비의 음 및 뜻을 결합한 글자[形聲] 甲文字에서 備는 비의 변형자로, 화살이 가득 찬 통의 모양을 나타냈다. 小篆字에서 인이 첨가되었다. 이런 자형에서 '갖추다', '대비하다'의 뜻이 나왔다.	準備(준비) 필요(必要)한 것을 미리 마련하여 갖춤 對備(대비) 어떠한 일에 대응할 준비(準備)를 함 裝備(장비) 비품이나 부속품 따위를 장치(裝置)하는 일
婢 계집종 비 준4급 | 常	여자종 婢는 여자[女]의 뜻과 낮을 비의 음 및 뜻을 결합한 글자[形聲] 文字에서 婢는 술 뜨는 그릇을 왼손으로 잡고 있는 여자를 나타냈다. 이런 자형에서 '여자종'의 뜻이 나왔다.	奴婢(노비) 사내종과 계집종 官婢(관비) 관가(官家)의 계집종
鼻 코 비 5급 | 常	코 鼻는 스스로[自]의 뜻과 줄 비의 음 및 뜻을 결합한 글자[形聲] 甲文字에서 鼻는 自字로 코의 모양을 나타냈다. 小篆字에서 공기를 흡입해 주는 자를 첨가하여 鼻를 새로이 만들었다.	鼻炎(비염) 콧속의 점막(粘膜)에 생기는 염증(炎症) 鼻音(비음) 코로 내는 소리 耳目口鼻(이목구비) 귀, 눈, 입, 코를 아울러 이르는 말
碑 비석 비 4급 | 常	비석 碑는 돌[石]의 뜻과 낮을 비의 음 및 뜻을 결합한 글자[形聲] 篆字에서 碑는 사적을 써서 무덤 밑에 세운 돌을 나타냈다. 이런 자형에서 '비석'의 뜻이 나왔다.	墓碑(묘비) 무덤 앞에 세우는 비석(碑石) 碑石(비석) 事蹟(사적)을 기념(記念)하기 위하여 글을 새겨서 세운 돌. 돌에 비문(碑文)을 새긴 비 碑文(비문) 비석(碑石)에 새긴 글
憊 고단할 비 1급	뜻을 나타내는 마음심(心(=忄, 㣺)→마음, 심장)部와 음을 나타내는 備(비)가 합하여 이루어짐.	虛憊(허비) 피곤(疲困)하여 고달픔
扉 사립문 비 1급	뜻을 나타내는 지게호(戶→지게문)部와 음을 나타내는 동시에 '밀쳐 열다'의 뜻(=排(배))을 나타내기 위한 非(비)로 이루어져 '문짝'의 뜻.	柴扉(시비) 사립문. 나뭇가지나 풀로 엮은 문
毘 도울 비 2급	毗(비)와 동자(同字). 뜻을 나타내는 동시에 음을 나타내는 견줄비(比→견주다)部와 田(전)이 합하여 이루어짐.	毘盧峯(비로봉) 금강산(金剛山) 중의 최고봉(最高峯) 毘丘尼(비구니) 출가(出家)하여 불문(佛門)에 들어 구족계를 받은 여승

한자	자원 풀이	용례
丕 클 비 2급	뜻을 나타내는 한일(一→하나)部와 음을 나타내는 不(비)가 합하여 이루어짐.	丕業(비업) 큰 사업, 대업(大業), 홍업(洪業) 丕子(비자) 천자의 적장자(嫡長子)
妣 죽은 어머니 비 1급	뜻을 나타내는 계집녀(女→여자(女子))部와 부수를 제외한 글자 比(비)가 음을 나타냄.	顯妣(현비) 돌아가신 자신의 어머니를 이르는 말. 顯(현)은 자손이 죽은 부모를 존경하여 이르는 말임
匕 비수 비 1급	끝이 뾰족한 숟가락의 형상을 본뜬 글자.	匕首(비수) 날이 썩 날카롭고 짧은 칼
庇 덮을 비 1급	뜻을 나타내는 엄호밑(广→집)部와 음을 나타내는 比(비)가 합하여 이루어짐.	庇護(비호) 뒤덮어서 보호(保護)함
沸 끓을 비 1급	뜻을 나타내는 삼수변(氵(=水, 氺)→물)部와 음을 나타내는 弗(불)이 합하여 이루어짐.	沸點法(비점법) 용질(溶質)의 분자량(分子量)을 특정(特定)하는 방법(方法) 沸流(비류) 고구려(高句麗) 동명성왕(東明聖王)의 둘째아들
琵 비파 비 1급	현악기를 뜻하는 珏(각=주감이)과 음을 나타내는 比(비)로 이루어짐.	琵琶(비파) 타원형(橢圓形)의 몸통에 곧고 짧은 자루가 달린 현악기(絃樂器)의 하나
愍 삼갈 비 1급	뜻을 나타내는 견줄비(比→견주다)部와 음을 나타내는 必(필→비로 바뀜)이 합하여 이루어짐.	懲毖錄(징비록) 조선 중기의 문신인 서애 유성룡(1542~1607)이 임진왜란 때의 상황을 기록한 책
痺 저릴 비 1급	卑(비), 痹(비)와 통자(通字). 뜻을 나타내는 병질엄(广→병, 병상에 드러누운 모양)部와 음을 나타내는 卑(비)가 합하여 이루어짐.	痲痺(마비) 신경(神經), 근육(筋肉)이 그 기능(機能)을 잃는 병
砒 비상 비 1급	뜻을 나타내는 돌석(石→돌)部와 음을 나타내는 比(비)가 합하여 이루어짐.	砒素(비소) 비금속(非金屬) 원소(元素)의 한 가지. 비소 화합물(化合物)은 독성(毒性)이 강(強)하며, 농약(農藥)의약(醫藥) 등에 쓰임
秕 쭉정이 비 1급	뜻을 나타내는 벼화(禾→곡식)部와 음을 나타내는 比(비)가 합하여 이루어짐.	秕政(비정) 나쁜 정치(政治)

緋 비단 비 1급	뜻을 나타내는 실사(糸→실타래)部와 음을 나타내는 非(비)가 합하여 이루어짐.	緋緞(비단) 명주실로 두껍고도 윤이 나게 잘 짠 피륙의 통틀어 일컬음			
脾 지라 비 1급	뜻을 나타내는 육달월(月(=肉)→살, 몸)部와 음을 나타내는 卑(비)가 합하여 이루어짐.	脾胃(비위) 어떤 음식물(飲食物)을 대하여 먹고 싶은 기분			
臂 팔 비 1급	뜻을 나타내는 육달월(月(=肉)→살, 몸)部와 음을 나타내는 부수를 제외한 글자 辟(비)가 합하여 이루어짐.	肩臂痛(견비통) 신경통(神經痛)의 하나. 어깨 부분이나 또는 어깨에서 팔까지의 부분이 저리고 아파서 팔을 잘 놀리지 못함			
蜚 바퀴 비 1급	뜻을 나타내는 벌레충(虫→뱀이 웅크린 모양, 벌레)部와 음을 나타내는 非(비)가 합하여 이루어짐.	蜚蠊科(비렴과) 바퀴과 流言蜚語(유언비어) 유행하여 여기저기 날아다니는 말			
裨 도울 비 1급	뜻을 나타내는 옷의변(衤(=衣)→옷)部와 음을 나타내는 卑(비)가 합하여 이루어짐.	裨將將傳(배비장전) 조선 후기의 소설. 여색(女色)에 곧기로 자부(自負)하던 배비장이 제주(濟州) 명기 애랑(愛娘)의 계교(計巧)에 넘어가 망신당하는 내용(內容)임			
誹 헐뜯을 비 1급	뜻을 나타내는 말씀언(言→말하다)部와 음을 나타내는 非(비)가 합하여 이루어짐.	誹謗(비방) 남을 헐뜯어 말함			
翡 물총새 비 1급	뜻을 나타내는 깃우(羽→깃, 날개)部와 음을 나타내며 非(비)가 합하여 이루어짐.	翡翠(비취) 짙은 초록색의 경옥(硬玉). 빛깔이 아름다워 보석(寶石)으로 쓰임 翡色(비색) 비색(秘色). 고려(高麗) 청자(靑瓷)에서 볼 수 있는 빛깔과 같은 푸른 빛깔			
譬 비유할 비 1급	뜻을 나타내는 말씀언(言→말하다)部와 음을 나타내는 비(譬에서 言을 제외한 부분)가 합하여 이루어짐.	譬喩(비유) 어떠한 현상(現狀)이나 사물의 설명(說明)에 있어서 그와 비슷한 다른 성질(性質)을 가진 현상(現狀)이나 사물을 빌려, 뜻을 명확(明確)히 나타내는 일			
鄙 더러울 비 1급	뜻을 나타내는 우부방(阝(=邑)→마을)部와 음을 나타내는 부수를 제외한 글자 啚(비)가 합하여 이루어짐.	鄙劣(비열) 성품(性品)이나 하는 짓이 천하고 용렬(庸劣)함 鄙語(비어) 비어(卑語). 점잖지 못하고 천(賤)한 말			
貧 가난할 빈 준4급　常	가난할 貧은 나눌 分의 음 및 뜻과 조개[貝]의 뜻을 결합한 글자[形聲] 小篆字에서 貧은 재물을 나누고 나누어 적어진 것을 나타냈다. 이런 자형에서 '가난하다'의 뜻이 나왔다.	貧困(빈곤) 가난하고 궁색(窮塞)하여 살기 어려움 내용(內容) 따위가 모자라거나 텅 빔 貧富(빈부) 가난함과 넉넉함 貧血(빈혈) 핏속의 적혈구(赤血球)나 혈색소(血色素)의 수가 적어지는 현상(現象)			

賓 손 빈 3급 | 常	손님 賓은 손 맞을 빈의 음 및 뜻과 조개[貝]의 뜻을 결합한 글자[形聲] 甲文字에서 賓은 집에 찾아온 손님에게 은밀하게 예물을 드려 대접하는 것을 나타냈다.	佳賓(가빈) 반가운 손님. '참새'를 달리 이르는 말 國賓(국빈) 나라의 손님으로 우대를 받는 외국(外國) 사람	
頻 자주 빈 3급 | 常	찡그릴 頻은 걸음과 머리의 뜻을 결합한 글자[會意] 小篆字에서 頻은 물가를 건널 때 주춤거려 앞으로 나가지 못하고 망설이는 것을 나타냈다. 이런 자형에서 '찡그리다'의 뜻이 나왔다.	頻發(빈발) 일이 자주 일어남 頻度(빈도) 똑같은 것이 되풀이되는 도수. 어떤 일이 되풀이되어 일어나는 정도(程度) 頻繁(빈번) 일이 매우 잦음	
彬 빛날 빈 2급	터럭삼(彡→무늬)과 '뒤섞이다'의 뜻(=紛(분))을 가진 분(=林+分)의 생략형(省略形) 林(림)으로 이루어짐. 문채와 바탕이 잘 섞이고 조화하여 '찬란하다'는 뜻.	彬蔚(빈울) 문채(文彩)가 찬란(燦爛)함	
嚬 찡그릴 빈 1급	뜻을 나타내는 입구(口→입, 먹다, 말하다)部와 음을 나타내는 頻(빈)이 합하여 이루어짐.	嚬蹙(빈축) 남들로부터 받는 비난(非難)이나 미움 嚬笑(빈소) 얼굴을 찡그림과 웃음. 곧 기쁨과 슬픔	
嬪 궁녀벼슬이름 빈 1급	뜻을 나타내는 계집녀(女→여자(女子))部와 음을 나타내는 동시에 '곁에 따라 있다'의 뜻(=伴(반))을 나타내기 위한 賓(빈)으로 이루어짐. 남편에게 시집간 여자(女子), '아내'의 뜻.	嬪妾(빈첩) 임금의 첩(妾) 嬪宮(빈궁) ① 왕세자(王世子)의 아내 ② 조선 시대 때 빈(嬪)이나 세자빈(世子嬪)이 거처(居處)하던 곳	
殯 빈소 빈 1급	뜻을 나타내는 죽을사변(歹(=歺)→뼈, 죽음)部와 음을 나타내는 賓(빈)이 합하여 이루어짐.	殯所(빈소) 발인(發靷) 때까지 관을 놓아두는 방	
濱 물가 빈 1급	뜻을 나타내는 삼수변(氵(=水, 氺)→물)部와 음을 나타내는 涉(섭→빈)이 합하여 이루어짐.	濱死(빈사) 거의 죽게 됨. 빈사(瀕死) 濱涯(빈애) 물가	
瀕 물가 빈 1급	뜻을 나타내는 삼수변(氵(=水, 氺)→물)部와 음을 나타내는 涉(섭→빈)이 합하여 이루어짐.	瀕死之境(빈사지경): 임박할 빈, 죽을 사, 갈 지, 지경 경. 거의 죽게 된 상태. 瀕海(빈해) 지형(地形)이 바다에 가까이 닿아 있음	
氷 얼음 빙 5급 | 常	얼음 氷은 차가울 빙의 음 및 뜻과 물의 뜻을 결합한 글자[形聲] 甲文字에서 氷은 물이 차가워져 언 상태를 나타냈다. 小篆字에서 水를 첨가하여 뜻을 분명히 했다. 이런 자형에서 '얼음'의 뜻이 나왔다.	氷山一角(빙산일각) 빙산의 뿔이라는 뜻으로, 대부분이 숨겨져 있고 외부로 나타나 있는 것은 극히 일부분에 지나지 않음을 비유(比喩)한 말 氷河(빙하) 큰 얼음덩어리	
聘 부를 빙 3급 | 常	부를 聘은 귀의 뜻과 끝병의 음 및 뜻을 결합한 글자[形聲] 小篆字에서 聘은 훌륭하다는 소문을 듣고 마음이 이끌린 것을 나타냈다. 이런 자형에서 '모시다'의 뜻이 나왔다.	招聘(초빙) 예(禮)를 갖춰 불러 맞아들임, 초대(招待)함 聘母(빙모) 아내의 친정(親庭) 어머니	

 **기댈 빙**

1급

뜻을 나타내는 마음 심(心(=忄))과 '기댄다'는 뜻을 가진 빙(憑에서 心을 제외한 부분)으로 이루어짐. 마음의 支柱(지주)로 삼다, '의지하다'의 뜻.	信憑性(신빙성) 자백(自白), 증언(證言)에 대하여 신용(信用)할 수 있는 정도(程度) 憑藉(빙자) 남의 힘을 빌려서 의지(依支)함 證憑(증빙) 증거(證據)로 빙거(憑據)할 만함			

한자	자원 풀이	용례
士 선비 사 5급 常	선비 士는 열[十]과 하나[一]의 뜻을 결합한 글자[會意] 甲文字에서 士는 하나를 미루어 열을 아는 지식이 많은 사람을 나타냈다. 이런 자형에서 '선비'의 뜻이 나왔다.	辯護士(변호사) 당사자나 관계인의 위촉 또는 관청의 선임에 의하여 소송에 관한 행위, 기타 일반 법률 사무를 행하는 전문적 직업에 종사하는 사람. 人士(인사) 교육(敎育)이나 사회적(社會的)인 지위(地位)가 있는 사람
巳 뱀 사 3급 常	뱀 巳는 뱀의 모양을 본뜬 글자[象形] 甲文字에서 巳는 뱀이 몸을 도사리고 꼬리를 드리운 모양을 본떴다. 이런 자형에서 '뱀'의 뜻이 나왔다. 후에 가차되어 '여섯째 地支'의 뜻으로 쓰인다.	乙巳條約(을사조약) 1905년 일본이 대한제국을 강압하여 체결한 조약으로, 외교권 박탈과 통감부 설치 등을 주요 내용으로 함
四 넉 사 8급 常	넉 四는 손가락 넷을 들어 '넷'을 가리킨 글자[指事] 甲文字에서 四는 손가락 대신 나뭇가지로 셈을 한 것을 나타냈다. 小篆字에서는 자형에 바뀌어 동서남북의 사면으로 나눈 것을 나타냈다. 이런 자형에서 '넷', '사방'의 뜻이 나왔다.	四方(사방) 방위(方位). 곧 동, 서, 남, 북의 총칭(總稱) 四分五裂(사분오열) 네 갈래 다섯 갈래로 나눠지고 찢어진다는 뜻으로, 심히 어지러운 상태를 뜻함 四寸(사촌) 부모님 남매들의 아들이나 딸
史 역사 사 5급 常	역사 史는 가운데와 손의 뜻을 결합한 글자[會意] 甲文字에서 史는 고대에 중심을 잡고 역사를 기록하는 사관을 나타냈다. 이런 자형에서 '역사', '사관'의 뜻이 나왔다.	歷史(역사) 인간이 거쳐 온 모습이나 인간의 행위로 일어난 사실이나 그 사실에 대한 기록. 史記(사기) 중국 전한(前漢)의 사마천(司馬遷)이 상고시대의 황제(黃帝)~한나라 무제 태초년간(B.C. 104~101년)의 중국과 그 주변 민족의 역사를 포괄하여 저술한 통사
司 맡을 사 준3급 常	맡을 司는 손을 들고 말하는 모습을 가리킨 글자[指事] 甲文字에서 司는 后의 통용자로 손을 높이 들고 서서 입으로 명령을 내리는 모습을 나타냈다. 이런 자형에서 '일을 맡아 주관하다'의 뜻이 나왔다.	司法府(사법부) 대법원(大法院) 및 그 소할(所轄)에 딸린 모든 기관(機關)의 총칭(總稱) 司令官(사령관) 군대(軍隊) 등에서 군(軍), 함대(艦隊) 따위를 지휘(指揮), 통솔(統率)하는 직책(職責)
仕 섬길 사 5급 常	벼슬 仕는 사람 뜻과 선비 사(士)의 음 및 뜻을 결합한 글자[形聲] 小篆字에서 仕는 선비가 벼슬에 나아가 임금을 섬기는 것을 나타냈다. 이런 자형에서 '벼슬', '섬기다'의 뜻이 나왔다.	奉仕(봉사) 남을 위해 일하거나 헌신함 仕退(사퇴) 벼슬아치가 정한 시각(時刻)에 사무(事務)를 마치고 퇴근(退勤)함
寺 절 사 준4급 常	寺는 가다와 규칙의 뜻을 결합한 글자[會意] 金文字에서 寺는 규칙을 따라 일을 해 나가는 것을 나타냈다. 이런 자형에서 '관청', '절'의 뜻이 나왔다.	寺院(사원) 절. 성당, 교회당(敎會堂), 수도원(修道院) 등의 종교적(宗敎的) 건물(建物)의 총칭(總稱) 寺刹(사찰) 절. 사원(寺院)
死 죽을 사 6급 常	죽을 死는 '앙상한 뼈와 늙다'의 뜻을 결합한 글자[會意] 甲文字에서 死는 사람이 늙으면 앙상한 뼈만 남아 곧 죽게 되는 것을 나타냈다. 이런 자형에서 '죽다'의 뜻이 나왔다.	死亡(사망) 죽음 死者不可復生(사자불가부생):죽은 사람은 다시 살아날 수 없음. 斷念(단념)할 수밖에 어쩔 도리가 없다는 말. 출전 史記(사기) 倉公傳(창공전)
似 닮을 사 3급 常	비슷할 似는 사람과 쟁기의 뜻을 결합한 글자[會意] 金文字에서 似는 비슷한 사람들이 쟁기질하는 모습을 나타냈다. 이런 자형에서 '비슷하다'의 뜻이 나왔다.	類似(유사) 서로 비슷함 恰似(흡사) 거의 같음, 비슷함

沙 모래 사 준3급 | 常	모래 沙는 물의 뜻과 적을 소의 음 및 뜻을 결합한 글자[形聲] 金文字에서 沙는 물이 흘러내려 자잘하게 부서진 작은 돌을 나타냈다. 이런 자형에서 '모래'의 뜻이 나왔다.	黃沙(황사) 중국 북부나 몽골 지방(地方)의 황토가 바람에 날려 온 하늘에 누렇게 끼는 현상 沙漠(사막) 아득히 넓고 모래나 자갈 따위로 뒤덮인 불모(不毛)의 벌판. 세계 육지(陸地) 면적(面積)의 10%를 차지함
邪 간사할 사 준3급 | 常	간사할 邪는 어금니아의 음 및 뜻과 고을의 뜻을 결합한 글자[形聲] 金文字에서 邪는 어금니같이 꼬인 자형에서 사는 심술궂은 자를 나타냈다.	邪惡(사악) 도리(道理)에 어긋나고 악독(惡毒)함 奸邪(간사) 성질(性質)이 간교(奸巧)하고 사곡(邪曲)함
私 사사 사 4급 | 常	사사로울 私는 벼의 뜻과 나 사의 음 및 뜻을 결합한 글자[形聲] 小篆字에서 私는 벼를 자기 팔로 끌어 당겨 차지하는 것을 나타냈다. 이런 자형에서 '사사롭다'의 뜻이 나왔다.	私敎育(사교육) 법인(法人) 또는 사인(私人)의 재원에 의해서 유지(維持) 운영(運營)되는 교육(敎育). 곧, 사립 학교(學校)의 교육을 말함 私生活(사생활) 개인(個人)의 사사(私事)로운 일상생활
舍 집 사 준4급 | 常	집 舍는 집의 모양을 본뜬 글자[象形] 甲文字에서 舍는 집의 지붕과 기둥 및 토대를 본떴다. 이런 자형에서 '집'의 뜻이 나왔다.	廳舍(청사) 관아(官衙)의 집. 관청(官廳)의 건물(建物) 寄宿舍(기숙사) 주로 학교(學校) 따위에서 여러 사람을 기숙시키는 집, 학생(學生)이나 공원(公園)의 합숙(合宿) 시설
事 일 사 6급 | 常	일 事는 가다의 뜻과 역사 사의 음 및 뜻을 결합한 글자[形聲] 甲文字에서 事는 손에 죽간을 들고 사신이 지난 일을 기록하는 것을 나타냈다. 이런 자형에서 '일삼다' '섬기다'의 뜻이 나왔다.	事實(사실) 실제(實際)로 있었던 일 事件(사건) 사회적(社會的) 관심(關心)이나 주목(注目)을 끌 만한 일 事態(사태) 일이 되어 가는 형편이나 상태
使 하여금 사 6급 | 常	부릴 使는 사람과 아전의 뜻을 결합한 글자[會意] 甲文字에서 使는 사의 변형자로, 임금의 명령을 받는 사람을 나타냈다. 小篆字에서 人이 첨가되어 윗사람이 관리에게 일을 시키는 것을 나타냈다.	使用(사용) 물건을 씀 使用者(사용자) 노동을 제공하는 사람에게 그에 대한 보수를 지급하는 사람 特使(특사) 특별(特別)한 임무(任務)를 띠고 파견(派遣)하는 사절(使節)
社 모일 사 6급 | 常	제사 社는 '보여 준다'와 흙의 뜻을 결합한 글자[會意] 石文字에서 社는 토지 신에게 제사 지내는 것을 나타냈다. 이런 자형에서 '제사 지내다'의 뜻이 나왔으며, 전성되어 사람들이 모인 '단체'의 뜻으로도 쓰인다.	社會(사회) 공동생활을 영위하는 모든 형태의 인간 집단 會社(회사) 상행위(商行爲)를 목적으로 두 사람 이상이 설립(設立)한 사단(社團) 법인(法人)
祀 제사 사 준3급 | 常	제사 祀는 신주를 모신 제사상을 가리킨 글자[指事] 甲文字에서 祀는 제사장에 신주를 모셔 놓은 것을 나타냈다. 이런 자형에서 '제사'의 뜻이 나왔다.	祭祀(제사) 신령(神靈) 또는 죽은 사람의 넋에게 음식(飮食)을 차려 놓고 정성(精誠)을 표(表)하는 예절(禮節)
査 조사할 사 5급 | 常	조사할 査는 나무의 뜻과 또 차의 음 및 뜻을 결합한 글자[形聲] 小篆字에서 査는 쌓여 있는 나무를 나타냈다. 전성하여 필요한 재목을 찾는다 하여 '조사하다'의 뜻으로 쓰인다.	搜査(수사) 찾아다니며 조사(調査)함 調査(조사) 사물의 내용(內容)을 자세(仔細)히 살펴봄 檢査(검사) 실제의 상황을 잘 살피고 조사함 審査(심사) 자세하게 조사하여 결정함
思 생각 사 5급 | 常	생각할 思는 정수리와 심장의 뜻을 결합한 글자[會意] 金文字에서 思는 사람이 머리와 심장으로 생각하는 것을 나타냈다. 이런 자형에서 '생각하다'의 뜻이 나왔다.	意思(의사) 마음먹은 생각. 마음 思考(사고) 생각하고 궁리(窮理)함 思想(사상) 사고(思考) 작용의 결과로 생기는 의식 및 내용

한자	자원 풀이	용례
唆 부추길 사 2급	뜻을 나타내는 입구(口→입, 먹다, 말하다)部와 음을 나타내는 부수를 제외한 글자 矣(→사로 바뀜)이 합하여 이루어짐.	示唆(시사) 미리 암시(暗示)하여 일러줌 教唆(교사) 남을 선동(煽動)하여 못된 일을 하게 함
師 스승 사 준4급 | 常	스승 師는 '쌓다와 둘러싸다'의 뜻을 결합한 글자[會意] 甲文字에서 師는 많은 사람이 모여 있는 것을 나타냈으나, 小篆字에서는 匝이 첨가되어 많은 사람이 둘러싸여 있는 것을 나타냈다.	教師(교사) 학술(學術)이나 기예(技藝)를 가르치는 스승 醫師(의사) 병(病)을 진찰(診察), 치료(治療)하는 사람 講師(강사) 학교에서 강의(講義)하는 교원(敎員)
射 쏠 사 4급 | 常	쏠 射는 몸과 손의 뜻을 결합한 글자[會意] 金文字에서 射는 손으로 활을 당기고 있는 모양을 나타냈으나, 小篆字에서는 弓이 身으로 바뀌었다. 이런 자형에서 '쏘다'의 뜻이 나왔다.	發射(발사) 총포(銃砲), 활 따위를 쏨 射擊(사격) 총, 대포 따위를 쏨. 목표(目標)를 공격(攻擊)함
捨 버릴 사 3급 | 常	놓을 捨는 손의 뜻과 집사의 음 및 뜻을 결합한 글자[形聲] 小篆字에서 捨는 집 안의 물건을 나누어 놓는 것을 나타냈다. 이런 자형에서 '놓다', '버려두다'의 뜻이 나왔다.	取捨(취사) 취할 것은 취(取)하고 버릴 것은 버림 喜捨(희사) 마음에 즐거워서 재물(財物)을 냄 捨姑(고사) 말할 것도 없고, 앞의 사실(事實)보다 뒤의 사실(事實)이 더 심하거나 좋지 않을 때 쓰는 말임. '~는커녕, ~은커녕'과 거의 같은 말임
蛇 뱀 사 준3급 | 常	뱀 蛇는 벌레의 뜻과 뱀타의 음 및 뜻을 결합한 글자[形聲] 甲文字에서 蛇는 뱀이 머리를 들고 구불구불 꼬리를 늘어뜨리며 가는 모양을 나타냈다. 이런 자형에서 '뱀'의 뜻이 나왔다.	毒蛇(독사) 이빨에 독액(毒液) 분비선을 갖는 뱀의 총칭(總稱). 龍頭蛇尾(용두사미) 머리는 용이고 꼬리는 뱀이라는 뜻으로, 시작(始作)은 좋았다가 갈수록 나빠짐의 비유
斜 비낄 사 준3급 | 常	기울 斜는 '남다'의 뜻과 말두의 음 및 뜻을 결합한 글자[形聲] 小篆字에서 斜는 말 속의 남은 곡식을 기울여 쏟아내는 것을 나타냈다. 이런 자형에서 '기울다'의 뜻이 나왔다.	傾斜(경사) 비스듬히 기울어짐 斜風細雨(사풍세우) 엇비슷하게 비껴 부는 바람. 엇비슷하게 스쳐 가는 바람
赦 용서할 사 2급	뜻을 나타내는 동시에 음을 나타내는 붉을적변(赤→붉다)部와 부수를 제외한 글자 攵(복)이 합하여 이루어짐.	赦罪(사죄) 죄를 용서(容恕)하여 죄인(罪人)을 놓아주는 것 赦免(사면) 죄나 허물을 용서(容恕)하여 놓아줌
絲 실 사 4급 | 常	실 絲는 실타래의 모양을 본뜬 글자[象形] 甲文字에서 絲는 실이 겹쳐진 실타래의 모양을 본떴다. 이런 자형에서 '실'의 뜻이 나왔다.	螺絲(나사) 물건을 죄어서 고정(固定)시키기 위한 기계(機械) 부품(部品). 一絲不亂(일사불란) 한 오라기의 실도 흐트러지지 않았다는 뜻으로, 질서(秩序)나 체계(體系) 따위가 잘 잡혀 있어서 조금도 흐트러짐이 없음을 이르는 말
詐 속일 사 3급 | 常	속일 詐는 말씀의 뜻과 잠깐 사의 음 및 뜻을 결합한 글자[形聲] 小篆字에서 詐는 교묘한 말로 잠깐 남을 속이는 것을 나타냈다. 이런 자형에서 '속이다'의 뜻이 나왔다.	詐稱(사칭) 이름, 직업(職業), 나이, 주소(住所) 등을 남의 것을 사용(使用)하거나 거짓으로 지어내어 속여 씀 詐欺(사기) 나쁜 꾀로 남을 속임
詞 말 사 준3급 | 常	말씀 詞는 말씀[言]의 뜻과 맡을 사(司)의 음 및 뜻을 결합한 글자[形聲] 小篆字에서 詞는 자신이 지니고 있는 생각, 의사를 밖으로 드러내는 것을 나타냈다.	歌詞(가사) 노래 내용(內容)이 되는 글. 노랫말 動詞(동사) 사물의 동작이나 작용을 나타내는 품사

斯 이 사 3급 常	쪼갤 斯는 키와 도끼의 뜻을 결합한 글자[會意] 金文字에서 斯는 도끼로 나무를 쪼개어 키를 만드는 것을 나타냈다. 이런 자형에서 '쪼개다'의 뜻이 나왔으며 후에 전성되어 대명사 '이'로 쓰인다.	阿斯達(아사달) 단군이 고조선을 세울 때의 수도 斯文亂賊(사문난적) 유교(儒敎)를 어지럽히는 도적(盜賊)이라는 뜻으로, 교리(敎理)에 어긋나는 언동(言動)으로 유교(儒敎)를 어지럽히는 사람을 이르는 말			
飼 기를 사 2급	뜻을 나타내는 밥식(食=飠)→먹다, 음식)部와 음을 나타내는 司(사)가 합하여 이루어짐.	飼料(사료) 가축(家畜), 사조(飼鳥)의 먹이 飼育(사육) 짐승을 먹이어 기름			
寫 베낄 사 5급 常	베낄 寫는 집과 까치의 뜻을 결합한 글자[會意] 石文字에서 寫는 까치가 둥지를 옮길 때마다 똑같은 둥지를 만드는 것을 나타냈다. 이런 자형에서 '베끼다'의 뜻이 나왔다.	寫眞(사진) 실물(實物)의 모양을 있는 그대로 그려 냄 描寫(묘사) 사물을 있는 그대로 그려 냄 靑寫眞(청사진) 미래(未來)의 계획(計劃)·구상 또는 파랗게 나오는 도면			
賜 줄 사 3급 常	하사할 賜는 '조개와 바꾸다'의 뜻을 결합한 글자[會意] 金文字에서 賜는 윗사람이 아랫사람에게 새로운 재물을 번갈아 주는 것을 나타냈다. 이런 자형에서 '하사하다'의 뜻이 나왔다.	膳賜(선사) 남에게 물품(物品)을 줌 賜藥(사약) 사형(死刑)의 일종(一種)으로 임금이 죄를 사람에게 독약(毒藥)을 내림 下賜(하사) 높은 사람이 아랫사람에게 물품을 줌			
謝 사례할 사 준4급 常	사례할 謝는 말씀[言]의 뜻과 쏠 사[射]의 음 및 뜻을 결합한 글자[形聲] 甲文字에서 謝는 활을 쏘듯 사리를 분명하게 말하는 것을 나타냈다. 이런 자형에서 '사례하다'의 뜻이 나왔다.	謝過(사과) 잘못에 대하여 용서(容恕)를 빎 感謝(감사) 고맙게 여김			
辭 말씀 사 4급 常	말 辭는 '다스리다와 맵다'의 뜻을 결합한 글자[會意] 小篆字에서 辭는 어지럽게 얽힌 일을 다스리기 위하여 하는 말 또는 글을 나타냈다. 이런 자형에서 '말하다'의 뜻이 나왔다.	辭退(사퇴) 일정한 일을 그만두고 물러섬 辭表(사표) 어떤 직에서 물러나겠다는 뜻을 적은 글 讚辭(찬사) 칭찬(稱讚)하는 말, 찬미(讚美)하는 글이나 말			
些 적을 사 1급	뜻을 나타내는 두이(二→둘, 거듭)部와 음을 나타내는 此(차→사로 바뀜)가 합하여 이루어짐.	些少(사소) 매우 적음. 하찮음 些事(사사) 별로 중요(重要)하지 않은 일			
嗣 이을 사 1급	天子(천자)의 辭令狀(사령장)의 뜻인 冊(책)과 '아뢰다'의 뜻인 口(구) 및 '계승하다'의 뜻을 나타내는 司(사)로 이루어짐. 제후가 나라를 계승할 때 천자의 冊命(책명)을 사당에서 읽게 하다의 뜻	後嗣(후사) 대(代)를 잇는 자식(子息)			
奢 사치할 사 1급	뜻을 나타내는 큰대(大→크다)部와 음을 나타내는 者(자→사는 변음(變音))로 이루어짐. 분에 넘치게 크게 떠벌리다→사치하다'의 뜻.	奢侈(사치) 필요(必要) 이상으로 돈이나 물건을 씀 華奢(화사) 화려(華麗)하고 사치(奢侈)스러움, 밝고 환함 豪奢(호사) 호화(豪華)롭게 사치(奢侈)하는 것			
娑 춤출 사 1급	뜻을 나타내는 계집녀(女→여자(女子)部와 음을 나타내는 沙(사)가 합하여 이루어짐.	娑婆(사바) 석존(釋尊)이 교화(敎化)하는 경토, 인간 세계, 속세계, 사바(娑婆) 세계			

한자	자원 풀이	용례
徙 옮길 사 1급	뜻을 나타내는 두인변(彳→걷다, 자축거리다)部와 음을 나타내는 갖은책받침(辶(=辵)→쉬엄쉬엄 가다)部를 바탕으로 止(지)가 합하여 이루어짐.	移徙(이사) 집을 옮김
泗 물이름 사 2급	뜻을 나타내는 삼수변(氵(=水, 氺)→물)部와 음을 나타내는 四(사)가 합하여 이루어짐.	泗水(사수) 황하의 한 지류로, 물 이름임
瀉 쏟을 사 1급	뜻을 나타내는 삼수변(氵(=水, 氺)→물)部와 음을 나타내는 寫(사)가 합하여 이루어짐.	一瀉千里(일사천리) 강물이 쏟아져 단번에 천 리를 간다는 뜻으로, 조금도 거침없이 빨리 진행(進行)됨을 의미 泄瀉(설사) 배탈 등이 났을 때 누는 묽은 똥
獅 사자 사 1급	뜻을 나타내는 개사슴록변(犭(=犬)→개)部와 음을 나타내는 師(사)가 합하여 이루어짐.	獅子(사자) 포유류(哺乳類) 고양잇과의 맹수. 몸집이 크고 기운이 세어 백수(百獸)의 왕으로 불림
祠 사당 사 1급	뜻을 나타내는 보일시(示(=礻)→보이다, 신)部와 음을 나타내는 司(사)가 합하여 이루어짐.	祠堂(사당) 조상(祖上)의 신주(神主)를 모셔 놓은 집 祠宇(사우) 신주(神主)를 두기 위해 따로 지은 집
紗 비단 사 1급	뜻을 나타내는 실사(糸→실타래)部와 음을 나타내는 동시에 '작다'는 뜻을 나타내는 少(소→'사'는 변음(變音))로 이루어짐. 발이 고운 '비단'의 뜻.	紗帽冠帶(사모관대) 사모(紗帽)(깁으로 짠 모자)와 관대(冠帶)(관과 띠, 관복(官服)). 곧, 벼슬아치가 정식(正式) 예장을 차림
麝 사향노루 사 1급	뜻을 나타내는 사슴록(鹿→사슴)部와 음을 나타내는 射(사)가 합하여 이루어짐.	麝香(사향) 사향노루 수컷의 하복부에 있는 향낭을 쪼개어 말린 흑갈색의 가루. 약재(藥材)나 향료(香料) 따위로 쓰임
削 깎을 삭 준3급 常	깎을 削은 초의 음 및 뜻과 칼의 뜻을 결합한 글자[形聲] 小篆字에서 削은 칼로 물체를 다듬고 작아지도록 자르는 것을 나타냈다. 이런 자형에서 '깎다'의 뜻이 나왔다.	削除(삭제) 글 따위 내용(內容)의 일부를 깎아 없애거나 지워버림 削減(삭감) 깎아서 줄이거나 덞 添削(첨삭) 시문(詩文)·답안(答案) 등을 더하거나 깎거나 하여 고침
朔 초하루 삭 3급 常	초하루 朔은 거스를 역의 음 및 뜻과 달의 뜻을 결합한 글자[形聲] 金文字에서 朔은 그믐을 지나 거슬러 올라가 초승달이 되는 것을 나타냈다. 이런 자형에서 '초하루'의 뜻이 나왔다.	朔望(삭망) 삭일과 망일, 곧 음력(陰曆) 초하루와 보름
山 뫼 산 8급	뫼 山은 이어져 있는 산세의 모양을 본뜬 글자[象形] 甲文字에서 山은 높이 솟은 산의 모양을 본떴다. 이런 자형에서 '산'의 뜻이 나왔다.	愚公移山(우공이산) 우공이 산을 옮긴다는 말로, 남이 보기엔 어리석은 일처럼 보이지만 한 가지 일을 끝까지 밀고 나가면 언젠가는 목적을 달성(達成)할 수 있다는 뜻 山川(산천) 산과 강

産 낳을 산 5급 常	낳을 産은 선비의 뜻과 날생의 음 및 뜻을 결합한 글자[形聲] 金文字에서 産은 사람이 사내아이를 낳은 것을 나타냈다. 이런 자형에서 '낳다'의 뜻이 나왔으나, 모든 물건을 '생산하다'의 뜻으로 쓰인다.	不動産(부동산) 토지(土地)나 집처럼 움직여서 옮길 수가 없는 재산(財産). 財産(재산) 경제적(經濟的) 가치(價値)가 있는 것 産業(산업) 인간이 생계를 유지하기 위하여 일상적으로 종사하는 생산적 활동			
傘 우산 산 2급	傘(산)은 우산을 편 모양을 본뜬 것.	落下傘(낙하산) 항공기(航空機)에서 사람이나 물건이 안전(安全)하게 땅 위에 떨어지도록 하는 데 쓰는 기구(器具) 雨傘(우산) 비나 눈을 피하기 위해 만든 물건			
散 흩을 산 4급 常	흩을 散은 '수풀과 저녁과 치다'의 뜻을 결합한 글자[會意] 甲文字에서 散은 산에 있는 나무를 손으로 쳐서 나뭇잎이 떨어지는 것을 나타냈다. 이런 자형에서 '흩어지다'의 뜻이 나왔다.	擴散(확산) 퍼져 흩어짐 分散(분산) 따로따로 흩어짐 離散家族(이산가족) 가족의 구성원(構成員)이 본의 아니게 흩어짐으로써 서로 만날 수 없게 된 가족			
算 셈 산 7급 常	셈 算은 '대나무와 갖추다'의 뜻을 결합한 글자[會意] 小篆字에서 算은 양손에 대나무 가지를 가지고 셈하는 것을 나타냈다. 이런 자형에서 '셈하다'의 뜻이 나왔다.	豫算(예산) 수입(收入)과 지출(支出)을 미리 셈하여 정한 계획 計算(계산) 수량(數量)을 헤아림			
酸 시큼할 산 2급	夋(준)은 서는 일, 걷는 일, 또는 가파르다, 험하다는 뜻을 나타냄. 酉(유)는 酒類(주류), 酸(산)은 입을 꼭 오므리게 하는 신맛이 나는 초를 말함.	酸性(산성) 수용액에서, 해리(解離)하여 순수한 물의 수소 이온의 농도보다도 큰 농도의 수소 이온을 생기게 하는 화합물의 성질. 산을 띤 성질(性質) 酸素(산소) 공기(空氣)의 주성분인 원소(元素)의 이름			
刪 깎을 산 1급	뜻을 나타내는 선칼도방(刂(=刀)→칼, 베다, 자르다)部와 음을 나타내는 冊(책→산으로 바뀜)이 합하여 이루어짐.	增刪(증산) 시문(詩文) 같은 것을 다듬기 위하여 더 보태거나 깎아 냄 증삭(增削) 첨삭(添削)			
珊 산호 산 1급	뜻을 나타내는 구슬옥변(玉(=玉, 王)→구슬)部와 음을 나타내는 刪(산)의 생략형(省略形) 冊(책)이 합하여 이루어짐.	珊瑚(산호) 산호충의 군체(群體)의 중축 골격(中軸骨格)			
疝 산증 산 1급	뜻을 나타내는 병질엄(疒→병, 병상에 드러누운 모양)部와 음을 나타내는 山(산)이 합하여 이루어짐.	疝痛(산통) 심하게 갑자기 일어나는 간헐적 복통			
殺 죽일 살 1급 常	죽일 殺은 '나무 베다와 치다'의 뜻을 결합한 글자[會意]. 甲文字에서 殺은 풀 베듯 나무를 쳐서 넘어뜨리는 것을 나타냈다. 이런 자형에서 '죽이다'의 뜻이 나왔다.	殺人(살인) 사람을 죽임 殺傷(살상) 사람을 죽이거나 상처(傷處)를 입힘			
撒 뿌릴 살 1급	뜻을 나타내는 재방변(扌(=手)→손)部와 음을 나타내는 散(산→살로 바뀜)이 합하여 이루어짐.	撒布(살포) 액체(液體)나 기체(氣體) 상태의 물질이나 약품(藥品)을 공중(空中)으로 뿜어서 뿌리는 것 撒水車(살수차) 먼지가 일지 않도록 한길에 물을 뿌리며 다니는 자동차			

煞 죽일 살 1급	殺(살)과 동자(同字).	桃花煞(도화살) 여자의 사주팔자 중에서 바람기가 있고 남자를 많이 만나는 숙명을 지닌 팔자	
薩 보살 살 1급	풀을 뜻하는 초두머리(艹(=艸)→풀, 풀의 싹)部와 음을 나타내는 부수를 제외한 글자 隡(산)이 합하여 이루어짐.	薩水大捷(살수대첩) 살수 대전(大戰)에서 을지문덕 장군이 지휘한 고구려의 군사가 수(隋)나라의 대군을 크게 물리쳐 이긴 일	
三 석 삼 8급 | 常	셋 三은 손가락 셋을 들어 '셋'을 가리킨 글자[指事] 甲文字에서 三은 손가락 대신 나뭇가지 세 개로 숫자를 나타냈다. 이런 자형에서 '셋'의 뜻이 나왔다. 일설에는 인간 세상에서 가장 중요한 天, 地, 人의 三者를 가리킨다.	朝三暮四(조삼모사) 당장 눈앞에 나타나는 차별(差別)만을 알고 그 결과(結果)가 같음을 모름의 비유(比喩) 三顧草廬(삼고초려) 유비(劉備)가 제갈공명(諸葛孔明)을 세 번이나 찾아가 군사(軍師)로 초빙(招聘)한 데서 유래(由來)한 말	
森 수풀 삼 준3급	木(목)이 셋으로 나무가 많이 나 있는 모양→무성하다→으쓱함을 뜻함. 많이 있는 것은 셋 쓰는 것이 한자(漢字)를 만드는 原則(원칙)임.	森嚴(삼엄) 무서울 만큼 질서(秩序)가 바르고 엄숙(嚴肅)함 森林(삼림) 나무가 많이 우거져 있는 곳	
蔘 삼 삼 2급	뜻을 나타내는 초두머리(艹(=艸)→풀, 풀의 싹)部와 음을 나타내는 參(삼)을 더하여 이루어짐. 약초의 이름.	紅蔘(홍삼) 수삼을 쪄서 말린 불그레한 빛깔의 인삼(人蔘) 人蔘(인삼) 두릅나뭇과에 속하는 여러해살이풀	
滲 스밀 삼 확장	渗(삼)의 본자(本字).	滲透壓(삼투압) 삼투 현상(現象)이 일어날 때에 반투성의 막이 받는 압력	
插 꽂을 삽 2급	뜻을 나타내는 재방변(扌(=手)→손)部와 음을 나타내는 부수를 제외한 글자 臿(삽)이 합하여 이루어짐.	揷畵(삽화) 내용을 보완하거나 이해(理解)를 돕도록 장면(場面)을 묘사(描寫)하여 그린 그림 揷入(삽입) (원 줄거리에) 끼워 넣음. 끼움, 꽂음	
澁 떫을 삽 1급	뜻을 나타내는 삼수변(氵(=水, 氺)→물)部와 음을 나타내는 부수를 제외한 글자 歰(색)이 합하여 이루어짐.	難澁(난삽) (말이나 글 따위가) 이해하기 어렵고 까다로움	
上 위 상 7급 | 常	위 上은 어떤 기준 위에 작은 물체가 있음을 가리킨 글자[指事] 甲文字에서 上은 아래의 '一'은 지평선을 표시하며, 위의 '一'은 작은 물체가 위에 있음을 나타냈다. 小篆字에서는 '二'와 구별하기 위해 자형이 변하였다.	以上(이상) 위치나 차례(次例)로 보아 어느 기준(基準)보다 위 上昇(상승) 위로 올라감. 오름 引上(인상) 끌어올림	
床 평상 상 준4급 | 常	평상 床은 집과 나무의 뜻을 결합한 글자[會意] 金文字에서 床은 집 안의 사람들이 쓰기 위해 펼쳐 놓은 나무를 나타냈다. 이런 자형에서 '평상'의 뜻이 나왔다.	臨床(임상) 병을 치료(治療)하거나 병의 예방(豫防) 등을 연구(研究)하기 위해 실제(實際)로 환자(患者)를 접하는 것 溫床(온상) 인공적으로 따습게 해서 식물을 기르는 설비(設備) 冊床(책상) 책을 읽거나 글씨를 쓰는 데 받치고 쓰는 상	

尚 오히려 상 준3급 | 常	높일 尚은 향할 향의 음 및 뜻과 '나누다'의 뜻을 결합한 글자[形聲] 金文字에서 尚은 자기가 가지고 있는 물건을 남에게 나누어 주는 선한 일을 나타냈다. 이런 자형에서 '높이다'의 뜻이 나왔다. 후에 전성되어 '오히려'의 뜻으로 쓰인다.	高尚(고상) 몸가짐과 품은 뜻이 깨끗하고 높아 세속(世俗)된 비천(卑賤)한 것에 굽히지 아니함 崇尚(숭상) 높이어 소중(所重)하게 여김
狀 형상, 문서 상 준4급 | 常	뜻을 나타내는 개견(犬(=犭))部와 음(音)을 나타내는 부수(部首)를 제외(除外)한 글자(장)이 합(合)하여 이루어짐[形聲] 음(音)을 나타내는 부수(部首)의 왼쪽 글자 장은 여기에서는 壯(훌륭하다)과 뜻이 통하여 모습·모양이란 뜻을 나타내고 있음.	狀態(상태) 사물이나 현상(現象)이 현재(現在) 처하여 있는 형편(形便)이나 모양 現狀(현상) 현재(現在)의 상태나 형편 賞狀(상장) 품행(品行)이나 성적(成績)이 우수(優秀)한 사람에게 상으로 주는 증서(證書)
相 서로 상 5급 | 常	서로 相은 나무와 눈의 뜻을 결합한 글자[會意] 甲文字에서 相은 나무 위에서 멀리 바라보는 모습을 나타냈다. 이런 자형에서 '살피다'의 뜻이 나왔다. 후에 전성되어 '서로'의 뜻으로 쓰인다.	樣相(양상) 생김새나 모습 相對(상대) 서로 대립(對立)이 됨 相當(상당) 일정한 액수(額數)나 수치(數値) 따위에 해당(該當)함
桑 뽕나무 상 준3급 | 常	뽕나무 桑은 여러 사람의 손과 나무의 뜻을 결합한 글자[會意] 甲文字에서 桑은 누에를 치기 위해 여러 사람이 뽕나무 잎을 따는 것을 나타냈다. 이런 자형에서 '뽕나무'의 뜻이 나왔다.	蠶桑(잠상) 누에와 뽕 桑田碧海(상전벽해) 뽕나무밭이 푸른 바다가 되었다는 뜻으로, 세상(世上)이 몰라볼 정도(程度)로 바뀐 것. 세상(世上)의 모든 일이 엄청나게 변해버린 것
商 장사 상 5급 | 常	헤아릴 商은 안과 말의 뜻을 결합한 글자[會意] 甲文字에서 商은 밖에서 조용히 안을 관찰하여 아는 것을 나타냈다. 이런 자형에서 '헤아리다'의 뜻이 나왔다. 후에 전성되어 '장사'의 뜻으로 쓰인다.	協商(협상) 여러 사람이 모여 서로 의논(議論)함 商品(상품) 장사하는 물품(物品). 매매(賣買)의 목적물(目的物)인 재화(財貨)
常 떳떳할 상 4급 | 常	항상 常은 높을 상의 음과 천의 뜻을 결합한 글자[形聲] 金文字에서 常은 사람의 몸을 천으로 가린 것을 나타냈으나, 小篆字에서는 尙을 첨가하여 음을 나타냈다. 이런 자형에서 전성되어 '항상'의 뜻으로 쓰인다.	常識(상식) 일반인(一般人)이 공통(共通)으로 가지고 있거나 또는 가지고 있어야 할 보통(普通)의 지식(知識)
祥 상서 상 2급 | 常	상서로울 祥은 '보여 주다'의 뜻과 양 양의 음 및 뜻과 결합한 글자[形聲] 金文字에서 祥은 신에게 양을 바쳐 기도하는 것을 나타냈다. 이런 자형에서 '상서롭다'의 뜻이 나왔다.	祥瑞(상서) 경사(慶事)롭고 길한 징조(徵兆)
喪 잃을 상 3급 | 常	죽을 喪은 '울다'의 뜻과 잃을 망의 음 및 뜻을 결합한 글자[形聲] 金文字에서 喪은 사람이 이 세상을 떠나 슬피 우는 것을 나타냈다. 이런 자형에서 '죽다'의 뜻이 나왔다.	初喪(초상) 사람이 죽어서 장사(葬事) 지낼 때까지의 동안 喪輿(상여) 시체(屍體)를 싣고 묘지까지 옮기는 제구(諸具). 10여 명이 메며 길이가 길고 꼭지 있는 가마와 비슷함
象 코끼리 상 4급 | 常	코끼리 象은 코끼리의 모습을 본뜬 글자[象形] 甲文字에서 象은 코끼리의 긴 코, 송곳니, 널찍한 귀, 굵은 다리와 꼬리의 모양을 본떴다. 이런 자형에서 '코끼리'의 뜻이 나왔다. 후에 전성되어 '본뜨다'의 뜻으로 쓰인다.	現象(현상) 눈앞에 나타나 보이는 사물의 형상(形狀) 象徵(상징) 추상적(抽象的)인 사물을 구체화(具體化)하는 것 對象(대상) 사람이 어떤 행위(行爲)를 할 때, 그 목적이 되는 사물이나 상대(相對)가 되는 사람
想 생각 상 4급 | 常	생각할 想은 볼 상의 음 및 뜻과 마음의 뜻을 결합한 글자[形聲] 小篆字에서 想은 상대를 보고 싶어 하는 마음을 나타냈다. 이런 자형에서 '생각나다'의 뜻이 나왔다.	豫想(예상) 어떤 일을 직접(直接) 대하기 전(前)에 미리 상상(想像)함 發想(발상) 어떤 일을 생각해 내는 것

傷 다칠 상 4급 | 常	상할 傷은 사람의 뜻과 상처 양의 음 및 뜻을 결합한 글자 [形聲] 小篆字에서 傷은 사람이 상해를 당해 상처가 밖으로 드러난 것을 나타냈다. 이런 자형에서 '상하다', '아프다'의 뜻이 나왔다.	傷處(상처) 몸의 다친 자리 殺傷(살상) 사람을 죽이거나 상처(傷處)를 입힘 詳細(상세) 자세(仔細)하고 세밀(細密)함	
詳 자세할 상 3급 | 常	자세할 詳은 말씀[言]의 뜻과 양 양(羊)의 음 및 뜻을 결합한 글자[形聲] 小篆字에서 詳은 양의 모습을 상세히 살펴 설명하는 것을 나타냈다. 이런 자형에서 '자세하다'의 뜻이 나왔다.	昭詳(소상) 분명(分明)하고 자세(仔細)함 詳細(상세) 자세(仔細)하고 세밀(細密)함	
裳 치마 상 3급 | 常	치마 裳은 높을 상의 음 및 뜻과 옷의 뜻을 결합한 글자[形聲] 金文字에서 裳은 천을 두른 것을 나타냈으나, 小篆字에서 尙이 추가되어 귀인이 갖추어 입는 옷을 나타냈다. 이런 자형에서 '치마'의 뜻이 나왔다.	衣裳(의상) ① 겉에 입는 저고리와 치마 ② 의복(衣服), 옷, 모든 옷	
嘗 맛볼 상 3급 | 常	맛볼 嘗은 높을 상의 음 및 뜻과 맛의 뜻을 결합한 글자[形聲] 金文字에서 嘗은 좋은 음식을 맛보는 것을 나타냈다. 이런 자형에서 '맛보다'의 뜻이 나왔다. 후에 전성되어 '일찍'의 뜻으로 쓰인다.	嘗試(상시) 시험(試驗)하여 봄 臥薪嘗膽(와신상담) 섶에 누워 쓸개를 씹는다는 뜻으로, 원수(怨讐)를 갚으려고 온갖 괴로움을 참고 견딤을 이르는 말	
像 모양 상 3급 | 常	형상 像은 사람의 뜻과 코끼리 상(象)의 음 및 뜻을 결합한 글자[形聲] 小篆字에서 像은 코끼리가 몹시 커 상상으로 그렸던 것을 나타냈다. 이런 자형에서 '형상', '본뜨다'의 뜻이 나왔다.	動映像(동영상) 컴퓨터 화면(畫面)에 영화(映畫)처럼 연속적(連續的)으로 움직이는 상태로 나타나는 영상 想像(상상) 실제로 경험하지 않은 현상이나 사물에 대하여 마음속으로 그려 봄	
賞 상줄 상 5급 | 常	상줄 賞은 높일 상의 음 및 뜻과 조개의 뜻을 결합한 글자[形聲] 金文字에서 賞은 공이 있는 사람을 높이려고 재물을 부여하는 것을 나타냈다. 이런 자형에서 '상주다'의 뜻이 나왔다.	褒賞金(포상금) 칭찬(稱讚)하고 권장하여 상으로 주는 돈 鑑賞(감상) 주로 예술 작품을 이해하여 즐기고 평가함 懸賞(현상) 어떤 목적을 위하여 상금을 걸고 찾거나 모집함	
霜 서리 상 3급 | 常	서리 霜은 비의 뜻과 서로 상의 음 및 뜻을 결합한 글자[形聲] 甲文字에서 霜은 나무가 서리를 맞아 떨어지는 것을 나타냈다. 小篆字에서는 目이 첨가되어 서리가 방울져 엉기는 뜻을 더했다. 이런 자형에서 '서리'의 뜻이 나왔다.	砒霜(비상) 비석(을 승화(昇華)시켜서 만든 결정체(結晶體) 降霜(강상) 서리가 내림 秋霜(추상) 가을 서리처럼 무서움	
償 갚을 상 3급 | 常	갚을 償은 사람의 뜻과 상 줄 상의 음 및 뜻을 결합한 글자[形聲] 金文字에서 償은 賞의 변형자로, 공이 있는 사람에게 상을 주는 것을 나타냈다. 이런 자형에서 '갚다', '보답하다'의 뜻이 나왔다.	補償(보상) 남에게 끼친 손해(損害)를 갚는 것 賠償(배상) 남의 권리(權利)를 침해(侵害)한 자가 그 손해(損害)를 보상(補償)하는 일	
箱 상자 상 2급	竹(죽)과 음을 나타내며 '동시에 가려져서 남의 눈에 안 보이게 되다'의 뜻(=障(장))을 나타내기 위한 相(상)으로 이루어짐. '대나무 상자'의 뜻.	箱子(상자) 나무·대·종이 등으로 만든 손그릇. 모양은 대개 기름하고 번듯한데 뚜껑이 있는 것과 없는 것이 있음	
孀 홀어미 상 1급	뜻을 나타내는 계집녀(女→여자(女子))部와 음을 나타내는 霜(상)이 합하여 이루어짐.	孀老(상로) 늙은 과부(寡婦) 孀婦(상부) 나이 젊은 과부(寡婦). 청상과부(靑孀寡婦)	

庠 학교 상 2급	뜻을 나타내는 엄호밑(广→집)部와 음을 나타내는 羊(양)이 합하여 이루어짐.	庠謝禮(상사례) 자녀(子女)의 스승에게 주는 예물(禮物) 庠校(상교) 중국 주(周)나라 때 학교(學校)를 이르던 말		
爽 시원할 상 1급	창살의 모양을 본뜬 리(爽에서 大를 제외한 부분=밝다)와 大(대=크다)로 이루어짐. 창살을 통해 들어오는 빛이 크게 '밝다'의 뜻. 전(轉)하여, '상쾌하다'의 뜻.	爽快(상쾌) 마음이 아주 시원하고 거뜬함		
翔 날 상 1급	뜻을 나타내는 깃우(羽→깃, 날개)部와 음을 나타내며 羊(양)이 합하여 이루어짐.	飛翔(비상) 공중(空中)을 날아다님		
觴 잔 상 1급	뿔각(角→뿔)과 음을 나타내는 부수를 제외한 글자 상이 합하여 이루어짐.	濫觴(남상) 술잔에 겨우 넘칠 정도(程度)의 작은 물이라는 뜻으로, ① 큰 강물도 그 근원(根源)은 술잔이 넘칠 정도(程度)의 작은 물에서 시작(始作)한다는 뜻 ② 모든 사물(事物)이나 일의 시초(始初), 근원을 뜻함		
雙 두 쌍 3급	새추(隹→새)部＋새추(隹→새)部(새 두 마리)와 又(우→손)의 합자(合字). 한 쌍의 새를 손에 잡고 있음의 뜻. 전(轉)하여 둘의 뜻이 됨.	雙手(쌍수) 양손, 두 손 雙璧(쌍벽) 두 개의 구슬. 쌍구슬 우열(優劣)이 없이 여럿 가운데에서 둘이 다 뛰어나게 훌륭한 존재(存在)		
璽 옥 새 1급	뜻을 나타내는 구슬옥변(玉=王, 王→구슬)部와 음을 나타내는 爾(이→새로 바뀜)가 합하여 이루어짐	御璽(어새) 옥새(玉璽)를 높여 이르는 말 封璽(봉새) 봉한 물건에 도장(圖章)을 찍음		
塞 막힐 색 막을 塞은 틈과 흙의 뜻을 결합한 글자[形聲] 변방 새. 3급　常	막을 塞은 틈과 흙의 뜻을 결합한 글자[形聲] 小篆字에서 塞은 집벽 틈을 흙으로 막는 것을 나타냈다. 이런 자형에서 '막다'의 뜻이 나왔다. 변방 새.	語塞(어색) 말이 궁하여 답변(答辯)할 말이 없음 窮塞(궁색) 곤궁(困窮)하고 궁색(窮塞)함		
色 빛 색 7급　常	빛 色은 사람과 병부의 뜻을 결합한 글자[會意] 小篆字에서 色은 병부와 같이 꼭 맞게 사람의 희로애락 감정이 그대로 얼굴빛에 나타나는 것을 나타냈다. 전성되어 일반 '빛깔'의 뜻으로 쓰인다.	丹色(단색) 붉은색 綠色(녹색) 파랑과 노랑의 중간색(中間色), 곧 풀빛		
索 찾을 색 3급　常	동아줄 索은 무성하다와 실의 뜻을 결합한 글자. 金文字에서 索은 무성하게 자란 풀 넝쿨이 굵게 엉킨 것을 나타냈다. 이런 자형에서 '동아줄'의 뜻이 나왔다.	摸索(모색) 좋은 방법(方法)이나 돌파구를 이리저리 생각하여 찾는 것 檢索(검색) 검사(檢査)하여 찾음		
嗇 아낄 색 1급	嗇(색)의 본자(本字). 來(래=수확)와 凜(→이수변部 대신 엄호밑(广→집)部인 글자)의 생략형(省略形)의 합자(合字). 收藏(수장)하여 잘 내지 않는 뜻. 전(轉)하여 아낌의 뜻.	吝嗇(인색) 체면(體面)을 돌아보지 않고 재물(財物)을 지나치게 아낌		

한자	자원(字源) 풀이	용례(用例)
生 날 생 8급 | 常	날 生은 풀싹이 돋아나는 모양을 본뜬 글자[象形] 甲文字에서 生은 풀싹이 땅 위에 돋아나는 모양을 본떴다. 이런 자형에서 '나다'의 뜻이 나왔다.	發生(발생) (어떤 사건(事件)이나 사물 현상(現象)이 어느 곳 또는 세상(世上)에) 생겨나거나 나타나는 것 生活(생활) 살아서 활동(活動)함. 생계(生計)를 유지(維持)하여 살아나감
牲 희생 생 1급	뜻을 나타내는 소우(牛(=牜)→소)部와 음을 나타내며 生(생)이 합하여 이루어짐.	犧牲的(희생적) 희생(犧牲)하는 특성(特性)이 있는 (것)
甥 생질 생 1급	뜻을 나타내는 동시에 음을 나타내는 날생(生→나다, 살다)部와 男(남)이 합하여 이루어짐	甥姪(생질) 누이의 아들
西 서녘 서 8급 | 常	서녘 西는 둥지 위에 새가 앉아 있는 모습을 본뜬 글자[象形] 金文字에서 西는 새의 둥지를 본떴으나, 小篆字에서는 새가 둥지로 돌아온 것을 나타냈다. 전성되어 새가 돌아올 때 해가 지는 '서쪽'의 뜻으로 쓰였다.	西海(서해) 서쪽에 있는 바다 東西(동서) 동쪽과 서쪽
序 차례 서 5급 | 常	차례 序는 집의 뜻과 '줄여'의 음 및 뜻을 결합한 글자[形聲] 金文字에서 序는 집에서 배를 짤 때 서로 북을 번갈아 주고받으며 차곡차곡 짜는 것을 나타냈다. 이런 자형에서 '차례'의 뜻이 나왔다.	序文(서문) 책이나 글의 머리말 秩序(질서) 사물의 조리(條理)나 그 순서(順序) 順序(순서) 정해진 차례(次例)
書 글 서 6급 | 常	글 書는 '붓과 말하다'의 뜻을 결합한 글자[會意] 金文字에서 書는 말한 것을 붓으로 쓴 것을 나타냈다. 이런 자형에서 '글'의 뜻이 나왔다.	教科書(교과서) 학교(學校)에서 가르치는 데 쓰는 책 報告書(보고서) 보고(報告)하는 내용(內容)을 적은 문서(文書)
恕 용서할 서 3급 | 常	용서할 恕는 같을 여의 음 및 뜻과 마음의 뜻을 결합한 글자[形聲] 小篆字에서 恕는 남을 자신과 같이 생각하는 마음을 나타냈다. 이런 자형에서 '용서하다'의 뜻이 나왔다.	容恕(용서) 관용(寬容)을 베풀어 벌(罰)하지 않음 情恕理遣(정서이견) 잘못이 있으면 온정으로 참고 이치(理致)에 비추어 용서(容恕)함
徐 천천히 할 서 3급 | 常	천천히 徐는 '자축거리다'의 뜻과 남을 여의 음 및 뜻을 결합한 글자[形聲] 小篆字에서 徐는 여유 있게 느릿느릿 걸어가는 모습을 나타냈다. 이런 자형에서 '천천히'의 뜻이 나왔다.	徐徐(서서) 천천히 徐行(서행) 사람이나 자동차(自動車) 등이 천천히 감
庶 여러 서 3급 | 常	무리 庶는 집과 여럿, 그리고 불의 뜻을 결합한 글자[會意] 金文字에서 庶는 집 뜰에 불을 피워 놓고 여러 사람이 모여 있는 것을 나타냈다. 이런 자형에서 '무리'의 뜻이 나왔다.	庶流(서류) 서자(庶子)의 계통(系統) 庶民(서민) 보통의 백성들
敍 펼 서 3급 | 常	차례 敍는 남을 여의 음 및 뜻과 치다 뜻을 결합한 글자[形聲] 甲文字에서 敍는 나의 마음에 남아 있는 생각을 차례대로 펴는 것을 나타냈다. 이런 자형에서 '차례', '베풀다'의 뜻이 나왔다.	敍述(서술) 어떤 내용을 차례(次例)로 좇아 말하거나 적음 自敍傳(자서전) 자기가 쓴 자기의 전기(傳記)

暑 더울 서 3급 常	더울 暑는 해의 뜻과 삶을 자의 음 및 뜻을 결합한 글자[形聲] 小篆字에서 暑는 불타는 장작에 햇빛이 비추는 것을 나타냈다. 이런 자형에서 '덥다'의 뜻이 나왔다.	避暑(피서) 선선한 곳으로 옮기어 더위를 피(避)하는 일 酷暑(혹서) 독한 더위		
署 마을 서 3급 常	관청 署는 그물의 뜻과 놈 자의 음 및 뜻을 결합한 글자[形聲] 小篆字에서 署는 관청에서 그물과 같이 직무에 따라 사람을 배치해 놓은 것을 나타냈다. 이런 자형에서 '관청'의 뜻이 나왔다.	署名(서명) 자기(自己)의 이름을 문서(文書)에 써넣음 部署(부서) 여러 갈래로 나뉘어 있는 사무(事務)의 각 부분 官公署(관공서) 관청(官廳)과 공서(公署)		
瑞 상서 서 2급	구슬옥변(玉)과 耑로 이루어짐. 信標(신표)로 쓰이는 '옥돌'의 뜻.	祥瑞(상서) 경사(慶事)롭고 길한 징조(徵兆) 金宗瑞(김종서) 조선 초의 무신(武臣). 세종(世宗)의 명을 받들어 여진족(女眞族)을 몰아내고 6진을 설치(設置)함		
誓 맹세할 서 3급 常	맹세할 誓는 끊을 절의 음 및 뜻과 말씀의 뜻을 결합한 글자[形聲] 金文字에서 誓는 약속한 내용을 새긴 나뭇가지를 잘라 서로 나눠 가진 것을 나타냈다. 이런 자형에서 '맹세하다'의 뜻이 나왔다.	宣誓(선서) 공개적(公開的)으로 맹세(盟誓)하는 일 盟誓(맹세) *본딧말－맹서(盟誓): 장래(將來)를 두고 다짐하여 약속(約束)함		
緖 실마리 서 3급 常	실마리 緖는 실과 놈 자의 음 및 뜻을 결합한 글자[形聲] 金文字에서 緖는 실의 끝부분으로부터 실을 풀어가는 것을 나타냈다. 이런 자형에서 '실마리'의 뜻이 나왔다.	情緖(정서) 어떤 사물(事物) 또는 경우(境遇)에 부딪쳐 일어나는 갖가지 감정 端緖(단서) 일의 처음, 일의 실마리		
嶼 섬 서 1급	뜻을 나타내는 메산(山→산봉우리)部와 음을 나타내는 與(여→서로 바뀜)가 합하여 이루어짐.	島嶼(도서) 크고 작은 섬들		
抒 풀 서 1급	재방변(扌(=手)→손)과 予(여)가 합하여 이루어짐.	抒情(서정) 주로 예술 작품에서, 자기의 감정이나 정서를 그려 냄		
曙 새벽 서 1급	날일(日→해)과 처음의 뜻(=緖(서))을 나타내기 위한 暑(서)를 더하여 이루어짐. '새벽'의 뜻.	曙日(서일) 날 샐 무렵의 햇빛. 아침 해		
棲 깃들일 서 1급	木(목)과 음을 나타내는 동시에 '붙잡다'의 뜻(=執(집))을 나타내기 위한 妻(처→서는 변음(變音))로 이루어짐. 새가 앉을 때 붙잡는 나무, 곧 횃대의 뜻→보금자리, 집의 뜻.	兩棲類(양서류) 양서강의 동물을 일상적으로 통틀어 이르는 말. 어류와 파충류의 중간으로 땅 위 또는 물속에서 산다.		
犀 무소 서 1급	牛를 바탕으로 하여 尾(미)가 합하여 이루어짐.	犀角(서각) 무소의 뿔		

한자	자원	용례
胥 서로 서 1급	뜻을 나타내는 육달월(月(=肉)→살, 몸)部와 음을 나타내는 부수를 제외한 글자 疋(소)가 합하여 이루어짐.	胥吏(서리) 중앙과 지방 관아(官衙)에 속하여 말단의 행정(行政) 실무(實務)에 종사(從事)하는 하급 관리(官吏)
婿 사위 서 확장	뜻을 나타내는 계집녀(女→여자(女子))部와 부수를 제외한 글자 胥(서)가 음을 나타냄.	同婿(동서) 두 사람 이상의 남자(男子) 사이에 있어서, 그 사람들의 아내들이 서로 자매(姉妹) 간(間)임으로 하여 맺어지는 관계(關係)의 일컬음
舒 펼 서 2급	뜻을 나타내는 혀설(舌→혀)部와 음을 나타내는 舍(사)가 합하여 이루어짐.	平心舒氣(평심서기) 마음을 평온(平穩)하고 순화(順和)롭게 함
薯 감자 서 1급	풀을 뜻하는 초두머리(艹(=艸)→풀, 풀의 싹)部와 음을 나타내는 署(서)가 합하여 '고구마'를 뜻함.	薯童謠(서동요) 백제의 서동이 지은 향가. 신라의 선화 공주를 사모하여 경주의 아이들에게 부르게 하여 선화 공주를 아내로 얻었다는 내용 甘薯(감서) 고구마
逝 갈 서 3급 常	죽을 逝는 '쉬엄쉬엄 가다'의 뜻과 꺾을 절의 음 및 뜻을 결합한 글자[形聲] 小篆字에서 逝는 살아 있는 나무를 도끼로 꺾어 시들어 가는 것을 나타냈다. 이런 자형에서 '죽다'의 뜻이 나왔다.	逝去(서거) 죽어서 이 세상(世上)을 떠나감. '죽음'의 높임말
黍 기장 서 1급	곡식(穀食)을 나타내는 禾(화)와 음을 나타내는 水(수→서로 바뀜)로 이루어지며 곡식(穀食)의 일종(一種).	黍粟(서속) 기장과 조 黍離之歎/黍離之嘆(서리지탄) 나라가 멸망하여 옛 궁궐 터에는 기장만이 무성한 것을 탄식한다는 뜻으로, 세상의 영고성쇠가 무상함을 탄식하며 이르는 말
鼠 쥐 서 1급	쥐의 이와 몸을 본뜸.	窮鼠齧猫(궁서설묘) 궁지(窮地)에 몰린 쥐가 기를 쓰고 고양이를 물어뜯는다는 뜻. 窮鼠嚙猫.
夕 저녁 석 7급 常	저녁 夕은 초승달을 가리킨 글자[指事] 甲文字에서 夕은 날이 어두워지면 뜨는 초승달을 나타낸 것으로 달에서 한 획을 제거했다. 이런 자형에서 '저녁'의 뜻이 나왔다.	秋夕(추석) 우리나라 명절(名節)의 하나, 음력(陰曆) 8월 보름. 중추절(中秋節), 한가위 朝夕(조석) 아침과 저녁 夕陽(석양) 저녁나절의 해
石 돌 석 6급 常	돌 石은 언덕 아래로 떨어진 돌의 모양을 본뜬 글자[象形] 甲文字에서 石은 언덕 아래 굴러 있는 돌의 모양을 본떴다. 이런 자형에서 '돌'의 뜻이 나왔다.	石油(석유) 천연으로 나는, 탄화(炭化) 수소(水素)의 혼합물 石炭(석탄) 오랜 옛날의 식물질(植物質)이 지각(地殼) 속에 묻혀 쌓여 점차 분해(分解), 탄화(炭化)된 고체 연료
昔 예 석 3급 常	옛 昔은 포개어 쌓다와 날의 뜻을 결합한 글자[會意] ① 甲文字에서 昔은 옛날 홍수가 일어났던 날을 나타냈다. ② 小篆字에서는 고기를 포개어 햇볕에 말려 두는 것을 나타냈다. 전성되어 '옛'의 뜻으로 쓰인다.	今昔(금석) 지금과 옛적

析 쪼갤 석 3급 | 常	쪼갤 析은 나무와 도끼의 뜻을 결합한 글자[會意] 金文字에서 析은 도끼로 나무를 쪼개는 것을 나타냈다. 이런 자형에서 '쪼개다'의 뜻이 나왔다.	分析(분석) 어떤 사물(事物)을 이루고 있는 각 성분(成分), 요소(要素)를 갈라냄 解析(해석) 사물(事物)을 상세(詳細)히 풀어서 이론적(理論的)으로 연구(研究)함		
席 자리 석 6급 | 常	자리 席은 무리서의 음 및 뜻과 천의 뜻을 결합한 글자[形聲] 甲文字에서 席은 천으로 된 깔개를 나타냈으며, 小篆字에서는 席을 첨가하여 많은 사람이 앉는 자리를 나타냈다. 이런 자형에서 '자리'의 뜻이 나왔다.	參席(참석) 자리에 참여(參與)함 首席(수석) 시험(試驗) 등(等)에서, 순위(順位)가 첫째인 상태 出席(출석) 어떤 자리에 참석(參席)함		
惜 아낄 석 3급 | 常	아낄 惜은 마음의 뜻과 옛 석의 음 및 뜻을 결합한 글자[形聲] 小篆字에서 惜은 옛날을 아쉬워하고 소중히 여기는 마음을 나타냈다. 이런 자형에서 '아끼다'의 뜻이 나왔다.	買占賣惜(매점매석) 물건(物件)값이 오를 것을 예상하고 물건을 많이 사두었다가 값이 오른 뒤 아껴서 팖 惜別(석별) 서로 떨어지기를 서운하게 여김 哀惜(애석) 슬프고 아깝게 여김		
碩 클 석 2급	'머리'를 뜻하는 頁(혈)과 음을 나타내는 동시에 '크다'의 뜻(=奕(혁))을 나타내기 위한 石(석)으로 이루어짐. 큰 머리→'크다'의 뜻.	碩士(석사) 대학원(大學院)의 소정(所定) 과정(課程)을 마치고, 석사(碩士) 학위(學位) 논문(論文) 심사(審査)와 구두시험(試驗)에 합격(合格)한 사람에게 수여(授與)되는 학위(學位)		
釋 풀 석 3급 | 常	풀 釋은 '분별하다와 엿보다'의 뜻을 결합한 글자[會意] 小篆字에서 釋은 알기 어려운 이치나 글의 뜻을 잘 분별해서 알아보기 쉽게 한 것을 나타냈다. 이런 자형에서 '풀다'의 뜻이 나왔다.	解釋(해석) 문장이나 사물 따위로 표현된 내용을 이해하고 설명함 釋放(석방) 법에 의하여 구속된 사람을 풀어 자유롭게 함 釋然(석연) 미심쩍었던 것이나 원한(怨恨) 등(等)이 풀림		
奭 클 석 2급	뜻을 나타내는 큰대(大→크다)部와 음을 나타내는 동시에 二百(이백), 곧 '많다'의 뜻을 나타내는 百百(벽→'석'은 변음(變音))으로 이루어짐. '크다', '왕성하다'의 뜻. 성할 赫(혁), 붉을 赫(혁)과 같은 자이며 주로 사람 이름에 쓰임	奭將軍(석장군) 큰 장군, 성난 장군		
晳 밝을 석 2급	뜻을 나타내는 날일(日→해)部와 음을 나타내는 析(석)이 합하여 이루어짐.	明晳(명석) 분명(分明)하고 똑똑함		
潟 개펄 석 1급	뜻을 나타내는 삼수변(氵(=水, 氺)→물)部와 음을 나타내는 부수를 제외한 글자 舄(석)이 합하여 이루어짐.	干潟地(간석지) 조수(潮水)가 드나드는 개펄		
錫 주석 석 2급	鑞(석)의 본자(本字). 뜻을 나타내는 쇠금(金)과 '희다'의 뜻을 나타내기 위한 易(역→'석'은 변음(變音))을 더하여 이루어짐. 은백색의 금속, 곧 '주석'의 뜻.	朱錫(주석) 놋쇠, 금속(金屬) 원소(元素)의 하나 은백색(銀白色) 광택(光澤)이 나고, 연성과 전성이 많으며 녹슬지 않음		
仙 신선 선 5급 | 常	신선 仙은 사람의 뜻과 산산의 음 및 뜻을 결합한 글자[形聲] 小篆字에서 仙은 사람이 산에 들어가 도를 닦는 것을 나타냈다. 이런 자형에서 '신선'의 뜻이 나왔다.	仙女(선녀) 하늘에 산다는 여자(女子) 신선(神仙) 神仙(신선) 선도(仙道)를 닦아서 도에 통(通)한 사람		

先 먼저 선 8급 | 常	먼저 先은 걷다와 걷는 사람의 뜻을 결합한 글자[會意] 甲文字에서 先이 위는 사람의 발, 아래는 사람의 걷는 모습을 나타냈다. 이런 자형에서 '먼저'의 뜻이 나왔다.	先生(선생) 학생(學生)을 가르치는 사람 立稻先賣(입도선매) 벼를 논에 세워 둔 채로 미리 돈을 받고 팖 先決(선결) 다른 문제(問題)보다 먼저 해결(解決)함	
宣 베풀 선 4급 | 常	베풀 宣은 집의 뜻과 펼 선의 음 및 뜻을 결합한 글자[形聲] 甲文字에서 宣은 임금이 대궐에서 정사를 펴는 것을 나타냈다. 이런 자형에서 '베풀다'의 뜻이 나왔다.	宣敎(선교) 종교(宗敎)를 선전(宣傳)하여 널리 폄 旬宣(순선) 널리 사방을 복종(服從)시켜 임금의 은덕(恩德)이 두루 미치게 함 宣告(선고) 선언(宣言)하여 널리 알림	
旋 돌 선 3급 | 常	돌 旋은 깃발과 발의 뜻을 결합한 글자[會意] 甲文字에서 旋은 장수의 깃발을 따라 발길을 옮기는 것을 나타냈다. 이런 자형에서 '돌다'의 뜻이 나왔다.	螺旋(나선) 소라 껍데기나 용수철(龍鬚鐵)과 같이 빙빙 감아 올린 것과 같은 모양 또는 그런 모양의 것 旋律(선율) 높이가 다른 음이 리듬을 동반하여 연속적(連續的)으로 이어지면서 어떤 음악적(音樂的) 내용(內容)을 이룬 것. 가락	
船 배 선 5급 | 常	배 船은 배의 뜻과 늪 연의 음 및 뜻을 결합한 글자[形聲] 小篆字에서 船은 늪이나 강을 건너는 작은 배를 나타냈다. 이런 자형에서 '배'의 뜻이 나왔다.	米船(미선) 쌀을 싣는 배. 군량과 말꼴을 실은 군선 汽船(기선) 증기(蒸氣)의 힘으로 추진(推進)시켜서 다니는 배. 1807년 미국의 풀턴이 발명. 증기선. 화륜선 旅客船(여객선) 여객(旅客)을 태워 나르기 위하여 선체 안에 필요(必要)한 시설(施設)을 한 배	
善 착할 선 5급 | 常	착할 善은 '양과 말하다'의 뜻을 결합한 글자[會意] 金文字에서 善은 사람이 서로 어질고 옳은 말을 하는 것을 나타냈다. 이런 자형에서 '착하다'의 뜻이 나왔다.	良善(양선) 어질고 착함 改善(개선) 잘못을 고쳐 좋게 함 善良(선량) 착하고 어짊	
選 가릴 선 5급 | 常	가릴 選은 '쉬엄쉬엄 가다'의 뜻과 유순할 손의 음 및 뜻을 결합한 글자[形聲] 金文字에서 選은 두 무릎을 꿇고 공손히 제단에 나아가 천신에게 제사 지내는 사람을 나타냈다.	揀選(간선) 간택(揀擇)하여 뽑음 決選(결선) 투표(投票)로 당선자(當選者)를 결정(決定)함 當選(당선) 선거(選擧)에서 뽑힘	
線 줄 선 6급 | 常	줄 線은 실의 뜻과 샘 천의 음 및 뜻을 결합한 글자[形聲] 小篆字에서 線은 샘물처럼 실이 끊이지 않고 가늘게 풀려 나오는 것을 나타냈다. 이런 자형에서 '줄'의 뜻이 나왔다.	路線圖(노선도) 도로(道路)에 따라서 그 주위의 상태를 기록(記錄)한 지도(地圖) 防禦線(방어선) 적의 공격(攻擊)을 막기 위하여 진(陣)을 쳐 놓은 선. 방비(防備)의 설비(設備)를 이은 선(線)	
禪 선 선 3급 | 常	터 닦을 禪은 보여 주다와 홀로 단의 음 및 뜻을 결합한 글자[形聲] 小篆字에서 禪은 두 개로 묶은 연장으로 제사 지낼 터를 닦는 것을 나타냈다. 이런 자형에서 '터 닦다'의 뜻이 나왔다.	禪定(선정) 참선(參禪)하여 삼매경에 이르는 것 禪位(선위) 왕의 자리를 남에게 물려 줌 禪宗(선종) 석가(釋迦)의 설교(說敎)를 소의(所衣)로 삼는 '교종(敎宗)'에 대(對)하여, 좌선(坐禪)을 닦는 종지라는 뜻	
鮮 고울 선 5급 | 常	고울 鮮은 물고기와 양의 뜻을 결합한 글자[會意] 金文字에서 鮮은 부드러운 양고기처럼 맛있는 물고기를 나타냈다. 이런 자형에서 '곱다'의 뜻이 나왔다.	朝鮮(조선) 1392년 이성계가 고려를 무너뜨리고 세운 나라. 한양에 도읍 新鮮(신선) 새롭고 산뜻함 鮮明(선명) ① 산뜻하고 뚜렷함 ② 깨끗하고 밝음	
繕 기울 선 2급 |	뜻을 나타내는 실사(糸→실타래)部와 음을 나타내는 동시에 '좋게 하다'의 뜻을 나타내는 善(선)을 더하여 이루어짐. 찢어진 데를 '실로 꿰매어 수리하다'의 뜻.	修繕(수선) 낡거나 허름한 것을 손보아 고침	

扇 부채 선 1급	'문짝'의 뜻인 지게호(戶→지게문)部와 '날개'의 뜻인 羽(우)로 이루어져, 문짝이 문의 양쪽에 있어, 새의 날개처럼 열림을 나타냄.	扇風機(선풍기) 작은 전동기의 축에 몇 개의 날개를 달아 그 회전(回轉)으로 바람을 일으키게 하는 기계(機械) 장치(裝置) 秋風扇(추풍선) 가을 바람에 쓸모가 없어서 버려진 부채	
煽 부채질할 선 1급	뜻을 나타내는 불화(火(=灬)→불꽃)部와 음을 나타내는 동시에 '부채로 부치다'의 뜻을 나타내는 扇(선)을 더하여 이루어짐.	煽動(선동) 남을 추기어 일을 일으키게 함 煽情的(선정적) 어떤 감정(感情), 특(特)히 욕정(慾情)을 북돋워 일으킴	
璇 옥 선 2급	뜻을 나타내는 구슬옥변(玉(=玉, 王)→구슬)部와 음을 나타내는 旋(선)이 합하여 이루어짐.	璇璣玉衡(선기옥형) 혼천의(渾天儀)	
璿 구슬 선 2급	뜻을 나타내는 구슬옥변(玉(=玉, 王)→구슬)部와 음을 나타내는 睿(예)가 합하여 이루어짐.	璿璣玉衡(선기옥형) 선기옥형(璇璣玉衡)과 같음	
羨 부러워할 선 1급	뜻을 나타내는 양양(羊→양)部와 음을 나타내는 동시에 침의 뜻을 가지는 부수를 제외한 글자 次(연)으로 이루어지며, 양의 고기를 보고 침을 흘리다, 전(轉)하여, '부러워하다'의 뜻.	羨望(선망) 부러워함	
腺 샘 선 1급	뜻을 나타내는 육달월(月(=肉)→살, 몸)部와 음을 나타내는 泉(천→선으로 바뀜)이 합하여 이루어짐.	甲狀腺(갑상선) 성장(成長)·발육(發育)·지능(知能) 발달(發達)에 필요(必要)한 호르몬을 분비(分泌)하는 내분비선	
膳 선물 선 1급	뜻을 나타내는 육달월(月(=肉)→살, 몸)部와 음을 나타내는 善(선)이 합하여 이루어짐.	膳物(선물) 남에게 선사(膳賜)로 주는 물품(物品) 膳賜(선사) (친근(親近)·애정(愛情)·존경(尊敬)의 뜻을 나타내기 위하여) 남에게 물품(物品)을 줌	
銑 무쇠 선 1급	뜻을 나타내는 쇠금(金→광물·금속·날붙이)部와 음을 나타내는 先(선)을 더한 글자. 금속 중에서 가장 광택이 나는 '황금'의 뜻. 지금은 '무쇠'의 뜻으로 주로 쓰임.	銑鐵(선철) 무쇠	
舌 혀 설 4급 常	혀 舌은 입안의 혀 모양을 본뜬 글자[象形] 甲文字에서 舌은 입안의 혀를 내민 모양을 본떴다. 이런 자형에서 '혀'의 뜻이 나왔다.	毒舌(독설) 악독(惡毒)하게 혀를 놀려 남을 해치는 말 口舌數(구설수) 구설을 듣게 되는 운수(運數) 雀舌茶(작설차) 갓 눈이 튼 차나무의 새싹을 따서 만든	
雪 눈 설 6급 常	눈 雪은 비와 손의 뜻을 결합한 글자[會意] 甲文字에서 雪은 눈발이 엉겨 빛나는 것을 나타냈다. 이런 자형에서 '눈'의 뜻이 나왔다.	白雪(백설) 흰 눈 暴雪(폭설) 갑자기 많이 내리는 눈	

設 베풀 설 4급 | 常	베풀 設은 '말씀과 치다'의 뜻을 결합한 글자[會意] 小篆字에서 設은 일을 하도록 말해 주는 것을 나타냈다. 이런 자형에서 '베풀다'의 뜻이 나왔다.	施設(시설) 도구, 기계, 장치 따위를 설비함 또는 그런 설비 設置(설치) (어떤 기계(機械)나 장치(裝置) 등(等)을 어느 곳에) 달거나 매거나 붙이거나 하여 놓아두는 것 建設(건설) 건물(建物)을 짓거나 시설(施設)들을 이룩함	
說 말씀 설 5급 | 常	말씀 說은 '말씀과 기쁘다'의 뜻을 결합한 글자[會意] 小篆字에서 說은 상대방이 듣고 기쁘도록 자세히 말하는 것을 나타냈다. 이런 자형에서 '말씀'의 뜻이 나왔다.	演說(연설) 여러 사람 앞에서 체계(體系)를 세워 주장(主張)을 말함 說明(설명) 상대편(相對便)이 잘 알 수 있도록 풀어 밝힘 說得(설득) 여러 모로 설명(說明)하여 상대방(相對方)이 납득할 수 있도록 잘 알아듣게 함	
卨 사람 이름 설 2급	어떤 짐승의 모양을 본뜸.	卨(설)벌레 이름 또는 은(殷)나라 탕왕(湯王)의 조상 이름으로, 은나라의 시조가 됨	
屑 가루 설 1급	뜻을 나타내는 주검시밑(尸→주검)部와 음을 나타내는 부수를 제외한 글자 일(→설로 바뀜)이 합하여 이루어짐.	屑糖(설탕) 사탕가루 閑談屑話(한담설화) 한가(閑暇)한 말과 자질구레한 이야기라는 뜻으로, 심심풀이로 하는 실없는 말을 이르는 말	
洩 샐 설 1급	뜻을 나타내는 삼수변(氵=水, 氺→물)部와 음을 나타내는 曳(예)가 합하여 이루어짐. 예로도 읽음.	洩氣(설기) 방귀를 뀜 漏洩(누설) 비밀(秘密)을 밖으로 새어 나가게 함 洩洩(예예) 훨훨 나는 모양. 바람을 따르는 모양	
泄 샐 설 1급	뜻을 나타내는 삼수변(氵=水, 氺→물)部와 음을 나타내는 世(세→설)가 합하여 이루어짐.	漏泄(누설) 비밀 같은 것이 새어나감. 漏洩(누설)	
渫 파낼 설 1급	뜻을 나타내는 삼수변(氵=水, 氺→물)部와 음을 나타내는 부수를 제외한 글자 엽(→섭)이 합하여 이루어짐.	浚渫(준설) 물의 깊이를 증가(增加)시켜 배가 잘 드나들게 하기 위하여 바닥에 쌓인 모래나 암석(巖石)을 파내는 일	
薛 성씨 설 2급	뜻을 나타내는 초두머리(艹=艸→풀, 풀의 싹)部와 음을 나타내는 부수를 제외한 글자(설)로 이루어짐. 풀의 이름.	薛聰(설총) 신라 경덕왕 때의 학자. 국학(國學)에서 학생들을 가르쳐 유학의 발전에 공헌하였으며, 이두(吏讀)를 정리하고 집대성함	
纖 가늘 섬 2급	뜻을 나타내는 실사(糸→실타래)部와 음을 나타내는 동시에 '가늘다'의 뜻을 가진 韱(섬)으로 이루어짐. '가는 실'의 뜻. 전(轉)하여, '가늘다', '곱다'의 뜻.	纖維(섬유) 실 모양(模樣)으로 된 고분자(高分子) 물질(物質) 纖細(섬세) 매우 찬찬하고 세밀(細密)함	
暹 햇살 치밀 섬 2급	日(일=해)와 進(진=나아가다)의 합자(合字).	暹羅(섬라) 타이(Thailand)의 예전 이름인 시암(Siam)의 한자음	

한자	자원(字源)	용례(用例)	
殲 다 죽일 섬 1급	뜻을 나타내는 죽을사변(歹=歺→뼈, 죽음)部와 음을 나타내는 부수를 제외한 글자 韱(섬)이 합하여 이루어짐.	**殲滅**(섬멸) (적을)모조리 무찔러 없애는 것	
蟾 두꺼비 섬 2급	뜻을 나타내는 벌레충(虫→뱀이 웅크린 모양, 벌레)部와 음을 나타내는 詹(첨)이 합하여 이루어짐.	**蟾津江**(섬진강) 전라남북도(南北道)의 동부(東部) 산지를 관류(貫流)하는 강	
閃 번쩍일 섬 1급	門(문)과 人(인)의 합자(合字). 문 속에 있는 사람을 흘끗 봄의 뜻. 전(轉)하여, 번득임의 뜻.	**閃光**(섬광) ① 번쩍이는 빛 ② 순간적(瞬間的)으로 비치는 광선	
陝 땅 이름 섬 2급	뜻을 나타내는 좌부변(阝=阜→언덕)部와 음을 나타내는 부수를 제외한 글자 夾(섬)이 합하여 이루어짐.	**陝西省**(섬서성) 중국 중북부의 성. 동서(東西)로 이어지는 진령(秦嶺)을 경계(境界)로 하여 북부(北部)의 위수(渭水) 유역(流域)과 남부(南部)의 한수(漢水) 유역(流域)으로 나뉨	
涉 건널 섭 3급 常	건널 涉은 물과 걸음의 뜻을 결합한 글자[會意] 甲文字에서 涉은 걸어서 물을 건너는 것을 나타냈다. 이런 자형에서 '건너다'의 뜻이 나왔으며, 전성되어 사람과 사람이 '교섭하다'의 뜻으로 쓰인다.	**交涉**(교섭) 일을 이루기 위하여 서로 의논(議論)함 **干涉**(간섭) (남의 일에 또는 어떤 사람에게) 이래라저래라 하면서 영향(影響)을 주려고 하는 것. 참견	
攝 다스릴 섭 3급 常	뜻을 나타내는 재방변(扌=手→손)部와 음(音)을 나타내는 동시(同時)에 '모으다'의 뜻(=聚(취))을 나타내는 부수(部首)를 제외(除外)한 글자 섭으로 이루어짐. 손으로 옷자락을 '걷어 올려 잡다'의 뜻. 널리 한 손으로 휘몰아 일을 처리하다, '잡다', '겸하다'의 뜻을 나타냄.	**攝取**(섭취) 영양분(營養分)을 빨아들임 **包攝**(포섭) 상대(相對)를 허용(許容)하여 받아들임. 포괄(包括)하여 자기편(自己便)에 가담(加擔)시킴	
燮 불꽃 섭 2급	섭(火+辛+火=윗부분에 아래에 '又'를 더한 글자)은 횃불(=辛(신))을 손(=又(우))에 들고 환하게 밝히는(=火+火) 모양을 본뜬 것.	**燮理**(섭리) 고르게 다스림 **燮理陰陽**(섭리음양) 화할 섭, 이치 리, 그늘 음, 볕 양. 天地(천지)의 道(도)를 調和(조화)함. 宰相(재상)이 천하를 조화롭게 統治(통치)함을 비유하는 말. 출전 金史(금사)	
成 이룰 성 6급 常	이룰 成은 도끼의 뜻과 못정의 음 및 뜻을 결합한 글자[形聲] 甲文字에서 成은 도끼와 못을 나타냈다. 이런 자형에서 싸움을 '평정하다'의 뜻이 나왔으나, 후에 전성되어 '이루다'의 뜻으로 쓰인다.	**成績**(성적) 사업(事業)이나 일을 한 결과(結果)로 얻은 실적(實績). 일의 성과(成果) **成熟**(성숙) ① 초목(草木)의 열매가 충분(充分)히 여묾 ② 생물(生物)이 충분(充分)히 발육(發育)이 됨	
性 성품 성 5급 常	성품 性은 마음과 태어나다의 뜻을 결합한 글자[會意] 小篆字에서 性은 태어날때부터 본래 간직되어 있는 마음을 나타냈다. 이런 자형에서 '성품'의 뜻이 나왔다.	**同性**(동성) ① 같은 성질(性質) ② 성별(性別)이 같음 **可能性**(가능성) 가능(可能)한 성질(性質) **性格**(성격) 사람의 정신(精神) 생활(生活)의 모든 면에 나타나는 특징	
姓 성씨 성 7급 常	성씨 姓은 여자의 뜻과 낳을 생의 음 및 뜻을 결합한 글자[形聲] 金文字에서 姓은 고대에 여자가 아이를 낳으면 그 여자의 성을 좇아서 썼던 것을 나타냈다. 이런 자형에서 '성씨'의 뜻이 나왔다.	**同姓**(동성) 같은 성(姓). 성씨(姓氏)가 같음 **姓名**(성명) 성과 이름	

한자	자원(字源)	용례(用例)		
省 살필 성 6급 常	살필 省은 적다와 눈의 뜻을 결합한 글자[會意] 甲文字에서 省은 작은 물건을 보기 위해 눈을 응시하는 것을 나타냈다. 이런 자형에서 '살피다'의 뜻이 나왔다.	反省(반성) (자신(自身)의 잘못이나 허물을) 돌이켜 생각하여 깨닫는 것 省察(성찰) 허물이나 저지른 일들을 반성(反省)하여 살핌 中書門下省(중서문하성) 고려시대 최고 중앙정치기구		
星 별 성 4급 常	별 星은 '밝다'의 뜻과 날 생의 음을 결합한 글자[形聲] 甲文字에서 星은 밤하늘에 반짝이는 여러 별을 나타냈다. 小篆字에서 木이 生으로 바뀌어 음으로 삼았다. 이런 자형에서 '별'의 뜻이 나왔다.	衛星(위성) 행성(行星)의 인력(引力)에 의(依)하여 그 행성(行星)의 주위(周圍)를 도는 별 行星(행성) 해의 둘레를 각자의 궤도(軌道)에 따라서 돌아다니는 별		
城 재 성 준4급 常	재 城은 흙의 뜻과 이룰 성의 음 및 뜻을 결합한 글자[形聲] 金文字에서 城은 도구로 성곽을 쌓는 것을 나타냈다. 이런 자형에서 '성'의 뜻이 나왔다.	鐵甕城(철옹성) 무쇠로 만든 독처럼 튼튼히 쌓은 산성(山城)이라는 뜻으로, 매우 튼튼히 둘러싼 것이나 그러한 상태를 비유(比喩)하여 이르는 말 城隍堂(성황당) 마을을 지키는 혼령(魂靈)을 모신 집		
盛 성할 성 준4급 常	성할 盛은 이룰 성의 음 및 뜻과 그릇의 뜻을 결합한 글자[形聲] 石文字에서 盛은 그릇에 음식이 거듭 쌓인 것을 나타냈다. 이런 자형에서 '성하다'의 뜻이 나왔다.	蕃盛(번성) ① (자손(子孫)이) 늘어 퍼지는 것 ② (나무나 풀이) 무성(茂盛)한 상태가 되는 것 珍羞盛饌(진수성찬) 맛이 좋은 음식(飮食)으로 많이 잘 차린 것을 뜻하여, 성대(盛大)하게 차린 진귀(珍貴)한 음식(飮食)		
聖 성인 성 준4급 常	성인 聖은 귀의 뜻과 공평할 정의 음 및 뜻을 결합한 글자[形聲] 小篆字에서 聖은 귀로 사리를 잘 듣고 공평하게 덕을 드러내는 사람을 나타냈다. 이런 자형에서 '성인', '거룩하다'의 뜻이 나왔다.	聖餐式(성찬식) 예수의 최후(最後)를 기념(記念)하여 그 살과 피를 상징(象徵)하는 빵과 포도주(葡萄酒)를 나누는 기독교(基督敎) 교회 의식 聖晩餐(성만찬) 성찬(聖餐)		
誠 정성 성 준4급	정성 誠은 말씀의 뜻과 이룰 성의 음 및 뜻을 결합한 글자[形聲] 石文字에서 誠은 말한 것을 이루도록 노력하는 것을 나타냈다. 이런 자형에서 '정성'의 뜻이 나왔다.	誠實(성실) ① 정성(精誠)스럽고 참됨 ② 착실(着實)함 誠心誠意 성심성의 참되고 성실(誠實)한 마음과 뜻 衷誠(충성) 충심(衷心)		
聲 소리 성 준4급 常	소리 聲은 경쇠경의 음 및 뜻과 귀의 뜻을 결합한 글자[形聲] 石文字에서 聲은 말을 듣는 것을 나타냈으나 小篆字에서는 경쇠 치는 소리를 귀로 듣는 것을 나타냈다. 이런 자형에서 '소리'의 뜻이 나왔다.	聲樂(성악) 사람의 목소리에 의한 또는 목소리를 중심(中心)으로 한 음악(音樂) 聲帶(성대) 목청. 후두(喉頭)의 중앙부에 있는 소리를 내는 기관		
晟 밝을 성 2급	뜻을 나타내는 날일(日→해)部와 음을 나타내는 成(성)이 합하여 이루어짐.	大晟樂(대성악) 중국 송(宋)나라 때의 아악(雅樂). 송(宋)나라 휘종이 1107년 대성부(大晟府)라는 관청(官廳)에 명하여 작곡(作曲), 반포(頒布)하였다 함.		
醒 깰 성 1급	뜻을 나타내는 닭유(酉→술, 닭)部와 음을 나타내는 星(성)이 합하여 이루어짐.	覺醒劑(각성제) 중추(中樞) 신경(神經)을 흥분(興奮)시키는 약물.		
世 인간 세 7급 常	세상 世는 초목의 줄기와 잎의 모양을 본뜬 글자[象形] 石文字에서 世는 葉의 본자로, 초목이 겹겹이 중첩되어 겹친 모양을 본떴다. 이런 자형에서 전성되어 '세상', '세대'의 뜻으로 쓰인다.	世上(세상) 인류(人類)가 살고 있는 지구(地球) 위 世界(세계) 지구(地球) 상(上)의 모든 나라. 지구(地球) 전체(全體)		

洗 씻을 세 5급 常	씻을 洗는 물의 뜻과 먼저 선의 음 및 뜻을 결합한 글자[形聲] 甲文字에서 洗는 아침에 일어나면 제일 먼저 발을 씻는 풍속을 나타냈다. 이런 자형에서 '씻다'의 뜻이 나왔다.	洗淨劑(세정제) 세제(洗劑) 洗車(세차) 자동차(自動車)의 차체에 낀 먼지나 때를 물로 씻어 내는 것 洗濯(세탁) 빨래		
細 가늘 세 준4급 常	가늘 細는 실과 정수리의 뜻을 결합한 글자[會意] 小篆字에서 細는 어린아이의 정수리 맥박이 실처럼 가늘게 뛰는 것을 나타냈다. 이런 자형에서 '가늘다'의 뜻이 나왔다.	細胞(세포) 생물체(生物體)를 구성(構成)하는 가장 기본적(基本的)인 단위(單位) 細菌(세균) 한 개의 세포(細胞)로 이루어지며, 분열(分裂)에 의해서 번식(繁殖)하는 가장 미세(微細)한 최하등(最下等)의 단세포(單細胞) 식물(植物)		
稅 세금 세 준4급 常	세금 稅는 벼의 뜻과 바꿀 태의 음 및 뜻을 결합한 글자[形聲] 小篆字에서 稅는 경작한 벼를 탈곡하여 나라에 바치는 것을 나타냈다. 이런 자형에서 '세금'의 뜻이 나왔다.	租稅(조세) 세금의 다른 말 累進稅(누진세) 과세(課稅) 물건의 수량(數量) 또는 화폐(貨幣)가치(價値)의 증가(增加)에 따라서 점점 높은 세율(稅率)을 부과(賦課)하는 조세(租稅)		
歲 해 세 5급 常	해 歲는 '걷다'의 뜻과 도끼 술의 음 및 뜻을 결합한 글자[形聲] 甲文字에서 歲는 나라를 지키기 위하여 도끼를 들고 변방에 나아가 지키는 것을 나타냈다. 이런 자형에서 전성하여 일 년을 나타내는 '해'의 뜻으로 쓰인다.	年歲(연세) 사람이나 생물(生物)이 세상(世上)에 난 뒤에 살아온 횟수(回數). 나이의 높임말 歲月(세월) 해나 달을 단위(單位)로 하여, 한없이 흘러가는 시간(時間)		
勢 형세 세 준4급 常	권세 勢는 심을 예의 음 및 뜻과 힘[力]의 뜻을 결합한 글자[形聲] 石文字에서 勢는 씨앗을 심는 것을 나타냈으나, 후에 力의 뜻이 첨가되어 싹이 힘차게 자라는 것을 나타냈다. 이런 자형에서 '권세', '기세'의 뜻이 나왔다.	家勢(가세) 집안 형세(形勢) 强勢(강세) ① 힘찬 세력(勢力) ② 물가(物價) 상승(上昇)의 기세(氣勢)		
貰 세놓을 세 2급	뜻을 나타내는 조개패(貝→돈, 재물)部와 음을 나타내는 世(세)가 합하여 이루어짐.	傳貰(전세) 남의 집이나 방을 빌려 쓸 때 그 임자에게 일정한 돈을 맡기고 빌려 쓰다가, 내놓을 때 그 돈을 다시 찾아 가는 제도(制度) 貰入者(세입자) 세를 내고 남의 집이나 방을 빌려 쓰는 사람		
小 작을 소 8급 常	작을 小는 작은 물체가 떨어져 나오는 것을 가리킨 글자[指事]. 甲文字에서 小는 작은 물체 세 개가 떨어져 나오는 모양을 나타냈으나, 小篆字에서는 가운데 획이 길게 자형이 변했다. 이런 자형에서 '작다'의 뜻이 나왔다.	小兒科(소아과) 어린아이의 병(病)을 전문적(專門的)으로 진찰(診察), 치료(治療)하는 의과(醫科) 弱小民族(약소민족) 정치적(政治的), 군사적(軍事的), 경제적(經濟的)으로 다른 나라의 지배(支配)를 받는 민족(民族)		
少 적을 소 7급 常	적을 少는 작을 소의 음 및 뜻과 삐침의 뜻을 결합한 글자[形聲] 甲文字에서 少는 떨어져 나온 세 개의 작은 물체가 다시 잘라져 적어진 것을 나타냈다. 이런 자형에서 '적다'의 뜻이 나왔다.	減少(감소) ① 줄어서 적어짐 ② 덜어서 적게 함 些少(사소) 매우 적음. 하찮음		
召 부를 소 3급 常	부를 召는 칼도의 음 및 뜻과 입의 뜻을 결합한 글자[形聲] 甲文字에서 召는 사람이 웅덩이에 빠져 구원을 요청하는 것을 나타냈다. 이런 자형에서 '부르다', '청하다'의 뜻이 나왔다.	召集(소집) 구성원들을 불러서 모음 號召(호소) 사람의 마음이나 감정(感情) 따위를 불러일으킴 召喚(소환) 사법 기관(機關)이 특정(特定)의 개인(個人)을 일정한 장소(場所)로 오도록 부르는 일	.	
所 바 소 7급 常	자리 所는 집 호의 음 및 뜻과 도끼의 뜻을 결합한 글자[形聲] 金文字에서 所는 도끼에 찍힌 나무 자국이 마치 외짝 문이 조금 열려 있는 모양과 같은 것을 나타냈다. 이런 자형에서 '곳'의 뜻이 나왔다.	事務所(사무소) 어떤 단체(團體), 회사(會社) 등의 사무(事務)를 보는 곳 所(소) 고려시대의 특수 행정구역 중 하나		

昭 밝을 소 3급 | 常	밝을 昭는 해의 뜻과 부를 소의 음 및 뜻을 결합한 글자[形聲] 小篆字에서 昭는 해가 떠서 만물을 밝게 비추어 주는 것을 나타냈다. 이런 자형에서 '밝다'의 뜻이 나왔다.	昭格署(소격서) 조선 때 하늘, 땅, 별에 지내는 도교(道敎)의 초제(醮祭)를 맡아보던 관청(官廳) 昭詳(소상) 분명(分明)하고 자세(仔細)함	
素 본디 소 4급 | 常	흴 素는 드리우다와 실의 뜻을 결합한 글자[會意] 小篆字에서 素는 천을 짤 때 흰색을 내기 위해 실을 줄에 펴 놓은 것을 나타냈다. 이런 자형에서 '희다'의 뜻이 나왔다.	簡素(간소) 간단(簡單)하고 수수함 儉素(검소) 치레하지 않고 수수함 素朴(소박) ① 거짓이나 꾸밈이 없이 순수(純粹)하고 자연(自然)스러움 ② 생긴 그대로임	
笑 웃음 소 준4급 | 常	웃을 笑는 '대나무와 굽다'의 뜻을 결합한 글자[會意] 小篆字에서 笑는 대나무가 바람에 흔들리는 모양이 사람이 웃는 모습과 같은 것을 나타냈다. 이런 자형에서 '웃다'의 뜻이 나왔다.	微笑(미소) 소리를 내지 않고 빙긋이 웃는 것 譏笑(회소) 실없이 놀리며 웃음	
消 사라질 소 6급 | 常	사라질 消는 물의 뜻과 작을 초의 음 및 뜻을 결합한 글자[形聲] 小篆字에서 消는 물이 점점 줄어드는 것을 나타냈다. 이런 자형에서 '사라지다'의 뜻이 나왔다.	消耗(소모) 써서 없어짐 消炎劑(소염제) 염증(炎症)을 치료(治療)하는 약제(藥劑)의 총칭(總稱)	
掃 쓸 소 준4급 | 常	쓸 掃는 손과 비의 뜻을 결합한 글자[會意] 甲文字에서 掃는 사람이 손에 비를 가지고 쓸고 닦으며 나아가는 것을 나타냈다. 이런 자형에서 '쓸다'의 뜻이 나왔다.	掃蕩(소탕) 휩쓸어 모조리 없애 버림 抹消(말소) 기록(記錄)되어 있는 사실(事實)을 지워 없애는 것 一掃(일소) 모조리 쓸어버림. 죄다 없애 버림	
紹 이을 소 2급 |	실사(糸→실타래)部와 음을 나타내는 동시에 '잇다'의 뜻(=接(접)·承(승))을 나타내기 위한 召(소)로 이루어짐. '실을 잇다'→'잇다', '계승하다', 사이에 들어 '주선하다'의 뜻.	自己紹介(자기소개) 초면인 사람에게, 자기의 이름이나 경력(經歷)·직업(職業) 따위를 알리는 일	
疎 성길 소 1급 | 常	뜻을 나타내는 발족(足)部와 음(音)을 나타내는 束(속)의 전음(轉音)이 합(合)하여 이루어짐[形聲].	生疎(생소) 어떤 대상이 별로 대한 적이 없어 심리적으로 멀게 느껴지거나 서먹함을 느끼는 상태에 있음. 낯섦 疎忽(소홀) 대수롭지 않게 여김 疎外感(소외감) 남에게 따돌림을 당(當)한 것 같은 느낌	
訴 호소할 소 준3급 | 常	하소연할 訴는 '말씀과 물리치다'의 뜻을 결합한 글자[會意] 金文字에서 訴는 억울함을 말로써 물리치려는 것을 나타냈다. 이런 자형에서 '하소연하다'의 뜻이 나왔다.	訴訟(소송) 재판(裁判)을 걺 呼訴(호소) 같이 호응(呼應)하여 따르도록 제기(提起)하는 것 起訴(기소) 공소(公訴)를 제기(提起)함	
蔬 나물 소 3급 | 常	채소 蔬는 풀의 뜻과 트일 소의 음 및 뜻을 결합한 글자[形聲] 小篆字에서 蔬는 뿌리를 내리고 돋아나는 푸성귀를 나타냈다. 이런 자형에서 '채소'의 뜻이 나왔다.	菜蔬(채소) 뿌리나 잎·줄기 또는 열매를 먹기 위해 밭에서 기르는 초본 식물	
燒 사를 소 준3급 | 常	불사를 燒는 불의 뜻과 높을 요의 음 및 뜻을 결합한 글자[形聲] 小篆字에서 燒는 불꽃이 위쪽으로 높이 솟아오르는 것을 나타냈다. 이런 자형에서 '불사르다'의 뜻이 나왔다.	燒酒(소주) 쌀이나 수수 또는 그 밖의 잡곡(雜穀)을 쪄서 누룩과 물을 섞어 발효시켜 증류한 무색투명의 술. 세는 단위(單位)는 잔·병·사발(沙鉢)·고리(10사발(沙鉢)) 燒却(소각) 불에 태워 없애 버림	

蘇 되살아날 소 준3급 | 常	깨어날 蘇는 풀의 뜻과 다시 살아갈 소의 음 및 뜻을 결합한 글자[形聲] 金文字에서 蘇는 물고기와 곡식을 먹고 기운이 난 것을 나타냈다. 이런 자형에서 '깨어나다'의 뜻이 나왔다. 후에 艸를 첨가하여 약초를 먹고 깨어난다는 뜻을 분명히 했다.	蘇聯(소련) 소비에트 사회주의(社會主義) 공화국(共和國) 연방 蘇生(소생) 다시 살아남. 되살아남		
騷 떠들 소 3급 | 常	깨어날 蘇는 풀의 뜻과 다시 살아갈 소의 음 및 뜻을 결합한 글자[形聲] 金文字에서 蘇는 물고기와 곡식을 먹고 기운이 난 것을 나타냈다. 이런 자형에서 '깨어나다'의 뜻이 나왔다. 후에 艸를 첨가하여 약초를 먹고 깨어난다는 뜻을 분명히 했다.	騷動(소동) 수선거리면서 움직이는 일 騷亂(소란) ① 야단스럽고 시끄러움 ② 술렁거리어 어수선함 騷擾(소요) 여러 사람이 떠들썩하게 들고 일어남		
塑 흙 빚을 소 1급	뜻을 나타내는 흙토(土→흙)部와 음(音)을 나타내는 朔(삭→소로 바뀜)이 합(合)하여 이루어짐.	可塑劑(가소제) 플라스틱 등(等)에 소성(塑性)이 있게 하거나 또는 소성을 증가(增加)시키기 위(爲)하여 가하는 물질 彫塑(조소) 조각(彫刻)의 원형이 되는 소상(小像)을 만듦		
宵 밤 소 1급	뜻을 나타내는 갓머리(宀→집, 집 안)部와 음(音)을 나타내는 부수(部首)를 제외(除外)한 글자 肖(소)가 합(合)하여 이루어짐.	佳宵(가소) ① 아름다운 밤 ② 기분이 상쾌(爽快)한 좋은 밤		
疏 소통할 소 준3급	필필(疋→발)部와 물의 흐름을 뜻하는 부수를 제외(除外)한 글자 充(류)로 이루어지며, 물이 잘 흐르게 한다는 뜻. 전(轉)하여 잘 통하다(通－－)의 뜻.	疏通(소통) 막히지 아니하고 서로 통(通)함 疏忽(소홀) 하찮게 여겨 관심(關心)을 두지 않음 疏外(소외) 사귄 사이가 점점 멀어짐		
巢 새집 소 2급	巢(소)는 새가 나무(=木) 위에 얹혀 있는 바구니 모양의 보금자리에 깃들고 있는 모양을 본뜬 것.	歸巢本能(귀소본능) 동물(動物)이 자신의 서식(棲息) 장소나 산란(産卵)·육아 등(等)을 하던 곳에서 멀리 떨어져 있을 경우(境遇), 다시 그곳으로 되돌아오는 성질		
搔 긁을 소 1급	뜻을 나타내는 재방변(扌=手→손)部와 음(音)을 나타내는 蚤(조→소로 바뀜)가 합(合)하여 이루어짐.	搔痒症(소양증) 피부(皮膚)가 자꾸 가려운 증세(症勢)		
梳 얼레빗 소 1급	뜻을 나타내는 나무목(木→나무)部와 음(音)을 나타내는 疏(소)의 생략형(省略形)이 합(合)하여 이루어짐.	梳毛絲(소모사) 소모(梳毛) 방적법에 의(依)하여 만들어진 가는 털실. 소모(梳毛)에 다른 섬유를 섞어서 뽑음. 모슬린·사아지 등(等)의 직조에 쓰임		
沼 못 소 2급	뜻을 나타내는 삼수변(氵=水, 氺→물)部와 음(音)을 나타내는 召(소)로 이루어짐. '늪'의 뜻.	湖沼(호소) 호수(湖水)와 늪 龍沼(용소) 폭포(瀑布)가 떨어지는 바로 밑에 물받이로 되어 있는 깊은 웅덩이		
甦 깨어날 소 1급	蘇(소)의 속자(俗字). 蘇(소)와 통자(通字).	甦息(소식) 소식(蘇息). (끊어질 듯이) 막혔던 숨을 돌려서 쉼		

한자	자원 풀이	용례	
瘙 피부병 소 1급	뜻을 나타내는 병질엄(疒→병, 병상에 드러누운 모양)部와 음을 나타내는 蚤(조)가 합하여 이루어짐.	皮膚瘙癢症(피부소양증) 소양증(搔癢症)	
簫 퉁소 소 1급	뜻을 나타내는 대죽(竹→대나무)部와 음을 나타내는 肅(숙→소로 바뀜)이 합하여 이루어짐.	大平簫(대평소) ① 취타수(吹打手)의 하나. 군중(軍中)에서 나발을 불던 군사(軍士). 대평수(大平手) ② 나발 ③ 날라리 洞簫(퉁소) 퉁소	
蕭 쓸쓸할 소 1급	풀을 뜻하는 초두머리(艹(=艸)→풀, 풀의 싹)部와 음을 나타내는 肅(숙→소로 바뀜)이 합하여 이루어짐.	蕭何(소하) 중국 전한(前漢) 고조(高祖) 때의 명재상(名宰相). 재상(宰相) 때에 진(秦)의 법률(法律)을 버리고 『율구장(律九章)』을 만들었음	
逍 노닐 소 1급	뜻을 나타내는 책받침(辶(=辵)→쉬엄쉬엄 가다)部와 음을 나타내는 肖(초→소로 바뀜)가 합하여 이루어짐.	逍遙(소요) 슬슬 거닐어 돌아다님 逍風(소풍) 소풍(消風). 운동(運動)이나 자연(自然) 관찰(觀察)·견학(見學) 따위를 위하여 단체로 먼 길을 갔다 오는 일	
遡 거스를 소 1급	뜻을 나타내는 책받침(辶(=辵)→쉬엄쉬엄 가다)部와 음을 나타내는 동시에 흐름에 '거스르다'의 뜻(=溯(소))을 나타내는 朔(삭→'소'는 변음(變音))을 더하여 이루어짐.	遡及(소급) 지나간 일에까지 거슬러 올라가서 미치게 하는 것	
邵 땅이름 소 2급	뜻을 나타내는 우부방(阝(=邑)→마을)部와 음을 나타내는 召(소)가 합하여 이루어짐.	邵康節(소강절) 중국 송(宋)나라 때의 유학자(儒學者). 이름은 옹, 저서(著書)로는 『황극경세서(皇極經世書)』가 있음	
束 묶을 속 5급	常	묶을 束은 나무와 입의 뜻을 결합한 글자[會意] 甲文字에서 束은 끈으로 땔감 나뭇가지를 묶은 것을 나타냈다. 이런 자형에서 '묶다'의 뜻이 나왔다.	約束(약속) 언약(言約)하여 정함 拘束(구속) 자유(自由)를 억제(抑制)함
俗 풍속 속 4급	常	풍속 俗은 사람의 뜻과 골짜기 곡의 음 및 뜻을 결합한 글자[形聲] 金文字에서 俗은 사람들이 한 골짜기에서 오랫동안 살아가는 것을 나타냈다. 이런 자형에서 '풍속', '습관'의 뜻이 나왔다.	民俗(민속) 민간(民間)의 풍속(風俗) 俗談(속담) 예로부터 전(傳)하여 내려와 사람들이 마음속에 깊은 동감(同感)을 얻고, 널리 퍼진 격언(格言). 속(俗)된 이야기
速 빠를 속 6급	常	빠를 速은 '쉬엄쉬엄 가다'의 뜻과 약속할 속의 음 및 뜻을 결합한 글자[形聲] 金文字에서 速은 약속시간을 지키려고 서둘러 가는 것을 나타냈다. 이런 자형에서 '빠르다'의 뜻이 나왔다.	迅速(신속) 날쌔고 빠름 速度(속도) 움직이는 사물의 빠르기, 빠른 정도
粟 조 속 3급	常	조 粟은 곡식 알맹이와 쌀의 뜻을 결합한 글자[會意] 甲文字에서 粟은 손으로 기장을 잡고 있는 것을 나타냈으나, 小篆字에서는 기장의 열매를 나타냈다. 이런 자형에서 '조'의 뜻이 나왔다.	黍粟(서속) 기장과 조 粟米(속미) 좁쌀. 조와 쌀

한자	자원(字源)	용례(用例)		
屬 무리 속 4급 / 常	붙을 屬은 꼬리의 뜻과 벌레 촉의 음 및 뜻을 결합한 글자 [形聲] 小篆字에서 屬은 짐승이나 벌레의 꼬리가 등뼈에 붙어 있는 것을 나타냈다. 이런 자형에서 '붙다'의 뜻이 나왔다.	所屬(소속) 일정한 기관(機關)이나 단체(團體)에 속(屬)함 直屬(직속) 직접적(直接的)으로 예속(隷屬)됨		
續 이을 속 4급 / 常	이을 續은 실의 뜻과 팔 육의 뜻과 음을 결합한 글자[會意] 小篆字에서 續은 물건을 사고파는 일이 이어지듯이 실이 길게 이어진 것을 나타냈다. 이런 자형에서 '이어지다'의 뜻이 나왔다.	繼續(계속) 끊어지지 않고 뒤를 이어 나감 持續(지속) ① 계속(繼續)해 지녀 나감 ② 같은 상태가 오래 계속(繼續)됨		
贖 속죄할 속 1급	뜻을 나타내는 조개패(貝→돈, 재물)部와 음을 나타내는 부수를 제외한 글자 賣(매)가 합하여 이루어짐.	贖罪(속죄) ① 공을 세워 지은 죄(罪)를 비겨 없앰 ② 예수가 인류(人類)의 죄(罪)를 대신(代身)하여 십자가에 못 박힌 일 贖錢(속전) 죄를 벗기 위하여 바치는 돈		
孫 손자 손 6급 / 常	손자 孫은 '자식과 잇다'의 뜻을 결합한 글자[會意] 甲文字에서 孫은 아들에게 그 아들로 혈육을 이어가는 것을 나타냈다. 이런 자형에서 '손자'의 뜻이 나왔다.	後孫(후손) 이후(以後)에 태어나는 자손(子孫)들 子孫(자손) 아들과 손자 또는 후손(後孫)		
損 덜 손 4급 / 常	덜 損은 손의 뜻과 둥글원의 음 및 뜻을 결합한 글자[形聲] 小篆字에서 損은 혼자서 보호를 취하면 여러 사람이 쓸 재화가 없어지는 것을 나타냈다. 이런 자형에서 '덜어진다'의 뜻이 나왔다.	毀損(훼손) ① 체면(體面)·명예(名譽)를 손상(損傷)함 ② 헐거나 깨뜨리어 못 쓰게 만듦 損害(손해) 가지고 있거나 누릴 수 있는 물질이나 행복(幸福) 등을 잃거나 빼앗겨 좋지 않게 된 상태. 손(損)		
遜 겸손 손 1급	巽(손)과 통자(通字). 뜻을 나타내는 책받침(辶(=辵)→쉬엄쉬엄 가다)部와 음을 나타내는 동시에 '달아나다'의 뜻(=遁(둔))을 가진 孫(손)으로 이루어짐.	謙遜(겸손) 남을 높이고 자기를 낮추는 태도(態度) 遜色(손색) 서로 견주어 보아서 못한 점		
松 소나무 송 4급 / 常	소나무 松은 나무의 뜻과 공변될 공의 음 및 뜻을 결합한 글자[形聲] 金文字에서 松은 1년 내내 푸르고 박토에도 잘 자라는 나무를 나타냈다. 이런 자형에서 꿋꿋한 '소나무'의 뜻이 나왔다.	松柏(송백) 소나무와 잣나무 松津(송진) 소나무·잣나무 따위의 줄기에서 내솟는 끈끈한 액체		
送 보낼 송 4급 / 常	보낼 送은 '쉬엄쉬엄 가다'의 뜻과 웃음 소의 음 및 뜻을 결합한 글자[形聲] 小篆字에서 送은 떠나는 사람을 밝은 표정으로 두 손 모아 전송하는 것을 나타냈다. 이런 자형에서 '보내다'의 뜻이 나왔다.	放送(방송) 라디오나 텔레비전을 통해서 보도(報道), 음악(音樂), 연예(演藝) 등을 내보내어 널리 듣게 함 送還(송환) 제자리에 되돌려 보냄		
訟 송사할 송 3급 / 常	송사할 訟은 말씀의 뜻과 공정할 공의 음 및 뜻을 결합한 글자[形聲] 金文字에서 訟은 옳고 그름을 공정히 판가름하도록 당국에 호소하는 모습을 나타냈다. 이런 자형에서 '송사'의 뜻이 나왔다.	爭訟(쟁송) 서로 다투며 송사(訟事)를 일으킴 訴訟法(소송법) 소송(訴訟) 절차(節次)를 규율(規律)하는 법규(法規)의 총칭(總稱)		
頌 칭송할 송 4급 / 常	칭송할 頌은 공변될 공의 음 및 뜻과 머리의 뜻을 결합한 글자[形聲] 金文字에서 頌은 평온하고 원만한 얼굴을 나타냈다. 이런 자형에서 '칭송하다'의 뜻이 나왔다.	稱頌(칭송) 공덕(功德)을 칭찬(稱讚)하여 기림 讚頌(찬송) 덕을 기리고 찬양(讚揚)함		

한자	자원 풀이	용례
誦 욀 송 3급 | 常	욀 誦은 말씀의 뜻과 물 솟을 용의 음 및 뜻을 결합한 글자[形聲] 石文字에서 誦은 물이 솟아오르듯 말이 그치지 않고 나오는 것을 나타냈다. 이런 자형에서 '외다'의 뜻이 나왔다.	暗誦(암송) 책을 보지 않고 글을 욈 朗誦(낭송) 소리 내어 글을 욈. 시를 음률적(音律的)으로 감정(感情)을 넣어 읽거나 욈
宋 성씨 송 2급	갓머리(宀→집, 집 안)部에 기둥을 나타내는 木(목)을 더하여 이루어짐. 본디 '집'의 뜻. 중국의 옛 나라의 이름.	宋襄之仁(송양지인) 송(宋)나라 양공(襄公)의 어짊이라는 뜻으로, 쓸데없이 베푸는 인정(人情)을 이르는 말
悚 두려울 송 1급	뜻을 나타내는 심방변(忄(=心, 㣺)→마음, 심장)部와 음을 나타내는 束(속→송으로 바뀜)이 합하여 이루어짐.	罪悚(죄송) 죄스럽고 송구(悚懼)스러움 悚懼(송구) 두려워서 마음이 몹시 거북함
刷 인쇄 쇄 3급 | 常	쓸 刷는 몸과 천 및 칼의 뜻을 결합한 글자[會意] 小篆字에서 刷는 몸에 있는 먼지를 천으로 제거하는 것을 나타냈다. 이런 자형에서 '쓸다'의 뜻이 나왔다. 후에 전성되어 '인쇄하다'의 뜻으로 쓰인다.	刷新(쇄신) 묵은 것을 없애고 새롭게 함 印刷物(인쇄물) 신문(新聞), 서책, 광고(廣告) 따위를 인쇄(印刷)하여 내는 모든 물건
鎖 쇠사슬 쇄 3급 | 常	쇠사슬 鎖는 쇠의 뜻과 자개소리 쇄의 음 및 뜻을 결합한 글자[形聲] 小篆字에서 鎖는 조그마한 조개가 부딪히는 소리를 내는 쇠를 나타냈다. 이런 자형에서 '쇠사슬'의 뜻이 나왔다.	封鎖(봉쇄) 봉하고 잠금 閉鎖的(폐쇄적) 외부와 통하지 않는 것. 폐쇄성이 있는 것
灑 뿌릴 쇄 1급	뜻을 나타내는 삼수변(氵(=水, 氺)→물)部와 음을 나타내는 麗(려→쇄)가 합하여 이루어짐.	灑掃(쇄소) 물을 뿌리고 비로 쓰는 일
碎 부슬 쇄 1급	뜻을 나타내는 돌석(石→돌)部와 음을 나타내는 卒(졸→쇄)이 합하여 이루어짐.	粉碎(분쇄) 가루처럼 아주 잘게 부스러뜨림
衰 쇠할 쇠 3급 | 常	쇠진할 衰는 비올 때 어깨에 걸치는 도롱이를 본뜬 글자[象形] 金文字에서 衰는 풀로 엮은 도롱이의 모양을 본떴다. 이런 자형에서 '도롱이'의 뜻이 나왔으나, 전성되어 상복 입은 상주의 파리한 모습에서 '쇠잔하다'의 뜻이 나왔다.	衰退(쇠퇴) ① 쇠하여 점차로 물러남 ② 쇠하여 전보다 못해짐 衰弱(쇠약) 몸이 쇠하여 약함
水 물 수 8급 | 常	물 水는 물이 흘러가는 모양을 본뜬 글자[象形] 甲文字에서 水는 중간에 큰 물줄기, 양변에는 작은 물줄기를 나타내어 물이 흘러가는 모양을 본떴다. 이런 자형에서 '물'의 뜻이 나왔다.	水準(수준) 사물의 가치(價値)나 작용 등에 관한 일정한 표준(標準)이나 정도(程度) 水泳(수영) 물속에서 몸을 뜨게 하고 손발을 놀리며 다니는 짓. 헤엄
手 손 수 7급 | 常	손 手는 손의 모양을 본뜬 글자[象形] 金文字에서 手는 다섯 손가락을 펼치고 있는 모양을 본떴다. 이런 자형에서 '손'의 뜻이 나왔다.	手段(수단) 어떤 목적을 이루기 위한 행동(行動) 방도, 일을 다루어 처리(處理)하는 능력(能力)이나 솜씨

囚 가둘 수 3급 | 常	가둘 囚는 울타리와 사람의 뜻을 결합한 글자[會意] 甲文字에서 囚는 사람이 울타리 안에 갇혀 있는 것을 나타냈다. 이런 자형에서 '가두다', '죄수'의 뜻이 나왔다.	長期囚(장기수) 오랜 기간에 걸쳐 징역을 사는 사람 罪囚(죄수) 교도소(矯導所)에 수감된 죄인(罪人)		
守 지킬 수 4급 | 常	지킬 守는 집과 규칙의 뜻을 결합한 글자[會意] 甲文字에서 守는 관청에서 규칙에 따라 일을 처리하는 것을 나타냈다. 이런 자형에서 '지키다'의 뜻이 나왔다.	遵守(준수) 그대로 좇아 지킴 保守(보수) 보전(保全)하여 지킴. 묵은 그대로 지킴		
收 거둘 수 4급 | 常	잡을 收는 얽을 구의 음 및 뜻과 '치다'의 뜻을 결합한 글자[形聲] 小篆字에서 收는 죄인을 쳐서 끈으로 묶어 데려오는 것을 나타냈다. 이런 자형에서 '잡다'의 뜻이 나왔다. 후에 전성되어 이삭의 낱알을 두들겨 곡식을 '거두다'의 뜻으로도 쓰인다.	撤收(철수) 거두어들임. 걷어치움 收拾(수습) 어수선한 사태(事態)를 가두어 바로잡음		
秀 빼어날 수 4급 | 常	빼어날 秀는 '벼와 아이 배다'의 뜻을 결합한 글자[會意] 金文字에서 秀는 벼이삭이 여물어 고개 숙이고 있는 것을 나타냈다. 이런 자형에서 '빼어나다'의 뜻이 나왔다.	優秀(우수) 여럿 가운데 아주 뛰어남 俊秀(준수) 재주, 지혜(智慧), 풍채(風采)가 뛰어남		
受 받을 수 준4급 | 常	받을 受는 '두 손과 덮다'의 뜻을 결합한 글자[會意] 甲文字에서 受는 두 사람이 배를 밀고 당기는 것을 나타냈다. 이런 자형에서 '받다'의 뜻이 나왔다.	受諾(수락) 요구(要求)를 받아들여 승낙(承諾)함 領受證(영수증) 영수증(領收證). 돈이나 물건 따위를 받아들인 표로 쓰는 증서(證書)		
垂 드리울 수 3급 | 常	드리울 垂는 초목이 늘어진 모양을 본뜬 글자[象形] 甲文字에서 垂는 초목의 가지, 잎 등이 늘어진 모양을 본떴다. 이런 자형에서 '드리우다', '베풀다'의 뜻이 나왔다.	懸垂幕(현수막) 선전문(宣傳文)·구호문(口號文) 따위를 적어 세로나 가로로 길게 매단 천 垂堂之戒(수당지계) 장래(將來)가 촉망(囑望)되는 자식(子息)은 위험(危險)을 가까이해서는 안 된다는 경계(警戒)		
首 머리 수 5급 | 常	머리 首는 사람의 머리를 본뜬 글자[象形] 金文字에서 首는 사람의 머리털, 이마, 코의 모양을 본뗬다. 이런 자형에서 '머리'의 뜻이 나왔다.	首尾一貫(수미일관) 처음부터 끝까지 변함없이 일을 해 나감 首尾相應(수미상응) 머리와 꼬리가 서로 응한다는 뜻으로, 뜻이 잘 맞아 일이 잘되어 감		
帥 장수 수 3급 | 常	거느릴 帥는 쌓다와 천의 뜻을 결합한 글자[會意] 金文字에서 帥는 깃발 아래 많은 사람이 모인 것을 나타냈다. 이런 자형에서 '거느리다', '장수'의 뜻이 나왔다.	魁帥(괴수) 무뢰배(無賴輩)의 장수 總帥(총수) 전군(全軍)을 지휘(指揮)하는 사람		
修 닦을 수 4급 | 常	닦을 修는 닦을 유의 음 및 뜻과 터럭의 뜻을 결합한 글자[形聲] 金文字에서 修는 옷을 정결히 터는 모양을 나타냈다. 小篆字에서는 '꾸미다', '장식하다'의 뜻이 나왔다.	修己治人(수기치인) 내 몸을 닦아 남을 교화(敎化)함 修了狀(수료장) 수료증 修繕(수선) 낡거나 허름한 것을 손보아 고침		
殊 다를 수 3급 | 常	죽일 殊는 몸과 머리가 나뉘어 붉은 피가 나오는 것을 나타냈다. 이런 자형에서 '죽다'의 뜻이 나왔다. 후에 전성되어 '다르다'의 뜻으로 쓰인다.	殊勳者(수훈자) 빼어난 공을 세운 사람 殊鍊(수련) 익숙하여 솜씨가 좋음		

授 줄 수 3급 | 常	줄 授는 손의 뜻과 받을 수의 음 및 뜻을 결합한 글자[形聲] 小篆字에서 授는 손과 손으로 물건을 주고받는 것을 나타냈다. 이런 자형에서 '주다'의 뜻이 나왔다.	敎授(교수) 교수, 강사 등의 대학의 교원(敎員) 授賞(수상) 상을 줌 授業(수업) (학교(學校) 등에서) 학업(學業)이나 기술(技術)을 가르쳐 줌
搜 찾을 수 3급 | 常	뜻을 나타내는 재방변(扌)部와 음(音)을 나타내는 부수(部首)를 제외(除外)한 글자 叟(수)가 합(合)하여 이루어짐[形聲]	搜檢(수검) 금제품 따위를 수색(搜索)하여 검사(檢查)함 搜索(수색) 더듬어서 찾음
須 모름지기 수 3급 | 常	모름지기 須는 털과 머리의 뜻을 결합한 글자[會意] 金文字에서 須는 얼굴의 턱 아래 있는 털을 나타냈다. 이런 자형에서 '수염'의 뜻이 나왔으나, 후에 가차되어 '모름지기'의 뜻으로 쓰인다.	必須(필수) ① 꼭 필요(必要)로 함 ② 없어서는 아니 됨 童蒙須知(동몽수지) 중국 송대(宋代)의 성리(性理)학자(學者) 주희(朱熹)가 아동(兒童) 교육(敎育)을 위해 유교적(儒敎的)인 규범(規範)을 모아 편집(編輯)한 책
遂 이룰할 수 3급 | 常	다할 遂는 '쉬엄쉬엄 가다'의 뜻과 모두 수의 음 및 뜻을 결합한 글자[形聲] 金文字에서 遂는 돼지 떼가 흩어져 도망쳐 가버린 것을 나타냈다. 이런 자형에서 '다하다'의 뜻이 나왔다.	遂行(수행) 계획(計劃)한 대로 해냄 未遂(미수) ① 목적한 바를 이루지 못함 ② 죄(罪)를 범(犯)하려고 착수(着手)하여 그 목적을 이루지 못함 遂成(수성) 어떤 일을 성취(成就)함
愁 근심 수 3급 | 常	시름 愁는 가을 추의 음 및 뜻과 마음의 뜻을 결합한 글자[形聲] 小篆字에서 愁는 가을날을 맞아 겨울 지낼 것을 생각하는 마음을 나타냈다. 이런 자형에서 '근심'의 뜻이 나왔다.	萬端愁心(만단수심) 갖가지 근심과 걱정 愁嘆(수탄) 근심하고 한탄(恨歎)함
睡 졸음 수 3급 | 常	졸 睡는 눈의 뜻과 드리울 수의 음 및 뜻을 결합한 글자[形聲] 小篆字에서 睡는 눈꺼풀이 아래로 드리운 것을 나타냈다. 이런 자형에서 '자다'의 뜻이 나왔다.	昏睡狀態(혼수상태) 아주 정신(精神)을 잃어서 거의 죽은 이나 다름이 없이 된 상태 睡眠劑(수면제) 불면증(不眠症)을 진정(鎭靜)시켜 잠이 들게 하는 약
需 쓰일 수 3급 | 常	구할 需는 비와 풀뿌리의 뜻을 결합한 글자[會意] 小篆字에서 需는 초목의 뿌리가 비를 기다리는 것을 나타냈다. 이런 자형에서 '구하다'의 뜻이 나왔다.	必需品(필수품) 일상(日常)생활(生活)에 없어서는 아니 되는 물품 需給(수급) 수요(需要)와 공급(供給)
壽 목숨 수 3급 | 常	장수 壽는 '늙다'의 뜻과 긴밭두둑 주의 음 및 뜻을 결합한 글자[形聲] 金文字에서 壽는 노인이 긴밭 언덕같이 오래 사는 것을 나타냈다. 이런 자형에서 '장수'의 뜻이 나왔다.	無病長壽(무병장수) 병 없이 오래도록 삶 萬壽無疆(만수무강) ① 한없이 목숨이 긺 ② 장수(長壽)하기를 비는 말
隨 따를 수 3급 | 常	따를 隨는 '쉬엄쉬엄 가다'의 뜻과 떨어질 수의 음 및 뜻을 결합한 글자[形聲] 小篆字에서 隨는 언덕을 따라 뒤에서 앞을 쫓아가는 것을 나타냈다. 이런 자형에서 '따르다'의 뜻이 나왔다.	隨伴(수반) 어떤 사물 현상(現象)에 따라서 함께 생기는 것 隨母法(수모법) 평민과 여종 사이에 낳은 아이를 어머니 신분(身分)을 따라 종으로 삼았던 제도 隨行員(수행원) 높은 지위(地位)에 있는 사람을 따라다니며, 그 사람을 돕거나 신변(身邊)을 보호(保護)하는 사람
誰 누구 수 3급 | 常	누구 誰는 말씀의 뜻과 꼬리 짧은 새 추의 음을 결합한 글자[形聲] 小篆字에서 誰는 새가 깜짝 놀라 지저귀듯 빨리 말하는 것을 나타냈다. 이런 자형에서 '말하다'의 뜻이 나왔으나, 후에 '말하다'의 뜻은 없어지고, 가차되어 '누구'의 뜻으로 쓰인다.	誰何(수하) ① 어떤 사람. 어느 누구 ② 누구냐고 불러서 물어보는 일

한자	자원 설명	용례			
數 셈 수 7급 常	셈할 數는 어리석을 루의 음 및 뜻과 '치다'의 뜻을 결합한 글자[形聲] 石文字에서 數는 셈을 할 때는 손으로 두들기거나 손가락을 사용한 것을 나타냈다. 이런 자형에서 '세다'의 뜻이 나왔다.	函數(함수) 한 변수(變數)의 값에 따라 결정(決定)되는 다른 변수를 앞의 것에 대해 일컫는 말 枚數(매수) 종이나 유리(琉璃) 따위와 같이 장으로 세는 물건의 수			
樹 나무 수 6급 常	나무 樹는 나무의 뜻과 세울 주의 음 및 뜻을 결합한 글자[形聲] 甲文字에서 樹는 물건을 세우는 것을 나타냈으나, 小篆字에서 木이 첨가되어 나무를 세우는 것을 나타냈다. 이런 자형에서 '세우다', '심다'의 뜻이 나왔다.	落葉樹(낙엽수) 가을철에 잎이 떨어졌다가 봄에 새 잎이 나는 나무 樹勳(수훈) 공훈(功勳)을 세움			
輸 보낼 수 3급 常	실어낼 輸는 수레의 뜻과 나룻배 유의 음 및 뜻을 결합한 글자[形聲] 小篆字에서 輸는 수레로 싣고 온 물건을 모아 나룻배에 싣고 물을 건너는 것을 나타냈다. 이런 자형에서 '실어내다'의 뜻이 나왔다.	輸送(수송) 기차(汽車), 자동차(自動車) 등의 운송(運送) 수단(手段)으로 물건을 실어 보냄 輸納(수납) 실어다가 바침			
雖 비록 수 3급 常	비록 雖는 벌레의 뜻과 오직 유의 음 및 뜻을 결합한 글자[形聲] 金文字에서 雖는 조그마한 소리에도 민첩하게 대응하는 도마뱀류의 파충류를 나타냈다. 이런 자형에서 '벌레이름'의 뜻이 나왔으나, 후에 가차되어 '비록'의 뜻으로 쓰인다.	雖然(수연) 그렇지만, 그렇다지만, 비록 ~라 하더라도, 비록 ~라고는 하지만			
獸 짐승 수 3급 常	짐승 獸는 산짐승과 개의 뜻을 결합한 글자[會意] 甲文字에서 獸는 사냥을 도와주는 개를 나타냈다. 이런 자형에서 '들짐승'의 뜻이 나왔으나 후에 전성되어 모든 '짐승'의 뜻으로 쓰인다.	禽獸(금수) 날짐승과 길짐승이라는 뜻으로, 모든 짐승을 말함 猛獸(맹수) 육식(肉食)을 주(主)로 하는 매우 사나운 짐승			
嫂 형수 수 1급	뜻을 나타내는 계집녀(女→여자(女子)部와 음을 나타내는 부수를 제외한 글자 叟(수)가 합하여 이루어짐.	弟嫂(제수) 아우의 아내 兄嫂(형수) 형의 아내			
戍 수자리 수 1급	人(인)과 창과(戈→창, 무기)部의 합자(合字). 사람이 무기(武器)를 들고 지킴의 뜻.	衛戍令(위수령) 육군(陸軍) 군대(軍隊)가 일정한 지역에 주둔(駐屯)하여 당해 지역의 경비(警備), 질서 유지 및 군기의 감시와 육군에 딸린 건축물, 그 밖의 시설을 보호할 것을 규정(規定)한 대통령령			
洙 물가 수 2급	삼수변(氵(=水, 氺)→물)部와 음을 나타내는 朱(주수)로 이루어짐. 강의 이름.	洙水(수수) 중국 황하의 한 지류로, 물 이름임			
狩 사냥할 수 1급	뜻을 나타내는 개사슴록변(犭(=犬)→개)部와 음을 나타내는 守(수)가 합하여 이루어짐.	狩獵(수렵) 사냥을 문어적으로 이르는 말 巡狩(순수) 임금이 나라 안을 두루 보살피며 돌아다님			
瘦 여윌 수 1급	뜻을 나타내는 병질엄(疒→병, 병상에 드러누운 모양)部와 음을 나타내는 부수를 제외한 글자 叟(수)가 합하여 이루어짐.	瘦瘠(수척) (얼굴이나 몸이) 야위어 건강(健康)하지 않게 보이는 상태에 있음			

穗 이삭 수 1급	벼화(禾→곡식)部와 '늘어지다'(=垂(수))의 뜻을 나타내기 위한 惠(혜→*수'는 변음(變音))를 더해 이루어짐. 벼의 늘어진 부분, 곧 '이삭'.	出穗期(출수기) (벼·보리·밀 따위의) 이삭이 패는 시기(時期). 이삭 팰 때	
竪 세울 수 1급	뜻을 나타내는 설립(立→똑바로 선 모양)部와 부수를 제외한 글자 臤(현·간)이 음을 나타냄.	橫說竪說(횡설수설) 말을 이렇게 했다가 저렇게 했다가 함 竪穴(수혈) 세로 판 구멍. 곧 아래로 파 내려간 구멍	
粹 순수할 수 1급	쌀 미(米)와 '가지런하다'의 뜻(=齊(제))을 나타내기 위한 卒을 더하여 이루어짐. 알이 고르고 다른 것이 섞이지 않은 쌀의 뜻. 전(轉)하여, '순수하다', '精粹(정수)'의 뜻이 되었음.	純粹(순수) 다른 것이 조금도 섞이지 않음, 사념(邪念)이나 사욕이 없음	
繡 수놓을 수 1급	뜻을 나타내는 실사(糸→실타래)部와 음을 나타내는 肅(숙)이 합하여 이루어짐.	錦繡江山(금수강산) 비단(緋緞)에 수를 놓은 듯이 아름다운 산천(山川)이라는 뜻으로, 우리나라 강산(江山)을 이르는 말	
羞 부끄러울 수 1급	음식 수라는 뜻도 존재함. 羊(양)과 又(우)의 합자(合字). 손에 음식을 들고 권함의 뜻. 음식 수.	珍羞盛饌(진수성찬) 맛이 좋은 음식(飮食)으로 많이 잘 차린 것을 뜻하여, 성대(盛大)하게 차린 진귀(珍貴)한 음식(飮食) 羞恥(수치) 당당하거나 떳떳하지 못하여 느끼는 부끄러움	
蒐 모을 수 1급	풀을 뜻하는 초두머리(艹(=艸)→풀, 풀의 싹)部와 음을 나타내는 鬼(귀)가 합하여 '꼭두서니(꼭두서니과의 다년초)'를 뜻함.	蒐錄(수록) 수집(蒐集)하여서 기록(記錄)하거나 수록(收錄)함 蒐集(수집) 여러 가지 재료(材料)를 찾아 모음	
讐 원수 수 1급	뜻을 나타내는 말씀언(言→말하다)部와 음(音)을 나타내는 부수(部首)를 제외(除外)한 글자 雔(수)가 합(合)하여 이루어짐.	復讐(복수) 원수(怨讐)를 갚음 怨讐(원수) ① 자기(自己) 또는 자기(自己) 나라에 해를 끼친 사람 ② 원한(怨恨)의 대상(對象)이 되는 것	
袖 소매 수 1급	뜻을 나타내는 옷의변(衤(=衣)→옷)部와 음(音)을 나타내는 由(유)가 합(合)하여 이루어짐.	袖手傍觀(수수방관) 팔짱을 끼고 보고만 있다는 뜻으로, 어떤 일을 당(當)하여 옆에서 보고만 있는 것을 말함 領袖(영수) 여럿 중(中)의 우두머리	
酬 갚을 수 1급	뜻을 나타내는 닭유(酉→술, 닭)部와 음(音)을 나타내는 州(주)가 (合)하여 이루어짐.	報酬(보수) 근로(勤勞)의 대가(代價)로 주는 금전(金錢)이나 물품(物品) 應酬(응수) 대립(對立)되는 의견(意見) 따위로 맞서서 주고받음	
銖 저울눈 수 2급	뜻을 나타내는 쇠금(金→광물·금속·날붙이)部와 음(音)을 나타내는 朱(주)가 (合)하여 이루어짐.	五銖錢(오수전) 중국 전한(前漢)의 무제 때에 쓰던 동전. 무게를 나타내는 '五銖'라는 문자를 넣은 것으로, 철기 시대에 중국과의 교류를 알려 주는 대표적 유물이기도 함	

한자	자원(字源)	용례(用例)	
隋 수나라 수 2급	좌부변(阝(=阜)→언덕)과 月(육=肉)을 바탕으로 하여 좌부변(阝(=阜)→언덕)部+左+左(휴)가 합하여 이루어짐.	附隋(부수) (부수) (주가 되는 것 또는 기본적(基本的)인 것에) 붙어서 따라감 擧隋禮(거수례) 거수(擧手) 경례(敬禮)의 준말	
髓 뼛골 수 1급	뜻을 나타내는 뼈 골(骨)과 '깊다'의 뜻(=遀(수))을 나타내기 위한 수(髓에서 骨을 제외한 부분)를 더하여 이루어짐. 뼛속의 깊은 데→'중심'의 뜻.	骨髓(골수) 뼈의 내강(內腔)에 차 있는 누른빛 또는 붉은빛의 연한 조직 眞髓(진수) (사물 현상(現狀)의) 중심(中心) 부분에서도 가장 중요(重要)한 것만 뽑아낸 부분	
賥 재물 수 1급	財貨(재화). 財物(재물)	破家殘賥(파가잔수) 집이 다 깨지고 재물이 사라짐	
叔 아저씨 숙 4급 | 常	아재비 叔은 콩 숙의 음 및 뜻과 손의 뜻을 결합한 글자[形聲] 甲文字에서 叔은 사람이 화살을 잡고 있는 모양을 나타냈으나, 小篆字에서는 화살촉이 콩싹으로 바뀌었다. 가차되어 '아재비'의 뜻으로 쓰인다.	堂叔(당숙) '종숙(從叔)'의 친근(親近)한 일컬음 叔母(숙모) 작은아버지의 아내, 작은어머니	
宿 잘 숙 5급 | 常	잘 宿은 집과 많은 사람의 뜻을 결합한 글자[會意] 甲文字에서 宿은 집 안에 사람이 침구에 누워 쉬고 있는 것을 나타냈다. 이런 자형에서 '자다'의 뜻이 나왔다.	宿題(숙제) 집에서 지어 오게 하거나 풀어 오게 하는 문제 宿泊(숙박) 여관(旅館)이나 주막(酒幕)에 들어 밤을 자고 머무름 宿主(숙주) 동식물에 제 몸에 붙여서 그에게 양분(養分)을 주는 것. 기생생물	
淑 맑을 숙 1급 | 常	맑을 淑은 물의 뜻과 콩숙의 음 및 뜻을 결합한 글자[形聲] 金文字에서 淑은 그릇에 콩이 맑은 물에 자라는 것을 나타냈으나, 小篆字에서는 물이 맑고 깨끗한 것을 나타냈다.	淑女(숙녀) 여자(女子)의 경칭(敬稱) 貞淑(정숙) 여자(女子)의 행실(行實)이 곱고 마음씨가 맑음	
孰 누구 숙 3급 | 常	누구 孰은 '누리다와 잡다'의 뜻을 결합한 글자[會意] 金文字에서 孰은 제사음식을 높이 쌓아 정성껏 받드는 것을 나타냈다. 이런 자형에서 '정중하다'의 뜻이 나왔다. 후에 가차되어 '누구'의 뜻으로 쓰인다.	孰哉(숙재) 누구이겠느냐? 孰知(숙지) 누가 ~을 알 것인가	
肅 엄숙할 숙 4급 | 常	엄숙할 肅은 손과 연못의 뜻을 결합한 글자[會意] 小篆字에서 肅은 위험한 깊은 연못가에서 일할 때 조심하는 것을 나타냈다. 이런 자형에서 '엄숙하다'의 뜻이 나왔다.	肅然(숙연) ① 고요하고 엄숙(嚴肅)함 ② 삼가고 두려워하는 모양 自肅(자숙) 스스로 행동(行動)을 조심하는 것	
熟 익을 숙 3급 | 常	익을 熟은 익힐 숙의 음 및 뜻과 불의 뜻을 결합한 글자[形聲] 小篆字에서 熟은 날것을 불에 익히는 것을 나타냈다. 이런 자형에서 '익히다'의 뜻이 나왔다. 후에 전성되어 '성숙하다'의 뜻으로 쓰인다.	成熟(성숙) 생물(生物)이 충분(充分)히 발육(發育)이 됨, 어떤 현상(現象)이 충분(充分)히 발전(發展)하여 무르익은 시기(時機)에 달함 未熟(미숙) ① 열매가 채 익지 못함 ② 일에 서투름	
塾 글방 숙 1급	뜻을 나타내는 흙토(土→흙)部와 음을 나타내는 孰(숙)이 합하여 이루어짐.	私塾(사숙) 글방 瑞甸書塾(서전서숙) 이상설(李相卨)·이동녕(李東寧) 등이 1906년 만주에 설립한 한국 최초의 신학문 민족교육기관.	

<table>
<tr>
<td>

夙
이를 숙
1급

</td>
<td>저녁까지 쉬지 않고 일을 함의 뜻.</td>
<td>

夙昔(숙석) 좀 오래된 옛날
夙興夜寐(숙흥야매) 아침 일찍 일어나고 밤늦게 잠자리에 들다. 책임을 다하기 위해 애쓰고 노력하는 모습. 출전 詩經(시경) 衛風(위풍)

</td>
<td></td>
</tr>
<tr>
<td>

菽
콩 숙
1급

</td>
<td>풀을 뜻하는 초두머리(艹(=艸)→풀, 풀의 싹)部와 음을 나타내는 叔(숙)이 합하여 '콩'을 뜻함.</td>
<td>

菽芽菜(숙아채) 콩나물
菽水(숙수) 콩과 물. 곧 변변하지 못한 검소(儉素)한 음식(飮食)을 이름

</td>
<td></td>
</tr>
<tr>
<td>

旬
열흘 순
3급　常

</td>
<td>열흘 旬은 싸다와 해의 뜻을 결합한 글자[會意]
甲文字에서 旬은 고대에 10개의 천간을 기록하였는데, 甲부터 한 바퀴 돈 것을 나타냈다. 이런 자형에서 '열흘'의 뜻이 나왔다.</td>
<td>

中旬(중순) 한 달의 11일부터 20일까지의 10일간
下旬(하순) 한 달 가운데서 스무하룻날부터 그믐날까지의 동안

</td>
<td></td>
</tr>
<tr>
<td>

巡
돌 순
3급　常

</td>
<td>돌 巡은 '쉬엄쉬엄 가다'의 뜻과 내 천의 음 및 뜻을 결합한 글자[形聲]
金文字에서 巡은 냇물이 흘러 돌아가는 것을 나타냈다. 이런 자형에서 '돌다'의 뜻이 나왔다.</td>
<td>

巡訪(순방) 차례(次例)로 돌아가며 방문(訪問)함
巡察(순찰) ① 순행(巡行)하면서 사정(事情)을 살핌 ② 여러 곳으로 돌아다니며 사정(事情)을 살핌

</td>
<td></td>
</tr>
<tr>
<td>

盾
방패 순
2급

</td>
<td>투구의 차양이 目(목→눈)을 가려 보호하고 있는 모양을 본뜸. 눈을 보호하는 것. 전(轉)하여, 몸을 보호하는 방패의 뜻으로 되었음.</td>
<td>

盾戈(순과) 방패(防牌)와 창
矛盾(모순) 창과 방패(防牌)라는 뜻으로, 말이나 행동(行動)의 앞뒤가 서로 일치(一致)되지 아니함

</td>
<td></td>
</tr>
<tr>
<td>

殉
따라 죽을 순
3급　常

</td>
<td>따라죽을 殉은 앙상한 뼈의 뜻과 열흘 순의 음 및 뜻을 결합한 글자[形聲]
小篆字에서 殉은 고대 죽은 사람을 따라 열흘 안에 죽던 풍습을 나타냈다. 이런 자형에서 '따라죽다'의 뜻이 나왔다.</td>
<td>

殉葬(순장) 죽은 사람과 가까웠던 사람이나 동물(動物)을 딸려 함께 묻는 일
殉國(순국) 제 나라를 위하여 목숨을 바침
殉職(순직) 맡은 바 직무(職務)를 보다가 죽음

</td>
<td></td>
</tr>
<tr>
<td>

純
순수할 순
6급　常

</td>
<td>순수할 純은 실의 뜻과 싹 돋아날 둔의 음 및 뜻을 결합한 글자[形聲]
金文字에서 純은 새싹이 돋는 모양을 나타냈으나, 小篆字에서 실처럼 가늘게 돋아나는 새싹이 깨끗한 것을 나타냈다. 이런 자형에서 '순수하다'의 뜻이 나왔다.</td>
<td>

純粹(순수) ① 다른 것이 조금도 섞이지 않음 ② 사념(邪念)이나 사욕이 없음
單純(단순) 복잡(複雜)하지 않고 간단(簡單)함

</td>
<td></td>
</tr>
<tr>
<td>

脣
입술 순
3급　常

</td>
<td>입술 脣은 조개 진의 음 및 뜻과 몸의 뜻을 결합한 글자[形聲]
小篆字에서 脣은 조개가 상하로 움직이는 모양과 같이 사람이 먹고 말할 때 끊임없이 움직이는 것을 나타냈다. 이런 자형에서 '입술'의 뜻이 나왔다.</td>
<td>

丹脣(단순) ① 여자(女子)의 아름다운 붉은 입술 ② 연지를 바른 입술
口脣(구순) 입과 입술. 입술

</td>
<td></td>
</tr>
<tr>
<td>

順
순할 순
5급　常

</td>
<td>쫓을 順은 내 천의 음 및 뜻과 머리의 뜻을 결합한 글자[形聲]
小篆字에서 順은 자연스런 물 흐름과 같이 얼굴 표정이 그대로 드러나는 것을 나타냈다. 이런 자형에서 '쫓다'의 뜻이 나왔다.</td>
<td>

順序(순서) 정해진 차례(次例)
順位(순위) 차례(次例)로의 위치(位置), 차례(次例), 순서(順序)

</td>
<td></td>
</tr>
<tr>
<td>

循
돌 순
3급　常

</td>
<td>돌 循은 '자축거리다'의 뜻과 방패 순의 음 및 뜻을 결합한 글자[形聲]
小篆字에서 循은 방패를 들고 순회하는 것을 나타냈다. 이런 자형에서 '돌다'의 뜻이 나왔다.</td>
<td>循環(순환) 한 차례(次例) 돌아서 다시 먼저의 자리로 돌아옴 또는 그것을 되풀이함</td>
<td></td>
</tr>
</table>

한자	자원 풀이	용례
瞬 눈 깜짝일 순 3급 | 常	눈 깜짝일 瞬은 눈의 뜻과 나팔꽃 순의 음 및 뜻을 결합한 글자[形聲] 小篆字에서 瞬은 나팔꽃이 잠깐 피었다 지듯 눈을 깜박이는 사이를 나타냈다. 이런 자형에서 '눈 깜짝이다'의 뜻이 나왔다.	瞬息間(순식간) 눈 한 번 깜짝하거나 숨 한 번 쉴 사이와 같이 짧은
洵 참으로 순 2급	멀 현이라는 뜻으로도 쓰임. 뜻을 나타내는 삼수변(氵(=水, 氺)→물)部와 음을 나타내는 旬(순)이 합하여 이루어짐.	洵涕(순체) 소리 없이 눈물을 흘리며 욺
淳 순박할 순 2급	뜻을 나타내는 삼수변(氵(=水, 氺)→물)部와 음을 나타내는 부수를 제외한 글자 享(향)으로 이루어짐.	淳朴性(순박성) 순진(純眞)하고 소박(素朴)한 성질(性質) 淳良(순량) 순진(純眞)하고 선량(善良)함
筍 풀이름 순 2급	풀을 뜻하는 초두머리(艹(=艸)→풀, 풀의 싹)部와 음을 나타내는 旬(순)이 합하여 '풀이름'을 나타냄.	松筍酒(송순주) 소나무의 새 순을 따 넣고 함께 빚은 술 松筍(송순) 소나무에 돋아난 새 순
筍 죽순 순 1급	뜻을 나타내는 대죽(竹→대나무)部와 음을 나타내는 旬(순)이 합하여 이루어짐.	稚筍(치순) 어린 죽순(竹筍)
舜 순임금 순 2급	炎을 넣은 모양의 아래 부분에 舛를 더한 글자로 잎이 무성하고 꽃이 주렁주렁 달린 모양을 본뜸.	堯舜(요순) 중국 고대(古代)의 성천자(聖天子)인 요 임금과 순 임금 舜華(순화) 순화(蕣花). 무궁화(無窮花)
醇 깨끗할 순 1급	진한 술이라는 뜻으로도 쓰임. 옛 글자는 뜻을 나타내는 닭유(酉→술, 닭)部와 음을 나타내는 동시에 '잘 익다'의 뜻을 나타내는 순(醇에서 酉를 제외한 부분)으로 이루어짐. 진한 술 순.	醇化(순화) 쓸데없는 것들을 없애고 깨끗하고 바르게 만드는 일 醇酒(순주) 무회주(無灰酒)
馴 길들일 순 1급	뜻을 나타내는 말마(馬→말)部와 음을 나타내는 川(천)이 합하여 이루어짐.	馴致(순치) (짐승을) 길들이는 것 馴鹿(순록) 사슴과의 짐승. 사슴과 비슷하나 더 크고 억셈
戌 개 술 3급 | 常	옛날엔 월(越에서 달아날주(走)部를 뺀 글자→도끼)과 같은 글자. 음을 빌어 십이지(十二支)의 열한째 글자로 씀[象形]	壬戌(임술) 육십갑자(甲子)의 쉰아홉째 庚戌國恥(경술국치) 한일(韓日) 병합을 경술년에 당(當)한 나라의 수치(羞恥)라는 뜻으로 일컫는 말
述 펼 술 3급 | 常	진술 述은 '쉬엄쉬엄 가다'의 뜻과 삽주 뿌리 출의 음 및 뜻을 결합한 글자[形聲] 金文字에서 述은 삽주 뿌리가 뻗듯이 천천히 자세하게 설명해 가는 것을 나타냈다. 이런 자형에서 '진술하다'의 뜻이 나왔다.	記述(기술) 사물의 특질을 객관적(客觀的)·조직적(組織的)·학문적(學文的)으로 적음 論述(논술) 어떤 사물을 논(論)하여 말하거나 적음 敍述(서술) 어떤 내용을 차례로 좇아 말하거나 적음

한자	자원(字源)	용례(用例)
術 재주 술 6급 常	재주 術은 '다니다'의 뜻과 삽주 뿌리 출의 음 및 뜻을 결합한 글자[形聲] 小篆字에서 術은 삽주 뿌리처럼 여러 갈래로 뻗은 길을 잘 찾는 것을 나타냈다. 이런 자형에서 '재주'의 뜻이 나왔다.	手術(수술) 의료(醫療) 기계(機械)를 써서 환자(患者)의 병을 고치는 일 技術(기술) ① 만들거나 짓거나 하는 재주 또는 솜씨 ② 사물(事物)을 잘 다루거나 부리는 꾀
崇 높을 숭 4급 常	높일 崇이 산의 뜻과 높을 종의 음 및 뜻을 결합한 글자[形聲] 金文字에서 崇은 산이 높은 큰 모양을 나타냈다. 이런 자형에서 '높이다'의 뜻이 나왔다.	崇尙(숭상) 높이어 소중(所重)하게 여김 崇仰(숭앙) 높이어 우러름 崇高(숭고) 존엄(尊嚴)하고 고상(高尙)함
瑟 큰 거문고 슬 2급	현악기의 모양을 본뜬 금(琴에서 人 아래 부분을 제외한 부분)의 생략형(省略形) 각(瑟에서 心을 제외한 부분)과 음을 나타내는 必(필→'슬'은 변음(變音))로 이루어짐.	琴瑟(금슬)=금실. ① 거문고와 비파 ② 부부(夫婦) 사이의 정 淸瑟(청슬) 맑은 거문고 소리. 청금(淸琴)
膝 무릎 슬 1급	뜻을 나타내는 육달월(月(=肉)→살, 몸)部와 음을 나타내는 동시에 '꺾이다'의 뜻(=折(절))을 나타내기 위한 부수를 제외한 글자 桼(칠)로 이루어짐.	膝下(슬하) 무릎 아래라는 뜻으로, 거느리는 곁이나 품 안. 주(主)로, 부모(父母)의 보호(保護) 영역(領域)을 이름 膝蓋骨(슬개골) 무릎 앞 한가운데에 있는 종지 모양의 오목한 뼈. 종지뼈
拾 주울 습 3급 常	손(扌)의 뜻과 합할 합(合)의 음 및 뜻을 결합한 글자[形聲] 두 손의 손가락을 합하여 물건을 모으는 것을 나타냈다. 이런 자형에서 '줍다'의 뜻이 나왔으며, 전성되어 十의 갖은자로도 쓰인다.	收拾(수습) ① 어수선한 사태(事態)를 가두어 바로잡음 ② 산란(散亂)한 정신(精神)을 가라앉히어 바로잡음 ③ 어수선하게 흐트러진 물건을 다시 정돈함 拾得(습득) 물건을 주워서 얻음
習 익힐 습 6급 常	깃(羽)의 뜻과 다를 이(異)의 음 및 뜻이 결합한 글자[會意] 두 손이나 각기 다른 방향을 나타냈으나 羽가 첨가되어 두 날개가 각각 방향을 달리하여 나는 것을 나타냈다. 이런 자형에서 날개의 뜻이 나왔다.	習慣(습관) 여러 번 되풀이함으로써 저절로 익고 굳어진 행동 學習(학습) 배워서 익히는 일 慣習(관습) 익은 습관(習慣), 사회(社會)의 습관(習慣)
濕 젖을 습 3급 常	물(氵)의 뜻과 누에고치 현의 음 및 뜻을 결합한 글자[形聲] 누에고치에서 나온 실은 물에 잘 젖는 것을 나타냈다. 이런 자형에서 '젖다'의 뜻이 나왔다.	濕地(습지) 습기(濕氣)가 많은 땅. 축축한 땅 濕式(습식) 무엇을 만들거나 무슨 처리(處理)를 하는 데 있어 액체(液體)를 쓰는 방식(方式)
襲 엄습할 습 3급 常	용 용(龍)의 음 및 뜻과 옷(衣)의 뜻을 결합한 글자[形聲] 병기를 감추고 얼굴을 뒤로하여 습격하려는 모습을 나타냈으나, 자형이 바뀌었다. 이런 자형에서 '엄습하다'의 뜻이 나왔다.	奇襲(기습) 꾀를 써서 갑자기 적을 공격(攻擊)함 襲擊(습격) 갑자기 적을 엄습하여 침 世襲(세습) 그 집에 속(屬)하는 신분(身分), 재산(財産), 작위(爵位), 업무(業務) 등을 대대(代代)로 물려받는 일
升 되, 오를 승 2급	구기로 물건을 떠올리는 모양을 나타냄. '올리다'의 뜻. 또 量(양)의 단위(單位)로 씀.	升平(승평) 나라가 태평(太平)함 斗升(두승) ① 말과 되 ② 어떤 사물을 헤아리는 기준(基準)을 일컫는 말 ③ 근소(僅少)함의 뜻
承 이을 승 4급 常	병부와 손(手)과 두 손의 뜻을 결합한 글자[形聲] 임금이 벼슬을 줄 때 함께 내리는 병부를 두 손으로 받드는 것을 나타냈다. 이런 자형에서 '받들다'의 뜻이 나왔다.	承認(승인) 일정한 사실(事實)을 인정(認定)하는 행위(行爲) 承諾(승낙) 청하는 바를 들어줌

한자	자원 설명	용례			
昇 오를 승 3급 | 常	해(日)의 뜻과 오를 승(升)의 음 및 뜻을 결합한 글자[形聲] 곡식의 양을 재는 되를 나타냈으나, 日이 첨가되어 해처럼 그릇에 곡식이 수북이 올라와 있는 것을 나타냈다. 여기서 '오르다'가 나왔다.	上昇(상승) 위로 올라감. 오름 昇進(승진) 벼슬이나 지위(地位)가 오름 上昇勢(상승세) 오름세			
乘 탈 승 3급 | 常	나무에 올라 있는 사람의 모습을 본뜬 글자[象形] 한 사람이 나무 위에 올라 두 발을 걸쳐 놓은 모양을 본떴다. 이런 자형에서 '타다', '오르다'의 뜻이 나왔다.	乘客(승객) 차, 배, 비행기(飛行機) 등의 탈것을 타는 손님 乘用車(승용차) 사람이 타는 자동차(自動車)			
勝 이길 승 6급 | 常	朕과 힘(力)의 뜻을 결합한 글자[會意] 배의 틈새를 막는 일을 맡아 책임지고 일을 힘써 다함을 나타냈다. 이런 자형에서 '이기다'의 뜻이 나왔다.	勝敗(승패) 이김과 짐 勝者(승자) 승리(勝利)한 사람 勝負(승부) 이김과 짐			
僧 중 승 3급 | 常	사람(亻)의 뜻과 팔 가(賈)의 음 및 뜻이 결합된 글자[形聲] 사람이 재물을 파는 모습을 나타냈다. 이런 자형에서 '값'의 뜻이 나왔다.	僧侶(승려) 스님. 중 僧舞(승무) 불교적(佛敎的)인 색채(色彩)가 짙은 독무(獨舞)로, 장삼(長衫)을 걸치고 고깔을 쓰고 두 개의 북채(北菜)를 쥐고 장삼을 뿌려 가며 추는 춤.			
丞 정승 승 1급	구덩이에 빠진 사람을 두 손으로 '떠받들어 올리다'의 뜻. '승'이란 音(음)은 上(상=올리다)에 유래함. 전(轉)하여 '돕다→받들다→나아가다'의 뜻.	政丞(정승) 조선시대 때 의정부 三政丞(삼정승) 영의정(領議政)과 좌의정(左議政)과 우의정(右議政). 삼공(三公), 삼상(三相), 태정(台鼎)			
繩 노끈 승 2급	실사(糸)와 '따라붙어 떨어지지 않다'의 뜻을 나타내기 위한 부수를 제외한 글자 蠅(승=파리)의 생략형(省略形)으로 이루어짐.	繩技(승기) 줄타기 捕繩(포승) 죄인(罪人)을 잡아 묶는 노끈 繩索(승삭) 노와 새끼			
市 저자 시 7급 | 常	갈 지(之)의 음 뜻 및 천의 뜻이 결합한 글자[形聲] 사람들이 천을 나누어 주고 필요한 것을 끌어 오는 곳을 나타냈다. 여기서 '저자'의 뜻이 나왔다.	市民(시민) 국정(國政)에 참여(參與)할 지위(地位)에 있는 국민 市場(시장) 여러 가지 상품을 사고파는 일정한 장소			
示 보일 시 5급 | 常	신을 향해 제물을 차려 놓은 재단의 모양을 본뜬 글자[象形] 제단의 모양을 본떴으나 소전자에서는 하늘에서 해와 달, 별을 통해 길흉을 보이는 것을 나타냈다. 여기서 '보여 주다'의 뜻이 나왔다.	提示(제시) 어떠한 뜻을 글이나 말로 드러내어 보이거나 가리킴 示威(시위) 위력(威力)이나 기세(氣勢)를 드러내어 보임			
矢 화살 시 3급 | 常	화살의 모양을 본뜬 글자[象形] 화살의 촉, 몸체, 날개의 날렵한 모양을 본떴다. 여기서 '화살', '곧다'의 뜻이 나왔다	弓矢(궁시) 활과 화살 矢服(시복) 화살을 넣는 통. 가죽이나 대나무 따위로 만들고 뚜껑이 있음. 화살집. 전동			
侍 모실 시 3급 | 常	사람 亻의 뜻과 관청 시(寺)의 음 및 뜻을 결합한 글자[形聲] 관청에서 윗사람을 대하는 공손한 모습을 나타냈다. 여기서 '모시다' 뜻이 나왔다.	侍衛隊(시위대) 임금을 호위(護衛)하던 군대(軍隊) 侍衛(시위) 임금을 모시어 호위(護衛)함 侍女(시녀) 몸 가까이에서 시중드는 여자(女子)			

始 비로소 시 6급 | 常	여자(女)의 뜻과 옛 고(古)의 음, 뜻 및 뜻을 결합한 글자[形聲] 시집온 지 오래되어 아들을 장가보낸 여자를 나타냈다. 이런 자형에서 '시어머니'의 뜻이 나왔다.	始作(시작) ① 처음으로 함 ② 하기를 비롯함 始終(시종) 처음과 끝, 시말(始末), 일관(一貫), 항상 始初(시초) ① 시작(始作)한 처음 무렵 ② 처음 ③ 애초	
是 이, 옳을 시 4급 | 常	해(日)와 바르다(正)의 뜻을 결합한 글자[形聲] 해가 이 세상을 공정하게 비추는 것을 나타냄. 여기서 '옳다'의 뜻이 나왔다.	亦是(역시) ① 마찬가지로 ② 또한 是正(시정) ① 그릇된 것을 바로잡음 ② 잘못을 고침 是非(시비) ① 시와 비, 잘잘못, 당부(當否), 흑백(黑白), 　　이비(理非) ② 옳으니 그르니 하는 말다툼	
屍 주검 시 2급	尸(시)와 死(사)의 합자(合字)	屍身(시신) 송장, 시체(屍體) 僵屍(강시) 강시(殭屍), 추워서 얼어 죽은 송장 屍軀(시구) 사람의 죽은 몸뚱이	
施 베풀 시 4급 | 常	깃발의 뜻과 뱀 야(也)의 음 및 뜻을 결합한 글자[形聲] 깃발이 구불구불 펄럭이며 펼쳐지는 것을 나타냈으나 후에 자형이 변하여 '베풀다'의 뜻이 나왔다.	實施(실시) 실제(實際)로 시행(施行)함 施行(시행) 실제(實際)로 행(行)함 施設(시설) 도구(道具), 기계(機械) 장치(裝置) 따위를 설 　　치(設置)하거나, 일정한 구조물(構造物)을 베풀어 차림	
時 때 시 7급 | 常	해의 뜻과 관청사의 음 및 뜻을 결합한 글자[形聲] 해가 규칙적으로 가는 것을 나타냈다. 여기서 '시간', '때'의 뜻이 나왔다.	當時(당시) 일이 생긴 그때. 그때 隨時(수시) ① 때때로 ② 그때그때 時代(시대) 역사적(歷史的)으로 구분(區分)한 어떤 기간 　　(期間)	
視 볼 시 4급 | 常	보일 시(示)의 음 및 뜻과 보다(見)의 뜻이 결합한 글자[形聲] 小篆字에서 사람이 밖으로 드러난 사물을 더욱 잘 보는 것을 나타냄. 여기서 '보다'의 뜻이 나왔다.	無視(무시) 사람을 깔보거나 업신여김 監視(감시) ① 경계(警戒)하기 위하여 미리 감독(監督)하 　　고 살펴봄 ② 주의(注意)하여 지킴	
詩 시 시 4급 | 常	말씀 언(言)의 뜻과 관청 시(寺)의 음 및 뜻을 결합한 글자[形聲] 小篆字에서 시는 글을 일정한 규칙에 따라 써 가는 것을 나타냈다. 이런 자형에서 '시'의 뜻이 나왔다.	詩人(시인) 시를 짓는 사람. 시를 잘 짓는 사람 詩集(시집) 시를 여러 편 모아서 엮은 책	
試 시험 시 4급 | 常	말씀(言)의 뜻과 법 식(式)의 음 및 뜻을 결합한 글자[形聲] 小篆字에서는 일정한 법을 도와 양식에 따라 물어보는 것을 나타냈다. 여기서 '시험하다'의 뜻이 나왔다.	試圖(시도) 무엇을 이루어 보려고 계획(計劃)하거나 행 　　동(行動)하는 것 試驗(시험) 재능이나 실력 따위를 일정한 절차에 따라 검 　　사하고 평가하는 일	
匙 숟가락 시 1급	뜻을 나타내는 비수비(匕→비수, 칼)部와 음을 나타내는 是(시)가 합하여 이루어짐.	揷匙(삽시) 제사(祭祀) 지낼 때에 숟가락을 밥그릇에 꽂 　　는 의식. 수저꽂기 飯匙(반시) 숟가락. 수저	
媤 시집 시 1급	뜻을 나타내는 계집녀(女→여자(女子))部와 음을 나타내는 思(사)가 합하여 이루어짐.	媤宅(시댁) 시집(媤家)을 높여 이르는 말 媤家(시가) 시집 媤外三寸(시외삼촌) 남편(男便)의 외삼촌. 시외숙(媤外叔)	

한자	자원	용례			
弑 윗사람 죽일 시 1급	뜻을 나타내는 주살익(弋→안표가 되는 나무→식)部와 음을 나타내는 殺의 생략형(省略形)을 바탕으로 式(식)이 합하여 이루어짐.	弑殺(시살) 부모(父母)나 임금을 죽임. 시역(弑逆) 시해 (弑害) 鴆弑(짐시) 짐살(鴆殺)			
柿 감나무 시 1급	뜻을 나타내는 나무목(木→나무)部와 음을 나타내는 市(시)가 합하여 이루어짐.	乾柿(건시) 곶감 熟柿主義(숙시주의) (잘 익은 감이 저절로 떨어질 것을 기다림과 같이) 노력(努力)은 하지 않고 이익이 자기에게 돌아올 때를 한가히 기다리고 있는 주의			
柴 섶 시 2급	뜻을 나타내는 나무 목(木→나무)部와 음을 나타내는 동시에 '쪼개다'의 뜻을 나타내기 위한 차(此→시·채는 변음(變音)로 이루어짐. '조갠 나무'의 뜻.	柴扉(시비) 사립문 柴炭(시탄) 땔나무와 숯 또는 석탄(石炭) 따위. 땔거리 過冬柴(과동시) 겨울에 때기 위하여 준비하여 두는 땔나무			
猜 시기할 시 1급	뜻을 나타내는 개사슴록변(犭(=犬)→개)部와 음을 나타내는 靑(청)이 합하여 이루어짐.	猜忌(시기) 어떤 사람이 자기보다 뛰어난 사람을 또는 그의 뛰어난 능력(能力) 등을 샘하여 미워하는 것 猜妬(시투) 시기(猜忌)하고 질투(嫉妬)함			
諡 시호 시 1급	뜻을 나타내는 말씀언(言→말하다)部와 음을 나타내는 부수를 제외한 글자 益(혜)가 합하여 이루어짐.	諡號(시호) 제왕(帝王), 경상(卿相), 유현(儒賢)들이 죽은 뒤에 그들의 공덕(功德)을 칭송(稱頌)하여 추증(追贈)하는 칭호(稱號)			
豺 승냥이 시 1급	뜻을 나타내는 갖은돼지시변(豸→짐승, 돼지)部와 음을 나타내는 才(재)가 합하여 이루어짐.	豺狼(시랑) ① 승냥이와 이리 ② 탐욕(貪慾)이 많고 무자비한 사람의 비유(比喻) 豺狐(시호) 승냥이와 여우			
氏 성씨 시 4급 | 常	나무뿌리가 굳어져 땅 위로 올라온 모양을 본뜬 글자[象形] 갑문자에서 나무뿌리가 굽어져 땅 위로 올라온 모양을 본떴다. 이런 자형에서 '뿌리'의 뜻이 나왔으나 전성되어 자신의 조상을 나타내는 '성씨'의 뜻으로 쓰인다.	攝氏(섭씨) 섭씨온도계(溫度計)의 눈금의 명칭(名稱). 'C'로 표시(表示)함 某氏(모씨) 아무개. 어떤 양반(兩班)			
式 법 식 6급 | 常	말뚝 익(弋)의 음 및 뜻과 장인 (工)의 뜻을 결합한 글자[形聲] 장인이 먹줄로 작은 말뚝에 표시를 해 가며 법도에 맞게 만드는 것을 나타냈다. 여기서 '법식', '의식'의 뜻이 나왔다.	方式(방식) 일정한 방법(方法)이나 형식(形式) 形式(형식) ① 겉으로 드러나는 격식(格式) ② 내용(內容)을 담고 있는 바탕이 되는 틀			
食 먹을 식 7급 | 常	밥그릇에 밥을 담은 모양을 본뜬 글자[象形] 고체 형태 음식 위로 덮개가 덮인 모양. 여기서 '밥'의 뜻이 나왔다.	飮食(음식) 먹는 것과 마시는 것. 음식물(飮食物) 食糧(식량) 먹을 양식(糧食) 食品(식품) 식료품(食料品)			
息 쉴 식 4급 | 常	코(自)와 마음(心)의 뜻이 결합한 글자[會意] 숨이 코를 통해 심장으로 드나드는 것을 나타냈다 여기서 '숨 쉬다'의 뜻이 나왔다.	子息(자식) 아들과 딸의 총칭(總稱) 棲息(서식) 동물(動物)이 깃들여 삶			

植 심을 식 7급 常	나무(木)의 뜻과 곧을 직(直)의 음 및 뜻을 결합한 글자[形聲] 나무를 곧게 세워 심는 것을 나타냈다. 여기서 '심다'의 뜻이 나왔다.	植物(식물) 온갖 나무와 풀의 총칭(總稱) 移植(이식) 식물(植物) 따위를 옮겨 심음	
殖 불릴 식 2급	直(직)은 '벌레 먹다'의 뜻이며 肉體(육체)의 기름, '脂肪(지방)이 썩다'의 뜻. 植(식), 穡(색)과 통하여 '심다'→'붇다'의 뜻으로 차용됨.	繁殖(번식) 붇고 늘어서 많이 퍼지는 것 增殖(증식) 더욱 늚. 더하여 늘림 生殖(생식) 태어나서 불어나는 것	
飾 꾸밀 식 3급 常	밥식(食)의 음 및 뜻과 사람(人)과 수건(巾)의 뜻을 결합한 글자[形聲] 사람이 수건으로 더러운 것을 깨끗이 닦아 치장하는 것을 나타냈다. 여기서 '꾸미다'의 뜻이 나왔다.	粧飾(장식) 겉을 매만져 꾸밈, 그 꾸밈새. 단장(丹粧)하여 꾸밈 假飾(가식) 속마음과 달리 언행(言行)을 거짓으로 꾸밈	
識 알 식 5급 常	말씀(言)의 뜻과 찰 진흙 시(戠)의 음 및 뜻을 결합한 글자[形聲] 전해 오는 말을 여러 사람이 알도록 찰흙에 창칼로 새긴 것을 나타냈다. 여기서 '알다'의 뜻이 나왔다.	認識(인식) 사물을 분별(分別)하고 판단(判斷)하여 아는 일 意識(의식) 대상을 총괄하여 판단(判斷), 분별함.	
拭 씻을 식 1급	뜻을 나타내는 재방변(扌(=手)→손)部와 음을 나타내는 式(식)이 합하여 이루어짐.	拭目(식목) 눈을 깨끗이 씻고 자세히 봄 拭淸(식청) ① 말끔하게 씻어서 깨끗하게 함. 악폐를 제거(除去)함. ② 나쁜 풍습을 제거함	
湜 물 맑을 식 2급	뜻을 나타내는 삼수변(氵(=水, 氺)→물)部와 음을 나타내는 是(시)가 합하여 이루어짐.	湜湜(식식) 물이 맑아 속까지 환히 보이는 모양	
熄 불 꺼질 식 1급	뜻을 나타내는 불화(火(=灬)→불꽃)部와 음을 나타내는 息(식)이 합하여 이루어짐.	終熄(종식) 한때 매우 성(盛)하던 것이 주저(躊躇)앉아서 그침	
蝕 좀먹을 식 1급	뜻을 나타내는 벌레충(虫→뱀이 웅크린 모양, 벌레)部와 음을 나타내는 食(식)이 합하여 이루어짐.	侵蝕(침식) 차츰차츰 먹어 들어감 腐蝕(부식) 썩어서 벌레 먹은 것처럼 삭음 日蝕(일식) 개기 일식	
軾 가로나무 식 2급	뜻을 나타내는 수레거(車→수레, 차)部와 음을 나타내는 式(식)이 합하여 이루어짐.	金富軾(김부식) 고려시대에 묘청의 난을 평정하여 수충정난정국공신(輸忠定難靖國功臣)의 호를 받았으며 인종 23년(1145)에 ≪삼국사기≫를 편찬함 蘇軾(소식) 소동파	
申 펼칠 신 6급 常	공중에서 퍼져 떨어지는 번개를 가리킨 글자[指事] 번갯불이 부딪혀 퍼져 나가는 것을 나타냄. 소전자에서는 두 손을 옆에 대고 허리를 펴는 것을 나타내었다. 가차되어 '아홉째 원숭이'의 뜻으로 쓰인다.	申請(신청) 신고(申告)하여 청구(請求)함 申告(신고) 행정(行政) 관청(官廳)에 일정(一定)한 사실(事實)을 진술(陳述), 보고(報告)하는 일	

臣 신하 신 5급　常	신하가 몸을 구부린 모양[象形] 임금 앞에 황공스러운 눈으로 몸을 구부리고 있는 모양을 본떴다. 이런 자형에서 '신하'의 뜻이 나왔다.	臣下(신하) 임금을 섬기어 벼슬을 하는 자리에 있는 사람 功臣(공신) 나라에 공로(功勞)가 있는 신하(臣下)	
辛 매울 신 3급　常	죄(辛)와 하난(一)의 뜻이 결합한 글자[會意] 고대 죄인의 이마에 침으로 문신을 새길 때 매우 고통스러워하는 것을 나타냄. 여기서 '괴롭다'의 뜻이 나왔다. 후에 가차되어 여덟째 천간으로 쓰인다.	艱辛(간신) 힘들고 고생(苦生)스러움 辛辣(신랄) 맛이 몹시 쓰고 매움. 수단(手段)이 몹시 가혹(苛酷)함	
身 몸 신 6급　常	사람 몸의 모양을 본뜬 글자[象形] 여자가 임신하여 배가 불룩한 모습을 본떴다. 여기서 '아이 배다'의 뜻이 나왔다.	自身(자신) 제 몸 身體(신체) 사람의 몸	
伸 펼 신 3급　常	사람(亻)의 뜻과 펼칠 신(申)의 음 및 뜻이 결합한 글자[形聲] 사람이 어깨에 가슴을 벌리고 있는 모습을 나타냈다. 여기서 '펴다'의 뜻이 나왔다.	伸張(신장) 물체(物體), 세력(勢力)·권리(權利) 따위를 늘이어 넓게 펴거나 뻗침	
信 믿을 신 6급　常	사람(亻)과 말씀(言)의 뜻이 결합된 글자[會意] 사람의 행동과 말은 일치해야 함을 나타낸다. 여기서 '자형'의 뜻이 나왔다.	信賴(신뢰) 남을 믿고 의지(依支)함 信用(신용) 믿어 의심(疑心)하지 아니함 確信(확신) 굳게 믿음 信託(신탁) ① 신용(信用)하여 위탁(委託)함 ② 남에게 일정(一定)한 목적(目的)에 따라 재산(財産)의 관리(管理)와 처분(處分)을 맡기는 일	
神 귀신 신 6급　常	보여 주다(示)의 뜻과 펼 신(申)의 음 및 뜻을 결합한 글자[形聲] 신이 번개와 천둥을 통해 만물에 뜻을 보여 주는 것을 나타냈다. 이런 자형에서 '귀신'의 뜻이 나왔다.	神經(신경) 중추(中樞)의 흥분(興奮)을 몸의 각 부분에 전(傳)하는 실 모양의 기관(器官) 精神(정신) 마음이나 생각 또는 영혼 神話(신화) 예로부터 사람들 사이에서 말로 전(傳)해져 오는 신을 중심(中心)으로 한 이야기	
晨 새벽 신 3급　常	해(日)의 뜻과 별진(辰)의 음 및 뜻이 결합한 글자[形聲] 두 손으로 조개모양의 농기구를 잡고 있는 모양으로 여기서 '새벽'의 뜻이 나왔다.	淸晨(청신) 맑은 첫새벽 晨省(신성) 이른 아침에 부모(父母)의 침소에 가서 밤새의 안후(安候)를 살핌	
腎 콩팥 신 2급	뜻을 나타내는 육달월(月(=肉)→살, 몸)部와 음을 나타내는 부수를 제외한 글자 臤(현·간)이 합하여 이루어짐.	腎臟(신장) 오줌 배설(排泄) 기관(器官), 콩팥 腎動脈(신동맥) 콩팥에 양분을 공급(供給)하는 동맥. 복부대동맥(腹部大動脈)으로부터 좌우(左右)로 분지(分枝)하여 콩팥으로 들어감	
愼 삼갈 신 3급Ⅱ　常	마음(忄)의 뜻과 참진(眞)의 음 및 뜻을 결합한 글자[形聲] 참된 마음으로 진지하게 움직이는 모습을 나타냈다. 여기서 '삼가다'의 뜻이 나왔다.	愼重(신중) 매우 조심스러움 愼獨(신독) 홀로 있을 때에도 도리(道理)에 어그러짐이 없도록 삼감	
新 새 신 6급　常	죽일 신(辛)의 음 및 뜻과 나무(木) 그리고 도끼(斤)의 뜻을 결합한 글자[形聲] 땔감 나무를 베는 것을 나타냄. 여기서 '땔감 나무' 뜻이 나왔으나, 전성되어 '새롭다'의 뜻으로 쓰인다.	新聞(신문) 새로운 소식이나 비판(批判)을 신속하게 보도하는 정기 간행물 新鮮(신선) 새롭고 산뜻함. 싱싱함 新規(신규) 완전히 새롭게 어떤 일을 하는 일	

紳 띠 신 2급	실 사部와 '끼우다'의 뜻을 나타내기 위한 申(신)으로 이루어짐. 笏(홀)을 꽂아 끼우는 띠의 뜻. 옛날의 높은 사람의 복장이었으므로, 지식 계급을 뜻하는 士와 합쳐 신사라는 말로 쓰임.	紳士(신사) 점잖고 예의(禮儀) 바르며 교양(敎養) 있는 남자	
呻 읊조릴 신 1급	뜻을 나타내는 입구(口→입, 먹다, 말하다)部와 음을 나타내는 申(신)이 합하여 이루어짐.	呻吟(신음) 병이나 고통으로 앓는 소리를 냄	
娠 아이 밸 신 1급	뜻을 나타내는 계집녀(女→여자(女子))部와 음을 나타내는 辰(신)이 합하여 이루어짐.	姙娠(임신) 아이를 가짐. 잉태(孕胎)	
燼 불탄 끝 신 1급	뜻을 나타내는 불화(火(=灬)→불꽃)部와 음을 나타내는 盡(진)이 합하여 이루어짐.	除爐器(제신기) 굴뚝의 끝에 다는, 쇠망(衰亡)으로 만든 장치(裝置). 그을음이 날아 흩어지는 것을 막고 연기(煙氣)만을 통과(通過)하도록 하기 위함임	
薪 섶 신 1급	뜻을 나타내는 초두머리(艹(=艸)→풀, 풀의 싹)部와 음을 나타내는 동시에 '베다'의 뜻(=剪(전))을 나타내는 新(신)을 더하여 이루어짐. 도끼(=斤(근))로 벤 나무, 곧 '땔나무'의 뜻.	薪炭(신탄) 땔나무와 숯	
蜃 큰 조개 신 1급	뜻을 나타내는 벌레충(虫→뱀이 웅크린 모양, 벌레)部와 음을 나타내는 辰(신)이 합하여 이루어짐.	蜃氣樓(신기루) 바다 위나 사막(沙漠)에서, 대기(大氣)의 밀도(密度)가 층층이 달라졌을 때 빛이 굴절(屈折)하기 때문에 엉뚱한 곳에 물상(物像)이 있는 것처럼 보이는 현상	
宸 대궐 신 1급	뜻을 나타내는 갓머리(宀→집, 집 안)部와 음을 나타내는 辰(신)이 합하여 이루어짐.	宸闕(신궐) 궁궐(宮闕)	
訊 물을 신 1급	뜻을 나타내는 말씀언(言→말하다)部와 음을 나타내는 동시에 '묻다'의 뜻(=詢(순))을 나타내기 위한 신(訊에서 言을 제외한 부분)으로 이루어짐. '묻다'의 뜻.	訊問(신문) 캐어 물음, 따져서 물음	
迅 빠를 신 1급	책받침(辶(=辵))과 '빨리 날다'의 뜻을 가진 신(迅에서 책받침(辶(=辵)→쉬엄쉬엄 가다)部를 제외한 부분)을 더하여 이루어짐. '빨리 달리다'→'빠르다'의 뜻.	迅速性(신속성) 매우 빠른 특성 迅急(신급) 몹시 급함	
失 잃을 실 6급 常	손 手와 물건의 뜻이 결합한 글자(會意) 손에 쥐었던 물건을 떨어뜨린 모양을 나타냄. 여기서 '잃다'의 뜻이 나왔다.	失踪(실종) 소재(所在)나 행방, 생사(生死) 여부(與否)를 알 수 없게 됨 失敗(실패) 일에 성공(成功)하지 못하고 망함 損失(손실) 손해(損害)를 봄	

한자	자원 풀이	용례			
室 집 실 8급 / 常	집의 뜻과 펼 선(宣)의 음 및 뜻을 결합한 글자[形聲] 임금이 대궐에서 정사를 펼치는 것을 나타냈다. 여기서 '베풀다'의 뜻이 나왔다.	敎室(교실) 학교수업(授業)에만 쓰이는 방 化粧室(화장실) '뒷간'을 달리 일컫는 말 室內(실내) ① 방 안 ② 남의 아내를 일컬음			
實 열매 실 5급 / 常	집(宀)과 꿰다(貫)의 뜻을 결합한 글자[會意] 집 안의 돈을 잘 꿰어 놓은 것을 나타냈다. 여기서 '가득 차다'의 뜻이 나왔고 후에 전성되어 열매로도 쓰인다.	實踐(실천) 실제(實際)로 해냄 事實(사실) 실제(實際)로 있었던 일 實果(실과) 과실 實技(실기) 실지(實地)로 행(行)하는 기술(技術), 연기(演技)			
悉 다 실 1급	마음심(心)과 '자세하다'의 뜻을 나타내는 부수를 제외한 글자 審(심→실은 변음(變音))의 생략형(省略形)으로 이루어짐. '자세히 알다'→'모두'의 뜻.	悉無律(실무율) 생물체의 반응은 자극이 어떤 일정한 수치 이하일 때는 전혀 나타나지 아니하고 일정한 정도에 이르면 최대를 나타내며, 그 이상은 자극을 가하여도 변화가 없다는 법칙			
心 마음 심 7급 / 常	심장의 모양을 본뜬 글자[象形] 심장의 모양을 본떴다. 여기서 '심장'의 뜻이 나왔다. 후에 전성되어 '의식하다'의 뜻으로 쓰인다.	核心(핵심) 사물의 중심(中心)이 되는 중요(重要)한 부분 疑心(의심) 마음에 미심하게 여기는 생각 心情(심정) 마음에 품은 생각과 감정(感情)			
甚 심할 심 준3급 / 常	달 감(甘)과 짝의 뜻을 결합한 글자[會意] 부부가 맛있는 음식을 먹고 즐거워하는 것을 나타냄. 여기서 '즐겁다'의 뜻이 나왔으나, 후에 전성되어 '더욱'의 뜻으로 쓰인다.	極甚(극심) 몹시 심함 甚深(심심) 매우 깊음 甚至於(심지어) 심하면, 심하게는, 심하다 못해 나중에는 甚大(심대) 매우 큼			
深 깊을 심 준4급 / 常	물(氵)의 뜻과 깊을 심(罙)의 음 및 뜻을 결합한 글자[形聲] 호남성에 있는 강의 이름으로 굴과 같이 깊이 파인 물을 나타낸다. 이런 자형에서 '깊다'의 뜻이 나왔다.	深刻(심각) 일을 깊이 파고들어 생각하거나 추구(追求)하는 일, 사태(事態)가 절박(切迫)하여, 중대(重大)한 일 深化(심화) 깊게 함 深夜(심야) 깊은 밤			
尋 찾을 심 3급 / 常	왼손과 오른손을 편 길이를 가리킨 글자[會意] 왼손과 오른손을 편 길이로 법도를 삼은 것을 나타냈다. 여기서 '단위'의 뜻이 나왔다.	尋常(심상) 대수롭지 아니함, 예사로움 尋訪(심방) 방문(訪問)함, 찾아가거나 찾아봄 尋問(심문) 찾아 물음			
審 살필 심 3급 / 常	집(宀)과 변별하다(釆), 그리고 밭(田)의 뜻을 결합한 글자[會意] 법정에서 심문하여 판단하는 것을 나타냈다. 여기서 '살피다'의 뜻이 나왔다.	審判(심판) 경기 등의 진행을 주관 審議(심의) 심사하고 토의하는 것			
瀋 즙낼 심 2급	沈(침)과 통자(通字). 뜻을 나타내는 삼수변(氵(=水, 氺)→물)部와 음을 나타내는 審(심)이 합하여 이루어짐.	瀋陽(심양) 중국 요동성의 성도			
十 열 십 8급 / 常	하나일(一)에 뚫을곤(	)이 더해진 글자. 고대에 가로선(一)으로 10 미만의 수를 세었고 세로선(	)으로 '십'을 나타냈다. 소전자에서 十은 동서남북과 중앙이 모드 갖추어진 것으로 숫자에 있어서는 십을 나타냈다.	數十(수십) 열의 두서너 곱절되는 수효 十常(십상) 십상팔구의 준 말 十年磨一劍(십년마일검): 10년 동안 칼 한 자루를 갈다. 여러 해 동안 武藝(무예)를 鍊磨(연마)함			

한자	자원 풀이	용례	
牙 어금니 아 3급 ┃ 常	어금니 모양(牙)을 본뜬 글자[象形] 아래위의 어금니가 서로 물고 있는 모양을 본떴다. 여기서 '어금니'의 뜻이 나왔다.	齒牙(치아) 이의 점잖은 일컬음 象牙(상아) 코끼리의 어금니, 한 쌍으로 되어 뿔의 구실을 함	
芽 싹 아 3급 ┃ 常	풀(艹)의 뜻과 상아 상(牙)의 음 및 뜻을 결합한 글자[形聲] 소전자에서 상아처럼 솟은 풀잎을 나타냈다. 이런 자형에서 '싹'이 나왔다.	萌芽(맹아) 식물에 새로 트는 싹 胚芽(배아) 수정란(受精卵)이 배낭(胚囊) 속에서 분열(分裂) 증식(增殖)한 것으로 장차 포자체(胞子體)의 바탕이 되는 것	
我 나 아 3급 ┃ 常	손(手)과 창(戈)의 뜻을 결합하는 글자[會意] 손에 창을 들고 자신을 지키는 것을 나타내었다. 여기서 '나'의 뜻이 나왔다.	自我(자아) 자기 자신에 대한 의식 我田引水(아전인수) 자기(自己) 논에만 물을 끌어넣는다는 뜻으로, 자기(自己)의 이익(利益)을 먼저 생각하고 행동(行動)함	
亞 버금 아 3급 ┃ 常	동서남북으로 연이은 궁실을 본뜬 글자[象形] ① 사면으로 통하는 건축물의 모양 ② 곱은 사람의 모양. 여기서 '흉하다'의 뜻이 나왔고 전성되어 '버금'의 뜻으로 쓰인다.	亞鉛(아연) 금속의 한 가지 東南亞(동남아) 동남아시아 亞屬(아속) 두 번째에 속함	
兒 아이 아 5급 ┃ 常	신생아의 두개골이 아직 여물지 않은 모양을 본뜬 글자[象形] 어린아이의 머리 윗부분, 즉 대천문이 굳어지지 않은 것을 나타냈다. 여기서 '아이'의 뜻이 나왔다.	兒童(아동) 어린 아이 迷兒(미아) 길을 잃고 헤매는 아이	
阿 언덕 아 3급	아첨하다는 뜻도 존재함. 뜻을 나타내는 좌부변(阝(=阜)→언덕)과 음을 나타내는 동시에 '휘어 구부러지다'의 뜻을 나타내기 위한 可(가→아는 변음(變音))로 이루어짐.	阿片(아편) 양귀비에서 얻은 갈색(褐色) 가루. 모르핀 등(等)을 주(主)성분(成分)으로 하는 마약 阿膠(아교) 쇠가죽을 진하게 고아 굳힌 것 阿附(아부) 남의 비위를 맞추어 알랑거림	
雅 맑을 아 3급 ┃ 常	어금니 아(牙)의 음 및 뜻과 새(隹)의 뜻을 결합한 글자[會意] 많은 새가 나뭇가지에 앉아 있는 것을 나타냈다. 여기서 '모이다'의 뜻이 나왔다.	優雅(우아) 아름다운 품위 雅量(아량) 너그럽고 깊은 도량(度量) 淸雅(청아) 맑고 아름다움	
餓 주릴 아 3급 ┃ 常	밥(食)의 뜻과 아(我)의 음 및 뜻을 합한 글자[形聲] 사람의 배고픔은 자기로부터 알게 되는 것을 나타냈다. 여기서 '굶주리다'의 뜻이 나왔다.	飢餓(기아) 굶주림 餓死(아사) 굶어 죽음	
俄 아까 아 1급	뜻을 나타내는 사람인변(亻(=人)→사람)部와 음을 나타내는 我(아)가 합하여 이루어짐.	俄語(아어) 러시아어	

한자	자원 풀이	용례			
訝 의심할 아 1급	뜻을 나타내는 말씀언(言→말하다)部와 음을 나타내는 牙(아)가 합하여 이루어짐.	疑訝(의아) 의심스러워 괴이쩍음 驚訝(경아) 놀랄 만큼 의아하게 여김			
啞 벙어리 아 1급	뜻을 나타내는 입구(口→입, 먹다, 말하다)部와 음을 나타내는 亞(아)가 합하여 이루어짐.	啞者(아자) 벙어리 啞然(아연) 맥없이 웃는 모양			
衙 마을 아 1급	뜻을 나타내는 다닐행(行→다니다, 길의 모양)部와 음을 나타내는 吾(오)가 합하여 이루어짐.	官衙(관아) 벼슬아치들이 모여 나랏일을 처리하던 곳 度支衙門(탁지아문) 조선 후기 재정(財政)을 맡아보던 중앙 관아			
岳 큰 산 악 3급　常	언덕(丘)과 산(山)의 뜻을 결합한 글자(會意) 산 위에 또 산이 흙으로 두텁게 높이 있는 것을 나타낸다. 여기서 '큰 산'의 뜻이 나왔다.	山岳(산악) 크고 작은 모든 산 北岳山(북악산) 경복궁 북쪽에 솟아 그 진산을 이루어 온 산			
惡 악할 악 5급　常	흉할 아(亞)의 음 및 뜻과 마음(心)의 뜻을 결합한 글자[形聲] 등이 흉하게 굽은 것처럼 마음이 삐뚤어진 것을 나타낸다. 여기서 '악하다'의 뜻이 나왔다.	惡化(악화) 나쁘게 됨 惡影響(악영향) 나쁜 영향			
握 쥘 악 2급	뜻을 나타내는 재방변(扌(=手)→손)과 음을 나타내는 屋(옥)이 합하여 이루어짐.	把握(파악) 어떠한 일을 잘 이해(理解)하여 확실(確實)하게 바로 앎 掌握(장악) 세력(勢力) 등을 온통 잡음 握手(악수) 인사(人事), 친선(親善) 등의 표시(表示)로 서로 손을 내어 마주 잡음			
顎 턱 악 1급	뜻을 나타내는 머리혈(頁→머리)部와 음을 나타내는 부수를 제외한 글자 咢(악)이 합하여 이루어짐.	下顎脫臼(하악탈구) 아래턱이 삐어져 물러나는 일			
堊 흰 흙 악 1급	뜻을 나타내는 흙토(土→흙)部와 음을 나타내는 亞(아)가 합하여 이루어짐.	白堊館(백악관) 미국 정부를 지칭하기도 함 白堊紀(백악기) 중생대(中生代)를 셋으로 나눈 것 중의 마지막 지질(地質) 시대			
愕 놀랄 악 1급	뜻을 나타내는 심방변(忄(=心, 㣺)→마음, 심장)部와 음을 나타내는 부수를 제외한 글자 咢(악)이 합하여 이루어짐.	驚愕(경악) 놀라서 충격을 받는 것 愕然(악연) 몹시 놀라는 모양			
安 편안 안 6급　常	집(宀)과 여자(女)의 뜻을 결합한 글자[會意] 갑문자에서 농사나 사냥을 하지 않고 집안일을 하는 것을 나타냈다. 여기서 '편안하다'의 뜻이 나왔다.	安保(안보) (뜻밖의 일에) 놀라서 충격(衝擊)을 받는 것 安全(안전) 온전함 安寧(안녕) 걱정이나 탈이 없음			

岸 언덕 안 3급 常	산(山)과 언덕(厂)의 뜻과 찌를 간(干)의 음 및 뜻을 결합한 글자[形聲] 산이나 언덕이 가파르게 깎여 나간 것을 나타냈다. 여기서 '언 것', '낭떠러지'의 뜻이 나왔다.	東海岸(동해안) 동쪽의 바닷가 沿岸(연안) 강물이나 바닷가의 일대
案 안건 안 5급 常	편안할 안(安)의 음 및 뜻과 나무(木)의 뜻을 결합한 글자[形聲] 小篆字에서 편안히 책을 놓고 읽을 수 있도록 나무로 만든 것을 나타냈다. 여기서 '책상'의 뜻이 나왔다.	勘案(감안) 참고하여 생각함 提案(제안) 안을 냄 案件(안건) 토의(討議)하거나 연구(研究)하려고 글로 적어 놓은 거리
眼 눈 안 4급	눈(目)의 뜻과 그칠 간(艮)의 음 및 뜻을 결합한 글자[形聲] 小篆字에서 눈으로 일정한 범위를 고정시켜 보는 것을 나타냈다. 여기서 '눈'의 뜻이 나왔다.	眼目(안목) 사물을 분별하는 견식 眼中(안중) 마음속. 흔히 '두다', '없다' 따위 말이 함께 쓰임 眼鏡(안경) 눈을 보호(保護)하거나 시력(視力)을 돕기 위해 쓰는 기구(器具)
雁 기러기 안 3급 常	굴 바위 엄(厂)의 음 및 뜻과 사람(亻) 그리고 새(隹)의 뜻을 결합한 글자[形聲] 金文字에서 사람이 예의를 지키는 것처럼 줄지어 나는 새를 나타냈다. 여기서 '기러기'의 뜻이 나왔다.	鴻雁(홍안) 큰 기러기와 작은 기러기 孤雁(고안) 외기러기
顔 낯 안 3급 常	아름다운 선비 언(彦)의 음 및 뜻과 머리(頁)의 뜻을 결합한 글자[形聲] 金文字에서 눈과 눈썹 사이가 맑고 빼어난 선비의 얼굴을 나타냈다. 여기서 '얼굴'의 뜻이 나왔다.	顔色(안색) 얼굴빛 紅顔(홍안) 혈색이 좋은 얼굴
按 누를 안 1급	재방변(扌(=手)→손)과 '누르다'의 뜻(→壓압)을 가지는 安(안)으로 이루어지며, 손으로 '누르다'의 뜻.	按摩(안마) 손으로 몸의 근육을 주무르거나 두드리는 일 按排(안배) 제 차례(次例)나 제자리에 알맞게 갈라 붙이거나 벌여 놓음. 몫을 나눔
晏 늦을 안 1급	뜻을 나타내는 날일(日→해)部와 음을 나타내는 安(안)이 합하여 이루어짐.	晏息(안식) 편히 쉼
鞍 안장 안 1급	뜻을 나타내는 가죽혁(革→가죽)部와 음을 나타내는 安(안)이 합하여 이루어짐.	鞍裝(안장) 말·나귀 등의 등에 얹어서, 사람이 타기에 편리(便利)하도록, 가죽으로 만든 제구
謁 뵐 알 3급 常	말씀(言)의 뜻과 다할 갈(曷)이 음 및 뜻을 결합한 글자[形聲] 어른에게 일을 간곡하게 남김없이 말하는 것을 나타냈다. 여기서 '아뢰다'의 뜻이 나왔다.	謁見(알현) 지체 높은 사람을 찾아뵙는 일 拜謁(배알) 높거나 존경하는 사람을 찾아가 뵘
軋 삐걱거릴 알 1급	뜻을 나타내는 수레거(車→수레, 차)部와 음을 나타내는 乙(을)이 합하여 이루어짐.	軋轢(알력) ① 수레바퀴의 삐걱거림 ② 의견(意見)이 서로 충돌(衝突)됨

斡 돌 알 1급	뜻을 나타내는 말두(斗→말)部와 부수를 제외한 글자 軗(간)의 합자(合字).	**斡旋**(알선) 남의 일을 잘되도록 마련하여 줌 **斡流**(알류) 뱅뱅 돌아 흐르는 물			
贋 옳지 않을 안	뜻을 나타내는 조개패(貝→돈, 재물)部와 음(音)을 나타내는 부수(部首)를 제외(除外)한 글자 雁(안)이 합(合)하여 이루어짐.	**贋作**(안작)=위조(僞造) **贋天子**(안천자) 폐제(廢帝)			
岩 바위 암 상용　常	山(산)과 石(석)으로 이루어짐. 바위의 뜻.	**火成岩**(화성암) 땅속에서 녹은 바윗물이 땅거죽 가까이 나와서 엉기어 된 바윗돌 **花崗岩**(화강암) 석영(石英)·운모(雲母)·사장석 등으로 이루어진 심성암(深成巖)			
暗 어두울 암 4급　常	해(日)의 뜻과 소리 음(音)의 음 및 뜻을 결합한 글자[形聲] 날이 저물어 보이지 않고 소리만 들리는 것을 나타냈다. 여기서 '어둡다'의 뜻이 나왔다.	**暗澹**(암담) 어두컴컴하고 쓸쓸함 **暗示**(암시) 넌지시 깨우쳐 줌			
癌 암 암 2급	뜻을 나타내는 병질엄(疒→병, 병상에 드러누운 모양)部와 음을 나타내는 부수를 제외한 글자 嵒(암)이 합하여 이루어짐.	**發癌**(발암) 암이 발생(發生)하는 것 **肺癌**(폐암) 폐장암. 폐장에 생기는 암종			
庵 암자 암 1급	뜻을 나타내는 엄호밑(广→집)部와 음을 나타내는 동시에 '덮다'의 뜻(→掩엄)으로 이루어짐. 초가집 암자(庵子)의 뜻.	**韋庵文稿**(위암문고) 조선 말기(末期)의 학자(學者)이자 언론인(言論人)인 韋庵(위암) 장지연(張志淵)의 시문집(詩文集)			
闇 숨을 암 1급	뜻을 나타내는 문문(門→두 짝의 문, 문중·일가)部와 음을 나타내는 音(음)이 합하여 이루어짐.	**昏闇**(혼암) 어리석고 못나서 사리(事理)에 어두움 **闇鈍**(암둔) 어리석고 우둔(愚鈍)함			
押 누를 압 3급　常	개(犭)의 뜻과 으뜸 갑(甲)의 음 및 뜻을 결합한 글자[形聲] 소전자에서 개가 으뜸가는 친구처럼 가까워진 것을 나타냈다. 여기서 '친압하다'의 뜻이 나왔다.	**押收**(압수) 물건의 점유를 취득하는 강제 처분 **假押留**(가압류) 민사 소송법에서, 법원이 채권자를 위하여 나중에 강제 집행을 할 목적으로 채무자의 재산을 임시로 확보하는 일			
壓 누를 압 준4급	뜻을 나타내는 흙토(土→흙)部와 음을 나타내는 동시에 '누르다'의 뜻을 가지는 厭(염→압은 변음(變音))으로 이루어짐.	**壓迫**(압박) 내리 누름 **壓倒**(압도) 눌러서 넘어뜨림. 모든 점에서 월등(越等)히 우세(優勢)하여 남을 눌러 버림			
鴨 오리 압 2급	뜻을 나타내는 새조(鳥→새)部와 음을 나타내는 甲(갑)으로 이루어진 글자.	**雁鴨池**(안압지) 경상북도(慶尙北道) 경주시(慶州市) 북동쪽에 있는 못. 30대 문무왕(文武王) 때 신라(新羅)의 지도(地圖) 모양으로 임해전 앞에 판 못. 지금도 그 자취가 남아 있음 **鴨脚樹**(압각수) 은행(銀杏) 나무			

한자	자원 풀이	용례		
央 가운데 앙 3급II 常	경계[冂]와 크다[大]의 뜻을 결합한 글자[會意] 사람이 어깨 중앙에 짐을 지고 있는 것을 나타냈다. 여기서 '가운데'의 뜻이 나왔다.	中央(중앙) ① 사방의 중심(中心)이 되는 곳, 가운데 ② 중심(中心)이 되는 중요(重要)한 곳 ③ 서울, 수도(首都) 中央部(중앙부) 중앙(中央)이나 중심부(中心部)에 해당(該當)하는 부분		
仰 우러를 앙 3급II 常	사람(亻)과 높일 앙(卬)의 음 및 뜻을 결합한 글자[形聲] 손으로 어루만지는 것을 나타냈다. 소전자에서는 손이 사람으로 바뀌어 무릎을 꿇고 웃어른을 바라보는 사람을 나타냈다. 여기서 '우러러보다', '사모하다'의 뜻이 나왔다.	仰不愧於天(앙불괴어천) 하늘을 우러러 조금도 부끄러움이 없음 推仰(추앙) 높이 받들어 우러름		
殃 재앙 앙 3급 常	𣨪(앙)이 본자(本字). 뜻을 나타내는 죽을사변(歹=歺)→뼈, 죽음)部와 음을 나타내는 央(앙)으로 이루어져, 신의 꾸중, 전(轉)하여 災禍(재화)의 뜻.	災殃(재앙) 천변지이(天變地異)로 인한 온갖 불행(不幸)한 일 殃禍(앙화) 죄악(罪惡)의 과보로 받는 재앙(災殃). 어떤 일로 말미암아 생기는 근심이나 재난(災難)		
怏 원망할 앙 1급	뜻을 나타내는 심방변(忄(=心, 忄)→마음, 심장)部와 음을 나타내는 央(앙)이 합하여 이루어짐.	怏宿(앙숙) 앙심을 품고 서로 미워함 또는 그런 사이 怏怏(앙앙) 마음에 섭섭하거나 시뻐서 앙심을 품은 모양		
昂 높을 앙 1급	뜻을 나타내는 날일(日→해)部와 음을 나타내는 동시에 '높다'의 뜻(→高고)을 가지는 부수를 제외한 글자 卬(공)으로 이루어짐.	激昂(격앙) (감정(感情)이나 기운(氣運)이) 격렬(激烈)히 일어나 높아지는 것 昂騰(앙등) 물건값(物件-)이 오름. 등귀(騰貴)		
秧 모 앙 1급	뜻을 나타내는 벼화(禾→곡식)部와 음을 나타내는 央(앙)이 합하여 이루어짐.	移秧期(이앙기) 모를 내는 시기(時期). 모내기 철 晚移秧(만이앙) 늦모내기		
鴦 원앙 앙 1급	뜻을 나타내는 새조(鳥→새)部와 음을 나타내는 央(앙)이 합하여 이루어짐	鴛鴦(원앙) 오릿과의 물새		
哀 슬플 애 준3급 常	옷(衣)과 입(口)의 뜻을 결합한 글자[會意] 금문자에서는 옷깃으로 눈물을 닦으며 소리 내어 우는 것을 나타냈다. 여기서 '슬프다'의 뜻이 나왔다.	悲哀(비애) 슬픔과 설움. 슬퍼하고 서러워함 哀歡(애환) 슬픔과 기쁨		
涯 물가 애 3급 常	물(氵)의 뜻과 언덕 애(厓)의 음 및 뜻을 결합한 글자[形聲] 소전자에서 물이 언덕과 맞닿아 있는 곳을 나타냈다. 여기서 '물가'의 뜻이 나왔다.	生涯(생애) 살아 있는 한평생 동안 境涯(경애) 자기 자신(自身)이 처하여 있는 환경(環境)과 생애		
愛 사랑 애 6급 常	주다(受)와 마음 심(心) 그리고 천천히 걷다(夊)의 뜻을 결합한 글자[會意] 갑문자에서는 손으로 어루만지고 마음으로 감싸 베푸는 마음을 나타냈다. 여기서 '사랑'의 뜻이 나왔다.	割愛(할애) 아쉬움을 무릅쓰고 나누어 줌 博愛(박애) 모든 것을 널리 평등(平等)하게 사랑함		

碍 거리낄 애 2급	뜻을 나타내는 돌석(石→돌)部와 음을 나타내는 부수를 제외한 글자 㝵(애)가 합하여 이루어짐.	無碍光佛(무애광불) 무애광(無碍光)의 공덕(功德)에 의하여 일컬어지는 아미타불의 딴 이름 無碍光(무애광) 십이광(十二光)의 하나. 사람에나 법(法)에나 어떠한 것에도 거침없이 비치는 광명		
埃 티끌 애 2급	뜻을 나타내는 흙토(土→흙)部와 음을 나타내는 矣(의)이 합하여 이루어짐.	埃及(애급) 이집트의 음역 塵埃(진애) ① 티끌 ② 세상(世上)의 속된 것		
曖 희미할 애 1급	뜻을 나타내는 날일(日→해)部와 음을 나타내는 愛(애)가 합하여 이루어짐.	曖昧(애매) 희미(稀微)하여 분명(分明)하지 않음		
崖 언덕 애 1급	뜻을 나타내는 메산(山→산봉우리)部와 음을 나타내는 동시에 '낭떠러지'의 뜻을 가지는 厓(애)로 이루어짐. 산가의 '낭떠러지'의 뜻.	斷崖(단애) (깎아 세운 듯한) 낭떠러지 摩崖(마애) 마애(磨崖). 석벽(石壁)을 쪼아 갈아서 글자나 그림을 새김		
艾 쑥 애 2급	풀을 뜻하는 초두머리(艹(=艸)→풀, 풀의 싹)部와 음을 나타내는 乂(예)가 합하여 '쑥'을 뜻함.	艾年(애년) 쉰 살. 50세. 머리털이 세어서 쑥 같으므로 이렇게 말함 江艾(강애) 강화도에서 나는 약쑥. 다른 지방(地方)에서 나는 약쑥보다 약효가 좋음		
隘 좁을 애 1급	뜻을 나타내는 좌부변(阝(=阜)→언덕)部와 음을 나타내는 益(익)이 합하여 이루어짐.	偏隘(편애) 편애(褊隘). 성미가 편벽(偏僻)되고 좁음 狷隘(견애) 마음이 좁고 편벽(偏僻)됨		
靄 아지랑이 애 1급	뜻을 나타내는 비우(雨→비, 비가 오다)部와 음을 나타내는 謁(알)이 합하여 이루어짐.	朝靄(조애) 아침에 끼는 아지랑이 暮靄(모애) 저녁 안개		
厄 액 액 3급　常	언덕(厂)과 앉은 사람(卩)의 뜻이 결합한 글자[會意] 말에 메는 멍에를 나타냈으나, 소전자에서는 자형이 변하여 사람이 작은 문 사이로 어렵게 드나드는 것을 나타냈다. 여기서 '재앙'의 뜻이 나왔다.	厄運(액운) 액을 당할 운수(運數) 災厄(재액) 재앙(災殃)과 액운(厄運)		
液 진 액 준4급	뜻을 나타내는 삼수변(氵(=水, 氺)→물)部와 음을 나타내는 夜(야)가 합하여 이루어짐.	液體(액체) 일정한 부피는 있으나 일정한 모양은 없이 유동(流動)하는 물질 血液循環(혈액순환) 동물(動物) 체내(體內)에서 진행(進行)되는 피의 순환. 보통은 심장 또는 유사 기관의 박동(搏動)에 의하여 행해짐		
額 이마 액 4급　常	나그네 객(客)의 음 및 뜻과 머리(頁)의 뜻을 결합한 글자[形聲] 사람의 얼굴 중에서 눈썹과 머리카락 사이를 가리킨 부분을 나타냈다. 이런 자형에서 '이마'의 뜻이 나왔다.	金額(금액) 금전(金錢)의 액수(額數), 돈의 수효(數爻) 總額(총액) 모두를 합한 액수(額數)		

扼 잡을 액 1급	뜻을 나타내는 재방변(扌(=手)→손)部와 음을 나타내는 厄(액)이 합하여 이루어짐.	扼腕(액완) 분격(憤激)하여 팔짓을 함. 성나고 분하여 주먹을 쥠 扼守(액수) 중요(重要)한 곳을 굳게 지킴	
縊 목맬 액 1급	뜻을 나타내는 실사(糸→실타래)部와 음을 나타내는 益(익)이 합하여 이루어짐.	縊死(액사) 목을 매어 죽음. (본딧말)의사(縊死) 自縊(자액) 스스로 목매어 죽음	o
腋 겨드랑이액 1급	掖(액)과 통자(通字). 뜻을 나타내는 육달월(月(=肉)→살, 몸)部와 음을 나타내는 夜(야)가 합하여 이루어짐.	扶腋(부액) 곁부축. 겨드랑이를 붙들어 걸음을 돕는 것 腋臭(액취) 암내	
櫻 앵두 앵 1급	뜻을 나타내는 木(목→나무)部와 음을 나타내는 부수를 제외한 글자 嬰(영)이 합하여 이루어짐.	櫻花(앵화) ① 앵두나무의 꽃 ② 벚꽃 山櫻桃(산앵두) ① 산앵두나무 ② 산앵두나무의 열매. 산이스랏	
鶯 꾀꼬리 앵 1급	뜻을 나타내는 새조(鳥→새)部와 음을 나타내는 熒(형)의 생략형(省略形)이 합하여 이루어짐.	老鶯(노앵) 늦은 봄에 우는 꾀꼬리 鶯梭(앵사) 꾀꼬리가 이 가지에서 저 가지로 자꾸 날아 옮겨 앉는 것을, 베를 짤 때 북이 이리저리 왔다 갔다 하는 데 비유(比喩)한 말. 나뭇가지 사이로 이리저리 날아다니는 꾀꼬리	
也 잇기 야 3급 常	입 기운이 더디게 흘러나오는 모양을 본뜬 모양(象形) 입에서 다음 말을 내뱉지 못하고 있는 모양을 본떴다. 여기서 '뱀'의 뜻이 나왔으나, 전성되어 '어조사'로 쓰인다.	是日也放聲大哭(시일야방성대곡) 1905년 을사조약(乙巳條約)이 체결(締結)된 것을 슬퍼하여 장지연이 민족적 울분(鬱憤)을 표현한 논설(論說)	
夜 밤 야 6급 常	또 (亦)자와 저녁 (夕)의 뜻을 결합한 글자[會意] 달이 사람 겨드랑이에 감추어진 것을 나타냈다. 여기서 '밤'의 뜻이 나왔다.	晝夜(주야) ① 낮과 밤 ② 밤낮 深夜(심야) 깊은 밤	
耶 어조사 야 3급 常	귀 이(耳)의 음 및 뜻과 마을(邑)의 뜻을 결합한 글자[形聲] 소전자에서는 고대 중국 산둥성의 고을이름을 나타냈다. 후에 가차되어 '어조사'로 쓰였다.	有耶無耶(유야무야) 있는지 없는지 흐리멍덩한 모양(模樣), 흐지부지한 모양(模樣) 耶蘇會(야소회)=예수회. 1534년 스페인의 로욜라들이 세워, 1540년 교황(敎皇)의 공인(公認)을 받은 수도회(修道會)	
野 들 야 6급 常	마을(里)의 뜻과 줄 여(予)의 음 및 뜻을 결합한 글자[形聲] 곡식을 키워주는 논밭이 있는 곳을 나타냈다. 여기서 '들'의 뜻이 나왔다.	與野(여야) 여당(與黨)과 야당(野黨) 野黨(야당) 정당(政黨) 정치(政治)에서 현재(現在) 내각(內閣)을 조직(組織)하지 않은 정당(政黨)	
惹 이끌 야 2급	뜻을 나타내는 마음심(心(=忄, 㣺)→마음, 심장)部와 음을 나타내는 若(약)이 합하여 이루어짐.	惹起(야기) 무슨 일이나 사건(事件) 따위를 끌어 일으킴 惹鬧(야료) ① 까닭 없이 트집을 잡고 함부로 떠들어대는 짓 ② 야기요단의 준말	

字	字源	用例	
伽 가야 야 2급	뜻을 나타내는 사람인변(亻(=人)→사람)部와 음을 나타내는 耶(야)가 합하여 이루어짐.	伽倻琴(가야금) 가야의 우륵(于勒)이 만들었다는, 우리나라 고유(固有)의 현악기(絃樂器). 오동나무로 길게 만든 공명관(共鳴管) 위에 열두 줄을 이은 구조 狗伽國(구야국) 가야의 별칭	
冶 풀무 야 1급	이수변(冫→고드름, 얼음)과 '느슨해지다'의 뜻(→弛이)을 나타내기 위한 台(태·이)로 이루어짐. 금속(金屬)이 '녹다'→금속을 녹여서 물건을 '만들다'의 뜻.	陶冶(도야) 심신(心身)을 닦아 기름 冶金(야금) 광석(鑛石)에서 쇠붙이를 공업적(工業的)으로 골라내거나 합금(合金)을 만드는 일	
惹 이끌 야 2급	뜻을 나타내는 마음심(心(=忄, 㣺)→마음, 심장)部와 음을 나타내는 若(약)이 합하여 이루어짐.	惹起(야기) 무슨 일이나 사건(事件) 따위를 끌어 일으킴 惹端(야단) 떠들썩하게 벌어진 일	
揶 야유할 야 1급	뜻을 나타내는 재방변(扌(=手)→손)部와 음을 나타내는 耶(야)가 합하여 이루어짐.	揶揄(야유) 남을 빈정거려 놀리는 것	
爺 아비 야 1급	뜻을 나타내는 아비부(父→아버지)部와 음을 나타내는 耶(야)가 합하여 이루어짐.	好好爺(호호야) 인품(人品)이 아주 좋은 늙은이 老爺(노야) 할아범	
若 같을 약 3급 常	풀(艹)과 손(右)의 뜻을 결합한 글자[會意] 머리를 풀어 헤치고 무릎을 꿇은 어린 여자를 나타냈으나, 소전자에서는 손으로 어린 채소를 고르는 것을 나타냈다. 여기서 '어리다'의 뜻이 나왔다. 후에 가차되어 '만약'의 뜻으로 쓰인다.	萬若(만약) 만일, 혹시 若干(약간) 정도(程度)나 양 따위가 얼마 되지 아니함. 몇	
約 맺을 약 5급	勺(작→약)과 실(실사(糸→실타래)部)로 단단히 묶듯이 굳게 약속을 지킨다는 뜻을 합하여 '맺다'를 뜻함.	約束(약속) 언약(言約)하여 정함 節約(절약) 아끼어 씀	
弱 약할 약 6급 常	새끼 새의 약한 두 날개를 본뜬 글자[象形] 소전자에서 약한 새끼 새의 날개모양을 본떴다. 여기서 '약하다'의 뜻이 나왔다.	脆弱(취약) ① 무르고 약함 ② 가냘픔 懦弱(나약) 의지(意志)가 굳세지 못함	
藥 약 약 6급 常	풀(艹)의 뜻과 즐거울 락(樂)의 음 및 뜻을 결합한 글자[形聲] 소전자에서 풀을 달여 먹고 나아 즐거운 것을 나타냈다. 여기에서 '약'이란 뜻이 나왔다.	醫藥品(의약품) 의료(醫療)에 쓰이는 약품(藥品) 藥局(약국) 약사가 약을 지어 주는 곳	
躍 뛸 약 3급 常	발(足)과 깃(羽) 그리고 새(隹)의 뜻이 결합한 글자[會意] 소전자에서 개가 날갯짓하여 날 듯 발을 굴러 뛰어오르는 것을 나타냈다. 여기서 '뛰다'의 뜻이 나왔다.	跳躍(도약) 능력(能力)이나 수준(水準) 등에 있어서 더 높은 단계(段階)로 발전(發展)하는 것 躍進(약진) 빠르게 진보(進步)함	

蒻 꽃밥 약 1급	풀을 뜻하는 초두머리(艹(=艸)→풀, 풀의 싹)部와 음을 나타내는 約(약)이 합하여 '어리수잎'을 나타냄.	側生蒻(측생약) 꽃밥의 한쪽이 수술대에 붙은 약목련 같은 것 搗蒻(도약) 환약(丸藥) 재료(材料)를 골고루 섞어 반죽을 하여 찧어 부드럽게 함	
羊 양 양 4급　常	양의 모양을 본뜬 글자[象形] 갑문자에서 양을 정면에서 본 두 뿔과 네 발 및 꼬리의 모양을 본떴다. 이런 자형에서 '양'의 뜻이 나왔다.	白羊(백양) 흰 양 羊毛(양모) 양의 털. 털실과 모직의 감으로 쓰임	
洋 큰 바다 양 6급　常	물(氵) 뜻과 각각 각(各)의 음 및 뜻을 결합한 글자[形聲] 황하의 한 지류인 강 이름이었으나, 후에 전성되어 물방울이 뿔뿔이 떨어지는 것을 나타냈다. 여기서 '물방울', '떨어지다'의 뜻이 나왔다.	海洋(해양) 넓은 바다, 지구(地球)의 거죽에 큰 넓이로 짠물이 많이 괴어 있는 곳 洋酒(양주) 서양(西洋)에서 수입(輸入)하였거나 또는 서양식(西洋式)으로 만든 술. 위스키, 브랜디, 진 따위	
揚 날릴 양 3급　常	손(扌)의 뜻과 빛날 양(昜)의 음 및 뜻을 결합한 글자[形聲] 받침대 위에 해가 솟아 떠 있는 모양을 나타냈으나, 소전자에서는 扌를 첨가해 손으로 깃발을 올리는 것을 나타냈다. 여기서 '드날리다'의 뜻이 나왔다.	讚揚(찬양) 칭찬(稱讚)하여 나타나게 함 浮揚(부양) 가라앉은 것이 떠오르거나 떠오르게 함	
陽 볕 양 6급　常	언덕(阝)의 뜻과 볕 양(昜)의 음 및 뜻을 결합한 글자[形聲] 갑문자에서 해가 높이 떠 언덕을 비추고 있는 것을 나타냈다. 이런 자형에서 '볕'의 뜻이 나왔다.	陽曆(양력) '태양력(太陽曆)'의 준말 陽地(양지) 햇볕이 바로 드는 곳	
楊 버들 양 3급　常	나무(木)의 뜻과 빛날 양(昜)의 음 및 뜻을 결합한 글자[形聲] 햇볕에 위로 뻗어가는 버드나무를 나타냈다. 여기서 '냇버들'의 뜻이 나왔다.	白楊(백양) 버들과에 딸린 낙엽(落葉) 교목(喬木). 높이는 15m 이상, 4월경에 암자색의 꽃이 핌 楊風雲傳(양풍운전) 조선 후기의 한글 소설	
養 기를 양 5급　常	양 양(羊)의 음 및 뜻과 밥(食)의 뜻을 결합한 글자[形聲] 손으로 양을 기르는 것을 나타냈으나, 소전자에서는 手가 食으로 바뀌어 음식을 제공하다는 뜻을 더했다. 여기서 '기르다'의 뜻이 나왔다.	養成(양성) 가르쳐서 유능(有能)한 사람을 길러 냄 療養(요양) 휴양하면서 치료(治療)하는 것 涵養(함양) 서서히 양성(養成)함. 차차 길러 냄	
樣 모양 양 4급　常	나무(木)의 뜻과 물줄기 양(羕)의 음 및 뜻을 결합한 글자[形聲] 물의 양을 재기 위하여 도토리나무를 깎아 만든 기구를 나타냈다. 여기서 '본'의 뜻이 나왔다.	多樣(다양) 여러 가지 모양 또는 양식(樣式) 樣相(양상) 생김새나 모습	
壤 흙덩이 양 3급　常	흙(土)의 뜻과 도울 양(襄)의 음 및 뜻을 결합한 글자[形聲] 농작물이 잘 자라는 데 도움이 되는 기름진 흙을 나타냈다. 여기서 '흙'의 뜻이 나왔다.	天壤(천양) 하늘과 땅 土壤(토양) 흙. 모래와 점토가 알맞게 섞인 흙	
孃 아가씨 양 2급	커다란 여자(女子)의 뜻으로 본래(本來) 어머니를 가리키는 속어(俗語), 전(轉)하여 娘(낭=소녀의 존칭)과 혼용(混用)됨.	令孃(영양) '남의 딸'의 높임말 耶孃(야양) 부모(父母)	

讓 사양할 양 3급　常	말씀언(言)의 뜻과 도울 양(襄)의 음 및 뜻을 결합한 글자[形聲] 보답을 바라지 않고 몸과 말로써 도와주는 것을 나타냈다. 여기서 '사양하다'의 뜻이 나왔다.	分讓(분양) 나누어서 넘겨줌 讓渡(양도) 권리(權利)나 이익(利益) 따위를 남에게 넘겨줌		
瘍 헐 양 1급	뜻을 나타내는 병질엄(疒→병, 병상에 드러누운 모양)部와 음을 나타내는 부수를 제외한 글자 昜(양)이 합하여 이루어짐.	肝膿瘍(간농양) 간장에 다발성 또는 고립성의 농양이 생기는 병(病). 화농균·대장균의 침입(侵入)이 그 원인(原因)임 潰瘍(궤양) 피부(皮膚)나 점막이 짓무르거나 허는 병(病)		
攘 물리칠 양 1급	뜻을 나타내는 재방변(扌(=手)→손)部와 음을 나타내는 襄(양)이 합하여 이루어짐.	攘攘(요양) 한꺼번에 떠들어서 어수선함 攘伐(양벌) 쳐서 물리침		
襄 도울 양 2급	뜻을 나타내는 옷의(衣(=衤)→옷)部와 음을 나타내는 부수를 제외한 글자(양)이 합하여 이루어짐.	襄奉(양봉) 장례(葬禮)를 지냄을 높여 이르는 말		
釀 술 빚을 양 1급	뜻을 나타내는 닭유(酉→술, 닭)部와 음을 나타내는 襄(양)이 합하여 이루어짐.	釀造場(양조장) 술이나 간장·식초 따위를 담그는 공장(工場) 家釀酒(가양주) 집에서 쓰려고 빚어 만든 술		
恙 병 양 1급	근심할 양의 뜻도 존재함. 뜻을 나타내는 마음심(心(=忄, 㣺)→마음, 심장)部와 음을 나타내는 羊(양)이 합하여 이루어짐.	無恙(무양) 몸에 탈이 없음 微恙(미양) ① 대단하지 않은 병 ② 자기의 앓는 병을 겸사(謙辭)하여 이르는 말		
癢 가려울 양 1급	뜻을 나타내는 병질엄(疒→병, 병상에 드러누운 모양)部와 부수를 제외한 글자 養(양)이 음을 나타냄.	伎癢症(기양증) 기양증(技癢症). 지니고 있는 재주를 쓰고 싶어서 마음이 간질간질한 생각(증세(症勢))		
於 어조사 어 3급　常	까마귀가 날아가는 모양을 본뜬 글자[象形] 烏의 본자로 까마귀가 두 날개를 펴고 날아가는 모양을 본떴다. 여기서 '까마귀'의 뜻이 나왔으나 후에 가차되어 '어조사'로 쓰인다.	甚至於(심지어) 심하면, 심하게는, 심하다 못해 나중에는 於此彼(어차피) '어차어피'의 준말		
魚 물고기 어 5급　常	물고기의 머리, 꼬리, 지느러미를 나타낸 글자[象形]	養魚場(양어장) 물고기를 길러 번식(繁殖)시키는 곳 觀賞魚(관상어) 보고 즐기기 위해 기르는 물고기. 금붕어·열대어 등		
御 거느릴 어 3급　常	자축거리다(彳)와 짐 부리다의 뜻이 결합한 글자[會意] 먼 길을 가다가 매어둔 말고삐를 푸는 것을 나타냈다. 여기서 '말 몰다'의 뜻이 나왔다.	制御(제어) ① 통제(統制)하여 복종(服從)시킴 ② 기계(機械)나 설비(設備) 등을 목적에 알맞도록 조절(調節)함 崩御(붕어) 금이 세상(世上)을 떠나는 것		

漁 고기 잡을 어 5급 | 常	물(氵)의 뜻과 고기 어(魚)의 음 및 뜻을 결합한 글자[形聲] 갑문자에서 물고기를 잡는 것을 나타냈다. 소전자에서는 水를 첨가하여 뜻을 더했다. 여기서 '고기 잡다'의 뜻이 나왔다.	漁夫(어부) 고기잡이를 업으로 하는 사람 漁船(어선) 고기잡이 하는 배		
語 말씀 어 7급 | 常	말(言)의 뜻과 나오(吾)의 음 및 뜻을 결합한 글자[形聲]	語塞(어색) 서먹서먹하여 멋쩍고 쑥스러움 國語(국어) 국민(國民) 전체(全體)가 쓰는 그 나라의 고유(固有)한 말		
圄 감옥 어 1급	뜻을 나타내는 큰입구몸(□→에워싼 모양)部와 음을 나타내는 吾(오)가 합하여 이루어짐.	囹圄(어령) 감옥(監獄). 영어(囹圄)		
瘀 어혈질 어 1급	뜻을 나타내는 병질엄(疒→병, 병상에 드러누운 모양)部와 음을 나타내는 於(어)가 합하여 이루어짐.	瘀血(어혈) 몸에 피가 제대로 돌지 못하여 한곳에 맺혀 있는 증세(症勢) 또는 그 피. 흔히 무엇에 부딪쳤을 때에 생김		
禦 막을 어 1급	뜻을 나타내는 보일시(示(=礻)→보이다, 신)部와 음을 나타내는 御(어)가 합하여 이루어짐.	防禦的(방어적) 상대편(相對便)의 공격(攻擊)을 막는 것		
抑 누를 억 3급 | 常	손(扌)과 도장의 뜻을 결합한 글자[形聲] 손으로 사람을 눌러 무릎을 꿇게 하는 것을 나타냈다. 소전자에서는 爪를 우변에 옮겼다. 여기서 '누르다'의 뜻이 나왔다.	抑制(억제) 억눌러 제지함 抑鬱(억울) 억제(抑制)를 받아 답답함		
億 억 억 5급 | 常	사람 (亻)의 뜻과 뜻의 (意)의 음 및 뜻을 결합한 글자[形聲] 사람이 뜻대로 일이 잘된 상태로 나타냈다. 이런 자형에서 '편안하다'의 뜻이 나왔다. 후에 가차되어 숫자 '억'으로 쓰인다.	億臺(억대) 억으로 헤아릴 만큼 많음 億劫(억겁) 셀 수 없이 긴 오랜 동안 또는 그 세상(世上). 억천만겁		
憶 생각 억 3급 | 常	심방변(忄(=心, 㣺)→마음, 심장)部와 음을 나타내는 意(의·억→단단히 누른다)로 이루어짐. '마음에 단단히 새겨 외다'의 뜻.	記憶(기억) 지난 일을 잊지 않고 외어 둠 追憶(추억) 지난 일을 돌이켜 생각함		
臆 가슴 억 1급	뜻을 나타내는 육달월(月(=肉)→살, 몸)部와 음을 나타내는 意(의)가 합하여 이루어짐.	臆測(억측) 근거(根據)가 없이 하는 추측(推測) 臆斷(억단) (근거(根據) 없이)억측하여 판단(判斷)함		
言 말씀 언 6급 | 常	매울 신(辛)의 음 및 뜻과 입[□]의 뜻을 결합한 글자[形聲] 갑문자에서 생각한 바를 직선적으로 찔러 말하는 것을 나타냈다. 이런 자형에서 '말하다'의 뜻이 나왔다.	言論(언론) 말로나 글로써 자기의 의사(意思)를 발표(發表)하는 일 發言(발언) 의견(意見)을 나타내는 말 言語(언어) 사람이 생각이나 느낌을 소리나 글자로 나타내는 수단(手段)		

한자	자원 설명	용례			
焉 어찌 언 3급 常	누런 빛깔의 새를 본뜬 글자[象形] 중국 강회에 사는 누런 빛깔의 새를 본떴다. 여기서 '새 이름'의 뜻이 나왔으나 후에 새 울음소리를 가차하여 '어조사'의 뜻으로 나온다.	焉敢(언감) 어찌 감(敢)히. 감(敢)히 하지 못함을 뜻함			
堰 둑 언 1급	뜻을 나타내는 흙토(土→흙)部와 음을 나타내는 부수를 제외한 글자 匽(언)이 합하여 이루어짐.	堰堤(언제) 제언(堤堰). 물을 가두어 두기 위하여 하천(河川)이나 골짜기 따위에 쌓은 둑 堰塞(언색) 물의 흐름을 막음			
彦 선비 언 2급	무늬의 뜻인 문(文)과 아름답다는 뜻의 터럭 삼(彡→무늬)과 민엄호밑(厂→굴 바위, 언덕)部(엄·한)로 이루어짐. 훌륭한 청년의 미칭(美稱).	彦士(언사) 재덕(才德)이 뛰어난 인물(人物) 後彦(후언) 후진(後進)의 영재(英才)			
諺 언문 언 1급	뜻을 나타내는 말씀언(言→말하다)部와 음을 나타내는 彦(언)이 합하여 이루어짐.	諺文(언문) 지난날, 한문(漢文)에 대하여 한글로 된 글을 낮추어 이르던 말 訓民正音諺解(훈민정음언해) 훈민정음 반포 후에 나온 것으로 추정(推定)되는 훈민정음의 원문(原文)을 역해(譯解)한 책.			
嚴 엄할 엄 4급 常	'부르짖다'의 뜻과 삼엄할 엄의 음 및 뜻을 결합한 글자[形聲] 암석이 많은 험준한 산과 같이 명령이 급박한 것을 나타냈다. 여기서 '엄하다'의 뜻이 나왔다.	嚴格(엄격) 언행(言行)이 엄숙(嚴肅)하고 딱딱함 嚴正(엄정) 엄하고 바름			
儼 엄연할 엄 1급	뜻을 나타내는 사람인변(亻=人→사람)部와 음을 나타내는 嚴(엄)이 합하여 이루어짐.	儼乎(엄호) 엄숙(嚴肅)한 모양 儼然(엄연) 현상(現象)이 뚜렷하여 누구도 감(敢)히 부인(否認)할 수 없음			
奄 문득 엄 1급	大(대)와 电(전·예)의 합자(合字). 넓고 크게 덮음의 뜻.	奄官(엄관) 환관(宦官) 奄棄(엄기) 갑자기 세상을 뜸. 천자(天子)의 죽음을 이름			
俺 나 엄(암) 상용	대법원 인명용으로는 엄. 뜻을 나타내는 사람인변(亻=人→사람)部와 음을 나타내는 奄(엄)이 합하여 이루어짐.	'사람이 크게 뻗어 커지다'의 뜻으로 북방의 속어에서 제1인칭 '나'의 뜻			
業 업 업 6급 常	악기를 걸 수 있는 무늬가 있는 받침틀의 모양을 본뜬 글자[象形] 나무로 된 받침틀에 무늬 새기는 일을 하는 것을 본떴다. 이런 자형에서 '업'의 뜻이 나왔다.	就業(취업) 취직(就職). 직업(職業)을 얻음 罷業(파업) 노동자(勞動者)가 노동(勞動) 조건(條件)을 개선(改善)하기 위해 단결하여 노동을 하지 않음			
予 나, 줄 여 3급 常	좌우 손으로 주서나 받는 모양[象形] 베를 짤 때 실을 감은 북을 서로 주고받는 모양을 본떴다. 여기서 '주다'와 주는 자신인 '나'의 뜻이 나왔다.	予奪(여탈) 주는 것과 빼앗는 것			

汝 너 여 3급 | 常	물(水)의 뜻과 계집 녀(女)의 음 및 뜻을 결합한 글자[形聲] 삼각주 모양을 가진 강으로 허난성과 산둥성에 걸쳐 있는 강 이름을 나타냈다. 여기서 강 이름의 뜻이 나왔으나, 가차되어 이인칭의 '너'의 뜻으로 쓰인다.	汝矣島(여의도) 서울 영등포구(永登浦區) 여의도동에 딸린 한강(漢江)의 하중도(河中島) 吾心卽汝心(오심즉여심) 내 마음이 곧 네 마음이라는 뜻으로, 천도교(天道敎)의 교조 최제우(崔濟愚)가 한 말			
如 같을 여 4급 | 常	여자(女)와 입(口)의 뜻을 결합한 글자[會意] 아버지의 가르침을 잘 따르는 여자의 습성을 나타냈다. 여기서 '같게 하다'의 뜻이 나왔다.	如前(여전) (어떤 대상(對象)이) 변함이 없이 전과 같음 缺如(결여) 있어야 할 것이 없거나 모자람			
余 나, 남을 여 3급 | 常	합하다(合)의 뜻과 '나누다'의 뜻을 결합한 글자[會意] ① 나무기둥이 지붕을 받치고 있는 것 ② 손으로 모으는 것을 나타냄	余等(여등) 우리들 余月(여월) 음력(陰曆) 4월			
與 더불어 여 4급 | 常	'마주 들다'와 '줄여'(余)의음 및 뜻을 결합한 글자[形聲] 두 사람이 마주 들고 서로 주는 것을 나타냈다. 이런 자형에서 '주다'의 뜻이 나왔다.	參與(참여) 참가(參加)하여 관계(關係)함 與否(여부) 그러함과 그러하지 아니함 授與(수여) 증서(證書), 상장(賞狀), 상품(賞品) 등(等)을 줌			
餘 남을 여 4급 | 常	밥(食)의 뜻과 남을 여(余)의 음 및 뜻을 결합한 글자[形聲] 음식을 남에게 줄 정도로 넉넉한 것을 나타냈다. 여기서 '남다'의 뜻이 나왔다.	餘裕(여유) 넉넉하고 너그럽게 생각하는 마음 餘分(여분) 어떤 양에 차고도 남는 부분(部分)이나 채 차지 못한 부분(部分)			
輿 수레 여 3급 | 常	마주 들다와 수레(車)의 뜻이 결합한 글자[會意] 수레를 여러 사람이 마주 들고 가는 것을 나타냈다. 이런 자형에서 '가마'의 뜻이 나왔다.	輿論(여론) 사회(社會)의 어떠한 현상(現象)이나 정치적(政治的) 문제(問題) 등에 대하여 국민(國民)들이 나타내는 공통(共通)된 의견(意見) 籃輿(남여) 주로 산길에 쓰이는 뚜껑이 없고 의자같이 생긴 가마. 대를 엮어만든 가마			
亦 또 역 3급 | 常	사람(人)의 겨드랑이를 가리킨 글자[指事] 사람이 양팔을 벌려 양옆 겨드랑이를 나타냈다. 가차되어 '또'의 뜻으로 쓰인다.	亦是(역시) ① 마찬가지로 ② 또한			
役 부릴 역 3급 | 常	자축거리며 걷다(彳)와 창(殳)의 뜻을 결합한 글자[會意] 창을 들고 변방을 순행하는 모습을 나타냈다. 이런 자형에서 '부역'의 뜻이 나왔다.	役割(역할) 대상(對象)이 어떤 일에 있어서 가지는 자격(資格)이나 의무(義務)나 기능(技能). 구실 兵役(병역) 백성(百姓)이 의무(義務)로 군적에 편입(編入)되어 군무에 종사(從事)하는 일			
易 바꿀 역 4급 | 常	도마뱀의 모양을 본뜬 글자[象形] 보호색을 띠는 도마뱀의 머리와 딱딱한 등, 발 그리고 꼬리를 나타냈다. 여기서 '도마뱀'의 뜻이 나타났으나, 후에 전성되어 '바꾸다'의 뜻으로 쓰인다.	貿易(무역) 나라와 나라 사이에 상품(商品)을 사고팔고 하는 일 交易(교역) 서로 물건을 사고팔아 바꿈 容易(용이) 아주 쉬움			
逆 거스를 역 4급 | 常	쉬엄쉬엄 가다(辶)의 뜻과 거스를 역의 음 및 뜻을 결합한 글자[形聲] ① 사람이 거꾸로 서서 걷는 것 ② 서로 반대 방향을 걷는 것을 나타냈다. 여기서 '거스르다'의 뜻이 나왔다.	逆轉(역전) 형세(形勢)가 뒤집힘 逆風(역풍) 자기가 가는 방향(方向)에서 마주 불어오는 바람			

疫 전염병 역 3급 常	병(疒)의 뜻과 부릴 역(殳)의 음 및 뜻을 결합한 글자[形聲] 적이 창을 들고 침입하듯 병균이 몸에 들어오는 것을 나타냈다. 이런 자형에서 '전염하다'의 뜻이 나왔다.	紅疫(홍역) 얼굴과 몸에 좁쌀 같은 발진이 돋으면서 앓는 어린이의 돌림병. 면역성(免疫性)이 강(强)해서 한 번 앓으면 다시는 걸리지 않음 防疫(방역) 전염병(傳染病)의 발생(發生)을 미리 막음		
域 지경 역 4급 常	흙(土)과 울타리(口) 그리고 창(戈)의 뜻을 결합한 글자[形聲] 창으로 도성의 울타리를 지키는 것을 나타냈다. 이런 자형에서서 '경계', '구역'의 뜻이 나왔다.	地域(지역) 일정한 땅의 구역(區域) 圈域(권역) 어떤 특정(特定)한 범위(範圍) 안의 지역(地域)이나 영역(領域)		
譯 번역할 역 3급 常	말씀(言)의 뜻과 엿볼 역(睪)의 음 및 뜻을 결합한 글자[形聲] 다른 나라의 발로된 글을 알도록 엿보아 바꾸는 것을 나타냈다. 여기서 '번역하다'의 뜻이 나왔다.	飜譯(번역) 어떤 말의 글을 다른 나라 말의 글로 옮김 內譯(내역) 분명(分明)하고 자세(仔細)한 내용(內容)		
驛 역 역 3급 常	말(馬)의 뜻과 엿볼 역(睪)의 음 및 뜻을 결합한 글자[形聲] 관청의 문서를 전달하는 말을 나타냈다. 여기서 '역말'의 뜻이 나왔다.	驛舍(역사) 역으로 쓰는 건물(建物) 電鐵驛(전철역) 전기(電氣) 철도(鐵道) 노선의 역		
繹 풀 역 1급	뜻을 나타내는 실사(糸→실타래)部와 음을 나타내는 부수를 제외한 글자 睪(역)이 합하여 이루어짐.	絡繹(낙역) 사람이나 수레의 왕래(往來)가 끊이지 않음 海東繹史(해동역사) 조선 영(英)·정조(正組) 때의 학자 韓致奫(한치윤)이 지은 역사책(歷史冊)		
延 늘일 연 4급 常	삐침(丿)의 뜻과 천천히 걸을 천의 음 및 뜻을 결합한 글자[形聲] 발을 길게 끌어 걷는 것을 나타냈다. 이런 자형에서 '끌다'의 뜻이 나왔다.	遲延(지연) 오래 끎 延期(연기) 정한 때를 뒤로 물림		
沿 물 따라갈 연 3급 常	강의 흐름을 뜻하는 삼수변(氵(=水, 氺)→물)部와 음을 나타내며 동시에 가장자리의 뜻을 가지는 부수를 제외한 글자 㕣(연)으로 이루어져, '강가를 따라 내려가다'의 뜻.	沿岸(연안) 강이나 호수(湖水) 또는 바닷가를 따라서 잇닿아 있는 땅. 강물이나 바닷가의 일대(一帶) 沿革(연혁) 변천(變遷)되어 온 내력(來歷), 지나온 경과(經過)		
宴 잔치 연 3급 常	집(宀)의 뜻과 편안할 안(㬎)의 음 및 뜻을 결합한 글자[形聲] 여자가 한낮에 집에서 한가롭게 있는 것을 나타냈다 여기서 '편안하다', '잔치'의 뜻이 나왔다.	壽宴(수연) 장수(長壽)함을 축하(祝賀)하는 잔치, 환갑잔치 宴會(연회) 축하(祝賀)·위로(慰勞)·환영(歡迎)·석별 등의 뜻을 표시(表示)하기 위하여 여러 사람이 모여 베푸는 잔치		
軟 연할 연 3급 常	수레(車)의 뜻과 하품 흠(欠)의 음 및 뜻이 결합한 글자[形聲] 수레에 탄 사람이 지쳐 하품하는 것을 나타냈다. 여기서 '연약하다'의 뜻이 나왔다.	柔軟(유연) 부드럽고 연함 柔軟性(유연성) 유연(柔軟)한 성질(性質)		
硏 갈, 벼루 연 4급	음을 나타내는 부수를 제외한 글자견(→같은 높이의 두 개 물건→연)과 돌[石]을 반듯하게 갈고닦는다는 뜻이 합하여 '갈다', '연구하다'를 뜻함.	硏究(연구) ① 깊이 조사(調査)하여 밝힘 ② 조사(調査)하고 생각하여 진리(眞理)를 알아냄 硏修(연수) 학문(學問) 따위를 연구(硏究)하고 닦음		

然 그럴 연 7급 常	개고기 연의 음 및 뜻과 불(灬)의 뜻을 결합한 글자[形聲] 고대에 하늘에 제사를 지낼 때 개를 태우는 풍속에서 '불사르다'의 뜻이 나왔다. 전성되어 '그러하다'의 뜻이 나왔다.	當然(당연) 도리(道理)상(上) 마땅히 해야 할 일 蓋然性(개연성) ① 꼭 단정(斷定)할 수는 없으나 대개 그러리라고 생각되는 성질(性質) ② 어떤 일이 일어날 수 있는 가능성(可能性)	
硯 벼루 연 2급	石(석)과 음을 나타내는 見(견→갈다→연은 변음(變音))으로 이루어짐. 먹을 가는 돌, 벼루를 뜻함.	硯滴(연적) 벼룻물을 담는 그릇 紙筆硯墨(지필연묵): 종이 지, 붓 필, 벼루 연, 먹 묵, 종이, 붓, 벼루, 먹, 문방사보, 文房四友(문방사우)	
煙 연기 연 준4급 常	불(火)의 뜻과 막은 아궁 인(堙)의 음 및 뜻을 결합한 글자[形聲] 아궁이에 불을 지펴 생기는 기운을 나타냈다. 이런 자형에서 '연기'의 뜻이 나왔다.	禁煙(금연) ① 담배를 끊음 ② 담배를 못 피우게 함 吸煙(흡연) 담배를 피우는 것. 문어적인 말임 煙氣(연기) 물건이 불에 탈 때에 일어나는 흐릿한 기체(氣體)나 그 기운(氣運)	
鉛 납 연 4급 常	쇠(金)의 뜻과 늪 연의 음 및 뜻을 결합한 글자[形聲] 늪의 물빛처럼 잿빛을 띠는 금속을 나타냈다. 여기서 '납'의 뜻이 나왔다.	亞鉛(아연) 몸이 무른 청백색(靑白色) 쇠붙이 鉛筆(연필) 흑연 가루를 찰흙에 섞어서 높은 열로 구워 심을 만들어서 겉을 나무로 싼 붓	
演 펼 연 준4급 常	물(氵)의 뜻과 삼갈 인(寅)의 음 및 뜻을 결합한 글자[形聲] 물이 서서히 널리 흐르는 것을 나타냈다. 이런 자형에서 '멀리 흐르다'의 뜻이 나왔다.	演出(연출) 각본을 바탕으로 배우, 무대 등의 여러 요소를 종합(綜合)하여 효과적(效果的)으로 무대 공연을 창출하는 것 演劇(연극) 배우, 연출자 등이 참여하여 사건(事件)과 인물(人物)을 구체적(具體的)으로 연출하는 종합 예술	
燃 탈 연 4급 常	불(火)의 뜻과 그럴 연(然)의 음 및 뜻을 결합한 글자[形聲] 개를 불태워 제사 지내는 것을 나타냈다. 이런 자형에서 '그러하다'의 뜻이 나오고 전성되어 火를 첨가해 '불타다'의 뜻으로 쓰인다.	燃料(연료) 불 때는 데에 쓸 감. 열(熱)을 얻기 위하여 태우는 숯·연탄·석탄(石炭)·나무·석유(石油) 따위의 총칭(總稱) 燃燒(연소) 불에 탐	
緣 인연 연 4급 常	실(糸)의 뜻과 끊을 단(彖)의 음 및 뜻을 결합한 글자[形聲] 끊어진 천의 가장자리를 풀리지 않게 실로 꾸민 것을 나타냈다. 이런 자형에서 '가장자리'의 뜻이 나왔으나, 후에 전성되어 '인연'의 뜻으로 쓰인다.	事緣(사연) 일의 앞뒤 사정(事情)과 까닭 緣故(연고) 까닭 사유(事由) 어떤 인연(因緣)으로 맺어진 관계(關係) 學緣(학연) 출신(出身) 학교(學校)에 따른 연고(緣故) 관계	
燕 제비 연 준3급 常	제비의 모양을 본뜬 글자[象形] 새가 주둥이를 벌리고 양 날개를 펴고 날아오르는 것을 본떴다. 이런 자형에서 '제비'의 뜻이 나왔다. 후에 전성되어 '잔치'의 뜻으로 쓰인다.	燕賀(연하) 제비가 사람이 집을 지으면 제 집도 생겼다 하여 서로 기뻐한다는 뜻으로, 타인(他人)이 집을 지었을 때에 마음으로 기뻐하며 축하(祝賀)함을 이르는 말	
姸 고울 연 2급	뜻을 나타내는 계집녀(女→여자(女子))部와 음을 나타내는 부수를 제외한 글자 幵(견)이 합하여 이루어짐.	姸容(연용) 연용(娟容). 어여쁜 용모(容貌). 아름다운 얼굴	
捐 버릴 연 1급	뜻을 나타내는 재방변(扌(=手)→손)部와 음을 나타내는 부수를 제외한 글자 肙(연)이 합하여 이루어짐.	出捐(출연) 금품(金品)을 내어 원조(援助)함 義捐金(의연금) 사회적(社會的) 공익(公益)을 위하여 기부(寄附)하는 돈	

한자	풀이	용례
椽 서까래 연 1급	뜻을 나타내는 木(목→나무)部와 음을 나타내는 彖(단)이 합하여 이루어짐.	長椽(장연) 들연. 오량(五樑)에서 도리로 걸친 서까래 平椽(평연) 오량(五樑)에서 도리로 걸친 서까래
淵 못 연 2급	뜻을 나타내는 삼수변(氵(=水, 氺)→물)部와 음을 나타내는 동시에 깊은 못에서 물이 돌고 있는 모양을 본뜬 부수를 제외한 글자 (연)이 합하여 이루어짐	淵源(연원) 사물의 근원(根源)
衍 넓을 연 2급	삼수변(氵(=水, 氺)→물)部와 行(행)의 합자(合字). 물이 흘러감의 뜻. 퍼짐의 뜻은 음의 차용.	叛衍(반연) 자기 마음대로 함 蔓衍(만연) 만연(蔓延). ① 식물(植物)의 줄기가 널리 뻗음 ② (돌림병이나 어떤 병폐 따위가) 널리 번져 퍼짐
撚 비틀 연 1급	뜻을 나타내는 재방변(扌(=手)→손)部와 음을 나타내는 然(연)이 합하여 이루어짐.	撚紙(연지) 책 따위를 매기 위하여 손끝으로 비벼 꼰 종이 끈. 撚絲(연사) 꼰 실
鳶 솔개 연 1급	뜻을 나타내는 새조(鳥→새)部와 음을 나타내는 부수를 제외한 글자 弋(익)이 합하여 이루어짐.	將軍鳶(장군연) 장군(將軍) 얼굴형의 모형(模型)을 색종이로 떠서 단 연
筵 대자리 연 1급	뜻을 나타내는 대죽(竹→대나무)部와 음을 나타내는 延(연)이 합하여 이루어짐.	經筵(경연) 임금이 학문(學文)을 닦기 위하여 신하(臣下)들 중에서 학식(學識)과 덕망이 높은 사람을 궁중(宮中)에 불러 경적(警笛)과 사서(史書) 등을 강론(講論)하게 하던 일
悅 기쁠 열 3급 常	'마음(忄)과 기쁘다'의 뜻을 결합한 글자[會意] 마음이 즐거워 웃음을 머금은 사람의 모습을 나타냈다. 이런 자형에서 '기쁘다'의 뜻이 나왔다.	悅樂(열락) 기뻐하고 즐거워함 喜悅(희열) 기쁘고 즐거움
閱 볼 열 3급 常	문(門)과 兌의 음과 뜻을 결합한 글자[形聲] 모여서 어떤 것을 귀 기울여 듣는 것을 나타냄.	閱覽(열람) 책 등을 두루 훑어서 봄 檢閱(검열) 검사(檢査)하여 살펴봄
熱 더울 열 5급 常	형세 세(勢)의 음 및 뜻과 불(灬)의 뜻을 결합한 글자[形聲] 불이 세차게 타오르는 형세를 나타냈다. 여기서 '덥다'의 뜻이 나왔다. 후에 전성되어 불길처럼 마음을 '쏟다'의 뜻으로 쓰인다.	過熱(과열) 지나치게 뜨거워지는 것 熱風(열풍) 뜨거운 바람. 사막(沙漠) 따위에서 여름에 부는 뜨겁고 마른 바람
炎 불꽃 염 3급 常	불(火)을 두 번 결합한 글자[會意] 불이 활활 타오르는 것을 나타냈다. 여기서 '불꽃'의 뜻이 나왔다. 후에 전성되어 '무덥다'의 뜻으로 쓰인다.	肺炎(폐렴) 폐의 염증(炎症)

한자	자원(字源)	용례(用例)	
染 물들 염 3급 / 常	물(氵)과 아홉(九) 그리고 나무(木)의 뜻을 결합한 글자[會意] 나무에서 뽑은 색소를 가지고 옷감에 여러 번 물들이는 것을 나타냈다. 이런 자형에서 '물들이다'의 뜻이 나왔다.	汚染(오염) 생태계(生態系)에서, 환경(環境)을 훼손(毀損)하는 일 感染(감염) 병원체(病原體)가 몸 안에 들어오는 일 染色(염색) 물들임	
厭 싫어할 염 2급	厌(염)의 본자(本字). 뜻을 나타내는 민엄호밑(厂→굴 바위, 언덕)部와 음을 나타내는 부수를 제외한 글자 猒(염)이 합하여 이루어짐.	厭症(염증) 싫증 厭世的(염세적) 인생(人生)에 절망(絶望)하고, 세상(世上)을 덧없이 여기는 경향(傾向)이 있는 (것)	
鹽 소금 염 3급 / 常	살필 감(監)의 음 및 뜻과 짠땅의 뜻을 결합한 글자[形聲] 염밭에 물을 저장하여 일광, 배수를 잘 살펴 결정시킨 것을 나타냈다. 이런 자형에서 '소금'의 뜻이 나왔다.	鹽酸(염산) 염화(鹽化) 수소(水素)의 발연성 녹임물 鹽田(염전) 소금을 만들기 위(爲)해 바닷가의 넓고 평평한 곳에 바닷물을 끌어들여 논이나 밭처럼 만들어 놓은 곳	
焰 불꽃 염 1급	뜻을 나타내는 불화(火(=灬)→불꽃)部와 음을 나타내는 부수를 제외한 글자 臽(함)이 합하여 이루어짐.	火焰(화염) 불꽃	
艶 고울 염 1급	色(색=빛)과 풍부하다는 뜻의 豐(풍)으로 이루어지고 용색(容色)이 고운 일, '요염하다'를 뜻한다.	妖艶(요염) (주로 여자(女子)가) 사람을 호릴 만큼 아리따움 濃艶(농염) 화사할 만큼 아름다움	
閻 마을 염 2급	뜻을 나타내는 문문(門→두 짝의 문, 문중일가)部와 음을 나타내는 부수를 제외한 글자 臽(함)이 합하여 이루어짐.	閻閭(여염) 백성(百姓)의 살림집이 많이 모여 있는 곳	
葉 잎 엽 5급 / 常	풀(艹)의 뜻과 모진나무 엽(枼)의 음 및 뜻을 결합한 글자[形聲] 벼나 풀의 잎을 나타냈다. 이런 자형에서 '나뭇잎'의 뜻이 나왔다.	落葉(낙엽) 떨어진 나뭇잎 針葉樹(침엽수) 소나무, 잣나무와 같이 잎이 바늘 모양으로 생긴 나무의 총칭(總稱). 소나무·잣나무·향나무 따위. 바늘잎나무	
燁 빛날 엽 2급	뜻을 나타내는 불화(火(=灬)→불꽃)部와 음을 나타내는 華(화)가 합하여 이루어짐.	燁燁(엽엽) 반짝반짝 빛나는 모양	
永 길 영 6급 / 常	여러 갈래로 본뜬 글자[象形] 물줄기가 합치고 합쳐 끊임없이 흘러가는 모양. 물 위에 몸을 길게 펴 헤엄치는 모양 여기서 '헤엄치다'의 뜻이 나왔다. 후에 전성되어 '오래다'의 뜻으로 쓰이자 새로이 水를 첨가하였다.	永遠(영원) ① 길고 오랜 세월(歲月) ② 앞으로 오래도록 변(變)함 없이 계속(繼續)됨 ③ 어떤 상태가 끝없이 이어짐 永劫(영겁) 영원(永遠)한 세월(歲月). 광겁, 백겁	
迎 맞을 영 4급 / 常	높을 앙(卬)의 음 및 뜻과 쉬엄쉬엄 가다(辶)의 뜻을 결합한 글자[形聲] 멀리서 찾아오는 사람을 마중 나가 높이 받드는 것을 나타냈다. 여기서 '맞이하다'의 뜻이 나왔다.	歡迎(환영) 기쁜 마음으로 맞음 迎入(영입) 맞아들임	

한자	자원(字源)	용례(用例)			
英 꽃부리 영 6급 常	풀(艹)의 뜻과 가운데 앙(央)의 음 및 뜻을 결합한 글자[形聲] 꽃의 빛깔이 가장 고운 가운데 부분을 나타냈다. 이런 자형에서 '꽃부리'의 뜻이 나왔다.	英雄(영웅) 재능(才能)과 지혜(智慧)가 비범(非凡)하여 대중(大衆)을 영도하고 세상(世上)을 경륜(經綸)할 만한 사람			
泳 헤엄칠 영 3급 常	물(氵)의 뜻과 길 영(永)의 음 및 뜻을 결합한 글자[形聲] 물 위에 몸을 길게 편 것을 나타냈다. 이런 자형에서 '헤엄치다'의 뜻이 나왔다.	水泳(수영) 물속에서 몸을 뜨게 하고 손발을 놀리며 다니는 헤엄 蝶泳(접영) 버터플라이. 수영(水泳) 방법(方法)의 한 가지. 두 팔을 뒤에서 앞으로 크게 휘둘러 물을 끌어당기고, 두 다리로 동시에 물을 차며 나아감			
映 비칠 영 4급 常	뜻을 나타내는 날일(日→해)部와 음을 나타내는 동시에 '되돌아오다'의 뜻을 나타내기 위한 央(앙→영은 변음(變音))으로 이루어져 '햇빛이 되쬐임'의 뜻.	映畵(영화) 실재(實在)의 현실(現實)처럼 느끼게 하는 극예술(劇藝術)의 하나 反映(반영) 어떤 영향(影響)을 받아 사실로 나타냄			
詠 읊을 영 3급 常	말씀(言)의 뜻과 길 영(永)의 음 및 뜻을 결합한 글자[形聲] 물줄기 말을 길게 늘어뜨리는 것을 나타냈다. '읊다'의 뜻이 나왔다.	誦詠(송영) 시가(詩歌)를 외며 읊조림 吟詠(음영) 시부를 읊조림. 음아(吟哦)			
榮 영화 영 6급 常	빛날 형(熒)의 음 및 뜻과 나무(木)의 뜻이 결합한 글자[形聲] '꽃'이 아름답게 빛나는 오동나무를 나타냈다. 여기서 '영화롭다'의 뜻이 나왔다.	繁榮(번영) 번성(繁盛)하고 영화(榮華)롭게 됨 榮轉(영전) 더 좋거나 높은 직위(職位)로 옮아감			
影 그림자 영 3급 常	빛 경(景)의 음 및 뜻과 무늬(彡)의 뜻을 결합한 글자[形聲] 높이 떠 있는 해를 나타냈으나, 彡을 첨가하여 햇볕에 가리어 나타난 무늬를 나타냈다. 여기서 '그림자'의 뜻이 나왔다.	影響(영향) 어떤 사물의 작용이 다른 사물에 미쳐 반응(反應)이나 변화(變化)를 주는 일 攝影(촬영) 형상(形像)을 사진(寫眞)이나 영화(映畵)로 찍음			
營 경영할 영 4급 常	빛날 형(熒)의 음 및 뜻과 집(宮)의 뜻을 결합한 글자[形聲] 둘레를 얽어 화려한 집을 짓는 것을 나타냈다. 이런 자형에서 '경영하다'의 뜻이 나왔다.	運營(운영) 조직(組織), 기구(機構) 따위를 운용(運用)하여 경영(經營)함 經營(경영) 계획(計劃)을 세워 사업(事業)을 해 나감			
暎 비칠 영 2급	해(日)의 뜻과 가운데 앙(央)의 음 및 뜻을 결합한 글자[形聲] 해가 하늘 가운데 떠서 비추는 것을 나타냈다. 여기서 '비추다'의 뜻이 나왔다.	映寫機(영사기) 영화를 찍는 기계 淵澄取暎(연징취영) 못이 맑아서 비치니, 즉 군자(君子)의 마음			
塋 무덤 영 특급	뜻을 나타내는 흙토(土→흙)部와 음을 나타내는 부수를 제외한 글자 營(영)의 생략형(省略形)으로 이루어짐.	墳塋(분영) 무덤 先塋(선영) 선산(先山)			
嬰 어린아이 영 1급	뜻을 나타내는 계집녀(女→여자(女子))部와 부수를 제외한 글자 賏(영)이 음을 나타냄.	退嬰(퇴영) 뒤로 물러나서 움직이지 아니함 嬰兒 영아 젖먹이			

한자	자원(字源)	용례(用例)		
盈 찰 영 2급	뜻을 나타내는 그릇명받침(皿→그릇)部와 음을 나타내는 부수를 제외한 글자 夃(영)이 합하여 이루어짐.	盈滿之咎(영만지구) 가득 차면 기울고 넘친다는 뜻으로, 만사가 다 이루어지면 도리어 화를 가져오게 될 수 있음을 뜻하는 말		
預 맡길 예 2급 常	머리 혈(頁)과 '태평스럽다'는 뜻을 나타내기 위한 予로 이루어짐. 얼굴이 '태평스럽다'는 뜻이 변한 것. 미리 준비하다. 미리의 뜻으로 씀은 여(予)의 음을 빌려 쓴 것.	預金(예금) 금전(金錢)을 금융(金融)기관(機關)에 맡김 預置(예치) 맡겨 둠		
銳 날카로울 예 3급 常	쇠(金)의 뜻과 통할 태(兌)의 음 및 뜻을 결합한 글자[形聲]. 견고한 창의 끝이 예리하여 물건을 꿰뚫는 것을 나타냈다. 이런 자형에서 '날카롭다'의 뜻이 나왔다.	尖銳(첨예) 앞서 있거나 급진적(急進的)인 데가 있음 銳敏(예민) 감각(感覺), 행동(行動), 재치, 느낌 따위가 날카롭고 민첩(敏捷)함 銳意(예의) 열심히 잘하려고 단단히 차린 마음		
豫 미리 예 준4급 常	취할 여(予)의 음 및 뜻과 코끼리(象)의 뜻을 결합한 글자[形聲] 코끼리가 먹이를 취할 때 코를 먼저 사용하는 것을 나타냈다. 이런 자형에서 '미리'의 뜻이 나왔다.	豫定(예정) 할 일에 대하여 미리 정하여 두는 것 豫想(예상) 어떤 일을 직접(直接) 대하기 전(前)에 미리 상상(想像)함 豫告(예고) 미리 일러서 알게 함		
藝 재주 예 준4급 常	풀(艹)의 뜻과 심을 예(埶)의 음 및 뜻을 결합한 글자[形聲] 손으로 나무를 잡고 있는 것을 나타냈으나, 土가 첨가되어 땅에 심어 가꾸는 것을 나타냈다. 이런 자형에서 '재주'의 뜻이 나왔다.	藝術(예술) 미적(美的) 작품을 형성시키는 인간의 창조 활동 演藝(연예) 음악(音樂), 무용(舞踊), 연극(演劇), 만담 따위의 재주를 보임 文藝(문예) 문학(文學)과 예술(藝術)		
譽 기릴 예 준3급 常	더불 여(與)의 음 및 뜻과 말씀(言)의 뜻을 결합한 글자[形聲] 남의 아름다움을 여러 사람이 칭송하여 말하는 것을 나타냈다. 이런 자형에서 '기리다'의 뜻이 나왔다.	名譽(명예) 세상(世上)에서 인정(認定)받는 좋은 이름이나 자랑 榮譽(영예) 빛나는 명예(名譽)		
裔 후손 예 1급	뜻을 나타내는 옷의(衣=衤→옷)部와 음을 나타내는 부수를 제외한 글자 冏(경)이 합하여 이루어짐.	後裔(후예) 핏줄을 이은 먼 후손(後孫) 弓裔(궁예) 후고구려(後高句麗)를 건국(建國)한 왕(재위(在位) 901~918)		
曳 끌 예 1급	甲(갑)과 삐침(丿→삐침)部의 합자(合字). 옆으로 잡아당김의 뜻.	曳引船(예인선) 다른 배를 끄는 배 曳履聲(예리성) 신발 끄는 소리		
濊 종족이름 예 2급	뜻을 나타내는 삼수변(氵=水, 氺→물)部와 음을 나타내는 歲(세)가 합하여 이루어짐.	濊貊(예맥) 한족(韓族)의 조상(祖上)이 되는 민족		
睿 슬기 예 2급	叡(예=깊은 골짜기)의 생략형(省略形)과 目(목)의 합자(合字). 깊이 통하여 명백한 뜻.	睿智(예지) 뛰어난 깊은 지혜(智慧). 지혜(智慧)롭고 밝은 마음과 생각		

隸 종 예 3급	뜻을 나타내는 미칠이(隶→미치다, 이르다)部와 음을 나타내는 柰(내)가 합하여 이루어짐.	奴隸(노예) 자유(自由)를 구속(拘束)당(當)하고 남에게 부림을 받는 사람 隸屬(예속) 어떤 것의 지배(支配) 아래 매어 있음. 딸려서 매임		
穢 더러울 예 1급	뜻을 나타내는 벼화(禾→곡식)部와 음을 나타내는 歲(세)가 합하여 이루어짐.	穢語(예어) 욕. 욕설 穢土(예토) 더러운 땅. 더러운 곳		
芮 성씨 예 2급	풀을 뜻하는 초두머리(艹(=艸)→풀, 풀의 싹)部와 內(내)가 음을 나타내어 '물가'를 뜻함.	石龍芮(석룡예) 개구리자리		
詣 이를 예 1급	뜻을 나타내는 말씀언(言→말하다)部와 음을 나타내는 旨(지)가 합하여 이루어짐.	造詣(조예) 학문(學問)이나 기예(技藝)가 깊은 경지(境地)까지 이름		
午 낮 오 7급 常	절굿공이의 모양을 본뜬 글자[象形] 고대에 절굿공이의 그림자가 없는 때를 한낮으로 삼아, 이런 자형에서 '낮'의 뜻이 나왔다. 후에 가차되어 '일곱째말'의 뜻으로 쓰인다.	午後(오후) 정오(正午)로부터 밤 열두 시까지의 동안 端午(단오) 민속(民俗)에서 음력(陰曆) 오월(五月) 초닷샛날을 명절(名節)로 이르는 말		
五 다섯 오 8급 常	하늘과 땅 사이를 교차시킨 것을 가리킨 글자[指事] 나무가 교차된 모양을 나타냈으며, 후에 가차되어 '다섯'의 뜻으로 쓰였다.	五臟六腑(오장육부) 내장(內臟)의 총칭(總稱) 五倫(오륜) 사람이 지켜야 할 다섯 가지의 떳떳한 도리		
汚 더러울 오 3급 常	물(水)의 뜻과 갈 우(亐)의 음 및 뜻을 결합한 글자[形聲] 물이 흘러가지 못하고 고여서 썩는 것을 나타냈다. 이런 자형에서 '더럽다'의 뜻.	汚染(오염) 더럽게 물듦 汚名(오명) 더러워진 명예(名譽)나 평판(評判)		
吾 나 오 3급 常	다섯 오의 음과 입(口)의 뜻을 결합한 글자[形聲] 자신을 스스로 부르는 것을 나타냈다. 이런 자형에서 '나', '우리'의 뜻이 나왔다.	吾等(오등) 우리 吾人(오인) 나, 우리 인류(人類)		
烏 까마귀 오 준3급 常	까마귀의 모양을 본뜬 글자[象形] 까마귀는 몸 전체가 검은색으로 덮여 눈이 드러나지 않는 모양을 본떴다. '까마귀'의 뜻이 나왔다.	烏合之卒(오합지졸) 까마귀가 모인 것 같은 무리라는 뜻으로, 질서(秩序) 없이 어중이떠중이가 모인 군중(群衆) 또는 제각기 보잘것없는 수많은 사람 烏飛梨落(오비이락) '까마귀 날자 배 떨어진다'는 속담.		
悟 깨달을 오 준3급 常	마음(忄)의 뜻과 나오(吾)의 음 및 뜻을 결합한 글자[形聲] 자신에 대해서 깊이 생각하는 것을 나타냈다. 이런 자형에서 '깨닫다'의 뜻이 나왔다.	覺悟(각오) 마음을 작정(作定)함. 결심(決心)함 頓悟(돈오) 불교(佛敎)의 참뜻을 문득 깨달음		

娛 즐길 오 3급 | 常	여자(女)의 뜻과 크게 말할 오(吳)의 음 및 뜻을 결합한 글자[形聲] 여자가 즐거워 큰소리로 말하는 모양을 나타냈다. 이런 자형에서 '즐거워하다'의 뜻이 나왔다.	娛樂(오락) 흥미(興味) 있는 일이나 물건을 가지고 즐겁게 노는 일. 재미있게 놀아서 기분(氣分)을 즐겁게 하는 일		
梧 오동나무 오 2급 |	뜻을 나타내는 나무목(木→나무)部와 음을 나타내는 吾(오)로 이루어짐	梧桐(오동) 현삼과에 딸린 갈잎큰키나무 梧桐一葉(오동일엽): 오동나무 오, 오동나무 동, 한 일, 잎사귀 엽. 벽오동나무의 잎이 하나 떨어지는 것을 보고 가을이 왔음을 안다는 말		
嗚 슬플 오 3급 | 常	입(口)의 뜻과 까마귀 오(烏)의 음 및 뜻을 결합한 글자[形聲] 까마귀의 모양을 나타냈으나, 후에 口가 첨가되어 뜻을 분명히 하였다. 여기서 '탄식하다'의 뜻이 나왔다.	嗚咽(오열) 목이 메어 욺		
傲 거만할 오 3급 | 常	사람(亻)의 뜻과 희롱할 오(敖)의 음 및 뜻을 결합한 글자[形聲] 남을 경시하여 내쫓는 것을 나타냈다. 여기서 '거만하다'의 뜻이 나왔다.	傲慢(오만) 태도(態度)가 거만(倨慢)함 傲氣(오기) 힘은 모자라면서도 남에게 지기 싫어하는 마음		
誤 그르칠 오 준4급 | 常	말씀(言)의 뜻과 나오(吳)의 음 및 뜻을 결합한 글자[形聲] 자신의 생각을 상대방에게 밝히는 것을 나타냈다. '말하다'의 뜻이 나왔다.	誤謬(오류) 그릇되어 이치(理致)에 어긋남 誤解(오해) 뜻을 잘못 이해(理解)함 錯誤(착오) 인식(認識)과 대상(對象) 또는 생각과 사실(事實)이 일치(一致)하지 않는 일		
吳 성씨 오 2급 |	구(口)는 노래, 口를 뺀 아래쪽 부분은 사람이 머리를 '기울이다'의 뜻. 오(吳)는 본디 사람이 노래에 귀를 기울여 '즐기다'의 뜻.	吳越同舟(오월동주) 오(吳)나라 사람과 월(越)나라 사람이 한 배에 타고 있다는 뜻으로, 어려운 상황(狀況)에서는 원수(怨讐)라도 협력(協力)하게 됨		
奧 깊을 오 1급 |	집을 뜻하는 갓머리(宀)와 불을 때마다 뜻을 나타내기 위한 권(釆에선 心 대신 廾를 쓴 자)으로 이루어짐. 집 안에서 불을 때는 곳, 전(轉)하여 깊숙한 곳, 깊숙한 구석진 곳을 뜻함.	奧地(오지) 해안(海岸)이나 도시(都市)에서 멀리 떨어진 대륙(大陸) 내부(內部)의 깊숙한 땅 深奧(심오) 깊고 오묘함 奧妙(오묘) 심오(深奧)하고 미묘(微妙)함		
寤 잠 깰 오 1급 |	뜻을 나타내는 갓머리(宀→집, 집 안)部와 음을 나타내는 吾(오)가 합하여 이루어짐.	寤寐不忘(오매불망) 자나 깨나 잊지 못함		
墺 물가 오 2급 |	뜻을 나타내는 흙토(土→흙)部와 음을 나타내는 奧(오)가 합하여 이루어짐.	墺國(오국) 오스트리아		
懊 한할 오 1급 |	뜻을 나타내는 심방변(忄(=心, 㣺)→마음, 심장)部와 음을 나타내는 奧(오)가 합하여 이루어짐.	懊惱(오뇌) 뉘우쳐 한탄(恨歎)하고 번뇌(煩惱)함		

한자	자원(字源)	용례(用例)		
伍 다섯 사람 오 1급	사람인변(亻(=人)→사람)과 다섯의 뜻을 나타내는 오(五)로 이루어짐. 고대(古代) 중국의 군대(軍隊)는 다섯 사람을 최소단위로 하였으므로 항오(行伍)를 뜻함.	落伍(낙오) 어떤 집단(集團)이나 사회(社會) 속에서 경쟁(競爭)에 이기지 못하거나 변화(變化)의 흐름을 따라가지 못하고 뒤떨어지는 것 隊伍(대오) 군대(軍隊)의 항오(行伍).		
玉 구슬 옥 준4급 常	구슬 세 개를 꿴 모양[象形] 구슬 세 개를 끈으로 꿰뚫어서 연결한 모양을 본떴다. 이런 자형에서 '옥'의 뜻이 나왔다.	玉篇(옥편) 한자(漢字)를 모아 부수와 획수에 따라 배열(配列)하고, 그 음뜻 등을 적은 책 玉璽(옥새) 옥으로 만든 국새(國璽)		
屋 집 옥 5급 常	집(尸)과 이르다(至)의 뜻을 결합한 글자[會意] 나무기둥으로 장식한 집에 사람이 모여 머무르는 곳을 나타냈다. 이런 자형에서 '집'의 뜻이 나왔다.	家屋(가옥) 사람이 들어가 살기 위하여 지은 집 屋上(옥상) 지붕 위		
獄 옥 옥 3급 常	개(犭)와 말씀(言) 그리고 개(犬)의 뜻을 결합한 글자[會意] 개와 개가 서로 싸우듯 사람들이 다투며 싸우는 것을 벌 주는 것을 나타냈다. 이런 자형에서 '감옥'의 뜻이 나왔다.	監獄(감옥) 형벌(刑罰)의 집행(執行)에 관한 사무(事務)를 맡은 관아 地獄(지옥) 중생(衆生)이 자기가 지은 죄업(罪業)으로 가서 나게 된다는 곳		
沃 물댈 옥 2급	뜻을 나타내는 삼수변(氵(=水, 氺)→물)部와 음을 나타내는 동시에 물을 뿌려 '끼얹다'의 뜻을 가진 夭(요)로 이루어짐.	沃土(옥토) 기름진 땅 肥沃(비옥) 땅이 걸고 기름짐		
鈺 보배 옥 2급	뜻을 나타내는 쇠금(金→광물·금속·날붙이)部와 음을 나타내는 玉(옥)이 합하여 이루어짐.	쇠옥으로, 단단한 쇠를 나타냄. 주로 사람 이름에 쓰임		
溫 따뜻할 온 6급 常	물(氵)의 뜻과 새매 준(準)의 음 및 뜻을 결합한 글자[形聲] 일정하게 수평으로 나는 새매를 나타냈다. 여기서 '평평하다', '법도'의 뜻이 나왔다.	氣溫(기온) 대기(大氣)의 온도(溫度) 溫度(온도) 덥고 찬 정도(程度) 微溫的(미온적) 태도(態度)가 분명(分明)하지 않거나 소극적임		
穩 편안할 온 2급	뜻을 나타내는 벼화(禾→곡식)部와 음을 나타내는 은(좌변을 뺀 오른쪽 부분)으로 이루어짐.	穩全(온전) 본바탕대로 고스란히 있음 穩健(온건) 지나침이나 치우침이 없이 온당(穩當)하고 신중(愼重)한 상태 穩當(온당) 사리(事理)에 어그러지지 않고 알맞음		
蘊 쌓을 온 1급	풀을 뜻하는 초두머리(艹(=艸)→풀, 풀의 싹)部와 음을 나타내는 縕(온)이 합하여 이루어짐.	蘊奧(온오) 학문(學文)이나 지식(知識)이 공골 차고 웅성 깊음		
翁 늙은이 옹 3급 常	귀인 공(公)의 음 및 뜻과 깃(羽)의 뜻을 결합한 글자[形聲] 귀인의 턱 아래 깃털처럼 난 수염을 나타냈다. 이런 자형에서 '늙은이'의 뜻이 나왔다.	櫟翁稗說(역옹패설) 고려 이제현(李齊賢)이 사화(史話)·시화(詩話)·시사(時事)를 기술(記述)한 책 塞翁之馬(새옹지마) 변방(邊方)에 사는 노인(老人)의 말이라는 뜻으로 인생에 있어서 길흉화복은 항상 바뀌어 미리 헤아릴 수가 없다는 뜻		

擁 낄 옹 3급	뜻을 나타내는 재방변(扌(=手)→손)部와 음을 나타내는 동시에 '덮다'의 뜻을 나타내기 위한 雍(옹)으로 이루어짐.	擁護(옹호) 부축하여 보호(保護)함 擁立(옹립) 받들어서 임금의 자리 따위에 모시어 세움 抱擁(포옹) 품에 껴안음
壅 막을 옹 1급	뜻을 나타내는 흙토(土→흙)部와 음을 나타내는 雍(옹) 이 합하여 이루어짐.	壅拙(옹졸) 성질(性質)이 너그럽지 못하고 생각이 좁음 壅固執(옹고집) 억지가 아주 심한 고집(固執) 壅塞(옹색) 생활(生活)이 몹시 군색(窘塞)함
甕 독 옹 2급	뜻을 나타내는 기와와(瓦→기와, 질그릇)部와 음을 나타 내는 雍(옹)이 합하여 이루어짐.	甕器(옹기) 옹기그릇. 질그릇과 오지그릇을 통틀어 이르 는 말 鐵甕城(철옹성) 무쇠로 만든 독처럼 튼튼히 쌓은 산성(山 城)이라는 뜻
邕 화할 옹 2급	개미허리(巛(=川)→내, 돌아흐름)部와 邑(읍→마을)의 합자(合字). 주위가 물로 둘러싸인 촌리(村里)의 뜻을 나 타내는 새추(隹→새)部와 음을 나타내는 邕(옹)의 생략 이 합하여 이루어짐.	邕穆(옹목) 화목(和睦)함 邕邕(옹옹) 조화(調和)한 모양
雍 화할 옹 2급	뜻을 나타내는 새추(隹→새)部와 음을 나타내는 邕(옹) 의 생략이 합하여 이루어짐.	時雍之政(시옹지정) 세상(世上)을 화평(和平)하게 다스 리는 정치
瓦 기와 와 3급 常	기와의 모양을 본뜬 글자[象形] 진흙으로 구워 만든 기와가 나란히 놓여 있는 모양을 본 떴다. 여기서 '기와'의 뜻이 나왔다.	靑瓦臺(청와대) 서울 경복궁(景福宮) 뒤 북악산(北岳山) 기슭에 있는 대통령(大統領) 관저 瓦解(와해) 기와가 깨진다는 뜻으로, 사물이 깨져 산산이 흩어짐을 이르는 말
臥 누울 와 3급 常	구부리다(臣)와 사람(人)의 뜻을 결합한 글자[會意] 사람들이 신하와 같이 엎드린 것을 나타냄. 여기서 '눕 다'가 나왔다.	臥薪嘗膽(와신상담) 섶에 누워 쓸개를 씹는다는 뜻으로, 원수(怨讐)를 갚으려고 온갖 괴로움을 참고 견딤을 이 르는 말 臥龍(와룡) 누워 있는 용이란 뜻으로, 앞으로 큰일을 할 사람의 비유(比喩)
渦 소용돌이 와 1급	삼수변(氵(=水, 氺)→물)部와 음을 나타내는 부수를 제 외한 글자 咼(괘)가 합하여 이루어짐.	旋渦(선와) 소용돌이 渦中(와중) 분란한 사건(事件)의 가운데
蝸 달팽이 와 1급	뜻을 나타내는 벌레충(虫→뱀이 웅크린 모양, 벌레)部와 음을 나타내는 부수를 제외한 글자 咼(괘)가 합하여 이루 어짐.	蝸牛角(와우각) 달팽이관. 포유류의 속귀에 있는 달팽이 모양의 관(管) 蝸廬(와려) 달팽이의 껍질처럼 작다는 뜻, 작게 지은 누 추(陋醜)한 집의 비유
訛 그릇될 와 1급	뜻을 나타내는 말씀언(言→말하다)部와 음을 나타내는 化(화)가 합하여 이루어짐.	訛傳(와전) 그 본래(本來)의 뜻이나 내용(內容)을 잘못되 게 바꾸어 전(傳)하는 것

完 완전할 완 5급	常	집(宀)의 뜻과 으뜸 원(元)의 음 및 뜻을 결합한 글자[形聲] 사람이 집을 갖추어 신체를 온전하게 유지하는 것을 나타냈다. 여기서 '완전하다'의 뜻이 나왔다.	補完(보완) 보충(補充)하여 온전(穩全)하게 함 完全(완전) 부족(不足)이나 흠이 없음 完成(완성) 어떤 사물을 완전(完全)히 이룸			
緩 느릴 완 3급	常	실(糸)의 뜻과 당길 원(爰)의 음 및 뜻을 결합한 글자[形聲] 실로 잡아당겨 느슨하게 늘어난 것을 나타냈다. 여기서 '늦추다'의 뜻이 나왔다.	緩和(완화) 급박(急迫)하거나 긴장(緊張)된 상태를 느슨하게 함 弛緩(이완) 풀려 늦추어짐			
婉 순할 완 1급		본음(本音)은 원. 뜻을 나타내는 계집녀(女→여자(女子))部와 음을 나타내는 宛(완)이 합하여 이루어짐.	婉曲(완곡) 말·행동(行動)을 빙 둘러서 함 婉淑(완숙) 아름답고 겸손(謙遜)함			
宛 완연할 완 1급		뜻을 나타내는 갓머리(宀→집, 집 안)部와 음을 나타내는 부수를 제외한 글자 夗(원)이 합하여 이루어짐.	宛然(완연) 흡사(恰似). 사양하는 모양. 전과 다름없음. 의연(依然). 교묘하게 사람을 피하는 모양. 宛宛(완완) 屈伸(굴신)하는 모양. 柔弱(유약)한 모양			
琓 옥이름 완 특급		뜻을 나타내는 구슬옥변(玉(=王, 王)→구슬)部와 음을 나타내는 完(완)으로 이루어짐.	琓夏國(완하국) 新羅(신라) 脫解王(탈해왕)이 태어났다고 하는 나라			
腕 팔뚝 완 1급		뜻을 나타내는 육달월(月(=肉)→살, 몸)部와 음을 나타내는 宛(완)이 합하여 이루어짐.	腕章(완장) 팔 부분에 두르는 표장(標章) 手腕(수완) ① 손회목 ② 일을 꾸미고 치러 나가는 재간(才幹)			
頑 완고할 완 1급		뜻을 나타내는 머리혈(頁→머리)部와 음을 나타내는 元(원)이 합하여 이루어짐.	頑強(완강) 태도(態度)가 완고(頑固)하고 의지(意志)가 굳셈 頑固(완고) 성질(性質)이 완강(頑強)하고 고루(固陋)함			
莞 웃을 완 2급		풀을 뜻하는 초두머리(艹(=艸)→풀, 풀의 싹)部와 음을 나타내는 完(완)이 합하여 '왕골(돗자리나 방석을 만드는 데 사용(使用)되는 1년 초)'을 뜻함	莞爾(완이) 빙그레 웃는 모양			
阮 성씨 완 1급		뜻을 나타내는 좌부변(阝(=阜)→언덕)部와 음을 나타내는 元(원)이 합하여 이루어짐	阮堂集(완당집) 원명은 『완당 선생집(阮堂先生集)』. 추사(秋史) 김정희(金正喜)의 시문집(詩文集)			
曰 가로 왈 3급	常	입 가운데 혀를 가리킨 글자(指事). 입과 혀를 움직여 생각을 표현하는 것을 나타냈다. 여기서 '말하다'의 뜻이 나왔다.	曰可曰否(왈가왈부) 좋으니 나쁘니 하고 떠들어댐			

王 임금 왕 8급 | 常	땅 위에 엄숙히 하늘을 향해 서 있는 사람의 모습[象形] 지상 위에서 엄숙하게 하늘 향해 서 있는 사람의 모습이었으나, 소전자에서는 하늘과 땅을 꿰뚫는 인간을 나타냈다.	王孫(왕손) 왕의 자손 王朝(왕조) 왕가가 다스리는 동안 女王(여왕) 여자(女子) 임금		
往 갈 왕 4급 | 常	자축거리며 걷다(彳)와 날 생(生)의 음 및 뜻을 결합한 글자[形聲] 초목을 밟으며 가는 것을 나타냈다. 여기서 '가다'의 뜻이 나왔다.	旣往(기왕) 이전(以前), 이미, 벌써, 이왕에 往復(왕복) 가는 일과 돌아오는 일 往來(왕래) 가고 오고 함		
旺 왕성할 왕 2급 |	뜻을 나타내는 날일(日→해)部와 음을 나타내는 동시에 '왕성하다'의 뜻을 가진 王(왕)으로 이루어져 빛이 아름답고, '왕성하다'의 뜻	旺盛(왕성) 한창 성(盛)함		
枉 굽을 왕 1급 |	대법원 인명용으로는 왕. 뜻을 나타내는 나무목(木→나무)部와 음을 나타내는 王(왕)이 합하여 이루어짐	枉臨(왕림) 남이 자기 있는 곳으로 찾아오는 일을 높여 이르는 말		
汪 넓을 왕 2급 |	뜻을 나타내는 삼수변(氵(=水, 氺)→물)部와 음을 나타내는 王(왕)이 합하여 이루어짐	汪茫(왕망) 물이 한없이 넓은 모양 汪洋(왕양) 넓고 큰 모양. 여유 있는 모양. 점잖은 모양 汪汪(왕왕) 물이 깊고 넓은 모양. 도량이 넓은 모양		
歪 기울 왜 2급 |	不(부)와 正(정)의 합자(合字). 바르지 아니함. 곧, 비뚤을 나타냄	歪曲(왜곡) 비틀어 곱새김		
倭 왜나라 왜 2급 |	뜻을 나타내는 사람인변(亻(=人)→사람)部와 음을 나타내는 委(위)가 합하여 이루어짐	壬辰倭亂(임진왜란) 임진년(1592년)에 일본의 도요토미 히데요시가 주도하여 우리나라를 침입(侵入)하여 일으킨 난리(亂離) 倭軍(왜군) 일본군(日本軍)을 얕잡아 이르는 말		
矮 난쟁이 왜 1급 |	뜻을 나타내는 화살시(矢→화살)部와 음을 나타내는 委(위)가 합하여 이루어짐	矮小(왜소) (키나 체구가) 보통(普通)의 경우(境遇)보다 작음		
外 바깥 외 8급 | 常	저녁(夕)과 점치다(卜)의 뜻을 결합한 글자[會意] 고대 무속신앙에서 아침에 점치는 것을 나타냈으나, '벗어나다'의 뜻이 더해졌다.	除外(제외) 범위(範圍) 밖에 두어 빼어 놓음 海外(해외) '바다 밖의 다른 나라'라는 뜻으로 '외국(外國)'을 일컫는 말 外交(외교) 외교 정치적으로 국제간에 맺는 일체의 관계		
畏 두려워할 외 3급 | 常	도깨비 머리(田)와 범의 발톱의 뜻을 결합한 글자[會意] 도깨비 머리와 범의 발톱에서 '두렵다'의 뜻이 나왔다.	敬畏(경외) 공경(恭敬)하고 두려워함 畏敬(외경) 공경(恭敬)하고 두려워함		

한자	자원(字源)	용례(用例)			
猥 외람할 외 1급	뜻을 나타내는 개사슴록변(犭(=犬)→개)部와 음을 나타내는 畏(외)가 합하여 이루어짐.	**猥褻**(외설) 사람의 성욕(性慾)을 자극(刺戟)·도발(挑發)시키는 말			
巍 높고 클 외 1급	뜻을 나타내는 메산(山→산봉우리)部와 음을 나타내는 魏(위)가 합하여 이루어짐.	**巍巍**(외외) ① 뛰어나게 높고 우뚝 솟은 모양. 외아(巍峩). 외연(巍然) ② 인격(人格)이 높고 뛰어남			
妖 요사할 요 2급	뜻을 나타내는 계집녀(女→여자(女子))部와 음을 나타내는 夭(요)가 합하여 이루어짐.	**妖艶**(요염) (주로 여자(女子)가) 사람을 호릴 만큼 아리따움			
要 요긴할 요 5급 常	두 손으로 허리를 잡고 있는 모양을 본뜬 글자[象形] 양손으로 가는 허리를 두 손으로 짚고 서 있는 모양. 여기서 '중요하다'의 뜻이 나왔다.	**必要**(필요) 없어서는 아니 됨 **要求**(요구) 필요(必要)하여 달라고 강력(强力)히 청(請)함 **重要**(중요) 매우 귀중(貴重)하고 소중(所重)함			
搖 흔들 요 3급 常	손(扌)의 뜻과 질그릇 요의 음 및 뜻을 결합한 글자[形聲] 술병을 손으로 잡고 흔들어 술의 양을 알아보는 것으로 여기서 '흔들다'의 뜻이 나왔다.	**動搖**(동요) 흔들려 움직임, 어수선하고 떠들썩하여 갈팡질팡함			
遙 멀 요 3급 常	쉬엄쉬엄 가다(辶)의 뜻과 질그릇 요의 음 및 뜻이 결합한 글자[形聲] 질그릇 두드리는 소리가 아득하게 퍼져 가는 것을 나타냈다. 이런 자형에서 '멀다'의 뜻이 나왔다.	**遙遠**(요원) ① 공간적(空間的)으로 까마득히 멂 ② 시간적(時間的)으로 먼 훗날에나 가능(可能)한 상태(狀態)에 있음 **逍遙**(소요) 슬슬 거닐어 돌아다님			
腰 허리 요 3급 常	몸(月)의 뜻과 중요할 요(要)의 음 및 뜻을 결합한 글자[形聲] 사람 몸의 균형을 유지하는 허리를 나타냈다. 여기서 '중요하다'의 뜻이 나왔다.	**腰椎**(요추) 척추(脊椎)에서, 흉추와 천추 사이에 있는 추골. 사람의 경우(境遇)에는 5개로 구성(構成)됨. 허리등뼈			
謠 노래 요 4급 常	말씀(言)의 뜻과 질그릇 요의 음 및 뜻을 결합한 글자[形聲] 흥겨운 몸에서 저절로 우러나오는 소리를 나타냈다. 여기서 '노래'의 뜻이 나왔다.	**童謠**(동요) 어린이의 생활(生活) 감정(感情)이나 심리(心理)를 나타낸 노래 또는 가요(歌謠)			
曜 빛날 요 常	밝게 비추는 해가 뜻을 나타내며 음을 나타내는 翟(적→요)으로 이루어짐. 해가 환하게 '비치다'의 뜻.	**曜日**(요일) 월·화·수·목·금·토·일에 붙어 1주일(週日)의 각 날을 나타내는 말			
僥 요행 요 常	뜻을 나타내는 사람인변(亻(=人)→사람)部와 음을 나타내는 堯(요)가 합하여 이루어짐.	**僥倖**(요행) (거의 가능성(可能性)이 없는 어려운 일이) 우연(偶然)히 잘되어 다행(多幸)함			

한자	자원(字源)	용례(用例)	
夭 어릴 요 1급	夭(요)는 사람이 머리를 갸우뚱하게 하고 요염하게 교태를 부리고 있는 모양을 본뜸. 전(轉)하여 젊음에 넘치다, 또 젊음을 뜻함.	夭折(요절) 나이 젊어서 죽음	
姚 예쁠 요 2급	뜻을 나타내는 계집녀(女→여자(女子))部와 음을 나타내는 兆(조)가 합하여 이루어짐.	姚江學(요강학) 양명학(陽明學). 왕양명의 고향에서 발원된 학문	
擾 시끄러울 요 1급	뜻을 나타내는 재방변(扌(=手)→손)部와 음을 나타내는 憂(우)가 합하여 이루어짐.	擾亂(요란) 시끄럽고 어지러움 騷擾(소요) ① 여러 사람이 떠들썩하게 들고 일어남 ② 뭇사람이 들고일어나서 폭행(暴行), 협박(脅迫)을 함으로써 한 지방(地方)의 공공(公共)질서(秩序)를 문란(紊亂)하게 하는 행위	
窈 고요할 요 1급	穴(혈)과 目(목)의 합자(合字). 움푹 들어간 눈의 뜻.	窈窕淑女(요조숙녀) 마음씨가 얌전하고 자태(姿態)가 아름다운 여자(女子)	
窯 기와 가마 요 1급	뜻을 나타내는 구멍혈(穴→구멍)部와 음을 나타내는 부수를 제외한 글자 羔(고)가 합하여 이루어짐.	窯業(요업) 기와·벽돌·사기(沙器)·질그릇·법랑·칠기(漆器) 등을 만드는 업의 총칭(總稱). 도업(陶業)	
耀 빛날 요 2급	뜻을 나타내는 깃우(羽→깃, 날개)部와 음을 나타내며 翟(적)으로 이루어지며 '빛나다'의 뜻.	曦暉朗耀(희휘낭요) 태양빛(太陽一)과 달빛은 온 세상(世上)을 비추어 만물(萬物)에 혜택(惠澤)을 주고 있다	
邀 맞을 요 1급	뜻을 나타내는 책받침(辶(=辵)→쉬엄쉬엄 가다)部와 음을 나타내는 부수를 제외한 글자 敫(교)가 합하여 이루어짐.	邀擊(요격) 맞이하여 침	
饒 넉넉할 요 1급	뜻을 나타내는 밥식(食(=飠)→먹다, 음식)部와 음을 나타내는 堯(요)가 합하여 이루어짐.	豐饒(풍요) 흠뻑 많아서 넉넉함 富饒(부요) 부유(富裕)	
辱 욕될 욕 3급 常	농사철(辰)과 마디(寸)의 뜻을 결합한 글자[會意] 별이 알려 주는 농사철을 놓친 자는 법에 따라 벌을 준 것을 나타내었다. 여기서 '욕되다'의 뜻이 나왔다.	免辱(면욕) 욕을 당(當)하는 것을 면(免)함 恥辱(치욕) 부끄럽고 욕됨. 불명예(不名譽)	
浴 목욕할 욕 5급 常	물(氵)의 뜻과 골짜기 곡(谷)의 음 및 뜻이 결합한 글자[形聲] 그릇 위에 담아 놓은 것을 나타냈으나, 소전자에서는 谷으로 바꾸어 목욕하기 좋은 골짜기의 맑은 물을 나타냈다. 이런 자형에서 '목욕하다'의 뜻이 나왔다.	沐浴室(목욕실) 목욕(沐浴)을 할 수 있도록 마련한 방	

欲 하고자 할 욕 3급 常	골곡(谷)과 하품의 뜻 및 음의 결합한 글자[形聲] 음식을 먹고 싶은 마음이 심하여 입을 크게 벌리는 것을 나타냈다. 여기서 '하고자 하다'의 뜻이 나왔다.	欲求(욕구) 바라고 구(求)함. 탐냄 意欲(의욕) 하고자 하는 적극적(積極的)인 마음씨	
慾 욕심 욕 3급	할 욕(欲)의 음 및 뜻과 마음(心)의 뜻을 결합한 글자[形聲] 입을 벌려 먹고 싶은 것을 탐내는 것을 나타냈으며, 心이 첨가되어 탐내는 마음을 나타냈다. 여기서 '욕심'의 뜻이 나왔다.	意慾(의욕) 선택(選擇)한 하나의 목표(目標)에 대해 의지가 적극적(積極的), 능동적(能動的)으로 작용하는 일 貪慾(탐욕) 사물을 지나치게 탐하는 욕심 慾心(욕심) 자기만을 이롭게 하고, 탐내는 마음	
縟 꾸밀 욕 특급	뜻을 나타내는 실사(糸→실타래)部와 음을 나타내는 辱(욕)이 합하여 이루어짐.	繁文縟禮(번문욕례) 문(文)도 번거롭고 예(禮)도 번거롭다는 뜻으로, 규칙(規則), 예절(禮節), 절차(節次) 따위가 번거롭고 까다로움	
用 쓸 용 6급	점(卜)과 맞다(中)의 뜻을 결합한 글자[會意] 고대에 점을 쳐서 맞으면 곧 일을 시작한 것을 나타냈다. 여기서 '쓰다'의 뜻이 나왔다.	雇用(고용) 삯을 주고 사람을 부림 使用(사용) 물건(物件)을 씀 適用(적용) 맞추어 씀 無用(무용) 쓸모나 쓸데가 없음 用兵術(용병술) 군사(軍士)를 부리는 기술(技術)	
勇 날랠 용 6급	용(甬)의 음 및 뜻과 힘(力)의 뜻을 결합한 글자[形聲] 손에 도구를 가지고 있는 것을 나타냈으며, 혈기와 힘이 용솟음치듯 솟아 나오는 것을 나타냈다. 여기서 '용기'의 뜻이 나왔다.	勇動多怨(용동다원): 용기만 믿고 행동하면 남의 원한을 사기 쉬움. 출전 莊子(장자). 武勇談(무용담) 싸움에서 용감(勇敢)하게 활약(活躍)하여 공을 세운 이야기	
容 얼굴 용 4급	집(宀)과 골(谷)의 뜻을 결합한 글자[會意] 사방의 물을 모을 수 있는 골짜기처럼 많은 물건을 담을 수 있는 넓은 집을 나타냈다. 여기서 '포용하다'의 뜻이 나왔다.	容恕(용서) 관용(寬容)을 베풀어 벌(罰)하지 않음 內容(내용) 사물(事物)의 속내나 실속 許容(허용) 허락(許諾)하여 받아들임	
庸 할, 쓸 용 3급	곡식의 뜻과 쓸용(用)의 음 및 뜻을 결합한 글자[形聲] 사람이 탈곡할 때 항상 사용하는 농기구를 나타냈다. 여기서 '쓰다', '항상'의 뜻이 나왔다.	中庸(중용) 치우침이나 과부족(過不足)이 없이 떳떳하며 알맞은 상태(狀態)나 정도 庸劣(용렬) 못생기고 재주가 남만 못하고 어리석음, 변변하지 못함 登庸(등용) 인재(人材)를 골라 뽑아 씀	
熔 쇠 녹일 용 2급	뜻을 나타내는 불화(火(=灬)→불꽃)部와 음을 나타내는 容(용)이 합하여 이루어짐.	煤熔劑(매용제) 잿물. 유약(釉藥)을 속히 녹도록 하기 위하여 섞는 재료(材料)	
傭 품팔 용 2급	뜻을 나타내는 사람인변(亻(=人)→사람)部와 음을 나타내는 庸(용)이 합하여 이루어짐.	雇傭(고용) 노무(勞務)를 제공(提供)하고, 상대방(相對方)은 이에 대한 보수(報酬)를 지불(支拂)하는 노동(勞動) 계약(契約) 傭兵(용병) 자원(自願)한 사람에게 봉급(俸給)을 주고 병역에 복무(服務)하게 하는 일.	
涌 물 솟을 용 1급	뜻을 나타내는 삼수변(氵(=水, 氺)→물)部와 음을 나타내는 甬(용)이 합하여 이루어짐.	涌泉(용천) 솟아 나오는 샘 涌出(용출) 물이 솟아 나옴	

溶 녹을 용 2급	뜻을 나타내는 삼수변(氵(=水, 氺)→물)部와 음을 나타내는 동시에 '녹다'의 뜻(→鎔용·溶용)을 가진 용(容)으로 이루어짐.	溶解(용해) 기체(氣體) 또는 고체(固體)가 액체(液體) 속에서 녹아서 균일(均一)한 액체가 되는 현상 可溶性(가용성) 액체(液體)에 잘 녹는 성질(性質) 溶媒(용매) 액체(液體)에 물질(物質)을 녹여서 용액(溶液)을 만들 때, 그 액체(液體)를 가리킴	
瑢 패옥 소리 용 2급	뜻을 나타내는 구슬옥변(玉(=玉, 王)→구슬)部와 음을 나타내는 容(용)이 합하여 이루어짐.	瑢瑢(종용) 佩玉(패옥)의 소리	
聳 솟을 용 1급	뜻을 나타내는 귀이(耳→귀)部와 음을 나타내는 從(종)이 합하여 이루어짐.	搔聳(소용) 가곡(歌曲)의 한 가지. 조선시대 19대 숙종(肅宗) 때 박후웅(朴後雄)이 옛날부터 내려오는 희악(戲樂)을 본받아 지은 것 聳出(용출) 우뚝 솟아남	
茸 뿔날 용 1급	뜻을 나타내는 초두머리(艹(=艸))와 耳(이)가 합하여 '무성하다'라는 뜻을 가짐.	鹿茸(녹용) 사슴의 새로 돋은 연한 뿔	
蓉 연꽃 용 1급	풀을 뜻하는 초두머리(艹(=艸)→풀, 풀의 싹)部와 음을 나타내는 容(용)이 합하여 '연꽃'을 나타냄.	芙蓉(부용) 연꽃 阿芙蓉(아부용) 양귀비꽃	
踊 뛸 용 1급	踴(용)의 간체자(簡體字). 뜻을 나타내는 발족(足→발)部와 음을 나타내는 동시에 '올리다'의 뜻을 가진 用(용)으로 이루어짐.	舞踊家(무용가) 무용(舞踊)을 잘하거나 또는 그것을 전문적(專門的)으로 하는 사람 舞踊劇(무용극) 가극(歌劇)·화극(話劇) 따위에 대하여, 무용(舞踊)을 주(主) 요소(要素)로 하여 각색한 극. 춤연극(-演劇)	
鎔 쇠 녹일 용 2급	뜻을 나타내는 쇠금(金→광물·금속·날붙이)部와 음을 나타내는 동시에 '넣다'의 뜻을 가진 容(용)으로 이루어짐. 녹은 금속을 넣는 거푸집을 일컬음.	鎔巖(용암) 화산(火山)이 분화(噴火)할 때 분화구(噴火口)에서 분출(噴出)한 마그마 또는 그것이 식어서 굳어진 바위 鎔巖帶(용암대) 용암(鎔巖) 지대(地帶)	
鏞 쇠북 용 2급	뜻을 나타내는 쇠금(金→광물·금속·날붙이)部와 음을 나타내는 庸(용)이 합하여 이루어짐.	鏞鼓(용고) 종과 북 丁若鏞(정약용) 조선 정조(正祖) 때의 대학자(大學者)	
又 또 우 3급 | 常	오른손을 편 모양[象形] 오른손의 모양으로 또의 뜻이 나왔다.	一又(일우) 한두 번 兼之又兼(겸지우겸) 몇 가지를 겸(兼)한 위에 또 더욱 겸(兼)함	
于 어조사 우 3급 | 常	장애로 인해 막힌 숨을 나타냄[指事] 답답하게 막힌 숨. 여기서 '탄식하다'의 뜻이 나왔고 어조사로도 쓰인다.	于台(우태) 고구려 초기의 관직 체계에서 여섯째 등급의 벼슬 之子于歸(지자우귀) 딸이 시집가는 일	

友 벗 우 5급 | 常	두 손의 뜻이 결합된 글자[會意] 두 사람이 손을 한데 모은 모양에서 벗의 뜻이 나왔다.	友情(우정) 친구(親舊)와의 정 友愛(우애) 형제·벗 사이의 정분(情分) 友好(우호) 국가(國家)나 개인(個人) 사이가 서로 좋음		
尤 더욱 우 3급 | 常	끝을 一(일)로 고정(固定)시키고 반대(反對) 쪽을 잡고 구부리는 모양을 나타냄.	怨尤(원우) 잘못 尤隙(우극) 틈이 생김. 사이가 나빠짐		
牛 소 우 5급 | 常	뿔이 달린 소의 머리 모양을 본뜬 글자로 '소'를 뜻함.	牧牛(목우) 먹여 기르는 소. 소를 먹여 기름 牛乳(우유) 소의 젖 韓牛(한우) 우리나라 재래종의 소		
右 오른쪽 우 7급 | 常	오른손과 입의 뜻을 결합한 글자[會意] 오른손과 입이 서로 도와 일을 함을 나타냈다. 여기서 '돕다'의 뜻이 나왔다. 그러나 후에 '돕다'자가 따로 나와 서 오른쪽으로만 쓰인다.	右翼(우익) ① 오른쪽 날개 ② 보수적(保守的) 당파 右傾化(우경화) 정치 동향이 우경으로 되거나 되게 함 極右(극우) 극단적(極端的)인 우익(右翼) 사상(思想)		
宇 집 우 3급 | 常	집과 어조사우의 뜻과 음을 결합한 글자[形聲] 지붕이 갖추어진 집. 여기서 집과 지붕의 뜻이 나왔다. 후에 전성되어 하늘, 우주의 뜻으로 쓰인다.	宇宙(우주) 모든 천체(天體)를 포함하는 공간 宇宙船(우주선) 우주(宇宙) 공간(空間) 항행(航行)을 위 　(爲)한 비행체		
羽 깃 우 3급 | 常	새의 깃을 본뜬 글자[象形] 새가 깃을 활짝 편 모양. 여기서 '깃'의 뜻이 나왔다.	毛羽(모우) 짐승의 털과 날짐승의 깃. 길짐승과 날짐승 綿羽(면우) 날짐승의 썩 짧고 보드라운 털		
雨 비 우 5급 | 常	구름에서 빗방울이 떨어지는 모양[象形] 구름에서 빗방울이 떨어지는 모양을 본떠서 '비'의 뜻이 나왔다.	降雨(강우) 비가 내림 豪雨(호우) 줄기차게 많이 오는 비 雨後竹筍(우후죽순) 비가 온 뒤에 솟는 죽순(竹筍)이라는 　뜻으로, 어떤 일이 일시에 많이 일어남을 이르는 말		
偶 짝 우 3급 | 常	사람의 뜻과 원숭이의 음 및 뜻이 결합[形聲] 나무나 흙으로 만든 원숭이의 형상을 나타냄. 여기서 짝 이나 인형이 나왔다.	偶然(우연) 뜻밖에 저절로 되는 일 配偶者(배우자) 부부(夫婦)의 한쪽에서 본 다른 쪽 對偶(대우) 둘이 서로 짝을 지음		
遇 만날 우 4급 | 常	'쉬엄쉬엄 가다'의 뜻과 짐승 우의 뜻이 결합한 글자[形聲] 산짐승들이 산실을 다니다가 우연히 만난 것. 여기서 '만 나다'의 뜻이 나왔다.	境遇(경우) 놓여 있는 조건(條件)이나 놓이게 되는 형편 待遇(대우) 예의(禮儀)를 갖추어 대함. 접대(接待) 禮遇(예우) 예로써 정중(鄭重)히 맞음 遭遇(조우) ① 만남 ② 또는 우연(偶然)히 서로 만남		
愚 어리석을 우 3급 | 常	원숭이 우의 음 및 뜻과 마음심이 결합한 글자[形聲] 사람의 마음이 원숭이 같은 것을 나타냈다. 여기서 '어리 석다'의 뜻이 나왔다.	萬愚節(만우절) 양력(陽曆) 4월 1일. 가벼운 거짓말로 서 　로 속이면서 즐기는 날 愚鈍(우둔) 어리석고 둔함 愚昧(우매) 어리석고 몽매(蒙昧)함		

郵 우편 우 4급 常	변경 수의 음과 뜻과 고을을 결합한 글자[形聲] 변방과 연락하기 위해 사람과 말이 머무를 수 있는 곳을 나타냈다. 여기서 '우편', '역'의 뜻이 나왔다.	郵便(우편) 편지(便紙)나 소포(小包) 따위를 운송(運送)하는 국영(國營) 사업(事業) 郵票(우표) 우편(郵便) 요금(料金)을 표시(表示)하는 증표	
憂 근심 우 3급 常	머리와 마음심 그리고 '천천히 걷다'의 뜻을 결합[會意] 많은 생각이 머리에 가득 차 있어 발걸음이 무거운 것을 나타냈다. 여기서 '근심하다'의 뜻이 나왔다.	憂慮(우려) (어떤 일이) 잘못되지 않을까 걱정하는 것 憂鬱症(우울증) 우울(憂鬱)한 증세(症勢)	
優 넉넉할 우 4급 常	사람의 뜻과 근심의 임과 뜻이 결합된 글자[形聲] 남을 위하여 진실로 걱정하는 너그러운 마음을 나타냈다.	優秀(우수) 여럿 가운데 아주 뛰어남 優先(우선) 다른 것보다 앞섬 優劣(우열) 우수(優秀)함과 열등(劣等)함 優良(우량) 뛰어나게 좋음	
尤 더욱 우 3급	손에 물건을 쥐고 있는 모양[指事] 손에 상서롭지 못한 물건을 지니고 있는 것. 여기서 '허물'이 나왔으나, 전성되어 '더욱'의 뜻이 쓰인다.	愆尤(건우) 잘못 尤悔(우회) 잘못과 뉘우침	
佑 도울 우 2급	뜻을 나타내는 사람인변(亻(=人)→사람)部와 음을 나타내는 동시에 '돕다'의 뜻을 가진 右(우)로 이루어짐.	天佑神助(천우신조) 하늘이 돕고 신이 도움 保佑(보우) 사람을 잘 보호(保護)하고 도와줌	
寓 부칠 우 1급	뜻을 나타내는 갓머리(宀→집, 집 안)部와 음을 나타내는 동시에 '가끔'의 뜻(→偶우)을 가진 부수를 제외한 글자 禺(옹·우)로 이루어짐.	寓話(우화) 딴 사물(事物)에 빗대어서 교훈적(敎訓的), 풍자적(諷刺的) 내용(內容)을 엮은 이야기 寓居(우거) ① 정착되지 아니하고 임시(臨時)로 삶 ② 남의 집에 임시(臨時)로 붙여 삶	
祐 복 우 2급	뜻을 나타내는 보일시(示(=礻)→보이다, 신)部와 음을 나타내는 동시에 '돕다'의 뜻(→佑우)을 가지는 右(우)로 이루어짐. 신의 도움의 뜻.	天祐(천우) 하늘의 도움 또는 신명의 가호(加護)	
禹 성씨 우 2급	뜻을 나타내는 짐승발자국유(内→짐승의 발자국)部와 음을 나타내는 九(구)로 이루어짐. 벌레충(虫→뱀이 웅크린 모양, 벌레)部는 훼(→뱀)를 나타내어 뱀의 뜻.	禹韭(우구) 맥문동(麥門冬) 禹跡(우적) 중국 본토(本土). 우역(禹域)	
虞 염려할 우 1급	뜻을 나타내는 범호밑(虍→범의 문채, 가죽)部와 음을 나타내는 吳(오)가 합하여 이루어짐	有虞陶唐(유우도당) 유우(有虞)는 순(舜)임금이요, 도당(陶唐)은 요(堯)임금이다. 즉 중국 고대(古代) 제왕(帝王)이다. 虞犯者(우범자) 범죄(犯罪)를 저지를 우려(憂慮)가 있는 사람	
迂 에돌 우 1급	뜻을 나타내는 책받침(辶(=辵)→쉬엄쉬엄 가다)部와 음을 나타내는 于(우)가 합하여 이루어짐	迂廻(우회) 곧바로 가지 않고 돌아감 迂餘曲折(우여곡절) 여러 가지로 뒤얽힌 복잡(複雜)한 사정(事情)이나 변화(變化)	

한자	자원	용례		
隅 모퉁이 우 1급 常	뜻을 나타내는 좌부변(阝(=阜)→언덕)部와 음을 나타내는 동시에 작은 '모퉁이'의 뜻을 가진 부수를 제외한 글자 禺(옹우)로 이루어지며 산의 '모퉁이'의 뜻.	隅石(우석) 귓돌. 돌 축대의 귀퉁이에 쌓는 돌		
旭 아침 해 욱 2급	뜻을 나타내는 날일(日→해)部와 음을 나타내는 九(구)로 이루어짐	旭日昇天(욱일승천) 아침 해가 떠오른다는 뜻으로, 떠오르는 아침 해처럼 세력(勢力)이 성대(盛大)해짐을 이르는 말		
昱 햇빛 밝을 욱 2급	뜻을 나타내는 날일(日→해)部와 음을 나타내는 立(입)이 합하여 이루어짐	昱昱(욱욱) 햇빛이 밝은 모양. 햇빛이 환하게 비치는 모양		
煜 빛날 욱 2급	뜻을 나타내는 불화(火(=灬)→불꽃)部와 음을 나타내는 昱(욱)이 합하여 이루어짐	煜煜(욱욱) 광휘를 발하는 모양. 빛나는 모양 煜灼(욱작) 빛을 발함		
郁 성할 욱 2급	뜻을 나타내는 우부방(阝(=邑)→마을)部와 음을 나타내는 有(유)로 이루어짐. 본디 땅 이름, (역=有+或)과 음이 통하여 융성한 모양의 뜻으로 씀	郁郁青青(욱욱청청): 성할 욱, 푸를 청. 향기가 대단히 나며 무성한 모양. 馥郁(복욱) 향기가 높은 모양		
頊 삼갈 욱 2급	대법원 인명용으로는 욱. 뜻을 나타내는 머리혈(頁→머리)部와 음을 나타내는 王(왕=玉옥)이 합하여 이루어짐	顓頊(전욱) 중국 고대(古代)의 제왕(帝王). 황제(黃帝)의 손자(孫子)로, 고양(高陽)에 나라를 일으켰으므로 고양씨(高陽氏)라 불렀음		
云 이를 운 3급 常	피어오르는 구름(象形). 하늘로 피어오르는 구름으로 여기서 '구름'의 뜻이 나왔으나, 가차되어 '말하다'의 뜻으로 쓰인다. 후에 雨를 첨가하여 새로이 雲을 만들었다.	云云(운운) 글이나 말을 인용(引用) 또는 생략(省略)할 때에 이러이러함의 뜻으로 하는 말		
雲 구름 운 5급 常	비의 뜻과 움직일 운의 음 및 뜻을 결합한 글자[形聲] 하늘로 피어오르는 구름을 나타낸다.	風雲(풍운) 바람과 구름 望雲之情(망운지정) 구름을 바라보며 그리워한다는 뜻으로, 타향(他鄕)에서 고향(故鄕)에 계신 부모(父母)를 생각함 雲集(운집) 구름처럼 많이 모임		
運 옮길 운 6급 常	책받침(辶(=辵)→쉬엄쉬엄 가다)과 軍(전차를 병사가 둘러싼 모양→둘러싸는 일)으로 이루어짐. 빙빙 돌다→움직이게 하다→운반하는 일을 뜻함	運營(운영) 조직, 기구(機構) 따위를 운용(運用)하여 경영함 運動(운동) 물체(物體)가 시간(時間)의 경과(經過)에 따라 위치(位置)를 바꾸는 일 運用(운용) 돈이나 물건·제도 따위의 기능(機能)을 부리어 씀		
韻 운 운 3급 常	소리(音)와 둥글 원(員)이 결합한 글자[形聲] 소리가 어우러져 나는 것을 나타냈다. 여기서 '운'의 뜻이 나왔다.	韻致(운치) 고아(高雅)한 품격(品格)을 갖춘 멋 韻文(운문) 일정한 운자(韻字)를 구말(句末)에 서서 성조(聲調)를 고른 글 韻律(운율) 시문(詩文)의 음성적(音聲的) 형식(形式) 脚韻(각운) 기나 글귀의 줄의 끝에 다는 운		

殞 죽을 운 1급	뜻을 나타내는 죽을사변(歹(=歺)→뼈, 죽음)部와 음을 나타내는 員(원)이 합하여 이루어짐.	殞命(운명) 사람의 목숨이 끊어짐	
耘 김맬 운 1급	뜻을 나타내는 쟁기뢰(耒→쟁기, 경작)部와 음을 나타내는 云(운)이 합하여 이루어짐.	耘耕(운경) 김매고 밭을 갊 耕耘機(경운기) 논밭을 가는 데 쓰이는 농업용(農業用) 기계	
芸 평지 운 2급	蕓(운)의 간체자(簡體字). 풀을 뜻하는 초두머리(艹(=艸)→풀, 풀의 싹)部와 음을 나타내는 云(운)이 합하여 '운향(시의 신비로운 운치와 음조)'을 뜻함.	芸穫(운확) 풀을 베고 곡식(穀食)을 거두어들임	
隕 떨어질 운 1급	뜻을 나타내는 좌부변(阝(=阜)→언덕)部와 음을 나타내는 員(원)이 합하여 이루어짐.	隕石(운석) 유성(流星)이 대기(大氣) 중에서 다 타지 않고 지구(地球) 상(上)에 떨어진 것 隕星(운성) 별똥별	
鬱 답답할 울 2급	뜻을 나타내는 술창(鬯→술)部와 부수를 제외한 글자 林(림)을 바탕으로 (울)의 생략형(省略形)이 음을 나타냄.	抑鬱(억울) 원통(冤痛)하여 가슴이 답답함 憂鬱(우울) 마음이 어둡고 가슴이 답답한 상태	
蔚 고을 이름 울 2급	뜻을 나타내는 초두머리(艹(=艸)→풀, 풀의 싹)部와 음을 나타내는 尉(위)로 이루어짐.	蔚山(울산) 경상남도에 있는 시	
雄 수컷 웅 5급 常	팔꿈치 굉(厷)과 새(隹)의 뜻과 음이 결합한 글자[形聲] 암컷에 비해 팔꿈치의 힘이 센 새를 나타냄. 여기서 '수컷'의 뜻이 나왔다.	雄辯(웅변) 조리(條理) 있고, 힘차고 거침없는 연설 英雄(영웅) 재능(才能)과 지혜(智慧)가 비범(非凡)하여 대중(大衆)을 영도하고 세상(世上)을 경륜(經綸)할 만한 사람	
熊 곰 웅 2급	연화발(灬(=火)→불꽃)과 활활 타오르는 불길의 뜻(→炎염)을 나타내기 위한 能(능)으로 이루어짐. 불빛이 곱게 '빛나다'의 뜻. 음을 빌려 동물(動物) 중의 곰의 뜻으로 씀. 곰의 본디 글자는 能(능)임.	熊女(웅녀) 전설에 나타난 단군(檀君)의 어머니. 처음은 곰이었으나 후에 사람이 됨 熊膽(웅담) 곰의 쓸개	
媛 계집 원 2급	뜻을 나타내는 계집녀(女→여자(女子))部와 음을 나타내는 爰(원)으로 이루어짐.	才媛(재원) 재주가 있는 젊은 여자	
元 으뜸 원 5급 常	위(上)과 사람(儿)의 뜻과 음을 결합한 글자[會意] 사람 모의 위쪽 머리를 나타내서, '으뜸', '근원'을 나타냈다.	復元(복원) 부서지거나 없어진 사물을 원래(原來)의 모습이나 상태로 되돌려 놓는 것 還元(환원) 본디의 상태로 되돌리는 일 元老(원로) 관위(官位), 연령(年齡), 덕망(德望)이 높은 공신(功臣)	

한자	자원 풀이	용례
苑 동산 원 2급	풀을 뜻하는 초두머리(艹(=艸)→풀, 풀의 싹)部와 음을 나타내는 동시에 동산의 뜻을 나타내기 위한 부수를 제외한 글자 夗(원)으로 이루어짐.	桂苑筆耕集(계원필경집) 신라(新羅) 말기(末期)의 학자(學者) 최치원(崔致遠)의 시문집(詩文集)
怨 원망할 원 4급 常	누워 뒹굴 원과 마음(心)의 뜻을 결합한 글자[形聲] 억울한 일을 당하여 잠을 못 자고 뒹구는 마음을 나타냄. 여기서 '원망하다'의 뜻이 나옴.	怨懟(원대) 원망(怨望) 怨讐(원수) 자기(또는 자기 집이나 자기 나라)에게 해를 입혀 원한(怨恨)이 맺히게 한 대상(對象)
原 언덕 원 5급 常	언덕(厂)과 샘(泉)의 뜻과 음이 결합한 글자[會意] 아래에서 솟아나는 샘물을 나타냈다.	原因(원인) 어떤 일의 근본(根本)이 되는 까닭 原則(원칙) 많은 경우(境遇)에 적용(適用)되는 근본(根本) 법칙 原稿(원고) 본디 쓴 글. 연설 따위의 쓴 글.
員 인원 원 4급 常	입(口)과 조개(貝)의 뜻과 음을 결합한 글자[會意] 입구가 둥근 솥. 전성되어 '둥글다'에서 수효로 쓰임.	職員(직원) 직무(職務)를 담당(擔當)하는 사람 委員會(위원회) 위원(委員)들이 모여 하는 회의(會議) 公務員(공무원) 국가의 공적인 일을 담당하는 직원
院 집 원 5급 常	언덕과 完이 결합한 글자[形聲] 언덕같이 담을 잘 쌓아 놓은 곳. 여기서 집의 뜻이 나왔다.	法院(법원) 소송(訴訟) 사건(事件)을 심판(審判)하는 국가(國家) 기관(機關) 病院(병원) 병든 사람을 진찰(診察), 치료(治療) 및 예방(豫防)하기 위하여 설비(設備)를 갖추어 놓은 곳
援 도울 원 4급 常	손(扌)과 당길 원의 음과 뜻이 결합된 글자[形聲] 위험에 처한 사람에게 손을 내밀어 도와주는 것. 여기서 '돕다'가 나왔다.	支援(지원) 지지하거나 원조(援助)함 應援(응원) 곁에서 성원함 援助(원조) 도와줌. 조원(助援)
圓 둥글 원 4급 常	울타리(囗)와 둥글다(員)의 음과 뜻이 결합한 글자[形聲] 둘레가 둥근 모양.	圓滑(원활) 일이 거침없이 잘되어 나감 圓滿(원만) 일이 되어 감이 순조(順調)로움 圓卓(원탁) (위의 판이) 둥근 탁자(卓子)
園 동산 원 6급 常	울타리(囗)와 원(袁)의 음과 뜻이 결합한 글자[形聲] 구역 안에 과일 나무가 늘어진 모양.	幼稚園(유치원) 학령 미달의 어린이를 보육(保育)하여 심신(心身)의 발달(發達)을 도모(圖謀)하는 교육(教育) 시설(施設) 公園(공원) 여러 사람들의 보건(保健), 휴양, 유락(遊樂)을 위하여 베풀어 놓은 큰 정원
源 근원 원 4급 常	물과 언덕 원(原)의 뜻과 음이 결합된 글자[形聲] 언덕 밑에서 솟아나는 물줄기의 발원지. 여기서 근원의 뜻이 나왔다.	資源(자원) 생산(生産)의 바탕이 되는 여러 가지 물자(物資) 源泉(원천) 사물의 근원(根源) 根源(근원) 사물(事物)이 생겨나는 본바탕
遠 멀 원 6급 常	쉬엄쉬엄 가다와 길원의 음과 뜻을 결합한 글자[形聲] 먼 길을 떠나기 위해 외출복을 입고 떠나는 것. 여기서 '멀다'의 뜻이 나왔다.	遠近(원근) 멀고 가까움 永遠(영원) 길고 오랜 세월(歲月) 遠隔(원격) 시간(時間)이나 공간적(空間的)으로 멀리 떨어져 있는 것 遠大(원대) 뜻, 견식(見識), 계획(計劃) 등(等)의 규모(規模)가 심원(深遠)하고 큼

한자	자원	용례	
願 원할 원 5급 | 常	原과 頁이 결합한 글자[形聲] 높은 언덕에 올라가길 바라듯이 원하는 것.	祈願(기원) 바라는 일이 이루어지기를 빎 民願(민원) 국민(國民)이 청하여 바라는 바 所願(소원) 원함 또는 원하는바	
寃 원통할 원 특급	토끼가 망을 뒤집어쓰고 움직이지 못하는 모양, 전(轉)하여 원죄의 뜻.	寃痛(원통) 분하고 억울(抑鬱)함 伸寃(신원) 원통(寃痛)한 일을 풀어 버림	
猿 원숭이 원 1급	뜻을 나타내는 개사슴록변(犭(=犬)→개)部와 음을 나타내는 袁(원)이 합하여 이루어짐.	犬猿之間(견원지간) 개와 원숭이의 사이처럼, 매우 사이가 나쁜 관계 類人猿(유인원) 유인원과에 딸린 원숭이의 통틀어 일컬음	
瑗 구슬 원 특급	뜻을 나타내는 구슬옥변(玉(=玉, 王)→구슬)部와 음을 나타내는 爰(원)이 합하여 이루어짐.	瑗瑤(원요) 싸라기눈	
袁 성씨 원 2급	뜻을 나타내는 옷의(衣(=衤)→옷)部와 음을 나타내는 止(지=발)를 바탕으로 哀(애)가 합하여 이루어짐.	袁安高臥(원안고와) 어려운 처지(處地)에 있어도 절조(節操)를 굳게 지킴. 원안이라는 사람이 굽힘 없는 삶을 살았다는 말	
鴛 원앙 원 1급	뜻을 나타내는 새조(鳥→새)部와 음을 나타내는 부수를 제외한 글자 夗(원)이 합하여 이루어짐.	鴛鴦(원앙) 오릿과의 물새 鴛鴦之契(원앙지계) 금슬(琴瑟)이 좋은 부부(夫婦) 사이	
月 달 월 8급 | 常	초승달 모양 본뜬 글자[象形] 초승달 모양에서 달의 뜻이 나옴.	歲月(세월) 한없이 흘러가는 시간(時間), 시절(時節) 月給(월급) 다달이 받는 정(定)해진 봉급(俸給) 月光(월광) 달빛. 달에서 비쳐 오는 빛	
越 넘을 월 1급 | 常	走와 큰도끼월(戉)이 결합한 글자[形聲] 병사가 도끼를 휘두르며 경계를 넘어온 것. 여기서 '넘다'의 뜻이 나옴.	超越(초월) 어떤 한계(限界)나 표준(標準)을 넘음 卓越(탁월) 월등(越等)하게 뛰어남 越權(월권) 권한(權限) 밖의 일을 함 逾越節(유월절) 이스라엘 민족이 이집트에서 탈출한 일을 기념하는 유대교의 축제일	
危 위태할 위 4급 | 常	적벽 위의 사람과 앉은 사람의 뜻과 음을 결합한 글자[會意] 함정에 빠져 있는 것. 소전자에서 변형시켜 '위태롭다'로 쓰임.	危機(위기) 위험(危險)한 고비 危險(위험) 실패(失敗)하거나 목숨을 다치게 할 만함 危殆(위태) 형세(形勢)가 매우 어려움	
位 자리 위 5급 | 常	亻과 立의 음과 뜻이 결합한 글자[會意] 사람이 벼슬의 순서에 따라 서 있는 모습. 여기서 자리, 벼슬의 의미 나옴.	位置(위치) 자리나 장소(場所) 地位(지위) 개인(個人)이 차지하는 사회적(社會的) 위치(位置) 位階(위계) 벼슬의 등급(等級)	

委 맡길 위 4급 | 常	禾와 女의 음과 뜻을 결합한 글자[會意] 집안일 잘 처리하는 여자가 벼 곡식을 저장하는 것을 나타냄. 여기서 쌓다. '맡기다'의 뜻이 나왔다.	委員(위원) 단체(團體) 등(等)에서, 특정(特定)한 사항(事項)의 처리(處理)를 위임(委任) 맡은 자로서 임명(任命) 또는 선거(選擧)된 사람 委任(위임) 어떤 일을 책임(責任)지워 맡김		
胃 밥통 위 3급 | 常	田과 月의 뜻과 음을 결합한 글자[會意] 몸 안에 식물을 담는 것에서 밥통이란 의미가 나왔다.	脾胃(비위) ① 지라와 위 ② 어떤 음식물(飮食物)을 대(對)하여 먹고 싶은 기분(氣分) 胃腸(위장) 위와 창자 胃癌(위암) 위에 생기는 암종		
威 위엄 위 4급 | 常	무기와 여자의 음과 뜻을 결합한 글자[會意] 무기를 들고 있는 여자를 나타냈다. 여기서 위엄의 뜻이 나왔다.	威脅(위협) 힘으로 으르고 협박(脅迫)함 示威(시위) 위력(威力)이나 기세(氣勢)를 드러내어 보임 權威(권위) 아랫사람을 얻는 원인(原因) 또는 법률(法律) 상(上) 사물(事物)이 정당화(正當化)되는 이유(理由)		
偉 클 위 5급 | 常	亻과 韋의 음과 뜻이 결합한 글자[形聲] 보통사람과 다른 방향으로 나아가는 모습. 여기서 '뛰어나다'의 뜻이 나왔다.	偉大(위대) 뛰어나고 훌륭함 偉力(위력) 뛰어나거나 큰 힘 偉人(위인) 뛰어나고 위대(偉大)한 사람 偉業(위업) 위대(偉大)한 사업(事業)이나 업적(業績)		
尉 벼슬 위 2급 |	火(화=다리미)와 寸(촌=손)과 음을 나타내는 尼(니)로 이루어짐. 손에 다리미를 들고 헝겊에 댄다는 뜻이 '누르다'로 됨.	少尉(소위) 군인(軍人) 계급(階級)의 하나. 중위(中尉)의 아래, 준위(准尉)의 위임 駙馬都尉(부마도위) 임금의 사위에게 주던 칭호		
爲 할 위 4급 | 常	원숭이가 머리를 긁적이는 모양[象形] 원숭이가 손톱으로 머리를 긁적이며 재주가 많아 잘하는 모양에서 하다의 뜻이 나옴	行爲(행위) 사람의 행동 人爲的(인위적) 사람이 일부러 한 모양(模樣)이나 성질(性質)		
圍 에워쌀 위 4급 | 常	囗와 韋의 음과 뜻을 결합한 글자[形聲] 군사들이 일정한 구역을 둘러싸고 지키는 것을 나타냈다. 여기서 둘레의 뜻이 나왔다.	棘圍(극위) ① 과거(科擧) 보는 장소(場所)에 일반(一般) 사람이 함부로 드나드는 것을 막기 위(爲)해 가시나무로 막아 놓은 울타리 ② 과장(科場) 臀圍(둔위) 엉덩이의 둘레. 힙		
違 어긋날 위 3급 | 常	辶와 韋의 음과 뜻을 결합한 글자[形聲] 병사가 서로 반대 방향으로 가면서 성곽을 순찰하는 것에서 '어긋나다'의 뜻이 나왔다.	違乖(위괴) 어기고 배반(背反)함 違忤(위오) 거슬러 어김 違勅(위칙) 위칙(違勅). 칙령(勅令)을 어김 違反(위반) 법령(法令)·명령(命令)·약속(約束) 등(等)을 어기거나 지키지 않는 것		
僞 거짓 위 3급 | 常	亻과 爲의 음과 뜻이 결합한 글자[形聲] 원숭이가 사람의 행동을 흉내 내는 것을 나타냈다. 여기서 '거짓', 가짜의 뜻이 나왔다.	虛僞(허위) 사실(事實)이 아닌 것을 사실(事實)처럼 꾸민 것 僞幣(위폐) 위조(僞造)한 화폐(貨幣) 僞裝(위장) 본래(本來)의 속셈이나 모습이 드러나지 않도록 거짓으로 꾸미는 것		
慰 위로할 위 4급 | 常	尉(위)가 본자(本字). 뜻을 나타내는 마음심(心=忄, 㣺)→마음, 심장)部와 음을 나타내는 동시에 '부드럽게 조용하게 하다'의 뜻을 가지는 尉(위)로 이루어짐.	慰勞(위로) 고달픔을 풀도록 따뜻하게 대(對)하여 줌 慰安(위안) 위로(慰勞)하여 마음을 편안(便安)하게 함 慰藉料 위자료 정신적(精神的) 고통(苦痛)과 손해(損害)에 대(對)하여 지급(支給)하는 배상금(賠償金)		

緯 씨 위 3급 | 常	糸와 韋의 음과 뜻이 결합한 글자[形聲] 병졸이 성을 에워싸듯이 가로줄로 된 천의 씨줄을 나타내서 씨줄이 나왔다.	經緯(경위) ① 직물(織物)의 날과 씨, 경도(經度)와 위도(緯度) ② 사건(事件)의 전말, 일의 내력(來歷) 緯度(위도) 적도(赤道)에 평행(平行)하게 지구(地球)를 남북(南北)으로 재는 좌표(座標)	
謂 이를 위 3급 | 常	言과 胃의 음과 뜻이 결합한 글자[形聲] 위가 음식물을 소화하듯 사리에 합당하게 말을 하는 것에서 '말하다'의 뜻이 나왔다.	所謂(소위) 이른바	
衛 지킬 위 4급 | 常	行과 韋의 음과 뜻이 결합된 글자[形聲] 성의 둘레를 돌면서 에워싸는 것을 나타내서 '호위하다', '지키다'의 뜻이 나왔다.	衛星(위성) 행성(行星)의 주위(周圍)를 도는 별 衛生(위생) 건강(健康)의 보전(保全), 증진(增進)을 도모(圖謀)하고 질병(疾病)의 예방(豫防), 치유에 힘쓰는 일 防衛(방위) 적의 공격(攻擊)을 막아서 지킴	
渭 물 이름 위 2급 |	뜻을 나타내는 삼수변(氵(=水, 氺)→물)部와 음을 나타내는 胃(위)가 합하여 이루어짐.	渭水(위수) 황하의 한 지류로, 물 이름임 涇渭未必同源(경위미필동원) 강이름 경, 물이름 위, 아닐 미, 반드시 필, 같을 동, 근원 원. 涇水(경수)의 탁한 흐름과 渭水(위수)의 맑은 흐름은 그 水源(수원)이 반드시 같으라는 법은 없다. 일의 淸濁(청탁), 善惡(선악), 邪正(사정)은 반드시 구별되어야 함을 이르는 말	
萎 시들 위 1급 |	풀을 뜻하는 초두머리(艹(=艸)→풀, 풀의 싹)部와 음을 나타내는 委(위)가 합하여 '동글레'를 뜻함.	萎縮(위축) 마르고 시들어서 오그라지고 쪼그라듦	
韋 가죽 위 2급 |	큰입구몸(口→에워싼 모양)部(둘레)의 바깥을 좌우(左右) 엇갈린 발자국 천(舛)을 내면서 빙빙 도는 모양을 나타냄. '둘러싸다'의 뜻(→圍위)에서 '위'로 읽음.	韋編三絶(위편삼절) 자(孔子)가 책을 하도 많이 읽어서 그것을 엮어 놓은 끈이 세 번이나 끊어졌단 데에서 비롯된 말	
魏 성씨 위 2급 |	(중국의 나라 이름) 전국(戰國) 칠웅(七雄)의 하나.	魏紫姚黃(위자요황) 나라이름 위, 자줏빛 자, 예쁠 요, 누를 황. 牡丹(모란)의 다른 이름. 본시 魏氏(위씨)와 姚氏(요씨) 두 집에서 심었다는 데서 나온 말	
由 말미암을 유 6급 | 常	술을 거르는 용수의 모양을 본뜬 글자[象形] 술을 거르는 용수의 모양을 본뜬 글자를 본떠서 '쓰다'의 의미로 사용됐으나 후에 전성되어 '말미암다'의 뜻으로도 사용되었다.	理由(이유) 까닭, 사유(事由), 내력(來歷) 自由(자유) 남의 구속(拘束)을 받지 않고, 자기(自己) 마음대로 함 事由(사유) 일의 까닭	
幼 어릴 유 3급 | 常	'작다'라는 幺글자와 힘(力)의 뜻을 합한 글자[會意] 힘이 적은 모양을 나타내서 어린아이의 뜻이 나왔다.	幼稚園(유치원) 학령 미달의 어린이를 보육(保育)하여 심신(心身)의 발달(發達)을 도모(圖謀)하는 교육(敎育) 시설(施設) 幼兒(유아) 어린아이	
有 있을 유 7급 | 常	又와 月(고기)이 합쳐진 글자[會意] 손에 고기를 가지고 있는 모양에서 있다는 뜻이 나왔다.	有權者(유권자) 흔히 선거권을 가진 사람을 의미 有利(유리) 이익(利益)이 있음 保有(보유) 간직하고 있음 所有(소유) 가지고 있음	

酉 닭 유 3급 | 常	술을 담은 병의 모양[象形] 술을 담은 병의 모양을 본떴다. 여기서 술의 뜻이 나왔고 가차되어 천간의 열째의 뜻으로 쓰인다.	癸酉靖難(계유정난) 조선 단종 원년(1453)에 수양 대군이 정권 탈취를 목적으로 반대파를 숙청한 사건. 이 정변으로, 김종서·황보인 등은 피살되고 안평 대군은 사사됨			
乳 젖 유 4급 | 常	기르다와 乙의 뜻과 음이 결합한 글자[會意] 사람이나 새가 새끼에게 젖을 먹이는 모양에서 뜻이 나왔다.	牛乳(우유) 소의 젖 哺乳類(포유류) 척추(脊椎) 동물 문(門) 포유(哺乳) 강에 속(하는 동물(動物)의 총칭 乳房癌(유방암) 젖샘에 생기는 암(癌)			
油 기름 유 6급 | 常	氵와 由가 합쳐진 글자[形聲] 중국 호복에 있는 강 이름이었으나, 전성되어 곡식의 열매로부터 나오는 액체를 나타냈다. 여기서 기름의 의미로 쓰였다.	揮發油(휘발유) 원유(原油)를 증류(蒸溜)하거나 열 또는 화학적(化學的) 처리(處理)를 하여 얻는 기름 油田(유전) 석유(石油)가 나는 지역			
柔 부드러울 유 3급 | 常	矛와 木이 합쳐진 글자[會意] 창자루를 탄력성 있는 나무로 만든 것으로 '부드럽다'는 뜻이 나왔다.	柔軟性(유연성) 부드러운 성질(性質) 懷柔(회유) 어루만지어 달램 柔弱(유약) 몸이나 마음이 약(弱)함			
幽 그윽할 유 3급 | 常	실(幺)과산(山)의 뜻을 결합한 글자[會意] 실타래 모양의 골짜기가 깊은 산속에 있는 것을 나타냈다. 여기서 '그윽하다'의 뜻이 나왔다.	幽靈(유령) 죽은 사람의 혼령(魂靈) 幽明(유명) 어둠과 밝음. 저승과 이승 幽冥(유명) 저승			
悠 멀 유 3급 | 常	攸와 心의 음과 뜻이 결합한 글자[形聲] 마음이 아득히 먼 곳을 바라볼 만큼 편안한 상태를 나타냈다. 여기서 '멀다'의 뜻이 나왔다.	悠悠自適(유유자적) 여유(餘裕)가 있어 한가(閑暇)롭고 걱정이 없는 모양(模樣)이라는 뜻 悠久(유구) 연대(年代)가 길고 오램			
唯 오직 유 3급 | 常	口와 隹의 음과 뜻이 결합하여 만들어진 글자[形聲] 새가 앉아 있는 것을 나타냈으나, 口가 추가되어 외마디 소리를 지르는 것을 나타냈다. 후에 가차되어 오직의 뜻으로 쓰인다.	唯一(유일) 오직 그것 하나뿐임 唯獨(유독) 오직 홀로 唯物論(유물론) 만물의 근원을 물질로 보고, 모든 정신 현상도 물질의 작용이나 그 산물이라고 주장하는 이론			
惟 생각할 유 3급 | 常	忄과 隹의 음과 뜻을 합한 글자[形聲] 새와 같은 얕은 생각을 하다는 뜻에서 생각하다가 나왔다.	思惟(사유) 개념, 구성, 판단, 추리 따위를 행하는 인간의 이성 작용 惟獨(유독) 오직 홀로			
猶 오히려 유 3급	犭과 酋가 합쳐진 글자[形聲] 짐승들이 의심이 많아 나아가지 못하고 머뭇거리는 것을 나타냈다. 여기서 '머뭇거리다'의 뜻이 나왔으며, 전성되어 '오히려'의 뜻으로도 쓰인다.	過猶不及(과유불급) 모든 사물(事物)이 정도를 지나치면 도리어 안한 것만 못함이라는 뜻으로, 중용(中庸)을 가리키는 말			
裕 넉넉할 유 3급 | 常	衤와 里가 결합한 글자[形聲] 옷이 커서 산골짜기처럼 주름이 진 것을 나타냈다. 여기서 '넉넉하다'의 뜻이 나왔다.	餘裕(여유) 넉넉하고 남음이 있음 富裕層(부유층) 재산(財産)이 넉넉히 있는 계층(階層)			

遊 놀 유 4급 常	辶과 㫬의 음, 뜻이 결합한 글자[形聲] 어린아이가 깃발을 들고 돌아다니면서 노는 것을 나타냈다. 여기서 '놀다'의 뜻이 나왔다.	遊說(유세) 각처(各處)로 돌아다니며 자기 또는 자기 소속(所屬) 정당(政黨) 등의 주장(主張)을 설명(說明) 또는 선전함 浮遊(부유) 공중(空中)이나 물 위에 떠다님	
愈 나을 유 3급 常	俞와 心의 음과 뜻이 결합된 글자[形聲] 병이 나아 즐거운 마음을 나타냈다. 여기서 병이 낫다는 의미로 쓰였고 전성되어 '더욱'의 뜻으로 쓰인다.	愈出愈奇(유출유기) 더할 유, 날 출, 기이할 기, 점점 더 괴상하게 변함, 愈出愈怪(유출유괴)	
維 벼리 유 3급 常	糸와 隹가 결합한 글자[形聲] 새의 깃처럼 실로 엮은 수레 덮개. 새의 발을 실로 묶은 것을 나타냄 여기서 '매다'의 뜻이 나왔다.	纖維(섬유) 실 모양(模樣)으로 된 고분자(高分子) 물질(物質) 十月維新(10월 유신) 1972년 10월 17일 대통령 박정희가 장기집권을 목적으로 단행한 초헌법적 비상조치	
誘 꾈 유 3급 常	言과가 결합된 글자[形聲] 그럴듯한 말로 빼어나게 남을 현혹시키는 것을 나타냈다. 이런 자형에서 '꾀다'의 의미가 나왔다.	誘拐(유괴) 사람을 속여 꾀어내는 일 誘導(유도) 꾀어서 이끎 誘致(유치) 꾀어서 데려옴 誘惑(유혹) 남을 꾀어서 정신(精神)을 어지럽게 함	
遺 남길 유 4급 常	辶과 貴의 음과 뜻이 결합한 글자[形聲] 길을 걷다가 귀중한 물건을 잃은 것을 나타냈다. 여기서 '잃다'의 뜻이 나왔다.	遺憾(유감) 마음에 남는 섭섭함 後遺症(후유증) 병을 앓고 난 뒤에도 남아 있는 증세(症勢) 遺傳子(유전자) 생물체(生物體) 개개의 유전(遺傳) 형질(形質)을 발현(發現)시키는 근원(根源)이 되는 것	
儒 선비 유 4급 常	亻과 需의 음 및 뜻이 결합한 글자(形聲). 세상에 꼭 필요한 사람.	儒敎(유교) 중국(中國) 고대(古代)에 공자(孔子)가 주장(主張)한 인의를 근본(根本)으로 하는 유학(儒學)을 받드는 교 焚書坑儒(분서갱유) 책을 불태우고 선비를 생매장(生埋葬)하여 죽인다는 뜻.	
兪 대답할 유 2급	본디 舟(주)와 음을 나타내며 동시에 '내빼다'의 뜻(→抽추)을 나타내기 위한 '유'(아래 부분의 오른쪽 부분을 뺀 나머지 글자)로 이루어짐.	允兪(윤유) 임금이 허가(許可)함	
喩 깨우칠 유 1급	뜻을 나타내는 입구(口→입, 먹다, 말하다)部와 음을 나타내는 동시에 '옮기다'의 뜻을 나타내기 위한 兪(유)로 이루어짐.	諷喩(풍유) 슬며시 돌려 타이르거나 빗대어 말함 比喩(비유) 사물의 설명(說明)에 있어서 그와 비슷한 다른 사물을 빌려 표현(表現)하는 일	
宥 너그러울 유 1급	뜻을 나타내는 갓머리(宀→집, 집 안)部와 음을 나타내는 동시에 '권하다'의 뜻을 가진 有(유)로 이루어짐.	宥佐之器(유좌지기) 곁에 두고 自己(자기)를 警戒(경계)하는 데 쓰는 道具(도구). 宥(유)는 佑(우)의 뜻. 출전 荀子(순자). 宥和政策(유화정책) 달래어서 마음을 누그러뜨려 나아가자고 상대를 이끄는 정치 방침.	
庾 곳집 유 2급	뜻을 나타내는 엄호밑(广→집)部와 음을 나타내는 臾(유)로 이루어짐.	金庾信(김유신) 삼국통일을 이룩한 신라의 장군	

한자	자원	용례			
愉 즐거울 유 1급	뜻을 나타내는 심방변(忄(=心, 忄)→마음, 심장)部와 음을 나타내는 동시에 '부드러워지다'의 뜻을 가진 兪(유)로 이루어짐.	愉快(유쾌) 마음이나 기분(氣分)이 흐뭇하고 좋은 상태(狀態)에 있음, 즐거움			
揄 야유할 유 1급	뜻을 나타내는 재방변(扌(=手)→손)部와 음을 나타내는 兪(유)가 합하여 이루어짐	揶揄(야유) 남을 빈정거려 놀리는 것			
柚 유자 유 1급	대법원 인명용으로는 유. 뜻을 나타내는 나무목(木→나무)部와 음을 나타내는 由(유)가 합하여 이루어짐.	柚子(유자) 유자(柚子)나무의 열매 柚子淸(유자청) 유자(柚子)를 꿀에 쟁여 만든 정과			
楡 느릅나무 유 2급	뜻을 나타내는 木(목→나무)部와 음을 나타내는 兪(유)가 합하여 이루어짐.	楡柳(유류) 느릅나무와 버드나무 桑楡(상유) 뽕나무와 느릅나무			
癒 병 나을 유 1급	뜻을 나타내는 병질엄(疒→병, 병상에 드러누운 모양)部와 음을 나타내는 兪(유)가 합하여 이루어짐.	癒着(유착) 서로 떨어져 있는 피부나 막 등이 염증이 생겨서 서로 들러붙는 것을 말함 治癒(치유) 치료(治療)하여 병(病)을 낫게 함			
諛 아첨할 유 1급	뜻을 나타내는 말씀언(言→말하다)部와 음을 나타내는 臾(유)가 합하여 이루어짐.	阿諛苟容(아유구용) 남에게 구차스럽게 아첨하는 일. 출전 史記(사기) 阿諛順旨(아유순지) 아첨하여 그 사람의 뜻을 따름. 출전 後漢書(후한서)			
諭 타이를 유 1급	뜻을 나타내는 말씀언(言→말하다)部와 음을 나타내는 兪(유)가 합하여 이루어짐.	諭示(유시) 취지를 말해 일러줌. 윗사람이 아랫사람에게 또는 관에서 백성에게 타일러 가르침. 諭告(유고)			
踰 넘을 유 2급	뜻을 나타내는 발족(足→발)部와 음을 나타내는 兪(유)가 합하여 이루어짐.	踰墻(유장) 담을 뛰어넘음. 남녀가 남몰래 만나 난잡한 짓을 하는 일			
蹂 밟을 유 1급	뜻을 나타내는 발족(足→발)部와 음을 나타내는 柔(유)가 합하여 이루어짐.	蹂躪(유린) 짓밟음 人權蹂躪(인권유린) 사람의 권리를 짓밟음			
鍮 놋쇠 유 1급	뜻을 나타내는 쇠금(金→광물·금속·날붙이)部와 음을 나타내는 兪(유)가 합하여 이루어짐.	鍮器(유기) 놋쇠로 만든 그릇			

游 헤엄칠 유 1급	뜻을 나타내는 삼수변(氵(=水, 氺)→물)部와 음을 나타내는 부수를 제외한 글자 斿(유)가 합하여 이루어짐.	游食之民(유식지민) 아무 하는 일 없이 놀고먹는 사람. 遊泳(유영) 헤엄치고 놂	
肉 고기 육 4급 常	고깃덩어리의 힘살 모양을 본뜬 모양[象形] 고깃덩어리 단면의 힘살 모양을 본떴다. 여기서 고기의 뜻이 나왔다.	肉質(육질) 고기의 질 苦肉之計(고육지계) 적을 속이기 위해 제 몸을 괴롭히면서까지 짜 내는 계책. 苦肉之策(고육지책).	
育 기를 육 7급	'아이가 돌아 나오다'의뜻과 살육 月자가 결합한 글자[形聲] 아이가 어머니 뱃속에서 태어나는 것을 나타냈다. 여기서 '태어나다'의 뜻이 나왔고 전성되어 '길러주다'의 뜻으로 쓰인다.	育成(육성) 길러 성취함 育英(육영) 영재를 기름	
閏 윤달 윤 3급 常	門과 王의 뜻과 음을 합한 글자[會意] 고대 임금이 윤달에는 종묘 출입을 안 하고 대궐문 안에 있는 것을 나타냈다. 여기서 윤달의 뜻이 나왔다.	閏朔(윤삭) 음력(陰曆)의 윤달 閏年(윤년) 윤달이나 윤일이 든 해	
潤 불을 윤 3급 常	氵와 閏이 합쳐진 글자[形聲] 물이 땅을 가득 적셔 만물을 자라게 하는 것을 나타내서 '윤택하다'의 뜻이 나왔다.	潤滑(윤활) (기름기나 물기가 있어) 뻑뻑하지 않고 매끄러움 利潤(이윤) 돈벌이를 하는 동안에 남는 돈. 기업(企業)의 총수입(總收入)에서 품삯, 땅값, 길미, 감가상각비(減價償却費)를 빼고 남는 순이익(純利益)	
允 진실로 윤 2급	뜻을 나타내는 어진사람인발(儿→사람의 다리 모양)部와 음을 나타내는 이(官에서 갓머리(宀→집, 집 안)部를 뺀 글자)로 이루어짐. 본디 신을 섬기는 사람. 음을 빌어 성실하다의 뜻으로 씀.	允兪(윤유) 임금이 허가(許可)함 允諧(윤해) ① 잘 어울림 ② 성실(誠實)히 화합(和合)됨 允許(윤허) 임금이 허가(許可)함	
尹 성씨 윤 2급	尹(윤)은 오른손과 뚫을곤(丨→뚫음)部(=자)로 이루어짐. 손에 자를 들고 공사를 감독하는 사람→전(轉)하여, 바로잡다, '다스리다'의 뜻.	灣尹(만윤) 의주(義州) 부윤(府尹)을 간단(簡單)히 이르던 말 令尹(영윤) 지방(地方)의 장관(長官)을 이르는 말	
胤 자손 윤 2급	月(肉육)과 작을요(幺→작다)部와 八(팔)의 합자(合字).	胤嗣(윤사) 대(代)를 이을 자손(子孫) 祚胤(조윤) 자손(子孫)	
鈗 창 윤 2급	뜻을 나타내는 쇠금(金→광물·금속·날붙이)部와 음을 나타내는 允(윤)으로 이루어짐.	임금을 옆에서 모시는 侍臣(시신)이 잡는 창을 일컬음	
融 녹을 융 2급	곡식(穀食)을 찌는 세발솥을 뜻하는 鬲(력)과 '빼내다'의 뜻(→抽推)을 나타내기 위한 蟲(충)의 생략형(省略形) 벌레충(虫)으로 이루어짐. 물건을 삶아 김이 '빠지다'의 뜻.	溶融(용융) 녹아서 섞임 鎔融(용융) 고체(固體)가 열에 녹아서 액체(液體) 상태로 됨 融合(융합) 녹아서 하나로 합침	

戒 오랑캐 융 1급	창과(戈→창, 무기)部와 甲(갑=갑옷)의 합자(合字). 무기(武器)의 뜻.	戎狄(융적) 오랑캐. 중국에서, 주변(周邊)에 살던 미개(未開)한 종족(種族)을 멸시(蔑視)하는 말 蒙戎(몽융) ① 혼란(混亂)한 모양 ② 흐트러진 모양			
絨 가는 베 융 1급	뜻을 나타내는 실사(糸→실타래)部와 음을 나타내는 戎(융)이 합하여 이어짐.	絨緞(융단) 양털 따위를 표면(表面)에 보풀이 인 것같이 짠 두꺼운 직물(織物). 마루에 깔거나 벽에 걺. 양탄자, 카펫 絨毛膜(융모막) 자궁 안의 태아(胎兒)를 둘러싸고 있는 막 중에서 맨 바깥쪽을 둘러싼 막			
恩 은혜 은 4급　常	因과 心의 음과 뜻을 합친 글자[形聲] 어려운 처지에 있는 다른 사람을 도와주어서 나오는 고마운 마음으로 은혜의 뜻이 나왔다.	恩讎(은수) 은원(恩怨) 覃恩(담은) ① 은혜(恩惠)를 널리 베풂 ② 상사(賞賜)·사은(赦恩) 등 임금이 베푸는 은혜(恩惠)			
銀 은 은 6급　常	쇠(金)의 뜻과 그칠 간(艮)의 음 및 뜻을 결합한 글자[形聲] 눈을 굴릴 때 빛이 나는 흰자위와 같이 백색을 띠는 금속을 나타냈다. 여기서 '은'의 뜻이 나왔다.	銀觥(은굉) 은 술잔, 은으로 만든 술잔 銀鑞(은랍) 은과 놋쇠 또는 여기에 카드뮴이나 주석을 넣어 만든 합금(合金). 금속(金屬)을 접합(接合)하는 데 쓰이는데, 접합(接合)한 곳이 은빛을 띰			
隱 숨을 은 4급　常	언덕과 삼갈 은의 음과 뜻을 결합한 글자[形聲] 사람이 언덕에 숨어 근신 하며 살아가는 것을 나타냈다. 여기서 '숨다'의 뜻이 나왔다.	隱匿(은닉) 숨김. 감춤 隱遁(은둔) 은둔(隱遁). 사회적(社會的) 활동(活動)에서 도피하여 숨음 隱淪(은륜) 세상(世上)을 피(避)하여 숨는 것			
垠 지경 은 2급	뜻을 나타내는 흙토(土→흙)部와 음을 나타내는 艮(간→은으로 바뀜)이 합하여 이루어짐.	九垠(구은) 천지(天地)의 끝. 구천의 끝 垠際(은제) 가장자리 끝			
殷 은나라 은 2급	갖은등글월문(殳→치다)과 '떨치다'의 뜻(→震진)을 나타내기 위한 身(신)으로 이루어짐. 무기(武器)를 들고 성대하게 춤을 추다. 바뀌어 '성하다'의 뜻.	殷奠(은전) 넉넉한 제물(祭物), 풍부(豊富)한 제물(祭物) 殷賑(은진) 은진(殷軫), 흥성흥성(興盛興盛)함, 번화(繁華)			
誾 향기 은 2급	뜻을 나타내는 말씀언(言→말하다)部와 음을 나타내는 門(문→은으로 바뀜)이 합하여 이루어짐.	誾誾(은은) 和氣靄靄(화기애애)한 모양. 일설에는 조용히 시비를 토론하는 모양. 향기가 대단히 나는 모양			
乙 새 을 3급　常	새의 모양을 본뜬 글자[象形] 앉아 쉬고 있는 새의 모양. 이른 봄에 초목의 싹이 곧게 나지 못하고 구부려져 돋은 모양. 여기서 '새'의 뜻이 나왔다. 후에 가차되어 둘째 천간으로 쓰인다.	奈乙(내을) 신라(新羅)의 시조(始祖) 박혁거세(朴赫居世)가 탄강(誕降)한 곳. 곧 계림(鷄林) 乙者(을자) 상위사자(上位使者) 良乙那(양을나) 탐라를 처음 세웠다는 전설(傳說)상(上)의 세 신인 가운데 하나			
吟 읊을 음 3급　常	口와 속의 음과 뜻을 결합한 글자[形聲] 입으로 소리를 내지 못하고 머금고 있는 것을 나타냈다. 여기서 '읊다'의 뜻이 나왔다.	吳吟(오음) (오(吳)나라의 노래를 읊는다는 말로) 고향(故鄕)을 그리워함을 이르는 말 閒吟(한음) 조용히 시가(詩歌)를 읊음			

音 소리 음 6급 | 常	言과 一의 뜻을 결합한 글자[會意] 말할 때 성대를 울려 가락 있는 소리를 내는 것을 나타내어 음악의 뜻이 나왔다.	蛩音(공음) ① 귀뚜라미의 우는 소리 ② 벌레의 우는 소리 音樂(음악):성악과 음악의 예술	
淫 음란할 음 3급 | 常	氵와 할임의 음과 뜻이 결합된 글자[形聲] 남녀가 물에서 손을 잡고 노는 것을 나타냈다. 여기서 '방탕하다'의 뜻이 나왔다.	亂淫(난음) 함부로 막 음탕(淫蕩)한 짓을 함 誣淫(무음) 거짓이 많고 음탕(淫蕩)함 流淫(유음) 정도(程度)에 지나치게 행실(行實)이 음탕(淫蕩)함	
陰 그늘 음 4급 | 常	언덕과 그늘 음(陰)의 음과 뜻이 결합된 글자[形聲] 언덕에 가려 햇빛이 들지 않는 곳을 나타내었다. 여기서 그늘의 뜻이 나왔다.	陰祕(음비) 성질(性質)이 내흉스럽고 우악함 陰翳(음예) 하늘에 구름이 덮여 어두움 陰騭(음즐) 하늘이 남몰래 백성(百姓)을 도움	
飮 마실 음 6급 | 常	食과 欠의 음과 뜻이 결합한 글자[形聲] 사람이 술통을 들여다보고 있는 모양으로 '마시다'의 뜻이 나왔다.	飮料水(음료수) 사람이 그대로 마시거나 음식을 만드는 데 쓸수 있는 물. 讌飮(연음) 연석(宴席)에서 술을 마심	
蔭 그늘 음 1급	풀을 뜻하는 초두머리(艹(=艸)→풀, 풀의 싹)部와 음을 나타내는 陰(음)이 합하여 이루어짐.	蔭塗(음도) 음관(蔭官)의 벼슬길 蔭補(음보) 조상(祖上)의 덕으로 벼슬을 얻음 蔭敍(음서) 공신(功臣)이나 현직 당상관(堂上官)의 자손(子孫)을 과거(科擧)에 의하지 않고 관리(官吏)로 채용(採用)하던 일	
邑 고을 읍 7급 | 常	둘러싸다(口)와 무릎마디의 뜻을 결합한 글자[會意] 성벽으로 둘러싸인 일정한 지역 안에 사람들이 살고 있는 것	敝邑(폐읍) 폐읍(弊邑). ① 폐습(弊習)이 많아 다스리기 어려운 고장 ② 자기 고장을 겸손(謙遜)히 이르는 말 隣近邑(인근읍) 이웃하는 가까운 고을 呈邑(정읍) 고을 원에게 정소(呈訴)함 漕運邑(조운읍) 세곡(稅穀)의 조운(漕運)을 맡아보던 고을	
泣 울 읍 3급 | 常	물과 서다는 뜻이 결합한 글자[形聲] 선 채로 소리 없이 눈물을 흘리는 것을 나타냈다. 여기서 '울다'의 뜻이 나왔다.	歔泣(희읍) 흐느껴 욺 泣諫(읍간) 울면서 간함 泣禱(읍도) 눈물을 흘리며 기도함 泣訴(읍소) 눈물로써 간절히 하소연함	
揖 읍할 읍 1급	뜻을 나타내는 재방변(扌(=手)→손)部와 음을 나타내는 부수를 제외한 글자 咠(즙)이 합하여 이루어짐.	拱揖(공읍) 손을 마주 모아 잡고 인사함 또는 그러한 예(禮) 揖菊(읍국) 손으로 움킴 또는 펴냄 揖遜(읍손) 겸손(謙遜)함	
凝 엉길 응 3급 | 常	몸 月과 매 응의 음과 뜻이 결합한 글자[形聲] 매처럼 가슴이 크게 나온 사람의 배를 나타냈으나 전성되어 모든 동물의 배를 나타냈고 가슴의 뜻이 되었다.	凝縮(응축) 한데 엉겨 굳어짐, 어느 한 점으로 집중(集中)되게 함 凝固(응고) 액체나 기체가 고체로 변(變)함 또는 그런 현상(現象) 凝視(응시) 눈길을 주어 한동안 바라보는 것	
應 응할 응 4급 | 常	매 응의 음 및 뜻과 心의 뜻이 결합한 글자[形聲] 매가 길러준 주인에게 새를 잡아 보답하는 마음을 나타냈다. 여기서 '응하다'의 뜻이 나왔다.	適應(적응) 개인(個人)이 어떠한 경우(境遇)에 순응(順應)하기에 이르는 과정(過程) 應答(응답) 물음이나 부름에 응(應)하여 대답(對答)함 對應(대응) 상대(相對)함	

한자	자원	용례			
膺 칠 응 1급	뜻을 나타내는 육달월(月(=肉)→살, 몸)部와 음을 나타내는 부수를 제외한 글자 옹(→응으로 바뀜)이 합하여 이루어짐. 가슴 웅.	膺懲(응징) ① 잘못을 회개(悔改)하도록 징계(懲戒)함 ② 적국(敵國)을 정복(征服)함 膺受(응수) ① 선물(膳物) 등을 받음 ② 의무(義務)나 책임(責任)을 짐			
鷹 매 응 2급	뜻을 나타내는 새조(鳥→새)部와 음을 나타내는 부수를 제외한 글자 옹(→응으로 바뀜)이 합하여 이루어짐.	鷹坊(응방) 조선시대·고려(高麗) 때에 매를 기르는 일과 매 사냥에 관한 일을 맡아보던 직소			
擬 비길 의 1급	재방변(扌(=手)→손)과 '닮게 하다'의 뜻을 가진 疑(의)로 이루어짐. 손으로 흉내 내어 닮게 '만들다'의 뜻. 바뀌어 '흉내 내다, 본뜨다'의 뜻.	模擬(모의) 실제(實際)의 것을 흉내 내어 시험적(試驗的)으로 해 보는 일 擬聲語(의성어) 사물의 소리를 본뜬 말. '졸졸', '꼬꼬댁' 따위			
衣 옷 의 6급 常	저고리를 입고 있는 모양[象形] 사람의 어깨와 겨드랑이에 옷가지를 걸치고 있는 모습을 본떴다.	衣裳(의상) ① 겉에 입는 저고리와 치마 ② 의복(衣服), 옷, 모든 옷 衣食住(의식주) 인간(人間) 생활(生活)의 3대(三大) 요소(要素)인 옷과 음식(飮食)과 집			
矣 어조사 의 3급 常	以와 矢를 결합한 글자[形聲] 화살이 날아와 땅에 꽂힌 것을 나타냈다. 후에 가차되어 '그치다'의 뜻이 나왔다.	矣哉(의재) ~이런가. ~인가			
宜 마땅 의 3급 常	宀과 쌓다(且)의 음과 뜻이 결합한 글자[會意] 덮개가 宀의 뜻으로 바뀌어 집 안에 많은 것을 안전하게 놓는 것을 나타냈다. 여기서 '마땅하다'의 뜻이 쓰였다.	便宜店(편의점) 소비자를 위해 24시간 생필품을 취급(取扱)하는 소형(小型) 상점(商店). 宜當(의당) 마땅히, 으레			
依 의지할 의 4급 常	사람(亻)의 뜻과 衣의 음과 뜻을 결합한 글자[形聲] 옷 안에 사람이 있는 것으로 사람이 옷을 입어 몸을 보호하고 품위를 드러내는 것을 나타냈다. 여기서 '의지하다'의 뜻이 나타났다.	依賴(의뢰) 남에게 부탁함 依存(의존) 의지하고 있음 依支(의지) 무엇에 마음을 붙여 도움을 받음			
意 뜻 의 6급 常	音과 心의 음과 뜻을 결합한 글자[會意] 말소리로 나타내고 싶은 마음을 나타냈다.	意味(의미) 말이나 글이 지니는 뜻, 내용. 또 그 의도, 동기 意識(의식) 각성하여 정신이 든 상태에서 사물을 깨닫는 일체(一切)의 작용과 인지(認知) 意見(의견) 마음에 생각하는 점(點)			
義 옳을 의 준4급 常	양(羊)과 나(我)의 음과 뜻을 결합한 글자[會意] 병사가 창을 들고 양을 지키는 것을 나타냈다.	義倉(의창) 고려·조선시대에 빈민을 구제하기 위해 곡식을 모았다가 빌려주는 제도 義俠(의협) ① 강자(强者)를 누르고 약자(弱者)를 도우려는 마음 ② 체면(體面)을 중하게 알고 의리(義理)가 있음 義理(의리) ① 사람으로서 행(行)해야 할 옳은 길 ② 신의(信義)를 지켜야 할 교제(交際)상(上)의 도리(道理)			
疑 의심할 의 4급	擬(의)의 속자(俗字). 擬(의)의 간체자(簡體字).	疑心(의심) ① 마음에 미심하게 여기는 생각 ② 믿지 못하는 모양(模樣) 疑妻症(의처증) 공연(公然)히 아내의 행실(行實)을 의심(疑心)하는 변태적(變態的) 성격(性格)			

한자	자원(字源)	용례(用例)	
儀 거동 의 4급 常	사람(亻)과 義의 음과 뜻이 결합한 글자[形聲] 착하고 순한 양을 나의 표준으로 삼은 것을 나타냈다.	賻儀(부의) 초상집(初喪-)에 부조로 보내는 돈이나 물품 禮儀(예의) 사회(社會) 생활(生活)과 사람과의 관계(關係)에서, 공손(恭遜)하며 삼가는 말과 몸가짐	
醫 의원 의 6급 常	신음 소리와 술(酉)의 음과 뜻을 결합한 글자[會意] 화살과 창에 찔린 상처를 독한 술로 치료하는 것을 나타냈다.	東醫寶鑑(동의보감) 조선 선조 때 허준(許浚)이 편찬(編纂)한 한방(韓方) 의서(醫書) 東醫壽世保元(동의수세보원) 이제마(李濟馬)의 사상(四象) 의학설(醫學說)을 전(傳)하는 의서(醫書) 名醫(명의) 이름난 의원(醫員)이나 의사(醫師)	
議 의논할 의 준4급 常	言과 義의 음과 뜻을 결합한 글자[形聲] 옳은 방법을 구하기 위하여 서로 상의하는 것을 나타냈다.	議事(의사) 일을 의논(議論)함 論議(논의) 서로 의견(意見)을 논술(論述)하여 토의(討議)함 協議(협의) 여러 사람이 모여 서로 의논함	
椅 의자 의 1급	뜻을 나타내는 木(목→나무)部와 음을 나타내는 奇(기)가 합하여 이루어짐.	椅子(의자) 사람이 엉덩이에 몸무게를 실어 앉을 수 있게 만든 기구	
毅 굳셀 의 1급	갖은등글월문(殳→치다, 날 없는 창)이 들어가 쓰러뜨린다는 뜻을 나타내었으나 豙(→이)에서 口(구) 대신 사람인변(亻(=人)→사람)部를 쓴 글자와 통하여 '사납다'의 뜻으로 쓰임.	毅然(의연) 의지(意志)가 강하여 사물에 동하지 않은 모양	
誼 옳을 의 1급	뜻을 나타내는 말씀언(言→말하다)部와 음을 나타내는 동시에 '마땅하다'는 뜻을 가진 宜(의)로 이루어짐. 사람이 모두 좋다고 한다는 뜻. 바뀌어 사귄 정의 뜻.	厚誼(후의) 두터운 정의(情誼)	
二 두 이 8급 常	손가락 둘을 들어 둘을 가리킨 글자[指事] 손가락 둘을 대신해 나뭇가지로 셈을 한 것을 나타냈다.	二重過歲(이중과세) 양력(陽曆)과 음력(陰曆)의 설을 두 번 쇠는 일 二律背反(이율배반) 두 가지 규율(規律)이 서로 반대(反對)된다는 뜻	
已 이미 이 준3급 常	태어난 아이를 본뜬 글자[象形] 손을 아직 사용하지 않는 어린아이를 나타냈다. 여기서 '그치다'의 의미가 나왔고, 후에 가차되어 이미의 뜻으로 쓰인다.	不得已(부득이) 마지못하여, 하는 수 없이	
以 써 이 5급 常	쟁기 모양을 본뜬 글자[象形] 밭갈이에 사용하는 쟁기를 나타냈다. 여기서 '쓰다와 사용하다'의 뜻이 나왔다. 후에 전성되어 수단으로 쓰었다.	以下(이하) 일정한 한도(限度)의 아래 以來(이래) 그 뒤로, 그러한 뒤로 以內(이내) 일정한 범위(範圍)의 안, 시간(時間)과 공간(空間)에 다 쓰임	
而 말 이을 이 3급 常	사람의 턱수염의 모양을 본뜬 글자[象形] ① 사람의 턱수염의 모양 ② 땅 밑 초목의 뿌리가 자라는 모양. 여기서 턱수염의 뜻이 나왔으나, 가차되어 어조사의 뜻이 나왔다.	形而下(형이하) 감각으로 알 수 있는 것으로서 시간이나 공간 속에 형체를 가지고 나타나는 자연 현상이나 사회 현상을 이르는 말 而後(이후) 지금부터	

耳 귀 이 5급 | 常	사람 귀의 모양을 본뜬 글자[象形] 정면에서 본 사람의 귀 모양을 본떴다. 이런 자형에서 '귀'의 뜻이 나왔다.	耳懸鈴鼻懸鈴(이현령비현령) 귀에 걸면 귀걸이 코에 걸면 코걸이라는 속담(俗談)의 한역 中耳炎(중이염) 귀에 생기는 염증(炎症)		
夷 오랑캐 이 3급 | 常	大와 弓의 음과 뜻을 결합한 글자[會意] 활을 든 사람을 나타냈다. 여기서 '멸하다'의 뜻이 나왔으나 전성되어 활을 잘 쓰는 오랑캐의 뜻으로 쓰인다.	夷俗(이속) 오랑캐의 풍속(風俗) 東夷(동이) 사이(四夷)의 하나, 동쪽 오랑캐, 중국이 동쪽 나라의 이민족(異民族)을 멸시(蔑視)하여 일컫던 말		
異 다를 이 4급 | 常	얼굴에 탈을 쓴 모양을 본뜬 글자[象形] 얼굴에 탈을 쓴 모양을 본뜬 글자를 본떴다. 여기서 '본래의 얼굴과 구별하여 다르다'의 뜻이 나왔다.	差異(차이) 서로 일치(一致)하거나 같지 않고 다름 異見(이견) 서로 다른 의견(意見) 異例的(이례적) 상례(常例)를 벗어난 특이(特異)한 (것)		
移 옮길 이 준4급 | 常	禾와 多의 음과 뜻을 결합한 글자[會意] 못자리의 많은 볏모를 이양하는 것을 나타냈다. 여기서 '옮기다'의 뜻이 나왔다.	移轉(이전) 사물의 소재(所在)나 주소(住所)를 다른 곳으로 옮김 移動(이동) 움직여 옮김 移徙(이사) 집을 옮김		
貳 두 이 2급	주살익(弋→줄 달린 화살)은 안표로 삼는 막대기가 같은 것, 弍(이)는 물건을 세는 말이며, 貝(패)는 돈이나 물건, 돈이나 물건이 붙는 일, 또 두 개의 물건을 뜻함.	貳臣(이신) 두 마음을 품은 신하 貳心(이심) 배반하려는 마음		
怡 기쁠 이 2급	뜻을 나타내는 심방변(忄(=心, 㣺)→마음, 심장)部와 음을 나타내는 부수를 제외한 글자 台(이)가 합하여 이루어짐.	怡顏(이안) 기쁜 낯을 함. 안색(顏色)을 부드럽게 함		
痍 상처 이 1급	뜻을 나타내는 병질엄(疒→병, 병상에 드러누운 모양)部와 음을 나타내는 夷(이)가 합하여 이루어짐.	傷痍軍人(상이군인) 다친 군인(軍人) 滿身瘡痍(만신창이) 온몸이 성한 데 없는 상처(傷處)투성이라는 뜻으로, 아주 형편(形便)없이 엉망임을 형용(形容)해 이르는 말		
伊 저 이 2급	뜻을 나타내는 사람인변(亻(=人)→사람)部와 음을 나타내는 尹(윤)으로 이루어짐.	伊太利(이태리) 이탈리아(Italia) 伊時(이시) 이시(爾時), 그때		
姨 이모 이 1급	뜻을 나타내는 계집녀(女→여자(女子))部와 음을 나타내는 夷(이)가 합하여 이루어짐.	姨從四寸(이종사촌), 이모의 아들딸 姨母夫(이모부) 이모의 남편(男便)		
弛 늦출 이 1급	활궁(弓→활)과 불구불 '구부러지다'의 뜻을 가진 也(야이)로 이루어짐. 활줄이 축 '늘어지다', 바뀌어 '풀리다'의 뜻.	解弛(해이) 마음의 긴장(緊張), 규율(規律) 등이 풀리어 느즈러짐 弛緩(이완) 풀려 늦추어짐		

한자	자원(字源)	용례(用例)		
爾 너 이 1급	爾(이)는 실을 가락옷에 잘 감을 때 쓰는 물레를 본뜸.	**出爾反爾**(출이반이) 자신(自身)에게서 나온 것은 자신(自身)에게로 돌아감		
珥 귀고리 이 2급	뜻을 나타내는 구슬옥변(玉(=玉, 王)→구슬)部와 음을 나타내는 耳(이)가 합하여 이루어짐.	**玉珥**(옥이) 옥으로 만든 귀고리		
餌 미끼 이 2급	뜻을 나타내는 밥식(食(=飠)→먹다, 음식)部와 음을 나타내는 耳(이)가 합하여 이루어짐.	**食餌**(식이) 음식물(飮食物)		
益 더할 익 준4급 常	물과 그릇의 뜻을 결합한 글자[會意] 그릇 위로 물이 넘쳐흐르는 것을 나타냈다. 여기서 '더하다'의 뜻이 나왔다.	**利益**(이익) 물질적(物質的)으로나 정신적(精神的)으로 보탬이 된 것 **國益**(국익) 나라의 이익(利益)		
翼 날개 익 준3급 常	羽와 異의 음과 뜻을 결합한 글자[形聲] 두 손으로 각기 다른 방향을 나타냈으나, 羽가 첨가되어 두 날개가 각각 방향을 달리하여 나는 것을 나타냈다. 여기서 '날개'의 뜻이 나왔다.	**右翼**(우익) 오른쪽 날개. 일반적으로 보수적이거나 온건한 개혁을 주장하는 개인이나 단체를 뜻함. **比翼鳥**(비익조) 암컷과 수컷이 눈과 날개가 하나씩이라서 짝을 짓지 않으면 날지 못한다는 새로서, 남녀 사이 혹은 부부애가 두터움을 이르는 말		
翊 도울 익 2급	뜻을 나타내는 깃우(羽→깃, 날개)部와 음을 나타내며 효(립→익으로 바뀜)이 합하여 이루어짐.	**翊戴**(익대) 정성(精誠)스럽게 모심		
翌 다음 날 익 1급	음을 빌려 이튿날의 뜻으로 씀.	**翌年**(익년) 이듬해. 바로 다음의 해		
人 사람 인 8급 常	사람이 옆으로 서 있는 모습을 본뜬 글자[象形] 앞으로 손을 뻗고 있는 사람의 옆모습을 본떴다. 여기서 '사람'의 뜻이 나왔다.	**個人**(개인) 국가(國家)나 사회(社會)에 대하여 이를 구성(構成)하는 하나하나의 사람 **人物**(인물) 뛰어난 사람. 인재(人材) **人權**(인권) 사람으로서의 권리(權利)		
刃 칼날 인 2급	칼에 점획을 찍어 날이 있는 곳을 가리킴, 칼날의 뜻.	**兩刃之劍**(양인지검) 좌우(左右) 양쪽에 날이 있어 양쪽을 다 쓸 수 있는 칼이라는 뜻으로, 쓰기에 따라 이롭게도 되고 해롭게도 되는 것		
仁 어질 인 4급 常	亻과 二를 결합한 글자[形聲] 두 사람이 친하기 위해서는 어진 마음이 있어야 한다는 것을 나타냈다. 여기서 '어짊'의 뜻이 나왔다.	**殺身成仁**(살신성인) 자신(自身)의 몸을 죽여 인(仁)을 이룬다는 뜻으로, 자기의 몸을 희생(犧牲)하여 옳은 도리(道理)를 행(行)함 **仁義禮智**(인의예지) 인(仁), 의(義), 예(禮), 지(智)의 사단(四端). 사람으로서 갖추어야 할 네 가지 마음가짐		

引 끌 인 준4급 | 常	弓과 화살세울 곤(丨)의 음과 뜻을 결합한 글자[形聲] 활시위에 화살을 메겨 앞뒤로 곧게 당기는 것을 나타냈다. 여기서 '끌다'의 뜻이 나왔다.	引上(인상) 끌어올림 引受(인수) 물건이나 권리(權利)를 넘기어 받음			
因 인할 인 5급 | 常	口와 大의 음과 뜻이 결합한 글자[會意] 사람이 큰 깔개에 누워 있는 모습을 나타냈다. 여기서 '의지하다'의 뜻이 나왔고 후에 가차되어 '말미암다'의 뜻으로 쓰였다.	原因(원인) 어떤 일의 근본(根本)이 되는 까닭 要因(요인) 어떤 일이 일어나는 핵심적(核心的) 원인(原因)			
印 도장 인 준4급 | 常	손과 앉아 있는 사람을 결합한 글자[會意] 꿇어 앉아 있는 사람을 손으로 누르고 있는 모습. 여기서 '누르다'의 뜻이 나왔고, 전성되어 '도장'의 뜻으로 쓰인다.	印度(인도) 인도(印度) 반도(半島)의 대부분(大部分)을 차지하는 공화국(共和國). 수도(首都)는 뉴델리 印刷(인쇄) 잉크를 사용(使用)하여 판면(版面)에 그려져 있는 글이나 그림 등을 종이나 천 따위에 박아 내는 일			
忍 참을 인 준3급 | 常	刃과 心의 음과 뜻을 결합한 글자[形聲] 심장에 칼이 들어오는 것을 나타냈다. 이런 자형에서 마음의 심한 충격을 견디어 '참다'의 뜻이 나왔다.	忍耐(인내) 참고 견딤 殘忍(잔인) 인정(人情)이 없고 아주 모짊			
姻 혼인 인 3급 | 常	女와 因의 음과 뜻이 결합한 글자[形聲] 여자가 남자로 인해 혼례를 하는 것을 나타냈다. 여기서 '혼인'의 뜻이 나왔다.	婚姻(혼인) 결혼 親姻戚(친인척) 친척(親戚)과 인척(姻戚)			
寅 범 인 3급 | 常	화살이 과녁을 뚫고 나가는 모양[象形] 소전자에서는 집에서 두 손으로 사람을 부축하여 삼가는 것을 나타냈다. 여기서 '삼가다'의 뜻이 나왔다. 후에 가차되어 '셋째 범'의 뜻이 쓰였다.	丙寅洋擾(병인양요) 흥선대원군의 천주교(天主教) 탄압(彈壓)을 트집 잡아 1866년에 프랑스 함대(艦隊)가 강화도를 침범(侵犯)한 사건 甲寅字(갑인자) 조선 세종 16년(1434년)에 만든 구리 활자			
認 알 인 준4급 | 常	言과 忍의 음과 뜻을 결합한 글자[形聲] 남의 말을 잘 듣고 그가 말하는 바를 바로 이해하는 것을 나타냈다. 여기서 '인정하다'의 뜻이 나왔다.	確認(확인) 틀림이 있는지 없는지 또는 어떠한 상태인지 알아보는 것 認識(인식) 의식(意識)하고 지각(知覺)하는 작용의 총칭 認定(인정) 옳다고 믿고 정하는 일			
咽 목구멍 인 1급	뜻을 나타내는 입구(口→입, 먹다, 말하다)部와 음을 나타내는 因(인)이 합하여 이루어짐.	咽頭炎(인두염) 인두의 점막(粘膜)이 붓고 헐어 목이 쉬는 병 咽喉(인후) 목구멍. 식도와 기도를 통하는 입속 깊숙한 곳 耳鼻咽喉科(이비인후과) 귀·코·목구멍·기관·식도의 질환에 대한 치료를 전문적으로 하는 의학(醫學)의 한 분과			
湮 묻힐 인 1급	뜻을 나타내는 삼수변(氵=水, 氺→물)部와 음을 나타내는 부수를 제외한 글자 垔(인)이 합하여 이루어짐.	湮滅(인멸) 자취도 없이 죄다 없어짐			
蚓 지렁이 인 1급	뜻을 나타내는 벌레충(虫→뱀이 웅크린 모양, 벌레)部와 음을 나타내는 引(인)이 합하여 이루어짐.	以蚓投魚(이인투어) 지렁이를 낚시 미끼로 물고기에게 던진다는 뜻으로, 보잘것없는 것이라도 다 쓸모가 있음을 이르는 말			

한자	자원(字源)	용례(用例)
靭 질길 인 1급	뜻을 나타내는 가죽혁(革→가죽)部와 음을 나타내는 刃(인)이 합하여 이루어짐	强靭(강인) 강(强)하여 어려움에 지지 않거나 잘 견디는 상태
一 한 일 8급 常	손가락 하나 들어 가리킨 글자[指事] 손가락 하나 들어 가리킨 여기서 하나의 뜻이 나왔다.	一部(일부) 전체(全體)의 한 부분 一旦(일단) 한번, 우선 잠깐
日 날 일 8급 常	해의 모양을 본뜬 모양[象形] 해의 둥근 모양을 본떴다. 여기서 해의 뜻이 나왔으며, 전성되어 하루의 뜻으로 쓰인다.	日就月將(일취월장) 날마다 성장(成長)하고 발전(發展)한다는 뜻 作心三日(작심삼일) 마음먹은 지 삼 일이 못 간다는 뜻
逸 편안할 일 준3급 常	'쉬엄쉬엄 가다'의 뜻과 토끼 토의 음 및 뜻을 결합한 글자[形聲] 쫓기던 토끼가 도망쳐 숨는 것을 나타냈다. 여기서 '달아나다'의 뜻이 나왔다.	逸脫(일탈) 빗나가고 벗어남 安逸(안일) 편안(便安)하고 한가(閑暇)함 逸話(일화) 아직 세상(世上)에 널리 알려지지 아니한 이야기
壹 한 일 2급	壺(호→술 단지)와 吉(길→일)은 그릇에 물건이 '가득 차 있다'의 뜻. 술 단지에 가득 술을 넣어 마개를 꼭 닫은 모양→마음을 하나로 하다→'오로지 ……하다'의 뜻. 나중에 숫자의 一(일) 대신 쓴다.	壹是(일시) 모두, 일체(一切), 오로지, 모두 한결같이
佚 편안 일 1급	뜻을 나타내는 사람인변(亻(=人)→사람)部와 음을 나타내는 失(실)이 합하여 이루어짐.	更佚(경질) 어떤 직위(職位)의 사람을 바꾸어 다른 사람을 임명
溢 넘칠 일 1급	삼수변(氵(=水, 氺)→물)과 접시에 물이 넘치는 모양의 益(익)으로 이루어짐. 물이 '넘쳐흐르다'의 뜻. 益(익)이 '넘치다'의 뜻의 본디 글자인데, 여기에 삼수변(氵)을 더한 '溢'자를 만듦.	海溢(해일) 바닷속의 지각(地殼) 변동(變動)이나 해상(海上)의 기상(氣象) 변화(變化)에 의하여 바닷물이 갑자기 크게 일어나서 육지(陸地)로 넘쳐 들어오는 일
鎰 무게 이름 일 2급	뜻을 나타내는 쇠금(金→광물·금속·날붙이)部와 음(音)을 나타내는 益(익→일로 바뀜)이 합하여 이루어짐.	千鎰(천일) 이만 냥
佾 줄 춤 일 2급	뜻을 나타내는 사람인변(亻(=人)→사람)部와 음(音)을 나타내는 부수를 제외한 글자 肏(흘→일로 바뀜)이 합하여 이루어짐.	佾舞(일무) 사람을 여러 줄로 벌여 세워 놓고 추게 하는 춤 八佾(팔일) 64명이 춤을 추는 궁중 무
壬 북방 임 준3급 常	공구의 모양을 본뜬 글자[象形] 등에 짐을 짊어지고 있는 모양을 본떴다. 여기서 '짊어지다'의 뜻이 나왔고 후에 가차되어 천간의 아홉 번째의 뜻으로 쓰인다.	壬午軍亂(임오군란) 조선 고종 19년(1882년) 6월에 구식 군인들이 신식군인과의 차별로 일으킨 반란

任 맡길 임 5급 | 常	亻과 壬의 음과 뜻을 결합한 글자[形聲] 사람이 짐을 짊어진 모습을 나타냈다. 여기서 '맡다'와 '믿다'의 뜻이 나왔다.	責任(책임) 도맡아 해야 할 임무(任務) 就任(취임) 맡은 자리에 나아가 임무(任務)를 봄 任期(임기) 임무(任務)를 맡아보는 일정한 기한(期限)			
賃 품삯 임 준3급 | 常	任과 貝의 음과 뜻을 결합한 글자[形聲] 맡은 일을 다 처리하고, 대가로 받은 재물을 나타냈다. 여기서 '품다'와 품삯의 뜻이 나왔다.	賃金(임금) 노동의 대가로서 사용자(使用者)가 근로자에게 지불(支拂)하거나, 노동을 제공(提供)한 대가로 받는 보수 賃貸(임대) 물품(物品)을 남에게 빌려 주고 그 손료를 받음			
妊 아이 밸 임 2급	뜻을 나타내는 계집녀(女→여자(女子))部와 음을 나타내는 동시에 '애 배다'의 뜻(→娠신)을 가진 壬(임)으로 이루어짐. '애 배다'의 뜻	妊娠(임신) 아이를 뱀 不妊(불임) 임신(姙娠)하지 못하는 것			
入 들 입 7급 | 常	하나의 줄기가 두 개의 뿌리로 갈라 뻗어가는 모양[象形] 초목의 줄기가 두 개의 뿌리로 갈라져 땅속으로 뻗어가는 모양을 본떴다. 여기서 '들어가다'의 뜻이 나왔다.	輸入(수입) 외국(外國)으로부터 물품(物品)을 사들임 導入(도입) 끌어들임. 인도(引導)하여 들임 購入(구입) 물건을 사들임			
剩 남을 잉 1급	뜻을 나타내는 선칼도방(刂(=刀)→칼, 베다, 자르다)部와 음을 나타내는 동시에 '남다'의 뜻을 나타내기 위한 乘(승)으로 이루어짐. 자른 나머지의 뜻.	剩餘(잉여) 나머지 過剩(과잉) 예정(豫定)한 수량(數量)이나 필요(必要)한 수량(數量)보다 많음. '지나침'으로 순화			
孕 아이 밸 잉 1급	뜻을 나타내는 아들자(子→어린 아이)部와 음을 나타내는 乃(내)가 합하여 이루어짐.	孕胎(잉태) 아이를 뱀			

子 아들 자 7급 | 常	어린아이의 모습을 본뜬 글자[象形] 두 팔을 벌려 놓고 있는 어린아이의 모습을 본떴다. 여기서 '아들'의 뜻이 나왔다.	子息(자식) 아들과 딸의 총칭 遺傳子(유전자) 염색체상에서 일정한 위치를 차지하고 있는 유전정보의 단위 骨子(골자) 요긴(要緊)한 부분	
字 글자 자 7급 | 常	宀과 子의 음과 뜻이 결합한 글자[會意] 집 안에서 자식을 낳아 먹이고 기르는 것을 나타냈다. 여기서 '기르다'의 뜻이 나왔다.	赤字(적자) 수지(收支) 결산(決算)에서 지출(支出)이 수입(收入)보다 많은 일 漢字(한자) 중국어를 표기(表記)하는 중국 고유(固有)의 문자	
自 스스로 자 7급 | 常	사람의 코 모양을 정면에서 본뜬 모양[象形] 사람의 코 모양을 정면에서 본뜬 모양에서 코의 뜻이 나왔으나, 후에 전성되어 스스로의 뜻으로 쓰인다.	自身(자신) 딴 말에 붙어서 딴 어떤 것도 아니고 그 스스로임을 강조(強調)할 때 쓰는 말 自由(자유) 외부적인 구속이나 무엇에 얽매이지 아니하고 자기 마음대로 행동함	
姉 손위 누이 자 4급 | 常	女와 그칠 자의 음을 결합한 글자[形聲] 먼저 태어나 나이가 많고 성숙한 여자를 나타냈다. 여기서 손위 누이의 뜻이 나왔다.	姉妹(자매) 여자(女子)끼리의 형제(兄弟)	
刺 찌를 자 준3급 | 常	가시와 칼의 뜻을 결합한 글자[會意] 나무가시와 칼의 모양을 나타냈다. 여기서 '찌르다'의 뜻이 나왔다.	刺戟(자극) 일정한 현상(現象)이 촉진(促進)되도록 충동(衝動)함 諷刺(풍자) 무엇에 빗대어 재치 있게 경계(警戒)하거나 비판(批判)함	
者 놈 자 6급 | 常	기장과 삼태기의 뜻을 결합한 글자[會意] 작은 기장이 삼태기에 담겨 있는 것을 나타냈다. 여기서 그것의 뜻이 나왔으며, 후에 전성되어 모든 사물을 대신 지칭하는 놈이나 일의 뜻으로 쓰인다.	關係者(관계자) 어떤 일에 관계(關係)되는 사람 患者(환자) 병을 앓는 사람	
茲 이 자 3급 | 常	玆의 뜻을 두 번 결합한 글자[會意] 작은 것을 두 개 나란히 하여 검은 것을 나타냈으나 소전자에서는 작고 약한 것이 자라는 것을 나타냈다. 여기서 '검다와 불어나다'의 뜻이 쓰였다.	茲山魚譜(자산어보) 조선 순조 14년(1814)에 정약전이 지은 어류학서(魚類學書)	
姿 모양 자 4급 | 常	次와 女의 뜻과 음을 결합한 글자[形聲] 갖추어야 할 법도를 차례차례 습득하고 있는 여자를 나타냈다. 여기서 맵시와 성품의 뜻이 나왔다.	姿勢(자세) 어떤 동작(動作)을 취할 때 몸이 이루는 어떤 형태 姿態(자태) 모양이나 태도(態度)	
恣 마음대로 자 3급 | 常	次와 心의 뜻을 결합한 글자[形聲] 상대가 자신만 못하다고 생각하는 마음에서 '방자하다'의 뜻이 나왔다.	恣意的(자의적) 일정한 질서(秩序)를 무시(無視)하고 제 멋대로 하는 것 放恣(방자) 어려워하거나 삼가는 태도(態度)가 없이 건방짐	

紫 자줏빛 자 준3급 | 常	此와 糸를 결합한 글자[形聲] 실을 청홍색으로 물들이는 것을 나타냈다. 여기서 자줏 빛의 뜻이 나왔다.	紫外線(자외선) 파장(波長)이 X선보다 길고 가시광선(光線)보다 짧은 전자파. 스펙트럼의 보랏빛 바깥쪽에 나타남. 紫朱色(자주색) 자줏빛		
慈 사랑 자 준3급 | 常	배불리 먹일 玆와 心의 뜻을 결합한 글자[形聲] 자식을 배부르게 먹이려는 어머니의 마음을 나타냈다. 여기서 '사랑'의 뜻이 나왔다.	慈悲(자비) 사랑하고 불쌍히 여김 慈堂(자당) 남의 어머니를 높여 부르는 말		
資 재물 자 4급 | 常	次와 貝의 음과 뜻을 결합한 글자[形聲] 재물을 차례에 따라 저장하여 사용하는 것을 나타냈다. 여기서 재물 자본의 뜻이 나왔다.	資料(자료) 무엇을 하기 위한 재료 資金(자금) 이익(利益)을 낳는 바탕이 되는 돈 資格(자격) 일정한 신분(身分)·지위(地位)를 가지거나, 어떤 행동(行動)을 하는 데 필요(必要)한 조건(條件)		
磁 자석 자 2급	石(석)과 음을 나타내며 동시에 '붙다'의 뜻(→磁자)을 가지는 부수를 제외한 글자 玆(자)로 이루어짐. 쇠를 빨듯이 달라붙는 광물(鑛物), 자석(磁石)을 뜻함.	磁氣場(자기장) 자석의 주위나 전류(電流)가 통하고 있는 쇠줄의 주위에 생기는, 자기력(磁氣力)이 작용(作用)하는 공간(空間) 電磁(전자) 전자기(電磁氣)		
雌 암컷 자 2급	뜻을 나타내는 새추(隹→새)部와 음을 나타내는 동시에 부부(夫婦)가 된다는 뜻을 가진 此(차→자는 변음(變音))로 이루어짐. 따라가는 새, 암새, 암컷	雌雄同體(자웅동체) 동일(同一)한 개체(個體) 내(內)에 자웅의 두 생식소(生殖巢)인 알집과 정집을 갖춘 것. 지렁이, 기생충(寄生蟲) 따위		
諮 물을 자 2급	뜻을 나타내는 말씀언(言→말하다)部와 음을 나타내는 咨(자)가 합하여 이루어짐.	諮問(자문) 어떤 일을 좀 더 효율적이고 바르게 처리하려고 그 방면의 전문가나 전문가들로 이루어진 기구에 의견을 물음		
仔 자세할 자 1급	뜻을 나타내는 사람인변(亻(=人)→사람)部와 음을 나타내는 子(자)로 이루어짐. 사람이 잘 '견디다'의 뜻.	仔細(자세) 아주 작고 하찮은 부분까지 구체적(具體的)이고 분명(分明)함 仔詳(자상) 자세(仔細)하고 찬찬함		
滋 불을 자 2급	삼수변(氵(=水, 氺)→물)과 '양육(養育)하다'의 뜻을 가지는 부수를 제외한 글자 玆(자)로 이루어짐. 농작물을 키우는 '비', '물'의 뜻. '우거지다', '붙다'의 뜻.	滋養分(자양분) 자양(滋養)이 될 음식(飲食)의 성분(成分)		
炙 구울 자(적) 1급	月(월=肉고기)과 불화(火(=灬)→불꽃)部의 합자(合字). '고기를 굽다'의 뜻.	膾炙(회자) 회와 구이. 사람들의 입에 자주 오르내리는 일. 醬散炙(장산적) 쇠고기를 짓이겨 갖은 양념을 쳐서, 얇은 반대기를 지어 구운 뒤에, 네모반듯하게 썰어 진간장에 넣은 반찬		
煮 삶을 자 1급	뜻을 나타내는 연화발(灬(=火)→불꽃)部와 음을 나타내는 者(자)가 합하여 이루어짐.	煮醬麵(자장면) 국수에 고기를 넣고 중국(中國) 된장에 비빈 중국(中國)음식(飲食)		

瓷 사기그릇 자 1급	甄(자)의 본자(本字). 뜻을 나타내는 기와와(瓦→기와, 질그릇)部와 음을 나타내는 次(차)로 이루어짐. 단단하게 구운 토기(土器)의 뜻.	陶瓷器(도자기) 점토를 가지고 어떤 형태(形態)로 만들어 불에 구워 낸 그릇 象嵌青瓷(상감청자) 상감 기법을 이용하여 무늬를 넣은 청자. 고려시대에 발달한 자기 양식	
疵 허물 자 1급	뜻을 나타내는 병질엄(疒→병, 병상에 드러누운 모양)部와 음을 나타내는 此(차)가 합하여 이루어짐.	瑕疵(하자) 흠, 결점(缺點).	
蔗 사탕수수 자 1급	柘(자)와 통자(通字). 풀을 뜻하는 초두머리(艹(=艸)→풀, 풀의 싹)部와 음을 나타내는 庶(서)가 합하여 '사탕수수'를 뜻함.	甘蔗(감자) 사탕수수, 볏과의 여러해살이풀	
藉 깔 자 1급	籍(적)과 통자(通字). 풀을 뜻하는 초두머리(艹(=艸)→풀, 풀의 싹)部와 음을 나타내는 부수를 제외한 글자 籍(적)이 합하여 이루어짐.	憑藉(빙자) 남의 힘을 빌려서 의지(依支)함 慰藉料(위자료) 재산(財産)이나 생명(生命)·신체(身體)·명예(名譽) 따위를 침해(侵害)하였을 때 그 정신적(精神的) 고통(苦痛)과 손해(損害)에 대하여 지급(支給)하는 배상금	
作 지을 작 6급 常	イ과 도구의 뜻을 결합한 글자[會意] 사람이 앉아서 공구를 잡고 물건을 만드는 모습을 나타냈다. 여기서 '만들다와 일하다'의 뜻이 나왔다.	始作(시작) 처음으로 함 副作用(부작용) 약이 지닌 그 본래의 작용(作用) 이외(以外)에 부수되어 일어나는 작용. 보통(普通) 유해(有害)한 것을 이름 製作(제작) 재료(材料)를 가지고 물건을 만듦	
昨 어제 작 6급 常	日과 乍의 음과 뜻을 결합한 글자[形聲] 하루가 잠깐 사이에 지나간 것을 나타냈다. 여기서 어제의 뜻이 나왔다.	昨年(작년) 지난해 昨今(작금) ① 어제와 오늘 ② 요즈음	
酌 술 부을 작 3급 常	酉와 술병의 뜻을 나타내는 글자와의 결합된 글자[會意] 술을 국자로 떠서 부어주는 것을 나타냈다. 여기서 '따르다'의 뜻이 나왔다.	斟酌(짐작) 어림쳐서 헤아림 無酌定(무작정) '얼마'라고 또는 '어떻게'라고 정(定)한 것이 없음 參酌(참작) 참고(參考)하여 알맞게 헤아림	
爵 벼슬 작 3급 常	참새 모양으로 만든 술잔을 본뜬 글자[象形] 술잔의 다리가 참새 모양인 것을 나타내어 벼슬의 뜻을 사용하였다.	封爵(봉작) 제후(諸侯)로 봉하고 관작을 줌 高官大爵(고관대작) 지위(地位)가 높은 큰 벼슬자리	
綽 너그러울 작 1급	淖(작)와 통자(通字). 뜻을 나타내는 실사(糸→실타래)部와 음을 나타내는 卓(탁)이 합하여 이루어짐.	綽約(작약) 몸이 가냘프고 아리따움 綽綽(작작) 여유(餘裕)가 있는 모양. 넉넉한 모양	
勺 구기 작 1급	손잡이가 있는 국자의 모양을 본뜸.	勺水不入(작수불입) 물 한 모금도 마시지 못한다는 뜻으로, 음식(飲食)을 전혀 먹지 못하는 것을 이르는 말	

한자	자원(字源)	용례(用例)
灼 불사를 작 1급	뜻을 나타내는 불화(火(=灬)→불꽃)部와 음을 나타내는 勺(작)이 합하여 이루어짐.	鑽灼(찬작) 뚫고 불사름, 갈고 닦으며 연구함
炸 터질 작 1급	뜻을 나타내는 불화(火(=灬)→불꽃)部와 음을 나타내는 乍(사)가 합하여 이루어짐.	炸藥(작약) 발사(發射)하면 어떤 목적물(目的物)에 맞아 폭발(爆發)시키는 작용을 하는 화약(火藥)
芍 함박꽃 작 1급	풀을 뜻하는 초두머리(艹(=艸)→풀, 풀의 싹)部와 음을 나타내는 勺(작)이 합하여 '작약'을 뜻함.	芍藥(작약) 작약과에 딸린 백작약·호작약·적작약 따위의 식물(植物)을 통틀어 이르는 말
嚼 씹을 작 1급	뜻을 나타내는 입구(口→입, 먹다, 말하다)部와 음을 나타내는 爵(작)이 합하여 이루어짐.	咀嚼口(저작구) 메뚜기, 잠자리 따위의 곤충과 같이 아래위 턱이 단단하여 먹이를 씹어 먹기에 알맞은 입
鵲 까치 작 1급	뜻을 나타내는 새조(鳥→새)部와 음을 나타내는 昔(석→작으로 바뀜)이 합하여 이루어짐.	烏鵲橋(오작교) 음력 칠 월 칠석날 견우와 직녀가 서로 만날 수 있도록 까마귀와 까치가 은하에 모여서 만든 다리
雀 참새 작 1급	小(소=작다)와 새추(隹=새)部로 이루어지며, '작은 새', '참새'의 뜻. '작'의 음은 躍(약=뛰다)의 바뀐 음.	雀舌茶(작설차) 갓 눈이 튼 차나무의 새싹을 따서 만든 차 朱雀(주작) 예로부터 남쪽 방위(方位)를 맡고 있다는 신을 상징(象徵)하는 짐승
殘 잔인할 잔 4급 常	앙상한 뼈의 뜻과 상할 잔의 음 및 뜻을 결합한 글자[形聲] 창과 창으로 상처를 입혀 앙상한 뼈만 남은 것을 나타냈다. 여기서 '모질다'의 뜻이 나왔다.	殘酷(잔혹) 잔인(殘忍)하고 혹독(酷毒)함 殘忍(잔인) 인정(人情)이 없고 아주 모짊 殘額(잔액) 나머지 금액(金額)
棧 사다리 잔 1급	桟(잔)의 본자(本字). 뜻을 나타내는 木(목→나무)部와 음을 나타내는 부수를 제외한 글자 戔(잔)이 합하여 이루어짐.	雲棧(운잔) 구름에 닿을 정도(程度)로 높은 사다리라는 뜻으로, 높은 산의 벼랑(절벽(絕壁)) 같은 데를 건너다니게 한 통로(通路)
盞 잔 잔 1급	琖(잔)과 동자(同字). 뜻을 나타내는 그릇명받침(皿→그릇)部와 음을 나타내는 부수를 제외한 글자 戔(잔)이 합하여 이루어짐	燈盞(등잔) 기름을 담아 등불을 켜는 그릇. 사기·쇠붙이 따위로 만듦 茶盞(찻잔) 차를 담아 마시는 잔. 찻잔
暫 잠깐 잠 준3급 常	斬의 음 및 뜻과 日을 결합한 글자[形聲] 도끼로 물건을 자르는 순간같이 하루가 빨리 지나가는 것을 나타냈다. 여기서 '잠깐'의 뜻이 나왔다.	暫時(잠시) 오래지 않은 동안 暫定的(잠정적) 우선(于先) 임시(臨時)로 정하는 모양

潛 잠길 잠 준3급 | 常	물 氵과 잠길 참의 음 및 뜻을 결합한 글자[形聲] 입김을 내뿜고 물속으로 들어가는 것을 나타냈다. 여기서 '잠기다'의 뜻이 나왔다.	潛在力(잠재력) 겉으로 드러나지 않고 속에 숨어 있는 힘 潛水艦(잠수함) 주로 물속으로 잠복(潛伏)하여 다니면서 적을 요격(邀擊)하는 전투(戰鬪) 함정(艦艇)			
蠶 누에 잠 2급	뜻을 나타내는 벌레충(虫→뱀이 옹크린 모양, 벌레)部와 음을 나타내는 부수를 제외한 글자 朁(참)이 합하여 이루어짐.	蠶桑(잠상) 누에와 뽕을 아울러 이르는 말 蠶食(잠식) 누에가 뽕잎을 먹는 것처럼 남의 것을 차츰차츰 먹어 들어가거나 침략(侵略)하는 것			
箴 경계 잠 1급	뜻을 나타내는 대죽(竹→대나무)部와 음을 나타내는 咸(함→잠으로 바뀜)이 합하여 이루어짐.	箴言(잠언) 가르쳐서 훈계(訓戒)가 되는 말, 구약(舊約) 성서(聖書)의 한 편, 솔로몬왕의 훈언(訓言)을 내용(內容)으로 하여 모두 31장			
簪 비녀 잠 1급	簪(잠)의 본자(本字). 뜻을 나타내는 대죽(竹→대나무)部와 음을 나타내는 부수를 제외한 글자 朁(참)이 합하여 이루어짐.	金簪(금잠) 금비녀			
雜 섞일 잡 4급 | 常	衣의 뜻과 集의 음과 뜻을 결합한 글자[形聲] 나무 위에 여러 새가 모인 것과 같이 옷이 여러 색으로 된 것을 나타냈다. 여기서 '섞이다'의 뜻이 나왔다.	複雜(복잡) 여럿이 겹치고 뒤섞여 있음 雜音(잡음) 시끄러운 소리 錯雜(착잡) 갈피를 잡을 수 없이 뒤섞여 어수선함			
丈 어른 장 3급 | 常	손(手)과 자(十)의 뜻을 결합한 글자[會意] 손에 자를 지니고 있는 모습을 나타냈다. 여기서 '길이'와 '성인의 키'의 뜻이 나왔다. 후에 전성되어 '어른'으로 쓰인다.	春丈(춘장) 춘부장(春府丈)의 준말 大丈夫(대장부) 사내답고 씩씩한 남자			
壯 장할 장 4급 | 常	나무 조각 장(爿)과 군사(士)의 음과 뜻을 결합한 글자[形聲] 큰 나무를 조각낼 수 있는 강한 군사를 나타냈다. 여기서 '씩씩하다'의 뜻이 나왔다.	壯丁(장정) 나이가 젊고 기운이 좋은 남자 壯談(장담) 확신(確信)을 가지고 자신(自信) 있게 하는 말 壯觀(장관) 훌륭한 광경 宏壯(굉장) 퍽 크고 훌륭함			
長 길 장 8급 | 常	수염과 머리가 긴 노인의 모습을 본뜬 글자[象形] 수염과 머리가 긴 노인의 모습에서 나왔다. 여기서 '길다'의 뜻이 나왔다.	長官(장관) 한 관청(官廳)의 으뜸 벼슬 成長(성장) 생물(生物)이 자라서 점점 커짐 總長(총장) 전체(全體)의 사무(事務)를 관리(管理)하는 으뜸 벼슬			
莊 씩씩할 장 3급 | 常	풀(艸)과 클 장(壯)의 음과 뜻을 결합한 글자[形聲] 풀이 크게 자라 무성한 것을 나타냈다.	莊嚴(장엄) 규모(規模)가 크고 엄숙(嚴肅)함 別莊(별장) 살림집 밖에 경치(景致) 좋은 곳에 따로 지어 놓고 때때로 묵으면서 쉬는 집			
章 글 장 6급 | 常	글은 소리(音)과 열(十)의 뜻과 음을 결합한 글자[會意] 소리를 일단락 지은 것을 나타냈다. 여기서 '문장'의 뜻이 나왔다.	文章(문장) 생각·느낌·사상(思想) 등을 글로 표현(表現)한 것 圖章(도장) 이름을 나무·뼈·뿔·수정(水晶)·돌·금 따위에 새겨서 만든 것 奎章閣(규장각), 조선 정조(1776)에 설치한 왕실 도서관			

帳 장막 장 4급 常	천(巾)과 길다(長)의 음과 뜻을 결합한 글자[形聲] 햇빛이나 추위를 막기 위해 길게 둘러친 천을 나타냈다.	帳簿(장부) 금품(金品)의 수입(收入), 지출(支出)을 기록(記錄)하는 책 通帳(통장) 은행 같은 곳에서, 예금(預金)한 사람에게 출납(出納) 상태를 기록(記錄)하여 주는 장부 臺帳(대장) 어떤 사항(事項)을 기록(記錄)하는 토대(土臺)가 되는 장부(帳簿)		
張 베풀 장 4급 常	활(弓)과 길다(長)의 음과 뜻을 결합한 글자[形聲] 활시위를 길게 잡아 힘껏 잡아 벌린 것을 나타냈다. 여기서 '벌리다'의 뜻이 나왔다.	主張(주장) 자기 의견(意見)을 굳이 내세움 緊張(긴장) 마음을 다잡아 정신(精神)을 바짝 차리거나 몸이 굳어질 정도(程度)로 켕기는 일 誇張(과장) 사실(事實)보다 지나치게 떠벌려 나타냄 擴張(확장) 늘어서서 넓게 함		
將 장수 장 4급 常	널빤지 장(爿)과 고기(月), 그리고 손(寸)의 음과 뜻을 결합한 글자[形聲]. 널빤지에 고기를 받들고 있는 제사장을 나타냈다. 여기서 '거느리다'의 뜻이 나왔다. 후에 전성되어 '장수'의 뜻이 나왔다.	將軍(장군) 군의 우두머리 將帥(장수) 군사(軍士)를 거느리는 우두머리		
掌 손바닥 장 3급 常	높일 상(尙)과 손(手)의 음과 뜻을 결합한 글자[形聲] 손을 높이 들어 폄 것을 나타냈다. 후에 전성되어 '맡다'의 뜻으로 쓰인다.	掌握(장악) 손에 넣음 管掌(관장) 맡아봄 如反掌(여반장) 손바닥을 뒤집는 것과 같이 일이 썩 쉬움		
葬 장사 지낼 장 3급 常	'풀(艹)과 죽다(死)와 손잡다'의 뜻을 결합한 글자[會意] 죽은 사람을 풀로 덮은 것을 나타냈다.	葬禮(장례) 장사(葬事)지내는 예절(禮節) 埋葬(매장) 시체를 땅에 묻음		
場 마당 장 7급 常	흙(土)과 昜의 음과 뜻을 결합한 글자[形聲] 아직 경작하지 않은 빈 밭을 나타냈다. 소전자에서는 토지 신에게 제사 드리기 위한 양지 바른 땅을 나타냈다. 여기서 '마당'의 뜻이 나왔다.	市場(시장) 물건을 사고파는 곳 立場(입장) 처하여 있는 사정(事情)이나 형편(形便) 場所(장소) 자리, 처소(處所), 곳		
粧 단장할 장 3급 常	쌀(米)과 농막 장(庄)의 음과 뜻을 결합한 글자[形聲] 벼를 찧을 때 나타나는 등겨가루를 나타냈다.	化粧(화장) 얼굴을 곱게 꾸밈 丹粧(단장) 얼굴을 곱게 하고 머리나 옷맵시를 매만져 꾸밈 化粧室(화장실) '뒷간'을 달리 일컫는 말 化粧品(화장품) 화장(化粧)하는 데 쓰는 물건(物件)		
裝 꾸밀 장 4급 常	성할 장(壯)과 옷(衣)의 음과 뜻을 결합한 글자[形聲] 옷을 웅장하게 차려입은 것을 나타냈다. 여기서 '꾸미다'의 뜻이 나왔다.	裝置(장치) 어떤 목적에 따라서 기능(機能)을 발휘(發揮)할 수 있도록 도구(道具)를 정착시키는 것 裝備(장비) 비품이나 부속품(附屬品) 따위를 장치(裝置)하는 일 盛裝(성장) 훌륭하게 몸을 단장(丹粧)함		
腸 창자 장 4급 常	몸(月)과 빛날 양(昜)의 음과 뜻을 결합한 글자[形聲] 사람 몸속에 있는 가장 길고 구불구불한 장을 나타냈다.	胃腸(위장) 위와 창자 小腸(소장) 위(胃)의 유문(幽門)에서 대장(大腸)에 이어지는 대롱 모양의 가는 소화관(消化管) 肝腸(간장) 간과 창자		
獎 권면할 장 확장 常	장차 장(將)과 크다(大)의 음과 뜻이 결합한 글자[形聲] 개로 하여금 사람이나 물건을 물게 하는 것을 나타냈다. 후에 犬이 大로 바뀌었고, 여기서 '권면하다'의 뜻이 나왔다.	襃獎(포장) 칭찬(稱讚)하여 장려(獎勵)함 獎勵(장려) 좋은 일에 힘쓰도록 북돋아 줌 獎學金(장학금) 주로 성적은 우수하지만 경제적인 이유로 학업에 어려움을 겪는 학생에게 보조해 주는 돈		

障 막을 장 4급 | 常	언덕(阝)의 뜻과 글장(章)의 음과 뜻을 결합한 글자[形聲] 글의 단락이 끊어지듯 언덕이 막혀 통하지 않는 것을 나타냈다. 여기서 '막히다'의 뜻이 나왔다.	保障(보장) 일이 잘되도록 보호(保護)하거나 뒷받침함 障碍(장애) 어떤 사물의 진행(進行)을 가로막아 거치적 거리거나 충분(充分)한 기능(機能)을 못 하게 하는 일	
藏 감출 장 3급 | 常	풀(艹)과 감출 장(臧)의 음과 뜻을 결합한 글자[形聲] 풀로 곡식을 덮어 간직하는 것에서 나타냈다.	貯藏(저장) 물건을 쌓아서 간직하여 둠 死藏(사장) 사물을 유용(有用)한 곳에 활용(活用)하지 않고 넣어 둠 包藏(포장) 물건을 겉으로 드러나지 않게 싸서 간직함	
臟 오장 장 3급 | 常	몸(月)과 감출 장(藏)의 음과 뜻을 결합한 글자[形聲] 몸 안에 감춰진 내장의 여러 기관을 나타냈다. 여기서 '오장'의 뜻이 나왔다.	心臟(심장) 순환기계(循環器系)의 중추(中樞) 기관(器官) 腎臟(신장) 오줌 배설(排泄) 기관(器官), 콩팥	
墻 담 장 3급 | 常	조각널 장(爿)과 담의 뜻을 결합한 글자[形聲] 나뭇조각을 가지고 세운 담장을 나타냈다.	墻壁(장벽) 담과 벽을 아울러 이르는 말 路柳墻花(노류장화) 길가의 버들과 담 밑의 꽃은 누구든지 쉽게 만지고 꺾을 수 있다는 뜻으로, 기생(妓生)을 의미(意味)함	
仗 의장 장 1급	뜻을 나타내는 사람인변(亻(=人)→사람)部와 음을 나타내는 丈(장)이 합하여 이루어짐.	儀仗隊(의장대) 의식 절차(節次)에 의(依)한 예법(禮法)을 훈련(訓鍊)받고 의식 때에만 참렬하는 군인(軍人)의 한 떼	
匠 장인 장 1급	'궤짝'를 뜻하는 터진 입구몸(匸→그릇, 모진 상자)部와 큰 자귀를 뜻하는 斤(근)으로 이루어짐. 둘 다 목수의 연장 이므로 목수를 뜻하였음. 바뀌어 기능공(技能工)을 말함.	工匠(공장) 공방에서 연장을 가지고 물품(物品) 만드는 일을 전문(專門)으로 하는 사람 匠人(장인)＝장색(匠色), 예술가의 창작 활동이 심혈을 기울여 물건을 만드는 것과 같다는 뜻	
庄 풍성할 장 2급	莊(장)의 간체자(簡體字). 莊(장)의 속자(俗字). 뜻을 나타내는 엄호밑(广→집)部와 부수를 제외한 글자 土(토)가 음을 나타냄. 전장 장.	庄家(장가) 農家(농가)	
杖 지팡이 장 1급	뜻을 나타내는 나무목(木→나무)部와 음을 나타내는 동시에 들다, '가지다'의 뜻(→持지)을 가지는 丈(장)으로 이루어지며, 손에 드는 나무, '지팡이'를 뜻함.	棍杖(곤장) 죄인(罪人)을 때리던 형구(刑具)의 하나. 버드나무로 넓적하고 길게 만들어 볼기를 치는 것 賊反荷杖(적반하장) 도둑이 도리어 매를 든다는 말. 잘못한 사람이 도리어 잘한 사람을 나무라는 경우(境遇)를 이르는 말	
檣 돛대 장 1급	艢(장)과 동자(同字). 뜻을 나타내는 木(목→나무)部와 음을 나타내는 부수를 제외한 글자 嗇(장)이 합하여 이루어짐.	三檣船(삼장선) 돛을 세 개 단 배	
漿 즙 장 1급	뜻을 나타내는 물수(水(氵, 氺)→물)部와 음을 나타내는 將(장)이 합하여 이루어짐.	簞食壺漿(단사호장) 도시락밥과 병에 담은 음료수(飲料水)라는 뜻으로, 소소한 음식(飲食)을 마련하여 군대(軍隊)를 환영(歡迎)함을 이르는 말	

獐 노루 장 2급	麞(장)과 동자(同字). 뜻을 나타내는 개사슴록변(犭(=犬)→개)部와 음을 나타내는 章(장)이 합하여 이루어짐.	獐角(장각) 노루의 굳은 뿔 張目(장목) 노루 눈, 노루 눈처럼 생긴 눈			
璋 홀 장 2급	뜻을 나타내는 구슬옥변(玉(=玉, 王)→구슬)部와 음을 나타내는 章(장)이 합하여 이루어짐.	圭璋(규장) 규장(珪璋). '옥으로 만든 귀중(貴重)한 그릇' 또는 '예식(禮式) 때 장식(裝飾)으로 쓰는 구슬'이라는 뜻으로, 훌륭한 인품(人品)을 이름			
蔣 성씨 장 2급	풀을 뜻하는 초두머리(艹(=艸)→풀, 풀의 싹)部와 음을 나타내는 將(장)이 합하여 이루어짐.	蔣英實(장영실) 조선시대 세종(世宗) 때의 과학자. 혼천의(渾天儀), 자격루(自擊漏), 세계(世界) 최초(最初)의 우량계인 측우기(測雨器), 수표(水標) 등을 발명			
薔 장미 장 1급	풀을 뜻하는 초두머리(艹(=艸)→풀, 풀의 싹)部와 음을 나타내는 부수를 제외한 글자 嗇(색)이 합하여 '장미'를 나타냄.	薔薇(장미) 장미과(薔薇科)의 낙엽(落葉) 관목(灌木). 높이 2−3m, 가지와 가시가 많음			
醬 장 장 1급	醬(장)의 본자(本字). 뜻을 나타내는 닭유(酉→술, 닭)部와 月(=肉고기), 음을 나타내는 장(윗부분의 좌변)이 합하여 이루어짐.	煮醬麵(자장면) 국수에 고기를 넣고 중국(中國) 된장에 비빈 중국 음식 醬類(장류) 된장, 간장, 고추장 등등			
才 재주 재 6급　常	싹이 돋아나는 모양을 본뜬 글자[象形] 흙에서 돋아나는 싹을 본떴는데 여기서 전성되어 탁월한 능력을 지닌 '재주'의 뜻으로 쓰였다.	才能(재능) 재주와 능력(能力) 英才(영재) 뛰어난 재주 秀才(수재) 학문(學問)과 재능(才能)이 매우 뛰어난 사람 人才(인재) 재주가 놀라운 사람			
在 있을 재 6급　常	새싹 재(才)와 흙(土)의 음과 뜻을 결합한 글자[形聲] 초목의 싹이 돋는 것을 나타냈다. 소전자에서는 土의 뜻을 첨가하여 초목이 땅 위로 나와 의지하고 있는 것을 나타냈다.	現在(현재) 지금 살아 있는 시간 潛在力(잠재력) 겉으로 드러나지 않고 속에 숨어 있는 힘 存在(존재) 현존(現存)하여 있음 在學(재학) 학교(學校)에 다니는 중임			
再 두 재 5급　常	하나(一)와 쌓다(冉)의 뜻을 결합한 글자[會意] 사물을 거듭 쌓은 것을 나타냈다.	再檢討(재검토) 한 번 검토(檢討)한 것을 다시 검토(檢討)함 再開(재개) 다시 시작(始作)함 再演(재연) 한 번 행했던 일을 다시 되풀이함			
災 재앙 재 5급　常	내 천(巛)과 불 화(火)의 뜻을 결합한 글자[形聲] 물과 불로 피해를 입는 것을 나타냈다.	災殃(재앙) 온갖 불행(不幸)한 일 罹災民(이재민) 재해(災害)를 입은 백성(百姓) 火災(화재) 불이 나는 재앙(災殃) 災害(재해) 재앙(災殃)으로부터 받은 피해(被害)			
材 재목 재 5급　常	나무(木)와 바탕 재(才)의 음과 뜻을 결합한 글자[形聲] 집을 지을 때 바탕이 되는 나무를 나타냈다.	素材(소재) 예술(藝術) 작품(作品)의 바탕이 되는 재료(材料) 取材(취재) 어떤 사물에서 작품(作品)·기사(記事)의 재료 材料(재료) 물건을 만드는 데 드는 원료(原料) 敎材(교재) 가르치고 배우는 데 쓰이는 재료(材料)			

哉 어조사 재 3급 | 常	끊을 재의 음과 뜻과 口의 뜻을 결합한 글자[形聲] 중간에 일정하게 끊고 다시 시작하는 것을 나타냈다. 비로소의 뜻으로 쓰이나 후에 전성되어 '어조사'의 뜻으로 쓰인다.	快哉(쾌재) 마음먹은 대로 잘되어 만족(滿足)스럽게 여김. '통쾌(痛快)하다'고 하는 말 乎哉(호재) 감탄(感歎)을 표시(表示)하는 말. ~런가, ~로다
宰 재상 재 3급 | 常	宀과 辛의 음과 뜻을 결합한 글자[形聲].	主宰(주재) 주장(主掌)하여 맡음 宰相(재상) 임금을 돕고 모든 관원(官員)을 지휘(指揮) 감독(監督)하는 벼슬자리에 있던 사람을 두루 이르던 말
栽 심을 재 3급 | 常	흙(土)과 창(戈)와 나무(木)의 뜻을 결합한 글자[會意] 토담을 칠 때 생나무를 잘라 세운 것이 뿌리가 싹터 자란 것을 나타냈다.	盆栽(분재) 줄기나 가지를 보기 좋게 가꾸어 감상(鑑賞)하는 초목(草木) 栽培(재배) 식용(食用)이나 약용(藥用), 관상용(觀賞用)을 목적(目的)으로 식물(植物)을 심어서 기름 植栽(식재) 초목(草木)을 심어 가꿈
財 재물 재 5급 | 常	조개(貝)와 돌릴 반(反)의 음과 뜻을 결합한 글자[形聲] 산 물건을 되돌려 파는 것을 나타냈다.	財閥(재벌) 재계(財界)에서 세력(勢力) 있는 자본가 財産(재산) 소유(所有)하는 재물(財物) 財政(재정) 개인(個人)·가계·기업(企業) 등의 금융(金融) 사정(事情) 財源(재원) 재화(財貨)를 발생(發生), 수득(收得)하게 하는 근원
裁 마를 재 3급 | 常	해할 재와 옷(衣)의 음과 뜻을 결합한 글자[形聲] 옷감을 본에 따라 자르는 것을 나타냈다.	裁縫(재봉) 옷감을 마르고 꿰매고 하여 옷을 만드는 일. 바느질 裁判(재판) 구체적인 소송 사건을 해결하기 위하여 법원 또는 법관이 공권적 판단을 내리는 일 決裁(결재) 제출(提出)한 안건(案件)을 재량(裁量)하여 승인(承認)함
載 실을 재 3급 | 常	해할 재와 수레(車)의 뜻을 결합한 글자[形聲] 나무토막을 쪼개어 수레에 올려놓는 것을 나타냈다.	揭載(게재) 신문(新聞) 따위에 글이나 그림을 실음 登載(등재) 서적(書籍) 또는 잡지(雜誌) 등에 올려 적음 記載(기재) 문서(文書)에 기록(記錄)하여 실음 積載(적재) 물건을 실음
滓 찌꺼기 재 1급	뜻을 나타내는 삼수변(氵(=水, 氺)→물)部와 음을 나타내는 宰(재)가 합하여 이루어짐.	殘滓(잔재) 다 골라 쓰고 남은 못 쓸 것
齋 재계할 재 1급 | 常	보리 이삭이 가지런한 모양을 본뜬 글자[象形] 보리 이삭이 익어 나란히 자란 모양을 본떴다.	書齋(서재) 책을 갖추어 두고 책을 읽거나 글을 쓰는 방 沐浴齋戒(목욕재계) 제사(祭祀)를 지내거나 신성(神聖)한 일 따위를 할 때, 목욕(沐浴)해서 몸을 깨끗이 하고 마음을 가다듬어 부정(不淨)을 피함
爭 다툴 쟁 5급 | 常	손가락(爪)과 손(手) 끌다(丿)의 음과 뜻을 결합한 글자[會意] 손과 손으로 물건을 끌어 잡아당기며 싸우는 것을 나타냈다.	競爭(경쟁) 같은 목적을 두고 서로 이기거나 앞서거나 더 큰 이익(利益)을 얻으려고 겨루는 것 戰爭(전쟁) 싸움 鬪爭(투쟁) 상대(相對)를 쓰러뜨리려고 싸워서 다툼 紛爭(분쟁) 말썽을 일으켜 시끄럽게 다툼
錚 쇳소리 쟁 1급	뜻을 나타내는 쇠금(金→광물·금속날붙이)部와 음을 나타내는 爭(쟁)이 합하여 이루어짐.	錚盤(쟁반) 흔히 음식(飮食) 따위를 받쳐 드는 데 씀 錚錚(쟁쟁) 쟁쟁(琤琤). 옥이나 좋은 금속(金屬)의 울리는 소리 매우 맑음. 지나간 소리가 잊히지 않고(기억에 남아) 귀에 울리는 듯함

低 낮을 저 4급 | 常	사람(亻)과 낮을 저(氐)의 음과 뜻을 결합한 글자[形聲] 사람이 자기의 몸을 낮춘 모습을 나타냈다.	最低(최저) 가장 낮음 低廉(저렴) 물건 값이 쌈 低下(저하) 낮아짐 低級(저급) ① 낮은 등급(等級) ② 낮은 계급(階級) ③ 정 　　도(程度)가 낮음 ④ 취미(趣味)가 천함			
底 밑 저 4급 | 常	广과 氐의 음과 뜻을 결합한 글자[形聲] 움집 아래에 사람이 머물러 있는 곳을 나타냈다.	徹底(철저) (태도(態度)나 상태가) 속속들이 꿰뚫거나 미 　　치어 부족(不足)함이나 빈틈이 없음 底邊(저변) 어떤 분야(分野)에서 정점(頂點)에 선 사람을 　　떠받드는 많은 사람들 井底之蛙(정저지와) 우물 밑의 개구리. 소견(所見)이나 　　견문(見聞)이 몹시 좁은 것			
抵 막을 저 3급 | 常	손(扌)과 氐의 음과 뜻을 결합한 글자[形聲] 갑자기 덤벼드는 상대방을 낮은 곳으로 밀어내는 것을 나타냈다.	抵抗(저항) 힘의 작용(作用)에 대해 그 방향(方向)과 반 　　대(反對)의 방향(方向)으로 작용(作用)하는 힘 抵觸(저촉) 서로 충돌(衝突)함, 서로 부딪침, 서로 모순됨			
沮 막을 저 2급 |	뜻을 나타내는 삼수변(氵(=水, 氺)→물)部와 음을 나타 내는 且(저)가 합하여 이루어짐.	沮止(저지) 막아서 그치게 함 沮害(저해) 막아서 못 하게 해(害)침 沃沮(옥저) 함경도 일대에 위치(位置)하고 있던 연맹왕 　　국 중 하나. 고구려에 복속됨			
著 나타날 저 3급 | 常	++와 者의 음과 뜻을 결합한 글자[形聲] 풀과 같이 많은 것 중에 두드러지게 드러나는 하나를 나 타냈다.	顯著(현저) 뚜렷이 드러남 著名人士(저명인사) 이름난 사람 著者(저자) 책을 지은 사람			
貯 쌓을 저 5급 | 常	貝와 宁의 음과 뜻을 결합한 글자[形聲] 집 안에 재물을 풍성하게 쌓아둔 것을 나타냈다.	貯藏(저장) 물건을 쌓아서 간직하여 둠 貯蓄(저축) 절약(節約)하여 모아 둠 貯金(저금) 돈을 모아 둠			
咀 씹을 저 1급 |	뜻을 나타내는 입구(口→입, 먹다, 말하다)部와 음을 나 타내는 且(저)가 합하여 이루어짐.	咀嚼(저작) 음식물(飮食物)을 씹음			
狙 노릴 저 1급 |	뜻을 나타내는 개사슴록변(犭(=犬)→개)部와 음을 나타 내는 且(저)가 합하여 이루어짐. 원숭이 저.	狙擊(저격) 어떤 대상(對象)을 노리고 겨냥하여 치거나 　　총을 쏘는 것 狙擊手(저격수) 적의 일정(一定)한 대상(對象)을 저격하 　　기 위하여 뽑힌 우수(優秀)한 사수			
箸 젓가락 저 1급 |	뜻을 나타내는 대죽(竹→대나무)部와 음을 나타내는 者 (자)가 합하여 이루어짐.	匙箸(시저)=수저. 숟가락과 젓가락을 아울러 이르는 말			
猪 돼지 저 | 常	豬(저)와 동자(同字). 대법원 인명용으로는 저. 뜻을 나 타내는 개사슴록변(犭(=犬)→개)部와 음을 나타내는 者 (자)가 합하여 이루어짐.	猪脂(저지) 돼지의 기름 猪加(저가) 부여(扶餘)시대 사출도(四出道: 마가, 우가, 　　저가, 구가)의 하나를 주관(主管)하여 그 안의 모든 읍 　　락(邑落)을 통솔(統率)함			

詛 저주할 저 1급	뜻을 나타내는 말씀언(言→말하다)部와 음을 나타내는 且(저)가 합하여 이루어짐.	詛呪(저주) 남에게 재앙(災殃)이나 불행(不幸)이 일어나도록 빌며 바라는 것	
躇 머뭇거릴 저 1급	뜻을 나타내는 발족(足→발)部와 음을 나타내는 著(저)가 합하여 이루어짐.	躊躇(주저) (어떤 일이나 행동(行動)을) 과감(果敢)하게 또는 적극적(積極的)으로 하지 못하고 머뭇거리며 망설이는 것	
邸 집 저 1급	뜻을 나타내는 우부방(阝(=邑)→마을)部와 음을 나타내는 동시에 언덕 위 집의 뜻(→底저)을 나타내는 부수를 제외한 글자 氐(저)로 이루어짐.	京邸吏(경저리) 지방(地方) 관청(官廳)과 관청(官廳)의 연락(連絡) 사무(事務)를 맡아보게 하기 위하여 각 지방(地方)에서 파견(派遣)된 향리(鄕吏) 官邸(관저) 높은 관리(官吏)가 살도록 정부(政府)에서 관리(管理)하는 집	
觝 닿을 저 1급	牴(저)와 동자(同字). 뜻을 나타내는 뿔각(角→뿔)部와 부수를 제외한 글자 氐(저)가 음을 나타냄.	觝觸(저촉) 서로 닿드림. 법에 걸림. 觝戲(저희) 씨름	
赤 붉을 적 5급　常	白와 勹의 음과 뜻을 결합한 글자[形聲] 활과 해처럼 둥그런 표적이 작지만 또렷이 보이는 것을 나타냈다.	赤字(적자) 수지(收支) 결산(決算)에서 지출(支出)이 수입(收入)보다 많은 일 赤裸裸(적나라) 몸에 아무것도 걸치지 않은 발가벗은 상태라는 뜻	
的 과녁 적 5급　常	白와 勹의 음과 뜻을 결합한 글자[形聲] 활과 해처럼 둥그런 표적이 작지만 또렷이 보이는 것을 나타냈다.	的中(적중) ① 목표(目標)에 꼭 들어맞음 ② 잘 들어맞는 일 ③ 과녁에 들어맞음 具體的(구체적) 사물이 뚜렷한 실체(實體)를 갖추고 실제(實際)의 형체(形體)·내용(內容)을 가지고 있는 모양	
寂 고요할 적 3급　常	宀과 叔의 음과 뜻이 결합된 글자[形聲] 풀만 가득한 조용한 집을 나타냈다.	閑寂(한적) 한가(閑暇)하고 고요함, 조용하고 쓸쓸함 孤寂(고적) 쓸쓸하고 외로움 寂寞(적막) 적적함, 고요함	
笛 피리 적 3급	뜻을 나타내는 대죽(竹→대나무)部와 음을 나타내는 동시에 구멍을 뚫는다는 뜻을 가지는 由(유→적은 변음(變音))로 이루어짐. 대나무에 구멍을 뚫어 만든 악기.	警笛(경적) 비상시(非常時)에 경계(警戒)를 위하여 울리는 고동 萬波息笛(만파식적) 신라 신문왕 때 있었다고 하는 신기(神奇)한 피리.	
跡 발자취 적 3급	뜻을 나타내는 발족(足→발)部와 음을 나타내는 赤(역→적은 변음(變音))으로 이루어짐. 발자국, 전(轉)하여 사물의 자취.	追跡(추적) 뒤를 밟아 쫓음 遺跡(유적) 남아 있는 자취. 역사적인 사건이 벌어졌던 곳 痕跡(흔적) 뒤에 남은 자국이나 자취	
賊 도둑 적 4급　常	貝와 병장 기(戎)의 음과 뜻을 결합한 글자[會意] 흉기를 갖고 위협해서 남의 재물을 뺏는 것을 나타냈다.	盜賊(도적) 도둑 海賊(해적) 바다를 다니며 배를 습격(襲擊)하여 재물(財物)을 빼앗는 도둑 賊反荷杖(적반하장) 도둑이 도리어 몽둥이를 든다는 뜻	

滴 물방울 적 3급 常	⺡와 商의 음과 뜻을 결합한 글자[形聲] 물이 열매꼭지처럼 맺히는 것을 나타냈다.	水滴石穿(수적석천) 물방울이 돌을 뚫는다는 뜻으로, 미미(微微)한 힘이라도 꾸준히 노력(努力)하면 큰일을 이룰 수 있음을 비유(比喩)해 이르는 말		
摘 딸 적 3급 常	손(扌)과 과일 꼭지 적(商)의 음과 뜻이 결합된 글자[形聲] 손으로 잘 익은 과일 꼭지를 따는 것을 나타냈다.	指摘(지적) 콕 집어서 가리킴, 잘못을 들추어냄 摘發(적발) 숨겨진 물건을 들추어냄		
適 맞을 적 4급 常	辶와 商의 음과 뜻을 결합한 글자[形聲] 나무의 가지와 열매가 잘 자라는 것을 나타냈으나 소전자에서 辵를 추가하여 과일을 따러 가는 것을 나타냈다.	適用(적용) 맞추어 씀 適切(적절) 어떤 기준(基準)이나 정도(程度)에 맞아 어울리는 상태 適應(적응) 걸맞아서 서로 어울림		
敵 대적할 적 4급 常	商과 攵의 음과 뜻을 결합한 글자[形聲] 원래 商자로 근거지를 나타냈으나 소전자에서 攵이 첨가되어 적과 싸우는 것을 나타냈다.	敵愾心(적개심) 적을 미워하며 분개(憤慨)하는 심정(心情) 無敵(무적) 겨룰 만한 맞수가 없음 敵對視(적대시) 적으로 여김		
積 쌓을 적 4급 常	禾와 責의 음과 뜻을 결합한 글자[形聲] 벼를 재물처럼 쌓는 것을 나타냈다.	累積(누적) 되풀이하거나 지속(持續)하여 더 많아지거나 심해지게 하는 것 蓄積(축적) 많이 모이는 일 積小成大(적소성대) 작은 것도 쌓이면 크게 됨		
績 길쌈할 적 4급 常	糸과 責의 음과 뜻을 결합한 글자[形聲] 실을 겹겹이 감는 것을 나타냈다.	成績(성적) 사업(事業)이나 공부를 한 결과(結果)로 얻은 성과 業績(업적) 어떤 사업(事業)이나 연구(研究) 따위에서 이룩해 놓은 성과(成果)		
蹟 자취 적 3급	뜻을 나타내는 발족(足→발)部와 음을 나타내는 동시에 자취란 뜻을 나타내기 위한 責(책→적은 변음(變音))으로 이루어짐. 전(轉)하여 일의 자취.	行蹟(행적) 행위(行爲)의 실적(實績)이나 자취 遺跡(유적) 남아 있는 자취. 역사적인 사건이 벌어졌던 곳 名勝古蹟(명승고적) 명승고적(名勝古跡), 명승(名勝)과 고적(古蹟)		
籍 문서 적 4급 常	대나무(竹)와 밭갈 적(耤) 의 음 및 뜻을 결합한 글자[形聲] 종이가 없던 옛날 대나무를 쪼개어 밭이랑과 같이 엮어 쓴 대쪽을 나타냈다.	書籍(서적) 책 國籍(국적) 어떤 사람이 한 나라의 구성원(構成員)으로서 가지는 법률(法律)상의 자격(資格) 戶籍(호적) 호주와 한 집안의 식구(食口)를 적은 부책 除籍(제적) 기록에서 이름을 지워 버림		
嫡 정실 적 1급	뜻을 나타내는 계집녀(女→여자(女子))部와 음을 나타내는 부수를 제외한 글자 商(적)이 합하여 이루어짐.	嫡子(적자) 정실(正室)의 몸에서 태어난 아들		
狄 오랑캐 적 1급	뜻을 나타내는 개사슴록변(犭(=犬)→개)部와 음을 나타내는 赤(역)의 생략형(省略形)이 합하여 이루어짐.	南蠻北狄(남만북적) 중국(中國)의 남쪽과 북쪽에 사는 오랑캐를 각각(各各) 이르는 말		

謫 귀양 갈 적 1급	謫(적)과 동자(同字). 뜻을 나타내는 말씀언(言→말하다)部와 음을 나타내는 부수를 제외한 글자 商(적)이 합하여 이루어짐.	謫所(적소) 유적지	
迹 자취 적 1급	뜻을 나타내는 책받침(辶(=辵)→쉬엄쉬엄 가다)部와 음을 나타내는 亦(역)이 합하여 이루어짐.	痕迹(흔적) 뒤에 남은 자취나 자국 奇迹(기적) 사람의 힘으로나 머리로는 도저히 생각할 수 없는 기이(奇異)한 사실(事實) 古迹(고적) 남아 있는 옛적 물건이나 건물(建物)	
田 밭 전 4급	밭의 모양을 본뜬 글자[象形] 가로세로로 구획된 밭의 모양을 본떴다.	油田(유전) 석유(石油)가 나는 지역(地域) 桑田碧海(상전벽해) 뽕나무밭이 푸른 바다가 되었다는 뜻으로, 세상(世上)이 몰라볼 정도(程度)로 바뀐 것 職田法(직전법) 조선 전기 현직 관리에게만 수조지(收租地)를 분급한 토지제도	
全 온전할 전 7급 　常	入과 玉의 음과 뜻을 결합한 글자[會意] 귀중한 옥을 결손 없이 온전히 간직함을 나타냈다.	全體(전체) 전부, 총체 全般(전반) 통틀어 모두 穩全(온전) 본바탕대로 고스란히 있음 安全(안전) 편안(便安)하여 탈이나 위험성(危險性)이 없음	
典 법 전 5급 　常	전적과 받침대를 결합한 글자[會意] 책을 받침대 위에 놓고 있는 것을 나타냈다.	事典(사전) 여러 가지 사물이나 사항(事項)을 모아 그 하나하나에 긴 해설(解說)을 붙인 책(冊) 經典(경전) 경서(經書), 종교(宗教)의 교리(教理)를 적은 글 또는 성인(聖人)의 말이나 행실(行實)을 적은 글	
前 앞 전 7급 　常	그칠 지(止)와 배(舟)와 칼(刀)의 음과 뜻을 결합한 글자[形聲] 배 위에 발을 걸쳐 배를 멈추었다가 앞으로 나가는 것을 나타냈으나, 후에 刂가 첨가되어 칼로 끊어 나가는 것을 나타냈다.	前後(전후) ① 앞과 뒤 ② 먼저와 나중 前進(전진) 앞으로 나아감 前轍(전철) 앞에 지나간 수레바퀴의 자국이라는 뜻으로, 이전(以前)에 이미 실패(失敗)한 바 있는 일의 비유(比喩)	
展 펼 전 5급 　常	尸와 비단옷 전을 결합한 글자[形聲] 몸에 비단옷을 입고 펴서 자랑하는 것을 나타냈다.	展勤郎(전근랑) 조선 때, 종9품(從九品)의 문관(文官) 잡직(雜織) 품계(品階) 展墓(전묘) 조상(祖上)의 무덤을 둘러봄 展開(전개) ① 열리어 벌어짐 ② 늘어서 폄 展覽會(전람회) 여러 가지 물건(物件)을 진열(陳列)하여 놓고 여러 사람에게 관람(觀覽)시키는 모임	
專 오로지 전 4급 　常	음을 나타내는 부수를 제외한 글자 전은 본디 물레의 모양이라 함, 寸(촌)은 손을 나타냄.	專門(전문) 한 가지의 학문(學問)이나 사업(事業)에만 전적으로 전심함 專主(전주) 혼자서 마음대로 일을 처리(處理)함 專用(전용) ① 혼자서만 씀 ② 오로지 어떤 한 가지만을 씀 ③ 국한(局限)된 사람이나 부문(部門)에 한하여만 씀	
電 번개 전 7급 　常	번개의 모양을 본뜬 글자(象形) 하늘에서 빛이 퍼지는 모양을 본떴다, 소전자에서 雨를 첨가하여 번개의 뜻을 더하였다.	電人(전인) 고려(高麗) 때 문하부(門下府)에 딸린 벼슬에 하나 電令(전령) 전보(電報)로써 하는 명령(命令)	
傳 전할 전 5급 　常	사람(亻)과 專를 결합한 글자(形聲) 손에 문서를 가진 사람이 여러 역을 거쳐 관청에 전해 주는 것을 나타냈다.	傳世(전세) 대대(代代)로 물리어 전(傳)하여 감 傳達(전달) 전(傳)하여 이르게 함 傳令(전령) ① 전(傳)하여 보내는 훈령(訓令) 또는 고시(告示) ② 군대(軍隊) 간(間)에 명령(命令)을 전달(傳達)하는 일 또는 그 병사(兵士) ③ 명령(命令)을 전(傳)함	

한자	자원(字源)	용례(用例)		
殿 전각 전 3급 常	편전(展)과 창(殳)의 음과 뜻을 결합한 글자(形聲) 행군하는 군대의 후발대가 전열을 정비하는 것을 나타냈다. 후에 전성되어 군대를 사열하는 웅장한 '전각'의 뜻으로 쓰인다.	殿下(전하) ① 왕이나 왕비(王妃) 또는 왕족(王族)을 높여 이르는 말 ② 추기경(樞機卿)을 높여 이르는 말 殿閣(전각) 임금이 거처(居處)하는 궁전(宮殿)		
錢 돈 전 4급 常	金과 상할 잔의 음과 뜻을 결합한 글자(形聲) 땅을 깎아 파는 금속으로 된 농기구를 나타냈다. 여기서 '쟁기'의 뜻이 나왔으나, 전성되어 '돈'의 뜻으로 쓰인다.	錢兩(전냥) 돈냥. 쉽사리 헤아릴 만큼 그다지 많지 아니한 돈 無錢有罪(무전유죄)		
戰 싸움 전 6급 常	單과 戈의 음과 뜻을 결합한 글자(形聲) 무기를 진열한 것을 나타냈으나, 소전자에서 戈를 첨가하여 '전쟁'의 뜻을 더하였다.	戰亂(전란) 전쟁(戰爭)으로 말미암은 난리(亂離) 戰爭(전쟁) ① 싸움 ② 무력(武力)으로 국가(國家) 간(間)에 싸우는 일. 국제법(國際法)상(上) 선전(宣戰) 포고에 의(依)하여 발생(發生)함		
轉 구를 전 4급 常	車와 專의 음과 뜻을 결합한 글자(形聲) 수레바퀴가 물레바퀴처럼 돌아가는 것을 나타냈다.	轉用(전용) 쓸 곳에 쓰지 않고 다른 곳으로 돌려서 씀 回轉(회전) ① 어떤 축을 중심(中心)으로 하여 그 둘레를 도는 것. 전회 ② 어떤 생각을 하거나 묘안을 짜느라 머리를 쓰는 것. 輪轉機(윤전기) 윤전(輪轉) 인쇄기(印刷機)		
剪 자를 전 1급	前(전)의 속자(俗字). 뜻을 나타내는 칼도(刀(=刂)→칼, 베다, 자르다)部와 음을 나타내는 前(전)이 합하여 이루어짐	剪刀(전도) 가위. 옷감, 종이, 머리털 따위를 자르는 기구 剪枝(전지) 가지를 침 剪刀草(전도초) 무릇. 백합과의 여러해살이풀		
塡 메울 전 1급	塡(전)의 본자(本字). 鎭(전)과 통자(通字). 대법원 인명용으로는 진. 뜻을 나타내는 흙토(土→흙)部와 음을 나타내는 眞(진)이 합하여 이루어짐	塡代(전대) 벼슬의 빈자리를 채움 塡充(전충) 곯아 모자라거나 빈 곳을 채워서 메움 補塡(보전) 부족(不足)한 것을 메워 보충(補充)함		
奠 정할 전 1급	부수를 제외한 글자 유(=술단지)와 안석궤(几→책상)部로 이루어져, 술을 신전(神殿)에 바치는 모양을 나타냄. 의식을 갖추어 신에게 제를 '올리다', '권하다', '놓다'의 뜻	奠幣(전폐) 헌관(獻官)이 전폐례(奠幣禮)를 행할 때, 그 폐백(幣帛)을 받아서 신위(神位) 앞에 드리던 일 또는 그 일을 맡아보던 대축(大祝) 대개 헌관의 왼쪽에서 이를 행(行)함		
廛 가게 전 1급	厘(전)의 본자(本字). 엄호밑(广→집)部와 里(리=마을)와 八(팔=나눔)과 土(토=땅)의 합자(合字). 마을의 땅을 나누어 집을 지음. 즉 택지의 뜻.	廛市(전시) 가게. 작은 규모로 물건을 파는 집 廛市井(전시정) 전인(廛人)		
悛 고칠 전 1급	뜻을 나타내는 심방변(忄(=心, 忄)→마음, 심장)部와 음을 나타내는 부수를 제외한 글자 夋(준)이 합하여 이루어짐.	悛容(전용) 위의(威儀)를 갖추어 얼굴빛을 고침 悛心(전심) 전(前)에 저지른 잘못을 뉘우쳐 고침 개전(改悛)		
栓 마개 전 1급	뜻을 나타내는 나무목(木→나무)部와 음을 나타내는 동시에 찔러 '넣다'의 뜻(→穿천)을 가지는 全(전)으로 이루어짐. 구멍에 끼워 넣는 나무의 뜻.	栓木(전목) 코르크(cork). 코르크나무의 겉껍질과 속껍질 사이의 두껍고 탄력 있는 부분		

氈 모전 전 1급	뜻을 나타내는 터럭모(毛→털)部와 음을 나타내는 부수를 제외한 글자 亶(천)이 합하여 이루어짐.	毛氈(모전) ① 모직물(毛織物)의 한 가지. 짐승의 털로 색을 맞추어 무늬를 넣고 두툼하게 짠 부드러운 요. 모단(毛緞) ② 양탄자 氈方席(전방석) 전으로 만든 방석(方席)	
澱 앙금 전 1급	뜻을 나타내는 삼수변(氵(=水, 氺)→물)部와 음을 나타내는 殿(전)이 합하여 이루어짐.	澱粉粒(전분립) ① 전분의 알 녹말 알 ② 뿌리혹박테리아 澱粉粕(전분박) 고구마감자옥수수 따위에서 전분을 뽑아내고 남은 찌끼 사료(飼料)로 쓰임	
煎 달일 전 1급	烻(전)과 동자(同字). 뜻을 나타내는 연화발(灬(=火)→불꽃)部와 음을 나타내는 前(전)이 합하여 이루어짐.	煎劑(전제) 생약을 달여서 만든 제제 花煎(화전) ① 꽃전 ② 진달래·개나리·국화(菊花) 따위 꽃을 붙이어 부친 부꾸미 煎厥症(전궐증) 정신(精神)을 지나치게 써서 상기(上氣)가 되고 정신(精神)이 흐릿하여지는 병(病)	
甸 경기 전 2급	뜻을 나타내는 동시에 음을 나타내는 밭전(田→밭)部와 쌀포몸(勹→싸다)部가 합하여 이루어짐.	甸服(전복) 오복(五服)의 하나. 상고(上古) 때는 왕기(王畿)로부터 5백 리 안의 땅, 주대(周代)에는 후복(侯服)의 다음 5백 리 안의 땅. 수도를 둘러싼 사방의 땅	
癲 미칠 전 1급	瘨(전)과 동자(同字). 뜻을 나타내는 병질엄(疒→병, 상에 드러누운 모양)部와 음을 나타내는 顛(전)이 합하여 이루어짐.	癲狂(전광) ① 정신(精神) 이상(異常)으로 실없이 잘 웃는 병 ② 광증(狂症) 癲狂病院(전광병원) 미친 사람을 수용하는 정신(精神)병원	
箋 기록할 전 1급	뜻을 나타내는 대죽(竹→대나무)部와 음을 나타내는 부수를 제외한 글자 戔(잔)이 합하여 이루어짐. 편지 전, 문서 전.	箋注(전주) 전주(箋註). 본문의 뜻을 설명(說明)한 주석(註釋) 주해(註解) 箋筒(전통) 전문(箋文)을 넣어두는 봉투(封套)	
箭 화살 전 1급	뜻을 나타내는 대죽(竹→대나무)部와 음을 나타내는 前(전)이 합하여 이루어짐.	箭桐(전동) 오동나무로 만든 화살집. 箭筒(전통) 箭狀(전상) 화살 모양	
篆 전자 전 1급	뜻을 나타내는 대죽(竹→대나무)部와 음을 나타내는 彖(단)이 합하여 이루어짐.	篆刻家(전각가) 전각을 잘하거나 또는 전문(專門)으로 하는 사람 篆刻紋(전각문) 새김무늬, 새겨서 나타낸 무늬	
纏 얽을 전 1급	纒(전)과 동자(同字). 뜻을 나타내는 실사(糸→실타래)部와 음을 나타내는 廛(전)이 합하여 이루어짐	纏足(전족) 중국에서, 여자의 발바닥을 헝겊으로 동여매고 자라지 못하게 하던 풍습(風習)	
輾 돌아누울 전 1급	碾(년)과 동자(同字). 뜻을 나타내는 수레거(車→수레, 차)部와 음을 나타내는 展(전)이 합하여 이루어짐.	輾轉反側(전전반측) 이리 뒤척, 저리 뒤척 한다는 뜻으로, ① 걱정거리로 마음이 괴로워 잠을 이루지 못함을 이르는 말 ② 원래(原來)는 미인(美人)을 사모(思慕)하여 잠을 이루지 못함을 이르는 표현(表現)임	

銓 사람 가릴 전 1급	詮(전)과 동자(同字). 뜻을 나타내는 쇠금(金→광물·금속·날붙이)部와 음을 나타내는 全(전)이 합하여 이루어짐.	銓衡(전형) 인물(人物)의 됨됨이나 재능(才能)을 시험(試驗)하여 뽑음 亞銓(아전) 버금 전관(銓官)이라는 뜻으로, 이조(吏曹)참판(參判)의 딴 이름			
顚 엎드러질 전 1급	顛(전)의 본자(本字). 뜻을 나타내는 머리혈(頁→머리)部와 음을 나타내는 眞(진)이 합하여 이루어짐. 꼭대기 전.	顚倒(전도) 위와 아래를 바꾸어서 거꾸로 함 顚末(전말) 일의 처음부터 끝까지의 경과(經過). 본말(本末) 顚覆(전복) 뒤집혀 엎어짐 또는 뒤집어엎음			
顫 떨 전 1급	뜻을 나타내는 머리혈(頁→머리)部와 음을 나타내는 亶(단)이 합하여 이루어짐.	手顫症(수전증) 물건을 잡을 때 자꾸 손이 떨리는 병(病)			
餞 보낼 전 1급	뜻을 나타내는 밥식(食(=飠)→먹다, 음식)部와 음을 나타내는 부수를 제외한 글자 戔(잔)이 합하여 이루어짐.	餞送(전송) 전별(餞別)하여 보냄 郊餞(교전) 교외(郊外)나 성문(城門) 밖에 나가서 사람을 전송(電送)함 餞別式(전별식) 전별(餞別)할 때 행(行)하는 의식(儀式)			
切 끊을 절 5급 常	七과 刀의 음과 뜻을 결합한 글자[形聲] 칼로 큰 것을 작게 자른다는 것을 나타냈다.	適切(적절) 어떤 기준이나 정도에 맞아 어울리는 상태 切實(절실) 어떤 일에 대한 해결(解決)이나 요구(要求) 등이 매우 시급(時急)하고도 중요(重要)한 상태 切迫(절박) 마감, 시기(時期), 기일(期日) 등이 매우 급함			
折 꺾을 절 4급 常	扌와 斤의 음과 뜻을 결합한 글자[會意] 도끼를 들고 나뭇가지를 찍는 것을 나타냈다.	折半(절반) 하나를 둘로 똑같이 나눔 挫折(좌절) 마음과 기운(氣運)이 꺾임 折衷(절충) 어느 편으로 치우치지 않고 이것과 저것을 취사(取捨)하여 그 알맞은 것을 얻음.			
竊 훔칠 절 3급 常	穴과 米와 廾와 卨의 음과 뜻을 결합한 글자[形聲] 도둑이 쌀과 재물을 훔쳐 힘들게 굴로 빠져나오는 것을 나타냈다.	剽竊(표절) 남의 창작물을 그 내용(內容)의 일부를 취(取)하여 자신의 것으로 삼아 이용(利用)하는 것 竊盜(절도) 남의 물건을 몰래 훔치는 일			
絕 끊을 절 준4급 常	糸와 刀, 그리고 巴의 뜻이 결합된 글자[會意] 칼로 실의 마디를 자른 것을 나타냈다.	根絕(근절) 다시 생환(生還)할 수 없게 아주 뿌리째 끊어 없애 버림 絕叫(절규) 숨이 끊어지도록 부르짖음 絕望(절망) 희망(希望)이 없음 絕倫(절륜) 무리 중에서 두드러지게 뛰어남			
節 마디 절 5급	竹과 卽의 음과 뜻을 결합한 글자[形聲] 대나무가 자라감에 따라 마디가 생기는 것을 나타냈다.	節次(절차) 일의 순서(順序)나 방법(方法). 수속(手續) 時節(시절) 철, 때, 기회 歲寒孤節(세한고절) 추운 계절(季節)에도 혼자 푸르른 대나무			
截 끊을 절 1급	뜻을 나타내는 창과(戈→창, 무기)部와 음을 나타내는 雀(작)이 합하여 이루어짐.	截斷(절단) 끊어 냄, 끊어짐, 잘라 냄 斷截(단절) 단절(斷切), 끊어짐, 잘라 버림			

占 점칠 점 4급 | 常	ト과 口의 음과 뜻을 결합한 글자[會意] 점을 치고서 길흉을 묻는 것을 나타냈다.	獨占(독점) (어떤 물건이나 권리(權利)나 이익(利益) 등을) 혼자서 모두 가지거나 누리는 것 占卦(점괘) 길흉(吉凶)을 점쳐서 나온 손괘(巽卦)와 간괘(艮卦)가 거듭된 것으로, 산 위에 나무가 있음을 상징(象徵)함	
店 가게 점 5급 | 常	广과 占의 음과 뜻을 결합한 글자[形聲] 땅에 푯말을 꽂아 재화를 벌여 놓고 차지하고 있는 곳을 나타냈으나 土가 广로 바뀌어 뜻을 분명히 했다.	百貨店(백화점) 여러 가지 상품(商品)을 갖춰 놓고 파는 큰 규모(規模)의 상점 店鋪(점포) 가게, 상점	
漸 점점 점 준3급 | 常	氵와 斬의 음과 뜻을 결합한 글자[形聲] 조수가 밀려들 때 해안선을 조금씩 깎아 가는 것을 나타냈다.	漸入佳境(점입가경) 가면 갈수록 경치(景致)가 아름다워진다는 뜻으로, 일이 점점 더 재미있는 지경(地境)으로 돌아가는 것을 비유(比喩)하는 말로 쓰임 漸漸(점점) 조금씩 더하거나 덜하여지는 모양. 점차	
點 점 점 4급 | 常	黑과 占의 음과 뜻을 결합한 글자[形聲] 거북점을 칠 때 거북등에 나타난 검은색의 작은 흔적을 나타냈다.	焦點(초점) 사물·관심(關心)·흥미(興味)가 집중(集中)되는 가장 중요(重要)한 부분 時點(시점) 시간(時間)의 흐름 위의 어떤 한 점(點) 點檢(점검) 낱낱이 검사(檢査)함	
粘 붙을 점 1급	黏(점)과 동자(同字). 뜻을 나타내는 쌀미(米→쌀)部와 음을 나타내는 占(점)이 합하여 이루어짐.	粘土(점토) 흙 종류(種類)의 한 가지 粘着力(점착력) 달라붙는 힘	
霑 젖을 점 1급	沾(점)과 동자(同字). 뜻을 나타내는 비우(雨→비, 비가 오다)部와 음을 나타내는 부수를 제외한 글자 沾(점)이 합하여 이루어짐.	均霑(균점) (만인(萬人)이) 혜택(惠澤)을 고르게 받거나 이익(利益)을 고루 얻음	
接 이을 접 준4급 | 常	扌와 妾의 음과 뜻을 결합한 글자[形聲] 하녀들이 손님맞이 하는 모습을 본떴다.	直接(직접) 중간(中間)에 매개(媒介)나 거리(距離)·간격(間隔)이 없이 바로 접함 接近(접근) 가까이 닿음 接續(접속) 서로 맞대어 이음	
蝶 나비 접 3급 | 常	虫과 枼의 음과 뜻이 결합한 글자[形聲] 나뭇잎과 같이 엷은 날개를 가진 곤충을 나타냈다.	蝶泳(접영) 버터플라이. 수영(水泳) 방법(方法)의 한 가지. 胡蝶之夢(호접지몽) 장자(莊子)가 나비가 되어 날아다닌 꿈으로, 현실(現實)과 꿈의 구별(區別)이 안 되는 것	
丁 장정 정 4급 | 常	못의 모양을 본뜬 글자[象形] 위에서 본 못의 모양을 본떴으며, 소전자에서는 옆에서 본 못의 모양을 본떴다. 그래서 못과 힘이 세다고 하여 장정의 뜻이 나왔으며, 가차되어 넷째 천간의 뜻으로 쓰인다.	白丁(백정) 고려시대에 특정한 직역(職役)을 부담하지 않고 농업에 종사하던 농민층. 조선시대에는 가축을 도살하는 일을 가진 사람을 뜻함 壯丁(장정) 나이가 젊고 한창 힘을 쓰는 건장(健壯)한 남자	
井 우물 정 준3급 | 常	네모나게 만든 우물 위의 틀을 본뜬 글자[象形] 나무를 엇갈려 짠 우물의 난간 모양을 본떴다.	井田法(정전법) 고대 중국의 하나라·은나라·주나라에서 실시한 토지 제도. 사방 1리(里)의 농지를 '井' 자 모양으로 9등분한 다음, 그 중앙의 한 구역을 공전(公田)이라고 하고, 둘레의 여덟 구역을 사전(私田)이라 함.	

한자	자해(字解)	용례(用例)		
正 바를 정 7급 常	一과 止의 뜻을 결합한 글자[會意] 사람이 땅을 밟고 바로 서 있는 것을 나타냈다.	是正(시정) ① 그릇된 것을 바로잡음 ② 잘못을 고침 正直(정직) 마음에 거짓이나 꾸밈이 없이 바르고 곧음 正確(정확) 어떤 기준(基準)이나 사실(事實)에 잘못됨이 나 어긋남이 없이 바르게 맞는 상태(狀態)에 있는 것		
呈 드릴 정 2급	程(정)과 통자(通字). 뜻을 나타내는 입구(口→입, 먹다, 말하다)部와 음을 나타내는 동시에 제출(提出)하다의 뜻 을 나타내기 위한 壬(정)으로 이루어짐. 말을 하다, 진언 (進言)의 뜻.	獻呈(헌정) 물품(物品)을 올림 贈呈(증정) 남에게 물건을 줌		
廷 조정 정 준3급 常	걷다(廴)의 뜻과 바로선 정(壬)의 음과 뜻을 결합한 글자[形聲] 한쪽에 사람이 땅에 곧게 서 있는 모습을 나타냈으나 소 전자에서는 廴이 추가되어 여러 신하와 정사를 논하는 넓은 곳을 의미했다.	法廷(법정) 재판(裁判)하는 곳 宮廷(궁정) 임금이 거처(居處)하는 곳, 대궐(大闕) 안 朝廷(조정) 나라의 정치(政治)를 의논(議論), 집행(執行) 하던 곳		
定 정할 정 6급 常	宀과 正의 음과 뜻을 결합한 글자[會意] 집을 바르게 세운 것을 나타냈다.	決定(결정) 작정(作定)한 것 認定(인정) 옳다고 믿고 정하는 일 豫定(예정) 할 일에 대하여 미리 정하여 두는 것 規定(규정) 규칙(規則)으로 정하는 것		
征 칠 정 준3급 常	彳과 正의 음과 뜻을 결합한 글자[形聲] 적을 향하여 가는 것을 나타냈으며, 소전자에서는 적을 적당한 목적으로 바로잡는 것을 나타냈다.	遠征(원정) 먼 곳으로 싸우러 가는 것 征服(정복) 정벌(征伐)하여 복종(服從)시킴 征伐(정벌) 죄 있는 무리를 군대(軍隊)로써 침		

亭
정자 정
준3급 常
	높다(高)와 장정 정(丁)의 음과 뜻을 결합한 글자[形聲]
	옛날 10리마다 누각을 지어 도둑을 살피고 여행자를 머
	물게 하던 곳을 나타냈다.
		亭子(정자) 산수(山水)가 좋은 곳에 놀기 위하여 지은 아
		  담(雅淡·雅澹)하고 작은 집
		老人亭(노인정) 마을 노인(老人)들이 모여서 즐길 수 있
		  게 마련한 집이나 방
		亭亭(정정) 정자처럼 우뚝하게 높이 솟다. 건강하다		

貞 곧을 정 준3급 常	卜과 貝의 음과 뜻을 결합한 글자[會意] 점친 후에 반드시 복채를 정직하게 지불한다는 것을 나 타냈다.	貞淑(정숙) 여자(女子)의 행실(行實)이 곱고 마음씨가 맑음 忠貞(충정) 충성(忠誠)스럽고 절개(節槪)가 곧음		

政
정치 정
준4급 常
	正과 攵의 음과 뜻을 결합한 글자[形聲]
	회초리를 들고 바르게 백성을 이끄는 것을 나타냈다.
		政府(정부) 국가(國家)를 다스리는 기관(機關)
		政策(정책) 정치적(政治的) 목적을 실현(實現)하기 위하
		  여 꾀하는 방법(方法)
		政治(정치) 국가(國家)의 주권자(主權者)가 국가(國家)
		  권력(權力)을 행사(行使)하여 그 영토(領土)와 국민(國
		  民)을 다스리는 일		

訂 바로잡을 정 3급 常	言과 丁의 음과 뜻을 결합한 글자[形聲] 잘못된 것을 말로 타이르는 것을 나타냈다.	訂正(정정) 잘못을 고쳐서 바로잡음 修訂(수정) 서적(書籍) 등의 잘못을 고침 改訂(개정) 다시 뜯어고침		
庭 뜰 정 6급 常	广과 廷의 음과 뜻을 결합한 글자[形聲] 조정에 사람이 걸어 다니는 작은 뜰을 나타냈다. 후에 집 안의 뜻으로 쓰인다.	家庭(가정) 한 가족으로 구성된 사회의 가장 작은 집단 庭園(정원) 집 안에 있는 뜰		

頂 정수리 정 준3급	丁과 頁의 음과 뜻을 결합한 글자[形聲] 사람 머리 위에 못 모양과 같은 기관을 나타냈다.	頂上會談(정상회담) 두 나라 이상의 대통령(大統領)이나 　수상(首相) 등 수뇌(首腦)가 모여 하는 회담(會談) 頂點(정점) 맨 꼭대기의 점, 클라이맥스 絶頂(절정) 사물의 치오른 극도(極度), 고조(高潮)	
停 머무를 정 5급	사람인변(亻(=人)→사람)과 음을 나타내는 亭(정)이 합 하여 이루어짐. 亭(정)은 또 여행자가 숙소로 삼는 곳이 므로 '머무르다'는 뜻이 됨.	停止(정지) 하던 일을 중도(中途)에서 멈춤 停年(정년) 공무원(公務員)이나 기타 직원(職員)이 일정 　한 연령에 달하면 당연히 퇴직을 요하는 때 停滯(정체) 사물이 한곳에 그쳐서 쌓임	
偵 염탐할 정 2급	遉(정)과 동자(同字). 뜻을 나타내는 사람인변(亻(=人)→ 사람)部와 음을 나타내는 동시에 따져 '묻다'의 뜻을 가 진 貞(정)으로 이루어짐. 숨겨진 일을 찾는 사람, '살피 다'의 뜻.	偵察(정찰) 살펴서 알아내는 것 偵探(정탐) (다른 나라나 적의 상황(狀況)·동태 등을) 몰 　래 살펴서 알아내는 것. 탐정(探偵)	
情 뜻 정 5급　常	음을 나타내는 靑(청→정)과 마음속의(心) 따뜻한 감정 이라는 뜻이 합하여 '정'을 뜻함. 情(정)은 순수한 타고 난 성질대로의 사람의 마음.	情報(정보) 관찰이나 측정을 통하여 수집한 자료를 실제 　문제에 도움이 될 수 있도록 정리한 지식 또는 그 자료 情緖(정서) 사람의 마음에 일어나는 여러 가지 감정 또는 　감정을 불러일으키는 기분이나 분위기	
淨 깨끗할 정 준3급　常	氵와 爭의 뜻과 음을 결합한 글자[形聲] 두 손으로 더러운 것들을 물로 씻을 것을 나타냈다.	自淨(자정) 바다, 강, 대기(大氣) 등이 자력(自力)으로 오 　염(汚染)을 지워 없애는 일 淨化(정화) 깨끗하게 함 淨潔(정결) 정(淨)하고 깨끗함	
程 한도 정 준4급　常	禾와 呈의 음과 뜻을 결합한 글자[形聲] 볏단을 고르게 차곡차곡 쌓는 것을 나타냈다.	程度(정도) 알맞은 한도(限度) 過程(과정) 일이 되어 가는 경로(經路) 日程(일정) 그날에 할 일	
精 정할 정 준4급　常	靑(청)은 푸른 색깔→깨끗하다, 米(미)는 곡식, 精(정)은 곡식을 찧어서 깨끗이 하다→精米(정미), 곱게 찧는 것을 精(정)이라 함.	精神(정신) 육체나 물질에 대립되는 영혼이나 마음 精密(정밀) 아주 잘고 자세(仔細)함 精巧(정교) 정밀(精密)하고 교묘(巧妙)함 精誠(정성) 온갖 성의를 다하려는, 참되고 거짓이 없는 　성실(誠實)한 마음	
整 가지런할 정 4급　常	束과 正, 그리고 攵를 결합한 글자[形聲] 흩어진 장작을 묶고 양쪽을 쳐서 바르게 하는 것을 나타냈다.	整理(정리) 흐트러진 것을 가지런히 바로잡음 整備(정비) 정돈(整頓)하여 갖춤 整然(정연) 가지런하게 정돈(整頓)되어 있음	
靜 고요할 정 4급　常	靑과 爭의 음과 뜻을 결합한 글자[形聲] 처음 싹이 나는 초목의 푸른빛의 맑음과 같이 깨끗이 분 별된 것을 나타냈다.	靜肅(정숙) 고요하고 엄숙(嚴肅)함 靜寂(정적) 고요하고 쓸쓸함 靜物畵(정물화) 가만히 있는 대상을 소재(素材)로 하여 그 　린 회화(繪畵)	
艇 배 정 2급	뜻을 나타내는 배주(舟→쪽배)部와 음을 나타내는 廷(정) 이 합하여 이루어짐.	警備艇(경비정) 바다나 강에서 위 행위를 단속(團束)하 　는 데 쓰이는 작고 빠른 함 艦艇(함정) 군함(軍艦)·구축함(驅逐艦)·어뢰정(魚雷艇)·소 　해정 등의 총칭(總稱)	

幀 족자 정 1급	幆(정)과 동자(同字). 뜻을 나타내는 수건건(巾→옷감, 헝겊)部와 음을 나타내는 貞(정)이 합하여 이루어짐. '탱'으로도 읽음.	幀畵(탱화) 그림으로 그려서 벽에 거는 불상(佛像) 影幀(영정) 그림으로 나타낸 어떤 사람의 얼굴 모습이나 용태			
珽 옥 이름 정 2급	뜻을 나타내는 구슬옥변(玉(=玉, 王)→구슬)部와 음을 나타내는 廷(정)이 합하여 이루어짐.	珽水植物(정수식물) 물위식물. 뿌리는 진흙 속에 있고 줄기와 잎의 대부분은 물 위로 뻗어 있는 수생 식물의 하나			
挺 빼어날 정 1급	뜻을 나타내는 재방변(扌(=手)→손)部와 음을 나타내는 廷(정)이 합하여 이루어짐.	挺秀(정수) 뛰어나게 빼어남 挺節(정절) 절개(節槪)를 굳게 세우고 굽히지 아니함			
旌 기 정 2급	旌(정)의 본자(本字). 뜻을 나타내는 모방(方→모남, 방향)部와 음을 나타내는 生(생)으로 이루어짐. 언(方+人)+生(생).	旌表門閭(정표문려) 정문을 세워 효자(孝子)와 열녀(烈女)를 표창(表彰)하고 알림			
晶 맑을 정 2급	日(일=해)를 세 개 합쳐서, 빛이 빛나는 밝은 뜻을 나타냄.	水晶體(수정체) 안구 홍채(虹彩)의 바로 뒤에 있는 볼록 렌즈 모양(模樣)의 투명체 液晶(액정) 액체와 고체의 중간 상태에 있는 물질.			
楨 광나무 정 2급	뜻을 나타내는 木(목→나무)部와 음을 나타내는 貞(정)이 합하여 이루어짐.	楨幹(정간) 자세하고 친절(親切)함			
汀 물가 정 2급	뜻을 나타내는 삼수변(氵(=水, 氺)→물)部와 음을 나타내는 丁(정)이 합하여 이루어짐.	沙汀(사정) 바닷가의 모래톱			
町 밭두둑 정 1급	뜻을 나타내는 밭전(田→밭)部와 음을 나타내는 丁(정)이 합하여 이루어짐.	町步(정보) 땅의 넓이가 정(町)으로 끝이 나고 끝수가 없을 때의 단위(單位)를 나타내는 말. 1정보는 3,000평으로 약 9,917.4㎡에 해당			
睛 눈동자 정 1급	뜻을 나타내는 눈목(目(=罒)→눈, 보다)部와 음을 나타내는 靑(청)으로 이루어짐.	畵龍點睛(화룡점정) 장승요가 벽에 그린 용에 눈동자를 그려 넣은 즉시(卽時) 용이 하늘로 올라갔다는 뜻으로, 가장 요긴한 부분을 마치어 완성(完成)시키다는 뜻			
碇 닻 정 1급	磯(정)과 동자(同字). 뜻을 나타내는 돌석(石→돌)部와 음을 나타내는 定(정)이 합하여 이루어짐.	碇泊(정박) 정박배가 닻을 내리고 머무름			

禎 상서로울 정 2급	뜻을 나타내는 보일시(示(=示)→보이다, 신)部와 음을 나타내는 貞(정)이 합하여 이루어짐.	崇禎曆書(숭정역서) 일식·월식의 관측, 재래의 역법과 서양역법의 추산 정도가 비교되어 우수성이 판명되자 서광계, 이지조, 이천경, 아담샬 등이 편집한 중국 명나라의 역서	
穽 함정 정 1급	阱(정)과 동자(同字). 뜻을 나타내는 구멍혈(穴→구멍)部와 음을 나타내는 井(정)이 합하여 이루어짐.	陷穽(함정) 짐승을 잡기 위하여 파놓은 구덩이	
鄭 나라 정 2급	뜻을 나타내는 우부방(阝(=邑)→마을)部와 음을 나타내는 奠(전)으로 이루어지며, 춘추시대(春秋時代)의 나라 이름. 점잖을 정.	鄭重(정중) 점잖고 묵직함. 친절(親切)하고 은근(慇懃)함	
酊 술 취할 정 1급	뜻을 나타내는 닭유(酉→술, 닭)部와 음을 나타내는 丁(정)이 합하여 이루어짐.	酒酊(주정) 술에 취(醉)하여 말이나 행동(行動)을 함부로 하거나 막되게 하는 것 또는 그런 말이나 행동(行動). 술주정	
釘 못 정 1급	뜻을 나타내는 쇠금(金→광물·금속·날붙이)部와 음을 나타내는 丁(정)이 합하여 이루어짐.	眼中釘(안중정) 눈 속의 못이라는 뜻으로, 눈엣가시 또는 남에게 심한 해독(害毒)을 끼치는 사람	
錠 덩이 정 1급	쇠 금(金→광물·금속·날붙이)과 定(정)으로 이루어지며, 통화(通貨)의 하나로서 은(銀)을 녹여 일정한 모양으로 굳힌 것, 납작하고 둥근 모양으로 굳힌 약의 뜻.	錠劑(정제) 가루약을 뭉쳐서 만든 약. 丸劑(환제)	
靖 다스릴 정 1급	푸를 청(靑→푸르다)과 효(립)이 합쳐 이루어짐.	癸酉靖難(계유정난) 조선 6대 단종 1년(1453) 계유년에 수양 대군(세조)이 정권 장악을 위해 반대파를 없앤 사건 靖難(정난) 나라의 위난을 평정(平定)함	
鼎 솥 정 2급	鼎(정)은 발이 셋, 귀가 둘 달린 쇠솥을 본뜸.	鼎談(정담) 세 사람이 솥발처럼 벌려 마주 앉아서 하는 이야기 三分鼎足(삼분정족) 다리가 셋인 솥이라는 뜻으로, 세 사람이 천하를 셋으로 나누어 차지함을 이르는 말	
弟 아우 제 8급 常	弓과 丨을 묶어 놓은 모양을 본뜬 글자[象形] 활과 화살을 사용하지 않을 때 순서대로 묶는 것을 본떴다. 후에 전성되어 아우, 다음의 뜻이 쓰인다.	兄弟(형제) 형과 아우 師弟(사제) 스승과 제자(弟子) 弟子(제자) 스승으로부터 가르침을 받는 사람	
制 지을 제 준4급 常	가지 많은 나무와 刂의 음과 뜻을 결합한 글자[會意] 가지가 많은 나무는 성장에 맞게 칼로 자르는 일을 나타냈다.	制度(제도) 제정(制定)된 법규(法規) 牽制(견제) 자유(自由)로운 행동(行動)을 하지 못하게 함 規制(규제) (어떤 일을)법이나 규정으로 제한하거나 금하는 것 制限(제한) 일정한 한도를 정하거나 그 한도를 넘지 못하게 막음 또는 그렇게 정한 한계	

帝 임금 제 4급	하늘에 제사지낼 때 제수를 올려놓는 제상의 모양을 본뜸. 전(轉)하여 천신, 또 황제의 뜻으로 씀.	日帝(일제) 일본(日本)제국(帝國)주의(主義) 皇帝(황제) '임금'을 높여 부르는 말 玉皇上帝(옥황상제) 도가(道家)에서 '하느님'을 일컫는 말			
除 제할 제 준4급 常	阜과 徐의 음과 뜻을 결합시킨 글자[形聲] 언덕과 같이 높이 쌓여 있는 섬돌을 천천히 내딛어 지나가는 것을 나타냈다.	排除(배제) (어떤 대상(對象)을) 어느 범위(範圍)나 영역(領域)에서 제외하는 것 除外(제외) 범위(範圍) 밖에 두어 빼어놓음 削除(삭제) 글 따위 내용의 일을 깎아 없애거나 지워버림			
第 차례 제 6급 常	竹가 弟의 음과 뜻을 결합한 글자[形聲] 형과 아우가 순위가 있듯 대쪽의 글을 순서대로 엮은 것을 나타냈다.	及第(급제) 과거(科擧)에 합격(合格)함 落第(낙제) 성적이 나빠서 상급 학교나 상급 학년에 진학 또는 진급을 못 하는 것			
祭 제사 제 준4급 常	제사장의 모양[象形] 고대에 천자가 하늘에 제사 지내기 위해 여러 개의 목재를 쌓아 만든 제단의 모양을 본떴다.	祭祀(제사) 신령(神靈) 또는 죽은 사람의 넋에게 음식(飮食)을 차려 놓고 정성(精誠)을 표(表)하는 예절(禮節) 祝祭(축제) 축하(祝賀)의 제전(祭典)			
堤 둑 제 3급 常	土와 是의 음과 뜻을 결합한 글자[形聲] 흙이 오래 쌓여 단단하게 된 것을 나타냈다.	防潮堤(방조제) 뭍으로 밀려드는 조수(潮水)를 막기 위해 바닷가에 쌓은 둑 防波堤(방파제) 바다의 센 물결을 막아서 항내를 고요하고 평온(平穩)하게 하고자 항만(港灣) 안에 쌓아 올린 둑			
提 끌 제 준4급 常	扌와 是의 음과 뜻을 결합한 글자[形聲] 손으로 물건을 바르게 끌어내는 것을 나타냈다.	提起(제기) 의견을 붙이어 의논할 것을 제초함 提供(제공) (어떤 사람에게 또는 단체에 어떤 사물을) 가지거나 누리도록 주는 것 提示(제시) 어떠한 뜻을 드러내어 보이거나 가리킴 提案(제안) 계획(計劃)을 제출(提出)함			
齊 가지런할 제 준4급	斉(제)의 본자(本字). 齋(재)와 동자(同字). 곡물(穀物)의 이삭이 가지런히 돋은 모양을 본뜸.	一齊(일제) 여럿이 한꺼번에 함의 뜻을 나타내는 말 修身齊家治國平天下(수신제가치국평천하) 심신(心身)을 닦고 집안을 정제(整齊)한 다음 나라를 다스리고 천하(天下)를 평정(平定)함			
製 지을 제 준4급 常	制와 衣의 음과 뜻을 결합한 글자[形聲] 옷감을 치수에 맞게 만드는 것을 나타냈다.	製品(제품) 원료(原料)를 써서 만들어 낸 물품(物品) 製作(제작) 재료(材料)를 가지고 물건을 만듦 製造(제조) 원료에 인공을 가하여 정교한 제품을 만듦			
際 때 제 준4급 常	阜과 祭의 음과 뜻을 결합한 글자[形聲] 산제사를 지내는 두 언덕이 만나는 곳을 나타냈다.	實際(실제) 현실(現實)의 경우(境遇)나 형편(形便) 國際(국제) 나라와 나라 사이의 관계			
諸 모두 제 준3급 常	言과 者의 음과 뜻을 결합시킨 글자[形聲] 일의 옳고 그름을 변별하여 말하는 것을 나타냈다. 후에 가차되어 '모두'로도 쓰인다.	諸侯(제후) 봉건시대에 일정한 영토를 가지고 그 영내의 백성을 지배하는 권력을 가지던 사람 諸般(제반) 여러 가지. 모든 것			

<table>
<tr><td>齊
약제 제
2급</td><td>劑(제)의 본자(本字). 뜻을 나타내는 선칼도방(刂(=刀)→칼, 베다, 자르다)部와 음을 나타내는 齊(제)가 합하여 이루어짐.</td><td>注射劑(주사제) 피부(皮膚)나 점막(粘膜)을 통(通)하여 체내(體內)에 직접(直接) 적용(適用)하는 무균(無菌) 제제(製劑)
抗生劑(항생제) 항생 물질(物質)로 된 약제(藥劑)</td><td></td></tr>
<tr><td>濟
건널 제
준4급   常</td><td>氵와 齊의 음과 뜻을 결합한 글자[形聲]
물이 가지런한 것을 나타냈으며, 소전자에는 물가에서 여러 명이 가지런히 손잡고 나아가는 것을 나타냈다.</td><td>經濟(경제) 인류(人類)가 재화(財貨)를 획득(獲得)하여 그 욕망(慾望)을 충족(充足)시키는 활동(活動)
救濟(구제) 어려운 지경(地境)에 빠진 사람을 구(救)하여 냄</td><td></td></tr>
<tr><td>題
제목 제
6급   常</td><td>是와 頁의 음과 뜻을 결합한 글자[形聲]
머리와 눈썹 사이의 흰칠한 부분을 나타냈다. 후에 전성되어 제목, 머리글로도 쓰인다.</td><td>問題(문제) 대답(對答), 해답(解答) 따위를 얻으려고 낸 물음
課題(과제) 부과(賦課)된 제목(題目)이나 문제(問題)
宿題(숙제) 집에서 지어 오게 하거나 풀어 오게 하는 문제</td><td></td></tr>
<tr><td>啼
울 제
1급</td><td>뜻을 나타내는 입구(口→입, 먹다, 말하다)部와 음을 나타내는 帝(제)가 합하여 이루어짐.</td><td>啼鳥(제조) 우는 새 또는 새의 울음소리
住刻啼禽(주각제금) 두견이</td><td></td></tr>
<tr><td>悌
공손할 제
1급</td><td>심방변(忄(=心, 㣺)→마음, 심장)과 순서(順序)의 뜻을 가진 弟(제)로 이루어짐. 순서를 중히 여기는 마음, 손위 사람에게 잘 '순종(順從)하다'의 뜻.</td><td>孝悌忠信(효제충신) 어버이에 대한 효도(孝道), 형제끼리의 우애(友愛), 임금에 대한 충성(忠誠)과 벗 사이의 믿음을 통틀어 이르는 말</td><td></td></tr>
<tr><td>梯
사다리 제
1급</td><td>뜻을 나타내는 나무목(木→나무)部와 음을 나타내는 동시(同時)에 차례, 순서의 뜻을 가진 弟(제)로 이루어짐. 한 단 한 단씩 밟고 '올라가다'의 뜻, 사다리.</td><td>階梯(계제) 계단(階段)과 사다리 또는 일이 사다리 밟듯이 차차 진행(進行)되는 순서(順序)</td><td></td></tr>
<tr><td>蹄
굽 제
1급</td><td>뜻을 나타내는 발족(足→발)部와 음을 나타내는 帝(제)가 합하여 이루어짐.</td><td>口蹄疫(구제역) 발굽이 2개인 소·돼지 등의 입·발굽 주변(周邊)에 물집이 생긴 뒤 치사율이 5~55%에 달하는 전염병</td><td></td></tr>
<tr><td>弔
조상할 조
3급   常</td><td>弓(궁)과 사람 인(人)의 글자를 합한 글자[會意]
옛날 조상할 때에는 짐승을 막기 위하여 사람이 활을 가지고 갔다고 하여 조상한다는 뜻이 나왔다.</td><td>弔意(조의) 죽은 이를 슬퍼하는 마음
謹弔(근조) 삼가 조상(弔喪)함</td><td></td></tr>
<tr><td>早
이를 조
준4급</td><td>태양(日)이 동쪽(十→해가 뜨는 동쪽의 의미인 甲(갑)의 생략형)에서 뜨는 아침을 뜻함.</td><td>早期(조기) 어떤 기한(期限)이 빨리 옴
早速(조속) 매우 이르고도 빠름
早晩間(조만간) 머지않아</td><td></td></tr>
<tr><td>兆
조짐 조
준3급   常</td><td>거북의 등껍데기를 본뜬 글자[象形]
옛날 거북의 등껍데기를 태워 갈라진 모양을 보고 길흉의 조짐을 알아보던 것을 나타냈다.</td><td>兆朕(조짐) 길흉(吉凶)이 일어날 기미(幾微)가 미리 보이는 변화(變化) 현상(現象)
吉兆(길조) ① 좋은 일이 있을 징조(徵兆) ② 상서(祥瑞)로운 조짐(兆朕)</td><td></td></tr>
</table>

助 도울 조 준4급 | 常	且와 力의 음과 뜻을 합친 글자[形聲] 제사 음식을 손으로 받들고 있는 모양을 나타냈다.	協助(협조) 힘을 보태어 서로 도움 補助(보조) 보충(補充)하여 돕는 것 共助(공조) (어떤 사람이나 단체(團體)가 다른 사람이나 　단체(團體)와) 어떤 일을 이루기 위해 서로 돕는 것		
造 지을 조 준4급	告(→신에게 기도하다)로 이루어져 造(조)는 신 앞에 나 아가 아뢰는 일, 나아가서 자리에 앉다→이르다→사물을 마무르다→만드는 일.	構造(구조) 각 부분(部分)이나 요소(要素)들을 모아 어떤 　전체(全體)를 짜 이룸 造成(조성) 인공적(人工的)·인위적(人爲的)으로 이루어 만듦		
祖 조상 조 7급	且(고기를 수북이 담은 모양)와 제사상(示)을 차리고 모 시는 조상의 뜻이 합하여 '할아버지', '조상'을 뜻함. 祖 (조)는 모시는 對象(대상)→조상, 옛날엔 且라고 써서 선 조의 뜻을 나타냄.	祖上(조상) 한 집안이나 한 민족(民族)의 옛 어른들 先祖(선조) 할아버지 이상(以上)의 조상(祖上)		
租 조세 조 준3급	뜻을 나타내는 벼화(禾→곡식)部와 음을 나타내는 동시 (同時)에 '관청에 바치다'의 뜻을 가진 且(조)로 이루어 짐. 관청에 보내는 벼의 뜻.	租稅(조세) 세금(稅金), 정부가 재정지출에 필요한 자금 　을 거두어들이기 위하여 국민으로부터 징수하는 세금 賭租(도조) 조선시대의 소작료를 정하던 제도로 수확량 　의 많고 적음에 관계없이 일정한 소작료를 지주에게 　납부하는 방법		
鳥 새 조 준4급	새의 모양을 본뜸	鳥類(조류) 몸은 깃털로 덮이고 날개가 있으며, 다리가 　둘이고 입이 부리로 되어 있음 白鳥(백조) 해오라기과에 딸린 철새의 하나. 온몸이 흰데 　등과 머리는 검은빛을 띤 초록색을 띰		
措 둘 조 2급	재방변(扌(=手)→손)과 풀어서 '자유롭게 하다'의 뜻(→ 釋석)을 갖는 昔(석)으로 이루어지며, 손을 놓다, 그대로 '놔두다'의 뜻	措置(조치) 일을 잘 정돈(整頓)하여 처치(處置)함 措處(조처) 일을 정돈(整頓)하여 처리(處理)함		
條 가지 조 4급 | 常	뜻을 나타내는 나무목(木→나무)部와 음(音)을 나타내는 攸(유)로 이루어짐[形聲] 攸는 쭉쭉 뻗은 모양, 줄기 한 갈래, 한 갈래로 나눈 것 을 말한다.	條件(조건) 어떤 사물(事物)이 성립(成立)되거나 발생(發 生)하는 데 갖추어야 하는 요소(要素) 條項(조항) 조목(條目). 낱낱이 들어 벌인 일의 가닥		
組 짤 조 2급 | 常	실사(糸)部와 음(音)을 나타내는 且(조)가 합(合)하여 이루 어진 글자[形聲] 組(조)는 실을 땋아서 만든 끈목. 물건(物件)을 짜 맞추 거나 한 무리로 삼음을 나타냈다.	組織(조직) 어떤 기능을 수행하도록 협동해 나가는 체계 勞組(노조) 노동(勞動) 조합(組合)의 준말		
釣 낚을 조 2급	銚(조)와 동자(同字). 뜻을 나타내는 쇠금(金→광물·금속 날붙이)部와 음을 나타내는 勺(작→조로 바뀜)이 합하여 이루어짐.	釣針(조침) 낚시 釣魚(조어) 물고기를 낚음		
彫 새길 조 2급	터럭삼(彡→무늬, 빛깔, 머리, 꾸미다)部와 칼의 뜻(→刀 도)을 나타내기 위한 周(주)로 이루어짐. 칼로 나무를 파 서 아름답게 무늬를 '새기다'의 뜻.	彫刻(조각) 조형(造形) 미술(美術)의 한 가지로 새기거나 　빚은 것 彫塑(조소) 조각(彫刻)의 원형(原形)이 되는 소상(小像) 　을 만듦		

朝 아침 조 6급	달월(月→초승달)部와 부수를 제외한 글자(조)의 합자(合字). 달(月)이 지며 날이 밝아 온다는 뜻이 합하여 '아침'을 뜻함	朝鮮(조선) 이성계가 고려를 멸망시키고 건국한 나라이며 1392년부터 1910년까지 한반도를 통치함 王朝(왕조) 같은 왕가에서 차례(次例)로 왕위(王位)에 오르는 왕들의 계열 또는 그 왕가가 다스리는 기간	
照 비칠 조 준3급 常	연화발(灬(=火)→불꽃)部와 음(音)을 나타내는 글자[形聲] 灬는 글자로 쓸 때 같이 취급하였기 때문에 昭는 햇빛, 불이 '밝다'의 뜻으로 썼음.	照會(조회) 단체(團體)·기관(機關) 따위에서, 어떤 사람의 인적 사항 따위를 관계(關係) 기관(機關)에 알아보는 것 對照(대조) 둘을 마주 대서 비추어 비교(比較)함	
潮 밀물 조 4급 常	뜻을 나타내는 氵(=水, 氺)와 음을 나타내는 朝(조)가 합하여 이루어진 글자[形聲] 朝(조)는 향하여 간다는 뜻을 나타내고 潮(조)는 시내의 흐름이 바다로 향하는 일.	防潮堤(방조제) 뭍으로 밀려드는 조수(潮水)를 막기 위해 바닷가에 쌓은 둑 干潮(간조) 썰물로 해면(海面)의 높이가 가장 낮을 때의 물 滿潮(만조) 밀물로 해면(海面)이 가장 높을 때의 물	
調 고를 조 5급	말씀언(言→말하다)과 周(주→조, 골고루 미치다→고르는 일, 調(조)는 말이나 음의 균형이 잘 잡혀 있다→調律(조율)하다→음악의 가락)가 합하여 이루어짐.	調査(조사) 사물(事物)의 내용(內容)을 자세(仔細)히 살펴봄 强調(강조) 어떤 부분을 분명(分明)히 깨달아 알도록 함 調整(조정) 고르지 못한 것이나 과부족(過不足)이 있는 것 따위를 알맞게 조절(調節)하여 정상(正常) 상태(狀態)가 되게 함	
操 잡을 조 5급 常	뜻을 나타내는 扌와 음을 나타내는 글자 조가 합하여 이루어진 글자[形聲] 많은 새들이 나무 위에 떼 지어 시끄럽게 지저귀는 일, 여기에서는 많은 자잘한 일을 나타냄.	操心(조심) 실수(失手)가 없도록 마음을 삼가서 경계(警戒)함 操作(조작) 기계(機械) 등을 움직이어 작업(作業)함	
燥 마를 조 3급 常	뜻을 나타내는 불화(火)部와 음(音)을 나타내는 동시(同時)에 없앤다는 뜻을 나타내기 위한 부수(部首)를 제외(除外)한 글자(조·소)로 이루어졌다(形聲) '불로 습기를 없애다'의 뜻이다.	乾燥(건조) 습기(濕氣)나 물기가 없음, 마름 焦燥(초조) 애를 태워서 마음을 졸이는 모양(模樣)	
凋 시들 조 1급	뜻을 나타내는 이수변(冫→고드름, 얼음)部와 음을 나타내는 周(주)로 이루어짐.	枯凋(고조) 마르고 시듦 萎凋病(위조병) 식물에 발생하는 병해. 뿌리나 줄기의 접지(接地) 부분의 물관부에 병원균이 번식함으로써 수분의 상승이 방해되어 지상부가 시들어 말라죽음	
嘲 비웃을 조 1급	謿(조)와 동자(同字). 뜻을 나타내는 입구(口→입, 먹다, 말하다)部와 음을 나타내는 朝(조)가 합하여 이루어짐.	嘲弄(조롱) (어떤 사람을) 우습거나 형편(形便)없는 존재(存在)로 여겨 비웃고 놀리는 것 嘲笑(조소) 조롱(嘲弄)하여 비웃는 웃음 自嘲(자조) 스스로 자기(自己)를 비웃음	
曺 성씨 조 2급	曹(조)의 속자(俗字). 우리나라 姓(성)으로는 반드시 이 글자를 씀.	曺晚植(조만식) 한국 정치가 겸 독립 운동가. 조선일보사 사장, 물산장려회 조직, 신간회 결성 참여, 오산학교 교장 등으로 활동함	
曹 무리 조 1급	부수를 제외한 글자의 고형(古形)과 東東(=동쪽의 줄섬의 뜻)과 日(왈=변론·재판)의 합자(合字). 재판에 호출된 원고와 피고인 양자의 뜻. 따라서 법정·재판관의 뜻이 됨.	法曹人(법조인) 일반적으로 법률(法律) 사무(事務)에 종사(從事)하는 사람 吏曹(이조) 조선시대에, 육조 가운데 문관의 선임과 훈봉, 관원의 성적 고사(考査), 포폄(褒貶)에 관한 일을 맡아보던 관아.	

한자	자원 풀이	용례
棗 대추 조 1급	棗(조)의 본자(本字). 대추나무는 가시가 많으므로 가시를 겹쳤음.	棗栗梨柿(조율이시) 제사(祭祀)의 제물(祭物)을 진설(陳設)할 때, 동편에서부터 대추, 밤, 배, 감 순으로 놓으며 그 외의 과일은 순서(順序)가 없음
槽 구유 조 1급	뜻을 나타내는 木(목→나무)部와 음을 나타내는 曹(조)가 합하여 이루어짐.	浴槽(욕조) 목욕(沐浴)을 할 수 있도록 물을 담는 통 油槽船(유조선) 유조 시설(施設)을 갖추고 석유(石油)를 운반(運搬)하는 배
漕 배로 나를 조 1급	뜻을 나타내는 삼수변(氵(=水, 氺)→물)部와 음을 나타내는 曹(조)가 합하여 이루어짐.	漕運船(조운선) 조운배. 물건을 실어 나르는 데 쓰는 배 漕運(조운) 배로 물건을 실어 나름
爪 손톱 조 1급	손바닥을 아래로 하여 물건을 집어 올리려는 형상을 본뜬 글자.	指爪(지조) 손톱 爪牙(조아) 손톱과 어금니 爪牙之士(조아지사) 손톱이나 어금니와 같은 선비. 단단하고 변함없는 忠臣(충신). 출전 國語(국어).
眺 바라볼 조 1급	覜(조)와 동자(同字). 뜻을 나타내는 눈목(目(=罒)→눈, 보다)部와 음을 나타내는 兆(조)가 합하여 이루어짐.	眺望(조망) 보이는 경치(景致) 眺覽(조람) 멀리 바라봄
祚 복 조 2급	뜻을 나타내는 보일시(示(=礻)→보이다, 신)部와 음을 나타내는 乍(사→조로 바뀜)가 합하여 이루어짐.	溫祚王(온조왕) 백제의 시조. 고구려 동명왕의 셋째아들. 위례성에 도읍(都邑)을 정하고 나라 이름을 백제(百濟)라 함 大祚榮(대조영) 고구려 출신 장수로 발해(渤海)를 세움
稠 빽빽할 조 1급	뜻을 나타내는 벼화(禾→곡식)部와 음을 나타내는 周(주)가 합하여 이루어짐.	稠林(조림) 나무가 빽빽이 들어선 산림(山林) 稠密(조밀) (들어선 것이) 성기지 않고 빽빽함
粗 거칠 조 1급	뜻을 나타내는 쌀미(米→쌀)部와 음을 나타내는 부수를 제외한 글자 且(조)가 합하여 이루어짐.	粗雜(조잡) (언행(言行)이나 솜씨 따위가)거칠고 잡스럽게 막됨 粗惡(조악) (물건이) 거칠고 나쁨
糟 지게미 조 1급	醩(조)의 본자(本字). 뜻을 나타내는 쌀미(米→쌀)部와 음을 나타내는 曹(조)가 합하여 이루어짐.	糟糠之妻(조강지처) 지게미와 쌀겨로 끼니를 이어가며 고생(苦生)을 같이해 온 아내란 뜻으로, 곤궁(困窮)할 때부터 간고(艱苦)를 함께 겪은 본처(本妻)를 흔히 일컬음
繰 통견 조 1급	뜻을 나타내는 실사(糸→실타래)部와 음을 나타내는 부수를 제외한 글자 喿(조)가 합하여 이루어짐.	繰絲(조사) 고치·목화 따위에서 실을 뽑아냄. 고치켜기

藻 마름 조 1급	풀을 뜻하는 초두머리(艹(=艸)→풀, 풀의 싹)部와 음을 나타내는 부수를 제외한 글자 澡(조)가 합하여 이루어짐.	海藻類(해조류) 바다에서 나는 조류(藻類). 빛깔에 따라 갈조류·녹조류·홍조류 따위가 있음 綠藻(녹조) 파랑말. 엽록소를 가지고 있어 녹색을 띤 해초	
詔 조서 조 1급	뜻을 나타내는 말씀언(言→말하다)部와 음을 나타내는 김(소)가 합하여 이루어짐.	詔書(조서) 제왕(帝王)의 선지를 일반(一般)에게 알릴 목적(目的)으로 적은 문서	
趙 나라 조 2급	挑(조)와 통자(通字). 뜻을 나타내는 달아날주(走→달아나다)部와 음을 나타내는 肖(초)로 이루어지며 빨리 '달아나다'의 뜻.	燕趙悲歌士(연조비가사) 중국 춘추전국시대 연(燕)나라와 조(趙)나라에 세상(世上)을 비관하여 슬픈 노래를 부른 사람이 많았다는 뜻으로, 우국(憂國)의 선비를 이르는 말	
躁 조급할 조 1급	뜻을 나타내는 발족(足→발)部와 음을 나타내는 부수를 제외한 글자 喿(조)가 합하여 이루어짐.	躁急(조급) 참을성이 없이 매우 급(急)함. '조울증'이나 '조울병'	
肇 비롯할 조 1급	戶(호)와 聿(율)의 합자(合字)인 열림의 뜻에서 둥글월문(攴(=攵)→일을 하다, 회초리로 치다)部를 더한 글자. 따라서 처음 시작함의 뜻.	肇秋(조추) 초가을, 가을의 초기 肇闢(조벽) 비로소 열림	
遭 만날 조 1급	책받침(辶(=辵)→쉬엄쉬엄 가다)과 한바퀴 '돌다'의 뜻을 나타내기 위한 曹(조)로 이루어짐. 돌다, 전(轉)하여 돌고 돌아서 '만나다', '해후(邂逅)하다'의 뜻.	遭遇(조우) 우연(偶然)히 서로 만남 遭難(조난) 재난(災難)을 만남	
阻 막힐 조 1급	뜻을 나타내는 좌부변(阝(=阜)→언덕)部와 음을 나타내는 부수를 제외한 글자 且(저)로 이루어짐.	阻面(조면) (오랫동안) 서로 만나 보지 못함 隔阻(격조) ① 멀리 떨어져 있어 서로 통(通)하지 못함 ② 오랫동안 서로 소식(消息)이 막힘	
足 발 족 7급　常	무릎에서 발끝까지의 모양을 본뜬 글자로 '발'을 뜻함. 한자(漢字)의 부수로 되어 그 글자가 (발)에 관한 것임을 나타냄. 만족할 족.	不足(부족) 필요(必要)한 양이나 한계(限界)에 미치지 못하고 모자람. 넉넉하지 못함 滿足(만족) 마음에 모자람이 없어 흐뭇함 充足(충족) 일정한 분량(分量)에 차거나 채움	
族 겨레 족 8급　常	전쟁(戰爭)이 나면 한 깃발(矢 이외(以外)의 글자) 아래 같은 핏줄의 무리가 활(矢)을 들고 싸운다는 뜻을 합하여 '겨레', '민족(民族)'을 뜻함.	家族(가족) 부부(夫婦)를 기초(基礎)로 하여 한 가정(家庭)을 이루는 사람들 民族(민족) 인종적(人種的), 지역적(地域的) 기원(起源·起原)이 같고, 문화적(文化的) 전통(傳統)과 역사적(歷史的) 운명(運命)을 같이하는 사람의 집단(集團)	
簇 가는대 족 1급	뜻을 나타내는 대죽(竹→대나무)部와 음을 나타내는 族(족)이 합하여 이루어짐.	簇子(족자) 그림이나 글씨를 표구하여 만든 것 기둥이나 벽에 걸어 늘이기도 하고 두루마리처럼 말이 두기도 함. 걸그림	

存 있을 존 4급 | 常	子(자→약한 아이)와 在(재→만물이 살고 있다)의 생략형으로 이루어짐. 아이가 살고 있음을 불쌍히 여겨 동정을 베푼다는 뜻, 전(轉)하여 오래 살다→'있다'의 뜻이 됨.	旣存 기존 이미 존재(存在)함 存在 존재 현존(現存)하여 있음 依存 의존 의지(依支)하고 있음 保存 보존 보호(保護)하여 남아 있게 함		
尊 높을 존 준4급 | 常	樽(준)과 통자(通字). 술병(酋)을 손(寸)에 공손히 받들고 바친다는 데서 존경의 뜻을 나타내어 '높이다'를 뜻함. 술을 신에게 바치다→삼가 섬기다→존경함을 나타냄.	尊重(존중) 높이고 중(重)히 여김 自尊心(자존심) 남에게 굽히지 않고 자기(自己) 몸이나 마음을 스스로 높이는 마음 尊敬(존경) 존중(尊重)히 여겨 공경(恭敬)함		
卒 마칠 졸 5급 | 常	전쟁터에서 표시(十)를 한 제복을 입은 雜卒(잡졸)들을 나타낸 데서 '병졸', '마치다'를 뜻함. 병졸은 싸우다가 죽기 때문에 '마치다', '죽다'로 쓰임.	腦卒中(뇌졸중) 머릿골에 갑작스러운 순환(循環) 장애(障礙)가 일어나 의식(意識)을 잃고 운동기능이 상실되는 증세 卒業(졸업) 일정한 규정(規定)이 있는 학업(學業)을 마침 兵卒(병졸) 하사관(下士官) 아래의 군인(軍人)		
拙 옹졸할 졸 3급 | 常	뜻을 나타내는 재방변(扌(=手)→손)部와 음을 나타내는 동시(同時)에 서툴다는 뜻을 나타내기 위한 出(출→졸)로 이루어짐. 손재주가 남보다 서툴다는 뜻.	拙速(졸속) 서투르지만 빠르다는 뜻으로, 지나치게 서둘러 함으로써 그 결과(結果)나 성과(成果)가 바람직하지 못함을 이르는 말 稚拙(치졸) 유치(幼稚)하고 졸렬(拙劣)함 拙劣(졸렬) 옹졸하고 비열(卑劣)함, 서투르고 보잘것없음 壅拙(옹졸) 성질(性質)이 너그럽지 못하고 생각이 좁음		
猝 갑자기 졸 1급	뜻을 나타내는 개사슴록변(犭(=犬)→개)部와 음을 나타내는 卒(졸)이 합하여 이루어짐.	猝富(졸부) 벼락부자(－富者) 猝地(졸지) ① 갑작스러운 판 ② 느닷없이 벌어진 판		
宗 마루 종 준4급 | 常	갓머리(宀→집)와 示(시→신이 들리는 나무로 된 받침)의 합자(合字). 조상을 모시는 사당→같은 조상을 모시는 한 宗中(종중) 사람들→근본(根本)이 되는 것.	宗敎(종교) 초인간적, 초자연적인 힘에 대해 인간이 경외, 존중(尊重) 신앙(信仰)하는 일의 총체적(總體的) 체계(體系) 宗廟(종묘) 조선시대에, 역대 임금과 왕비의 위패를 모시던 왕실의 사당		
從 좇을 종 4급 | 常	从(종)은 사람 뒤에 사람이 따라가는 일, 두인변(彳)은 간다는 뜻, 止(지)는 발자국의 모양→나아가는 일, 사람이 잇따라 나아가다→'따르다'의 뜻.	從事(종사) 어떤 일에 매달려 일함 從業員(종업원) 어떤 업무(業務)에 종사(從事)하는 사람 服從(복종) 남의 명령(命令), 의사(意思)에 좇음		
終 마칠 종 5급 | 常	冬(동, 종)과 바느질을 다 하고 나서 실(실사(糸→실타래))을 매듭짓는다는 뜻이 합하여 '마치다'를 뜻함. 冬(동→겨울)은 네 계절의 끝이므로 실사(糸)를 덧붙여 감긴 실 끝의 뜻으로 되었음.	最終(최종) 단계(段階)나 차례(次例)에 있어서 맨 나중 終熄(종식) 한때 매우 성(盛)하던 것이 주저(躊躇)앉아서 그침 終了(종료) 일을 마침		
種 씨 종 5급 | 常	음을 나타내는 重(중→종)과 곡식(穀食)(=禾)을 얻기 위하여 그 씨를 심는다는 뜻이 합하여 '씨'를 뜻함.	各種(각종) 여러 가지의 종류(種類) 각가지 種類(종류) 물건을 부문(部門)에 따라 나눈 갈래 業種(업종) 직업(職業)이나 영업(營業)의 종류(種類)		
綜 모을 종 2급 | 常	뜻을 나타내는 실사(糸→실타래)部와 음을 나타내는 동시(同時)에 '모으다'의 뜻(→湊주)을 가진 宗(종)으로 이루어짐. 실을 하나로 합쳐 모으는 뜻.	綜合(종합) 개개 별별(個個別別)의 것을 한데 모아 합함		

한자	자원(字源)	용례(用例)
縱 세로 종 준3급 / 常	從(종)은 사람이 잇닿는 일, 縱(종)은 실을 반반하게 늘어 놓아 만드는 노끈으로 세로의 뜻으로 씀. 자유라는 또 다른 뜻은 '從(종)자에 여유 있고 침착하다, 내버려두다'의 뜻이 있기 때문.	操縱(조종) 마음대로 다루어 움직임. 자유(自由)로이 다룸 放縱(방종) 아무 거리낌 없이 제멋대로 함부로 행동(行動)함
鐘 쇠북 종 6급	鍾(종)과 통자(通字). 뜻을 나타내는 쇠금(金→광물·금속·날붙이)部와 음을 나타내는 童(동→종→치다)으로 이루어짐. 쳐서 큰소리를 내기 위한 것.	警鐘(경종) 비상(非常)한 일이나 위험(危險)을 알리기 위하여 치는 종 따위의 신호(信號) 自鳴鐘(자명종) 때가 되면 저절로 울려서 시간(時間)을 알리는 시계(時計)
慫 권할 종 1급	뜻을 나타내는 마음심(心(=忄, 㣺)→마음, 심장)部와 음을 나타내는 이따를 종이 합쳐져 이루어짐.	慫慂(종용) 잘 설명(說明)하고 달래어 권(勸)함
腫 종기 종 1급	뜻을 나타내는 육달월(月(=肉)→살, 몸)部와 음을 나타내는 重(중)으로 이루어짐.	腫氣(종기) 살갗에 생기는 곪기는 병(病)
踵 발꿈치 종 1급	뜻을 나타내는 발족(足→발)部와 음을 나타내는 重(중)으로 이루어짐.	擧踵(거종) ① 발뒤꿈치를 세움 ② 발돋움을 하고 몹시 기다림
踪 자취 종 1급	뜻을 나타내는 발족(足→발)部와 음을 나타내는 宗(종)이 합하여 이루어짐.	失踪(실종) 소재(所在)나 행방, 생사(生死) 여부(與否)를 알 수 없게 됨
左 왼 좌 7급 / 常	왼 左는 손과 공구(工)의 뜻을 결합한 글자[會意] 金文字에서 左는 왼손에 공구를 들고 일하는 것을 나타냈다. 이런 자형에서 '돕다'의 뜻이 나왔다.	左翼(좌익) 급진주의(急進主義), 사회주의(社會主義), 공산주의(共産主義) 또는 진보파(進步派), 혁신파(革新派) 左遷(좌천) 관리(官吏)가 높은 자리에서 낮은 자리로 떨어짐
坐 앉을 좌 준3급	坐(좌)가 고자(古字). 머무는 곳을 뜻하는 土(토)와 마주 앉은 사람을 나타내는 从(종→두 사람)의 합자(合字). 사람이 마주보고 멈춘다는 뜻. 전(轉)하여, 그냥 앉아 있다, 또 앉은 채로 있다는 뜻으로 됨.	跏趺坐(가부좌) 책상다리(冊床――)를 하고 앉음 坐席(좌석) 앉는 자리 坐礁(좌초) 배가 암초에 걸림
佐 도울 좌 3급 / 常	도울 佐는 사람(亻)의 뜻과 왼쪽 좌(左)의 음 및 뜻을 결합한 글자[形聲] 金文字에서 佐는 左의 변형자로 사람이 왼손에 자를 들고 있는 것을 나타냈다.	補佐(보좌) 자기(自己)보다 지위(地位)가 높은 사람을 도움
座 자리 좌 4급 / 常	자리 座는 움집과 앉다(坐)의 뜻을 결합한 글자[會意] 小篆字에서 座는 坐자로 두 사람이 들판에서 마주 앉아 있는 것을 나타냈다. 후에 움집이 첨가되어 집 안에 앉는 곳을 나타냈다.	計座(계좌) 예금(預金) 계좌(計座)의 준말 碩座敎授(석좌교수) 기업(企業)이나 개인(個人)이 기부(寄附)한 기금(基金)으로 연구(研究) 활동(活動)을 하도록 대학(大學)에서 지정(指定)된 교수(敎授)

挫 꺾을 좌 1급	뜻을 나타내는 재방변(扌(=手)→손)部와 음을 나타내는 坐(좌)가 합하여 이루어짐.	挫折(좌절) 마음과 기운(氣運)이 꺾임 捻挫(염좌) 관절(關節)·힘줄·신경(神經) 등이 삐거나 비틀려 생긴 손상		
罪 죄 죄 5급 常	허물 罪는 그물과 그르다(非)의 뜻을 결합한 글자[會意] 石文字에서 罪는 새를 잡는 그물을 나타내었으나, 小篆字에서는 나쁜 일을 하여 법망에 걸려든 사람을 나타냈다.	犯罪(범죄) 죄(罪)를 저지름 謝罪(사죄) 저지른 죄나 잘못에 대하여 상대편에게 용서(容恕)를 빎		
主 주인 주 7급 常	주인 主는 나무에 불이 타는 모습을 본뜬 글자[象形] 甲文字에서 主는 나무를 등불로 삼아 불태우는 모양을 본떴다.	主張(주장) 자기(自己) 의견(意見)을 굳이 내세움 主導(주도) 주장(主將)이 되어 이끎 主要(주요) 가장 소중(所重)하고 긴요(緊要)함		
朱 붉을 주 4급 常	붉을 朱는 속이 붉은 나무를 가리킨 글자[指事] 甲文字에서 朱는 나무가 꺾여 붉은 속이 드러난 것을 나타냈다.	朱子學(주자학) 성리학이라고도 불리며 중국 송대(宋代)에 주희(朱熹)가 집성·정리한 학설 朱紅(주홍) 붉은빛과 누른빛의 중간(中間)으로 붉은 쪽에 가까운 빛깔		
舟 배 주 3급 常	배 舟는 통나무배의 모양을 본뜬 글자[象形] 金文字에서 舟는 통나무 안을 깊이 파서 사람과 물건을 실을 수 있게 한 쪽배의 모양을 본떴다. 이런 자형에서 '배'의 뜻이 나왔다.	刻舟求劍(각주구검) 판단력이 둔하여 융통성이 없고 세상일에 어둡고 어리석다는 뜻 方舟(방주) 네모지게 만든 배		
州 고을 주 5급 常	삼각주 州는 물줄기 사이에 있는 모래땅을 본뜬 글자[象形] 甲文字에서 州는 흐르는 내 가운데 모래가 쌓여 모인 땅을 본떴다. 이런 자형에서 '삼각주'의 뜻이 나왔다.	州縣軍(주현군) 고려(高麗) 때 각 지방(地方)의 주군현(州郡縣)에 설치(設置)했던 군대(軍隊). 濟州島(제주도) 우리나라 최남단(最南端)에 자리 잡고 있는 제일 큰 섬		
走 달릴 주 4급 常	사람 밑에 발을 하나 표현한 것. 달려갈 때 한 발씩만 땅에 닿기 때문에 발을 하나만 그려 사람이 달리는 모양을 표현한 것이다. 달릴 走는 크다(大)와 발(止)의 뜻을 결합한 글자[會意].	走行(주행) 자동차(自動車) 따위의 주(主)로 동력(動力)으로 움직이는 탈것이 달려감 疾走(질주) 빨리 달림 競走(경주) 일정한 거리를 정해 놓고 빠름을 서로 다투는 육상 경기(競技)의 한 가지		
住 살 주 7급 常	살 住는 사람(亻)의 뜻과 주인 주(主)의 음 및 뜻을 결합한 글자[形聲] 小篆字에서 住는 사람이 일정한 곳에 주인으로 머물러 있는 것을 나타냈다.	住宅(주택) 사람이 살 수 있도록 지은 집 住民(주민) 그 땅에 사는 사람들 居住(거주) 일정한 곳에 자리를 잡고 머물러 삶 住所(주소) 사는 곳		
周 두루 주 4급 常	두루 周는 밭(田)과 입(口)의 뜻을 결합한 글자[會意] 甲文字에서 周는 정돈된 밭이 빙 둘러 있는 것을 나타냈으나, 小篆字에서 口의 뜻이 첨가되어 사람의 언행이 갖추어진 것을 나타냈다.	周邊(주변) 주위(周圍)의 가장자리 周圍(주위) 어떤 곳의 바깥, 둘레, 환경(環境) 周知(주지) 여러 사람이 어떤 사실(事實)을 널리 아는 것 周旋(주선) 일이 잘되도록 이리저리 힘을 써서 변통(變通)해 주는 일		
宙 집 주 준3급 常	집 宙는 집의 뜻과 말미암을 유(由)의 음을 결합한 글자[形聲] 甲文字에서 宙는 지붕이 초목의 열매를 덮고 있는 것을 나타냈다. 이런 자형에서 '집'의 뜻이 나왔다. 후에 전성되어 밤하늘의 별을 덮는 '하늘'의 뜻으로 쓰인다.	宇宙(우주) 모든 천체, 모든 물질과 복사가 존재할 수 있는 전 공간 宙船(우주선) 우주(宇宙) 공간(空間) 항행(航行)을 위한 비행체		

注 물댈 주 6급 / 常	물댈 注는 물(氵)의 뜻과 주인 주(主)의 음 및 뜻을 결합한 글자[形聲] 小篆字에서 注는 신하들이 임금을 향하여 모이는 것과 같이 작은 물줄기가 큰 강에 모여드는 것을 나타냈다.	注目(주목) 어떤 사물(事物)을 주의(注意)해서 봄 注文(주문) 제작(製作) 또는 송부를 의뢰(依賴)하는 일 注意(주의) 별(特)한 사항(事項)에 대한 경계(警戒)나 주목 注視(주시) 주의(注意)해서 봄	
洲 물가 주 준3급 / 常	살 活은 물(氵)의 뜻과 혀 설(舌)의 음 및 뜻을 결합한 글자[形聲] 小篆字에서 활은 말할 때 쉬지 않고 굴리는 혀와 같이 쉬지 않고 흐르는 물소리를 나타냈다. 이런 자형에서 '활기차다'의 뜻이 나왔다.	濠洲(호주) 오스트레일리아 대륙, 수도는 캔버라 滿洲(만주) 중국 동북(東北) 지방 일대의 속칭	
柱 기둥 주 준3급 / 常	뜻을 나타내는 나무목(木→나무)部와 음을 나타내는 동시(同時)에 중심의 뜻을 가지는 主(주)로 이루어짐. 중심이 되어 떠받치는 나무의 뜻.	支柱(지주) 정신적(精神的)·사상적(思想的)으로 든든히 받쳐 주는 사람을 비유적(比喩的)으로 이르는 말 四柱(사주) 생년월일시를 근거로 길흉(吉凶), 화복(禍福) 등을 점치는 법 또는 이에 의(依)해 나타난 운수(運數)	
奏 아뢸 주 준3급 / 常	일설에 의하면 갈라놓은 짐승의 뜻[會意] 어떤 물건을 양손으로 받쳐 권하는 모양에서, '권하다', '바치다'의 뜻을 나타냄.*	演奏(연주) 여러 사람 앞에서 악기(樂器)를 다루어 음악(音樂)을 들려줌 奏效(주효) 효력(效力)이 나타남, 일이 성취(成就)됨	
酒 술 주 4급 / 常	酒는 물(氵)의 뜻과 술병(酉)의 뜻을 결합한 글자[會意] 甲文字에서 酒는 곡물에 누룩과 물을 섞어 담은 통을 나타냈다. 이런 자형에서 '술'의 뜻이 나왔다.	燒酒(소주) 쌀이나 수수 또는 그 밖의 잡곡(雜穀)을 쪄서 누룩과 물을 섞어 발효(醱酵)시켜 증류한 술 麥酒(맥주) 엿기름에 홉(hop)을 넣어 발효시킨 술 飮酒(음주) 술을 마심	
株 그루 주 준3급 / 常	그루터기 株는 나무(木)의 뜻과 사귈 교(交)의 음 및 뜻을 결합한 글자[形聲] 金文字에서 株는 흙 속 바로 밑에 있는 나무의 밑바탕 뿌리를 나타냈다. 이런 자형에서 '그루터기'의 뜻이 나왔다.	株價(주가) 주식(株式)이나 주권(株券)의 값 株式(주식) 주식(株式) 회사(會社)의 총 자본(資本)을 주의 수에 따라 나눈 자본(資本)의 단위(單位) 株主(주주) 주권(株券)을 가지고 있는 사람	
珠 구슬 주 준3급 / 常	玉＋朱(音) 朱는 나무의 단면의 도운 붉은빛의 뜻. 고운 옥, '진주'의 뜻을 나타냄.	珠玉(주옥) 구슬과 옥 眞珠(진주) 일반적으로 조개류의 체내에 생긴 탄산칼슘을 주성분으로 하는 구슬 모양 또는 반구상의 광택이 나는 분비물로 만들어진 보석	
晝 낮 주 6급 / 常	낮 晝는 긋다와 날(日)의 뜻을 결합한 글자[會意] 甲文字에서 晝는 해가 동쪽에서 떠서 서쪽으로 기울 때까지를 선으로 그려서 나타냈다. 이런 자형에서 '낮'의 뜻이 나왔다.	晝夜(주야) 낮과 밤 晝間(주간) 낮 白晝(백주) 대낮	
週 주일 주 5급	책받침(辶(=辵)→쉬엄쉬엄 가다)과 주위(周圍)를 '둘러싸다'의 뜻(→주)을 가지는 周(주)로 이루어지며, '돌아다니다', 바뀌어 '돌다'의 뜻.	週末(주말) 한 주일(週日)의 끝 週間(주간) 한 주일(週日) 동안	
駐 머무를 주 2급	말마(馬)와 '머물다'의 뜻(→住주)을 가지는 主(주)로 이루어지며 말이 '머물다'의 뜻, 바뀌어 머물게 하다의 뜻.	駐屯(주둔) 군대(軍隊)가 한 지역(地域)에 머무르는 것 駐車場(주차장) 차를 세워 두도록 마련한 장소 駐韓美軍(주한미군) 한국에 주둔(駐屯)해 있는 미군(美軍)	

鑄 쇠 부어 만들 주 준3급 | 常	金文字는 [會意]로 鬲+火+皿이다. 불을 가해 금속을 녹여 거푸집에 부어서 만드는 모양을 나타내어, '부어 만들다'의 뜻을 나타낸다. 小篆字는 金+壽(音)의 [形聲]자로 '壽'는 '잇대다'의 뜻이다.	鑄物(주물) 쇠붙이를 녹인 쇳물을 일정한 틀 속에 부어 굳혀 만든 물건 鑄貨(주화) 쇠붙이를 녹여 화폐(貨幣)를 만듦 鑄造(주조) 쇠를 녹여서 물건을 만듦 鑄型(주형) 물건을 주조(鑄造)하는 데 쓰는 틀		
做 지을 주 1급	作(작)의 속자(俗字). 뜻을 나타내는 사람인변(亻(=人)→사람)部와 음을 나타내는 故(고)로 이루어짐.	看做(간주) 그러한 것으로 여김, 그렇다고 침		
呪 빌 주 1급	咒(주)와 동자(同字). 뜻을 나타내는 입구(口→입, 먹다, 말하다)部와 음을 나타내는 祝(축)의 생략형으로 이루어짐.	詛呪(저주) 남에게 재앙(災殃)이나 불행(不幸)이 일어나도록 빌며 바라는 것 呪術(주술) 초자연적 존재나 신비적인 힘을 빌려 길흉(吉凶)을 점치고 화복(禍福)을 비는 일		
嗾 부추길 주 1급	뜻을 나타내는 입구(口→입, 먹다, 말하다)部와 음을 나타내는 族(족)으로 이루어짐.	使嗾(사주) 남을 부추기어서 시킴		
廚 부엌 주 1급	厨(주)의 본자(本字). 뜻을 나타내는 엄호밑(广→집)部와 음을 나타내는 부수를 제외한 글자 尌(주)가 합하여 이루어짐.	廚房(주방) 음식(飮食)을 차리는 방		
疇 이랑 주 2급	뜻을 나타내는 밭전(田→밭)部와 음을 나타내는 동시(同時)에 밭이랑이 구불구불 구부러진 뜻인 壽(수)로 이루어지며, '밭이랑'을 뜻함. '지경(地境)'의 뜻.	範疇(범주) 같은 특성을 지닌 부류나 범위 田疇(전주) 밭 두둑		
紬 명주 주 1급	繭(주)의 본자(本字). 뜻을 나타내는 실사(糸→실타래)部와 음을 나타내는 由(유)로 이루어짐.	明紬(명주) 명주실(明紬-)로 무늬 없이 얇게 짠 피륙		
註 글뜻 풀 주 1급	注(주)와 동자(同字). 뜻을 나타내는 말씀언(言→말하다)部와 음을 나타내는 主(주)가 합하여 이루어짐.	註釋(주석) 낱말이나 문장(文章)의 뜻을 자세(仔細)하게 풀이함 脚註(각주) 본문(本文) 밑에 붙인 풀이		
誅 벨 주 1급	뜻을 나타내는 말씀언(言→말하다)部와 음을 나타내는 朱(주)가 합하여 이루어짐.	苛斂誅求(가렴주구) 가혹하게 세금(稅金)을 거두거나 백성의 재물을 억지로 빼앗음		
躊 머뭇거릴 주 1급	뜻을 나타내는 발족(足→발)部와 음을 나타내는 壽(수)로 이루어짐.	躊躇(주저) (어떤 일이나 행동(行動)을) 과감(果敢)하게 또는 적극적(積極的)으로 하지 못하고 머뭇거리며 망설이는 것		

輳 몰려들 주 1급	뜻을 나타내는 수레거(車→수레, 차)部와 음을 나타내는 湊(주)가 합하여 이루어짐.	輻輳(폭주) 폭주병진(輻輳幷臻)의 준말. 輻輳幷臻(폭주병진): 바퀴살통 폭, 모일 주, 아우를 병, 모일 진. 수레의 바퀴통에 바퀴살이 모이듯 모인다. 사물이 한곳으로 모여듦을 이르는 말.	
綢 얽을 주 특급	뜻을 나타내는 실사(糸→실타래)部와 음을 나타내는 周(주)가 합하여 이루어짐.	細綢(세주) 가늘게 짠 피륙 綢緞(주단) 품질(品質)이 썩 좋은 비단(緋緞) 綢繆(주무) 미리미리 빈틈없이 자세하게 준비함	
胄 투구 주 특급	紬(주)와 동자(同字). 투구의 모양을 본뜬 글자.	甲胄(갑주) 갑옷투구. 갑옷과 투구를 아울러 이르는 말	
竹 대 죽 준4급 | 常	대 竹은 대나무의 모양을 본뜬 글자[象形] 小篆字에서 竹은 대나무 잎이 아래로 드리워진 모양을 본떴다.	烏竹軒(오죽헌) 강원도 강릉시 죽헌동에 있는 이율곡(李栗谷)이 태어난 집. 뜰 안에 오죽이 있어 붙여진 이름 爆竹(폭죽) 가는 대통에 불을 지르거나 또는 화약(火藥)을 재어 터뜨려서 소리가 나게 하는 물건	
俊 준걸 준 3급 | 常	준걸 俊은 사람(亻)의 뜻과 재간 준의 음을 결합한 글자[形聲] 小篆字에서 俊은 사람의 재주와 지혜가 뭇사람보다 뛰어난 것을 나타냈다. 이런 자형에서 '준걸하다'의 뜻이 나왔다.	俊傑(준걸) 재주와 지혜(智慧)가 뛰어남 俊秀(준수) 재주, 지혜(智慧), 풍채(風采)가 뛰어남	
准 승인할 준 2급	準(이수변(冫)→고드름, 얼음)과 隹(추)가 음이 됨.	批准(비준) 조약(條約)의 체결(締結)에 대한 당사국(當事國)의 최종적(最終的) 확인(確認)·동의(同意)의 절차(節次) 認准(인준) 입법부가 법률에 지정된 공무원의 임명과 행정부의 행정 행위를 인정하는 일	
準 법도 준 준4급 | 常	평평할 準은 물(氵)의 뜻과 새매 준(隼)의 음 및 뜻을 결합한 글자[形聲] 小篆字에서 準은 일정하게 수평으로 나는 새매를 나타냈다. 이런 자형에서 '평평하다', '법도'의 뜻이 나왔다.	基準(기준) 사물(事物)의 기본(基本)이 되는 표준(標準) 準據(준거) 일정(一定)한 기준(基準)에 의거(依據)함	
遵 좇을 준 3급 | 常	좇을 遵은 쉬엄쉬엄 가다(辶)의 뜻과 높일 존(尊)의 음 및 뜻을 결합한 글자[形聲] 小篆字에서 遵은 두 손으로 술잔을 받들어 제사지내는 것과 같이 웃어른을 받드는 것을 나타냈다.	遵守(준수) 그대로 좇아 지킴 遵法(준법) 법령(法令)을 지킴 遵據(준거) 의거(依據)하여 좇음	
峻 높을 준 2급	뜻을 나타내는 메산(山→산봉우리)部와 음을 나타내는 부수를 제외한 글자 夋(준)이 합하여 이루어짐. 埈(준)과 同字(동자).	峻嚴(준엄) 매우 엄격(嚴格)함 高談峻論(고담준론) 고상(高尙)하고 준엄(峻嚴)한 담론(談論)	
樽 술통 준 1급	罇(준)과 동자(同字). 尊(준)과 통자(通字). 뜻을 나타내는 木(목→나무)部와 음을 나타내는 尊(존)으로 이루어짐.	樽所(준소) 준소(尊所). (옛날에) 제사(祭祀) 지낼 때 준(罇)을 놓아두는 곳 일정한 자리가 정해져 있었음	

浚 깊게 할 준 2급	삼수변(氵(=水, 氺)→물)과 夋(준)으로 이루어짐. 본래 강의 이름.	浚渫(준설) 물의 깊이를 증가(增加)시켜 배가 잘 드나들게 하기 위하여 하천(河川)·항만(港灣) 등의 바닥에 쌓인 모래나 암석(巖石)을 파내는 일			
濬 깊을 준 2급	강의 뜻인 삼수변(氵(=水, 氺)→물)部와 산골짜기를 파는 뜻에서, 강줄을 파는 뜻을 나타내는 睿(예)로 이루어지며, 강을 파서 깊게 하는 뜻.	濬池(준지) 깊은 못이란 뜻으로, 바다를 말함			
竣 마칠 준 1급	대법원 인명용으로는 준. 부수를 제외한 글자 夋(준)이 음을 나타냄.	竣工式(준공식) 준공을 알리고 축하(祝賀)하는 의식(儀式) 竣截(준절) 산이 깎아 세운 듯이 높고 험함, 매우 위엄(威嚴)이 있고 정중함			
蠢 꾸물거릴 준 1급	뜻을 나타내는 벌레충(虫→뱀이 웅크린 모양, 벌레)部와 음을 나타내는 春(춘)으로 이루어짐.	愚蠢(우준) 어리석고 민첩(敏捷)하지 못함 蠢動(준동) 벌레 따위가 꿈적거린다는 뜻으로, 불순(不順)한 세력(勢力)이나 보잘것없는 무리가 법석을 부리는 것			
駿 준마 준 2급	뜻을 나타내는 말마(馬→말)部와 음을 나타내는 동시(同時)에 '뛰어나다'의 뜻(→夋준)을 가지는 부수를 제외한 글자 夋(준)으로 이루어지며, 뛰어난 말의 뜻.	駿馬(준마) 걸음이 썩 빠른 말 한마(汗馬)			
中 가운데 중 8급　常	가운데 中은 마을 가운데의 깃발을 가리킨 글자[指事] 甲文字에서 中은 마을 가운데에 깃발을 꽂은 것을 나타냈다. 이런 자형에서 '가운데' '중앙'의 뜻이 나왔다.	中國(중국) 유라시아 대륙의 동쪽을 차지하고 있는 나라 中斷(중단) 중도(中途)에서 끊어짐 集中(집중) 어떤 일에 정신을 바짝 차리고 쏠리게 함			
仲 버금 중 준3급　常	버금 仲은 사람(亻)의 뜻과 가운데 중(中)의 음 및 뜻을 결합한 글자[形聲] 甲文字에서 仲은 가운데를 나타냈으나, 小篆字에서 人의 뜻이 첨가되어 여러 형제가운데 중간을 나타냈다.	仲裁(중재) 제3자가 당사자 사이에 들어 분쟁(紛爭)을 조정(調停)하여 해결(解決)하는 일 仲介(중개) 제3자로서 두 당사자 사이에서 어떤 일을 주선(周旋)하는 일 仲秋節(중추절) 우리나라 명절, 음력 8월 15일, 한가위, 추석			
重 무거울 중 7급　常	무거울 重은 사람의 등에 짐을 지고 선 모양을 본뜬 글자[象形] 金文字에서 重은 사람의 등에 무거운 짐을 지고 선 모양과 연약한 새싹이 두텁게 쌓인 흙을 꿰뚫고 나오는 것을 나타냈다. 이런 자형에서 '무겁다'의 뜻이 나왔다.	重要(중요) 매우 귀중(貴重)하고 소중(所重)함 愼重(신중) 매우 조심스러움 尊重(존중) 높이고 중(重)히 여김 比重(비중) 다른 사물(事物)과 견주어지는 중요성			
衆 무리 중 준4급　常	무리 衆은 눈[血=目]의 뜻과 많을 중의 음 및 뜻을 결합한 글자[形聲] 甲文字에서 衆은 세 사람이 눈을 크게 뜨고 있는 것을 나타냈다. 이런 자형에서 '무리'의 뜻이 나왔다.	大衆(대중) 지위·계급·직업·학력·재산 등의 사회적 속성을 초월한 불특정 다수의 사람들로 이루어진 집합체 民衆(민중) 다수(多數)의 백성(百姓) 群衆(군중) 한곳에 무리지어 모여 있는 사람들			
卽 곧 즉 준3급　常	곧 卽은 고소하다와 앉은 사람(卩)의 뜻을 결합한 글자[會意] 甲文字에서 卽은 고소한 냄새가 나는 음식 앞에 나아가 앉아 있는 모습을 나타냈다. 이런 자형에서 '곧', '나아가다'의 뜻이 나왔다.	卽刻(즉각) 곧 그 시각(時刻)에 卽時(즉시) 그 자리에서, 금방, 바로 그때, 당장에 卽席(즉석) 일이 진행(進行)되는 바로 그 자리			

櫛 빗 즐 1급	木(나무목)部와 음을 나타내며 동시(同時)에 '가르다'의 뜻(→切절)을 가지는 節(절)로 이루어지며, 머리털을 가르는 도구(道具), '빗'의 뜻.	櫛比(즐비) 많은 것이 빗살과 같이 빽빽하게 늘어섬 巾櫛(건즐) 수건과 빗		
汁 즙 즙 1급	뜻을 나타내는 삼수변(氵(=水, 水)→물)部와 음을 나타내는 十(십)으로 이루어짐. 음식의 국물의 뜻.	膽汁(담즙) 간장에서 만들어져, 십이지장(十二指腸)에서 분비(分泌)되는 소화액(消化液) 汁液(즙액) 짜내서 된 액즙		
葺 기울 즙 1급	즙이 본음(本音). 풀을 뜻하는 초두머리(艹(=艸)→풀, 의 싹)部와 음을 나타내는 부수를 제외한 글자 咠(즙)이 합하여 이루어짐.	瓦葺(와즙) 기와로 지붕을 이음		
症 증세 증 준3급 常	병질엄(疒→병, 병상에 드러누운 모양)과 性質(성질), 素質(소질)의 뜻을 가지는 正(정)으로 이루어지며, 병 성질의 뜻.	後遺症(후유증) 병을 앓고 난 뒤에도 남아 있는 병적(病的) 증세(症勢) 症勢(증세) 병으로 앓는 여러 가지 모양(模樣)		
曾 일찍 증 준3급 常	거듭 曾은 나두다(八)와 창문 그리고 말하다(曰)의 뜻을 결합한 글자[會意] 小篆字에서는 자형이 변하여 연기가 창문으로 나가는 것과 같이 말할 때 입김이 거듭 퍼져 나가는 것을 나타냈다.	未曾有(미증유) 지금까지 아직 한 번도 있어 본 적이 없음 曾祖(증조) 증조부, 할아버지의 아버지		
蒸 찔 증 준3급 常	찔 蒸은 풀(艹)의 뜻과 삶을 烝(증)의 음 및 뜻을 결합한 글자[形聲] 小篆字에서 蒸은 삼의 껍질을 삶는 것을 나타냈다. 이런 자형에서 '찌다'의 뜻이 나왔다.	蒸發(증발) 액체가 기체로 변하는 현상 水蒸氣(수증기) 물이 증발(蒸發)하여 기체로 된 것 蒸溜(증류) 액체를 열하여 생긴 증기(蒸氣)를 냉각(冷却) 시켜 다시 액체로 만들어 정제(精製) 또는 분리(分離) 를 하는 일		
增 더할 증 준4급 常	더할 增은 흙(土)과 거듭 증(曾)의 음 및 뜻을 결합한 글자 [形聲] 甲文字에서 增은 언덕에 흙이 거듭 쌓인 것을 나타냈으나, 小篆字에서는 阜가 土의 뜻으로 바뀌어 흙을 거듭 쌓는 것을 나타냈다.	增加(증가) 더하여 많아짐 增幅(증폭) 사물(事物)의 범위(範圍)를 넓혀 크게 하는 것 急增(급증) 급(急)히 늘어남		
憎 미울 증 준3급 常	미워할 憎은 마음(忄)의 뜻과 거듭 증(曾)의 음 및 뜻을 결합한 글자[形聲] 小篆字에서 憎은 섭섭한 마음이 거듭 쌓인 것을 나타냈다. 이런 자형에서 몹시 '미워하다'의 뜻이 나왔다.	憎惡(증오) 몹시 미워함 可憎(가증) ① 얄미움 ② 밉살스러움 愛憎(애증) 사랑과 미워함		
證 증거 증 4급 常	증거 證은 말씀(言)의 뜻과 오를 등(登)의 음 및 뜻을 결합한 글자[形聲] 小篆字에서 證은 제단에 올라가 사실대로 말하는 것을 나타냈다. 이런 자형에서 '증거하다'의 뜻이 나왔다.	證據(증거) 어떤 사실을 증명(證明)할 수 있는 근거(根據) 檢證(검증) 검사(檢査)하여 증명(證明)함 證言(증언) 사실(事實)을 증명(證明)하는 말, 증인(證人) 의 진술(陳述)		
贈 줄 증 3급 常	줄 贈은 조개(貝)의 뜻과 거듭 증(曾)의 음 및 뜻을 결합한 글자[形聲] 小篆字에서 贈은 재물을 거듭 주어 생활에 보태게 하는 것을 나타냈다. 이런 자형에서 '주다'의 뜻이 나왔다.	寄贈(기증) 금품(金品)이나 물품(物品) 등을 타인(他人)에 게 줌 贈與(증여) 재산(財産)을 무상(無償)으로 물려주는 행위		

之 갈 지 준3급 | 常	갈 之는 땅에 발을 디뎌 나아가는 것을 가리킨 글자[指事] 甲文字에서 之는 땅에 발을 내딛어 나아가는 것을 나타냈다. 이런 자형에서 '가다'의 뜻이 나왔다. 후에 가차되어 지시대명사 '이'의 뜻으로 쓰인다.	塞翁之馬(새옹지마) 변방(邊方)에 사는 노인(老人)의 말이라는 뜻으로, 세상일은 변화(變化)가 많아 어느 것이 화(禍)가 되고, 어느 것이 복(福)이 될지 예측(豫測)하기 어렵다는 말		
止 그칠 지 5급 | 常	그칠 止는 사람의 발바닥 모양을 본뜬 글자[象形] 甲文字에서 止는 땅을 내딛고 서 있는 사람의 발을 본떴다. 이런 자형에서 '그치다'의 뜻이 나왔다.	廢止(폐지) 실시(實施)하던 제도(制度), 법규(法規) 및 일을 그만두거나 없앰 禁止(금지) 금하여 못 하게 함 停止(정지) 하던 일을 중도(中途)에서 멈춤		
支 지탱할 지 준4급 | 常	又(우→손→가지다)와 그 이외(以外)의 글자 개(→竹죽, 대나무, 여기서는 하나하나의 물건을 뜻함)로 이루어짐. 하나하나의 물건을 갖다→'버티다'의 뜻.	支援(지원) 원조(援助)함 支持(지지) 붙들어서 버티는 것 또는 찬동하여 도와서 힘을 쓰는 것 支配(지배) 통치(統治)함 支給(지급) 물건이나 금전을 내어줌		
只 다만 지 3급 | 常	隻(척), 祇(지), 祇(지)의 간체자(簡體字). 口(구)는 입의 모양, 八(팔)은 말이 끝나고 숨이 분산하는 모양을 본뜸. 語助辭(어조사)로서 말의 끝에 씀. 또 음을 빌려 다만의 뜻으로 씀.	只今(지금) 이제, 곧 但只(단지) 다만, 겨우, 오직, 한갓		
至 이를 지 준4급 | 常	이를 至는 화살이 땅에 꽂혀 있는 모양을 가리킨 글자[指事] 甲文字에서 至는 화살이 과녁을 향하여 날아가 멈춘 모양을 나타냈다. 이런 자형에서 '그치다', '이르다'의 뜻이 나왔다.	甚至於(심지어) 심하게는, 심하다 못해 나중에는 至毒(지독) 더할 나위 없이 독함 夏至(하지) 24절기(節氣)의 하나. 북반구(北半球)에서는 낮이 가장 길고, 밤이 가장 짧음		
旨 뜻 지 2급	匕(비=숟갈)와 口(=입·나중에 日로 변함)로 이루어지며 숟갈로 떠서 입으로 핥는 뜻. 정하여 '맛있다'의 뜻. 또 빌려서 취지(趣旨)의 뜻으로 쓰임.	趣旨(취지) 어떤 일에 담겨 있는 목적(目的)이나 의도나 의의 要旨(요지) 간요(肝要)한 취지(趣旨), 대체의 내용(內容)		
枝 가지 지 준3급 | 常	지탱할 支는 대나무 가지(十=竹)와 손(又)의 뜻을 결합한 글자[會意] 陶文字에서 支는 대나무 가지를 손으로 잡고 바람에 흔들리지 않도록 한 것을 나타냈다. 이런 자형에서 '지탱하다'의 뜻이 나왔다.	枝葉(지엽) ① 가지와 잎 ② 중요(重要)하지 않은 부분 金枝玉葉(금지옥엽) '금 가지에 옥 잎사귀'란 뜻으로, 귀한 자손을 이르는 말		
池 못 지 준3급 | 常	못 池는 물(水)과 뱀(也=它)의 뜻을 결합한 글자[會意] 金文字에서 池는 뱀의 구불구불한 모양과 같이 괸 물을 나타냈다. 이런 자형에서 '연못'의 뜻이 나왔다.	貯水池(저수지) 유수(流水)를 저장하여 물의 과다 또는 과소를 조절하는 인공시설로서 하천에서 충분한 용수를 확보할 수 없을 때의 중요한 지표수 용수원(用水源)		
地 땅 지 7급 | 常	온누리(也→큰 뱀의 형상)에 잇달아 흙(土)이 깔려 있다는 뜻을 합한 글자로 '땅'을 뜻함.	地域(지역) 일정한 땅의 구역(區域) 敷地(부지) 건축물(建築物)이나 도로(道路)에 쓰이는 땅 地方(지방) 서울 이외(以外)의 지역(地域) 處地(처지) 자기(自己)가 처해 있는 상황 또는 환경		
志 뜻 지 준4급 | 常	뜻 志는 갈지(士=之)의 음 및 뜻과 마음(心)의 뜻을 결합한 글자[形聲] 金文字에서 志는 마음이 지향점을 향해 나아가는 것을 나타냈다. 이런 자형에서 '뜻 두다'의 뜻이 나왔다.	意志(의지) 어떤 일을 해내거나 이루어 내려고 하는 마음의 상태(狀態)나 작용(作用) 志願(지원) 뜻이 있어 지망함		

知 알 지 5급 常	알 知는 화살 시(矢)의 음 및 뜻과 입(口)의 뜻을 결합한 글자[形聲] 小篆字에서 知는 말이 화살처럼 빨리 깨닫는 것을 나타냈다. 이런 자형에서 '알다'의 뜻이 왔다.	知識(지식) 어떤 대상을 연구(研究)하거나 배우거나 또는 실천(實踐)을 통(通)해 얻은 명확한 인식(認識)이나 이해(理解) 感知(감지) (어떤 일을) 느끼어 아는 것	
持 지탱할 지 4급 常	가질 持는 손(扌)의 뜻과 관청 시(寺)의 음 및 뜻을 결합한 글자[形聲] 金文字에서 持는 관청을 나타냈으나, 小篆字에서는 扌를 첨가하여 관청에서 문서 다루는 것을 나타냈다.	維持(유지) 지탱(支撐)하여 감 持續(지속) 같은 상태(狀態)가 오래 계속(繼續)됨	
指 가리킬 지 준4급 常	손가락 指는 손(扌)의 뜻과 뜻 지(旨)의 음 및 뜻을 결합한 글자[形聲] 小篆字에서 指는 고대에 수저가 없을 때 손으로 맛보던 것을 나타냈다. 이런 자형에서 '손가락'의 뜻이 나왔다.	指摘(지적) 꼭 집어서 가리킴 指定(지정) 분명(分明)히 그렇게 가리켜 정(定)하는 것 指揮(지휘) 어떤 일의 해야 할 방도를 지시(指示)하여 시킴 指示(지시) (어떤 일을 누구에게) 일러서 시키는 것	
脂 기름 지 2급	뜻을 나타내는 육달월(月=肉)→살, 몸)部와 음을 나타내는 旨(지)가 합하여 이루어짐.	脂肪(지방) 지방산(脂肪酸)과 글리세롤의 에스테르 중 (中) 상온에서 고체(固體)인 것 合成樹脂(합성수지) 가열·가압 또는 이 두 가지에 의해서 성형(成型)이 가능한 재료 또는 이런 재료를 사용한 수지제품(樹脂製品)	
紙 종이 지 7급 常	종이 紙는 실(糸)의 뜻과 나무뿌리 씨(氏)의 음 및 뜻을 결합한 글자[形聲] 小篆字에서 紙는 가는 실의 섬유질이 나무뿌리처럼 얽힌 것을 나타냈다. 이런 자형에서 '종이'의 뜻이 나왔다.	便紙(편지) 소식(消息)을 서로 알리거나, 용건(用件)을 적어 보내는 글 紙幣(지폐) 지전, 종이돈	
智 지혜 지 4급 常	지혜 智는 알 지(知)의 음 및 뜻과 해(日)의 뜻을 결합한 글자[形聲] 甲文字에서 智는 사리에 통하는 슬기가 입으로 드러나는 것을 나타냈다. 이런 자형에서 '지혜'의 뜻이 나왔다.	智慧(지혜) 사물의 도리나 선악을 분별하는 마음의 작용 機智(기지) 그때그때의 경우(境遇)에 따라 재치 있게 나타나는 슬기	
誌 기록할 지 4급 常	뜻을 나타내는 말씀언(言→말하다)部와 음을 나타내는 동시(同時)에 '밎게 하여 두다'의 뜻을 나타내는 志(지)로 이루어짐. '말을 써서 남기다'의 뜻, 나중에 써서 남긴 것을 뜻하게 됨.	雜誌(잡지) 호(號)를 거듭하며 정기적(定期的)으로 간행(刊行)되는 출판물(出版物) 學術誌(학술지) 학술(學術) 분야(分野)에 관(關)한 전문적(專門的)인 글을 싣는 책(冊)	
遲 더딜 지 3급 常	더딜 遲는 쉬엄쉬엄 가다(辶)의 뜻과 코뿔소 서(犀)의 음 및 뜻을 결합한 글자[形聲] 甲文字에서 遲는 사람이 거꾸로 서서 걷는 것을 나타냈으나, 小篆字에서 辵과 牛가 첨가되어 코뿔소가 천천히 걷는 것을 나타내게 되었다.	遲延(지연) 더디게 끌어감, 늘어짐 遲刻(지각) 정(定)해진 시각(時刻)에 늦음 遲滯(지체) 기한(期限)에 뒤짐	
咫 여덟 치 지 1급	뜻을 나타내는 입구(口→입, 먹다, 말하다)部와 음을 나타내는 只(지)가 합하여 이루어짐.	咫尺(지척) 아주 가까운 거리(距離)	
址 터 지 2급	阯(지)와 동자(同字). 뜻을 나타내는 흙토(土→흙)部와 음을 나타내는 동시(同時)에 기초, 토대의 뜻(→基기)을 가지는 止(지)로 이루어짐. 토대(土臺), '주춧돌'의 뜻.	住居址(주거지) 주거(住居)의 자취 彌勒寺址石塔(미륵사지석탑) 미륵사 터에 있는 석탑(石塔). 백제 30대 무왕(武王) 때 건립	

ㅈ

한자	자원(字源)	용례(用例)					
摯 잡을 지 1급	손수(手(=扌)→손)部와 '쥐다'의 뜻을 가지는 執(집)으로 이루어지며, 손에 쥐는 뜻, 또 음을 빌려 진실(眞實), 진심(眞心)의 뜻.	眞摯(진지) 말이나 태도(態度)가 참답고 착실(着實)함					
祉 복 지 1급	뜻을 나타내는 보일시(示(=礻)→보이다, 신)部와 음을 나타내는 止(지)가 합하여 이루어짐.	福祉(복지) 행복(幸福)과 이익(利益)					
肢 팔다리 지 1급	胑(지)와 동자(同字). 뜻을 나타내는 육달월(月(=肉)→살, 몸)部와 음을 나타내는 支(지)가 합하여 이루어짐.	四肢(사지) 사람의 두 팔과 두 다리 肢體(지체) 팔다리와 몸					
枳 탱자 지 1급	뜻을 나타내는 나무목(木→나무)部와 음을 나타내는 只(지)가 합하여 이루어짐.	橘化爲枳(귤화위지) 강남(江南)의 귤을 강북(江北)에 심으면 탱자가 된다는 뜻으로, 사람도 환경(環境)에 따라 기질(氣質)이 변한다는 말					
芝 지초 지 2급	풀을 뜻하는 초두머리(艹(=艸)→풀, 풀의 싹)部와 음을 나타내는 之(지)로 이루어짐.	芝峰類說(지봉유설) 조선 실학자 이수광(李晬光)이 지은 책. 고서(古書)와 고문(古文) 등에서 뽑아 엮은 우리나라 최초(最初)의 백과사전적(辭典的)인 저서					
直 곧을 직 7급 常	곧을 直은 열(十)과 눈(目) 그리고 숨기다(隱의 옛 자)의 뜻을 결합한 글자[會意] 甲文字에서 直은 똑바로 눈으로 보는 것을 나타내었으나, 小篆字에서는 열 개의 눈으로 숨김없이 자세히 보는 것을 나타냈다.	直接(직접) 중간(中間)에 매개(媒介)나 거리(距離)·간격(間隔)이 없이 바로 접합 率直(솔직) 거짓으로 꾸미거나 숨김이 없이 바르고 곧음 直後(직후) 바로 뒤					
職 직분 직 준4급 常	직분 職은 귀(耳)의 뜻과 바디 소리 시(戠)의 음 및 뜻을 결합한 글자[形聲] 金文字에서 職은 관청에서 내리는 말을 듣고 기록하는 벼슬을 나타냈다. 이런 자형에서 '직분'의 뜻이 나왔다.	職員(직원) 직무(職務)를 담당(擔當)하는 사람 職業(직업) 생계(生計)를 세워가기 위해 일상적(日常的)으로 종사(從事)하는 일 職場(직장) 공장(工場)·회사(會社)·관청(官廳) 등에 있어 각자가 맡은 일을 하는 일터·일자리					
織 짤 직 4급 常	짤 織은 실(糸)의 뜻과 바디 소리 시(戠)의 음 및 뜻을 결합한 글자[形聲] 金文字에서 織은 창을 마주치듯이 베틀의 바디 소리를 내며 천을 짜는 것을 나타냈다.	組織(조직) 생물체를 구성하는 단위의 하나로서 같은 형태나 기능(機能)을 가진 세포의 모임 紡織(방직) 기계(機械)를 사용(使用)하여 실을 날아서 피륙을 짜는 것					
稙 올벼 직 2급	뜻을 나타내는 벼화(禾→곡식)部와 음을 나타내는 直(직)이 합하여 이루어짐.	稙黍(직서) 올벼와 기장					
稷 피 직 2급	뜻을 나타내는 벼화(禾→곡식)部와 음을 나타내는 부수를 제외한 글자 畟(측)으로 이루어짐.	宗廟社稷(종묘사직) 왕실(王室)과 나라를 함께 이르는 말 社稷(사직) 한국과 중국에서 백성의 복을 위해 제사하는 국토의 신(神)인 사(社)와 곡식의 신인 직(稷)을 아울러 이르는 말					

辰 별 진 준3급 · 常	별 辰은 조개가 겨울잠에서 깨어나 움직이는 모양을 본뜬 글자[象形] 甲文字에서 辰은 조개가 겨울잠에서 깨어나 껍질을 열고 발을 내놓은 것과 초목의 싹이 힘들게 올라오는 모양을 본떴다.	辰韓(진한) 삼한(三韓)의 하나. 1~3세기(世紀) 말경(末頃)까지 우리나라 남부(南部)에 살고 있던 한족(韓族).		
珍 보배 진 4급 · 常	보배 珍은 구슬(玉)의 뜻과 머리카락 진의 음 및 뜻을 결합한 글자[形聲] 甲文字에서 珍은 문채 나는 옥돌을 잘 싸서 보관한 것을 나타냈다. 이런 자형에서 '보배'의 뜻이 나왔다.	珍貴(진귀) 보배롭고 귀중(貴重)함 珍嘉(진가) 희귀(稀貴)하고 아름다움 珍風景(진풍경) 구경거리라 할 만한 희한(稀罕)한 광경(光景)		
津 나루 진 2급	강을 뜻하는 삼수변(氵(=水, 水)→물)部와 음과 함께 '나아가다'의 뜻(→進진)을 나타내기 위한 聿(율)로 이루어짐. 강의 배가 떠나는 곳의 뜻, '나루터'.	正東津(정동진) 강원도(江原道) 강릉시(江陵市) 강동면 정동진리에 있는 바닷가 蟾津江(섬진강) 전라남북도(南北道)의 동부(東部) 산지를 관류(貫流)하는 강		
眞 참 진 준4급 · 常	참 眞은 변하다(匕=化)와 머리(首의 변형)의 뜻을 결합한 글자[會意] 金文字에서 眞은 사람이 죽어 머리를 거꾸로 늘어뜨린 것을 나타냈다.	眞摯(진지) 말이나 태도(態度)가 참답고 착실(着實)함 寫眞(사진) 사진기(寫眞機)로 물체(物體)의 화상(畵像)을 찍어 내는 기술(技術) 眞實(진실) 거짓이 아닌 사실(事實)		
振 떨칠 진 준3급 · 常	일으킬 振은 손(扌)의 뜻과 별 진(辰)의 음 및 뜻을 결합한 글자[形聲] 金文字에서 振은 조개를 갈아 만든 농기구를 손으로 잡고 있는 것을 나타냈다.	不振(부진) (어떤 일이나 힘이) 활발(活潑)하게 움직여 떨치지 못함 振作(진작) 떨쳐서 일으킴 振興(진흥) 침체(沈滯)된 상태(狀態)에서 떨쳐 일으킴		
陣 진 칠 진 4급 · 常	진칠 陣은 언덕의 뜻과 천천히 서(余=徐)의 음 및 뜻을 결합한 글자[形聲] 金文字에서 陣은 수레를 언덕에 배치하고 싸움을 준비하는 것을 나타냈다.	陣營(진영) 군대(軍隊)가 집결하고 있는 곳 陣痛(진통) 아이를 낳을 때 주기적(週期的)으로 오는 아픈 통증(痛症) 經營陣(경영진) 기업의 경영을 책임(責任)지고 있는 사람들의 진용(陣容)		
陳 베풀 진 준3급 · 常	베풀 陳은 언덕, 나무(木)의 뜻과 펴다(申)의 음 및 뜻을 결합한 글자[形聲] 金文字에서 陳은 복희씨의 후예가 살던 곳으로 나무가 넓게 펼쳐져 있는 언덕을 나타냈다.	陳述(진술) 구두로 자세(仔細)히 말함 陳情(진정) 사정(事情)을 진술(陳述)함 陳列(진열) 물건 따위를 보이기 위해 죽 벌여 놓음 陳腐(진부) 케케묵음, 새롭지 못함		
進 나아갈 진 준4급 · 常	나아갈 進은 쉬엄쉬엄 가다(辶)와 새(隹)의 뜻을 결합한 글자[會意] 甲文字에서 進은 새가 종종 뛰며 앞으로 나아가는 것을 나타냈다. 이런 자형에서 '나아가다'의 뜻이 나왔다.	推進(추진) 밀고 나아감 進行(진행) 일을 처리(處理)해 나감 進展(진전) 일이 진행(進行)되어 발전(發展)함		
診 진찰할 진 2급	言(말씀언)과 신중(愼重)의 뜻(→愼신)을 나타내기 위한 '진'(좌변을 제외한 나머지 우변)으로 이루어짐. 신중히 보아 판단(判斷)을 내리다.	診斷(진단) 의사(醫師)가 환자(患者)를 진찰(診察)하여 병상을 판단(判斷)함 診療(진료) 진찰(診察)과 치료(治療) 診察(진찰) 의사가 여러 가지 방법으로 환자의 병이나 증상을 살핌		
塵 티끌 진 2급	본디 글자 鹿(록=사슴)이 떼 지어 달릴 때 흙먼지가 일어나는 모양을 뜻하고, 바뀌어 '먼지'의 뜻이 됨.	粉塵(분진) 티끌 風塵(풍진) ① 바람과 티끌 ② 세상(世上)에 일어나는 어지러운 일 紅塵(홍진) ① 바람이 불어 햇빛에 벌겋게 일어나는 티끌 ② 속세(俗世)의 티끌, 번거롭고 속(俗)된 세상(世上)		

盡 다할 진 4급 | 常	다할 盡은 깜부기불 진의 음 및 뜻과 그릇(皿)의 뜻을 결합한 글자[形聲] 甲文字에서 盡은 화로 속의 불이 다 탄 것을 나타냈다. 이런 자형에서 '다하다'의 뜻이 나왔다.	未盡(미진) 아직 충분(充分)하지 못함 盡力(진력) 있는 힘을 다함 蕩盡(탕진) (재물(財物) 따위를) 죄다 써서 없애 버리는 것			
震 우레 진 준3급 | 常	벼락 震은 비(雨)＋辰(音) 辰은 떨리는 입술 의 뜻. 뇌우(雷雨)가 사람을 놀래고 떨게 하는 모양에서, '떨리다'의 뜻도 나타 냄.	地震(지진) 땅이 흔들리고 갈라지는 지각(地殼) 변동 현상 餘震(여진) 큰 지진(地震)이 있은 다음에 지각(地殼)이 아직 안정(安定)을 얻지 못해서 가끔씩 일어나는 작은 지진			
鎭 진압할 진 준3급 | 常	누를 鎭은 쇠(金)의 뜻과 참 진(眞)의 음 및 뜻을 결합한 글자[形聲] 小篆字에서 鎭은 물건 위에 무거운 쇠를 놓고 누르는 것을 나타냈다. 이런 자형에서 '누르다'의 뜻이 나왔다.	鎭壓(진압) 억눌러서 조용하게 함 鎭靜(진정) 시끄럽고 요란(擾亂)한 일이나 상태(狀態)를 조용하게 가라앉히는 것 鎭火(진화) 화재(火災)가 꺼짐			
嗔 성낼 진 1급	뜻을 나타내는 입구(口→입, 먹다, 말하다)部와 음을 나타내는 眞(진)이 합하여 이루어짐.	嗔怒(진노) 성내어 노여워함 嗔言(진언) 진언(嗔言), 성내어서 꾸짖는 말			
晋 진나라 진 2급	晉(진)의 속자(俗字).	東晋(동진) 316년 멸망(滅亡)했다가 그 이듬해 다시 일으킨 중국의 진조(晋朝). 사마예가 세워 남경(南京)에 도읍(都邑)함			
疹 마마 진 1급	뜻을 나타내는 병질엄(疒→병, 병상에 드러누운 모양)部와 음을 나타내는 부수를 제외한 글자 㐱(진)이 합하여 이루어짐.	濕疹(습진) 좁쌀알 크기의 두드러기가 내돋으며 몹시 가려운 피부병 發疹(발진) 열병 따위로 말미암아 피부(皮膚)나 점막(粘膜)에 좁쌀만 한 종기(腫氣)가 돋는 일			
秦 진나라 진 2급	뜻을 나타내는 벼화(禾→곡식)部와 음을 나타내는 春(춘)의 생략형이 합하여 이루어짐.	秦始皇帝(진시황제) (B.C. 259~B.C. 210) 중국의 통일(統一) 왕조(王朝) 秦(진)의 시조(始祖). 莊襄王(장양왕)의 아들로서, 이름은 政(정)			
姪 조카 질 3급 | 常	조카 姪은 여자(女)의 뜻과 이를 지(至)의 음을 결합한 글자[形聲] 甲文字에서 姪은 형제자매의 아이들을 나타냈다. 이런 자형에서 '조카'의 뜻이 나왔다.	甥姪(생질) 누이의 아들 從姪(종질) 사촌(四寸) 형제(兄弟)의 아들 당질(堂姪)			
疾 병 질 준3급 | 常	병 疾은 병(疒)의 뜻과 화살 시(矢)의 음 및 뜻을 결합한 글자[形聲] 小篆字에서 병의 증세가 빨리 악화되는 것을 나타냈다.	疾患(질환) 질병(疾病), 몸의 온갖 병(病) 疾病(질병) 신체(身體)의 온갖 기능(機能)의 장애(障礙)로 말미암은 병 痼疾的(고질적) 고질(痼疾)이 되다시피 한 모양(模樣)			
秩 차례 질 준3급 | 常	차례 秩은 벼(禾)의 뜻과 잃을 실(失)의 음 및 뜻이 결합한 글자[形聲] 小篆字에서 秩은 추수기에 벼를 잃지 않도록 차곡차곡 쌓는 것을 나타냈다.	秩序(질서) 사물(事物)의 조리(條理)나 그 순서(順序)			

한자	자원	용례
窒 막힐 질 2급	뜻을 나타내는 구멍혈(穴→구멍)部와 음을 나타내는 至(지)로 이루어짐.	窒素(질소) 원소기호 N, 원자번호 7, 무색·무미·무취의 기체 窒息(질식) 숨이 막힘
質 바탕 질 5급　常	바탕 質은 받침나무와 조개(貝)의 뜻을 결합한 글자[會意] 金文字에서 質은 도끼로 나무를 자를 때 받침목과 같이 재화를 얻는 밑거름을 나타냈다. 이런 자형에서 '바탕'의 뜻이 나왔다.	物質(물질) 물건의 본바탕 性質(성질) 사람이나 동물(動物)이 본디부터 가지고 있는 특성 實質的(실질적) 외견(外見)보다도 실지(實地)의 내용(內容)이 갖추어져 있는 모양
叱 꾸짖을 질 1급	뜻을 나타내는 입구(口→입, 먹다, 말하다)部와 음을 나타내는 七(칠)로 이루어짐.	叱責(질책) 꾸짖어서 나무람 叱咤(질타) 성내어 크게 꾸짖는 것
帙 책권 질 1급	袟(질)과 동자(同字). 뜻을 나타내는 수건건(巾→옷감, 헝겊)部와 음을 나타내는 失(실)로 이루어짐.	完帙本(완질본) 한 질(帙)로 된 책의 권책(卷冊). 수(數)가 완전(完全)히 갖추어진 것
桎 차꼬 질 1급	뜻을 나타내는 나무목(木→나무)部와 음을 나타내는 至(지)로 이루어짐.	桎檻(질함) 발에 칼을 씌워 감옥에 넣음 桎梏(질곡) 차꼬와 수갑이란 뜻으로, 즉 속박(束縛)이라는 뜻
膣 음도 질 1급	뜻을 나타내는 육달월(月(=肉)→살, 몸)部와 음을 나타내는 窒(질)이 합하여 이루어짐.	膣炎(질염) 질(膣) 점막(粘膜)에 생기는 염증
跌 거꾸러질 질 1급	뜻을 나타내는 발족(足→발)部와 음을 나타내는 失(실)로 이루어짐.	筋斗撲跌(근두박질) '곤두박질'의 잘못 蹉跌(차질) 하던 일이 계획이나 의도에서 벗어나 틀어지는 일
迭 번갈아들 질 1급	軼(질)과 통자(通字). 뜻을 나타내는 책받침(辶(=辵)→쉬엄쉬엄 가다)部와 음을 나타내는 失(실)로 이루어짐.	更迭(경질) 어떤 직위(職位)의 사람을 바꾸어 다른 사람을 임명(任命)함
嫉 미워할 질 1급	愱(질)과 동자(同字). 뜻을 나타내는 계집녀(女→여자(女子))部와 음을 나타내는 疾(질)이 합하여 이루어짐.	嫉妬(질투) 잘나거나 앞선 사람을 시기(猜忌)하고 미워하는 것
斟 짐작할 짐 1급	斟(짐)과 동자(同字). 뜻을 나타내는 말두(斗→말)部와 음을 나타내는 甚(심)으로 이루어짐.	斟酌(짐작) 어림으로 헤아림

한자	자원(字源)	용례(用例)			
朕 나 짐 1급	달월(月→초승달)과 关(소)의 변형이 합하여 이루어짐. 옛날에는 일반적으로 나의 뜻으로 쓰였지만 秦始皇(진시황) 이래 천자(天子)의 자칭이 됨.	兆朕(조짐) 길흉(吉凶)이 일어날 기미(幾微)가 미리 보이는 변화(變化) 현상(現象)			
執 잡을 집 준3급 常	잡을 執은 '놀라다(幸)와 잡다'의 뜻을 결합한 글자[會意] 甲文字에서 執은 무릎 꿇은 죄인이 양손에 수갑을 차고 있는 것을 나타냈다. 이런 자형에서 '잡다'의 뜻이 나왔다.	執權(집권) 정권(政權)을 잡음 執行(집행) 일을 잡아 행(行)함 執着(집착) 어떤 것에 마음이 늘 쏠려 떨치지 못하고 매달리는 일 固執(고집) 자기(自己)의 의견(意見)만 굳게 내세움			
集 모을 집 6급	나무 위에 새가 여러 마리가 모여 앉은 것을 뜻하는 글자. 모을 集은 나무(木)와 새(隹)의 뜻을 결합한 글자[會意] 金文字에서 集은 많은 새가 나뭇가지에 앉아 있는 것을 나타냈다. 이런 자형에서 '모이다'의 뜻이 나왔다.	蒐集(수집) 여러 가지 재료(材料)를 찾아 모음 集團(집단) 개인(個人)이 모여서 이룬 단체(團體) 募集(모집) 사람이나 물품(物品)을 일정한 조건(條件) 아래 널리 구(求)하여 모음			
輯 모을 집 2급	뜻을 나타내는 수레거(車→수레, 차)部와 음을 나타내는 동시(同時)에 '모으다'의 뜻(→집집)을 나타내기 위한 葺(즙)으로 이루어지며, 재료(材料)를 모아 가마를 만들다.	特輯(특집) 신문(新聞), 잡지(雜誌) 등에서 특정(特定)한 문제(問題)를 중심(中心)으로 하여 기재함 編輯(편집) 여러 가지 자료(資料)를 수집(蒐集)하여 책·신문(新聞) 등을 엮음			
什 열 사람 십 1급	뜻을 나타내는 사람인변(亻(=人)→사람)部와 음을 나타내는 十(십)이 합하여 이루어짐. 습이라고도 읽음.	鳩摩羅什(구마라십) 중국 진(晉)나라의 고승. 원래(原來)는 인도(印度) 사람			
徵 부를 징 준3급 常	부를 徵은 작다(微)와 곧다(壬)의 뜻을 결합한 글자[會意] 小篆字에서 徵은 미천한 사람이 바르게 사는 것을 나타냈다. 이런 자형에서 '부름을 받다'의 뜻이 나왔다.	象徵(상징) 추상적(抽象的)인 사물을 구체화(具體化)하는 것 特徵(특징) 다른 것에 비겨서 특별(特別)히 눈에 뜨이는 점 徵集(징집) ① 물건(物件)을 거두어 모으는 것 ② 국가(國家)가 병역(兵役) 의무자(義務者)에 대(對)하여 현역(現役)에 복무(服務)할 의무(義務)를 부과(賦課)하는 것			
懲 징계할 징 3급 常	혼낼 懲은 부를 징(徵)의 음 및 뜻과 마음(心)의 뜻을 결합한 글자[形聲] 小篆字에서 懲은 잘못한 사람을 불러서 혼내는 마음을 나타냈다. 이런 자형에서 '혼내다', '징계하다'의 뜻이 나왔다.	懲戒(징계) 남을 장례(葬禮)에 삼가도록 하기 위하여 제재(制裁)를 가함 膺懲(응징) 잘못을 회개(悔改)하도록 징계(懲戒)함 懲役(징역) 죄인을 교도소(矯導所) 안에 구치하여 일정 기간 노역(勞役)에 복무시키는 자유형의 한 가지			
澄 맑을 징 1급	澂(징)과 동자(同字). 뜻을 나타내는 삼수변(氵(=水, 氺)→물)部와 음을 나타내는 登(등→징)이 합하여 이루어짐.	澄酒(징주) 맑은 술 明澄(명징) ① 밝고 맑음 ② 또는 그 모양(模樣)			

且 또 차 3급 | 常	또 且는 조상에게 제사 지내는 음식을 본뜬 글자[象形] 甲文字에서 且는 음식을 겹쳐서 쌓아 놓은 모양을 본떴다. 이런 자형에서 '또'의 뜻이 나왔다.	苟且(구차) 몹시 가난하고 궁색(窮塞)함 且置(차치) ① 다음으로 미루어 문제(問題) 삼지 않음 ② 우선(于先) 내버려 둠
次 버금 차 준4급 | 常	버금 次는 둘(二)의 뜻과 하품 흠(欠)의 음 및 뜻을 결합한 글자[形聲] 甲文字에서 次는 몸이 피곤하여 정진하지 못하고 하품을 하는 것을 나타냈다.	次例(차례) 순서(順序) 있게 벌여 나가는 관계 節次(절차) 일의 순서(順序)나 방법(方法). 수속(手續) 漸次(점차) 차례(次例)대로 차차. 점점
此 이 차 준3급 | 常	이 此는 발(止)과 나란히 하다(匕=比)의 뜻을 결합한 글자[會意] 甲文字에서 此는 발을 나란히 하고 멈추어 서 있는 것을 나타냈다.	於此彼(어차피) '어차어피'의 준말 如此(여차) 이와 같음, 이렇게
差 다를 차 4급 | 常	어긋날 差는 드리워지다(羊=垂)와 왼쪽(左)의 뜻이 결합한 글자[會意] 金文字에서 差는 잘 익은 곡식이 무거워 한쪽으로 기울어지는 것을 나타냈다.	差異(차이) 서로 일치(一致)하거나 같지 않고 틀려 다름 隔差(격차) 비교(比較) 대상(對象)이나 사물 간의 수준(水準) 차이(差異) 差別(차별) 차등이 있게 구별(區別)함
借 빌릴 차 준3급 | 常	빌 借는 사람(亻)의 뜻과 말린 고기 석(昔)의 음 및 뜻이 결합한 글자[形聲] 小篆字에서 借는 남이 먹다 남은 말린 고기를 남에게 주는 것을 나타냈다.	借款(차관) 국가(國家) 간(間)에 자금(資金)을 빌려 쓰고 빌려 줌 借入金(차입금) 꾸어 들인 돈
遮 가릴 차 2급	뜻을 나타내는 책받침(辶(=辵)→쉬엄쉬엄 가다)部와 음을 나타내는 庶(서)로 이루어짐.	遮斷(차단) 막아서 멈추게 함 遮日(차일) 햇볕을 가리기 위하여 치는 포장
叉 갈래 차 1급	손(=又우) 또는 손 모양의 것에 무엇을 낀 모양을 나타냄.	交叉路(교차로) 엇갈려 있는 길
嗟 탄식할 차 1급	뜻을 나타내는 입구(口→입, 먹다, 말하다)部와 음을 나타내는 差(차)가 합하여 이루어짐.	咄嗟間(돌차간) 눈 깜짝할 사이, 순간(瞬間), 순식간
蹉 미끄러질 차 1급	뜻을 나타내는 발족(足→발)部와 음을 나타내는 差(차)가 합하여 이루어짐.	蹉跌(차질) 일이 실패(失敗)로 돌아감

捉 잡을 착 3급 常	잡을 捉은 손(扌)의 뜻과 발 족(足)의 음 및 뜻이 결합한 글자[形聲] 小篆字에서 捉은 달아나는 짐승의 발을 재빨리 잡는 것을 나타냈다. 이런 자형에서 '잡다'의 뜻이 나왔다.	捕捉(포착) 어떤 기회(機會)나 정세(情勢)를 알아차림		
着 붙을 착 6급 常	붙을 着은 양(羊)과 눈(目)의 뜻을 결합한 글자[會意] 甲文字에서 着은 양들이 서로 마주보며 떼를 이루며 사는 것을 나타냈다. 이런 자형에서 '붙다'의 뜻이 나왔다.	癒着(유착) 사물(事物)이 깊은 관계(關係)가 있어 서로 떨어지지 않게 결합됨 到着(도착) 목적(目的)한 곳에 다다름 執着(집착) 어떤 것에 마음이 늘 쏠려 떨치지 못하고 매달리는 일		
錯 섞일 착 준3급 常	섞일 錯은 쇠(金)의 뜻과 둘 조(昔=措)의 음 및 뜻을 결합한 글자[形聲] 金文字에서 錯은 금으로 물건에 널리 도금하는 것을 나타냈다. 이런 자형에서 '도금하다'의 뜻이 나왔다. 후에 전성되어 '섞이다'의 뜻으로 쓰인다.	錯覺(착각) 실제와 다르게 잘못 보거나 듣거나 느끼는 것 錯誤(착오) 인식(認識)과 대상(對象) 또는 생각과 사실(事實)이 일치(一致)하지 않는 일 錯雜(착잡) 갈피를 잡을 수 없이 뒤섞여 어수선함		
搾 짤 착 1급	搾(착)의 속자(俗字)手(수=손)와 窄(착=눌러 줄어들게 함)의 합자(合字).	搾取(착취) 꼭 누르거나 비틀어서 즙을 짜 냄 壓搾(압착) 압력(壓力)을 가하여 물질의 밀도를 높임		
窄 좁을 착 1급	뜻을 나타내는 구멍혈(穴→구멍)部와 음을 나타내는 乍(사)로 이루어짐.	狹窄(협착) 차지하고 있는 자리가 몹시 좁음		
鑿 뚫을 착 1급	쇠금(金)과 착(→부수를 제외한 글자 밑에 釆를 합한 자)의 생략형이 합하여 이루어짐.	穿鑿(천착) 뚫을 천, 뚫을 착. 구멍을 뚫음. 본디 꼬치꼬치 캐묻거나 억지로 이치에 맞지 않는 말을 함의 뜻이므로 부정적인 의미를 지니고 있음. 轉(전)하여 원인이나 내용을 파고들어 알려고 하거나 연구함.		
餐 밥 찬 2급	餐(찬)의 본자(本字). 뜻을 나타내는 밥식(食=飠→먹다, 음식)部와 음을 나타내는 부수를 제외한 글자(잔)로 이루어짐.	晚餐(만찬) 저녁 식사 午餐(오찬) 잘 차린 점심		
贊 찬성할 찬 준3급 常	도울 贊은 나아가다와 조개(貝)의 뜻을 결합한 글자[會意] 小篆字에서 贊은 재물을 받들고 나아가 귀인 뵙기를 청하는 것을 나타내었다. 이런 자형에서 '돕다'의 뜻이 나왔다.	贊成(찬성) 옳다고 동의(同意)함 贊反(찬반) 찬성(贊成)과 반대(反對) 協贊(협찬) 협력하여 찬성함 贊助金(찬조금) 찬조의 뜻으로 내는 돈		
讚 기릴 찬 4급 常	기릴 讚은 말씀(言)의 뜻과 도울 찬(贊)의 음 및 뜻을 결합한 글자[形聲] 小篆字에서 讚은 훌륭한 점을 들어 칭송하는 것을 나타냈다. 이런 자형에서 '기리다'의 뜻이 나왔다.	讚揚(찬양) 칭찬하여 드러나게 함 讚辭(찬사) 칭찬하는 말, 찬미(讚美)하는 글이나 말 稱讚(칭찬) 어떤 일을 잘한다거나 했다고 말하거나 높이 평가		
撰 지을 찬 1급	재방변(扌=手→손)과 巽(선)으로 이루어지며, 글자를 벌이어 '쓰다'의 뜻, 또 음을 빌려 '가리다'의 뜻(→選選)에 쓰임.	撰者(찬자) 찬인(撰人) 撰述(찬술) 글을 짓고 해석함		

燦 빛날 찬 2급	뜻을 나타내는 불화(火(=灬)→불꽃)部와 음을 나타내는 동시(同時)에 '교차(交叉)하다'의 뜻(→粲삼)을 가지는 粲(찬)으로 이루어짐.	燦爛(찬란) 빛이 눈부시게 아름답다
璨 옥빛 찬 2급	뜻을 나타내는 구슬옥변(玉(=玉, 王)→구슬)部와 음을 나타내는 粲(찬)이 합하여 이루어짐.	璀璨(최찬) 빛이 번쩍거려서 찬란(燦爛)함
瓚 옥잔 찬 2급	뜻을 나타내는 구슬옥변(玉(=玉, 王)→구슬)部와 음을 나타내는 贊(찬)이 합하여 이루어짐.	圭瓚(규찬) 제기(祭器)의 하나. 종묘(宗廟)와 문묘 또는 그 밖의 나라 제사(祭祀)에서 강신할 때 쓰던 술잔으로 옥·은으로 만들어 안을 도금(鍍金)한 것과 구리로 만든 것 등이 있음
簒 빼앗을 찬 1급	篡(찬)의 속자(俗字). 뜻을 나타내는 대죽(竹→대나무)部와 음을 나타내는 算(산)으로 이루어짐.	簒奪(찬탈) 임금의 자리를 빼앗음
纂 모을 찬 1급	纘(찬)과 통자(通字). 뜻을 나타내는 실사(糸→실타래)部와 음을 나타내는 算(산→찬으로 바뀜)이 합하여 이루어짐.	編纂(편찬) 여러 자료(資料)를 수집(蒐集)하고 정리(整理)하여 책을 만듦
鑽 뚫을 찬 2급	鉆(찬)과 동자(동자). 뜻을 나타내는 쇠금(金→광물·금속·날붙이)部와 음을 나타내는 贊(찬)이 합하여 이루어짐.	鑽灼(찬작) 뚫고 불사름, 갈고 닦으며 연구함
饌 반찬 찬 1급	밥을 먹을 때의 반찬이나 음식.	飯饌(반찬) 밥에 곁들여 먹는 온갖 음식(飮食)
札 편지 찰 1급	扎(찰)의 본자(本字). 뜻을 나타내는 나무목(木→나무)部와 음을 나타내는 乙(을)로 이루어짐.	鄕札(향찰) 신라(新羅) 때, 한자의 음과 훈(訓)을 빌려 우리말을 표음식(表音式)으로 표기(表記)하던 글 落札(낙찰) 경매나 경쟁 입찰 따위에서 물건이나 일이 어떤 사람에게 돌아가도록 결정되는 일 書札(서찰) 편지(便紙)
刹 절 찰 2급	刹(찰)과 동자(同字). 뜻을 나타내는 선칼도방(刂(=刀)→칼, 베다, 자르다)部와 음을 나타내는 부수를 제외한 글자 杀(살)이 합하여 이루어짐.	刹那(찰나) 극히 짧은 시간(時間). 1찰나는 75분의 1초에 해당(該當)한다고 함. 순간(瞬間) 寺刹(사찰) 절, 사원(寺院)
察 살필 찰 준4급	살필 察은 집(宀)의 뜻과 제사 제(祭)의 음 및 뜻을 결합한 글자[形聲] 小篆字에서 察은 집안의 제사를 자세히 살펴 지내는 모습을 나타냈다. 이런 자형에서 '살피다'의 뜻이 나왔다.	檢察(검찰) 검사(檢查)하여 살핌 警察(경찰) 국가 사회의 공공질서와 안녕을 보장하고 국민의 안전과 재산을 보호하는 일 觀察(관찰) 사물(事物)을 잘 살펴봄

漢字	字源	用例			
擦 문지를 찰 1급	뜻을 나타내는 재방변(扌(=手)→손)部와 음을 나타내는 察(찰)이 합하여 이루어짐.	摩擦(마찰) 두 물체가 서로 닿아 비벼짐 또는 그렇게 함 擦過傷(찰과상) 스치거나 문질려서 살갗이 벗어진 상처 　(傷處) 摩擦音(마찰음) 조성관(調聲管)의 일부가 좁아서, 통과 　(通過)하는 숨이 마찰하여 일어나는 자음(字音)(ㅅ, ㅎ 등)			
參 참여할 참 5급 常	참여할 參은 장식품의 뜻과 검은머리 진의 음 및 뜻을 결합한 글자[形聲] 金文字에서 參은 검은 머리에 장식춤을 달고 행사에 가는 것을 나타내었다. 이런 자형에서 '참여하다'의 뜻이 나왔다. 三의 갖은자로도 쓰인다.	參與(참여) 참가(參加)하여 관계(關係)함 參席(참석) 자리에 참여(參與)함 參加(참가) 어떤 모임이나 단체에 참여(參與)하거나 가입함			
慘 참혹할 참 3급 常	참혹할 慘은 마음(忄)의 뜻과 석 삼(參)의 음 및 뜻을 결합한 글자[形聲] 小篆字에서 慘은 재난을 당하여 머리에 괴로운 마음이 가득 차 있는 것을 나타냈다. 이런 자형에서 '참혹하다'의 뜻이 나왔다.	慘憺(참담) 딱하고 슬픈 모양(模樣) 慘事(참사) 비참(悲慘)한 일, 사건, 사고 慘敗(참패) 참혹(慘酷)하게 패(敗)함			
慙 부끄러울 참 3급 常	부끄러워할 慙은 벨 참(斬)의 음 및 뜻과 마음(心)의 뜻을 결합한 글자[形聲] 小篆字에서 慙은 몸을 베고 싶을 정도로 민망한 마음을 나타냈다. 이런 자형에서 '부끄럽다'의 뜻이 나왔다. 慙과 慚은 同字이다.	慙悔(참회) 부끄러워하며 뉘우침			
斬 벨 참 2급	車(차)와 斤(근=도끼)의 합자(合字). 斬罪(참죄)의 뜻.	斬新(참신) 취향이 매우 새로움 斬首(참수) 목을 자름 剖棺斬屍(부관참시) 죽은 뒤 큰 죄(罪)가 드러난 사람의 　무덤을 파고 관을 꺼내어 시체(屍體)를 베거나 목을 　자르는 형벌			
僭 주제넘을 참 1급	僣(참)의 본자(本字). 뜻을 나타내는 사람인변(亻(=人)→사람)部와 음을 나타내는 부수를 제외한 글자 朁(참)이 합하여 이루어짐.	僭濫(참람) (하는 짓이) 분수(分數)에 지나침. 참월(僭越)			
塹 구덩이 참 1급	壍(참)과 동자(同字). 뜻을 나타내는 흙토(土→흙)部와 음을 나타내는 斬(참)이 합하여 이루어짐.	塹壕(참호) 전쟁 시 땅에 판, 좁고 긴 흙. 호참(壕塹)			
懺 뉘우칠 참 1급	심방변(忄(=心, 㣺)→마음, 심장)과 纖(섬)의 생략형으로 이루어짐.	懺悔(참회) 과거(過去)의 죄악(罪惡)을 깨달아 뉘우쳐 고침			
站 역마을 참 1급	뜻을 나타내는 설립(立→똑바로 선 모양)部와 음을 나타내는 占(점)으로 이루어짐.	驛站(역참) 역마를 바꾸어 타던 곳			
讒 참소할 참 1급	뜻을 나타내는 말씀언(言→말하다)部와 음을 나타내는 부수를 제외한 글자 毚(참)이 합하여 이루어짐.	讒訴(참소) 남을 헐뜯어서 없는 죄(罪)를 있는 듯이 꾸며 　고해바치는 일 讒言(참언) 거짓 꾸며서 남을 헐어 하는 말			

讖 예언 참 1급	뜻을 나타내는 말씀언(言→말하다)部와 음을 나타내는 부수를 제외한 글자 䜴(섬)으로 이루어짐.	圖讖說(도참설) 미래(未來)의 길흉(吉凶)에 관(關)하여 예언(豫言)하는 술법(術法)이나 또는 그러한 내용(內容)이 적힌 책. 미래기·정감록 따위	
昌 창성할 창 준3급 常	창성할 昌은 해(日)와 말하다(曰)의 뜻을 결합한 글자[會意] 金文字에서 昌은 해와 같이 밝고 분명하게 말하는 것을 나타냈다. 이런 자형에서 '창성하다'의 뜻이 나왔다.	繁昌(번창) 일이 한창 잘되어 발전(發展)함 昌德宮(창덕궁) 조선시대의 역대 임금이 정치(政治)하고 상주(常住)하던 대궐	
倉 창고 창 준3급 常	창고 倉은 곡식 창고를 본뜬 글자[象形] 甲文字에서 倉은 창고 지붕 아래에 벼와 땔나무가 있는 것을 본떴다. 이런 자형에서 '창고'의 뜻이 나왔다.	倉庫(창고) 물건을 저장(貯藏)하거나 보관(保管)하는 건물 營倉(영창) 군대(軍隊)에서, 규율(規律)을 어긴 자를 가두는 건물(建物)	
窓 창 창 6급 常	지개문 窓은 '굴(穴)과 밝다'의 뜻을 결합한 글자[會意] 金文字에서 窓은 굴벽에 구멍을 내어 밝은 빛이 들어오도록 하는 것을 나타냈다. 이런 자형에서 '창문'의 뜻이 나왔다.	窓門(창문) 공기(空氣)나 빛이 들어올 수 있도록 벽에 만들어 놓은 작은 문 同窓(동창) 같은 학교(學校)에서 공부(工夫)를 한 관계(關係)	
唱 부를 창 5급 常	부를 唱은 입(口)의 뜻과 창성할 창(昌)의 음 및 뜻을 결합한 글자[形聲] 小篆字에서 唱은 입을 크게 벌려 앞장서 말하는 것을 나타냈다. 이런 자형에서 '부르다', '인도하다'의 뜻이 나왔다.	合唱(합창) 많은 사람이 소리를 맞추어서 노래를 부름 復唱(복창) 명령(命令)이나 지시(指示)하는 말을 그 자리에서 그대로 되풀이함 主唱(주창) 주의(主義)나 주장(主張)을 앞장서서 부르짖음	
創 비롯할 창 준4급 常	비로소 創은 곳집 창(倉)의 음과 칼(刂)의 뜻을 결합한 글자[形聲] 金文字에서 創은 칼에 상처가 난 것을 나타낸 것이고, 재앙이 오면 제일 처음 창고가 상하게 되는 것을 나타냈다.	創出(창출) 새로 이루어서 생겨남 創業(창업) 나라를 처음으로 세움, 사업(事業)을 시작함 創造(창조) 처음으로 만듦	
蒼 푸를 창 준3급 常	푸를 蒼은 풀(艹)의 뜻과 집 창(倉)의 음 및 뜻을 결합한 글자[形聲] 小篆字에서 蒼은 풀을 베어 곳집처럼 쌓은 풀 더미를 나타냈다. 이런 자형에서 '푸르다'의 뜻이 나왔다.	鬱蒼(울창) 울울창창(鬱鬱蒼蒼)의 준말로, 큰 나무들이 빽빽하게 들어서 우거진 모양(模樣)이 푸름 蒼空(창공) 푸른 하늘	
滄 큰 바다 창 2급	뜻을 나타내는 삼수변(氵(=水, 氺)→물)部와 음을 나타내는 倉(창)으로 이루어짐. 蒼(창)과 통하여 푸르다, 푸른 바다의 뜻.	滄海(창해) ① 넓고 큰 바다, 대해(大海) ② 푸른 바다	
暢 화창할 창 3급 常	펼 暢은 펴다(申)의 뜻과 빛날 양(昜)의 음 및 뜻을 결합한 글자[形聲] 小篆字에서 暢은 밝은 햇살이 펼쳐진 것을 나타냈다. 이런 자형에서 '화창하다'의 뜻이 나왔다.	暢達(창달) 의견(意見)·견해(見解)·주장(主張) 따위를 거리낌 없이 자유로이 표현(表現)하여 전달(傳達)함 和暢(화창) 날씨가 바람이 온화(溫和)하고 맑음	
彰 드러날 창 2급	뜻을 나타내는 터럭삼(彡→무늬, 빛깔, 머리, 꾸미다)部와 음을 나타내는 동시(同時)에 아름다움, '환하다'의 뜻을 가진 章(장)으로 이루어짐.	表彰(표창) 남의 공적(功績)이나 선행(善行)을 세상(世上)에 드러내어 밝힘	

倡 광대 창 1급	뜻을 나타내는 사람인변(亻(=人)→사람)部와 음을 나타내는 昌(창)이 합하여 이루어짐.	倡義文(창의문) 의병(義兵)으로 일어날 것을 백성(百姓)에게 호소(呼訴)하는 글 倡義(창의) (국난(國難)을 당했을 때) 의병(義兵)을 일으킴 倡優(창우) 배우(俳優)			
娼 창녀 창 1급	뜻을 나타내는 계집녀(女→여자(女子))部와 음을 나타내는 昌(창)이 합하여 이루어짐.	私娼(사창) 허가(許可) 없이 비밀(秘密)히 매음(賣淫)하는 창녀			
廠 공장 창 1급	厰(창)과 동자(同字). 뜻을 나타내는 엄호밑(广→집)部와 음을 나타내는 敞(창)이 합하여 이루어짐.	器機廠(기기창) 조선 말 고종(高宗) 24(1887)년에 신식 기계를 만들기 위하여 설치(設置)한 관청			
愴 슬플 창 1급	뜻을 나타내는 심방변(忄(=心, 㣺)→마음, 심장)部와 음을 나타내는 倉(창)이 합하여 이루어짐.	悲愴(비창) 마음이 슬프고 서운함. 상창			
敞 시원할 창 2급	뜻을 나타내는 등글월문(攵(=攴)→일을 하다, 회초리로 치다)部와 음을 나타내는 尙(상→창으로 바뀜)이 합하여 이루어짐.	高敞(고창) ① (지세가) 높고 시원함 ② 전북 고창			
昶 해 길 창 2급	日(일=해)과 永(영=길다)으로 이루어지며, 날이 긴 뜻, 또 '늘어나다'의 뜻(→暢창)에 빌려 쓰임.	햇해가 깊, 통함, 화창함 등을 나타내며 주로 사람 이름에 쓰임			
槍 창 창 1급	鎗(창)과 동자(同字). 뜻을 나타내는 木(목→나무)部와 음을 나타내는 倉(창)이 합하여 이루어짐.	竹槍(죽창) 대로 만든 창(槍)			
漲 넘칠 창 1급	涱(창)과 동자(同字). 뜻을 나타내는 삼수변(氵(=水, 氺)→물)部와 음을 나타내는 張(장)으로 이루어짐.	漲溢(창일) ① 큰물이 져 넘침. 창만(漲滿) ② 의욕(意慾)이 왕성(旺盛)하게 일어남			
猖 미쳐 날뛸 창 1급	뜻을 나타내는 개사슴록변(犭(=犬)→개)部와 음을 나타내는 昌(창)이 합하여 이루어짐.	猖獗(창궐) 좋지 못한 병이나 세력(勢力)이 자꾸 퍼져서 걷잡을 수 없이 일어남 猖披(창피) 체면(體面)이 사나워지거나 마음에 아니꼬움에 대한 부끄럼			
瘡 부스럼 창 1급	뜻을 나타내는 병질엄(疒→병, 병상에 드러누운 모양)部와 음을 나타내는 倉(창)이 합하여 이루어짐.	滿身瘡痍(만신창이) 온몸이 성한 데 없는 상처(傷處)투성이라는 뜻으로, 아주 형편(形便)없이 엉망임을 형용(形容)해 이르는 말			

脹 부을 창 1급	뜻을 나타내는 육달월(月(=肉)→살, 몸)部와 음을 나타내는 長(장)으로 이루어짐.	膨脹(팽창) 부풀어 띵띵하게 됨 脹滿(창만) 배가 부름, 배가 부른 병 脹脹(창창) 배가 부른 모양	
艙 부두 창 1급	뜻을 나타내는 배주(舟→쪽배)部와 음을 나타내는 倉(창)이 합하여 이루어짐.	艙口(창구) 함선(艦船)의 화물창(貨物艙)에 실은 짐을 내리고 올리기 위하여 상(上)갑판에 마련한 방형(方形)의 개구(開口) 船艙(선창) 배다리	
菖 창포 창 1급	풀을 뜻하는 초두머리(艹(=艸)→풀, 풀의 싹)部와 음을 나타내는 昌(창)이 합하여 '창포'를 나타냄.	菖蒲(창포) 천남성과의 여러해살이풀	
菜 나물 채 준3급 常	나물 菜는 풀(艹)의 뜻과 캘 채(采)의 음 및 뜻을 결합한 글자[形聲] 金文字에서 菜는 손으로 먹을 수 있는 풀을 캐는 것을 나타냈다. 이런 자형에서 '나물'의 뜻이 나왔다.	菜蔬(채소) 신선한 상태로 부식(副食) 또는 간식에 이용되는 초본성의 재배식물 野菜(야채) 들에서 나는 나물. 무, 배추, 아욱 따위의 심어서 가꾸는 나물	
採 캘 채 4급 常	캘 採는 손(扌)의 뜻과 캘 채(采)의 음 및 뜻을 결합한 글자[形聲] 小篆字에서 採는 나무꾼이 손으로 땔나무를 가려내는 것을 나타냈다. 이런 자형에서 '캐다'의 뜻이 나왔다.	採擇(채택) 골라서 가려 냄 採用(채용) ① 인재(人材)를 등용(登用)함. 사람을 씀 ② 채택(採擇)하여 씀	
彩 채색 채 준3급 常	채색 彩는 무늬 채(采)의 음 및 뜻과 터럭의 뜻을 결합한 글자[形聲] 小篆字에서 彩는 손으로 나무에 단청하듯 여러 가지 무늬를 붓으로 꾸미는 것을 나타냈다. 이런 자형에서 '채색'의 뜻이 나왔다.	色彩(색채) 빛깔 多彩(다채) 여러 가지 빛깔이 어울려 아름다움. 여러 가지로 많고 호화(豪華)로움 光彩(광채) 눈부신 빛 水彩畵(수채화) 물에 풀 수 있는 물감을 써서 그림	
寨 목책 채 1급	砦(채)와 통자(通字). 塞(새)의 생략형이 음을 나타냄.	山寨(산채) ① 산에 돌이나 목책(木柵) 따위를 빙 둘러 만든 진터 ② 산 도둑이 웅거(雄據)하는 소굴	
蔡 성씨 채 2급	뜻을 나타내는 초두머리(艹(=艸)→풀, 풀의 싹)部와 음을 나타내는 祭(제)로 이루어짐.	蔡濟恭(채제공) 조선시대 22대 정조(正祖) 때의 재상(宰相)	
采 풍채 채 2급	손톱조(爪(=爫)→손톱)部와 木(목)으로 이루어져 나무 싹이나 열매 따위를 '따다'의 뜻. 采(채)를 영지(領地)의 뜻으로 빌려 쓰게 되어 '따다'의 뜻에는 採(채)를 씀.	喝采(갈채) 어떤 일을 훌륭하게 해낸 사람이나 그 행위(行爲)에 대해, 칭찬(稱讚)·찬양(讚揚)의 뜻으로 큰소리를 지르는 것 風采(풍채) 사람의 드러나 보이는 의젓한 겉모양	
債 빚 채 준3급 常	빚 債는 사람(亻)의 뜻과 구할 책(責)의 음 및 뜻을 결합한 글자[形聲] 小篆字에서 債는 남에서 돈을 빌려주고 받으려는 것을 나타냈다. 이런 자형에서 '빚'의 뜻이 나왔다.	債券(채권) 국가, 공공 단체 등이 자기의 채무를 증명하여 발행(發行)하는 유가증권 負債(부채) 남에게 빚을 짐 또는 그 빚 債務(채무) 빌린 것을 다시 되갚아야 하는 의무(義務)	

冊 책 책 4급 | 常	책 冊은 대쪽에 가죽끈을 엮은 모양을 본뜬 글자[象形] 甲文字에서 冊은 고대 종이가 없던 때에 대쪽을 가죽 끈으로 엮어 종이로 사용한 것을 본떴다. 이런 자형에서 '책'의 뜻이 나왔다.	冊床(책상) 책을 읽거나 글씨를 쓰는 데 받치고 쓰는 상 空冊(공책) 글씨를 쓰거나 그림을 그리도록 주(主)로, 흰 종이로 맨 책		
責 꾸짖을 책 5급 | 常	꾸짖을 責은 가시 풀 치의 음 및 뜻과 조개(貝)의 뜻을 결합한 글자[形聲] 甲文字에서 責은 빌린 돈을 갚으라고 가시나무로 다그치는 것을 나타냈다. 이런 자형에서 '꾸짖다'의 뜻이 나왔다.	責任(책임) 도맡아 해야 할 임무(任務) 叱責(질책) 꾸짖어서 나무람		
策 꾀 책 준3급 | 常	채찍 策은 대나무(竹)의 뜻과 가시 차의 음 및 뜻을 결합한 글자[形聲] 金文字에서 策은 가시나무와 같이 따끔한 대나무로 만든 매를 나타냈다. 이런 자형에서 '채찍'의 뜻이 나왔다.	對策(대책) 어떤 사건 또는 시국(時局)에 대한 방책(方策) 解決策(해결책) 해결(解決)할 방책(方策)		
柵 울타리 책 1급	柵(책)과 동자(同字). 뜻을 나타내는 나무목(木→나무)部와 음을 나타내는 冊(책)이 합하여 이루어짐.	鐵柵(철책) 쇠살로 만든 우리나 울타리 柵門後市(책문후시) 조선시대에 중국 청나라와 행하던 밀무역 시장 城柵(성책) 성을 보호하기 위한 울타리		
妻 아내 처 준3급 | 常	아내 妻는 베틀을 잡은 손과 여자(女)의 뜻을 결합한 글자[會意] 甲文字에서 妻는 손에 베틀을 잡고 있는 여자를 나타내었다. 이런 자형에서 뜻이 나왔다.	妻男(처남) 아내의 남자(男子) 형제(兄弟) 妻家(처가) 아내의 본집		
處 곳 처 준4급 | 常	곳 處는 범(虍)과 걷다(夂), 그리고 안석(几)의 뜻을 결합한 글자[會意] 甲文字에서 處는 걸음을 안석에 멈추어 쉬는 것을 나타내었다. 이런 자형에서 멈춘 '곳'의 뜻이 나왔다. 후에 虍가 첨가되었다.	處理(처리) 일을 다스려 치러 감. 사건(事件) 또는 사무(事務)를 갈무리하여 끝장을 냄 措處(조치) 일을 정돈(整頓)하여 처리(處理)함 對處(대처) 어떠한 일에 대응(對應)하는 조치(措置)		
悽 슬퍼할 처 2급	심방변(忄(=心, 㣺)→마음, 심장)部와 음을 나타내는 동시(同時)에 '쓸쓸하다'의 뜻을 나타내기 위한 妻(처)로 이루어짐. '마음에 쓸쓸하게 생각하다, 아픔을 느끼다'의 뜻	悽絶(처절) 참혹(慘酷)하리 만큼 구슬픔 悽慘(처참) 끔찍스럽게 참혹(慘酷)함 悽然(처연) 쓸쓸하고 구슬픈 모양(模樣)		
凄 쓸쓸할 처 1급	悽(처)와 동자(同字). 뜻을 나타내는 이수변(冫→고드름, 얼음)部와 음을 나타내는 妻(처)가 합하여 이루어짐.	凄然(처연) 외롭고 쓸쓸하고 구슬픔 凄涼(처량) ① 마음이 구슬퍼질 만큼 쓸쓸함 ② 서글프고 구슬픔		
尺 자 척 준3급 | 常	자 尺은 손목에서 팔꿈치까지를 가리킨 글자[指事] 小篆字에서 尺은 손목에서 팔꿈치까지의 길이를 나타냈다. 이런 자형에서 길이를 재는 '자'의 뜻이 나왔다. 후에 전성되어 '법도'의 뜻으로 쓰인다.	尺度(척도) 자로 잰 길이 咫尺(지척) 아주 가까운 거리		
斥 물리칠 척 3급 | 常	내칠 斥은 '도끼(斤)와 찍다'의 뜻을 결합한 글자[會意] 小篆字에서 斥은 집안 어른에게 거역한 자를 쫓아내는 것을 나타냈다. 후에 斥으로 자형이 변하였으며, 이런 자형에서 '물리치다'의 뜻으로 쓰인다.	排斥(배척) 반대(反對)하여 내침 衛正斥邪(위정척사) 사악(邪惡)한 것을 배척(排斥)하고 정의(正義)를 지킴		

拓 넓힐 척 준3급 | 常	주울 拓은 손(扌)의 뜻과 돌 석(石)의 음 및 뜻을 결합한 글자[形聲] 小篆字에서 척은 농토를 넓히기 위해 척박한 땅의 돌을 가려내는 것을 나타내었다.	開拓(개척) 거친 땅을 일구어 논, 밭을 만듦 干拓(간척) 호수(湖水)나 바닷가에 제방(堤防)을 만들어 그 안의 물을 빼고 육지(陸地)나 경지(境地)를 만듦	
戚 친척 척 준3급 | 常	친척 戚은 도끼의 뜻과 콩 숙(尗)의 음을 결합한 글자[形聲] 金文字에서 戚은 전쟁을 앞두고 적개심과 사기를 높이기 위해 많은 사람이 모여 춤 출 때 사용하는 작은 도끼를 나타냈다. 이런 자형에서 '겨레'의 뜻이 나왔다.	親戚(친척) 친척(親戚)과 외척(外戚) 一家親戚(일가친척) 동성(同姓)과 이성(異姓)의 모든 겨레붙이	
隻 외짝 척 2급 |	又(우→손)와 추(→새)와의 합자(合字). 손에 잡은 새 한 마리의 뜻. 전(轉)하여, 하나의 뜻이 됨.	片言隻字(편언척자) 한두 마디의 짧은 말과 글	
千 일천 천 7급 | 常	일천 千은 자신을 가리켜 숫자를 나타낸 글자[指事] 甲文字에서 千은 고대에 百은 엄지손가락을 펴서 나타내었고, 千은 몸에 획을 그어 나타냈다. 이런 자형에서 千의 뜻이 나왔다.	千字文(천자문) 한문(漢文) 초학자를 위한 교과서 겸 습자교본으로 1,000자가 수록되어 있음 數千(수천) 여러 천, 몇 천	
川 내 천 7급 | 常	내 川은 양쪽 골짜기와 물을 본뜬 글자[象形] 石文字에서 川은 양쪽 골짜기 사이로 흐르는 물줄기를 본떴다. 이런 자형에서 '내'의 뜻이 나왔다.	山川(산천) 산과 내 河川(하천) 강과 시내	
天 하늘 천 7급 | 常	하늘 天은 크다(大)와 하나(一)의 뜻을 결합한 글자[會意] 甲文字에서 天은 사람의 머리끝에 있는 정수리를 크게 나타냈다. 小篆字에서는 사람 위에 있으며, 하나밖에 없는 천상을 나타냈다.	天壽(천수) 타고난 수명(壽命) 天干(천간) 60갑자의 위 단위(單位)를 이루는 요소(要素) 天地(천지) 하늘과 땅	
泉 샘 천 4급 | 常	샘 泉은 땅에서 솟아나는 물의 모양을 본뜬 글자[象形] 金文字에서 泉은 바위틈에서 저절로 솟아나는 물의 모양을 본떴다. 이런 자형에서 물의 근원인 '샘'의 뜻이 나왔다.	溫泉(온천) 지열로 땅속에서 평균(平均) 기온(氣溫) 이상(以上)으로 물이 더워져서 땅 위로 솟아오르는 샘 源泉(원천) ① 물이 흘러나오는 근원 ② 사물의 근원	
淺 얕을 천 준3급 | 常	얕을 淺은 물(氵)의 뜻과 작은 잔의 음 및 뜻을 결합한 글자[形聲] 小篆字에서 淺은 물의 깊이가 낮은 것을 나타냈다. 이런 자형에서 '얕다'의 뜻이 나왔다.	淺薄(천박) 학문(學問)이나 생각이 얕음	
踐 밟을 천 준3급 | 常	밟을 踐은 발(足)의 뜻과 쌓을 전(戔)의 음 및 뜻을 결합한 글자[形聲] 小篆字에서 踐은 걸어 갈 때에 땅에 발자국을 남기며 가는 것을 나타냈다. 이런 자형에서 '밟다'의 뜻이 나왔다.	實踐躬行(실천궁행) 실제(實際)로 몸소 이행(履行)함 實踐(실천) 실제(實際)로 해냄	
賤 천할 천 준3급 | 常	천할 賤은 조개(貝)의 뜻과 상할 잔(戔)의 음 및 뜻을 결합한 글자[形聲] 石文字에서 賤은 헐어지거나 깨진 물건은 값이 싸고 가치가 낮다는 것을 나타냈다.	貴賤(귀천) 귀(貴)한 사람과 천(賤)한 사람 賤待(천대) 업신여기어서 푸대접함	

ㅊ

遷 옮길 천 / 준3급 常	옮길 遷은 쉬엄쉬엄 가다(辶)의 뜻과 가마에 오를 선의 음 및 뜻을 결합한 글자[形聲] 小篆字에서 遷은 사람이 두 손을 모아 가마에 오르는 것을 나타냈다. 이런 자형에서 '옮기다'의 뜻이 나왔다.	遷都(천도) 도읍(都邑)을 옮김 左遷(좌천) 관리(官吏)가 높은 자리에서 낮은 자리로 떨어짐 變遷(변천) 변(變)하여 바뀜			
薦 천거할 천 / 3급 常	천거할 薦은 풀(艹)의 뜻과 외뿔양 치(廌)의 음 및 뜻을 결합한 글자[形聲] 金文字에서 薦은 양에게 깨끗하고 신선한 풀잎을 마련해 주는 것을 나타냈다. 이런 자형에서 '천거하다'의 뜻이 나왔다.	推薦(추천) 어떤 조건(條件)에 적합한 대상(對象)을 책임지고 소개(紹介)함 薦擧(천거) 사람을 어떤 자리에 추천(推薦)하는 일 自薦(자천) 자기(自己)가 자기(自己)를 추천(推薦)함			
哲 밝을 철 / 준3급 常	밝을 哲은 끊을 절(折)의 음 및 뜻과 입(口)의 뜻을 결합한 글자[形聲] 金文字에서 哲은 총명한 지혜로 사리를 명백하게 생각하는 것을 나타냈으나, 小篆字에서 心이 口로 바뀌어 분명하게 말하는 것을 나타냈다.	哲學(철학) 인간(人間)이나 인생(人生)·세계(世界)의 지혜(智慧), 궁극(窮極)의 근본(根本) 원리(原理)를 추구(追求)하는 학문			
撤 거둘 철 / 2급	뜻을 나타내는 재방변(扌(=手)→손)部와 음을 나타내는 부수를 제외한 글자(철)이 합하여 이루어짐.	撤回(철회) 일단 제출(提出)했던 것을 다시 되돌려 들임 撤收(철수) 거두어들임. 걷어치움 撤廢(철폐) 철거(撤去)하여 폐지(廢止)함			
徹 통할 철 / 준3급 常	통할 徹은 자축거리다(彳)와 기르다(育) 그리고 치다(攵)의 뜻을 결합한 글자[會意] 金文字에서 徹은 어릴 때부터 매를 들고 꾸준히 기르는 것을 나타냈다.	徹底(철저) (태도(態度)나 상태(狀態)가) 속속들이 꿰뚫거나 미치어 부족(不足)함이나 빈틈이 없음 貫徹(관철) 자신의 주장(主張)이나 방침(方針)을 밀고 나가 목적을 이룸 冷徹(냉철) 감정(感情)에 치우치지 않고 이성적으로 생각함			
鐵 쇠 철 / 5급 常	쇠 鐵은 쇠(金)의 뜻과 성할 질의 음 및 뜻을 결합한 글자[形聲] 金文字에서 鐵은 어디서나 얻을 수 있는 거칠고 못난 금속을 나타냈다. 이런 자형에서 모든 '쇠'의 뜻이 나왔다.	地下鐵(지하철) 땅속에 굴을 파서 부설한 철도 鐵筋(철근) 콘크리트 속에 박아 뼈대로 삼는 가늘고 긴 쇠막대			
擲 던질 척 / 1급	擿(척)과 동자(同字). 뜻을 나타내는 재방변(扌(=手)→손)部와 음을 나타내는 鄭(정)으로 이루어짐.	快擲(쾌척) 금품을 마땅히 쓸 자리에 시원스럽게 내놓는 것 投擲(투척) (비교적(比較的) 무거운 물체(物體)를) 힘껏 던지는 것			
滌 씻을 척 / 1급	뜻을 나타내는 삼수변(氵(=水, 氺)→물)部와 음을 나타내는 條(조)로 이루어짐.	洗滌(세척) 깨끗이 씻음			
瘠 여윌 척 / 1급	뜻을 나타내는 병질엄(疒→병, 병상에 드러누운 모양)部와 음을 나타내는 脊(척)이 합하여 이루어짐.	瘠薄(척박) 흙이 몹시 메마르고 기름지지 못함 瘦瘠(수척) (얼굴이나 몸이) 야위어 건강(健康)하지 않게 보이는 상태(狀態)에 있음			
脊 등마루 척 / 1급	등뼈를 본뜬 夫(부)와 月(=肉고기)의 합자(合字).	脊髓(척수) 뇌의 가장 밑에 존재하는 연수(延髓) 아래쪽으로 뻗어 있음 脊椎(척추) 등골뼈로 이루어진 등마루			

陟 오를 척 2급	좌부변(阝(=阜)→언덕)部(阜=丘구)와 부수를 제외한 글자 步(보)와 합자(合字). 언덕을 오름의 뜻.	進陟(진척) 일이 진행(進行)되어 감 黜陟(출척) 등용과 추출. 못된 사람을 내쫓고 착한 사람을 올리어 씀	
喘 숨찰 천 1급	歂(천)과 동자(同字). 뜻을 나타내는 입구(口→입, 먹다, 말하다)部와 음을 나타내는 부수를 제외한 글자 耑(전)으로 이루어짐.	喘息(천식) 기관지(氣管支)에 경련(痙攣)이 일어나는 병(病). 숨이 가쁘고 기침이 나며 가래가 심함	
擅 멋대로 할 천 1급	뜻을 나타내는 재방변(扌(=手)→손)部와 음을 나타내는 亶(단)으로 이루어짐.	獨擅(독천) 제 마음대로 쥐고 흔듦	
穿 뚫을 천 1급	穴(혈)과 牙(아)의 합자(合字). 엄니로 구멍을 뚫음의 뜻.	穿鑿(천착) 구멍을 뚫음, 학문(學問)을 깊이 연구(研究)함 穿孔(천공) 구멍을 뚫음, 위벽·복막(腹膜) 등이 상해(傷害) 구멍이 남	
闡 밝힐 천 1급	문문(門→두 짝의 문, 문중·일가)部와 음을 나타내는 부수를 제외한 글자 單(선)으로 이루어짐.	闡明(천명) 사실(事實)이나 의사(意思)를 분명(分明)하게 드러내서 밝힘 闡揚(천양) 생각이나 주장을 드러내어 밝혀서 널리 퍼뜨림	
釧 팔찌 천 2급	뜻을 나타내는 쇠금(金→광물·금속·날붙이)部와 음을 나타내는 川(천)이 합하여 이루어짐.	寶釧(보천) 값비싼 팔찌	
凸 볼록할 철 1급	중앙이 볼록하게 나온 형상을 본뜬 글자.	凹凸(요철) 오목하게 들어감과 볼록하게 나옴. 울퉁불퉁함 凸版(철판) 볼록판. 판면의 볼록하게 도드라진 글자나 그림에 잉크가 묻어서 인쇄되는 인쇄판을 통틀어 이르는 말	
哲 밝을 철 3급	입으로 도리를 밝히다. 분명하게 사물을 구별하다. 喆(철)은 俗字(속자).	哲理(철리) 현묘한 이치, 철학상의 이치 哲學(철학) 자연과 인생, 현실 및 理想(이상)에 관한 근본 원리를 연구하는 학문	
澈 맑을 철 2급	뜻을 나타내는 삼수변(氵(=水, 氺)→물)部와 음을 나타내는 부수를 제외한 글자 (철)이 합하여 이루어짐.	瑩澈(형철) ① 환하게 내다보이도록 맑음 ② (사고력 따위가) 밝고 투철(透徹)함	
綴 엮을 철 1급	실사(糸→실타래)와 '계속(繼續)되다', '연잇다'의 뜻을 가진 부수를 제외한 글자 叕(철)로 이루어짐. 실을 얽어서 하나로 '만들다'의 뜻.	補綴(보철) 상한 이를 고치거나 의치(義齒)를 해 박는 일 綴字法(철자법) 맞춤법. 어떤 문자로써 한 언어(言語)를 표기하는 규칙	

轍 바퀴자국 철 1급	수레거(車→수레, 차)와 '통하다'의 뜻(→通통)을 가지는 徹(철)의 생략형인 부수를 제외한 글자(철)로 이루어지며, 수레가 지나간 자국의 뜻.	軌轍(궤철) 차가 지나간 바퀴 자국 前轍(전철) 앞에 지나간 수레바퀴의 자국이라는 뜻으로, 이전(以前)에 이미 실패(失敗)한 바 있는 일의 비유(比喩)	
尖 뾰족할 첨 3급 常	뾰족할 尖은 작다(小)와 크다(大)의 뜻을 결합한 글자[會意] 隷書字에서 尖은 큰 부분이 위로 갈수록 점점 작아진 것을 나타냈다. 이런 자형에서 '뾰족하다'의 뜻이 나왔다.	尖端(첨단) 물건의 뾰족한 끝 尖銳(첨예) (사상(思想)·태도(態度)가) 앞서 있거나 급진적(急進的)인 데가 있음	
添 더할 첨 3급 常	더할 添은 물(氵)의 뜻과 욕될 첨(忝)의 음 및 뜻이 결합한 글자[形聲] 隷書字에서 添은 잘못된 사람에게 물을 끼얹고 욕까지 하는 것을 나타냈다. 이런 자형에서 '더하다'의 뜻이 나왔다.	添加(첨가) 더함, 더하여 붙임 添附(첨부) 더하여 붙임 添削(첨삭) 시문(詩文)·답안(答案) 등을 더하거나 깎거나 하여 고침	
僉 다 첨 1급	僉의 본자(本字). 많은 사람의 의견이 일치하는 일, 전(轉)하여 모든 사람을 뜻함.	都僉議使司(도첨의사사) 고려 후기 최고(最高) 통치 기관	
瞻 볼 첨 2급	뜻을 나타내는 눈목(目(=罒)→눈, 보다)部와 음을 나타내는 詹(첨)으로 이루어짐.	視瞻(시첨) ① 바라다봄 ② 휘둘러 봄 瞻星臺(첨성대) 별을 바라보는 대	
籤 제비 첨 1급	뜻을 나타내는 대죽(竹→대나무)部와 음을 나타내는 부수를 제외한 글자 韱(섬)으로 이루어짐.	當籤(당첨) 제비에 뽑힘 抽籤(추첨) 어떤 표시(表示)나 내용(內容)이 적힌 종이쪽이나 기타의 여러 물건 중(中)에 어느 것을 무작위(無作爲)로 뽑아 결정(決定)하는 것	
諂 아첨할 첨 1급	뜻을 나타내는 말씀언(言→말하다)部와 음을 나타내는 부수를 제외한 글자 臽(함)으로 이루어짐.	阿諂(아첨) 남의 마음에 들려고 간사(奸邪)를 부려 비위를 맞추어 알랑거리는 짓	
妾 첩 첩 3급 常	첩 妾은 죄(立)와 여자(女)의 뜻을 결합한 글자[會意] 甲文字에서 妾은 고대의 죄를 지어 남의 몸종이 된 여자를 나타냈다. 이런 자형에서 '첩'의 뜻이 나왔다.	妻妾(처첩) 아내와 첩(妾)	
諜 염탐할 첩 2급	뜻을 나타내는 말씀언(言→말하다)部와 음을 나타내는 부수를 제외한 글자 枼(엽)으로 이루어짐.	間諜(간첩) 비밀(秘密) 수단(手段)을 써서 적이나 또는 경쟁(競爭) 상대(相對)의 정보(情報)를 탐지(探知)하여 자기편(自己便)에 통보하는 사람. 스파이 諜報(첩보) 상대방(相對方)의 정보(情報)나 형편(形便)을 몰래 탐지(探知)하여 보고(報告)함 또는 그 보고(報告). 첩정(諜呈)	
帖 문서 첩 1급	뜻을 나타내는 수건건(巾→옷감, 헝겊)部와 음을 나타내는 占(점)으로 이루어짐. 명주에 글자를 써넣은 것.	手帖(수첩) 늘 가지고 다니면서 기억(記憶)해 두어야 할 내용(內容)을 적을 수 있도록 만든 조그마한 공책 寫眞帖(사진첩) 사진(寫眞)을 붙여 보존(保存)하기 위해, 여러 장의 두꺼운 종이를 한쪽을 묶어 책처럼 만든 물건 畵帖(화첩) 그림을 모아 엮은 책	

한자	자원(字源)	용례(用例)
捷 빠를 첩 1급	捷(첩)과 동자(同字). 뜻을 나타내는 재방변(扌(=手)→손)部와 음을 나타내는 부수를 제외한 글자 疌(섭·첩)으로 이루어짐. 음을 빌려 '이기다'의 뜻(→勝승)에 쓰임.	敏捷(민첩) 재빠르고 날램 捷徑(첩경) ① 지름길 ② 빠른 방법 北關大捷碑(북관대첩비) 임진왜란 때 정문부(鄭文孚)를 대장으로 한 함경도 의병의 전승을 기념(記念)한 전공비. 이때는 이길 첩
牒 편지 첩 1급	뜻을 나타내는 조각편변(片→조각, 쪼개다)部와 음을 나타내는 부수를 제외한 글자 枼(엽)으로 이루어짐.	通牒(통첩) 관청(官廳)·단체(團體) 등에서 문서(文書)로 통지(通知)하는 일 또는 그 글월 請牒狀(청첩장) 경사(慶事)가 있을 때에 남을 초청하는 글발
疊 거듭 첩 1급	叠(첩)과 동자(同字). 疉(첩)의 본자(本字). 옛날에는 재판관이 판결하는 데 3일간 평의하여 결정하였기 때문에 晶(정)과 宜(의)를 합하였음.	重疊(중첩) 거듭 겹치거나 겹쳐지는 것
貼 붙일 첩 1급	뜻을 나타내는 조개패(貝→돈, 재물)部와 음을 나타내는 占(점)으로 이루어짐.	貼付(첩부) ① 발라서 붙임 ② 착 달라붙게 함
青 푸를 청 8급 常	푸를 靑은 생기다(生)와 붉다(丹)의 뜻을 결합한 글자[會意] 金文字에서 靑은 초목의 싹이 나올 때 붉은 기운이 자라며 푸르게 되는 것을 나타냈다. 이런 자형에서 '푸르다'의 뜻이 나왔다.	靑瓦臺(청와대) 대통령(大統領) 관저 靑寫眞(청사진) ① 미래(未來)의 계획(計劃)·구상 ② 파랗게 나오는 도면(圖面) 靑年(청년) 청춘기(靑春期)에 있는 젊은 사람
清 맑을 청 6급 常	맑을 淸은 물(氵)의 뜻과 푸를 청(靑)의 음 및 뜻을 결합한 글자[形聲] 金文字에서 淸은 물이 맑고 깨끗한 것을 나타냈다. 이런 자형에서 '맑다'의 뜻이 나왔다.	淸廉(청렴) 성품(性品)이 고결(高潔)하고 탐욕(貪慾)이 없음 淸算(청산) 상호 간에 채무(債務)·채권(債權) 관계(關係)를 셈하여 깨끗이 정리함 淸掃(청소) 깨끗이 소제(掃除)함
晴 갤 청 3급 常	맑을 晴은 해(日)의 뜻과 푸를 청(靑=生)의 음 및 뜻을 결합한 글자[形聲] 小篆字에서 晴은 비온 뒤 저녁에 별이 뜨는 것을 나타냈다. 이런 자형에서 '맑다'의 뜻이 나왔다.	晴天(청천) 맑게 갠 하늘 快晴(쾌청) 하늘이 상쾌(爽快)하도록 맑게 갬
請 청할 청 준4급 常	청할 請은 말씀(言)의 뜻과 푸를 청(靑)의 음을 결합한 글자[形聲] 小篆字에서 請은 젊은 사람이 어른에게 부탁을 드리는 것을 나타냈다. 이런 자형에서 '청하다'의 뜻이 나왔다.	要請(요청) 필요한 일이 이루어지도록 요긴하게 부탁함 또는 그런 부탁 請求(청구) 상대방(相對方)에 대하여 일정한 행위를 요구(要求)하는 일 招請(초청) 청하여 불러들임
聽 들을 청 4급 常	들을 聽은 귀(耳)와 받다(壬) 그리고 큰 덕(悳)의 뜻을 결합한 글자[會意] 甲文字에서 聽은 귀와 두 사람의 입을 나타냈으나, 小篆字에서는 悳이 첨가되어 곧은 말을 듣는 것을 나타냈다. 이런 자형에서 '듣다'의 뜻이 나왔다.	盜聽(도청) 몰래 엿들음 聽聞會(청문회) 국회에서 필요한 경우 증인, 참고인, 감정인을 채택하여 신문하는 제도 視聽者(시청자) 텔레비전의 방송(放送) 프로를 시청하는 사람
廳 관청 청 4급 常	관청 廳은 집(广)의 뜻과 들을 청(聽)의 음 및 뜻을 결합한 글자[形聲] 小篆字에서 廳은 聽자로, 백성들의 의견을 눈과 귀로 듣는 것을 나타내었다. 隸書字에서 广의 뜻이 첨가되었다. 이런 자형에서 '관청'의 뜻이 나왔다.	敎育廳(교육청) 시나 군을 단위(單位)로 하여 그 지역(地域)의 교육(敎育), 학술(學術)에 관(關)한 일을 맡아보는 관청 廳舍(청사) 관아(官衙)의 집, 관청(官廳)의 건물

ㅊ

逮 잡을 체 3급 | 常	辶(辵)+미칠(대) (음)[形聲] '미치다'의 뜻에 辵을 덧붙여 뒤에서 길을 따라 '미치다'의 의미를 나타냈다. 이런 자형에서 '미치다'의 뜻이 나왔다.	逮捕(체포) 죄인(罪人)을 쫓아가서 잡음		
替 바꿀 체 3급 | 常	바꿀 替는 두 사내와 말하다(日)의 뜻을 결합한 글자[會意] 金文字에서 替는 두 사내가 마주앉아 번갈아 말하는 것을 나타냈다. 이런 자형에서 '바꾸다'의 뜻이 나왔다.	代替(대체) 다른 것으로 바꿈 交替(교체) 자리나 역할(役割) 따위를 다른 사람 또는 다른 것과 바꿈 移替(이체) 서로 옮기어 바뀜		
遞 번갈아 체 3급 | 常	辶(辵)+虒(音), 虒는 易과 통하여 '갈마들다'는 뜻[形聲] '번갈아 나아가다, 차례로 전하여 보내다'의 뜻을 나타낸다.	郵遞局(우체국) 우편업무를 맡아보는 정부기관 遞信部(체신부) 행정(行政) 각부(各部)의 하나. 1994년 정보(情報) 통신부(通信府)로 개편(改編)됨		
滯 막힐 체 준3급 | 常	水(氵)+띠 帶(音)[形聲] 띠를 두른 것처럼 물이 흐르지 않다는 의미를 나타냈다. 이런 자형에서 '막히다'의 뜻이 나왔다.	沈滯(침체) 일이 잘 진전되지 않음 停滯(정체) 사물(事物)이 한곳에 그쳐서 쌓임 急滯(급체) ① 갑작스럽게 체함 ② 또는 그런 증세		
體 몸 체 6급 | 常	몸 體는 뼈(骨)의 뜻과 두터울 풍(豊)의 음 및 뜻을 결합한 글자[形聲] 小篆字에서 體는 뼈에 살이 두껍게 붙어 있는 것을 나타냈다. 이런 자형에서 '몸'의 뜻이 나왔다.	團體(단체) 공동의 목적을 달성(達成)하기 위하여 의식적으로 결합한 두 사람 이상의 집단 具體的(구체적) 사물(事物)이 뚜렷한 실체(實體)를 갖추고 실제(實際)의 형체·내용을 가지고 있는 모양(模樣) 體制(체제) 사회를 하나의 유기체로 볼 때에, 그 조직이나 양식 또는 그 상태를 이르는 말		
締 맺을 체 2급	뜻을 나타내는 실사(糸→실타래)部와 음을 나타내는 동시(同時)에 '고정(固定)하다'의 뜻(→定정)을 가진 帝(제)로 이루어짐. 얽어 '맺다'의 뜻.	締結(체결) 계약(契約)이나 조약(條約) 등을 맺음 締結國(체결국) 조약(條約)·계약(契約) 등을 체결(締結)한 나라		
涕 눈물 체 1급	뜻을 나타내는 삼수변(氵(=水, 氺)→물)部와 음을 나타내는 부수를 제외한 글자 弟(제)로 이루어짐.	涕泣(체읍) 눈물을 흘리며 욺		
諦 살필 체 1급	뜻을 나타내는 말씀언(言→말하다)部와 음을 나타내는 동시(同時)에 '높이 올리다'의 뜻(→提제)을 가진 帝(제)로 이루어짐. 남에게 알 수 있도록 자세히 '말하다'의 뜻.	俗諦(속체) 속세(俗世)의 실상(實相)에 따라 알기 쉽게 설명(說明)한 진리 諦念(체념) ① 도리(道理)를 깨닫는 마음 ② 아주 단념함		
肖 닮을 초 준3급 | 常	같을 肖는 작을 소(小)의 음 및 뜻과 몸(月)의 뜻을 결합한 글자[形聲] 小篆字에서 肖는 자식이 부모의 몸과 닮은 것을 나타냈다. 이런 자형에서 '닮다'의 뜻이 나왔다.	肖像(초상) 사람의 얼굴이나 모양(模樣)을 그림으로 그리거나 조각(彫刻)으로 새김 不肖(불초) 못나고 어리석음 또는 그런 사람		
抄 뽑을 초 3급 | 常	재방변(扌(=手)→손)과 '떠내다'의 뜻을 가지는 少(소)로 이루어짐. 손으로 떠내는 일, 음을 빌려 '닮게 하다'의 뜻에 쓰이고, 전(轉)하여 문서(文書)를 똑같이 '옮겨 쓰다, 뽑아 쓰기'의 뜻.	抄本(초본) 원본의 일부를 베끼거나 발췌(拔萃)한 문서 抄錄(초록) 소용(所用)될 만한 것만 뽑아서 적음 또는 그러한 기록(記錄)		

初 처음 초 5급 | 常	처음 初는 옷(衣)과 칼(刀)의 뜻을 결합한 글자[會意] 金文字에서 初는 옷감에 처음 칼을 대어 옷을 만드는 것을 나타냈다. 이런 자형에서 '처음'의 뜻이 나왔다.	最初(최초) 맨 처음 初步(초보) 학문이나 기술 따위를 익힐 때의 그 처음 단계나 수준 初期(초기) 처음 시기	
招 부를 초 4급 | 常	부를 招는 손(扌)의 뜻과 부를 소(召)의 음 및 뜻을 결합한 글자[形聲] 金文字에서 招는 다른 사람에게 손짓과 소리를 쳐 부르는 것을 나타냈다. 이런 자형에서 '부르다'의 뜻이 나왔다.	招來(초래) 어떤 결과(結果)를 가져옴 招請(초청) 청하여 불러들임 自招(자초) 스스로 그러한 결과(結果)가 오게 함	
草 풀 초 7급 | 常	풀 草는 풀(艹)의 뜻과 이를 무의 음 및 뜻과 결합한 글자[形聲] 小篆字에서 草는 봄에 일찍 돋아나는 것을 나타냈다. 이런 자형에서 '풀'의 뜻이 나왔다.	草木(초목) 풀과 나무 草案(초안) ① 문장(文章)이나 시 따위를 초잡음 ② 초잡은 글발, 기초(起草)한 의안(議案) 草稿(초고) 거칠고 다듬어지지 않은 原稿(원고)	
秒 분초 초 3급 | 常	나무(木)+작다(少)(音). 少는 가늘다는 뜻이다[形聲] 나무 끝의 가는 부분, 곧 나무의 끝을 가리키며, 파생되어 '끝'의 뜻을 의미한다.	秒速(초속) 1초 동안의 속도 分秒(분초) 분과 초, 곧 아주 짧은 시간	
哨 망볼 초 2급	뜻을 나타내는 입구(口→입, 먹다, 말하다)部와 음을 나타내는 肖(초)가 합하여 이루어짐.	哨所(초소) 보초가 서 있는 곳 前哨戰(전초전) 전투(戰鬪)가 벌어지기 전의 작은 충돌(衝突) 哨艦(초함) 망보는 배	
焦 탈 초 준3급	연화발(灬(=火)→불꽃)部와 '상처 내다'의 뜻을 가지는 隹(추)로 이루어짐. 불에 타서 '상처 나다'의 뜻.	焦點(초점) 사물(事物)·관심(關心)·흥미(興味)가 집중(集中)되는 가장 중요(重要)한 부분(部分) 焦燥(초조) 애를 태워서 마음을 졸이는 모양(模樣)	
超 뛰어넘을 초 준3급 | 常	뛰어넘을 超는 달리다(走)의 뜻과 부를 소(召)의 음 및 뜻을 결합한 글자[形聲] 小篆字에서 超는 웃어른의 부름을 받고 힘을 다해 달려가는 것을 나타냈다. 이런 자형에서 '뛰어넘다'의 뜻이 나왔다.	超過(초과) 사물(事物)의 한도(限度)를 넘어섬 超高速(초고속) 고속(高速)보다 더 빠른 속도(速度) 超越(초월) 어떤 한계(限界)나 표준(標準)을 넘음	
礎 초석 초 준3급 | 常	초석 礎는 돌(石)의 뜻과 높을 초(楚)의 음과 뜻을 결합한 글자[形聲] 小篆字에서 礎는 높게 받친 돌을 나타내었다. 이런 자형에서 '주춧돌'의 뜻이 나왔다.	基礎(기초) 사물의 기본이 되는 토대 礎石(초석) 주춧돌. 기둥 밑에 기초로 받쳐 놓은 돌	
憔 파리할 초 1급	뜻을 나타내는 심방변(忄(=心, 㣺)→마음, 심장)部와 음을 나타내는 焦(초)가 합하여 이루어짐.	憔悴(초췌) 얼굴이나 몸이 몹시 지치거나 병(病)을 앓거나 하여 안색(顔色)이 좋지 않거나 수척(瘦瘠)한 상태(狀態)에 있음	
梢 나뭇가지 끝 초 1급	뜻을 나타내는 木(목→나무)部와 음을 나타내는 肖(초)가 합하여 이루어짐.	末梢神經(말초신경) 뇌와 척수(脊髓)에서 나와 전신에 퍼져 몸의 각 부분(部分)과 중추신경계를 연락(連絡)하는 신경(神經). 끝신경.	

楚 초나라 초 2급	楚(초)는 많은 나무를 뜻하는 林(림)과 음을 나타내며 동시에 많은 뜻(→叢총)을 가지는 疋(필)로 이루어지며, 잘라 모아진 작은 나무의 뜻. 가시나무 초.	苦楚(고초) 괴로움과 어려움, 고난 四面楚歌(사면초가) 사방에서 들리는 초(楚)나라의 노래라는 뜻으로, 적에게 둘러싸인 상태(狀態)나 누구의 도움도 받을 수 없는 고립(孤立) 상태(狀態)에 빠짐을 이르는 말		
樵 나무할 초 1급	뜻을 나타내는 木(목→나무)部와 음을 나타내는 焦(초)가 합하여 이루어짐.	樵牧(초목) 땔나무를 하고 짐승을 치는 일 樵童(초동) 나무하는 아이		
炒 볶을 초 1급	뜻을 나타내는 불화(火(=灬)→불꽃)部와 음을 나타내는 少(소)로 이루어짐.	生鮮炒(생선초) 생선볶음		
硝 화약 초 1급	뜻을 나타내는 돌석(石→돌)部와 음을 나타내는 肖(초)가 합하여 이루어짐.	硝子體(초자체) 유리체(琉璃體)		
礁 암초 초 1급	뜻을 나타내는 돌석(石→돌)部와 음을 나타내는 焦(초)가 합하여 이루어짐.	坐礁(좌초) 함선(艦船)이 암초(暗礁)에 얹힘 暗礁(암초) 해면(海面) 가까이 숨어 있는 보이지 않는 바위		
稍 파초 초 1급	뜻을 나타내는 벼화(禾→곡식)部와 음을 나타내는 肖(초)가 합하여 이루어짐.	稍饒(초요) 살림이 제법 포실함		
蕉 파초 초 1급	뜻을 나타내는 초두머리(艹(=艸)→풀, 풀의 싹)部와 음을 나타내는 焦(초)로 이루어짐. 본래(本來) 생모시의 뜻, 나중에 파초(芭蕉)에 쓰임.	紅蕉(홍초) 파초과에 딸린 芭蕉(파초) 파초과에 딸린 여러해살이풀.		
貂 담비 초 1급	貂(초)의 본자(本字). 뜻을 나타내는 갖은돼지시변(豸→짐승, 돼지)部와 음을 나타내는 召(초)가 합하여 이루어짐.	狗尾續貂(구미속초) 담비 꼬리가 모자라 개꼬리로 이음. 담비 꼬리로 꾸민 冠(관) 뒤에 개꼬리로 꾸민 관이 잇따른다는 뜻 白貂皮(백초피) 흰 담비의 모피(毛皮).		
醋 초 초 1급	대법원 인명용으로는 초. 뜻을 나타내는 닭유(酉→술, 닭)部와 음을 나타내는 昔(석)으로 이루어짐.	醋酸(초산) 아세트산. 지방산(脂肪酸)의 한 가지. 자극적(刺戟的)이고 강한 냄새와 신맛을 내는 무색 액체 食醋(식초) 액체(液體) 조미료(調味料)의 하나. 약간의 초산(醋酸)이 들어 있어 신맛이 남		
促 재촉할 촉 준3급　常	재촉할 促은 사람(亻)의 뜻과 발 족(足)의 음 및 뜻을 결합한 글자[形聲] 小篆字에서 促은 사람이 발을 급히 서둘러 걷는 것을 나타냈다. 이런 자형에서 '재촉하다'의 뜻이 나왔다.	促求(촉구) 재촉하여 요구(要求)함 促進(촉진) 재촉하여 빨리 나아가게 함 督促(독촉) 빨리 서둘러 하도록 재촉하는 것		

燭 촛불 촉 3급 | 常	촛불 燭은 불(火)의 뜻과 벌레 촉(蜀)의 음 및 뜻을 결합한 글자[形聲] 小篆字에서 燭은 벌레가 꾸물거리며 타는 것을 나타냈다. 이런 자형에서 '촛불'의 뜻이 나왔다.	華燭(화촉) 혼인식(婚姻式) 따위에서 좌상의 등화. 뜻이 바뀌어 '혼례(婚禮)'를 달리 일컫는 말이 되었음 刻燭賦詩(각촉부시) 정(定)한 시간(時間) 안에 시를 짓는 놀이	
觸 닿을 촉 준3급 | 常	닿을 觸은 뿔(角)의 뜻과 벌레 촉(蜀)의 음 및 뜻을 결합한 글자[形聲] 小篆字에서 觸은 벌레가 싸울 때 뿔로서 서로 부딪히는 모습을 나타낸다. 이런 자형에서 '닿다'의 뜻이 나왔다.	觸發(촉발) 일을 당하여 충동(衝動)·감정(感情) 따위를 유발(誘發)함 觸感(촉감) ① 무엇에 닿았을 때의 느낌 ② 촉각(觸覺) ③ 촉상(觸傷)	
蜀 나라 이름 촉 2급	나비애벌레의 상형(象形)과 벌레충(虫→뱀이 웅크린 모양, 벌레)部의 합자(合字).	蜀鳥(촉조) 소쩍새 歸蜀道(귀촉도) 촉나라 망제의 혼이 새로 변하여 소쩍새가 되었다고 함	
囑 부탁할 촉 1급	붙을 囑은 꼬리(尾)의 뜻과 벌레 촉(蜀)의 음 및 뜻을 결합한 글자[形聲] 小篆字에서 屬은 짐승이나 벌레의 꼬리가 등뼈에 붙어 있는 것을 나타냈다. 이런 자형에서 '붙다'의 뜻이 나왔다.	委囑(위촉) 어떤 일을 다른 사람에게 부탁(付託)하여 맡김 囑望(촉망) 잘되기를 바라고 기대(期待)함 囑託(촉탁) 일을 부탁(付託)하여 맡김	
寸 마디 촌 8급 | 常	마디 寸은 손목에서부터 맥박이 뛰는 곳까지를 가리킨 글자[指事] 金文字에서 寸은 손목에서부터 맥박이 규칙적으로 뛰는 곳을 나타냈다. 이런 자형에서 '규칙'의 뜻이 나왔다.	四寸(사촌) 어버이의 친형제 자매의 아들이나 딸 寸鐵殺人(촌철살인) 한 치밖에 안 되는 칼로 사람을 죽인다는 뜻으로, 간단(簡單)한 경구(警句)나 단어(單語)로 사람을 감동(感動)시킴	
村 마을 촌 7급 | 常	마을 村은 나무(木)의 뜻과 법도 촌(寸)의 음 및 뜻을 결합한 글자[形聲] 小篆字에서 村은 나무를 중심으로 질서 있게 집을 짓고 사는 곳을 나타냈다. 이런 자형에서 '마을'의 뜻이 나왔다.	農村(농촌) 농토를 끼고 농사를 짓는 사람들이 사는 마을 地球村(지구촌) 지구 전체를 한 마을처럼 여겨 이르는 말	
忖 헤아릴 촌 3급	뜻을 나타내는 심방변(忄(=心, 忄)→마음, 심장)部와 음을 나타내는 寸(촌)이 합하여 이루어짐.	忖度(촌탁) 남의 마음을 미루어 헤아림	
銃 총 총 준4급 | 常	도끼구멍 銃은 쇠(金)의 뜻과 채울 충(充)의 음 및 뜻을 결합한 글자[形聲] 小篆字에서 銃은 도끼자루를 끼울 수 있는 구멍을 나타냈다. 이런 자형에서 '도끼자루 구멍'의 뜻이 나왔다. 후에 전성되어 총구멍과 비슷한 모양에서 '총'의 뜻으로 쓰인다.	銃器(총기) 소총(小銃)·권총(拳銃) 등의 병기(兵器) 拳銃(권총) 한 손으로 다룰 수 있게 만든 작은 총. 군용(軍用) 또는 호신용으로 쓰임. 피스톨	
聰 귀 밝을 총 3급 | 常	귀 밝을 聰은 귀(耳)의 뜻과 바쁠 총(悤)의 음 및 뜻을 결합한 글자[形聲] 小篆字에서 聰은 귀로 번잡한 말을 빨리 알아듣는 것을 나타냈다. 이런 자형에서 '총명하다'의 뜻이 나왔다.	聰明(총명) 슬기롭고 도리(道理)에 밝음	
總 거느릴 총 준4급 | 常	모을 總은 실(糸)의 뜻과 바쁠 총(悤)의 음 및 뜻을 결합한 글자[形聲] 小篆字에서 總은 번잡한 실을 한곳으로 묶는 것을 나타냈다. 이런 자형에서 '모우다'의 뜻이 나왔다.	總理(총리) 전체(全體)를 모두 관리하는 직책 總選(총선) 총선거(總選擧), 국회(國會) 의원(議員) 전체(全體)를 한꺼번에 선출(選出)하는 선거(選擧) 總帥(총수) 전군(全軍)을 지휘(指揮)하는 사람	

叢 모일 총 1급	풀의 떼 지어 나 있는 모양을 나타내는 '착'(아랫부분(部分)을 제외한 윗부분(部分))과 음을 나타내는 取(취)로 이루어짐. 풀숲의 뜻, 떼 지어 '모이다'의 뜻.	叢石亭(총석정) 강원도 통천군에 있는 정자. 관동팔경의 하나로, 주위에 현무암으로 된 여러 개의 돌기둥이 바다 가운데에 솟아 있어 절경을 이룸 慵齋叢話(용재총화) 조선 성종 때 문인(文人)·학자(學者)인 성현(成俔)의 수필집		
塚 무덤 총 1급	뜻을 나타내는 흙토(土→흙)部와 음을 나타내는 부수를 제외한 글자 冢(총)이 합하여 이루어짐.	天馬塚(천마총) 경상북도 경주시 황남동에 있는 신라 때의 고분. 금관, 마구, 금제 과대(銙帶) 및 요패 따위의 많은 부장품이 출토됨		
寵 사랑할 총 1급	뜻을 나타내는 갓머리(宀→집, 집 안)部와 음을 나타내는 龍(용)으로 이루어짐.	寵愛(총애) 남달리 귀엽게 여겨 사랑함 恩寵(은총) 높은 사람에게서 받는 특별(特別)한 은혜(恩惠)와 사랑		
撮 모을 촬 1급	뜻을 나타내는 재방변(扌(=手)→손)部와 음을 나타내는 最(최)로 이루어짐.	撮影(촬영) 형상(形像)을 사진(寫眞)이나 영화(映畵)로 찍음		
最 가장 최 5급 常	최고 最는 무릅쓰다(日)의 뜻과 취할 취(取)의 음 및 뜻을 결합한 글자[形聲] 金文字에서 最는 고대에 전쟁에서 위험을 무릅쓰고 적의 귀를 베어 오는 것을 제일로 여겼다.	最近(최근) ① 장소(場所)나 위치(位置)가 가장 가까움 ② 얼마 아니 되는 지나간 날, 요즈음 最高(최고) ① 가장 높음 ② 제일(第一)임		
催 재촉할 최 준3급 常	촉박할 催는 사람(亻)의 뜻과 산 높을 최(崔)의 음 및 뜻을 결합한 글자[形聲] 小篆字에서 催는 사람이 나는 새보다 높이 있는 산에 압도당하는 모습을 나타냈다.	開催(개최) 어떤 모임을 주장(主掌)하여 엶 主催(주최) 주창(主唱)하여 개최(開催)함 催淚彈(최루탄) 최루 가스를 넣는 탄환		
崔 성씨 최 2급	뜻을 나타내는 메산(山→산봉우리)部와 음을 나타내는 부수를 제외한 글자 隹(추)로 이루어짐.	崔致遠(최치원) 통일 신라 말기의 학자·문장가(857~?). 《계원필경》, 《사륙집(四六集)》 등의 저서를 남김		
抽 뽑을 추 3급 常	뽑을 抽는 손(扌)의 뜻과 열매 유(由)의 음 및 뜻을 결합한 글자[形聲] 小篆字에서 抽는 손으로 나무 열매를 딸 때 잘 익은 것을 고르는 것을 나타냈다.	抽籤(추첨) 제비를 뽑음 抽出(추출) 전체 속에서 어떤 물건, 생각, 요소 따위를 뽑아냄 抽象(추상) 여러 가지 사물이나 개념에서 공통되는 특성이나 속성 따위를 추출하여 파악하는 작용		
秋 가을 추 7급 常	가을 秋는 벼(禾)와 불(火)의 뜻을 결합한 글자[會意] 甲文字에서 秋는 벼 사이에 끼어 있는 귀뚜라미를 거북이로 나타냈으나, 小篆字에서는 龜가 火로 바뀌어 벼가 햇볕에 성숙하게 익는 것을 나타냈다.	秋夕(추석) 우리나라 명절(名節)의 하나, 음력(陰曆) 8월 보름. 중추절(中秋節), 한가위 春秋(춘추) ① 봄과 가을 ② 어른의 나이에 대한 존칭		
追 쫓을 추 준3급 常	따를 追는 '쉬엄쉬엄 가다(辶)와 쌓다'의 뜻을 결합한 글자[會意] 金文字에서 追는 한 발작씩 쌓아가듯이 부지런히 앞 사람을 쫓아가는 것을 나타냈다. 이런 자형에서 '따라가다'의 뜻이 나왔다.	追加(추가) 나중에 더하여 보탬 追跡(추적) 뒤를 밟아 쫓음 追求(추구) 목적(目的)한 바를 이루고자 끝까지 쫓아 구(求)함 追慕(추모) 죽은 사람을 사모(思慕)함		

한자	자원 풀이	용례
推 밀 추(퇴) 4급 常	밀 推는 손(扌)의 뜻과 새 추(隹)의 음 및 뜻을 결합한 글자[形聲] 金文字에서 推는 새를 잡으려고 손을 밀어 넣은 모습을 나타냈다. 이런 자형에서 '밀다'의 뜻이 나왔다.	推進(추진) 밀고 나아감 推薦(추천) 어떤 조건에 적합한 대상을 남에게 권함 推定(추정) 추측(推測)하여 판정(判定)함 推敲(퇴고) 미느냐(推) 두드리느냐(敲)라는 뜻으로, 시문 (詩文)의 자구(字句)를 여러 번 고침을 이르는 말
趨 달아날 추 2급	뜻을 나타내는 달아날주(走→달아나다)部와 음을 나타내는 芻(추)가 합하여 이루어짐.	趨勢(추세) ① 어떤 현상(現象)이 일정한 방향(方向)으로 움직여 나가는 힘 ② 또는 그 형편(形便) 歸趨(귀추) 사람의 마음이나 사물(事物)의 돌아가는 형편(形便)
醜 더러울 추 3급 常	더러울 醜는 술병(酉)과 귀신(鬼)의 뜻을 결합한 글자[會意] 더러울 醜는 술에 취하여 귀신같은 짓을 하는 것을 나타냈다. 이런 자형에서 '추하다'의 뜻이 나왔다.	醜惡(추악) 더럽고 지저분하여 아주 못생김 醜態(추태) 도덕적(道德的)·윤리적(倫理的)으로 추한 행동(行動)이나 태도(態度) 醜雜(추잡) 말과 행실(行實)이 지저분하고 잡스러움
墜 떨어질 추 1급	뜻을 나타내는 흙토(土→흙)部와 음을 나타내는 隊(대)로 이루어짐.	墜落(추락) 높은 곳에서 떨어짐 失墜(실추) 떨어뜨림, 잃음 擊墜(격추) 적의 비행기(飛行機)를 쏘아 떨어뜨림
楸 가래 추 2급	뜻을 나타내는 木(목→나무)部와 음을 나타내는 秋(추)가 합하여 이루어짐.	楸子(추자) 호두열매 楸枰(추평) 바둑판
樞 지도리 추 1급	木(목→나무목)과 집어 '넣다'의 뜻(→收수)을 가지는 區(구)로 이루어짐. 문짝이 회전할 때의 굴대를 받는 구멍. 그곳은 문짝의 개폐에 중요한 곳이므로, '중요(重要)'의 뜻이 됨.	中樞(중추) ① 사물(事物)의 중심(中心)이 되는 중요(重要)한 부분(部分)이나 자리 ② 한가운데 ③ 신경(神經)중추(中樞) 樞機卿(추기경) 로마 교황(敎皇)의 최고(最高) 고문(顧問)
芻 꼴 추 1급	芻(추)의 본자(本字). 풀을 베어 묶은 단을 손에 들고 있는 모양을 본뜬 글자.	反芻(반추) ① 소나 염소 따위가 한번 삼킨 먹이를 다시 입속으로 되올려 씹어서 삼키는 일. 되새김질 ② 어떤 일을 되풀이하여 음미(吟味)하거나 생각하거나 하는 일 反芻動物(반추동물) 새김질동물
鄒 추나라 추 2급	뜻을 나타내는 우부방(阝(=邑)→마을)部와 음을 나타내는 부수를 제외한 글자 芻(추)가 합하여 이루어짐.	古鄒加(고추가) 고구려 때에, 왕족이나 귀족에게 내리던 칭호. 왕의 종족과 전 왕족인 소노부의 적통 대인 및 왕비족인 절노부의 대인 등에게 주어졌음
酋 우두머리 추 3급	酉(유=술 단지)를 바탕으로 하여 八(팔)은 물 위로 나온 모양, 추장의 뜻은 음의 차용.	酋長(추장) 마을의 우두머리
鰍 미꾸라지 추 1급	鰌(추)와 동자(同字). 뜻을 나타내는 고기어(魚→물고기)部와 음을 나타내는 秋(추)가 합하여 이루어짐.	鰍魚湯(추어탕) 미꾸라지를 넣고 얼근하게 끓인 국

椎 쇠몽치 추 1급	槌(추)와 동자(同字). 뜻을 나타내는 木(목→나무)部와 음을 나타내는 부수를 제외한 글자 隹(추)가 합하여 이루어짐.	脊椎(척추) 척주를 이루는 낱낱의 뼈. 척추골, 추골 頸椎(경추) 목뼈
錐 송곳 추 1급	쇠금(金→광물·금속·날붙이)과 가시 모양으로 '가늘다'의 뜻(→束속)을 가지는 부수를 제외한 글자 隹(추)로 이루어지며, 쇠를 가시 모양으로 가늘게 한 것의 뜻.	試錐(시추) 땅속 깊은 곳의 구조를 알아보거나, 지하자원(資源)의 채취(採取) 등을 위해 땅속에 구멍을 깊이 뚫는 작업 圓錐(원추) '원뿔'의 전 용어
錘 저울추 추 1급	鎚(추)와 동자(同字). 뜻을 나타내는 쇠금(金→광물·금속·날붙이)部와 음을 나타내는 동시(同時)에 '늘어지다'의 뜻을 가지는 垂(추·수)로 이루어지며, 저울대에 다는 쇳덩어리, 추의 뜻.	時計錘(시계추) 유사(遊絲)를 장치(裝置)하지 않은 괘종(卦鐘) 시계 등에 매어달린 추. 좌우로 흔들리는 바람에 일정한 속도(速度)로 태엽이 풀리게 됨
鎚 쇠망치 추 1급	錘(추)와 동자(同字). 뜻을 나타내는 쇠금(金→광물·금속·날붙이)部와 음을 나타내는 追(추)가 합하여 이루어짐.	空氣鎚(공기추) 공기(空氣) 망치
丑 소 축 3급 常	소 丑은 손으로 끈으로 쥐고 끄는 모양을 본뜬 글자[象形] 甲文字에서 丑은 손으로 끈을 잡은 모양을 본떴다. 이런 자형에서 '수갑'의 뜻이 나왔다. 후에 가차되어 십이지의 '둘째지지 소'의 뜻으로 쓰인다.	癸丑日記(계축일기) 조선 광해군 때에 어느 궁녀가 쓴 한글 수필. 광해군 4년(1613)에 광해군이 어린 아우 영창 대군을 죽이고 영창 대군의 어머니 인목 대비를 서궁에 가두었을 때의 정경을 일기체로 기록함
畜 짐승 축 준3급 常	가축 畜은 늘어나다와 밭(田)의 뜻을 결합한 글자[會意] 金文字에서 畜은 농사에 힘써 얻은 수확을 나타냈다. 이런 자형에서 '쌓다'의 뜻이 나왔다. 후에 전성되어 '기르다', '가축'의 뜻으로 쓰인다.	畜産(축산) 가축을 길러 생활에 유용한 물질을 생산하는 일 家畜(가축) 사람에게 길들여져 집에서 기르는 짐승. 소·말·돼지·개·닭·거위 등 집짐승
祝 빌 축 5급 常	빌 祝은 보여주다(示)와 입(口) 그리고 사람(儿)의 뜻을 결합한 글자[會意] 甲文字에서 祝은 사람이 제사상 앞에 꿇어 앉아 소원을 말하는 것을 나타냈다. 이런 자형에서 '빌다'의 뜻이 나왔다.	祝賀(축하) 기뻐하고 즐겁다는 뜻으로 인사(人事)함 祝祭(축제) 경축(慶祝)하여 벌이는 큰 잔치 祝福(축복) 남을 위하여 행복(幸福)하기를 빎 또는 비는 일
逐 쫓을 축 3급 常	쫓을 逐은 쉬엄쉬엄 가다(辶)와 돼지(豕)의 뜻을 결합한 글자[會意] 甲文字에서 逐은 농작물을 해치는 멧돼지를 쫓아 몰아내는 것을 나타냈다. 이런 자형에서 '쫓아', '물리치다'의 뜻이 나왔다.	逐出(축출) 쫓아냄, 몰아냄
軸 굴대 축 준4급	뜻을 나타내는 수레거(車→수레, 차)部와 음을 나타내는 동시(同時)에 베틀의 씨실을 감는 막대기의 뜻(→柚유)을 가지는 由(유)로 이루어짐. 수레를 받는 굴대의 축.	主軸(주축) 몇 개의 축을 가진 도형(圖形) 및 물체(物體)의 축 중에서 가장 주가 되는 축 車軸(차축) 바퀴를 통해 차량의 무게를 지지하고 바퀴에 동력을 전달하는 장치
蓄 쌓을 축 준4급 常	쌓을 蓄은 풀(艹)의 뜻과 쌓을 축(畜)의 음 및 뜻을 결합한 글자[形聲] 小篆字에서 蓄은 곡식을 쌓아놓고 풀로 덮어 둔 것을 나타냈다. 이런 자형에서 '쌓다'의 뜻이 나왔다.	貯蓄(저축) 절약(節約)하여 모아 둠 蓄積(축적) 많이 모이는 것 含蓄(함축) 짧은 말이나 글 따위에 많은 내용(內容)이 집약(集約)되어 간직되어 있음

한자	자원(字源)	용례(用例)	
築 지을 축 4급	쌓을 築은 주울 축(筑)의 음 및 뜻과 나무(木)의 뜻을 결합한 글자[形聲] 小篆字에서 築은 집터를 다질 때 나무공이를 잡고 땅을 다지는 것을 나타냈다.	構築(구축) (어떤 일의) 바탕을 닦아 이루거나 마련함 建築(건축) 흙·나무·돌·쇠 등을 써서 집·성·다리 같은 건조물(建造物) 따위를 지음	
縮 줄일 축 4급 常	오그라들 縮은 실(糸)의 뜻과 잘 숙(宿)의 음 및 뜻을 결합한 글자[形聲] 小篆字에서 縮은 실을 물에 넣어 하루 저녁 잠재우면 오그라드는 것을 나타냈다.	萎縮(위축) 마르고 시들어서 오그라지고 쪼그라듦 우그러져 펴지 못함 縮小(축소) ① 줄여서 작아짐 ② 또는 작게 함 減縮(감축) 덜리고 줄어서 적어짐, 덜고 줄여서 적게 함	
蹴 찰 축 2급	뜻을 나타내는 발족(足→발)部와 음을 나타내는 就(취)로 이루어짐.	蹴球(축구) 11명이 한 팀이 되어 볼을 차서 상대편의 골 포스트 속에 넣음으로써 승부(勝負)를 다투는 경기(競技) 一蹴(일축) 상대방의 의견(意見)·요구(要求) 등을 단번에 거절(拒絶)함	
春 봄 춘 7급 常	봄 春은 풀(艹)과 어렵다 그리고 해(日)의 뜻을 결합한 글자[會意] 甲文字에서 春은 초목이 햇볕을 받아 땅에서 어렵게 돋아 나오는 것을 나타냈다.	春秋(춘추) 봄과 가을 春香(춘향) 봄 향기 回春(회춘) 봄이 돌아옴. 늙은이의 중한 병이 낫고 다시 건강(健康)을 회복(回復)함. 다시 젊어짐.	
椿 참죽나무 춘 2급	뜻을 나타내는 木(목→나무)部와 음을 나타내는 春(춘)이 합하여 이루어짐.	椿壽(춘수) 장수(長壽) 椿葉菜(춘엽채) 참죽나물. 참죽나무의 어린잎을 데쳐서 무친 나물 椿府丈(춘부장) 남의 살아계신 아버지를 높여 부르는 말.	
出 날 출 7급 常	날 出은 문 밖으로 나가는 모양을 본뜬 글자[象形] 甲文字에서 出은 문 입구에서 밖으로 나가는 모양을 본떴다. 이런 자형에서 '나가다'의 뜻이 나왔다.	輸出(수출) 국내에서 외국(外國)으로 재화(財貨)를 팔기 위하여 실어 냄 出帆(출범) 단체(團體)가 새로 조직(組織)되어 일을 시작(始作)하는 것을 비유(比喩)하여 이르는 말 提出(제출) 문안이나 의견(意見)·법안(法案) 등을 내어놓음	
黜 내칠 출 1급	뜻을 나타내는 검을흑(黑→검다)部와 음을 나타내는 出(출)이 합하여 이루어짐.	黜黨(출당) 정당(政黨) 등에서 자격(資格)을 박탈(剝奪)하고 내쫓음 黜陟(출척) 등용과 축출. 못된 사람을 내쫓고 착한 사람을 올리어 씀 減黜(감출) 벼슬을 떨어뜨리어 물리침	
充 채울 충 5급 常	가득할 充은 기르다(育)와 사람(儿)의 뜻을 결합한 글자[會意] 小篆字에서 充은 아이를 길러 신체적, 정신적으로 성숙하게 자란 것을 나타냈다. 이런 자형에서 '가득하다'의 뜻이 나왔다.	充分(충분) 분량(分量)이 적당하여 모자람이 없음 擴充(확충) 넓히어 충실(充實)하게 채움 充實(충실) 몸이 굳세어서 튼튼함, 속이 꽉 차서 실속이 있음 내용(內容)·설비(設備) 등이 알참	
忠 충성 충 준4급 常	충성 忠은 가운데 중(中)의 음 및 뜻과 마음(心)의 뜻을 결합한 글자[形聲] 金文字에서 忠은 깊은 마음속에서 우러나오는 참된 뜻을 나타냈다. 이런 자형에서 '충성'의 뜻이 나왔다.	忠誠(충성) 나라와 임금 등에게 몸과 마음을 다하여 헌신(獻身)하는 것 忠告(충고) 남의 잘못을 고치도록 타이름	
衷 속마음 충 2급	뜻을 나타내는 옷의(衣=衤→옷)部와 음을 나타내는 동시(同時)에 속의 뜻인 中(중)으로 이루어짐. '속옷', '속', 진실(眞實)한 마음의 뜻으로 쓰는 것은 中(중) 忠(충)의 차용(借用).	折衷(절충) 어느 편으로 치우치지 않고 이것과 저것을 취사(取捨)하여 그 알맞은 것을 얻음 苦衷(고충) 괴로운 심경(心境) 衷情(충정) 마음속에서 우러나오는 참된 정	

한자	자원(字源)	용례(用例)
衝 충돌할 충 준3급 常	충돌할 衝은 다니다(行)의 뜻과 무거울 중(重)의 음 및 뜻을 결합한 글자[形聲] 小篆字에서 衝은 여러 갈래의 길이 서로 겹친 것을 나타냈다. 이런 자형에서 '부딪치다'의 뜻이 나왔다.	衝擊(충격) 서로 맞부딪쳐서 받는 자극의 힘 衝突(충돌) 서로 대립하여 부딪침
蟲 벌레 충 준4급 常	벌레 蟲은 벌레(虫)의 뜻을 세 번 결합한 글자[會意] 小篆字에서 蟲은 세 마리의 벌레를 나타냈다. 이런 자형에서 '벌레'의 총칭의 뜻이 나왔다.	昆蟲(곤충) 곤충류(昆蟲類)에 딸린 동물(動物) 寄生蟲(기생충) 다른 동물(動物) 체내(體內)의 양분(養分)을 흡수(吸收)하여 사는 벌레 남에게 의지(依支)하여 사는 사람
沖 부딪힐 충 2급	뜻을 나타내는 삼수변(氵(=水, 氺)→물)部와 음을 나타내는 中(중→충)이 합하여 이루어짐.	相沖(상충) 어울리지 않고 서로 마주침
吹 불 취 준3급 常	불 吹는 입(口)과 하품의 뜻을 결합한 글자[會意] 甲文字에서 吹는 꿇어앉은 사람이 입을 모아 기운을 내뱉는 것을 나타냈다. 이런 자형에서 '불다', '숨 쉬다'의 뜻이 나왔다.	鼓吹(고취) 용기(勇氣)와 기운(氣運)을 북돋우어 일으킴 吹笛(취적) 피리를 붊
悴 파리할 췌 1급	顇(췌)와 동자(同字). 뜻을 나타내는 심방변(忄(=心, 㣺)→마음, 심장)部와 음을 나타내는 卒(졸)로 이루어짐.	憔悴(초췌) 안색(顔色)이 좋지 않거나 수척(瘦瘠)한 상태(狀態)에 있음 盡悴(진췌) 몸과 마음이 지쳐 쓰러질 정도(程度)로 열심히 힘을 다함 또는 그렇게 하는 일
萃 모을 췌 1급	풀을 뜻하는 초두머리(艹(=艸)→풀, 풀의 싹)部와 음을 나타내는 卒(졸)이 합하여 '모이다'의 뜻을 나타냄.	拔萃(발췌) 글 가운데서 요점(要點)을 뽑음 出類拔萃(출류발췌): 날 출, 무리 류, 뺄 발, 모일 취. 拔萃(발췌)한 듯 무리 중에서 출중함, 평범한 종류보다 훨씬 뛰어남. 出萃(출췌).
贅 혹 췌 1급	뜻을 나타내는 조개패(貝→돈, 재물)部와 음을 나타내는 敖(오)로 이루어짐.	贅言(췌언) 쓸데없는 군더더기 말. 췌담(贅談), 췌론(贅論)
膵 췌장 췌 1급	뜻을 나타내는 육달월(月(=肉)→살, 몸)部와 음을 나타내는 卒(졸)로 이루어짐.	膵臟(췌장) 위 및 간장(肝腸) 부근(附近) 복막(腹膜) 밖에 있는 길이 약 15㎝의 암황색(暗黃色)의 기관
取 거둘 취 준4급 常	又(우→손)와 耳(이→귀)를 뜻하는 글, 손으로 귀를 떼다→떼다, 옛날 전쟁(戰爭)에서 적을 잡으면 증거물(證據物)로 그 왼쪽 귀를 잘라내어 가져왔다는 데서 '취하다'를 뜻함.	取消(취소) 기재(記載)하거나 진술(陳述)한 사실(事實)을 말살(抹殺)함 攝取(섭취) 영양분(營養分)을 빨아들임 搾取(착취) 꼭 누르거나 비틀어서 즙을 짜냄
臭 냄새 취 3급 常	냄새 臭는 코(自)와 개(犬)의 뜻을 결합한 글자[會意] 甲文字에서 臭는 개가 코로 냄새를 잘 맡는 것을 나타냈다. 이런 자형에서 '냄새'의 뜻이 나왔다.	惡臭(악취) ① 불쾌(不快)한 냄새 ② 고약한 냄새 香臭(향취) 좋은 느낌을 주는 냄새 無臭(무취) 냄새가 없음

就 나아갈 취 4급 常	이룰 就는 서울(京)과 더욱(尤)의 뜻을 결합한 글자[會意] 金文字에서 就는 높은 누각을 더욱 높이 쌓아 올리는 것을 나타냈다. 이런 자형에서 '이루다', '나아가다'의 뜻이 나왔다.	就業(취업) 일을 함. 직업을 얻어 일을 함 就任(취임) 맡은 자리에 나아가 임무(任務)를 봄 成就(성취) 목적(目的)대로 일을 이룸	
醉 취할 취 준3급 常	술 취할 醉는 술병(酉)의 뜻과 다할 졸(卒)의 음 및 뜻을 결합한 글자[形聲] 小篆字에서 醉는 술병에 가득한 술을 남김없이 다 마신 것을 나타냈다. 이런 자형에서 '취하다'의 뜻이 나왔다.	陶醉(도취) 무엇에 열중(熱中)함 心醉(심취) 어떤 일에 깊이 빠져 마음을 빼앗기는 일 痲醉(마취) 독물(毒物)·약물(藥物)로 인해 마비(痲痺)시키는 일	츠
趣 뜻 취 4급 常	재미 趣는 달리다(走)의 뜻과 취할 취(取)의 음 및 뜻을 결합한 글자[形聲] 金文字에서 趣는 취하고 싶은 마음에 이끌려 급히 달려가는 것을 나타냈다. 이런 자형에서 '재미'의 뜻이 나왔다.	趣旨(취지) 어떤 일에 담겨 있는 목적(目的)이나 의도(意圖)나 의의 趣向(취향) 하고 싶은 마음이 쏠리는 방향(方向) 趣味(취미) 마음에 끌려 일정한 방향(方向)으로 쏠리는 흥미	
炊 불 땔 취 2급	뜻을 나타내는 불화(火(=灬)→불꽃)部와 음을 나타내는 吹(취)의 생략형이 합하여 이루어짐.	炊事場(취사장) 취사(炊事)를 마련하는 일을 하는 곳. 부엌 自炊生(자취생) 하숙집이나 기숙사 같은 데에 들지 않고, 자기가 손수 밥을 지어 먹으며 다니는 학생	
娶 장가들 취 1급	뜻을 나타내는 계집녀(女→여자(女子))部와 음을 나타내는 取(취)가 합하여 이루어짐.	嫁娶(가취) 장가들고 시집가는 일 再娶(재취) 두 번 아내를 맞이하는 일	
翠 푸를 취 1급	뜻을 나타내는 깃우(羽→깃, 날개)部와 음을 나타내며 후(졸→취로 바뀜)이 합하여 이루어짐.	翡翠(비취) 짙은 초록색의 경옥(硬玉). 빛깔이 아름다워 보석(寶石)으로 쓰임 翠竹(취죽) 푸른 대나무	
聚 모을 취 2급	뜻을 나타내는 귀이(耳→귀)部와 음을 나타내는 取(취)가 합하여 이루어짐.	聚合(취합) 모여서 합침 또는 한데 모아 합침	츠
脆 연할 취 1급	뜻을 나타내는 육달월(月(=肉)→살, 몸)部와 음을 나타내는 絶(절)의 생략형으로 이루어짐.	脆弱(취약) 무르고 약함	
側 곁 측 준3급 常	곁 側은 사람(亻)의 뜻과 법칙(則)의 음 및 뜻을 결합한 글자[形聲] 金文字에서 側은 사람을 기준점으로 해서 주변을 재어 보는 모습을 나타냈다. 이런 자형에서 '곁', '기울다'의 뜻이 나왔다.	側面(측면) 물체(物體)의 상하(上下)·전후(前後) 이외(以外)의 좌우의 면 側近(측근) 곁의 가까운 곳, 가까이 친(親)한 사람	
測 헤아릴 측 준4급 常	측량할 測은 물(氵)의 뜻과 법칙 칙(則)의 음 및 뜻을 결합한 글자[形聲] 小篆字에서 測은 물의 깊이나 넓이를 잴 때 일정한 법칙으로 측정하는 것을 나타냈다. 이런 자형에서 '측량하다', '헤아리다'의 뜻이 나왔다.	測定(측정) 어떤 양(量)의 크기를 기계(機械)나 장치(裝置)를 써서 어떤 단위(單位)를 기준(基準)으로 하여 잼 觀測(관측) 사물(事物)을 살펴봄 豫測(예측) 앞으로 있을 일을 미리 추측(推測)함	

惻 슬퍼할 측 1급	뜻을 나타내는 심방변(忄(=心, 㣺)→마음, 심장)部와 음을 나타내는 則(즉)으로 이루어짐.	惻隱(측은) 딱하고 가엾게 여김			
層 층 층 4급 | 常	층 層은 집(尸)의 뜻과 거듭 증(曾)의 음 및 뜻을 결합한 글자[形聲] 金文字에서 層은 신하들의 관직에 따라 높고 낮은 계층을 나타냈으나, 小篆字에서는 臣이 尸로 바뀌어 집 위에 집이 거듭 포개어지는 뜻이 되었다. 이런 자형에서 '층'의 뜻이 나왔다.	階層(계층) 사회를 구성(構成)하는 여러 가지 층 指導層(지도층) 지도적(指導的)인 위치(位置)에 있는 계층			
治 다스릴 치 준4급 | 常	다스릴 治는 물(氵)과 기르다(台)의 뜻을 결합한 글자[會意] 石文字에서 治는 물을 낮은 데로 흘러가도록 다루는 것과 같이 백성을 순리대로 인도하는 것을 나타냈다. 이런 자형에서 '다스리다'의 뜻이 나왔다.	政治(정치) 나라를 다스리는 일 治療(치료) 병이나 상처(傷處)를 다스려서 낫게 함			
値 값 치 준3급 | 常	값 値는 사람(亻)의 뜻과 곧을 직(直)의 음 및 뜻을 결합한 글자[形聲] 小篆字에서 値는 사람이 곧은 견해를 적당한 곳에 조치하여 두는 것을 나타냈다. 이런 자형에서 '두다'의 뜻이 나왔으나, 전성하여 '값'의 뜻으로 쓰인다.	價値(가치) 값, 값어치 數値(수치) 계산(計算)하여 얻은 수			
恥 부끄러울 치 준3급 | 常	마음심(心(=忄, 㣺)→마음, 심장)과 '붉다'의 뜻을 나타내기 위한 耳(이→치는 변음(變音))로 이루어짐. 마음속으로 생각하여 얼굴이 '붉어지다'의 뜻.	羞恥(수치) 당당하거나 떳떳하지 못하여 느끼는 부끄러움 廉恥(염치) 남에게 신세(身世)를 지거나 폐를 끼치거나 할 때 부끄럽고 미안한 마음을 가지는 상태(狀態) 恥部(치부) 남에게 알리고 싶지 않은 부끄러운 부분			
致 이를 치 5급 | 常	이를지(至→이르다, 도달하다)部와 매질하여 빨리 이르도록 한다는 등글월문(攵(=攴)→일을 하다, 회초리로 치다)部의 뜻이 합하여 '이르다'를 뜻함.	拉致(납치) 강제(强制) 수단(手段)을 써서 억지로 데리고 감 誘致(유치) ① 꾀어서 데려옴 ② 끌어옴 一致(일치) 어긋남이 없이 한결같게 서로 맞음, 한결같음			
置 둘 치 준4급 | 常	둘 置는 그물(网)과 곧다(直)의 뜻을 결합한 글자[會意] 小篆字에서 置는 정직한 사람이 죄를 지어 법망에 걸려들어도 곧 풀어주는 것을 나타냈다. 이런 자형에서 '두다', '베풀다'의 뜻이 나왔다.	措置(조치) 일을 잘 정돈(整頓)하여 처치(處置)함 設置(설치) 베풀어서 둠 裝置(장치) 어떤 목적에 따라 기능하도록 기계, 도구 따위를 그 장소에 장착함			
稚 어릴 치 준3급	벼화(禾→곡식)部와 음을 나타내는 동시(同時)에 '작다'의 뜻을 나타내기 위한 부수를 제외한 글자 隹(추)로 이루어짐. 작은 벼→'어리다'의 뜻.	稚拙(치졸) 유치(幼稚)하고 졸렬(拙劣)함 幼稚園(유치원) 학령 미달의 어린이를 보육(保育)하여 심신(心身)의 발달(發達)을 도모(圖謀)하는 교육(敎育) 시설			
齒 이 치 준4급 | 常	이 齒는 입안에 나란히 있는 이의 모양을 본뜬 글자[象形] 甲文字에서 齒는 입 안에 이가 나란히 박힌 모양을 본떴다. 이런 자형에서 '이'의 뜻이 나왔다.	齒列(치열) 잇바디. 이가 죽 박힌 줄의 생김새 蟲齒(충치) 벌레 먹은 이 齒科(치과) 이를 전문(專門)으로 치료(治療)하고 연구(研究)하는 의학(醫學)의 한 분과			
侈 사치할 치 1급	뜻을 나타내는 사람인변(亻(=人)→사람)部와 음을 나타내는 多(다)로 이루어짐.	奢侈(사치) 필요(必要) 이상(以上)으로 돈이나 물건을 씀			

峙 언덕 치 2급	뜻을 나타내는 메산(山→산봉우리)部와 음을 나타내는 寺(사→치로 바뀜)가 합하여 이루어짐.	對峙(대치) 서로 마주 대하여 버팀	
幟 기 치 1급	뜻을 나타내는 수건건(巾→옷감, 헝겊)部와 음을 나타내는 부수를 제외한 글자 戠(시)로 이루어짐.	旗幟(기치) 어떤 목적(目的)을 위하여 내세우는 태도나 주장	
熾 성할 치 1급	불화(火(=灬)→불꽃)와 '오르다'의 뜻(→陟척)을 나타내기 위한 부수를 제외한 글자 戠(시→치)로 이루어짐. 불이 활활 잘 타올라 가는 뜻.	熾烈(치열) 세력이 불길같이 맹렬(猛烈)함	
痔 치질 치 1급	뜻을 나타내는 병질엄(疒→병, 병상에 드러누운 모양)部와 음을 나타내는 부수를 제외한 글자 寺(사시)로 이루어짐.	痔漏(치루) 한방에서 이르는 치질(痔疾)의 한 가지	
嗤 비웃을 치 1급	뜻을 나타내는 입구(口→입, 먹다, 말하다)部와 음을 나타내는 蚩(치)가 합하여 이루어짐.	嗤點(치점) 비웃어서 손가락질함. 손가락질하여 비웃음	
痴 어리석을 치 특급	癡(치)의 속자(俗字). 뜻을 나타내는 병질엄(疒→병, 병상에 드러누운 모양)部와 부수를 제외한 글자 知(지)의 음을 나타냄.	痴呆(치매) 정상적인 정신(精神) 상태(狀態)를 잃어버린 상태(狀態) 白痴(백치) 뇌에 장애나 질환이 있어 지능이 아주 낮고 정신이 박약함	
緻 빽빽할 치 1급	뜻을 나타내는 실사(糸→실타래)部와 음을 나타내는 致(치)가 합하여 이루어짐.	緻密(치밀) 자세(仔細)하고 꼼꼼함	
馳 달릴 치 1급	뜻을 나타내는 말마(馬→말)部와 음을 나타내는 也(야→치로 바뀜)가 합하여 이루어짐.	背馳(배치) 반대(反對)로 되어 어긋남 相馳(상치) (일이나 뜻이) 서로 어긋나는 것	
則 법칙, 곧 즉 5급　常	법칙 則은 조개(貝)와 칼(刂)의 뜻을 결합한 글자[會意] 金文字에서 則은 귀중한 재화를 나눌 때 어떤 기준을 두는 것을 나타냈다. 이런 자형에서 '법칙', '본받다'의 뜻이 나왔다.	原則(원칙) 많은 경우(境遇)에 적용(適用)되는 근본(根本) 법칙(法則) 規則(규칙) 여러 사람이 다 같이 지키기로 작정(作定)한 법칙 法則(법칙) 법식(法式)과 규칙(規則)	
勅 칙서 칙 1급	강제를 뜻하는 등글월문(攴(=攵)→일을 하다)과 훈계의 뜻을 가지는 束으로 이루어짐. 훈계하여 바르게 하다 의 뜻, 한초(漢初)부터는 천자(天子)의 말·명령을 勅(칙)이라고 하게 되었음.	勅書(칙서) 임금이 어느 특정인(特定人)에게 권계(勸戒)의 뜻이나 알릴 일을 적은 문서(文書) 勅令(칙령) 임금의 명령	

親 친할 친 6급 常	친할 親은 가까울 친의 음 및 뜻과 보다(見)의 뜻을 결합한 글자[形聲] 金文字에서 親은 가까이에서 잘 보살피는 것을 나타냈다. 이런 자형에서 '친하다'의 뜻이 나왔다.	親舊(친구) 오래 두고 가깝게 사귄 벗 親戚(친척) 혼인과 혈연을 기초로 하여 상호 간에 관계를 가지는 사람		
七 일곱 칠 8급 常	일곱 七은 칼끝을 세워 물건을 십자형으로 자르는 것을 가리킨 글자[指事] 甲文字에서 七은 '切'의 본자로, 칼끝을 세워 물건을 십자형으로 새긴 모양을 나타냈다.	七夕(칠석) 음력(陰曆) 7월 7일의 명절(名節), 이날 밤에 견우성(牽牛星)과 직녀성(織女星)이 오작교(烏鵲橋)를 건너서 만난다고 함 七月(칠월) 한 해의 열두 달 가운데 일곱째 달		
漆 옻 칠 준3급 常	옻나무 漆은 물(氵)의 뜻과 옻칠할 칠(桼)의 음 및 뜻을 결합한 글자[形聲] 甲文字에서 漆은 중국 섬서성 장안변의 강이름인데 옻나무를 이 강에 담아둔 것을 나타냈다.	漆板(칠판) 분필(粉筆)로 글씨를 쓰는 대체로 검은 칠을 한 판 漆器(칠기) 옻칠을 하여 아름답게 만든 기물, 그릇		
沈 잠길 침 준3급 常	잠길 沈은 물(氵)의 뜻과 머뭇거릴 임의 음 및 뜻을 결합한 글자[形聲] 金文字에서 沈은 소나 양 등의 희생을 물에 가라앉히어 재서 지내는 것을 나타냈다.	沈滯(침체) 일이 잘 진전되지 않음 沈默(침묵) 잠잠(潛潛)하게 아무 말도 하지 않음 沈沒(침몰) 물에 빠져서 가라앉음		
枕 베개 침 3급 常	베개 枕은 나무(木)의 뜻과 머무를 임의 음 및 뜻을 결합한 글자[形聲] 小篆字에서 枕은 나무로 깎아 잠잘 때 머리 밑에 받쳐주는 것을 나타냈다. 이런 자형에서 '베개'의 뜻이 나왔다.	衾枕(금침) 이부자리와 베개		
侵 침략할 침 준4급 常	범할 侵은 사람[亻]의 뜻과 비 그리고 손[又]의 뜻을 결합한 글자[會意] 甲文字에서 侵은 사람이 손에 비를 들고 먼지를 쓸며 나아감을 나타냈다.	侵害(침해) 불법적(不法的)으로 남을 해침 侵略(침략) 남의 나라 땅을 침범(侵犯)하여 약탈(掠奪)함 侵犯(침범) 남의 권리(權利), 재산(財産), 영토(領土) 따위를 침노(侵擄)하여 범함		
浸 적실 침 준3급 常	적실 浸은 물[氵]의 뜻과 침범할 침의 음 및 뜻을 결합한 글자[形聲] 小篆字에서 浸은 물이 점점 스며들어 적시는 것을 나타냈다. 이런 자형에서 '잠기다'의 뜻이 나왔다.	浸透(침투) (어떤 현상(現狀)이나 사상(思想) 따위가) 깊이 스며들어 퍼짐 浸蝕(침식) 빗물이나 냇물·바람 등이 땅이나 암석(巖石) 등의 지반(地盤)을 깎는 작용(作用)		
針 바늘 침 4급 常	바늘 針은 쇠(金)의 뜻과 열 십(十)의 음 및 뜻을 결합한 글자[形聲] 小篆字에서 針은 쇠로 되어 있으며, 실을 꿴 바늘을 나타냈다. 이런 자형에서 '바늘'의 뜻이 나왔다.	方針(방침) 앞으로 일을 치러 나갈 방향(方向)과 계획(計劃) 指針(지침) 사물(事物)의 방침(方針) 針葉樹(침엽수) 소나무, 잣나무와 같이 잎이 바늘 모양(模樣)으로 생긴 나무의 총칭. 소나무·잣나무·향나무 따위. 바늘잎나무		
寢 잘 침 4급 常	잠잘 寢은 집[宀]과 널빤지[爿]의 뜻 그리고 다칠 침(疒)음 및 뜻을 결합한 글자[形聲] 甲文字에서 寢은 집 안에 사람이 다쳐 누워 있는 것을 나타냈으며, 小篆字에서 人을 첨가하여 뜻을 분명히 했다.	寢臺(침대) 서양식(西洋式)의 침상 寢室(침실) 잠을 자는 방 就寢(취침) 잠을 잠		
砧 다듬잇돌 침 1급	礵(침)과 동자(同字). 뜻을 나타내는 돌석(石→돌)部와 음을 나타내는 占(점)으로 이루어짐.	砧聲(침성) 다듬이 하는 소리		

鍼 침 침 1급	針(침)과 동자(同字). 뜻을 나타내는 쇠금(金→광물·금속·날붙이)部와 음을 나타내는 咸(함)으로 이루어짐.	一鍼(일침) 침 한 대 鍼灸(침구) 한방에서, 침질과 뜸질을 아울러 이르는 말 鍼術(침술) 침을 놓아 병(病)을 다스리는 의술(醫術)	
蟄 숨을 칩 1급	뜻을 나타내는 벌레충(虫→뱀이 웅크린 모양, 벌레)部와 음을 나타내는 執(집→칩으로 바뀜)이 합하여 이루어짐.	蟄居(칩거) 나가서 활동(活動)하지 않고 집에 틀어박혀 있음 驚蟄(경칩) 24절기(節氣)의 하나. 양력(陽曆) 3월 5일경(頃)으로, 벌레가 겨울잠에서 깨어나는 때라고 함	
稱 일컬을 칭 4급 常	저울 稱은 벼[禾]의 뜻과 들 승의 음 및 뜻을 결합한 글자[形聲] 金文字에서 稱은 손으로 곡식을 들어 저울질하는 것을 나타냈다. 이런 자형에서 '저울질 하다'의 뜻이 나왔다.	總稱(총칭) 전부(全部)를 총괄(總括)하여 일컬음 名稱(명칭) 사물(事物)이나 현상(現象)을 서로 다른 것끼리 구별(區別)하여 부르는 이름 稱讚(칭찬) 어떤 일을 잘한다거나 했다고 말하거나 높이 평가(評價)하는 것	
秤 저울 칭 1급	벼화(禾→곡식)와 벼를 손에 잡다(→秉병)의 뜻을 나타내기 위한 平(평)으로 이루어짐. 벼의 묶음을 손에 잡고 '세다'의 뜻, 稱(칭)과 같은 뜻으로 '칭'이라 함.	天秤(천칭) 천평칭(天平秤)의 준말. 저울의 한 가지	

快
쾌할 쾌
준4급 | 常

즐거울 快는 마음[忄]의 뜻과 터놓을 쾌(夬)의 음 및 뜻을 결합한 글자[形聲]

小篆字에서 快는 마음속에 막힌 바를 터놓은 것을 나타냈다. 이런 자형에서 '즐겁다'의 뜻이 나왔다.

欣快(흔쾌) 마음에 기쁘고도 통쾌(痛快)함
快擧(쾌거) 통쾌(痛快)한 행동(行動)
爽快(상쾌) 마음이 아주 시원하고 거뜬함
愉快(유쾌) 마음이나 기분(氣分)이 흐뭇하고 좋은 상태

한자	자원(字源)	용례(用例)	
他 다를 타 5급 常	다를 他는 사람[亻]의 뜻과 뱀 타(也=它)의 음 및 뜻을 결합한 글자[形聲] 甲文字에서 他는 자주 사람을 해치는 뱀의 머리 모양을 나타냈다.	排他的(배타적) 남을 배척(排斥)하는 것 其他(기타) 그것 외(外)에 또 다른 것 他人(타인) 다른 사람	
打 칠 타 5급 常	칠 打는 손[扌]의 뜻과 못 정(丁)의 음을 결합한 글자[會意] 小篆字에서 打는 손에 망치를 들고 못을 박는 것을 나타냈다. 이런 자형에서 어떤 것을 '치다'의 뜻이 나왔다.	打擊(타격) 때려 침, 어떤 일에서 크게 기가 꺾이거나 손해·손실을 봄 毆打(구타) 사람을 때리고 침 打破(타파) 규정(規定)이나 관습(慣習) 등을 깨뜨려 버림	
妥 온당할 타 3급 常	평온할 妥는 손톱[爪]과 여자[女]의 뜻을 결합한 글자[會意] 金文字에서 妥는 몸이 불편한 여자를 손으로 안정시키는 것을 나타냈다. 이런 자형에서 '평온하다'의 뜻이 나왔다.	妥協(타협) 두 편이 서로 좋도록 양보(讓步)하여 협의(協議)함 妥結(타결) 두 편이 서로 좋도록 협의(協議)·절충(折衝)하여 일을 마무리함 妥當(타당) 사리(事理)에 맞아 마땅함	
墮 떨어질 타 3급 常	떨어질 墮는 무너질 타의 음 및 뜻과 흙[土]의 뜻을 결합한 글자[形聲] 小篆字에서 墮는 산언덕에 한쪽이 무너지는 것을 나타냈다. 이런 자형에서 '떨어지다'의 뜻이 나왔다.	墮落(타락) 품행(品行)이 나빠서 못된 구렁에 빠짐	
唾 침 타 1급	涶(타)와 동자(同字). 뜻을 나타내는 입구(口→입, 먹다, 말하다)部와 음을 나타내는 부수를 제외한 글자 垂(수)로 이루어짐.	唾液(타액) 침. 입속의 침샘에서 분비되는 무색의 끈기 있는 소화액 唾具(타구) 침 뱉는 통 咳唾(해타) 기침과 침, 문인의 훌륭한 글귀	
惰 게으를 타 1급	媠(타)와 통자(通字). 뜻을 나타내는 심방변(忄=心, 㣺)→마음, 심장)部와 음을 나타내는 墮(타)의 생략형이 합하여 이루어짐.	惰性(타성) 사람의 말이나 행동(行動)에 굳어져 있는 좋지 않은 버릇 또는 오랫동안 변화(變化)나 새로움을 꾀하지 않아 나태(懶怠)하게 굳어져 있는 습성	
橢 길고 둥글 타 1급	楕(타)와 동자(同字). 뜻을 나타내는 木(목→나무)部와 음을 나타내는 부수를 제외한 글자(타)가 합하여 이루어짐.	橢圓形(타원형) 타원(橢圓)으로 된 도형(圖形), 길고 둥근 모양	
舵 키 타 1급	柂(타)와 동자(同字). 뜻을 나타내는 배주(舟→쪽배)部와 음을 나타내는 부수를 제외한 글자 它(타)가 합하여 이루어짐.	舵器(타기) 키를 움직여 배의 방향(方向)을 조종(操縱)하는 기계 操舵室(조타실) 조타기가 장치(裝置)되어 있는 배 안의 방	
陀 비탈질 타 1급	坨(타)가 본자(本字). 뜻을 나타내는 좌부변(阝=阜)→언덕)部와 음을 나타내는 부수를 제외한 글자 它(타)가 합하여 이루어짐.	阿彌陀(아미타) 서방(西方) 정토(淨土)에 있다는 부처 이름. 모든 중생(衆生)을 제도(濟度)하겠다는 큰 원을 품었다고 하며, 이 부처를 염하면 죽어서 극락(極樂)세계(世界)에 간다고 함	

駝 낙타 타 1급	馳(타)와 동자(同字). 뜻을 나타내는 말마(馬→말)部와 음을 나타내는 부수를 제외한 글자 它(타)가 합하여 이루어짐.	駝酪粥(타락죽) 물에 불린 쌀을 맷돌에 무리처럼 갈아서 체에 밭아 절반쯤 끓이다가 우유를 넣고 다시 끓여 설탕을 탄 죽 駝鳥(타조) 타조과에 딸린 새			
托 맡길 탁 3급　常	받침 托은 손[扌]의 뜻과 부탁할 탁(乇)의 음 및 뜻을 결합한 글자[形聲] 小篆字에서 托은 이삭이 줄기에 의지하듯 손으로 물건을 받쳐주는 것을 나타냈다.	依托(의탁) 의탁(依託). 남에게 의뢰(依賴)하고 부탁(付託)함, 남에게 의존(依存)함			
卓 높을 탁 5급　常	사람이 동틀 녘의 태양보다 높은 모양에서 '높다'의 뜻을 나타낸다. 일설에는 숟가락[匕]이나 새벽[早]象形이며 큰 숟가락의 뜻에서 파생하여 '높다'의 뜻을 나타낸다.	卓越(탁월) 월등(越等)하게 뛰어남 卓上空論(탁상공론) 탁자(卓子) 위에서만 펼치는 헛된 논설(論說)이란 뜻으로, 실현성(實現性)이 없는 허황(虛荒)된 이론(理論)을 일컬음			
託 부탁할 탁 2급	말씀언(言)部와 '건네다'의 뜻(→度도)을 가지는 부수를 제외한 글자 乇(탁)으로 이루어짐. 말을 맡겨 건네주는 뜻. 전(轉)하여 '의지하다', '부탁하다'의 뜻.	託兒所(탁아소) 부모(父母)들의 노동(勞動) 시간(時間) 동안 그 어린아이를 맡아서 보호(保護), 지도(指導)하는 사회적(社會的) 기관(機關)			
琢 다듬을 탁 2급	구슬옥변(玉=玉, 玊→구슬)과 玉(옥)을 끌로 새길 때 나는 소리를 뜻하는 부수를 제외한 글자 豕(촉축→탁)으로 이루어짐.	切磋琢磨(절차탁마) 옥돌을 자르고 줄로 슬고 끌로 쪼고 갈아 빛을 내다는 뜻으로, 학문(學問)이나 인격(人格)을 갈고 닦음			
濁 흐릴 탁 3급　常	탁할 濁은 물[氵]의 뜻과 나라이름 촉(蜀)의 음을 결합한 글자[形聲] 小篆字에서 濁은 중국 촉나라의 강물[濁水]을 나타냈으나, 그 물이 항상 혼탁하게 흐른 것을 나타냈다.	濁酒(탁주) 막걸리. 우리나라에서 고유한 술의 하나 混濁(혼탁) 맑지 않고 흐림			
濯 씻을 탁 3급　常	씻을 濯은 물[氵]의 뜻과 꿩깃 적(翟)의 음 및 뜻을 결합한 글자[形聲] 甲文字에서 濯은 꿩이 더위에 스스로 털을 물로 씻는 것을 나타냈다. 이런 자형에서 '씻다'의 뜻이 나왔다.	洗濯(세탁) 옷이나 피륙을 물과 세제 또는 용제(溶劑) 등을 이용(利用)하여 깨끗하게 하는 일			
擢 뽑을 탁 1급	뜻을 나타내는 재방변(扌=手→손)部와 음을 나타내는 동시(同時)에 유난히 '뛰어나다'의 뜻(→卓탁)을 나타내기 위한 翟(적·탁)으로 이루어짐. 가운데서 하나만 높게 '빼내다'의 뜻.	拔擢(발탁) 사람을 뽑아 씀			
鐸 방울 탁 1급	뜻을 나타내는 쇠금(金→광물·금속날붙이)部와 음을 나타내는 부수를 제외한 글자 睪(택→탁으로 바뀜)이 합하여 이루어짐.	木鐸(목탁) 절에서 불공(佛供)이나 예불이나 경을 읽을 때 또는 식사(食事)와 공사(工事) 때에 치는 불구(佛具)			
炭 숯 탄 5급　常	숯 炭은 언덕 안의 음 및 뜻과 불[火]의 뜻이 결합한 글자[形聲] 小篆字에서 炭은 오랫동안 땅속에서 열을 받아 화석이 된 것을 나타냈다. 이런 자형에서 '석탄'의 뜻이 나왔다.	石炭(석탄) 태고 때의 식물질이 땅속 깊이 묻히어 오랫동안 지압과 지열을 받아 차츰 분해하여 생긴, 타기 쉬운 퇴적암 煉炭(연탄) 무연탄(無煙炭) 가루를 점결제(粘結劑)와 함께 가압하여 덩어리로 만든 연료			

誕 낳을 탄 3급 常	태어날 誕은 말을 사실보다 늘이다, 거짓말 하다, 또 '늘어나 길게 되다'의 뜻에서 '태어나 자라다'의 뜻도 나타낸다.	誕生(탄생) 사람이 태어남. 特(특)히, 귀인(貴人)에 대하여 쓰는 말 聖誕節(성탄절) 크리스마스. 예수님의 탄생을 기념하기 위한 날	
彈 탄알 탄 4급 常	탄알 彈은 활[弓]의 뜻과 홑 단(單)의 음 및 뜻을 결합한 글자[形聲] 甲文字에서 彈은 화살시위에 메어 있는 하나의 탄알을 나타냈으나, 小篆字에서는 單을 첨가하여 뜻을 분명히 했다.	彈劾(탄핵) 죄상(罪狀)을 조사(調査)하여 꾸짖음 爆彈(폭탄) 인명 살상이나 구조물 파괴를 위하여 금속 용기에 폭약을 채워서 던지거나 쏘거나 떨어뜨려서 터뜨리는 폭발물 彈壓(탄압) 권력이나 무력 따위로 억지로 눌러 꼼짝 못하게 함	
歎 탄식할 탄 4급 常	탄식할 歎은 어려울 난(難)의 음 및 뜻과 하품[欠]의 뜻을 결합한 글자[形聲] 小篆字에서 歎은 놀랄 만큼 큰 어려움을 당해 입을 크게 벌리고 있는 것을 나타냈다. 이런 자형에서 '탄식하다'의 뜻이 나왔다.	慨歎(개탄) 분하게 여겨 탄식(歎息)함 恨歎(한탄) 원망(怨望)하거나 또는 뉘우침이 있을 때에 한숨짓는 탄식(歎息) 歎息(탄식) 한숨 쉬며 한탄(恨歎)함	
呑 삼킬 탄 1급	뜻을 나타내는 입구(口→입, 먹다, 말하다)部와 음을 나타내는 千(천→탄으로 바뀜)이 합하여 이루어짐.	倂呑(병탄) 남의 재물(財物)이나 영토(領土)를 강제(强制)로 한데 아울러서 아주 제 것으로 만들어 버림	
坦 평탄할 탄 1급	뜻을 나타내는 흙토(土→흙)部와 음을 나타내는 旦(단→탄으로 바뀜)이 합하여 이루어짐.	順坦(순탄) 성질(性質)이 까다롭지 않음 坦坦(탄탄) 평평(平平)하고 넓음 坦坦大路(탄탄대로) 평평하고 넓은 길	
憚 꺼릴 탄 1급	憚(탄)의 본자(本字). 뜻을 나타내는 심방변(忄(=心, 㣺)→마음, 심장)部와 음을 나타내는 單(단)으로 이루어짐.	忌憚(기탄) 어렵게 여겨 꺼림	
灘 여울 탄 2급	뜻을 나타내는 삼수변(氵(=水, 氺)→물)部와 음을 나타내는 難(난)으로 이루어지며, 耑(단)과 같이 빠른 흐름의 뜻.	漢灘江(한탄강) 강원도 평강군에서 시작하여 철원군을 지나 임진강으로 흘러 들어가는 강	
綻 터질 탄 1급	袒(탄), 絽(탄)과 동자(同字). 뜻을 나타내는 실사(糸→실타래)部와 음을 나타내는 定(정)으로 이루어짐.	破綻(파탄) 일이 원만(圓滿)히 해결(解決)되지 않고 중도(中途)에서 그릇됨 綻露(탄로) 비밀(秘密)이 드러남	
脫 벗을 탈 4급 常	벗어날 脫은 '살이 떨어져서 야위다'의 뜻을 나타내고, 轉하여 '벗어지다', '벗다'의 뜻을 나타낸다.	逸脫(일탈) 빗나가고 벗어남 離脫(이탈) 떨어져 나감 脫出(탈출) 몸을 빼쳐 도망(逃亡)함	
奪 빼앗을 탈 준3급 常	빼앗을 奪은 새[隹]와 크다[大] 그리고 손[寸]의 뜻을 결합한 글자[會意] 金文字에서 奪은 손에 있던 새가 크게 날개 치며 날아가는 것을 나타냈다.	剝奪(박탈) 지위(地位)나 자격(資格) 따위를 권력(權力)이나 힘으로 빼앗음 奪還(탈환) 도로 빼앗음 奪取(탈취) 남의 것을 억지로 빼앗아 가짐	

貪 탐낼 탐 3급 常	탐낼 貪은 이제[今]와 조개[貝]의 뜻을 결합한 글자[會意] 小篆字에서 貪은 눈앞에 이익 또는 재물을 혼자 가지려는 것을 나타냈다. 이런 자형에서 '탐내다'의 뜻이 나왔다.	貪慾(탐욕) 사물(事物)을 지나치게 탐하는 욕심(慾心) 貪官汚吏(탐관오리) 탐욕(貪慾)이 많고 부정(不正)을 일삼는 벼슬아치		
探 찾을 탐 4급	찾을 探은 '손[扌]과 깊다'의 뜻을 결합한 글자[會意] 小篆字에서 探은 굴속깊이 있는 물건을 손으로 더듬는 것을 나타냈다. 이런 자형에서 '찾다'의 뜻이 나왔다.	探究(탐구) 진리(眞理)나 학문(學問)이나 원리(原理) 등을 파고들어 깊이 연구(硏究)하는 것 探査(탐사) 더듬어 살펴 조사(調査)함 探索(탐색) 실상(實相)을 더듬어 찾음. 탐구(探究)		
耽 즐길 탐 2급	뜻을 나타내는 귀이(耳→귀)部와 음을 나타내는 부수를 제외한 글자 尤(유→탐으로 바뀜)가 합하여 이루어짐.	耽溺(탐닉) 어떤 일을 몹시 즐겨서 거기에 빠짐 耽美(탐미) 아름다움을 이 세상(世上)에서 다시없는 것으로 생각하여, 아름다움을 추구하거나 미(美)의 세계(世界)에 빠지거나 도취(陶醉)하거나 함		
眈 노려볼 탐 1급	뜻을 나타내는 눈목(目=罒→눈, 보다)部와 음을 나타내는 부수를 제외한 글자 尤(유)로 이루어짐	虎視眈眈(호시탐탐) 범이 먹이를 노린다는 뜻으로, '기회(機會)를 노리며 형세(形勢)를 살핌'을 비유(比喩)하는 말		
塔 탑 탑 준3급 常	절 塔은 흙[土]의 뜻과 두꺼울 답(荅)의 음 및 뜻을 결합한 글자[形聲] 小篆字에서 塔은 흙이 차곡차곡 쌓여 두껍고 높은 모양을 나타냈다. 이런 자형에서 '절', '탑'의 뜻이 나왔다.	多寶塔(다보탑) 경주 불국사 경내에 있는 다보탑. 신라 법흥왕 22년(535)에 창건하고 경덕왕 10년(751)에 수축 釋迦塔(석가탑) 불국사에 있는 통일신라시대의 화강석 석탑. 무구정광대다라니경[無垢淨光大陀羅尼經]이 발견됨		
搭 탈 탑 1급	搭(탑)과 동자(同字). 뜻을 나타내는 재방변(扌=手→손)部와 음을 나타내는 부수를 제외한 글자 荅(답)으로 이루어짐	搭乘(탑승) 배·비행기(飛行機) 등에 올라탐 搭載(탑재) 배·수레·비행기(飛行機) 등에 물건을 실음		
湯 끓일 탕 준3급 常	끓일 湯은 물[氵]의 뜻과 빛날 양(昜)의 음 및 뜻을 결합한 글자[形聲] 金文字에서 湯은 강렬한 햇빛을 받아 물이 끓어오르는 것을 나타냈다. 이런 자형에서 '끓다'의 뜻이 나왔다.	雜湯(잡탕) 고기, 채소(菜蔬), 고명 따위를 뒤섞어서 끓인 국 冷湯(냉탕) 찬물이 들어 있는 탕		
宕 호탕할 탕 1급	뜻을 나타내는 갓머리(宀→집, 집 안)部와 음을 나타내는 탕(石＋昜)의 생략형이 합하여 이루어짐.	豪宕不羈(호탕불기) 기개(氣槪)가 굳고 호걸(豪傑)스러워 사소(些少)한 일에 얽매이지 않음		
蕩 쓸 탕 1급	풀을 뜻하는 초두머리(艹=艸→풀, 풀의 싹)部와 음을 나타내는 湯(탕)이 합하여 이루어짐.	蕩平策(탕평책) 조선의 영조(英祖)가 당쟁을 해소하기 위해 당파 간의 정치세력에 균형을 꾀한 불편부당(不偏不黨)의 정책 蕩減(탕감) 세금(稅金)이나 요금, 진 빚을 온통 삭쳐 줌 蕩盡(탕진) (재물(財物) 따위를) 죄다 써서 없애 버리는 것		
太 클 태 6급 常	클 太는 '크다'의 뜻을 거듭한 것을 가리킨 글자[指事] 甲文字에서 太는 점을 찍어 大를 거듭하여 가장 큼을 나타냈다. 이런 자형에서 '매우 크다'의 뜻이 나왔다.	太陽(태양) 태양계(太陽系)의 중심(中心)을 이루는 발광체 太極旗(태극기) 대한민국(大韓民國)의 국기(國旗) 太平洋(태평양) 3대양(大洋)의 하나		

怠 게으를 태 3급 常	게으를 怠는 아이 기를 이(台)의 음 및 뜻과 마음[心]의 뜻을 결합한 글자[形聲] 小篆字에서 怠는 여자가 아이를 가져 힘이 부치고 마음이 느슨해진 것을 나타냈다.	過怠料(과태료) 공법(公法)상(上)의 의무(義務) 이행(履行)을 태만(怠慢)히 한 사람에게 벌(罰)로 물게 하는 돈 怠慢(태만) 해야 할 일을 하지 않고 게으름을 피움 懶怠(나태) 게으르고 느림
殆 위태로울 태 준3급 常	위태로울 殆는 앙상한 뼈[歹]의 뜻과 늘을 태(台)의 음 및 뜻을 결합한 글자[形聲] 小篆字에서 殆는 몸이 늙어 뼈만 앙상히 남아 야윈 것을 나타냈다. 이런 자형에서 '위태롭다'의 뜻이 나왔다.	危殆(위태) 형세(形勢)가 매우 어려움 殆半(태반) 거의 절반(折半)
胎 아이 밸 태 2급	육달월(月=肉)→살, 몸)과 처음의 뜻(→始시)을 가지는 台(태·이)로 이루어짐. 어머니 체내에서 아이가 생기기 시작하는 뜻.	孕胎(잉태) 아이를 뱀 母胎(모태) 어머니의 태 胎生(태생) 어떠한 곳에 태어남. 모체 안에서 어느 정도의 발육을 한 후에 태어나는 일
泰 클 태 준3급 常	클 泰는 물[水]의 뜻과 두 손[廾]의 뜻과 큰 대(大)의 음 및 뜻을 결합한 글자[形聲] 石文字에서 泰는 두 손으로 막아내기에는 너무 큰 물줄기를 나타냈다. 이런 자형에서 '크다'의 뜻이 나왔다.	泰然(태연) 기색(氣色)이 아무렇지도 아니하고 그냥 그대로 있는 모양 泰山(태산) 높고 큰 산
態 모습 태 준4급 常	태도 態는 능하다[能]와 마음[心]의 뜻을 결합한 글자[會意] 小篆字에서 態는 일을 할 수 있다는 마음이 드러난 것을 나타냈다. 이런 자형에서 '태도'의 뜻이 나왔다.	狀態(상태) 사물(事物)이나 현상(現象)이 현재(現在) 처하여 있는 형편(形便)이나 모양(模樣) 事態(사태) 일이 되어 가는 형편(形便) 態度(태도) 속의 뜻이 드러나 보이는 겉모양
颱 태풍 태 2급	뜻을 나타내는 바람풍(風→바람)部와 음을 나타내는 台(태·이)가 합하여 이루어짐.	颱風(태풍) 북(北) 태평양(太平洋) 서부(西部)에서 발생(發生)하여 아시아 대륙(大陸) 동부(東部)로 불어오는 열대성(熱帶性) 저기압
兌 바꿀 태 2급	兑(태)의 본자(本字). 어진사람인발(儿→사람의 다리 모양)部와 口(구=입)와 八(팔)의 합자(合字). 사람이 입을 열어 기뻐 웃음의 뜻.	兌換券(태환권) 화폐(貨幣)로 자유(自由)로이 바꿀 수 있는 정부(政府) 지폐 따위를 통틀어 일컬음
台 별 태 2급	입구(口→입, 먹다, 말하다)와 厶(사)로 이루어짐. 입을 방실거리며 '기뻐하다'의 뜻. 음이 비슷한 데서 예로부터 臺(대·태)의 속자(俗字)로 쓰였음.	三台星(삼태성) 대웅성좌(大熊星座)에 딸린 별. 자미성(紫微星)을 지킨다고 하는 세 별 天台宗(천태종) 지의(智顗)가 개창한 대승불교의 한 파. 고려 숙종 2년(1097)에 대각 국사 의천이 처음으로 천태교를 개강함.
汰 일 태 1급	뜻을 나타내는 삼수변(氵=水, 氺)→물)部와 음을 나타내는 太(태)로 이루어짐. 물로 씻고 골라내는 뜻. 또 음을 빌려 度(도)를 넘기는 뜻(→太태)으로 쓰임.	陶汰(도태) 여럿 가운데서 필요(必要)하지 않거나 적당(適當)하지 않은 것을 줄여 없앰 또는 줄어 없어짐 砂汰(사태) 비로 인(因)해 언덕이나 산비탈이 무너지는 일
笞 볼기칠 태 1급	뜻을 나타내는 대죽(竹→대나무)部와 음을 나타내는 台(태·이)가 합하여 이루어짐.	笞刑(태형) 매로 볼기를 치는 형벌(刑罰)

苔 이끼 태 1급	풀을 뜻하는 초두머리(艹(=艸)→풀, 풀의 싹)部와 음을 나타내는 台(태·이)가 합하여 '이끼'를 뜻함.	綠苔(녹태) 푸른 이끼 靑苔(청태) 푸른 이끼		
跆 발로 찰 태 1급	뜻을 나타내는 발족(足→발)部와 음을 나타내는 台(태·이)가 합하여 이루어짐.	跆拳道(태권도) 우리나라 고유(固有)의 전통(傳統) 무예(武藝)		
宅 집 택 5급 常	집 宅은 집[宀]의 뜻과 맡길 탁(乇)의 음 및 뜻을 결합한 글자[形聲] 甲文字에서 宅은 사람이 의지하며 사는 곳을 나타냈다. 이런 자형에서 '집'의 뜻이 나왔다.	住宅(주택) 사람이 살 수 있도록 지은 집 宅地(택지) 집터. 집을 지을 땅		
澤 못 택 준3급 常	못 澤은 물[氵]의 뜻과 잡아둘 역(睪)의 음 및 뜻을 결합한 글자[形聲] 金文字에서 澤은 물을 잡아두어 농사에 이용할 수 있는 곳을 나타냈다. 이런 자형에서 '연못'의 뜻이 나왔다.	惠澤(혜택) 은혜(恩惠)와 덕택(德澤). 자연(自然)이나 문명(文明)이나 단체(團體) 등이 사람에게 베푸는 이로움이나 이익 潤澤(윤택) 물건이 풍부(豊富)함. 넉넉함		
擇 가릴 택 4급 常	가릴 擇은 손[扌]의 뜻과 엿볼 역(睪)의 음 및 뜻을 결합한 글자[形聲] 金文字에서 擇은 눈여겨보고 손으로 뽑는 것을 나타냈다. 이런 자형에서 '가리다'의 뜻이 나왔다.	選擇(선택) 여럿 가운데서 골라 뽑음 採擇(채택) 가려서 뽑음		
撐 버틸 탱 특급	撑(탱)과 동자(同字). 뜻을 나타내는 재방변(扌(=手)→손)部와 음을 나타내는 掌(장)으로 이루어짐.	支撐(지탱) (어떤 물체(物體)를) 쓰러지지 않도록 받치거나 버티는 것		
攄 펼 터 1급	摅(터)의 본자(本字). 뜻을 나타내는 재방변(扌(=手)→손)部와 음을 나타내는 慮(려)로 이루어짐.	攄得(터득) 깊이 생각하여 이치(理致)를 깨달아 알아내는 것		
土 흙 토 8급 常	흙 土는 땅을 뚫고 싹이 자라는 모양을 본뜬 글자[象形] 甲文字에서 土는 땅을 뚫고 자라는 식물을 본떴다. 이런 자형에서 식물을 자라게 하는 '흙'의 뜻이 나왔다.	土臺(토대) 건축물의 밑바탕 領土(영토) 한 나라의 통치권(統治權)이 미치는 지역(地域)		
吐 뱉을 토 준3급 常	뱉을 吐는 입[口]의 뜻과 흙 토(土)의 음 및 뜻을 결합한 글자[形聲] 金文字에서 吐는 흙에서 만물이 자라나오듯 입에서 말이나 음식을 토해 내는 것을 나타냈다. 이런 자형에서 '토하다', '말하다'의 뜻이 나왔다.	嘔吐(구토) 위(胃) 속의 음식물(飮食物)을 토함 實吐(실토) 거짓말을 섞지 않고 솔직(率直)하게 실정(實情)을 말함		
兔 토끼 토 특급	본래(本來) 긴 귀와 짧은 꼬리를 가진 토끼의 모양을 본떠 그것이 지금의 글자로 변했음.	兔死狗烹(토사구팽) 사냥하러 가서 토끼를 잡으면, 사냥하던 개는 쓸모가 없게 되어 삶아 먹는다는 뜻 龜兔之說(귀토지설) 토끼와 거북이를 대상으로 한 고대 설화. 『별주부전(鱉主簿傳)』		

討 토론할 토 4급 常	토론할 討는 말씀[言]의 뜻과 법[寸]의 뜻을 결합한 글자 [會意] 金文字에서 討는 법에 따라 죄인을 다스리기 위해 의논하는 것을 나타냈다.	檢討(검토) 내용(內容)을 조사(調査)하여 연구(硏究)함 討論(토론) 어떤 논제(論題)를 둘러싸고 여러 사람이 각각(各各) 의견(意見)을 말하며 논의(論議)함 討伐(토벌) 군대(軍隊)를 보내어 반항(反抗)하는 무리를 침	
通 통할 통 6급 常	통할 通은 쉬엄쉬엄 가다[辶]의 뜻과 골목길 용(甬)의 음 및 뜻을 결합한 글자[形聲] 金文字에서 通은 좁은 골목길을 거쳐 큰 길로 이어지는 것을 나타냈다. 이런 자형에서 '통하다'의 뜻이 나왔다.	通過(통과) 통하여 지나가거나 옴 普通(보통) 특별(特別)한 것이 없이 널리 통하여 예사로움. 당연(當然)함 流通(유통) 세상에 널리 사용됨	
痛 아플 통 4급 常	아플 痛은 병[疒]의 뜻과 솟을 용(甬)의 음 및 뜻을 결합한 글자[形聲] 小篆字에서 痛은 병이 몹시 고통스러운 것을 나타냈다. 이런 자형에서 '아프다'의 뜻이 나왔다.	苦痛(고통) 몸이나 마음의 괴로움과 아픔 陣痛(진통) 아이를 낳을 때 주기적(週期的)으로 오는 아픈 통증	
統 거느릴 통 준4급 常	거느릴 統은 실[糸]의 뜻과 채울 충(充)의 음 및 뜻을 결합한 글자[形聲] 小篆字에서 統은 작은 매듭과 큰 매듭을 한데 묶은 것을 나타냈다. 이런 자형에서 '거느리다'의 뜻이 나왔다.	大統領(대통령) 공화국(共和國)의 원수(元首) 統合(통합) 떨어져 있는 것을 하나로 모음 統制(통제) 일정한 방침(方針)에 따라 여러 부분(部分)으로 나누어진 것을 제한(制限)	
慟 서러워할 통 1급	恸(통)의 본자(本字). 뜻을 나타내는 심방변(忄(=心, 㣺)→마음, 심장)部와 음을 나타내는 動(동)으로 이루어짐.	慟哭(통곡) 큰 소리로 섧게 욺 悲慟(비통) 비통(悲痛). 몹시 슬퍼서 마음이 아픔	
桶 통 통 1급	뜻을 나타내는 나무목(木→나무)部와 음을 나타내는 동시(同時)에 속이 '비다'의 뜻을 가지는 甬(용)으로 이루어짐. 속이 비어 물 따위를 넣게 되어 있는 나무 그릇.	沐浴桶(목욕통) 목욕(沐浴)을 할 수 있게 만든 통 休紙桶(휴지통) 휴지(休紙)나 자질구레한 쓰레기를 버리는 통	
筒 대통 통 1급	뜻을 나타내는 대죽(竹→대나무)部와 음을 나타내는 同(동)으로 이루어짐.	筆筒(필통) 필기도구를 넣어 가지고 다니는 기구 郵遞筒(우체통) 보통(普通) 우편(郵便)에 의(依)한 보통(普通) 우편물(郵便物)을 넣기 위하여 각 곳에 설치(設置)되어 있는 통	
退 물러날 퇴 준4급 常	물러날 退는 쉬엄쉬엄 가다[辶]와 해[日] 그리고 천천히 가다[夊]의 뜻을 결합한 글자[會意] 甲文字에서 退는 드높이 뜬 해가 서산 끝으로 지는 것을 나타냈다. 이런 자형에서 '물러나다'의 뜻이 나왔다.	辭退(사퇴) 일정한 일을 그만두고 물러섬 退職(퇴직) 현직(現職)에서 물러남 後退(후퇴) 뒤로 물러남	
堆 쌓을 퇴 1급	부수를 제외한 글자 隹(추→퇴)가 음을 나타냄.	堆積物(퇴적물) 많이 겹쳐 쌓임 堆肥(퇴비) 풀짚 따위를 쌓아 두거나 그것에 가축(家畜)의 똥오줌을 섞어 썩힌 거름	
槌 망치 퇴 1급	뜻을 나타내는 木(목→나무)部와 음을 나타내는 追(추)가 합하여 이루어짐.	鐵槌(철퇴) 쇠몽둥이	

褪 바랠 퇴 1급	뜻을 나타내는 옷의변(衤(=衣)→옷)部와 음을 나타내는 退(퇴)가 합하여 이루어짐. 옷을 벗음의 뜻.	褪色(퇴색) 무엇이 낡거나 그 존재(存在)가 희미(稀微)해지거나 볼품없이 됨을 비유적(比喩的)으로 이르는 말. 退色(퇴색)		
腿 넓적다리 퇴 1급	骽(퇴)와 동자(同字). 뜻을 나타내는 육달월(月(=肉)→살, 몸)部와 음을 나타내는 退(퇴)가 합하여 이루어짐.	大腿部(대퇴부) 사람의 다리나 네발짐승의 뒷다리에서, 무릎과 오금의 위쪽 부분(部分). 대퇴(大腿), 허벅다리, 넓적다리		
頹 무너질 퇴 1급	머리혈(頁→머리)部와 禿(독)의 합자(合字).	頹廢(퇴폐) 미풍 따위가 무너져 엉망이 됨 頹落(퇴락) 허물어질 만큼 낡은 상태(狀態)가 되는 것 衰頹(쇠퇴) 쇠하여 퇴폐(頹廢)함		
投 던질 투 4급 常	던질 投는 손[扌]의 뜻과 창 수(殳)의 음 및 뜻을 결합한 글자[形聲] 小篆字에서 投는 손으로 창을 던지는 것을 나타냈다. 이런 자형에서 '던지다'의 뜻이 나왔다.	投資(투자) 사업(事業)에 자금(資金)을 투입(投入)함 投機(투기) 기회(機會)를 엿보아 큰 이익(利益)을 보려는 것 投票(투표) 선거(選擧) 또는 채결(採決)할 때에 각 사람의 뜻을 나타내기 위해 표시함 投入(투입) 자본(資本)이나 노동력(勞動力)을 들이어 넣음		
透 통할 투 준3급 常	사무칠 透는 쉬엄쉬엄 가다[辶]의 뜻과 빼어날 수(秀)의 음 및 뜻을 결합한 글자[形聲] 小篆字에서 透는 벼이삭이 벼 줄기에서 패어 나오는 것을 나타냈다. 이런 자형에서 '뚫다'의 뜻이 나왔다.	透明(투명) 흐리지 않고 속까지 환히 트여 밝음 浸透(침투) (액체(液體)가) 속으로 스며 젖어듦		
鬪 싸울 투 4급 常	싸울 鬪는 다툴 투의 음 및 뜻과 '깨다'의 뜻을 결합한 글자[形聲] 小篆字에서 鬪는 두 손을 불끈 쥐고 다투는 것을 나타냈다. 이런 자형에서 '싸우다'의 뜻이 나왔다.	鬪爭(투쟁) 상대(相對)를 쓰러뜨리려고 싸워서 다툼 戰鬪(전투) 싸움, 교전, 전쟁		
套 씌울 투 1급	大(대→크다)와 長(장→길다)을 합쳐 '크고 길다'를 뜻함.	封套(봉투) 편지(便紙)·서류(書類) 등을 넣는 종이로 만든 주머니 常套的(상투적) 늘 버릇이 되다시피 한 (것)		
妬 샘낼 투 1급	妒(투)와 동자(同字). 뜻을 나타내는 계집녀(女→여자(女子))部와 음을 나타내는 石(석)으로 이루어짐.	嫉妬(질투) 잘나거나 앞선 사람을 시기(猜忌)하고 미워하는 것 妬忌(투기) 화를 내거나 싫어하거나 속상해하는 것		
特 특별할 특 6급 常	특별할 特은 소[牛]와 관청[寺]의 뜻을 결합한 글자[會意] 小篆字에서 特은 소 중에 다른 소보다 더 크고 힘센 관청 소를 나타냈다. 이런 자형에서 '특별하다'의 뜻이 나왔다.	特別(특별) 보통(普通)과 다름 特殊(특수) 특별(特別)히 다름 特定(특정) 특별(特別)히 지정(指定)함 特徵(특징) 다른 것에 비겨서 특별(特別)히 눈에 뜨이는 점		
慝 사특할 특 1급	心(심)과 匿(닉=감춤)의 합자(合字). 숨어서 하는 惡行(악행).	姦慝(간특) 간사(奸邪)하고 사특함 邪慝(사특) 못되고 악(惡)함		

한자	자원(字源)	용례(用例)
波 물결 파 준4급 | 常	물결 波는 물[氵]의 뜻과 가죽 피(皮)의 음 및 뜻을 결합한 글자[形聲] 小篆字에서 波는 물의 표면이 마치 가죽처럼 움직이는 것을 나타냈다. 이런 자형에서 '물결'의 뜻이 나왔다.	波動(파동) 물결의 움직임 餘波(여파) 어떤 일이 일어난 뒤에 남아 미치는 그 영향(影響) 波長(파장) 파동(波動)의 산의 정점에서 이웃하는 다음 산의 정점까지의 거리(距離)
派 물결 파 4급 | 常	물결 派는 물[氵]의 뜻과 흐를 비의 음 및 뜻을 결합한 글자[形聲] 甲文字에서 派는 물이 흐르다가 여러 갈래로 나누어지는 것을 나타냈다. 이런 자형에서 '물갈래'의 뜻이 나왔다.	派遣(파견) 일정한 임무(任務)를 주어 사람을 내보냄 派兵(파병) 군대(軍隊)를 파출(派出)하는 일 强硬派(강경파) 강경(强硬)한 주장(主張)을 내세우거나 강경(强硬)한 행동(行動)을 하는 파
破 깨뜨릴 파 준4급 | 常	깨뜨릴 破는 돌[石]의 뜻과 가죽 피(皮)의 음 및 뜻을 결합한 글자[形聲] 小篆字에서 破는 단단한 돌로 질긴 가죽을 두드려 가죽을 터지게 하는 것을 나타냈다. 이런 자형에서 '깨뜨리다'의 뜻이 나왔다.	破綻(파탄) 일이 원만(圓滿)히 해결(解決)되지 않고 중도(中途)에서 그릇됨 破壞(파괴) 깨뜨리어 헐어 버림 突破(돌파) 무찔러 깨뜨림
頗 자못 파 3급 | 常	자못 頗는 가죽 피(皮)의 음 및 뜻과 머리[頁]의 뜻을 결합한 글자[形聲] 小篆字에서 頗는 머리가 한쪽으로 기울어진 것을 나타냈다.	偏頗(편파) 치우쳐 공평(公平)하지 못함 頗多(파다) 자못 많음, 아주 많음
罷 마칠 파 3급 | 常	그만둘 罷는 그물[网]과 능하다[能]의 뜻을 결합한 글자[會意] 小篆字에서 罷는 재능이 있는 사람도 법망에 걸리면 일을 멈추어야 하는 것을 나타냈다.	罷業(파업) 노동자(勞動者)가 노동(勞動) 조건(條件)을 개선(改善)하기 위해 단결(團結)하여 노동(勞動)을 하지 않음 罷免(파면) 직무(職務)를 그만두게 함
播 뿌릴 파 3급 | 常	씨 뿌릴 播는 손[扌]의 뜻과 차례 번(番)의 음 및 뜻을 결합한 글자[形聲] 金文字에서 播는 농부가 밭이랑을 따라 씨앗을 차례차례 던지는 것을 나타냈다.	傳播(전파) 전(傳)하여 널리 퍼뜨림 播多(파다) (소문(所聞) 따위가 어느 곳에) 널리 알려진 상태(狀態)에 있음 播種(파종) 논밭에 곡식(穀食)의 씨앗을 뿌리어 심음
把 잡을 파 3급 | 常	잡을 把는 지면을 반반하게 고르는 나무 자루가 달린 농구. 밭고무래의 뜻을 나타낸다.	把握(파악) 어떠한 일을 잘 이해(理解)하여 확실(確實)하게 바로 앎 把守(파수) 경계(警戒)하여 지키는 것
坡 언덕 파 2급	뜻을 나타내는 흙토(土→흙)部와 음을 나타내는 皮(피)로 이루어짐.	坡州(파주) 경기도(京畿道) 파주시(坡州市)의 한 고을
婆 할머니 파 1급	뜻을 나타내는 계집녀(女→여자(女子))部와 음을 나타내는 波(파)가 합하여 이루어짐.	婆婆(사바) 석존(釋尊)이 교화(敎化)하는 경토, 인간(人間) 세계 麻婆豆腐(마파두부) 두부와 잘게 간 돼지고기를 고추와 된장, 조미료(調味料)를 넣고 끓인 일종(一種)의 두부 볶음 요리

한자	자원(字源)	용례(用例)		
巴 꼬리 파 1급	본래(本來) 뱀이 똬리를 틀고 있는 모양을 본뜸. '소용돌이'의 뜻. 시골.	歐羅巴(구라파) 유럽의 음역(音譯) 三巴戰(삼파전) 셋이 어우러져 서로 싸움 또는 그 싸움		
爬 긁을 파 1급	뜻을 나타내는 손톱조(爪(=⺥)→손톱)部와 음을 나타내는 巴(파)가 합하여 이루어짐.	爬蟲類(파충류) 기어 다니는 벌레들, 파충강의 동물을 일상적으로 통틀어 이르는 말		
琵 비파 파 1급	현악기(絃樂器)를 뜻하는 珏(각=주감이)와 음을 나타내는 巴(파)로 이루어진 글자.	琵琶(비파) 타원형(楕圓形)의 몸통에 곧고 짧은 자루가 달린 현악기(絃樂器)의 하나. 4줄의 당비파(唐琵琶)와 5줄의 향비파(鄕琵琶)가 있음		
芭 파초 파 1급	풀을 뜻하는 초두머리(艹(=艸)→풀, 풀의 싹)部와 음을 나타내는 巴(파)로 이루어짐.	芭蕉(파초) 쌍떡잎식물 생강목 파초과의 여러해살이풀		
跛 절름발이 파 1급	뜻을 나타내는 발족(足→발)部와 음을 나타내는 皮(피)가 합하여 이루어짐.	跛行(파행) 균형(均衡)이 잡히지 않음 偏跛(편파) 절뚝발이. 한쪽 다리가 짧거나 탈이 나서 뒤뚝뒤뚝 저는 사람		
愎 강퍅할 퍅 1급	뜻을 나타내는 심방변(忄(=心, 㣺)→마음, 심장)部와 음을 나타내는 부수를 제외한 글자 复(복)이 합하여 이루어짐.	剛愎(강퍅) 성미(性味)가 깐깐하고 고집이 셈 乖愎(괴팍) 괴팍이 표준어임. 성미(性味)가 까다롭고 별나서 붙임성이 없음		
判 판단할 판 4급 常	판단할 判은 반 半(반)의 음 및 뜻과 칼[刂]의 뜻을 결합한 글자[形聲] 小篆字에서 判은 칼로 반을 나누어 판가름하는 것을 나타냈다. 이런 자형에서 '판단하다'의 뜻이 나왔다.	批判(비판) 비평(批評)하여 판정(判定)함 判斷(판단) 개개의 사실이나 의문에 대하여 단정하는 작용 審判(심판) 문제가 되는 안건을 심의하여 판결을 내리는 일 判士(판사) 대법원(大法院)을 제외(除外)한 각급(各級) 법원(法院)의 법관. 공무원(公務員)에 속(屬)함		
板 널 판 5급 常	널 板은 나무[木]의 뜻과 뒤집을 反(반)의 음 및 뜻을 결합한 글자[形聲] 小篆字에서 板은 나무를 위아래로 뒤집어 깎아 만든 것을 나타냈다. 이런 자형에서 '널빤지'의 뜻이 나왔다.	看板(간판) 상점(商店) 등에 내건 표지(標識) 揭示板(게시판) 게시(揭示)를 붙이게 만든 판		
版 조각 판 준3급 常	판자 版은 조각[片]의 뜻과 뒤칠 反(반)의 음 및 뜻을 결합한 글자[形聲] 甲文字에서 版은 조각난 나무를 뒤집어 깎은 것을 나타냈다. 이런 자형에서 '판자'의 뜻이 나왔다.	出版(출판) 책·그림 따위를 인쇄(印刷)하여 세상(世上)에 내보냄 版圖(판도) 어떤 세력(勢力)이 미치는 영역(領域), 범위(範圍)		
販 팔 판 3급 常	장사 販은 조개[貝]의 뜻과 돌릴 反(반)의 음 및 뜻을 결합한 글자[形聲] 小篆字에서 販은 산 물건을 되돌려 파는 것을 나타냈다. 이런 자형에서 '장사'의 뜻이 나왔다.	販賣(판매) 상품(商品)을 팖 市販(시판) 시장(市場)에서 판매(販賣)함 販路(판로) 상품(商品)이 팔리는 방면(方面)이나 길		

辨 힘들일 판 1급	뜻을 나타내는 매울신(辛→혹독하다, 맵다)部와 음을 나타내는 변(辡을 두 개 합친 자)으로 이루어짐.	辨公費(판공비) 공무(公務) 처리에 필요(必要)한 비용(費用) 代辨業(대판업) 남의 대리(代理)를 보는 것을 전문(專門)으로 하는 업	
阪 언덕 판 2급	뜻을 나타내는 좌부변(阝(=阜)→언덕)部와 음을 나타내는 反(반→판으로 바뀜)이 합하여 이루어짐.	大阪(대판) 일본 오사카의 지명 嶮阪(험판) 험준(險峻)한 고개	
八 여덟 팔 8급 常	여덟 八은 사물이 둘로 나뉘어 서로 등지고 있는 모양을 본뜬 글자[象形] 甲文字에서 八은 사물이 둘로 나뉘어 분별된 모양을 나타냈다. 이런 자형에서 '나누다'의 뜻이 나왔다. 후에 가차되어 '여덟'의 뜻으로도 쓰인다.	八旬(팔순) 여든 살, 80세 八道江山(팔도강산) 우리나라 전국(全國)의 산수(山水)	
貝 조개 패 3급 常	조개 貝는 조개의 모양을 본뜬 글자[象形] 金文字에서 貝는 화려한 무늬가 있는 두 조각의 조개를 꿰어놓은 모양을 본떴다. 이런 자형에서 '보화', '조개'의 뜻이 나왔다.	貝殼(패각) 조가비 貝塚(패총) 원시인(原始人)이 까먹고 버린 조개껍데기가 쌓이어 무덤처럼 이루어진 무더기	
敗 패할 패 5급 常	패할 敗는 조개 패(貝)의 음 및 뜻과 치다[攵]의 뜻을 결합한 글자[形聲] 金文字에서 敗는 귀중한 패물을 쳐서 깨뜨린 것을 나타냈다. 이런 자형에서 '깨뜨리다'의 뜻이 나왔다. 후에 전성되어 '전쟁에서 지다'의 뜻으로도 나옴.	敗北(패배) 싸움에 겨서 도망(逃亡)함 敗家亡身(패가망신) 가산(家産)을 탕진(蕩盡)하고 몸을 망침 敗訴(패소) 송사(訟事)에 지는 일	
覇 으뜸 패 특급	뜻을 나타내는 덮을아(襾(=西, 襾)→덮다)部와 부수를 제외한 글자 覇(패)가 음을 나타냄.	覇氣(패기) 패권(覇權)을 잡으려는 기상 覇權(패권) 국제(國際) 정치(政治)에서, 무력(武力)이나 다른 힘으로 남의 나라를 지배(支配)하는 경우(境遇)에 그 우월적인 권력 또는 지위	
佩 찰 패 1급	뜻을 나타내는 사람인변(亻(=人)→사람)部와 음을 나타내는 凡(범→패로 바뀜)이 합하여 이루어짐.	佩物(패물) 몸에 차는 장식물(裝飾物). 노리개 佩用(패용) 훈장(勳章)이나 명패 등을 몸에 다는 일. 몸에 참	
唄 염불 소리 패 1급	뜻을 나타내는 입구(口→입, 먹다, 말하다)部와 음을 나타내는 貝(패)가 합하여 이루어짐.	梵唄(범패) 경을 읽을 때 음절(音節)이 굴곡승강(屈曲昇降) 하여 곡조(曲調)에 맞게 읊은 소리	
悖 거스를 패 1급	뜻을 나타내는 심방변(忄(=心, 忄)→마음, 심장)部와 음을 나타내는 孛(패)가 합하여 이루어짐.	悖倫(패륜) 인간(人間)의 도리(道理)에 어긋남 悖談(패담) 사리(事理)에 어그러진 말	
沛 자빠질 패 1급	뜻을 나타내는 삼수변(氵(=水, 氺)→물)部와 음을 나타내는 市(시)로 이루어짐.	顚沛(전패) 엎어지고 자빠지는 것	

牌 패 패 1급	뜻을 나타내는 조각편변(片→조각, 쪼개다)部와 음을 나타내는 卑(비)로 이루어진 글자.	防牌(방패) 전쟁터 등에서 적과 맞서 싸울 때, 한 손에 들고 적의 칼·창·화살 등의 공격(攻擊)을 막는 데 쓰던 물건 名牌(명패) 이름이나 직위(職位) 등을 적어 책상(冊床) 따위의 위에 올려놓는 길고 세모진 나무의 패		
稗 피 패 1급	뜻을 나타내는 벼화(禾→곡식)部와 음을 나타내는 卑(비)로 이루어짐.	稗官雜記(패관잡기) 조선 명종 때 魚叔權(어숙권)의 필기집(筆記集) 稗說(패설) 세상(世上)에 떠돌아다니는 교훈적(教訓的), 건설적 및 세속적(世俗的)인 기이(奇異)한 내용(內容)의 이야기		
彭 성씨 팽 2급	터럭삼(彡→무늬, 빛깔, 머리, 꾸미다)이 음을 나타냄.	彭湃(팽배) 파도가 출렁이는 모양, 파도가 서로 쳐서 되돌아가는 모양. 澎湃(팽배)		
澎 물소리 팽 1급	뜻을 나타내는 삼수변(氵(=水, 氺)→물)部와 음을 나타내는 彭(팽)이 합하여 이루어짐.	澎湃(팽배) ① 큰 물결이 서로 부딪쳐 솟구치는 것 ② (기세(氣勢)나 사조(思潮) 따위가) 맹렬(猛烈)한 기세(氣勢)로 일어나는 것		
膨 부를 팽 1급	뜻을 나타내는 육달월(月(=肉)→살, 몸)部와 음을 나타내는 彭(팽)이 합하여 이루어짐.	膨脹(팽창) 부풀어 띵띵하게 膨膨(팽팽) 부풀어 있음		
片 조각 편 준3급 常	조각 片은 통나무를 둘로 쪼개는 모양을 본뜬 글자[象形] 甲文字에서 片은 조각난 나무의 한 조각을 본떴다. 이런 자형에서 '조각'의 뜻이 나왔다.	破片(파편) 부서진 조각 阿片(아편) 양귀비 가루. 모르핀 등을 주성분(成分)으로 하는 마약 一片丹心(일편단심) 한 조각의 붉은 마음이란 뜻으로, 한결같은 참된 정성(精誠), 변(變)치 않는 참된 마음을 뜻함		
便 편할 편 7급 常	편할 便은 사람[亻]과 고치다[更]의 뜻을 결합한 글자[會意] 小篆字에서 便은 사람이 불편했던 곳을 고쳐 편안하게 함을 나타냈다. 이런 자형에서 '편안하다'의 뜻이 나왔다.	形便(형편) 일이 되어 가는 모양(模樣)이나 경로(經路) 便宜(편의) 이용(利用)하는 데 편리하고 마땅함 不便(불편) 편리(便利)하지 않음		
偏 치우칠 편 준3급 常	치우칠 偏은 중정하지 않은 사람의 뜻에서 일반적으로 '치우치다'의 뜻을 나타낸다.	偏狹(편협) 생각이나 도량(度量)이 좁고 편벽(偏僻)됨 偏見(편견) 공정(公正)하지 못하고 한쪽으로 치우친 생각 偏頗(편파) 치우쳐 공평(公平)하지 못함 偏向(편향) 한쪽으로 치우침		
遍 두루 편 3급 常	두루 遍은 쉬엄쉬엄 가다[辶]의 뜻과 작을 편(扁)의 음 및 뜻을 결합한 글자[形聲] 小篆字에서 遍은 정자의 현판을 찾아 살살이 돌아다는 것을 나타냈다. 이런 자형에서 '두루'의 뜻이 나왔다.	普遍(보편) 모든 것에 두루 미치거나 통함		
篇 책 편 4급 常	책 篇은 대나무[竹]의 뜻과 현판 편(扁)의 음과 뜻을 결합한 글자[形聲] 小篆字에서 篇은 대쪽에 글을 새겨 실로 엮어 만든 것을 나타냈다. 이런 자형에서 '책'의 뜻이 나왔다.	玉篇(옥편) 한자의 음과 뜻을 풀어 일정한 차례로 모은 책 短篇(단편) 짤막하게 끝을 낸 글 千篇一律(천편일률) 여러 시문(詩文)의 격조가 변화(變化) 없이 비슷비슷하다는 뜻으로, 거의 비슷비슷하여 특색(特色)이 없음을 비유한 말		

編 엮을 편 준3급 常	엮을 編은 실[糸]의 뜻과 작을 편(扁)의 음 및 뜻을 결합한 글자[形聲] 甲文字에서 編은 글을 쓴 작은 대쪽을 끈으로 묶는 것을 나타냈다. 이런 자형에서 '엮다'의 뜻이 나왔다.	編成(편성) 엮어 모아서 책을 이룸 編纂(편찬) 여러 자료(資料)를 수집(蒐集)하고 정리(整理)하여 책을 만듦 韋編三絶(위편삼절) 공자(孔子)가 책을 하도 많이 읽어서 책을 엮어 놓은 끈이 세 번이나 끊어졌단 데에서 비롯된 말	
扁 작을 편 2급	지게호(戶→지게문)部와 글자를 쓰는 죽간(竹簡)을 나타내는 冊(책)으로 이루어짐. 문에 거는 대나무 패의 뜻.	扁平(편평) 넓고 평평함 扁桃腺(편도선) (생물학(生物學)·생리학) 사람의 입 속 양쪽 구석에 하나씩 있는, 편평(扁平)하고 타원형(楕圓形)으로 생긴 림프샘	
鞭 채찍 편 1급	뜻을 나타내는 가죽혁(革→가죽)部와 음을 나타내는 便(편)이 합하여 이루어짐.	鞭撻(편달) ① 채찍으로 때리는 것 ② (어떤 사람을) 잘할 수 있도록 따끔하게 나무라는 것 走馬加鞭(주마가편) 달리는 말에 채찍질하기라는 뜻으로, ① 형편이 좋을 때에 더욱 힘을 더한다는 말 ② 힘껏 하는 데도 자꾸 더하라고 격려(激勵)함	
騙 속일 편 1급	뜻을 나타내는 말마(馬→말)部와 음을 나타내는 扁(편)이 합하여 이루어짐.	欺人騙財(기인편재) 사람을 속이고 재물(財物)을 빼앗음	
貶 낮출 폄 1급	뜻을 나타내는 조개패(貝→돈, 재물)와 음을 나타내는 乏(핍)으로 이루어짐.	貶下(폄하) 치적(治績)이 나쁜 원(員)을 아래 등급(等級)으로 깎아내림 褒貶(포폄) 칭찬(稱讚)함과 나무람. 시비(是非) 선악(善惡)을 평정(評定)함	
平 평평할 평 7급 常	평평할 平은 나누다[八]와 탄식하다[于=兮]의 뜻을 결합한 글자[會意] 金文字에서 平은 탄식하는 기운이 위로 올라가 평평하게 깔리는 것을 나타냈다. 이런 자형에서 '평평하다'의 뜻이 나왔다.	平均(평균) 여러 사물의 질이나 양 따위를 통일적으로 고르게 한 것 平和(평화) 화합(和合)하고 안온(安穩)함 平素(평소) 평상시	
坪 들 평 2급	뜻을 나타내는 흙토(土→흙)部와 음을 나타내는 동시(同時)에 '평탄하다'의 뜻인 平(평)으로 이루어짐. 평탄한 땅, '들판'의 뜻.	坪數(평수) 평(坪)의 수량	
評 평할 평 4급 常	평론할 評은 말씀[言]의 뜻과 공평할 평(平)의 음 및 뜻을 결합한 글자[形聲] 小篆字에서 評은 어느 한쪽으로도 치우치지 않고 공정하게 평가하는 것을 나타냈다. 이런 자형에서 '평론하다'의 뜻이 나왔다.	評價(평가) 사물의 가치나 수준 따위를 평함 批評(비평) 좋고 나쁨, 옳고 그름을 갈라 말함 酷評(혹평) 아주 나쁘게 평하는 것 論評(논평) 논하여 비평(批評)함	
萍 부평초 평 1급	풀을 뜻하는 초두머리(艹(=艸)→풀, 풀의 싹)部와 음을 나타내는 平(평)이 합하여 '개구리밥'을 나타냄.	浮萍草(부평초) 개구리밥	
肺 허파 폐 준3급 常	허파 肺는 몸[月]의 뜻과 앞치마 불(市)의 음 및 뜻을 결합한 글자[形聲] 小篆字에서 肺는 몸 가운데 앞치마와 같이 심장을 가린 것을 나타냈다. 이런 자형에서 '허파'의 뜻이 나왔다.	肺炎(폐렴) 폐의 염증 肺癌(폐암) 폐장(肺臟)에 생기는 암	

閉 닫을 폐 준3급 | 常	닫을 閉는 문[門]과 나무 빗장[才]의 뜻을 결합한 글자[會意] 金文字에서 閉는 대문에 빗장을 걸은 모양을 나타냈다. 이런 자형에서 '닫다'의 뜻이 나왔다.	閉鎖(폐쇄) 문을 닫고 자물쇠를 채움 閉幕(폐막) 연극(演劇), 음악회(音樂會) 등을 다 마치고 막을 내림 密閉(밀폐) 샐 틈이 없이 꼭 막거나 닫음		
廢 폐할 폐 준3급 | 常	폐할 廢는 집[广]과 떠나다[發]의 뜻을 결합한 글자[會意] 小篆字에서 廢는 쏘아서 버려진 화살과 같이 오랫동안 돌보지 않아 허물어진 집을 나타냈다. 이런 자형에서 '폐하다'의 뜻이 나왔다.	廢止(폐지) 실시(實施)하던 제도(制度), 법규(法規) 및 일을 그만두거나 없앰 廢棄(폐기) 못 쓰게 된 것을 버림 撤廢(철폐) 철거(撤去)하여 폐지(廢止)함		
蔽 덮을 폐 3급 | 常	가릴 蔽는 풀[艹]의 뜻과 해질 폐(敝)의 음 및 뜻을 결합한 글자[形聲] 小篆字에는 풀이 무성하여 덮어 가려진 것을 나타냈다. 이런 자형에서 '덮다', '가리다'의 뜻이 나왔다.	隱蔽(은폐) 가리어 숨김, 덮어 감춤 掩蔽(엄폐) 보이지 않도록 가려서 숨김		
弊 폐단 폐 준3급 | 常	폐단 弊는 옷 해질 폐(敝)의 음 및 뜻과 두 손[廾]의 뜻을 결합한 글자[形聲] 小篆字에서 弊는 개가 넘어진 것을 나타내었으나, 隸書字에서는 犬이 廾로 바뀌어 해진 옷을 두 손으로 잡은 것을 나타냈다. 이런 자형에서 '해지다'의 뜻이 나왔다.	弊害(폐해) 폐단(弊端)과 해악(害惡) 病弊(병폐) 병통(病痛)과 폐단(弊端) 疲弊(피폐) 생활(生活)이나 경제력(經濟力) 등이 어려워지거나 쇠약(衰弱)해져 궁하게 된 상태(狀態)		
幣 화폐 폐 준3급 | 常	비단 幣는 덮을 폐(敝)의 음 및 뜻과 천[巾]의 뜻을 결합한 글자[形聲] 甲文字에서 幣는 고대의 화폐를 나타내었으나, 小篆字에서는 巾의 뜻을 첨가하여 비단을 헝겊으로 묶어서 덮어둔 것을 나타냈다. 이런 자형에서 '비단', '재물'의 뜻이 나왔다.	貨幣(화폐) 상품(商品) 교환(交換)의 매개체(媒介體)로서 사회(社會)에 유통(流通)되는 금화·은화·동화·지폐 따위. 돈 紙幣(지폐) 종이돈		
斃 죽을 폐 1급	뜻을 나타내는 등글월문(攴(=攵)→일을 하다, 회초리로 치다)部와 음을 나타내는 폐(死를 뺀 나머지 글자)가 합하여 이루어짐.	斃死(폐사) 죽음		
陛 대궐섬돌 폐 1급	뜻을 나타내는 좌부변(阝(=阜)→언덕)部와 음을 나타내는 부수를 제외한 글자 坒(비)로 이루어짐.	陛下(폐하) 황제(黃帝)나 황후(皇后) 또는 태황태후나 황태후에 대한 공대말		
布 베 포 준4급 | 常	베 布는 손[又]와 천[巾]의 뜻을 결합한 글자[會意] 金文字에서 布는 손으로 구겨진 천을 방망이로 펴는 것을 나타냈다. 이런 자형에서 '펴다', '베'의 뜻이 나왔다.	公布(공포) 법령(法令)을 이미 확정(確定)된 국가(國家) 의사(意思)로서 국민에게 널리 알림 配布(배포) 두루 나눠 줌 宣布(선포) 세상(世上)에 널리 펴 알림		
包 쌀 포 준4급 | 常	쌀 包는 어머니의 뱃속에 있는 태아의 모양을 본뜬 글자[象形] 甲文字에서 包는 뱃속의 태아의 모양을 본떴다. 이런 자형에서 '싸다'의 뜻이 나왔다.	包含(포함) 함유(含有)함 包裝(포장) 물건을 싸서 꾸림 包括(포괄) 일정한 대상이나 현상 따위를 어떤 범위나 한계 안에 모두 끌어넣음		
抛 던질 포 2급	뜻을 나타내는 재방변(扌(=手)→손)部와 음을 나타내는 부수를 제외한 글자(포)가 합하여 이루어짐.	抛棄(포기) 하던 일을 중도(中途)에 그만두어 버림 抛物線(포물선) 원추(圓錐) 곡선(曲線)의 한 가지. 한 정점과 한 직선(直線)에 이르는 거리가 같은 점의 궤적		

抱 안을 포 3급 | 常	안을 抱는 손[扌]의 뜻과 쌀 포(包)의 음 및 뜻을 결합한 글자[形聲] 甲文字에서 抱는 모태 속에서 자라고 있는 아이의 모습을 나타내었으나, 후에 扌가 첨가되어 아기를 감싸는 뜻을 나타냈다. 이런 자형에서 '안다'의 뜻이 나왔다.	抱負(포부) 마음속에 지닌 앞날에 대한 생각이나 계획(計劃), 희망(希望), 자신(自信) 懷抱(회포) 마음속에 품은 생각 抱擁(포옹) 품에 껴안음
怖 두려워할 포 2급	뜻을 나타내는 심방변(忄(=心, 忄)→마음, 심장)部와 음을 나타내는 布(포)가 합하여 이루어짐.	恐怖(공포) 무서움과 두려움 大恐怖(대공포) 프랑스 혁명의 초기(初期) 1789년 7월부터 8월에 걸친 농촌의 소요
胞 세포 포 4급 | 常	배부를 飽는 밥[食]의 뜻과 쌀 포(包)의 음 및 뜻을 결합한 글자[形聲] 小篆字에서 飽는 음식이 뱃속에 가득 들어있는 것을 나타냈다. 이런 자형에서 '배부르다'의 뜻이 나왔다.	細胞(세포) 생물체(生物體)를 구성(構成)하는 가장 기본적(基本的)인 단위(單位) 同胞(동포) 한 나라 또는 한 민족(民族)에 속(屬)하는 사람들
浦 개 포 준3급 | 常	물가 浦는 물[氵]의 뜻과 클 포(甫)의 음 및 뜻을 결합한 글자[形聲] 小篆字에서 浦는 큰 물결이 드나드는 강이나 바닷가를 나타냈다. 이런 자형에서 '물가'의 뜻이 나왔다.	浦口(포구) 배가 드나드는 강의 어귀. 작은 항구(港口) 鏡浦臺(경포대) 강원도 강릉시 경호(鏡湖)가에 있는 누대(樓臺)
捕 잡을 포 준3급 | 常	잡을 捕는 손[扌]의 뜻과 클 보(甫)의 음 및 뜻을 결합한 글자[形聲] 小篆字에서 捕는 큰 죄를 지은 사람이 달아나지 못하도록 붙들어 놓은 것을 나타냈다. 이런 자형에서 '잡다'의 뜻이 나왔다.	逮捕(체포) 죄인(罪人)을 쫓아가서 잡음 捕虜(포로) 전투(戰鬪)에서 사로잡힌 적군(敵軍)
砲 대포 포 준4급	石(돌석)部와 음을 나타내며 동시(同時)에 퉁기어 날려 보내는 뜻(→爆폭)을 나타내기 위한 包(포)로 이루어짐. 돌을 멀리 날리는 기계를 뜻함.	砲手(포수) 총으로 짐승을 잡는 사냥꾼 大砲(대포) 커다란 탄환(彈丸)을 멀리 내쏘는 큰 화기
飽 배부를 포 3급 | 常	뜻을 나타내는 밥식(食(=飠)→먹다, 음식)部와 음을 나타내는 동시(同時)에 '부풀어 커지다'의 뜻을 가지는 包(포)로 이루어짐. '만족하게 먹다, 만족해하다'의 뜻.	飽食(포식) 배부르게 먹음 飽和(포화) 더 이상의 양을 수용할 수 없이 가득 참 飽滿(포만) 무엇이나 그 용량(容量)에 충분(充分)히 참
鋪 펼 포 2급	뜻을 나타내는 쇠금(金→광물·금속날불이)部와 음을 나타내는 甫(보)로 이루어짐.	店鋪(점포) 가게, 상점(商店) 鋪裝(포장) 길에 콘크리트나 아스팔트 등을 깔아 단단히 다져 꾸미는 일
匍 길 포 1급	뜻을 나타내는 쌀포몸(勹→싸다)部와 음을 나타내는 甫(보)로 이루어짐.	匍匐(포복) 배를 땅에 대고 김
咆 고함지를 포 1급	뜻을 나타내는 입구(口→입, 먹다, 말하다)部와 음을 나타내는 包(포)가 합하여 이루어짐.	咆哮(포효) 사나운 짐승이 울부짖음

한자	자원(字源)	용례(用例)			
哺 먹을 포 1급	뜻을 나타내는 입구(口→입, 먹다, 말하다)部와 음을 나타내는 甫(보)로 이루어짐.	哺乳類(포유류) 포유강의 동물을 일상적으로 통틀어 이르는 말			
圃 채마밭 포 1급	뜻을 나타내는 큰입구몸(口→에워싼 모양)部와 음을 나타내는 甫(보)로 이루어짐.	玄圃(현포) 전설(傳說)에서, 중국 곤륜산 위에 선인(仙人)이 있다는 곳 圃隱集(포은집) 정몽주(鄭夢周)의 시문집(詩文集)			
苞 쌀 포 특급	풀을 뜻하는 초두머리(艹(=艸)→풀, 풀의 싹)部와 음을 나타내는 包(포)가 합하여 이루어짐.	小苞葉(소포엽) 꽃의 가장 가까이에 있는 포엽(苞葉)			
泡 거품 포 1급	뜻을 나타내는 삼수변(氵(=水, 氺)→물)部와 음을 나타내는 包(포)가 합하여 이루어짐.	水泡(수포) 물거품 起泡性(기포성) 그릇 따위에 액체(液體)를 넣고 흔들면 거품이 일어나는데 이러한 성질			
疱 물집 포 1급	뜻을 나타내는 병질엄(疒→병, 병상에 드러누운 모양)部와 음을 나타내는 包(포)가 합하여 이루어짐.	水疱(수포) 살가죽이 부풀어 올라 속에 물이 잡히는 것 發疱(발포) 피부(皮膚)에 수포(水疱)가 발생(發生)함			
脯 포 포 1급	뜻을 나타내는 육달월(月(=肉)→살, 몸)部와 음을 나타내는 甫(보)로 이루어짐.	肉脯(육포) 쇠고기를 얇게 저미어 만든 포			
葡 포도 포 2급	초두머리(艹(=艸)→풀, 풀의 싹)와 匍(포)로 이루어짐. 당나라 때 서역(西域)으로부터 온 Budau(중앙아시아의 토어)의 음역 글자.	葡萄(포도) 포도나무의 열매 葡萄糖(포도당) 단당류(單糖類)의 하나			
蒲 부들 포 1급	풀을 뜻하는 초두머리(艹(=艸)→풀, 풀의 싹)部와 음을 나타내는 浦(포)가 합하여 '부들(부들과의 다년초)'을 뜻함.	蒲柳之質(포류지질) 시냇가 같은 곳에 나는 땅버들. 부들이나 버들처럼 가늘고 섬약한 체질. 蒲柳(포류), 蒲柳質(포류질), 蒲柳之姿(포류지자).			
袍 도포 포 1급	뜻을 나타내는 옷의변(衤(=衣)→옷)部와 음을 나타내는 包(포)가 합하여 이루어짐.	道袍(도포) 옛날 통상(通常) 예복(禮服)으로 입던, 남자(男子)의 겉옷 袞龍袍(곤룡포) 임금이 입는 옷			
褒 기릴 포 1급	대법원 인명용으로는 포. 뜻을 나타내는 옷의(衣(=衤)→옷)部와 음을 나타내는 동시(同時)에 '넓다'의 뜻(→旁방)을 가지는 保(보)로 이루어지며, 옷자락이 넓은 의복(衣服).	褒賞金(포상금) 칭찬(稱讚)하고 권장(勸獎)하여 상으로 주는 돈 褒貶(포폄) 칭찬(稱讚)함과 나무람 시비(是非) 선악(善惡)을 평정(評定)함			

逋 도망갈 포 1급	뜻을 나타내는 책받침(辶(=辵)→쉬엄쉬엄 가다)部와 음을 나타내는 甫(보)로 이루어짐.	逋脫(포탈) 조세(租稅)를 피(避)하여 면(免)함	
鮑 절인물고기 포 2급	뜻을 나타내는 고기어(魚→물고기)部와 음을 나타내는 包(포)가 합하여 이루어짐.	管鮑之交(관포지교) 옛날 중국의 관중(管仲)과 포숙(鮑叔)처럼 친구(親舊) 사이가 다정(多情)함을 이르는 말 生鮑(생포) 전복(全鰒)	
幅 폭 폭 3급 常	넓이 幅은 천(巾)의 뜻과 가득 찰 복의 음 및 뜻을 결합한 글자[形聲] 小篆字에서 幅은 천의 양쪽이 끝부분까지 가득 펼쳐진 것을 나타냈다. 이런 자형에서 '폭', '넓이'의 뜻이 나왔다.	大幅(대폭) 큰 규모나 폭 增幅(증폭) 사물(事物)의 범위(範圍)를 넓혀 크게 하는 것	
暴 사나울 폭 준4급 常	사나울 暴는 해[日]와 받들다[共] 그리고 쌀[氺=米의 변형]의 뜻을 결합한 글자[會意] 甲文字에서 暴는 사나운 사슴의 머리를 나타냈으나 小篆字에서는 자형이 변하여 햇볕이 비치면 쌀을 말리는 것을 나타냈다. 이런 자형에서 '사납다', '드러내다'의 뜻이 나왔다.	暴力(폭력) 사람이 불법(不法), 부당(不當)한 방법(方法)으로 물리적(物理的)인 강제력(强制力)을 행사(行使)하는 일 暴騰(폭등) 물가(物價)·주가 등이 갑자기 대폭적(大幅的)으로 오름	
爆 폭발할 폭 4급 常	폭발할 爆는 불[火]의 뜻과 사나울 폭(暴)의 음 및 뜻을 결합한 글자[形聲] 小篆字에서 爆은 사나운 불길에 물건들이 터지는 것을 나타냈다. 이런 자형에서 '폭발하다'의 뜻이 나왔다.	爆彈(폭탄) 인명 살상이나 구조물 파괴를 위하여 금속 용기에 폭약을 채워서 던지거나 쏘거나 떨어뜨려서 터뜨리는 폭발물 爆破(폭파) 폭약(爆藥)을 폭발(爆發)시킴	
曝 사나울 폭 1급	暴(폭=햇볕에 쬠의 뜻)과 日의 합자. '포'나 '폭'.	曝露(포로) 겉으로 드러남. 한데 있어 우로를 맞음 曝書(포서) 책을 햇볕에 쬐어 좀이 먹는 것을 방지함. 曝白(포백) 마전. 생피륙을 삶거나 빨아 볕에 바래는 일	
瀑 폭포 폭 1급	뜻을 나타내는 삼수변(氵(=水, 氺)→물)部와 음을 나타내는 暴(폭)이 합하여 이루어짐.	瀑布(폭포) 폭포수(瀑布水)	
表 겉 표 6급 常	모피 털이 있는 옷을 겉쪽으로 입는다 하여 바깥을 뜻함. 본디 가죽옷은 털이 겉으로 드러나 있는데, 예복으로서는 그 위에 겉옷을 입어 털이 속으로 가려지게 함. 이 옷이 表(표)로 쓰임.	發表(발표) 널리 드러내어 세상(世上)에 알림 代表(대표) 전체의 상태나 성질을 어느 하나로 잘 나타냄 表現(표현) 생각이나 느낌 따위를 언어나 몸짓 따위의 형상으로 드러내어 나타냄	
票 표 표 준4급 常	쪽지 票는 허리와 보이다[示]의 뜻을 결합한 글자[會意] 小篆字에서 票는 먼 곳에 알리기 위해 불을 높이 들고 있는 것을 나타냈다. 이런 자형에서 '표시하다', '표'의 뜻이 나왔다.	郵票(우표) 우편(郵便) 요금(料金)을 표시(表示)하는 증표(證票). 手票(수표) 발행인이 지급인(금융기관)에 대하여, 수령인 기타 정당한 소지인에게 일정한 금액의 지급을 위탁하는 유가증권	
漂 떠다닐 표 3급 常	뜰 漂는 물[氵]의 뜻과 흔들릴 표(票)의 음 및 뜻을 결합한 글자[形聲] 小篆字에서 漂는 가벼운 물건이 물 위에 흔들리는 것을 나타냈다. 이런 자형에서 '뜨다'의 뜻이 나왔다.	漂流(표류) 물에 떠서 흘러감 漂白劑(표백제) 색소(色素)를 표백하는 약제	

標 표할 표 4급 常	나무 끝 標는 나무[木]의 뜻과 표지 표(票)의 음 및 뜻을 결합한 글자[形聲] 小篆字에서 표는 불꽃이 밝게 위로 올라가는 것과 같이 높고 가느다란 나뭇가지의 끝을 나타냈다. 이런 자형에서 '나무 끝'의 뜻이 나왔다.	目標(목표) 실제적(實際的) 대상(對象)으로 삼는 것 標榜(표방) 어떠한 명목(名目)을 붙여 주의(主義), 주장 (主張)을 앞에 내세움 標準(표준) 사물(事物)을 정(定)하는 목표		
剽 도둑질 표 1급	뜻을 나타내는 선칼도방(刂(=刀)→칼, 베다, 자르다)部 와 음을 나타내는 票(표)가 합하여 이루어짐.	剽竊(표절) 남의 창작물을 그 내용(內容)의 일부를 취 (取)하여 자기 창작물에 제 것으로 삼아 이용(利用)하 는 것		
杓 북두자루 표 2급	뜻을 나타내는 나무목(木→나무)部와 음을 나타내는 동 시(同時)에 국자의 뜻을 가지는 勺(작)으로 이루어지며, 나무로 만든 국자의 뜻. 구기 작.	樽杓(준작) 술병과 술잔		
慓 급할 표 1급	뜻을 나타내는 심방변(忄(=心, 㣺)→마음, 심장)部와 음 을 나타내는 票(표)가 합하여 이루어짐.	慓毒(표독) 사납고 독살스러움		
豹 표범 표 1급	뜻을 나타내는 갖은돼지시변(豸→짐승, 돼지)部와 음을 나타내는 勺(작)으로 이루어지며, 표범을 뜻함.	豹死留皮(표사유피) 표범은 죽어서 가죽을 남긴다는 뜻 에서, 사람은 사후에 이름을 남겨야 함의 비유(比喩)		
飄 나부낄 표 1급	뜻을 나타내는 바람풍(風→바람)部와 음을 나타내는 票 (표)가 합하여 이루어짐.	飄然(표연) 바람에 가볍게 팔랑 나부끼는 모양		
品 물건 품 5급 常	물건 品은 세 개의 물건[口]을 결합한 글자[會意] 甲文字에서 품은 ① 많은 사람의 입, ② 많은 물건을 쌓 아 놓은 것을 나타냈다. 이런 자형에서 '물건'의 뜻이 나 왔다.	製品(제품) (상품(商品)으로서) 원료(原料)를 써서 만들 어 낸 물품(物品) 商品(상품) 장사하는 물품(物品). 매매(賣買)의 목적물 (目的物)인 재화		
稟 여쭐 품 1급	뜻을 나타내는 벼화(禾→곡식)部와 음(音)을 나타내는 부수를 제외한 글자 亩(름)이 합하여 이루어짐. 받을 품.	稟性(품성) 타고난 성품(性品) 性稟(성품) 성정(性情) 稟議(품의) (웃어른이나 또는 상사에게) 글이나 말로 여 쭈어 의논(議論)함		
風 바람 풍 6급 常	바람 風은 무릇 범(凡)의 음 및 뜻과 벌래[虫]의 뜻을 결합 한 글자[形聲] 小篆字에서 風은 바람이 불면 기후가 변하여 뭇 벌레가 생동하는 것을 나타냈다. 이런 자형에서 '바람'의 뜻이 나왔다.	熱風(열풍) 뜨거운 바람. 사막(沙漠) 따위에서 여름에 부 는 뜨겁고 마른 바람 風景(풍경) 어떤 상황(狀況)이나 형편(形便)이나 분위기 (雰圍氣) 颱風(태풍) 열대성 저기압으로 형성된 강한 바람		
楓 단풍 풍 준3급	뜻을 나타내는 木(목→나무)部와 음(音)을 나타내는 風 (풍)이 합하여 이루어짐.	丹楓(단풍) 단풍나무 楓嶽山(풍악산) 강원도에 위치한 산으로 봄에는 금강산 (金剛山), 여름에는 봉래산(蓬萊山), 가을에는 풍악산 (楓嶽山), 겨울에는 개골산(皆骨山)이라고 함		

豊 풍년 풍 준4급 | 常	풍성할 豊은 제사그릇에 많은 음식을 담은 모습을 본뜬 글자[象形] 金文字에서 豊은 제사 때 음식을 가득담은 제기의 모양을 본떴다. 이런 자형에서 '풍성하다'의 뜻이 나왔다.	豊富(풍부) 넉넉하고 많음 豊饒(풍요) 흠뻑 많아서 넉넉함 豊盛(풍성) 넉넉하고 많음	
諷 풍자할 풍 1급	뜻을 나타내는 말씀언(言→말하다)部와 음(音)을 나타내는 風(풍)이 합하여 이루어짐.	諷刺(풍자) 무엇에 빗대어 재치 있게 경계(警戒)하거나 비판(批判)함	
馮 성씨 풍 2급	뜻을 나타내는 말마(馬→말)部와 음(音)을 나타내는 이수변(冫→고드름, 얼음)部(빙)가 합하여 이루어짐.	馮玉祥(풍옥상) 중국의 군벌(軍閥). 북양(北洋) 군벌 직례파(直隷波)의 거두(巨頭)	
皮 가죽 피 준3급 | 常	가죽 皮는 짐승의 가죽을 가공하고 있는 모양을 본뜬 글자[象形] 金文字에서 皮는 손으로 도구를 잡고 짐승의 가죽을 가공하고 있는 모습을 본떴다. 이런 자형에서 '가죽'의 뜻이 나왔다.	皮膚(피부) 동물의 체표(體表)를 덮고 있는 피막(被膜) 脫皮(탈피) 동물이 성장(成長)함에 따라 낡은 허물을 벗는 것	
彼 저 피 준3급 | 常	저 彼는 자축거리며 걷다[彳]와 가죽 피(皮)의 음 및 뜻을 결합한 글자[形聲] 石文字에서 彼는 손으로 가죽을 가공하는 것을 나타냈으나, 小篆字에서 彳을 첨가하여 가죽을 덮어쓰고 길을 가는 것을 나타냈다. 이런 자형에서 '덮다'의 뜻이 나왔으나 가차되어 '저것'의 뜻으로 쓰인다.	於此彼(어차피) '어차어피'의 준말 知彼知己(지피지기) 적을 알고 나를 알아야 한다는 뜻 此日彼日(차일피일) 오늘내일 하며 자꾸 기한(期限)을 늦춤	
疲 피곤할 피 4급 | 常	피곤할 疲는 병[疒]의 뜻과 가죽 피(皮)의 음 및 뜻을 결합한 글자[形聲] 小篆字에서 疲는 살가죽의 병색이 날 만큼 야위고 지친 것을 나타냈다. 이런 자형에서 '피곤하다'의 뜻이 나왔다.	疲勞(피로) 정신(精神)이나 육체(肉體)의 지나친 활동(活動)으로 작업(作業) 능력(能力)이 감퇴(減退)한 상태 疲弊(피폐) 생활(生活)이나 경제력(經濟力) 등이 어려워지거나 쇠약(衰弱)해져 궁하게 된 상태(狀態) 疲困(피곤) 몸이나 마음이 지치어 고달픔	
被 입을 피 준3급 | 常	입을 被는 옷[衤]의 뜻과 가죽 피(皮)의 음 및 뜻을 결합한 글자[形聲] 小篆字에서 被는 몸 전신을 덮어 가리는 옷을 나타냈다. 이런 자형에서 '옷 입다'의 뜻이 나왔다.	被害(피해) 어떤 사람이 재물(財物)을 잃거나 신체적(身體的)·정신적(精神的)으로 해를 입은 상태(狀態) 被殺(피살) 죽임을 당함 被拉(피랍) 납치(拉致)를 당하는 것	
避 피할 피 4급 | 常	피할 避는 쉬엄쉬엄 가다[辶]의 뜻과 어길 피(辟)의 음 및 뜻을 결합한 글자[形聲] 甲文字에서 避는 죄를 짓고 벌 받기를 싫어하여 달아나는 것을 나타냈다. 이런 자형에서 '피하다'의 뜻이 나왔다.	忌避(기피) 꺼리어 피(避)함 回避(회피) 몸을 피(避)하여 만나지 아니함, 이리저리 피(避)함 逃避(도피) 도망(逃亡)하여 몸을 피함	
披 헤칠 피 1급	뜻을 나타내는 재방변(扌=手→손)部와 음(音)을 나타내는 皮(피)가 합하여 이루어짐.	披瀝(피력) 마음을 열고 평소(平素)에 숨겨둔 생각을 모조리 털어내어 말함 猖披(창피) 체면(體面)이 사나워지거나 마음에 아니꼬움에 대한 부끄럼	
匹 짝 필 3급 | 常	짝 匹은 감추다[匸]와 나누다[八]의 뜻을 결합한 글자[會意] 金文字에서 匹은 옷감을 둘로 나누어 감추어둔 모양을 나타냈다. 이런 자형에서 '짝'의 뜻이 나왔다.	配匹(배필) 부부(夫婦)가 될 짝 匹敵(필적) 능력(能力), 세력(勢力)이 서로 엇슷비슷함, 맞섬	

ㅍ

한자	자원(字源)	용례(用例)		
必 반드시 필 5급 常	반드시 必은 푯말[弋]의 뜻과 나누다[八]를 결합한 글자 [會意] 小篆字에서 必은 땅의 경계를 지을 때 먼저 푯말을 세워 그 기준으로 땅을 나누는 것을 나타냈다. 이런 자형에서 '반드시'의 뜻이 나왔다.	必要(필요) 없어서는 아니 됨 必須(필수) 꼭 필요(必要)로 함		
畢 마칠 필 준3급 常	마칠 畢은 그물의 모양을 본뜬 글자[象形] 甲文字에서 畢은 그물망과 자루의 모양을 본떴으나, 小篆字에서 田이 첨가되어 사냥에 쓰는 그물을 나타냈다. 이런 자형에서 '그물'의 뜻이 나왔다. 후에 전성되어 '그물설치를 마치다'의 뜻으로 쓰인다.	畢竟(필경) 마침내, 결국에는, 그예 檢查畢(검사필) 검사(檢查)를 마침		
筆 붓 필 5급 常	붓 筆은 대나무[竹]의 뜻과 붓 율(聿)의 음 및 뜻을 결합한 글자[形聲] 小篆字에서 筆은 대나무 대롱으로 만든 붓을 나타냈다. 이런 자형에서 '붓'의 뜻이 나왔다.	隨筆(수필) 일정한 형식을 따르지 않고 느낌이나 체험을 생각나는 대로 쓴 산문 형식의 글. 執筆(집필) 글을 씀 筆頭(필두) ① 붓의 끝 ② 어떤 단체(團體)나 동아리의 주장(主將)되는 사람		
弼 도울 필 2급	트집 간 활을 바로잡는 도지개의 뜻인 弓(강·기)를 두 개 쓴 글자와 '짝짓다'의 뜻(→比비·匹필)을 나타내기 위한 百(백)으로 이루어짐. 활을 도지개에 거는 일, 전(轉)하여 붙이다, '돕다'의 뜻.	輔弼(보필) 임금을 도움		
疋 짝 필 1급	무릎 아래의 모양을 본뜸.	疋緞(필단) 필로 된 비단(緋緞)		
泌 스며 흐를 비 2급	분비할 비로도 쓰임. 뜻을 나타내는 삼수변(氵(=水, 氺)→물)部와 음(音)을 나타내는 必(필)이 합하여 이루어짐.	泌尿器科(비뇨기과) 비뇨기의 질환(疾患)을 연구(研究)·치료(治療)하는, 의학(醫學)의 한 분과(分科) 內分泌線(내분비선) 내분비 작용(作用)을 하는 선		
乏 모자랄 핍 1급	正(정)의 반대(反對) 모양으로 부정(不正)에서 생기는 부족(不足)을 뜻한다고 함.	缺乏(결핍) 모자라거나 부족(不足)함 窮乏(궁핍) 몹시 가난하고 궁함		
逼 핍박할 핍 1급	뜻을 나타내는 책받침(辶(=辵)→쉬엄쉬엄 가다)部와 음(音)을 나타내는 부수를 제외한 글자 畐(복)으로 이루어짐.	逼迫(핍박) (사람을) 억누르고 괴롭히는 것		

한자	자원 설명	용례
下 아래 하 7급 常	아래 下는 어떤 기준 아래 작은 물체가 있음을 가리킨 글자[指事] 甲文字에서 下는 지평선 아래에 작은 물체가 있음을 나타냈다. 小篆字에서는 '二'와 구별하기 위하여 자형이 변하였다. 이런 자형에서 '아래'의 뜻	傘下(산하) 보호(保護)를 받는 어떤 세력(勢力)의 그늘 下降(하강) 아래쪽으로 내림 下落(하락) 값이나 등급(等級) 따위가 떨어짐
何 어찌 하 준3급 常	어찌 何는 사람[亻]의 뜻과 짐 가(可)의 음 및 뜻을 결합한 글자[形聲] 甲文字에서 何는 사람의 어깨에 괭이를 어깨에 멘 것을 나타냈다. 이런 자형에서 '메다'의 뜻이 나왔다. 후에 가차되어 '어찌'의 뜻으로 쓰인다.	六何原則(육하원칙) '누가, 언제, 어디서, 무엇을, 왜, 어떻게'를 일컫는 말 如何(여하) 어떻게 하는가 하는 것 또는 어떠한가 하는 것
河 물 하 5급 常	물 河는 물[氵]의 뜻과 오를 가(可)의 음과 뜻을 결합한 글자[形聲] 甲文字에서 河는 원래 황하(黃河)를 나타냈다. 이런 자형에서 '황하'의 뜻이 나왔으나, 후에 하구가 큰 '내'의 뜻으로 쓰인다.	河川(하천) 강과 시내 氷河(빙하) 큰 얼음 덩어리 河口(하구) 강물이 큰 강이나 호수(湖水) 또는 바다로 흘러 들어가는 어귀
夏 여름 하 7급 常	여름 夏는 머리[頁]와 다리[夂]의 뜻을 결합한 글자[會意] 金文字에서 夏는 더위로 머리와 다리를 드러낸 모습을 나타냈으나, 小篆字에서는 두 손의 뜻을 첨가하여 만능의 중국사람을 가리켰다. 이러한 자형에서 '중국'의 뜻이 나왔으나, 가차되어 '여름'의 뜻으로 쓰인다.	夏服(하복) 여름 옷 夏至(하지) 양력(陽曆) 6월 21일이나 22일이 됨. 북반구에서는 낮이 가장 길고, 밤이 가장 짧음
荷 멜 하 준3급 常	연꽃 荷는 풀[艹]의 뜻과 멜 하(何)의 음 및 뜻을 결합한 글자[形聲] 小篆字에서 荷는 물건을 담을만한 큰 입을 가진 풀을 나타냈다. 이런 자형에서 '연꽃'의 뜻이 나왔다.	過負荷(과부하) 기계(機械)나 전기(電氣) 기기(機器), 회로(回路) 등에서 규정량(規定量)을 초과(超過)하는 부하(負荷) 荷重(하중) 짐의 무게
賀 축하할 하 준3급 常	축하할 賀는 더할 가(加)의 음과 뜻과 조개[貝]의 뜻을 결합한 글자[形聲] 小篆字에서 賀는 좋은 일에 재물을 함께 보내는 것을 나타냈다. 이런 자형에서 '하례하다'의 뜻이 나왔다.	祝賀(축하) 기뻐하고 즐겁다는 뜻으로 인사(人事)함 致賀(치하) 남의 경사(慶事)에 대하여 축하(祝賀)의 말을 하는 인사 賀客(하객) 축하(祝賀)하러 온 손님
瑕 허물 하 1급	뜻을 나타내는 구슬옥변(玉(=玉, 玊)→구슬)部와 음(音)을 나타내는 부수를 제외한 글자 叚(가)로 이루어짐.	瑕疵(하자) 흠. 결점 白玉無瑕(백옥무하) 흰 옥이 흠이 없다는 뜻으로, 결점(缺點)이 전혀 없는 사람을 이르는 말
蝦 새우 하 1급	뜻을 나타내는 벌레충(虫→뱀이 웅크린 모양, 벌레)部와 음(音)을 나타내는 부수를 제외한 글자 叚(가)로 이루어짐.	鯨戰蝦死(경전하사) 고래 싸움에 새우가 죽는다는 속담(俗談)의 한역으로, 강자(强者)끼리 싸우는 틈에 끼여 약자(弱者)가 아무런 상관(相關) 없이 화(禍)를 입는다는 말
遐 멀 하 1급	뜻을 나타내는 책받침(辶(=辵)→쉬엄쉬엄 가다)部와 음(音)을 나타내는 부수를 제외한 글자 叚(가)로 이루어짐.	昇遐(승하) 임금이 세상(世上)을 떠남

霞 노을 하 1급	뜻을 나타내는 비우(雨→비, 비가 오다)部와 음(音)을 나타내는 부수를 제외한 글자 叚(가)로 이루어짐.	煙霞痼疾(연하고질) 산수(山水)의 좋은 경치(景致)를 깊이 사랑하는 마음(煙霞)이 대단히 강(强)해 마치 고치지 못할 병이 든 것 같음을 비유(比喩)해 이르는 말		
虐 모질 학 2급	虎(호→호랑이)의 생략형 호(아래 변을 뺀 글자)와 爪(조→손톱)의 합자(合字). 손톱으로 사람을 해침의 뜻.	虐待(학대) 몹시 괴롭히거나 사납게 대우(待遇)함 虐殺(학살) 참혹(慘酷)하게 마구 무찔러 죽임		
學 배울 학 8급 常	배울 學은 본받다[爻]와 양손 잡다[臼], 덮다[冖], 아들[子]의 뜻을 결합한 글자[會意] 甲文字에서 學은 어른에게 본받는 것을 나타냈으나, 小篆字에서는 사리에 어두운 아이가 가르침을 본받는 것을 나타냈다. 이런 자형에서 '배우다'의 뜻이 나왔다.	學校(학교) 학생을 가르치는 교육 기관 學生(학생) 학교에 다니면서 공부(工夫)하는 사람 科學(과학) 자연세계에서 보편적 진리나 법칙의 발견을 목적으로 한 체계적 지식		
鶴 학 학 준3급 常	학 鶴은 높이 날 학의 음 및 뜻과 새[鳥]의 뜻을 결합한 글자[形聲] 金文字에서 鶴은 부리가 길고 아름답게 울며 높이 날아가는 새를 나타냈다. 이런 자형에서 '학'의 뜻이 나왔다.	群鶴一鶴(군계일학) 무리 지어 있는 닭 가운데 있는 한 마리의 학이라는 뜻으로, 여러 평범(平凡)한 사람들 가운데 있는 뛰어난 한 사람을 이르는 말 鶴首苦待(학수고대) 학처럼 목을 길게 빼고 기다린다는 뜻으로, 몹시 기다림을 이르는 말		
瘧 학질 학 1급	뜻을 나타내는 병질엄(疒→병, 병상에 드러누운 모양)部와 부수를 제외한 글자 虐(학)이 음(音)을 나타냄.	瘧疾(학질) 말라리아(malaria). 말라리아 원충을 가진 학질모기에게 물려서 감염되는 법정 전염병		
謔 희롱할 학 1급	뜻을 나타내는 말씀언(言→말하다)部와 음(音)을 나타내는 虐(학)이 합하여 이루어짐.	諧謔(해학) 익살스럽고도 멋이 있는 농담(弄談)		
壑 골 학 1급	谷(곡)과 土(토)와 나머지 글자(=파다)와의 합자(合字).	巖壑(암학) 바위와 골(골짜기) 萬壑(만학) 만 개나 되는 골짜기		
汗 땀 한 준3급 常	땀 汗은 물[氵]의 뜻과 범할 간(干)의 음 및 뜻을 결합한 글자[形聲] 小篆字에서 汗은 몸 밖으로 흘러내리는 물을 나타냈다. 이런 자형에서 '땀'의 뜻이 나왔다.	汗牛充棟(한우충동) 수레에 실어 운반(運搬)하면 소가 땀을 흘리게 되고, 쌓아올리면 들보에 닿을 정도(程度)의 양이라는 뜻으로, 장서(藏書)가 많음을 이르는 말 汗蒸幕(한증막) 한증하는 곳. 담을 둘러막아서 굴처럼 만듦		
旱 가물 한 3급 常	가물 旱은 해[日]의 뜻과 마를 간(干)의 음 및 뜻을 결합한 글자[形聲] 小篆字에서 旱은 찌는 듯한 더위로 땀이 마르는 것을 나타냈다. 이런 자형에서 '가물다'의 뜻이 나왔다.	旱災(한재) 가뭄으로 인(因)한 재앙(災殃) 旱害(한해) 가뭄의 피해(被害)		
恨 한 한 4급 常	한할 恨은 마음[忄]의 뜻과 머무를 간(艮)의 음 및 뜻을 결합한 글자[形聲] 小篆字에서 恨은 후회스러운 일을 당하여 그 일이 마음에 머물러 있는 것을 나타냈다. 이런 자형에서 '한하다'의 뜻이 나왔다.	恨歎(한탄) 원망(怨望)하거나 또는 뉘우침이 있을 때에 한숨짓는 탄식(歎息) 怨恨(원한) 원통(冤痛)하고 한 되는 생각		

한자	자원(字源) 풀이	용례(用例)
限 한계 한 준4급 常	한계 限은 언덕[阝]의 뜻과 그칠 간(艮)의 음 및 뜻을 결합한 글자[形聲] 金文字에서 限은 사방이 언덕으로 앞이 막혀 있는 것을 나타냈다. 이런 자형에서 '한정하다'의 뜻이 나왔다.	制限(제한) 정(定)해진 한계 限界(한계) 땅의 경계(境界) 權限(권한) 권리(權利)의 한계(限界)
寒 찰 한 5급 常	찰 寒은 틈과 얼음[冫]의 뜻을 결합한 글자[會意] 小篆字에서 寒은 풀로 엮은 움집 틈에 얼음이 매달려 있는 것을 나타냈다. 이런 자형에서 '차다'의 뜻이 나왔다.	寒心(한심) 정도(程度)에 너무 지나치거나 모자라서 가없고 딱함 寒流(한류) 남극(南極)과 북극(北極)에서 적도(赤道) 쪽으로 향(向)하는 찬물이 흐르는 부분 惡寒(오한) 몸에 열(熱)이 나면서 오슬오슬 춥고 괴로운 증세
閑 한가할 한 4급 常	막을 閑은 문[門]과 나무[木]의 뜻을 결합한 글자[會意] 金文字에서 閑은 대문에 나무를 가로질러 출입을 막은 것을 나타냈다. 이런 자형에서 '막다'의 뜻이 나왔다.	閑暇(한가) 할 일이 없어 몸과 틈이 있음. 마음이 편함 閑散(한산) 일이 없어 한가(閑暇)함
漢 한나라 한 7급 常	한나라 漢은 물[氵]의 뜻과 어려울 난의 음 및 뜻을 결합한 글자[形聲] 金文字에서 漢은 양쯔강 상류의 하천을 나타냈다. 이런 자형에서 '한수'의 뜻이 나왔다. 후에 전성되어 '종족 이름'의 뜻으로 쓰인다.	漢字(한자) 중국어를 표기(表記)하는 중국의 문자 漢江(한강) 강원도 삼척군 하장면에서 시작(始作)하여 단양, 충주, 양평, 서울을 지나 서해(西海)로 흐르는 강
翰 붓 한 2급	뜻을 나타내는 깃우(羽→깃, 날개)部와 음(音)을 나타내며 간(→羽를 제외한 나머지 글자)으로 이루어지며, 새 이름, 산새를 나타냄.	獄中書翰(옥중서한) 감옥에 있는 동안 쓴 편지 書翰(서한) 편지
韓 나라 한 8급 常	한나라 韓은 해 돋을 간(幹)의 음 및 뜻과 둘레[韋]의 뜻을 결합한 글자[形聲] 金文字에서 韓은 우물 난간을 가죽으로 둘러싼 것을 나타냈으나, 小篆字에서는 해 돋는 성곽을 나타냈다. 이런 자형에서 '우물귀틀', '나라이름'의 뜻이 나왔다.	韓國(한국) 대한민국(大韓民國)의 약칭(略稱). 삼한에서 나온 말 韓半島(한반도) '우리나라'를 지형적(地形的)으로 일컫는 말
澣 빨래할 한 1급	뜻을 나타내는 삼수변(氵(=水, 氺)→물)部와 음(音)을 나타내는 幹(간→한)이 합하여 이루어짐.	澣滌(한척) 때 묻은 옷을 빪
悍 사나울 한 1급	뜻을 나타내는 심방변(忄(=心, 㣺)→마음, 심장)部와 음(音)을 나타내는 旱(한)이 합하여 이루어짐.	凶悍(흉한) 흉악(凶惡)하고 사나움
罕 드물 한 1급	뜻을 나타내는 넉사머리(罒(=罓, 网)→그물)部와 음(音)을 나타내는 干(간)으로 이루어짐.	稀罕(희한) 특이하거나 기묘함
割 벨 할 준3급 常	벨 割은 해로울 해(害)의 음 및 뜻과 칼[刂]의 뜻을 결합한 글자[形聲] 金文字에서 割은 물건을 칼로 베어 상하게 하는 것을 나타냈다. 이런 자형에서 '베다', '해치다'의 뜻이 나왔다.	役割(역할) 제가 하여야 할 일 割引(할인) 일정한 값에서 얼마를 덜어 냄 群雄割據(군웅할거) 여러 영웅(英雄)이 세력(勢力)을 다투어 땅을 갈라 버티는 상태

轄 다스릴 할 1급	수레거(車→수레, 차)部와 음(音)을 나타내는 害(해)로 이루어지며, 수레의 삐걱거리는 소리, 일설(一說)에 수레바퀴의 굴레 끝에 찔러 넣은 쇠기, 곧 비녀장. 전(轉)하여 단속의 뜻.	管轄(관할) 권한(權限)에 의(依)하여 지배(支配)함 統轄(통할) 모두 거느려서 관할(管轄)함 直轄(직할) 직접(直接) 관리(管理)·지배(支配)함			
含 머금을 함 준3급 | 常	머금을 含은 이제 금(今)의 음과 입[口]의 뜻을 결합한 글자[形聲] 小篆字에서 含은 입으로 소리를 오래도록 머금은 상태를 나타냈다. 이런 자형에서 '머금다'의 뜻이 나왔다.	包含(포함) 속에 싸여 있음 含蓄(함축) 짧은 말이나 글 따위에 많은 내용(內容)이 집약(集約)되어 간직되어 있음 含量(함량) 어떤 성분(成分)이 들어 있는 분량			
咸 다 함 3급 | 常	다 咸은 모두와 입[口]의 뜻을 결합한 글자[會意]. 甲文字에서 咸은 창을 든 병사가 적을 입으로 물어 해치는 것을 나타냈다. 이런 자형에서 '물다'의 뜻이 나왔으나, 전성되어 '모두'의 뜻으로 쓰인다.	咸興差使(함흥차사) 한 번 간 사람이 돌아오지 않거나 소식(消息)이 없음 咸鏡南道(함경남도) 한반도 북동부에 있는 도			
陷 빠질 함 준3급 | 常	빠질 陷은 언덕[阝]의 뜻과 구덩이 함의 음 및 뜻을 결합한 글자[形聲] 金文字에서 陷은 언덕에 파놓은 구덩이를 나타냈다. 이런 자형에서 '함정'의 뜻이 나왔다.	缺陷(결함) 흠 陷穽(함정) 빠져나올 수 없는 곤경(困境)이나 남을 해치기 위한 계략(計略)의 비유 陷沒(함몰) 물이나 땅속에 빠짐			
艦 큰 배 함 2급	뜻을 나타내는 배주(舟→쪽배)部와 음(音)을 나타내는 동시(同時)에 둘러싸는 뜻(→檻)을 가지는 監(감)으로 이루어지며, 화살이나 돌 따위를 막기 위해 둘레를 판자(板子)로 둘러싼 배의 뜻.	潛水艦(잠수함) 주로 물속으로 잠복(潛伏)하여 다니면서 적을 요격(邀擊)하는 전투(戰鬪) 함정(艦艇) 軍艦(군함) 전투(戰鬪)에 사용(使用)하는 무장(武裝)된 배의 총칭			
函 함 함 1급	函(함)은 활시위를 넣어 두는 용기(容器)를 본뜸. 전(轉)하여 상자, 또 집어 '넣다'의 뜻에 쓰임.	郵便函(우편함) 대문(大門)이나 벽 같은 데에 붙여 두고 우편물(郵便物)을 넣게 하는 작은 상자 函數(함수) 한 변수(變數)의 값에 따라 결정(決定)되는 다른 변수(變數)를 앞의 것에 대해 일컫는 말			
喊 소리칠 함 1급	뜻을 나타내는 입구(口→입, 먹다, 말하다)部와 음(音)을 나타내는 咸(함)이 합하여 이루어짐.	喊聲(함성) 많은 사람들이 함께 지르는 고함 소리 高喊(고함) 크게 외치는 소리			
檻 난간 함 1급	뜻을 나타내는 木(목→나무)部와 음(音)을 나타내는 監(감)이 합하여 이루어짐.	檻車(함거) 죄인(罪人)을 호송(護送)하는 데 쓰던 수레			
涵 젖을 함 1급	뜻을 나타내는 삼수변(氵(=水, 氺)→물)部와 음(音)을 나타내는 동시(同時)에 떨어뜨려 '넣다'의 뜻(→陷함)을 가지는 函(함)으로 이루어지며, 물속에 '담그다'의 뜻.	涵養(함양) 학문(學問)과 식견(識見)을 넓혀서 심성(心性)을 닦음			
緘 봉할 함 1급	뜻을 나타내는 실사(糸→실타래)部와 음(音)을 나타내는 咸(함)이 합하여 이루어짐.	緘口(함구) 입을 다물어서 봉함 緘口無言(함구무언) 입을 다물고 아무런 말이 없음			

한자	자원(字源)	용례(用例)	
銜 재갈 함 1급	金(금)과 行(행)의 합자(合字). 말의 입에 물려서 말을 몰아가게 하는 쇠의 뜻.	名銜(명함) 성명(姓名), 주소(住所), 직업(職業), 신분(身分), 전화(電話)번호(番號) 따위를 적은 종이 職銜(직함) 벼슬의 이름	
鹹 짤 함 1급	뜻을 나타내는 소금밭로(鹵→소금)部와 부수를 제외한 글자 咸(함)이 음(音)을 나타냄.	鹹水魚(함수어) 짠물고기. 염분이 많은 물속에 사는 물고기	
合 합할 합 6급　常	합할 合은 모으다와 입[口]의 뜻을 결합한 글자[會意] 甲文字에서 合은 여러 말을 모으는 것을 나타냈다. 이런 자형에서 '합하다'의 뜻이 나왔다.	合意(합의) 서로 뜻을 맞춤 統合(통합) 다양(多樣)한 입장(立場)을 합침 綜合(종합) 여러 가지를 한데 모아서 합함	
盒 합 합 1급	뜻을 나타내는 그릇명받침(皿→그릇)部와 음(音)을 나타내는 合(합)이 합하여 이루어짐.	盒子(합자) 음식을 담는 놋그릇의 하나	
蛤 대합조개 합 1급	뜻을 나타내는 벌레충(虫→뱀이 웅크린 모양, 벌레)部와 음(音)을 나타내는 合(합)이 합하여 이루어짐.	大蛤(대합) 대합조개 紅蛤(홍합) 홍합과(紅蛤科)에 딸린 바닷조개	
陜 좁을 합 2급	뜻을 나타내는 좌부변(阝(=阜)→언덕)部와 음(音)을 나타내는 來(래)로 이루어짐.	陜川(합천) 경상남도(慶尙南道) 합천군의 군청(郡廳) 소재지. 명소(名所)로 함벽루(涵碧樓)가 있음	
抗 대항할 항 4급　常	대항할 抗은 손[扌]의 뜻과 막을 항(亢)의 음 및 뜻을 결합한 글자[形聲] 小篆字에서 抗은 덤벼드는 상대에게 손을 들어 재빨리 막는 것을 나타냈다. 이런 자형에서 '대항하다'라는 뜻이 나왔다.	抵抗(저항) 어떤 힘이나 조건에 굴하지 아니하고 거역하거나 버팀 抗議(항의) 반대(反對)하는 뜻을 폄 抗拒(항거) 대항(對抗)함. 버팀 抗訴(항소) 하급법원에서 받은 제일심의 판결에 불복할 때 그 파기 또는 변경을 신청하는 일	
巷 거리 항 3급　常	거리 巷은 함께[共]와 고을[邑=巳]의 뜻을 결합한 글자[會意] 金文字에서 巷은 고을에서 여러 사람이 함께 다니는 곳을 나타냈다. 이런 자형에서 '거리'의 뜻이 나왔다.	里巷(이항) 마을 巷間(항간) 일반(一般) 사람들 사이 委巷詩人(위항시인) 조선 후기, 중인, 서리 출신(出身)의 시인으로, 여항(閭巷) 문학을 이룬 사람들	
恒 항상 항 준3급　常	항상 恒은 마음[忄]의 뜻과 잇닿을 긍(亘)의 음 및 뜻을 결합한 글자[形聲] 甲文字에서 恒은 배가 양 나루터를 끊임없이 드나드는 것을 나타냈으나, 小篆字에서는 忄을 첨가하여 끊임없는 마음을 나타냈다. 이런 자형에서 '항상'의 뜻이 나왔다.	恒常(항상) 시간적(時間的)으로 끊임없이 恒星(항성) 늘 같은 자리에 있는 것처럼 보이는 별 恒久的(항구적) 영구(永久)히 변(變)하지 아니할 만한	
航 배 항 준4급　常	물 건널 航은 배[舟]의 뜻과 높을 항(亢)의 음과 뜻을 결합한 글자[形聲] 小篆字에서 航은 돛을 높이 올려 나아가는 배를 나타냈다. 이런 자형에서 '물 건너다'의 뜻이 나왔다.	航空(항공) 항공기(航空機)로 공중(空中)을 날아다님 運航(운항) 배 또는 항공기(航空機)에 화물(貨物), 여객(旅客) 등을 싣고 항행(航行)함	

한자	자원(字源)	용례(用例)		
港 항구 한 준4급 常	항구 港은 물[氵]의 뜻과 거리 항(巷)의 음 및 뜻을 결합한 글자[形聲] 小篆字에서 港은 배가 다닐 수 있는 물길 또는 배가 머무를 수 있는 마을을 나타냈다. 이런 자형에서 '뱃길', '항구'의 뜻이 나왔다.	空港(공항) 항공(航空)의 여러 설비(設備)를 갖춘 항공기(航空機)가 뜨고 나는 곳 港灣(항만) 배가 정박(碇泊·淳泊)하고, 승객(乘客)이나 화물(貨物) 따위를 싣거나 부릴 수 있도록 시설을 한 구역		
項 항목 항 준3급 常	목 項은 장인 공(工)의 음 및 뜻과 머리[頁]의 뜻을 결합한 글자[形聲] 小篆字에서 項은 사람의 척추와 연결된 목 뒷부분을 나타냈다. 이런 자형에서 '목덜미'의 뜻이 나왔다.	條項(조항) 조목(條目). 낱낱이 들어 벌인 일의 가닥 事項(사항) 일의 항목(項目) 項目(항목) 낱낱의 조(條)나 항(項)		
亢 높을 항 2급	경맥(頸脈)의 모양을 본뜸.	亢羅(항라) 명주(明紬)·모시·무명실 따위로 짠 피륙의 한 가지. 씨를 세 올이나 다섯 올씩 걸러서 한 올씩 비우고 짬. 구멍이 송송 뚫어진 것으로 여름 옷감에 적당(適當)함		
沆 넓을 항 2급	뜻을 나타내는 삼수변(氵(=水, 氺)→물)部와 음(音)을 나타내는 亢(항)이 합하여 이루어짐.	沆漑(항개) 물이 느리게 흐르는 모양 沆瀁(항망) 수면이 광대한 모양		
缸 항아리 항 1급	뜻을 나타내는 장군부(缶→항아리, 질그릇)部와 음(音)을 나타내는 工(공)이 음(音)을 나타냄.	附缸(부항) 부항단지에 불을 넣어 공기를 희박하게 만든 다음 부스럼 자리에 붙여 부스럼의 고름이나 독혈을 빨아내는 일 魚缸(어항) 물고기를 기르는 데 쓰는 유리(琉璃) 따위로 모양 있게 만든 항아리		
肛 항문 항 1급	뜻을 나타내는 육달월(月(=肉)→살, 몸)部와 음(音)을 나타내는 工(공)으로 이루어짐.	肛門(항문) 소화기(消化器)의 말단. 곧, 대장(大腸) 끝의 직장(直腸)이 끝나는 곳에 있어, 체내(體內)의 똥을 배설(排泄)함		
亥 돼지 해 3급 常	돼지 亥는 풀뿌리 모양을 본뜬 글자[象形] 甲文字에서 亥는 땅 밑으로 뻗어가는 풀뿌리의 모양을 본떴다. 이런 자형에서 '풀뿌리'의 뜻이 나왔으나, 후에 가차되어 '열두 번째 지지 돼지'의 뜻으로 쓰인다.	癸亥約條(계해약조) 조선 세종 25년에 왜인들의 왕래(往來)를 통제(統制)하려고 쓰시마 섬의 도주(島主)와 맺은 조약 辛亥革命(신해혁명) 1911년 중국 우창을 중심으로 하여 일어난 중국 최초의 민주 혁명 辛亥通共(신해통공) 1791년(정조 15)에 금난전권(禁亂廛權)을 금지시킨 조치		
害 해할 해 5급 常	해할 害는 진[宀], 어지럽히는 말의 뜻을 결합한 글자[會意] 金文字에서 害는 집안에서 남을 어지러이 헐뜯는 말을 나타냈다. 이런 자형에서 '해치다'의 뜻이 나왔다.	被害(피해) 어떤 사람이 재물(財物)을 잃거나 신체적(身體的)·정신적(精神的)으로 해를 입은 상태(狀態) 侵害(침해) 불법적(不法的)으로 남을 해침 弊害(폐해) 나쁘고 해로운 일		
奚 어조사 해 3급 常	어조사 奚는 사람의 머리가 손에 잡힌 모양을 본뜬 글자[象形] 甲文字에서 奚는 사람의 머리 부분을 끈으로 묶는 것을 나타냈다. 이런 자형에서 '종'의 뜻이 나왔다. 후에 가차되어 '어찌', '무엇'의 뜻으로 쓰인다.	奚暇(해가) 어느 겨를		
海 바다 해 7급 常	바다 海는 물[氵]의 뜻과 각각 매(每)의 음과 뜻을 결합한 글자[形聲] 甲文字에서 海는 여러 갈래의 물줄기가 모여 들어 큰물을 이룬 것을 나타냈다. 이런 자형에서 '바다'의 뜻이 나왔다.	海外(해외) '바다 밖의 다른 나라'라는 뜻으로 '외국(外國)'을 일컫는 말 桑田碧海(상전벽해) 뽕나무밭이 푸른 바다가 되었다는 뜻으로, 세상(世上)이 몰라볼 정도(程度)로 변한 것		

<table>
<tr><td>

該
해당할 해
3급 常

</td><td>

해당할 該는 말씀[言]의 뜻과 굳을 해(亥)의 음 및 뜻을 결합한 글자[形聲]

小篆字에서 該는 빈틈없이 짜인 군대의 명령과 같이 꼭 지켜야 할 말을 나타냈다. 이런 자형에서 '갖추다'의 뜻이 나왔다.

</td><td>

該當(해당) 어떤 조건(條件)에 들어맞음. 꼭 맞음
該博(해박) 모든 것을 널리 앎

</td><td></td></tr>

<tr><td>

解
풀 해
준4급 常

</td><td>

풀 解는 뿔[角]과 칼[刀], 그리고 소[牛]의 뜻을 결합한 글자[會意]

甲文字에서 解는 소를 잡을 때 칼로 두 뿔 사이를 쳐서 여러 부위를 발라내는 것을 나타냈다. 이런 자형에서 '풀다'의 뜻이 나왔다.

</td><td>

解決(해결) 얽힌 일을 풀어 처리(處理)함
理解(이해) 사리(事理)를 분별(分別)하여 해석(解釋)함
解消(해소) 어떤 상태(狀態)나 관계(關係)를 풀어 없앰

</td><td></td></tr>

<tr><td>

偕
함께 해
1급

</td><td>

뜻을 나타내는 사람인변(亻(=人)→사람)部와 음(音)을 나타내는 皆(개→해로 바뀜)가 합하여 이루어짐.

</td><td>

百年偕老(백년해로) 부부(夫婦)가 서로 사이좋고 화락(和樂)하게 같이 늙음을 이르는 말

</td><td></td></tr>

<tr><td>

咳
기침 해
1급

</td><td>

뜻을 나타내는 입구(口→입, 먹다, 말하다)部와 음(音)을 나타내는 亥(해)가 합하여 이루어짐.

</td><td>

鎭咳(진해) 기침을 멎게 함

</td><td></td></tr>

<tr><td>

懈
게으를 해
1급

</td><td>

뜻을 나타내는 심방변(忄(=心, 㣺)→마음, 심장)部와 음(音)을 나타내는 解(해)가 합하여 이루어짐.

</td><td>

懈怠(해태) 몹시 게으름, 나태

</td><td></td></tr>

<tr><td>

楷
본보기 해
1급

</td><td>

뜻을 나타내는 木(목→나무)部와 음(音)을 나타내는 皆(개)가 합하여 이루어짐.

</td><td>

楷書(해서) 한자(漢字) 서체(書體)의 하나. 예서(隷書)에서 변한 것으로 자형이 가장 방정한 것

</td><td></td></tr>

<tr><td>

諧
화할 해
1급

</td><td>

뜻을 나타내는 말씀언(言→말하다)部와 음(音)을 나타내는 皆(개)로 이루어짐. '농지거리하다'의 뜻.

</td><td>

諧謔(해학) 익살스럽고도 멋이 있는 농담(弄談)

</td><td></td></tr>

<tr><td>

邂
만날 해
1급

</td><td>

뜻을 나타내는 책받침(辶(=辵)→쉬엄쉬엄 가다)部와 음(音)을 나타내는 解(해)가 합하여 이루어짐.

</td><td>

邂逅相逢(해후상봉) 누구와 우연히 만남

</td><td></td></tr>

<tr><td>

駭
놀랄 해
1급

</td><td>

뜻을 나타내는 말마(馬→말)部와 음(音)을 나타내는 亥(해)가 합하여 이루어짐.

</td><td>

駭怪(해괴) 야릇하고 괴상(怪常)함

</td><td></td></tr>

<tr><td>

骸
뼈 해
1급

</td><td>

뜻을 나타내는 뼈골(骨→뼈)部와 음(音)을 나타내는 亥(해)가 합하여 이루어짐.

</td><td>

遺骸(유해) 죽은 사람의 몸. 유체(遺體)
骸骨(해골) 살이 전부(全部) 썩은 사람의 머리뼈

</td><td></td></tr>
</table>

한자	자원	용례		
核 씨 핵 4급 常	씨 核은 나무[木]의 뜻과 어린돼지 해(亥)의 음 및 뜻을 결합한 글자[形聲] 小篆字에서 核은 나무에 매달린 살찐 씨를 나타냈다. 이런 자형에서 '씨', '알맹이'의 뜻이 나왔다.	核心(핵심) 사물(事物)의 중심(中心)이 되는 중요(重要)한 부분(部分) 核武器(핵무기) 원자핵(原子核)이 분열(分裂), 융합(融合)할 때 생기는 힘을 이용(利用)한 무기(武器). 원자(原子) 폭탄(爆彈), 수소(水素) 폭탄(爆彈) 따위		
劾 꾸짖을 핵 1급	뜻을 나타내는 힘력(力→팔의 모양→힘써 일을 하다)部와 음(音)을 나타내는 亥(해)로 이루어짐.	彈劾(탄핵) 죄상(罪狀)을 조사(調査)하여 꾸짖음 論劾(논핵) 죄과나 허물을 분석(分析)하여 탄핵(彈劾)함		
行 다닐 행 6급 常	항오 行은 자축거리다[彳]와 겨우 디디다[亍]의 뜻을 결합한 글자[會意] 甲文字에서 行은 네거리가 만나는 십자로를 나타냈으나, 小篆字에서는 왼발과 오른발을 자축거리며 걸어가는 것을 나타냈다. 이런 자형에서 '다니다'의 뜻이 나왔다.	施行(시행) 실제(實際)로 행(行)함 慣行(관행) 관례(慣例)대로 행(行)함 遂行(수행) 계획(計劃)한 대로 해냄		
幸 다행 행 6급 常	다행 幸은 일찍 죽다[夭]와 '거스르다'의 뜻을 결합한 글자[會意] 金文字에서 幸은 형틀에 매여 있는 모양을 나타냈으나, 小篆字에서는 죽음을 거슬려 면한 것을 나타냈다. 이런 자형에서 '다행'의 뜻이 나왔다.	多幸(다행) 운수(運數)가 좋음 幸福(행복) 생활(生活)의 만족(滿足)과 삶의 보람을 느끼는 흐뭇한 상태(狀態) 幸運(행운) 좋은 운수(運數)		
杏 살구 행 2급	뜻을 나타내는 나무목(木→나무)部와 음(音). 은행나무 행.	銀杏(은행) 은행나무(銀杏)의 열매. 백과(白果) 杏村(행촌) 살구나무 마을		
向 향할 향 6급 常	향할 向은 집에 창문 모양을 본뜬 글자[象形] 甲文字에서 向은 집의 북쪽 창문을 본떴다. 이런 자형에서 '창문'의 뜻이 나왔으나, 전성되어 '향하다'의 뜻으로 쓰인다.	方向(방향) 어떤 곳을 향한 쪽 向上(향상) 위나 앞을 향(向)해 발전(發展)함		
享 누릴 향 3급 常	누릴 享은 높다와 자식[子]의 뜻을 결합한 글자[會意] 甲文字에서 享은 종묘의 음식을 높이 쌓은 제기를 나타냈으나, 후에 자의 뜻이 첨가되어 자식이 제사를 드리는 것을 나타냈다. 이런 자형에서 '누리다'의 뜻이 나왔다.	享樂(향락) 즐거움을 누림 享有(향유) 누려서 가짐		
香 향기 향 준4급 常	향기 香은 기장[禾]과 달다[曰=甘]의 뜻을 결합한 글자[會意] 香은 기장의 오곡 가운데 가장 향기가 있고 맛있는 것을 나타냈다. 이런 자형에서 '향기롭다'의 뜻이 나왔다.	香氣(향기) 좋은 느낌을 주는 냄새 香臭(향취) 좋은 느낌을 주는 냄새		
鄕 시골 향 준4급 常	마을(→邑읍)과 마을이 서로 마주하여 '길이 통하다'의 뜻→마을	故鄕(고향) 자기(自己)가 태어나고 자란 고장 鄕札(향찰) 신라 한자(漢字)의 음(音)과 훈(訓)을 빌려 우리말을 표음식(表音式)으로 표기(表記)하던 글. 주로, 향가(鄕歌)의 표기(表記)에 이용(利用)되었음 歸鄕(귀향) 고향(故鄕)으로 돌아가거나 돌아옴		
響 울릴 향 준3급 常	울릴 響은 소리 울릴 향(鄕)의 음 및 뜻과 소리[音]의 뜻을 결합한 글자[形聲] 小篆字에서 響은 처음 소리가 되돌아와 울리는 것을 나타냈다. 이런 자형에서 '울리다'의 뜻이 나왔다.	影響(영향) 어떤 사물(事物)의 작용(作用)이 다른 사물(事物)에 미쳐 반응(反應)이나 변화(變化)를 주는 일 音響(음향) 소리의 울림. 공기(空氣)의 진동(振動)으로 나는 소리의 총칭(總稱)		

嚮 향할 향 1급	뜻을 나타내는 입구(口→입, 먹다, 말하다)部와 음(音)을 나타내는 鄕(향)이 합하여 이루어짐.	嚮導(향도) 목적지를 향하여 이끎 길을 인도함 또는 그 사람	
饗 잔치할 향 1급	뜻을 나타내는 밥식(食=飠→먹다, 음식)部와 음(音)을 나타내는 鄕(향)이 합하여 이루어짐.	饗宴(향연) 특별(特別)히 융숭하게 베푸는 잔치 歆饗(흠향) 신명(神明)이 제물(祭物)을 받음	
許 허락할 허 5급 | 常	허락할 許는 말씀[言]의 뜻과 일치할 오(午)의 음 및 뜻이 결합한 글자[形聲] 金文字에서 許는 남의 말을 듣고 의견이 하나로 된 것을 나타냈다. 이런 자형에서 '허락하다'의 뜻이 나왔다.	許容(허용) 허락(許諾)하여 받아들임 許可(허가) 허락(許諾)해 주는 행정(行政) 행위(行爲) 許諾(허락) 청하고 바라는 바를 들어줌	
虛 빌 허 준4급 | 常	빌 虛는 범 호(虍)의 뜻과 크게 말할 오(吳)의 음 및 뜻을 결합한 글자[形聲] 小篆字에서 虛는 범을 잡으려 파놓은 큰 구덩이를 나타냈다. 이런 자형에서 '아무것도 없는 비다'의 뜻이 나왔다.	謙虛(겸허) 겸손(謙遜)하게 자기(自己)를 낮춤 虛僞(허위) 사실(事實)이 아닌 것을 사실(事實)처럼 꾸민 것 虛點(허점) 비거나 허술한 부분(部分), 빈 점	
噓 불 허 1급	嘘(허)의 본자(本字). 뜻을 나타내는 입구(口→입, 먹다, 말하다)部와 음(音)을 나타내는 虛(허)가 합하여 이루어짐.	呵噓(가허) 입김을 내불	
墟 터 허 1급	흙토(土)와 커다란 언덕의 뜻을 가지는 虛(허)가 합하여 이루어짐. 虛(허)는 커다란 언덕, '허무하다'의 뜻을 나타내며, 土(토) 더하여 허무한 흔적, 매우 황폐(荒廢)해진 자국의 뜻.	廢墟(폐허) 건물(建物)·시가(市街)·城(성) 등이 파괴(破壞)되어 황폐(荒廢)된 터	
軒 집 헌 3급 | 常	추녀 軒은 수레[車]의 뜻과 방패 간(干)의 음 및 뜻을 결합한 글자[形聲] 小篆字에서 軒은 수레 바큇살의 긴 줏대가 펼쳐진 것을 나타냈다. 이런 자형에서 '수레'의 뜻이 나왔으나, 후에 전성되어 '집', '추녀'의 뜻으로 쓰인다.	烏竹軒(오죽헌) 이율곡(李栗谷)이 태어난 집 許蘭雪軒(허난설헌) 조선 중기의 여성 시인 (1563~1589). 〈규원가〉, 〈봉선화가〉, 《난설헌집》 등이 있다.	
憲 법 헌 4급 | 常	법 憲은 해치다와 눈[罒=目], 그리고 마음[心]의 뜻을 결합한 글자[會意] 金文字에서 憲은 해를 당하지 않도록 눈을 크게 뜬 것을 나타냈으며, 小篆字에서 心을 첨가하여 예리하게 살피는 마음을 나타냈다. 이런 자형에서 '법'의 뜻이 나왔다.	憲法(헌법) 한 나라의 통치(統治) 체제(體制)의 기본(基本) 원칙(原則)을 정(定)하는 법 違憲(위헌) 헌법(憲法) 규정(規正)을 어김	
獻 드릴 헌 준3급 | 常	드릴 獻은 가마솥 권(鬳)의 음 및 뜻과 개[犬]의 뜻을 결합한 글자[形聲] 金文字에서 獻은 개를 잡아 솥에 삶아서 제물로 바치는 것을 나타냈다. 이런 자형에서 '바치다'의 뜻이 나왔다.	獻血(헌혈) 자기(自己)의 피를 다른 사람에게 뽑아 주는 일 獻身(헌신) 신명을 바쳐 일에 진력함 貢獻(공헌) 사회(社會)를 위(爲)하여 이바지함	
歇 쉴 헐 1급	뜻을 나타내는 하품흠방(欠→하품하는 모양)部와 음(音)을 나타내는 曷(갈)이 합하여 이루어짐.	間歇的(간헐적) 일정한 시간(時間) 간격(間隔)을 두고 반복(反復)되는 것	

한자	자원(字源)	용례(用例)			
險 험할 험 4급 ┃ 常	험할 險은 언덕[阝]의 뜻과 첨(僉)의 음 및 뜻을 결합한 글자[形聲] 小篆字에서 險은 언덕과 언덕들이 겹쳐 있어 오르지 못하고 다니기 어려운 것을 나타냈다. 이런 자형에서 '험하다'의 뜻이 나왔다.	危險(위험) 안전(安全)하지 못함 保險(보험) 담당(擔當) 회사(會社)와 일정한 계약(契約)에 따라 미리 돈을 내다가 손해(損害) 및 사망(死亡) 등에 대하여 보상(補償)을 받는 일			
驗 시험 험 준4급 ┃ 常	시험할 驗은 말[馬]의 뜻과 첨(僉)의 음 및 뜻을 결합한 글자[形聲] 小篆字에서 驗은 말의 한 종류로 여러 사람이 모여 말의 능력을 살피는 것을 나타냈다. 이런 자형에서 '시험하다'의 뜻이 나왔다.	試驗(시험) 재능이나 실력 따위를 일정한 절차에 따라 검사하고 평가하는 일 經驗(경험) 실제(實際)로 보고 듣고 겪은 일 實驗(실험) 새로운 방법이나 형식을 사용해 봄. 과학에서는 이론이나 현상을 관찰하고 측정함			
革 가죽 혁 4급 ┃ 常	가죽 革은 짐승의 가죽을 벗기는 모양을 본뜬 글자[象形] 金文字에서 革은 짐승의 머리, 뿔, 다리 및 꼬리의 가죽을 손으로 벗기는 것을 본떴다. 이런 자형에서 '가죽'의 뜻이 나왔다.	改革(개혁) 새롭게 뜯어고침 革新(혁신) 일체(一切)의 묵은 제도(制度)나 방식(方式)을 고쳐서 새롭게 함 革命(혁명) 헌법의 범위를 벗어나 국가 기초, 사회 제도, 경제 제도, 조직 따위를 근본적으로 고치는 일			
赫 빛날 혁 2급	커다란 불을 뜻하는 赤(적)을 두 개 나란히 늘어놓아, 환하게 불이 빛나는 뜻을 나타냄.	赫赫(혁혁(-한, -하다)) (업적(業績)·공로(功勞) 따위가) 빛나는 모양			
玄 검을 현 준3급 ┃ 常	검을 玄은 덮다[亠]와 작다[幺]의 뜻을 결합한 글자[會意] 金文字에서 玄은 작은 것이 잘 보이지 않아 가물거리는 것을 나타냈으나, 小篆字에서는 작은 것이 가려져 검게 보이는 것을 나타냈다. 이런 자형에서 '검다'의 뜻이 나왔다.	玄關(현관) 현묘한 이치에 드는 관문 건물(建物)의 출입문 玄妙(현묘) 도리(道理)나 이치(理致)가 깊고 미묘(微妙)함 玄武岩(현무암) 사장석(斜長石)과 보통(普通) 휘석을 주(主)로 하는 세립의 화성암(火成岩)			
弦 시위 현 2급	뜻을 나타내는 활궁(弓→활)部와 음(音)을 나타내는 玄(현)의 합자(合字). 玄(현)은 작을요(幺→작다)部와 같아 실을 나타냄. 활에 맨 실→활시위의 뜻.	一弦琴(일현금) 길이 석 자 여섯 치가량 되는 나무에 줄을 한 가닥만 친 금(琴). 판금(板琴)			
現 나타날 현 6급 ┃ 常	드러날 現은 구슬[玉]의 뜻과 나타날 현(見)의 음 및 뜻을 결합한 글자[形聲] 小篆字에서 現은 옥을 갈고 닦아 고운 빛이 드러나는 것을 나타냈다. 이런 자형에서 '나타나다'의 뜻이 나왔다.	現實(현실) 현재(現在)의 사실(事實)이나 형편(形便) 現象(현상) 눈앞에 나타나 보이는 사물(事物)의 형상(形狀) 表現(표현) 나타난 형상(形象)이나 모양(模樣)			
絃 줄 현 3급 ┃ 常	악기 줄 絃은 실[糸]의 뜻과 검을 현(玄)의 음 및 뜻을 결합한 글자[形聲] 小篆字에서 絃은 실을 검게 물들여 퉁기는 줄을 나타냈다. 이런 자형에서 '악기'의 뜻이 나왔다.	管絃樂(관현악) 관악기(管樂器), 현악기(絃樂器), 타악기(打樂器)로 함께 연주(演奏)함. 오케스트라			
賢 어질 현 준4급 ┃ 常	어질 賢은 굳을 간의 음 및 뜻과 조개[貝]의 뜻을 결합한 글자[形聲] 金文字에서 賢은 굳은 마음으로 재물을 모아 남에게 베푸는 것을 나타냈다. 이런 자형에서 '어질다'의 뜻이 나왔다.	賢明(현명) 마음이 어질고 영리(怜悧伶俐)하여 사리(事理)에 밝음 聖賢(성현) 성인(聖人)과 현인(賢人) 七賢(칠현) 중국 춘추시대의 일곱 현인(賢人). 곧 백이(伯夷)·숙제(叔齊)·우중·우일·주장·소련·유하혜 =죽림칠현			
縣 고을 현 3급 ┃ 常	매달 縣은 목매다와 실[糸]의 뜻을 결합한 글자[會意] 金文字에서 縣은 죄인의 목을 매어 끈으로 묶어 거꾸로 매단 것을 나타냈다. 이런 자형에서 '매달다'의 뜻이 나왔다.	郡縣(군현) 군과 현, 고을 縣令(현령) 지방(地方) 행정(行政)구역(區域)의 하나인 신라(新羅) 때 縣(현)의 우두머리 벼슬			

懸 매달 현 준3급 | 常	매달 懸은 달 현(縣)의 음 및 뜻과 마음[心]의 뜻을 결합한 글자[形聲] 小篆字에서 懸은 사형수의 머리를 거꾸로 매단 모습을 나타냈으나, 隸書字에서는 심이 첨가되어 모든 백성들로 하여금 경각심을 갖게 한 것을 나타냈다. 이런 자형에서 '매달다'의 뜻이 나왔다.	懸案(현안) 해결(解決)이 안 되어 걸려 있는 안건(案件) 懸垂幕(현수막) 선전문(宣傳文)·구호문(口號文) 따위를 적어 세로나 가로로 길게 매단 천 懸板(현판) 글자나 그림을 새기어서 문 위에 다는 널조각	
顯 나타날 현 4급 | 常	나타날 顯은 미묘할 현의 음 및 뜻과 머리[頁]의 뜻을 결합한 글자[形聲] 金文字에서 顯은 머리에 장식한 비단 실이 햇빛에 반짝거리며 화려하게 드러나는 것을 나타냈다. 이런 자형에서 '나타나다'의 뜻이 나왔다.	顯著(현저) 드러나서 두드러짐 顯微鏡(현미경) 썩 작은 물체(物體)를 크게 볼 수 있도록 장치(裝置)한 광학(光學) 기계(機械)	
峴 고개 현 2급	뜻을 나타내는 메산(山→산봉우리)部와 음(音)을 나타내는 見(견)으로 이루어진 글자. 산 이름.	忘憂峴(망우현) 양주시 근처에 있는 고개. 속칭 망우리 고개라 함 阿峴(아현) 애오개	
炫 밝을 현 2급	뜻을 나타내는 불화(火(=灬)→불꽃)部와 음(音)을 나타내는 玄(현)이 합하여 이루어짐.	炫燿(현요) 밝게 빛남. 눈부시게 광채를 발함 炫炫(현현) 빛나는 모양	
眩 어지러울 현 1급	뜻을 나타내는 눈목(目(=罒)→눈, 보다)部와 음(音)을 나타내는 玄(현)이 합하여 이루어짐.	眩惑(현혹) 어지러워져 홀림 眩氣症(현기증) 현기가 나는 증세(症勢). 어지럼증, 어질증	
絢 무늬 현 1급	뜻을 나타내는 실사(糸→실타래)部와 음(音)을 나타내는 旬(순)으로 이루어짐.	絢爛(현란) 눈이 부시도록 찬란(燦爛)함	
衒 자랑할 현 1급	뜻을 나타내는 다닐행(行→다니다, 길의 모양)部와 음(音)을 나타내는 玄(현)이 합하여 이루어짐.	衒學的(현학적) 태도(態度)가 자기(自己)에게 학식(學識)이나 지식(知識)이 많음을 드러내어 뽐내는 상태(狀態)에 있는 (것) 衒能(현능) 제 재능(才能)을 드러내어서 자랑함	
鉉 솥귀 현 2급	쇠금(金)과 반원형의 뜻(→弦현)을 나타내기 위한 玄(현)으로 이루어지며, '세발솥', '냄비', 물을 끓거나 차를 끓이는 데 쓰는 질그릇의 반원형 족자리.	鉉席(현석) 삼공(三公)의 지위(地位)	
穴 구멍 혈 준3급 | 常	구멍 穴은 움집[宀]과 나누다[八]의 뜻을 결합한 글자[會意] 小篆字에서 穴은 원시인들이 땅을 파서 살 수 있도록 만든 토굴을 나타냈다. 이런 자형에서 '구멍', '움집'의 뜻이 나왔다.	經穴(경혈) 경락(經絡)에 있어서 침을 놓거나 뜸을 뜨기에 알맞은 곳	
血 피 혈 준4급 | 常	피 血은 그릇 속에 피가 담겨 있는 모양을 본뜬 글자[象形] 甲文字에서 血은 고대에 신에게 제사하기 위해 그릇에 짐승의 피를 담은 모양을 본떴다. 이런 자형에서 '피'의 뜻이 나왔다.	血液(혈액) 사람 또는 동물(動物)의 몸 안에 돌며 산소(酸素)와 영양(營養)을 공급(供給)하는 붉은빛의 액체 輸血(수혈) 건강(健康)한 사람의 혈액(血液)을 환자(患者)의 혈관(血管) 내에 주입(注入)하는 일	

嫌 싫어할 혐 3급 常	싫어할 嫌은 마음이 두 가지 일에 걸쳐 있어 편치 않음을 뜻해서 '의심하다 싫어하다'의 뜻을 나타낸다.	嫌疑(혐의) 꺼리고 싫어함 嫌惡(혐오) 싫어하고 미워함			
協 화합할 협 준4급 常	도울 協은 열 십(十)의 음 및 뜻과 합하다[劦]의 뜻을 결합한 글자[形聲] 小篆字에서 協은 열 사람이 힘을 합하는 것을 나타냈다. 이런 자형에서 '돕다'의 뜻이 나왔다.	協商(협상) 여러 사람이 모여 서로 의논(議論)함 妥協(타협) 두 편이 서로 좋도록 양보(讓步)하여 협의(協議)함 協議(협의) 여러 사람이 모여 서로 의논(議論)함 協力(협력) 힘을 합하여 서로 도움			
脅 위협할 협 준3급 常	으를 脅은 힘쓸 협(劦)의 음 및 뜻과 몸[月]의 뜻을 결합한 글자[形聲] 金文字에서 脅은 물건을 드는 힘쓰는 옆구리를 나타냈다. 이런 자형에서 '옆구리'의 뜻이 나왔다.	威脅(위협) 힘으로 으르고 협박(脅迫)함 脅迫(협박) 남을 두렵게 하여 어떤 일을 하도록 위협함			
峽 골짜기 협 2급	뜻을 나타내는 메산(山→산봉우리)部와 음(音)을 나타내는 동시(同時)에 '끼다'의 뜻도 나타내는 夾(협)으로 이루어짐. 산에 끼인 곳, 골짜기.	海峽(해협) 육지(陸地) 사이에 끼여서 양쪽의 넓은 바다로 통(通)하는, 좁고 긴 바다 峽谷(협곡) 험하고 좁은 골짜기			
俠 의기로울 협 1급	사람인변(亻(=人)→사람)과 자기의 힘을 믿는 뜻(→挾협)을 가지는 夾(협)으로 이루어지며 협기(俠氣)의 뜻.	俠客(협객) 의협심(義俠心)이 있는 사람 義俠(의협) 강자(强者)를 누르고 약자(弱者)를 도우려는 마음			
挾 낄 협 1급	뜻을 나타내는 재방변(扌(=手)→손)部와 음(音)을 나타내는 夾(협)이 합하여 이루어짐.	挾攻(협공) 양쪽으로 끼고 공격(攻擊)하는 것 挾雜(협잡) 중간에 끼어 번거롭게 함. 그릇된 짓으로 남을 속임			
狹 좁을 협 1급	뜻을 나타내는 개사슴록변(犭(=犬)→개)部와 음(音)을 나타내는 夾(협)이 합하여 이루어짐.	偏狹(편협) 생각이나 도량(度量)이 좁고 편벽(偏僻)됨 狹小(협소) 공간(空間)이 어떤 일을 하기에 좁고 작음 狹窄(협착) 차지하고 있는 자리가 몹시 좁음			
頰 뺨 협 1급	뜻을 나타내는 머리혈(頁→머리)部와 음(音)을 나타내는 夾(협)이 합하여 이루어짐.	頰骨(협골) 뺨뼈 豊頰(풍협) 풍성한 뺨. 미녀의 얼굴			
兄 형 형 8급 常	맏 兄은 입[口]과 사람[儿]의 뜻을 결합한 글자[會意] 甲文字에서 兄은 큰 입을 가진 사람을 나타냈다. 이런 자형에서 '동생보다 언행이 앞선 형'의 뜻이 나왔다.	兄弟(형제) 형과 아우 難兄難弟(난형난제) 누구를 형이라 아우라 하기 어렵다는 뜻으로, 누가 더 낫다고 할 수 없을 정도(程度)로 서로 비슷함			
刑 형벌 형 4급 常	형벌 刑은 우물틀 정(井)의 음 및 뜻과 칼[刂]의 뜻을 결합한 글자[形聲] 金文字에서 刑은 죄인을 형틀에 매고 칼로 베는 것을 나타냈다. 이런 자형에서 '형벌'의 뜻이 나왔다.	刑法(형법) 범죄(犯罪)와 형벌(刑罰)에 관(關)한 내용(內容)을 규정(規定)한 법률(法律) 刑罰(형벌) 죄지은 사람에게 주는 벌(罰) 刑曹(형조) 고려·조선시대, 육조(六曹)의 하나. 법률, 소송 등을 담당			

亨 형통할 형 3급 常	형통할 亨은 높다와 마치다의 뜻을 결합한 글자[會意] 甲文字에서 亨은 종묘에 음식을 높이 쌓아 제사를 마친 것을 나타냈다. 이런 자형에서 '형통하다'의 뜻이 나왔다.	亨通(형통) ① 온갖 일이 뜻과 같이 잘되어 감 ② 운이 좋아 출세(出世)함 亨國(형국) 임금이 즉위(卽位)하여 나라를 이어받는 일	
形 모양 형 6급 常	형상 形은 평평할 견(幵)의 음 및 뜻과 터럭[彡]의 뜻을 결합한 글자[形聲] 小篆字에서 形은 평평한 나무 위에 붓으로 그리는 것을 나타냈다. 이런 자형에서 '형상'의 뜻이 나왔다.	形便(형편) 일이 되어 가는 모양(模樣)이나 경로(經路) 形態(형태) 사물(事物)의 생김새 形成(형성) 어떠한 꼴을 이룸 形式(형식) 겉으로 드러나는 격식	
型 모형 형 2급	뜻을 나타내는 흙토(土→흙)部와 음(音)을 나타내는 동시(同時)에 모양·형태(形態)의 뜻(→형형)을 가지는 刑(형)으로 이루어짐. 흙으로 만든 거푸집, 전(轉)하여 '틀'의 뜻.	類型(유형) 공통(共通)의 성질(性質)·특징(特徵)이 있는 것끼리 묶은 하나의 틀 典型的(전형적) 전형에 해당(該當)하는 (것) 模型(모형) 똑같은 모양의 물건을 만들기 위(爲)한 틀. 모본(模本)	
螢 반딧불 형 3급 常	반딧불 螢은 빛날 형의 음 및 뜻과 벌레[虫]의 뜻을 결합한 글자[形聲] 小篆字에서 螢은 여름철 어두운 밤에 반짝이는 빛을 내는 벌레를 나타냈다. 이런 자형에서 '반딧불'의 뜻이 나왔다.	螢光燈(형광등) 형광 물질을 발라 관 안의 방전(放電)에 의하여 생기는 가시광선으로 바꾸어 불을 밝히는 등 螢雪之功(형설지공) 반딧불과 눈빛으로 이룬 공이라는 뜻으로, 가난을 이겨내며 반딧불과 눈빛으로 글을 읽어가며 고생 속에서 공부하여 이룬 공을 일컫는 말	
衡 저울대 형 준3급 常	저울대 衡은 갈 행(行)의 음 및 뜻과 뿔[角]과 크다[大]의 뜻을 결합한 글자[會意] 小篆字에서 衡은 사람이 소뿔에 받치지 않도록 가로로 댄 나무를 나타냈다. 이런 자형에서 '저울대'의 뜻이 나왔다.	衡平性(형평성) 균형 또는 공평함을 이루는 성질(性質) 均衡(균형) 치우침이 없이 고름 銓衡(전형) 인물(人物)의 됨됨이나 재능(才能)을 시험(試驗)하여 뽑음	
瀅 물 맑을 형 2급	뜻을 나타내는 삼수변(氵(=水, 氺)→물)部와 음(音)을 나타내는 동시(同時)에 '맑다'의 뜻을 가지는 瑩(형·영)으로 이루어지며, 물이 '맑다'는 뜻.	瀅瀅(형형) 물이 소용돌이치는 모양	
炯 빛날 형 2급	뜻을 나타내는 불화(火(=灬)→불꽃)部와 음(音)을 나타내는 동시(同時)에 '멀다'의 뜻을 가지는 同(경)으로 이루어지며, 멀리서부터 보이는 '불'의 뜻.	炯心(형심) 밝은 마음 炯炯(형형) 반짝반짝 빛나며 밝다.	
荊 가시나무 형 1급	풀을 뜻하는 초두머리(艹(=艸)→풀, 풀의 싹)部와 음(音)을 나타내는 刑(형)이 합하여 '가시나무'를 뜻함.	荊棘(형극) ① 나무의 가시 ② 고난(苦難)의 길을 비유(比喩)하여 이르는 말 小荊(소형) 싸리나무	
馨 꽃다울 형 2급	뜻을 나타내는 향기향(香→향기롭다)部와 음(音)을 나타내는 부수를 제외한 글자 殸(성)으로 이루어짐.	馨香(형향) 꽃다운 향기	
兮 어조사 혜 3급 常	어조사 兮는 '나누다[八]와 장애받다'의 뜻을 결합한 글자[會意] 甲文字에서 兮는 솟아오르던 기운이 나누어지다가 장애를 받아 잠시 멈추는 형상을 나타냈다. 이런 자형에서 '잠시 말을 멈추다'의 뜻이 나왔으나, 가차되어 '어조사'의 뜻으로 쓰인다.	禍兮福之所倚(화혜복지소의) 화와 복은 서로 의지(依支)하고 있음	

惠 은혜 혜 준4급 | 常	은혜 惠는 삼가다와 마음[心]의 뜻을 결합한 글자[會意] 金文字에서 惠는 많은 꽃의 향기가 멀리 퍼지는 것을 나타냈으나 소전자에서는 언행을 삼가며 어진 마음을 베푸는 것을 나타냈다. 이런 자형에서 '은혜'의 뜻이 나왔다.	惠澤(혜택) 은혜(恩惠)와 덕택(德澤) 恩惠(은혜) 고마운 혜택(惠澤) 特惠(특혜) 특별(特別)한 은혜(恩惠) 또는 혜택(惠澤)		
慧 슬기로울 혜 준3급 | 常	지혜 慧는 비 혜(彗)의 음 및 뜻과 마음[心]의 뜻을 결합한 글자[形聲] 小篆字의 慧는 비로 청소하듯 민첩하게 잡념을 깨끗이 쓸어내는 것을 나타냈다. 이런 자형에서 '지혜'의 뜻이 나왔다.	智慧/知慧(지혜) 사물의 이치를 빨리 깨닫고 사물을 정확하게 처리하는 정신적 능력		
彗 살별 혜 1급	又(우=손)와 卄(풀이 무성한 모양)의 합자(合字), 즉 비의 뜻.	彗星(혜성) 가스 상태의 빛나는 긴 꼬리를 끌고 태양을 초점으로 포물선에 가까운 궤도를 그리며 운행하는 천체		
醯 식혜 혜 1급	酉(유→술)와 皿(명→그릇)과 㐬(류)의 합자(合字).	食醯(식혜) 쌀밥에 엿기름가루를 우린 물을 부어 삭힌 것에, 생강과 설탕을 넣고 끓여 식힌 다음, 건져 둔 밥알을 띄운 음료(飲料)		
戶 집 호 준4급 | 常	지게 戶는 문 한 짝의 모양을 본뜬 글자[象形] 甲文字에서 戶는 문 한 짝의 모양은 본떴다. 이런 자형에서 '문', '집'의 뜻이 나왔다.	戶籍(호적) 호주(戶主)를 중심으로 하여 그 집에 속하는 사람의 신분에 관한 사항을 기록한 공문서 戶主(호주) 한 집안의 대표가 되는 주인		
互 서로 호 3급 | 常	서로 互는 새끼줄을 서로 번갈아 감은 모양을 본뜬 글자[象形] 小篆字에서 互는 새끼줄을 서로 번갈아 감아 놓은 모양을 본떴다. 이런 자형에서 '서로'의 뜻이 나왔다.	相互(상호) 서로, 서로서로 互惠(호혜) 서로 도와 편익을 주어서 끼치는 은혜		
乎 어조사 호 3급 | 常	어조사 乎는 사람을 길게 부르는 소리를 가리킨 글자[指事] 甲文字에서 乎는 呼자의 본자이다. 사람을 길게 부를 때 호흡이 쉬지 않은 상태를 나타냈다. 이런 자형에서 '부르다'의 뜻이 나왔으나, 乎가 전성되어 '어조사'의 뜻으로 쓰이자, 口를 첨가하여 새로이 呼자를 만들어 '부르다'의 뜻을 나타냈다.	斷乎(단호) 일단 결심(決心)한 것을 과단성(果斷性) 있게 처리(處理)하는 모양(模樣)		
好 좋을 호 준4급 | 常	좋을 好는 여자[女]와 아들[子]의 뜻을 결합한 글자[會意] 甲文字에서 好는 부녀자가 아이를 안고 있는 모습을 나타냈다. 이런 자형에서 '좋아하다'의 뜻이 나왔다.	選好(선호) 여럿 중(中)에서 가려서 좋아함 好況(호황) 잘되어 가는 좋은 상황 好轉(호전) ① 무슨 일이 잘되어 가기 시작함 ② 병 증세(症勢)가 차차 나아지기 시작(始作)함		
虎 범 호 준3급 | 常	호랑이 虎는 호랑이의 모습을 본뜬 글자[象形] 甲文字에서 虎는 입을 벌리고 어슬렁 거리며 걷는 호랑이를 본떴다. 이런 자형에서 '호랑이'의 뜻이 나왔다.	猛虎(맹호) 사나운 범 虎死留皮(호사유피) 범이 죽으면 가죽을 남기는 것과 같이, 사람도 죽은 뒤에 이름을 남겨야 한다는 말		
呼 부를 호 준4급 | 常	부를 呼는 입[口]의 뜻과 어조사 호(乎)의 음 및 뜻을 결합한 글자[形聲] 甲文字에서 呼는 기운이 위로 올라가는 모양을 나타내었으며, 小篆字에서 口의 뜻이 첨가되어 입으로 숨을 내쉬어 기를 토해내는 것을 나타냈다. 이런 자형에서 '부르다', '숨쉬다'의 뜻이 나왔다.	呼訴(호소) 남에게 하소연하는 것 呼應(호응) 부름에 응답한다는 뜻으로, 부름이나 호소 따위에 대답하거나 응함 呼吸(호흡) 공기(空氣)를 들이마시고 내쉼		

胡 오랑캐 호 준3급 | 常	오랑캐 胡는 옛 고(古)의 음 및 뜻과 몸[月]의 뜻을 결합한 글자[形聲] 金文字에서 胡는 소의 목밑에 늘어진 살을 나타냈다. 이런 자형에서 '목'의 뜻이 나왔다. 후에 가차되어 '오랑캐', '어찌'의 뜻으로 쓰인다.	胡蝶之夢(호접지몽) 장자(莊子)가 나비가 되어 날아다닌 꿈으로, 현실(現實)과 꿈의 구별(區別)이 안 되는 것 丙子胡亂(병자호란) 조선 인조 14년(1636) 병자년(丙子年)에 청나라가 쳐들어온 난	
浩 넓을 호 준3급 | 常	물[氵]의 뜻과 알릴 고(告)의 음 및 뜻을 결합한 글자[形聲] 金文字에서 浩는 모든 사람에게 알릴 만한 큰 홍수를 나타냈다. 이런 자형에서 '크다'의 뜻이 나왔다.	浩然之氣(호연지기) 도의(道義)에 근거(根據)를 두고 굽히지 않고 흔들리지 않는 바르고 큰 마음 浩氣(호기) 호연한 기운	
毫 터럭 호 3급 | 常	터럭 毫는 높을 고(高)의 음 및 뜻과 털[毛]의 뜻을 결합한 글자[形聲] 毫는 짐승의 털 중에 높고 가늘게 난 털을 나타냈다. 이런 자형에서 '가는 털'의 뜻이 나왔다.	一毫(일호) 몹시 가늘고 작은 털이란 뜻으로, '아주 작은 정도'를 비유(比喩)함. 일호 반점 毫釐(호리) 매우 적은 분량(分量)	
湖 호수 호 5급 | 常	호수 湖는 물[氵]의 뜻과 클 호(胡)의 음 및 뜻을 결합한 글자[形聲] 金文字에서 湖는 작은 물줄기가 모여 큰 연못이 된 것을 나타냈다. 이런 자형에서 '호수'의 뜻이 나왔다.	湖南(호남) '전라남도, 전라북도'를 일컫는 말 湖水(호수) 큰 못. 육지가 우묵하게 패어 물이 괴어 있는 곳	
號 부를 호 6급 | 常	부를 號는 부를 호(号)의 음 및 뜻과 범[虎]의 뜻을 결합한 글자[形聲] 小篆字에서 號는 범이 소리를 크게 내며 거칠게 부르짖는 것을 나타냈다. 이런 자형에서 '부르짖다'의 뜻이 나왔다.	番號(번호) 차례(次例)를 나타내는 수, 순번(順番)의 수를 외치는 일 口號(구호) 연설(演說)이 끝나나 시위행진 때 외치는 간결(簡潔)한 문구 記號(기호) 무슨 뜻을 나타내는 표	
豪 호걸 호 준3급 | 常	호걸 豪는 높을 고의 음 및 뜻과 돼지의 뜻을 결합한 글자[形聲] 小篆字에서 豪는 산돼지의 털이 높이 솟아올라 기개가 있는 것을 나타냈다. 이런 자형에서 '호걸'의 뜻이 나왔다.	豪華(호화) 사치(奢侈)스럽고 화려(華麗)함 豪傑(호걸) 재주, 슬기, 용기(勇氣)가 뛰어나고 도량(度量)이 넓고 기개(氣槪)가 있는 사람 豪奢(호사) 호화(豪華)롭게 사치(奢侈)하는 것	
濠 해자 호 2급	뜻을 나타내는 삼수변(氵(=水, 水)→물)部와 음(音)을 나타내는 豪(호)가 합하여 이루어짐.	濠洲(호주) 오스트레일리아, 수도는 캔버라	
護 보호할 호 준4급 | 常	보호할 護는 말씀[言]과 제다의 뜻을 결합한 글자[會意] 金文字에서 護는 남의 어려움을 헤아리고 말로 위로하는 것을 나타냈다. 이런 자형에서 '보호하다'의 뜻이 나왔다.	保護(보호) 잘 보살피고 지킴 擁護(옹호) 편을 들어 지킴 辯護士(변호사) 법률에 규정된 자격을 가지고 피고나 원고를 변론하며 그 밖의 법률에 관한 업무에 종사하는 사람	
壕 해자 호 2급	뜻을 나타내는 흙토(土→흙)部와 음(音)을 나타내는 豪(호)로 이루어짐.	塹壕(참호) 야전(野戰)에서 땅에 판, 좁고 긴 홈	
弧 활 호 1급	뜻을 나타내는 활궁(弓→활)部와 음(音)을 나타내는 瓜(과)로 이루어짐.	括弧(괄호) 말이나 글 또는 숫자 등을 한데 묶기 위(爲)하여 사용(使用)하는 부호(符號). ( ), { }, [ ] 등	

扈 따를 호 2급	뜻을 나타내는 동시(同時)에 음(音)을 나타내는 지게호(戶→지게문)部와 邑(읍)이 합하여 이루어짐.	跋扈(발호) 제 마음대로 날뛰며 행동(行動)하는 것 扈衛(호위) 궁궐(宮闕)을 경호(警護)함		
昊 하늘 호 2급	본래는 日+大+어진사람인발(儿)로 쓰였으며, 日과 '넓다'의 뜻(→浩호)을 가지는 大+어진사람인발(儿)로 이루어지며, 태양이 반짝이며 빛나는 하늘의 뜻. 大+어진사람인발(儿)이 天(천)으로 변했음.	昊天罔極(호천망극) 하늘이 넓고 끝이 없다는 뜻으로, 부모(父母)의 은혜(恩惠)가 매우 크고 끝이 없음을 이르는 말		
皓 밝을 호 2급	뜻을 나타내는 날일(日→해)部와 음(音)을 나타내는 告(고→호로 바뀜)가 합하여 이루어짐.	皓雪(호설) 흰 눈 皓齒(호치) 희고 깨끗한 이 丹脣皓齒(단순호치) 붉은 입술에 하얀 이. 미인의 형용		
澔 넓을 호 2급	浩(호)와 동자(同字). 뜻을 나타내는 삼수변(氵(=水, 氺)→물)部와 음(音)을 나타내는 皓(호)가 합하여 이루어짐.	澔然之氣(호연지기) 클 호, 그럴 연, 갈 지, 기운 기. ① 온 세상에 가득 찬 넓고 큰 元氣(원기). ② 사람의 마음에 가득 차 있는 너르고 크고 올바른 기운. 중국 哲學者(철학자) 馮友蘭(풍우란)이 해석한 바는 至大(지대), 至剛(지강)한 氣(기). 澔然(호연)은 물이 세차게 흐르는 모양. 浩然之氣(호연지기)		
狐 여우 호 1급	뜻을 나타내는 개사슴록변(犭(=犬)→개)部와 음(音)을 나타내는 瓜(과)로 이루어짐.	尾狐(구미호) 꼬리가 아홉 달린 여우 狐假虎威(호가호위) 여우가 호랑이의 위세(威勢)를 빌려 호기를 부린다는 뜻으로, 남의 세력(勢力)을 빌려 위세(威勢)를 부림		
琥 호박 호 1급	뜻을 나타내는 구슬옥변(玉(=玉, 王)→구슬)部와 음(音)을 나타내는 虎(호)가 합하여 이루어짐.	琥珀(호박) 지질(地質)시대(時代)의 나무의 송진(松津) 따위가 땅속에 파묻혀서 돌처럼 굳어진 광물		
瑚 산호 호 1급	뜻을 나타내는 구슬옥변(玉(=玉, 王)→구슬)部와 음(音)을 나타내는 胡(호)로 이루어짐.	珊瑚(산호) 산호충(珊瑚蟲)의 군체(群體)의 중축 골격		
皓 흴 호 2급	뜻을 나타내는 흰백(白→희다, 밝다)部와 음(音)을 나타내는 告(고)로 이루어짐. 태양(太陽)의 빛나는 모양, 전(轉)하여 '희다'의 뜻, 나중에 날일(日→해)部를 白(흰백변)으로 고쳐 씀.	丹脣皓齒(단순호치) 붉은 입술과 하얀 이란 뜻으로, 여자(女子)의 아름다운 얼굴을 이르는 말		
糊 풀칠할 호 1급	뜻을 나타내는 쌀미(米→쌀)部와 음(音)을 나타내는 부수를 제외한 글자 胡(호)가 합하여 이루어짐.	模糊(모호) 흐리어 똑똑하지 못함 糊塗(호도) 근본적(根本的)인 조치를 하지 않고 일시적으로 얼버무려 넘김 糊口之策(호구지책) 입에 풀칠하다는 뜻		
鎬 호경 호 2급	뜻을 나타내는 쇠금(金→광물·금속날붙이)部와 음(音)을 나타내는 高(고)로 이루어짐.	鎬京(호경) 중국 섬서성(陝西省) 장안현(長安縣) 남서부(南西部)에 있는 유적(遺蹟). 서주(西周)의 무왕(武王)이 도읍(都邑)하여 동천(東遷)할 때까지의 왕도(王都)였음		

祜 복 호 2급	뜻을 나타내는 보일시(示(=礻)→보이다, 신)部와 음(音) 을 나타내는 古(고→호로 바뀜)가 합하여 이루어짐.	福祜(복호) 복과 행복 神祜(신호) 신이 내린 행복이나 복
或 혹 혹 4급 常	혹시 或은 창[戈]와 백성[口], 그리고 땅[一]의 뜻을 결합 한 글자[會意] 甲文字에서 혹은 창을 들고 있는 백성을 나타냈으나, 小篆字에서는 땅[一]을 첨가하여 일정한 땅을 지키는 것을 나타냈다. 이런 자형에서 '나라'의 뜻이 나왔으며 가차 없이 '혹시'의 뜻으로 쓰인다.	或是(혹시) ① 만일에 ② 가다가 더러 ③ 행여 間或(간혹) 어쩌다가, 가끔, 이따금, 간간이
惑 미혹할 혹 준3급 常	의혹될 惑은 혹시 或의 음 및 뜻과 마음[心]의 뜻을 결합 한 글자[形聲] 小篆字에서 惑은 어떤 것에 대해 믿지 못하여 혹시나 하 는 마음을 나타냈다. 이런 자형에서 '의심하다'의 뜻이 나왔다.	疑惑(의혹) 의심(疑心)하여 분별(分別)에 당혹(當惑)함 誘惑(유혹) 남을 꾀어서 정신(精神)을 어지럽게 함 眩惑(현혹) 어지럽게 하여 홀리게 함 迷惑(미혹) 마음이 흐려서 무엇에 홀림
酷 심할 혹 2급	뜻을 나타내는 닭유(酉→술, 닭)部와 음(音)을 나타내는 告(고)로 이루어짐.	苛酷(가혹) 매우 혹독(酷毒)함 酷毒(혹독) 몹시 까다롭고 심악스러움 殘酷(잔혹) 잔인(殘忍)하고 혹독(酷毒)함
昏 어두울 혼 3급 常	어두울 昏은 뿌리[氏]와 해[日]의 뜻을 결합한 글자[會意] 甲文字에서 昏은 해가 나무뿌리처럼 땅 밑으로 떨어져 있는 것을 나타냈다. 이런 자형에서 '어둡다'의 뜻이 나 왔다.	昏亂(혼란) 정신(精神)이 흐리고 어지러움 昏睡狀態(혼수상태) 아주 정신(精神)을 잃어서 거의 죽 은 것과 다름이 없이 된 상태 昏迷(혼미) 정신(精神)이 흐리고 멍하게 됨
混 섞을 혼 4급 常	섞일 混은 물[氵]의 뜻과 같을 곤(昆)의 음 및 뜻을 결합한 글자[形聲] 小篆字에서 混은 여러 갈래의 물이 서로 섞여 흐르는 것 을 나타냈다. 이런 자형에서 '섞이다'의 뜻이 나왔다.	混亂(혼란) 갈피를 잡을 수 없이 어지러움 混線(혼선) 말이나 일 따위의 갈래가 얽혀 종잡을 수 없음 混沌(혼돈) 사물(事物)의 구별(區別)이 확실(確實)하지 않은 상태
婚 혼인할 혼 4급 常	혼인할 婚은 여자[女]의 뜻과 저물 혼(昏)의 음 및 뜻을 결 합한 글자[形聲] 金文字에서 婚은 혼례 때 술잔으로 예를 행하는 것을 나 타냈으나, 小篆字에서는 日의 뜻을 첨가하여 저녁에 여 자를 맞이하는 것을 나타냈다. 이런 자형에서 '혼인하다' 의 뜻이 나왔다.	婚姻(혼인) 장가들고 시집가는 일 結婚(결혼) 남녀가 부부가 됨 離婚(이혼) 부부(夫婦)가 혼인(婚姻) 관계(關係)를 끊는 일
魂 넋 혼 준3급 常	혼백 魂은 구름 운(云=雲)의 음 및 뜻과 귀신[鬼]의 뜻을 결합한 글자[形聲] 小篆字에서 魂은 사람의 정신에 붙어 있는 귀신을 나타 내었다. 이런 자형에서 '넋'의 뜻이 나왔다.	鬪魂(투혼) 끝까지 투쟁(鬪爭)하려는 기백(氣魄). 투쟁 (鬪爭) 정신(精神) 靈魂(영혼) 죽은 사람의 넋
渾 흐릴 혼 1급	뜻을 나타내는 삼수변(氵(=水, 氺)→물)部와 음(音)을 나 타내는 軍(군)으로 이루어짐.	渾沌(혼돈) 사물(事物)의 구별(區別)이 확실(確實) 않은 상태 渾身(혼신) 온몸으로 열정(熱情)을 쏟거나 정신(精神)을 집중(集中)하는 상태 渾濁(혼탁) 맑지 않고 흐림
忽 갑자기 홀 준3급 常	문득 忽은 깃발 물(勿)의 음 및 뜻과 마음[心]의 뜻을 결합 한 글자[形聲] 小篆字에서 忽은 펄럭이는 깃발처럼 마음을 가볍게 쓰는 것을 나타냈다. 이런 자형에서 '문득'의 뜻이 나왔다.	疎忽(소홀) 대수롭지 않고 예사임 忽待(홀대) 푸대접(−待接). 소홀(疏忽)히 대접(待接)함 忽然(홀연) ① 문득 ② 느닷없이 ③ 뜻하지 않은 사이에 갑자기

<table>
<tr>
<td>笏
홀 홀
1급</td>
<td>뜻을 나타내는 대죽(竹→대나무)部와 음(音)을 나타내는 勿(물)로 이루어짐.</td>
<td>玉笏(옥홀) 옥으로 만든 홀(笏)</td>
<td></td>
</tr>
<tr>
<td>惚
황홀할 홀
1급</td>
<td>뜻을 나타내는 심방변(忄(=心, 㣺)→마음, 심장)部와 음(音)을 나타내는 忽(홀)이 합하여 이루어짐.</td>
<td>恍惚(황홀) 광채(光彩)가 어른어른하여 눈이 부심</td>
<td></td>
</tr>
<tr>
<td>弘
클 홍
3급 常</td>
<td>클 弘은 활[弓]의 뜻과 팔 굽힐 굉의 음 및 뜻을 결합한 글자[形聲]
甲文字에서 弘은 활시위를 한껏 끌어당기는 것을 나타냈다. 이런 자형에서 '넓히다'의 뜻이 나왔다.</td>
<td>弘報(홍보) 널리 알림
弘文館(홍문관) 조선시대 문한처리, 왕의 자문 등을 담당한 관청.
弘益人間(홍익인간) 널리 인간(人間) 세계(世界)를 이롭게 한다는 뜻</td>
<td></td>
</tr>
<tr>
<td>洪
넓을 홍
준3급 常</td>
<td>넓을 洪은 물[氵]의 뜻과 함께 공(共)의 음 및 뜻을 결합한 글자[形聲]
小篆字에서 洪은 작은 물이 함께 모이는 것을 나타냈다. 이런 자형에서 '큰 물'의 뜻이 나왔다.</td>
<td>洪水(홍수) 비가 많이 와서 하천(河川)이 넘치거나 땅이 물에 잠기게 된 상태</td>
<td></td>
</tr>
<tr>
<td>紅
붉을 홍
4급 常</td>
<td>붉을 紅은 실[糸]의 뜻과 만들 공(工)의 음 및 뜻을 결합한 글자[形聲]
小篆字에서 紅은 천 짤 때 물들이기 위하여 실을 진홍빛의 삘기에 가공하는 것을 나타냈다. 이런 자형에서 '붉다'의 뜻이 나왔다.</td>
<td>紅疫(홍역) 얼굴과 몸에 좁쌀 같은 발진(發疹)이 돋으면서 않는 어린이의 돌림병
紅衛兵(홍위병) 중국에서 문화혁명이 진행 중이던 1966년 이후에 활동한 학생 및 청소년 조직</td>
<td></td>
</tr>
<tr>
<td>鴻
기러기 홍
3급 常</td>
<td>기러기 鴻은 강 강(江)의 음 및 뜻과 새[鳥]의 뜻을 결합한 글자[形聲]
金文字에서 鴻은 몸집이 큰 새가 흐르는 강물 위를 오랫동안 나는 것을 나타냈다. 이런 자형에서 '큰기러기'의 뜻이 나왔다.</td>
<td>鴻雁(홍안) 큰 기러기와 작은 기러기</td>
<td></td>
</tr>
<tr>
<td>泓
물 깊을 홍
2급</td>
<td>뜻을 나타내는 삼수변(氵(=水, 氺)→물)部와 음(音)을 나타내는 弘(홍)이 합하여 이루어짐.</td>
<td>深泓(심홍) 깊은 못</td>
<td></td>
</tr>
<tr>
<td>虹
무지개 홍
1급</td>
<td>벌레충(虫→뱀이 웅크린 모양, 벌레)과 '하늘'의 뜻(→空 공)을 나타내기 위한 工(공)으로 이루어지며, 하늘에 걸리는 '벌레'의 뜻, 옛 사람은 무지개를 용이 나타난 것으로 생각했음.</td>
<td>虹橋(홍교) 무지개다리
虹彩(홍채) 안구(眼球)의 각막과 수정체(水晶體) 사이에 있는, 고리 모양(模樣)의 얇은 막
彩虹(채홍) 무지개</td>
<td></td>
</tr>
<tr>
<td>哄
떠들썩할 홍
1급</td>
<td>뜻을 나타내는 입구(口→입, 먹다, 말하다)部와 음(音)을 나타내는 共(공)으로 이루어짐.</td>
<td>哄褐色(홍갈색) 붉은빛을 띤 갈색
哄然大笑(홍연대소) 큰 소리로 껄껄 웃음. 哄笑(홍소)</td>
<td></td>
</tr>
<tr>
<td>訌
어지러울 홍
1급</td>
<td>뜻을 나타내는 말씀언(言→말하다)部와 음(音)을 나타내는 工(공)으로 이루어짐.</td>
<td>內訌(내홍) 내부(內部)에서 저희끼리 일으키는 분쟁(紛爭)</td>
<td></td>
</tr>
</table>

火 불 화 8급 | 常	불 [火]는 장작더미가 타는 모양을 본뜬 글자[象形] 甲文字에서 火는 장작더미가 불꽃을 위로 피어오르는 모양을 본떴다. 이런 자형에서 '불'의 뜻이 나왔으며, 후에 가차되어 오행의 하나로 '남쪽', '여름'의 뜻으로 쓰인다.	火災(화재) 불이 나는 재앙(災殃) 鎭火(진화) 화재(火災)를 끔 噴火口(분화구) 화산(火山)의 분출물(噴出物)을 내뿜는 구멍	
化 화할 화 5급 | 常	변할 [化]는 바로 서 있는 사람[亻]과 거꾸로 서 있는 사람의 뜻을 결합한 글자[會意] 甲文字는 化는 한 사람은 바로 서 있고, 다른 한 사람은 거꾸로 서 있는 모습을 나타냈다. 이런 자형에서 '변하다'의 뜻이 나왔다.	變化(변화) 모양(模樣)이나 성질(性質)이 바뀌어 달라짐 强化(강화) 강하게 됨 深化(심화) 깊어짐	
禾 벼 화 3급 | 常	벼 [禾]는 벼 이삭의 모양을 본뜬 글자[象形] 甲文字에서 禾는 벼이삭이 익어 고개를 숙인 모양을 본떴다. 이런 자형에서 '벼'의 뜻이 나왔다.	禾穀類(화곡류) 벼, 보리, 밀, 조, 옥수수 따위의 곡식류(穀食類)	
花 꽃 화 7급 | 常	꽃 花는 풀[艹]의 뜻과 변화할 화(化)의 음 및 뜻을 결합한 글자[形聲] 金文字에서 花는 풀싹이 꽃망울로 변화되는 것을 나타냈다. 이런 자형에서 '꽃'의 뜻이 나왔다.	無窮花(무궁화) 대한민국의 국화 錦上添花(금상첨화) 비단(緋緞) 위에 꽃을 더한다는 뜻으로, 좋은 일에 또 좋은 일이 더하여짐을 이르는 말	
和 화할 화 6급 | 常	화합할 和는 벼 화(禾)의 음 및 뜻과 입[口]의 뜻을 결합한 글자[形聲] 金文字에서 和는 잘 익은 벼가 드리워져 의지하고 있듯이 사람들의 말이 서로 응하여 따르는 것을 나타냈다. 이런 자형에서 '화목하다'의 뜻이 나왔다.	緩和(완화) 급박(急迫)하거나 긴장(緊張)된 상태(狀態)를 느슨하게 함 平和(평화) 평온(平穩)하고 화목(和睦)함 調和(조화) 서로 잘 어울림	
華 빛날 화 4급 | 常	빛날 華는 풀[艹]의 뜻과 드리울 수(垂)의 음 및 뜻을 결합한 글자[形聲] 金文字에서 華는 초목의 꽃이 아름답게 물든 것을 나타냈다.	華麗(화려) 빛나고 아름다움 昇華(승화) 어떤 현상이 더 높은 상태로 전환되는 일, 고체가 액체가 되는 일이 없이 곧바로 기체로 변하는 현상 榮華(영화) 권력(權力)과 부귀(富貴)를 마음껏 누리는 일	
貨 재물 화 준4급 | 常	재화 貨는 될 화(化)의 음 및 뜻과 조개[貝]의 뜻을 결합한 글자[形聲] 金文字에서 貨는 돈으로 변화될 수 있는 물건을 나타냈다. 이런 자형에서 '재화'의 뜻이 나왔다.	百貨店(백화점) 여러 가지 상품(商品)을 갖춰 놓고 파는 큰 규모(規模)의 상점(商店) 貨物(화물) 운반(運搬)할 수 있는 물품 財貨(재화) 재물(財物)	
畫 그림 화 6급 | 常	그을 畫는 붓[聿]과 밭[田], 그리고 하나[一]의 뜻을 결합한 글자[會意] 甲文字에서 畫은 붓으로 선을 그어 산천의 경계를 나타냈다. 이런 자형에서 '긋다', '그림'의 뜻이 나왔다.	戲畫化(희화화) 어떤 인물(人物)의 외모(外貌)나 성격(性格) 따위를 의도적(意圖的)으로 우스꽝스럽게 묘사(描寫)하거나 풍자(諷刺)함 想像畫(상상화) 일정한 모델(model)이 없이 상상(想像)하고 창작(創作)하여 그린 그림	
話 말씀 화 7급 | 常	말씀 話는 말씀[言]의 뜻과 혀 설(舌)의 음 및 뜻을 결합한 글자[形聲] 小篆에서 話는 혀를 빌려 말하는 모습을 나타냈다. 이런 자형에서 '말하다'의 뜻이 나왔다.	對話(대화) 마주 하여 서로 의견(意見)을 주고받으며 이야기하는 것 電話(전화) 전화기(電話機)를 이용(利用)하여 서로 이야기함 話頭(화두) 이야기의 말머리	
靴 신발 화 2급 |	뜻을 나타내는 가죽혁(革→가죽)部와 음(音)을 나타내는 化(화)가 합하여 이루어짐.	軍靴(군화) 전투(戰鬪)하는 데에 편리(便利)하도록 만든 군인용의 구두 運動靴(운동화) 주로 운동(運動)할 때 신기에 적합(適合)하도록 만든 신	

禍 재앙 화 준3급 | 常	재앙 禍는 '보여 주다[示]와 입 비뚤어지다'의 뜻을 결합한 글자[會意] 金文字에서 禍는 신의 노여움을 받아 입이 비뚤어진 것을 나타냈다. 이런 자형에서 '재앙'의 뜻이 나왔다.	禍根(화근) 재앙(災殃)을 가져올 근원(根源) 慘禍(참화) 참혹(慘酷)한 재화(財貨) 災禍(재화) 재앙(災殃)과 화난(禍難)			
樺 자작 화 2급	뜻을 나타내는 木(목→나무)部와 음(音)을 나타내는 華(화)가 합하여 이루어짐.	樺燭(화촉) 자작나무 껍질로 만든 초 白樺(백화) 자작나무			
確 확실할 확 준4급 | 常	확실할 確은 돌[石]의 뜻과 새 높이 날 학의 음 및 뜻을 결합한 글자[形聲] 小篆字에서 確은 단단한 돌과 높이 나는 새를 나타냈다. 이런 자형에서 의지가 '확실하다'의 뜻이 나왔다.	確認(확인) 확실(確實)히 인정(認定)함 確保(확보) 확실(確實)히 보유(保有)함 確定(확정) 꽉 결단(決斷)하여서 틀림없이 정(定)함			
擴 넓힐 확 3급 | 常	늘릴 擴은 손[扌]의 뜻과 넓힐 광(廣)의 음 및 뜻을 결합한 글자[形聲] 小篆字에서 擴은 손으로 넓힐 땅과 같이 사물이나 공간을 늘려 넓히는 것을 나타냈다. 이런 자형에서 '늘이다', '넓히다'의 뜻이 나왔다.	擴大(확대) 모양이나 규모(規模) 따위를 늘이어서 크게 함 擴散(확산) 퍼져 흩어짐 擴充(확충) 넓히어 충실(充實)하게 채움			
穫 거둘 확 3급 | 常	거둘 穫은 벼[禾]의 뜻과 밭을 확의 음 및 뜻을 결합한 글자[形聲] 小篆字에서 穫은 벼가 익어 거두어들일 때 낟알이 떨어지지 않도록 잘 받들어 베는 것을 나타냈다. 이런 자형에서 '거두다'의 뜻이 나왔다.	收穫(수확) 곡식(穀食)이나 소득을 거두어들임			
丸 둥글 환 3급 | 常	둥글 丸은 사람이 몸을 둥글게 굽힌 모양을 가리키는 글자[指事] 小篆字에서 丸은 仄을 뒤집은 글자로 사람이 낮은 동굴 안에 들어가기 위해 몸을 기울여 둥글게 굽힌 것을 나타냈다. 이런 자형에서 '둥글다'의 뜻이 나왔다.	彈丸(탄환) 총이나 포에 재어서 터뜨리면 폭발(爆發)하여 그 힘으로 탄알(彈-)이 튀어 나가게 된 물건 淸心丸(청심환) 심경(心境)의 열(熱)을 푸는 환약			
幻 헛보일 환 2급	幻(환)은 본래(本來) 베를 짤 때 쓰는 予(예=여=북)를 거꾸로 한 모양을 본뜸. 변하다(→化화), 전(轉)하여, 정신(精神)을 '어지럽히다'의 뜻. 또 현(眩)과 통하여 눈을 어찔어찔하게 하다→'환상(幻像)'의 뜻.	幻想(환상) 현실(現實)에 없는 것을 있는 것같이 느끼는 상념 幻覺(환각) 감각 기관을 자극하는 외부 사물이 없는 데도 마치 그 사물이 있는 것처럼 일어나는 감각			
患 근심 환 5급 | 常	근심 患은 꼬챙이와 마음[心]의 뜻을 결합한 글자[會意] 小篆字에서 患은 심장을 꼬챙이로 찌른 것을 나타냈다. 이런 자형에서 '근심'의 뜻이 나왔다.	患者(환자) 병을 앓는 사람 疾患(질환) 질병(疾病), 몸의 온갖 병(病)			
換 바꿀 환 준3급 | 常	바꿀 換은 손[扌]의 뜻과 클 환(奐)의 음 및 뜻을 결합한 글자[形聲] 小篆字에서 換은 사람이 소중한 재화를 가지고 서로 주고받는 모습을 나타냈다. 이런 자형에서 '바꾸다'의 뜻이 나왔다.	轉換(전환) 사물(事物)의 방침(方針), 성질(性質), 경향(傾向) 등(等)이 이리저리 바뀜 둘로 바뀜 換率(환율) 두 나라 화폐(貨幣) 간(間)의 교환(交換) 비율 交換(교환) 서로 바꿈			
還 돌아올 환 준3급 | 常	돌아갈 還은 쉬엄쉬엄 가다[辶]와 다시 돌이키다[睘]의 뜻을 결합한 글자[會意] 金文字에서 還은 일에 놀라 눈동자가 휘둥그렇게 돌아갔다가 되돌아온 것을 나타냈다. 이런 자형에서 '돌아오다'의 뜻이 나왔다.	償還(상환) 대상(代償)으로 돌려줌. 빚 또는 공채(公債)를 갚음 返還(반환) 도로 돌려줌 送還(송환) 제자리에 되돌려 보냄			

環 고리 환 4급 常	고리 環은 구슬[玉]의 뜻과 놀란 눈 경(睘)의 음 및 뜻을 결합한 글자[形聲] 金文字에서 環은 눈이 놀라 휘둥그런 모양과 같이 옥이 둥근 것을 나타냈다. 이런 자형에서 '고리'의 뜻이 나왔다.	環境(환경) 사람이나 동식물(動植物)의 생존(生存)에 커다란 영향(影響)을 미치는, 기후적(氣候的) 조건(條件)이나 초자연적(超自然的) 조건 循環(순환) 한 차례(次例) 돌아서 다시 먼저의 자리로 돌아옴 또는 그것을 되풀이함	
歡 기쁠 환 4급 常	기쁠 歡은 황새 관(雚)의 음 및 뜻과 하품[欠]의 뜻을 결합한 글자[形聲] 金文字에서 歡은 황새가 먹이를 찾아 입을 크게 벌린 것을 나타냈다. 이런 자형에서 '기쁘다'의 뜻이 나왔다.	歡迎(환영) 기쁜 마음으로 맞음 歡呼(환호) 기쁘고 반가워서 고함을 지름 歡喜(환희) 매우 즐거움	
喚 부를 환 1급	뜻을 나타내는 입구(口→입, 먹다, 말하다)部와 음(音)을 나타내는 奐(환)으로 이루어짐. 또 奐(환)은 시끄럽게 떠드는 소리를 나타냄.	喚起(환기) (생각·의식(意識) 등(等))을 되살려 불러일으키는 것 叫喚(규환) 큰 소리를 지르며 부르짖음 召喚(소환) 사법 기관(機關)이 특정(特定)의 개인(個人)을 일정한 장소(場所)로 오도록 부르는 일	
宦 벼슬 환 1급	갓머리(宀→집, 집 안)部와 臣(신)의 합자(合字). 관에 종사하는 사람의 뜻.	宦官(환관) 거세된 남자(男子)로 궁정(宮庭)에서 사역하는 내관(內官) 仕宦(사환) 벼슬살이를 함	
桓 굳셀 환 2급	뜻을 나타내는 나무목(木→나무)部와 음(音)을 나타내는 부수를 제외한 글자 亘(환)이 합하여 이루어짐.	桓雄(환웅) 천상(天上)을 지배(支配)하는 하늘 임금 환인의 아들	
煥 불꽃 환 2급	뜻을 나타내는 불화(火(=灬)→불꽃)部와 음(音)을 나타내는 동시(同時)에 '흩어지다'의 뜻을 가지는 奐(환)으로 이루어짐. 불빛을 사방(四方)으로 흩어지게 하는 뜻.	煥綺(환기) 빛나고 아름다움 煥炳(환병) 환히 빛남	
鰥 홀아비 환 1급	뜻을 나타내는 고기어(魚→물고기)部와 음(音)을 나타내는 부수를 제외한 글자 㠔(답)으로 이루어짐.	鰥寡孤獨(환과고독) 늙은 홀아비와 홀어미, 고아(부모 없는 이) 및 늙어서 의지(依支)할 데 없는 사람(자식(子息) 없는 이)을 이르는 말	
驩 기뻐할 환 1급	뜻을 나타내는 말마(馬→말)部와 음(音)을 나타내는 부수를 제외한 글자 雚(관)으로 이루어짐.	驩然(환연) 환연(歡然). 마음에 즐겁고 기뻐하는 모양	
活 살 활 7급 常	살 活은 물[氵]의 뜻과 혀 설(舌)의 음 및 뜻을 결합한 글자[形聲] 小篆字에서 活은 말할 때 쉬지 않고 굴리는 혀와 같이 쉬지 않고 흐르는 물소리를 나타냈다. 흐르는 물소리를 나타냈다. 이런 자형에서 '활기차다'의 뜻이 나왔다.	活動(활동) 기운(氣運)차게 움직임 生活(생활) 살아서 활동(活動)함 活用(활용) 이리저리 잘 응용(應用)함 活潑(활발) 생기 있고 힘차며 시원스러움	
滑 미끄러울 활 2급	뜻을 나타내는 삼수변(氵(=水, 氺)→물)部와 음(音)을 나타내는 骨(골)이 합하여 이루어짐.	圓滑(원활) 일이 거침없이 잘되어 나감 潤滑油(윤활유) 기계(機械)의 마찰(摩擦) 부분(部分)의 발열(發熱)이나 마모를 방지(防止)하기 위(爲)한 기름	

漢字	字源	用例			
猾 교활할 활 1급	뜻을 나타내는 개사슴록변(犭(=犬)→개)部와 음(音)을 나타내는 骨(골)로 이루어짐.	狡猾(교활) (어떤 사람이) 약은 꾀를 쓰는 것이 능함			
闊 넓을 활 1급	뜻을 나타내는 문문(門→두 짝의 문, 문중일가)部와 음(音)을 나타내는 동시(同時)에 '넓디넓다'는 뜻(→廓곽)을 나타내기 위한 活(활)로 이루어짐. 문안이 '넓다'의 뜻.	闊步(활보) 활개를 치고 거드럭거리며 걷는 걸음 闊葉(활엽) 넓고 큰 잎사귀			
況 상황 황 4급　常	상황 況은 물[氵]의 뜻과 클 황의 음 및 뜻을 결합한 글자[形聲] 小篆字에서 況은 물이 크게 불어나 긴박한 상태가 된 것을 나타냈다. 이런 자형에서 '상황'의 뜻이 나왔다.	狀況(상황) 어떤 일이 되어 가는 과정(過程)이나 또는 상태(狀態) 不況(불황) 경기(景氣)가 좋지 못함 情況(정황) 사정(事情)과 상황(狀況) 現況(현황) 현재(現在)의 상황(狀況)			
皇 임금 황 준3급　常	임금 皇은 왕관[白]의 뜻과 임금 왕(王)의 음 및 뜻을 결합한 글자[形聲] 金文字에서 皇은 임금이 쓰는 왕관을 나타냈다. 이런 자형에서 '임금'의 뜻이 나왔다.	皇帝(황제) 왕이나 제후를 거느리고 나라를 통치하는 임금을 왕이나 제후와 구별하여 이르는 말 敎皇(교황) 천주교(天主敎)의 최고(最高) 지배자(支配者) 皇后(황후) 황제(黃帝)의 정궁(正宮)			
荒 거칠 황 준3급　常	거칠 荒은 풀[艹]의 뜻과 물 넓을 황(巟)의 음 및 뜻을 결합한 글자[形聲] 小篆字에서 荒은 물이 휩쓸고 간 초원을 나타냈다. 이런 자형에서 '거칠다'의 뜻이 나왔다.	荒唐(황당) 언행(言行)이 허황(虛荒)하여 믿을 수 없음 荒廢(황폐) 거칠어져서 못 쓰게 됨, 내버려 두어 거칠고 못 쓰게 됨 虛荒(허황) 헛되고 미덥지 못함			
黃 누를 황 6급　常	누를 黃은 빛[光]과 밭[田]의 뜻을 결합한 글자[會意] 金文字에서 黃은 일상적으로 보는 밭의 빛깔을 나타냈다. 이런 자형에서 '누렇다'의 뜻이 나왔다.	黃沙(황사) 노란 빛깔의 모래 黃金(황금) '금'을 누른빛을 띤다는 뜻에서 다른 금속(金屬)과 구별(區別)하여 쓰는 말			
凰 봉황 황 1급	鳳(봉)의 생략형으로 뜻을 나타내는 안석궤(几→책상)部와 부수를 제외한 글자 皇(황)이 음(音)을 나타냄.	鳳凰(봉황) 예로부터 중국의 전설에 나오는, 상서로움을 상징하는 상상의 새			
煌 빛날 황 1급	뜻을 나타내는 불화(火(=灬)→불꽃)部와 음(音)을 나타내는 皇(황)이 합하여 이루어짐.	輝煌(휘황) 광채(光彩)가 눈부시게 빛남 輝煌燦爛(휘황찬란) 눈부시게 빛나고 찬란함			
遑 급할 황 1급	뜻을 나타내는 책받침(辶(=辵)→쉬엄쉬엄 가다)部와 음(音)을 나타내는 皇(황)이 합하여 이루어짐.	遑急(황급) 황황하고 급박(急迫)함 遑忙(황망) 황황해서 매우 바쁨			
徨 헤맬 황 1급	뜻을 나타내는 두인변(彳→걷다, 자축거리다)部와 음(音)을 나타내는 皇(황)이 합하여 이루어짐.	彷徨(방황) 방향(方向)이나 위치(位置)를 잘 몰라 이리저리 헤매는 것			

한자	자원	용례
恍 황홀할 황 1급	뜻을 나타내는 심방변(忄(=心, 㣺)→마음, 심장)部와 음(音)을 나타내는 光(광)으로 이루어짐.	恍惚(황홀) 광채(光彩)가 어른어른하여 눈이 부심 唐惶(=唐慌당황) 놀라서 어리둥절하거나 다급(多急)하여 어찌할 바를 모름
惶 두려울 황 1급	뜻을 나타내는 심방변(忄(=心, 㣺)→마음, 심장)部와 음(音)을 나타내는 皇(황)이 합하여 이루어짐.	惶悚(황송) 분에 넘쳐 고맙고도 송구(悚懼)함
慌 어리둥절할 황 1급	뜻을 나타내는 심방변(忄(=心, 㣺)→마음, 심장)部와 음(音)을 나타내는 荒(황)이 합하여 이루어짐.	恐慌(공황) 갑자기 일어나는 심리적(心理的)인 불안(不安) 상태(狀態) 唐慌(당황) 놀라서 어리둥절하거나 다급(多急)하여 어찌할 바를 모름
晃 밝을 황 2급	날일(日→해)部와 光(광)의 합자(合字). 태양빛의 뜻. 光(광)이 음(音)을 나타냄.	晃然(황연) 환하게 밝은 모양
滉 깊을 황 2급	뜻을 나타내는 삼수변(氵(=水, 氺)→물)部와 음(音)을 나타내는 晃(황)이 합하여 이루어짐.	李滉(이황) 조선시대의 유학자(1501~1570). 정주(程朱)의 성리학 체계를 집대성함
灰 재 회 4급	불화(火(=灬)→불꽃)와 又(우)의 변형이 합하여 이루어짐. 灰(회)는 손으로 불타다 남은 찌꺼기를 그러모으는 모양.	灰色(회색) 잿빛 石灰(석회) 석회석(石灰石)
回 돌아올 회 준4급 / 常	돌아올 回는 일정한 방향으로 돌아가는 모양을 본뜬 글자[象形] 回는 물이 일정한 방향으로 빙빙 돌아가는 모양을 본떴다. 이런 자형에서 '돌다'의 뜻이 나왔다.	回復(회복) 나빠진 상태(狀態)에서 다시 좋은 상태(狀態)로 되돌리는 것 撤回(철회) 다시 되돌려 들임 挽回(만회) 바로잡아 회복(回復)함 回避(회피) 이리저리 피(避)함
廻 돌 회 2급	음(音)을 나타내며 동시(同時)에 빙빙 '돌다'의 뜻을 나타내는 回(회)와 도는 동작(動作)의 뜻을 명시(明示)하기 위한 민책받침(辶→걸어감)部로 이루어짐.	迂廻(우회) 곧바로 가지 않고 돌아감 巡廻(순회) 여러 곳을 돌아다니는 것 上廻(상회) ① 웃돎 ② 어떤 수량(數量)보다 많아짐
悔 후회 회 준3급 / 常	후회할 悔는 마음[忄]의 뜻과 탐낼 매(每)의 음 및 뜻을 결합한 글자[形聲] 金文字에서 悔는 끊임없이 일어나는 탐욕스러운 마음을 나타냈다. 이런 자형에서 '뉘우치다'의 뜻이 나왔다.	懺悔(참회) 과거(過去)의 죄악(罪惡)을 깨달아 뉘우쳐 고침 後悔(후회) 일이 지난 뒤에 잘못을 깨치고 뉘우침 悔恨(회한) 뉘우치고 한탄(恨歎)함
會 모일 회 6급 / 常	모을 會는 '모으다와 더하다'의 뜻을 결합한 글자[會意] 甲文字에서 會는 그릇에 곡식을 담아 뚜껑을 꼭 맞추는 것을 나타냈으나, 小篆字에서는 자형이 會로 변하여 거듭거듭 모으는 것을 나타냈다. 이런 자형에서 '모으다'의 뜻이 나왔다.	社會(사회) 같은 무리끼리 모여 이루는 집단 國會(국회) 국민의 대표로 구성한 입법 기관 會談(회담) 모여서 이야기함

한자	자원	용례		
懷 품을 회 준3급 常	品을 懷는 마음[↑]의 뜻과 쌀 회(褱)의 음 및 뜻을 결합한 글자[形聲] 金文字에서 懷는 마음속에 여러 가지 복잡한 일이 얽혀 있는 것을 나타냈다. 이런 자형에서 '품다'의 뜻이 나왔다.	懷疑的(회의적) 어떤 일에 확신(確信)을 갖지 못한 상태 懷抱(회포) 마음속에 품은 생각 懷柔(회유) 교묘(巧妙)한 수단(手段)으로 설복(說伏)시킴		
恢 넓을 회 1급	뜻을 나타내는 심방변(↑(=心, 忄)→마음, 심장)部와 음(音)을 나타내는 灰(회)가 합하여 이루어짐.	恢復(회복) (일·건강(健康) 등을) 나빠진 상태(狀態)에서 다시 좋은 상태(狀態)로 되돌리는 것		
晦 그믐 회 1급	뜻을 나타내는 날일(日→해)部와 음(音)을 나타내는 每(매)로 이루어짐.	晦庵集(회암집) 주희(朱熹)의 문집(文集) 晦日(회일) 그믐날, 음력으로 그달의 마지막 날		
檜 전나무 회 2급	뜻을 나타내는 木(목→나무)部와 음(音)을 나타내는 會(회)가 합하여 이루어짐.	檜木(회목) 노송나무, 측백나뭇과의 상록 교목		
淮 물 이름 회 2급	뜻을 나타내는 삼수변(氵(=水, 氺)→물)部와 음(音)을 나타내는 부수를 제외한 글자 隹(추)로 이루어짐.	淮陽(회양) 강원도 회양군의 군청(郡廳) 소재지		
繪 그림 회 1급	실사(糸→실타래)와 '합치다'의 뜻을 가지는 會(회)로 이루어지며, 오색(五色)의 실을 합쳐 수놓는 뜻, 전(轉)하여, 색채(色彩)를 배합(配合)한 그림의 뜻.	繪畵(회화) 여러 가지 선이나 색채로 평면상에 형상을 그려 내는 조형 미술		
膾 회 회 1급	뜻을 나타내는 육달월(月(=肉)→살, 몸)部와 음(音)을 나타내는 會(회)가 합하여 이루어짐.	生鮮膾(생선회) 생선(生鮮)의 살을 잘게 썰어 간장이나 초고추장에 찍어 먹는 음식 膾炙(회자) 회와 구운 고기라는 뜻으로, 널리 칭찬(稱讚)을 받으며 사람의 입에서 입으로 전(傳)해지는 것		
徊 머뭇거릴 회 1급	뜻을 나타내는 두인변(彳→걷다, 자축거리다)部와 음(音)을 나타내는 回(회)가 합하여 이루어짐.	徘徊(배회) 목적(目的) 없이 거닒		
蛔 회충 회 1급	뜻을 나타내는 벌레충(虫→뱀이 웅크린 모양, 벌레)部와 음(音)을 나타내는 回(회)가 합하여 이루어짐.	蛔蟲(회충) 회충과에 딸린 기생충(寄生蟲)의 통틀어 일컬음		
誨 가르칠 회 1급	뜻을 나타내는 말씀언(言→말하다)部와 음(音)을 나타내는 每(매)로 이루어짐.	誨諭(회유) 그르쳐서 깨우침, 타일러 일깨워 줌		

賄 재물 회 1급	뜻을 나타내는 조개패(貝→돈, 재물)部와 음(音)을 나타내는 有(유)로 이루어짐.	賄賂(회뢰) 뇌물을 줌	
劃 그을 획 준3급 常	새길 劃은 긋다[畫]와 칼[刂]의 뜻을 결합한 글자[會意] 小篆字에서 劃은 칼끝으로 물건을 베어 경계를 긋는 것을 나타냈다. 이런 자형에서 '새기다', '긋다'의 뜻이 나왔다.	計劃(계획) 계획(計畫), 앞으로 할 일을 미리 작정(作定)함 企劃(기획) 일을 계획(計劃)함 劃期的(획기적) 어떤 분야(分野)에서, 새로운 기원(紀元)이나 시기(時期)를 열어 놓을 만큼 두드러진 것 劃策(획책) 어떤 일을 하려고 꾸미거나 꾀함 또는 그러한 꾀	
獲 얻을 획 준3급 常	개사슴록변(犭(=犬)→개)과 '붙잡다'의 뜻을 나타내는 부수를 제외한 글자 蒦(확→획은 변음(變音))으로 이루어짐. 개를 풀어 새나 짐승을 잡다 또는 잡은 것.	獲得(획득) 얻어 내거나 얻어 가짐. 손에 넣음 捕獲(포획) 짐승이나 물고기를 잡음	
橫 가로 횡 준3급 常	가로 橫은 나무[木]의 뜻과 누렇다 황(黃)의 음 및 뜻을 결합한 글자[形聲] 金文字에서 橫은 누런 빛깔을 띤 나무 대문의 빗장을 가로 끼워 닫는 것을 나타냈다. 이런 자형에서 '가로'의 뜻이 나왔다.	橫暴(횡포) 제멋대로 굴며 난폭(亂暴)함 橫領(횡령) 남의 물건을 제멋대로 가로채거나 불법(不法)으로 가짐 橫斷(횡단) 가로 자름, 가로 건넘	
孝 효도 효 7급 常	효도 孝는 늙다[耂]와 자식[子]의 뜻을 결합한 글자[會意] 金文字에서 孝는 자식이 늙은 부모를 업고 있는 모양을 나타냈다. 이런 자형에서 '효도'의 뜻이 나왔다.	孝道(효도) 부모(父母)를 잘 섬기는 도리(道理) 孝誠(효성) 마음껏 어버이를 잘 섬기는 정성	
效 본받을 효 5급 常	본받을 效는 사귈 교(交)의 음 및 뜻과 치다[攵]의 뜻을 결합한 글자[形聲] 甲文字에서 效는 어진 이를 사귀고 자신의 나쁜 점을 다스린 것을 나타냈다. 이런 자형에서 '본받다'의 뜻이 나왔다.	效果(효과) 보람으로 나타나는 좋은 결과(結果) 實效性(실효성) 실제(實際)의 효력(效力)을 가지는 성질 效率的(효율적) 사용(使用)한 노력(努力)에 대해 얻은 결과(結果) 쪽이 큰 모양(模樣)	
曉 새벽 효 3급 常	새벽 曉는 날[日]의 뜻과 멀요(堯)의 음 및 뜻을 결합한 글자[形聲] 小篆字에서 曉는 태양이 먼 곳에서 떠오르는 때를 나타냈다. 이런 자형에서 '새벽'의 뜻이 나왔다.	曉星(효성) 새벽별 曉然(효연) 환하고 똑똑함	
哮 성낼 효 1급	뜻을 나타내는 입구(口→입, 먹다, 말하다)部와 음(音)을 나타내는 孝(효)가 합하여 이루어짐.	咆哮(포효) 짐승이 울부짖음	
嚆 울릴 효 1급	뜻을 나타내는 입구(口→입, 먹다, 말하다)部와 음(音)을 나타내는 蒿(호)로 이루어짐.	嚆矢(효시) 전쟁터(戰爭-)에서 우는 화살을 쏘아 개전(開戰)의 신호(信號)로 삼다는 뜻으로, 모든 일의 시초(始初)	
爻 점괘 효 1급	爻(효)는 교차(交叉)하는 표인 ×를 겹쳐서, 十(십)子(자)로 '교차하다'의 뜻을 나타냄.	卦爻(괘효) 주역(周易)의 괘와 효. 역괘(易卦)의 여섯 개의 획	

酵 삭힐 효 1급	뜻을 나타내는 닭유(酉→술, 닭)部와 음(音)을 나타내는 孝(효)가 합하여 이루어짐.	醱酵(발효) 효모나 세균 따위의 미생물이 유기 화합물을 분해하여 알코올류, 유기산류, 탄산가스 따위를 생기게 하는 작용 酵母(효모) 효모균(酵母菌)				
厚 두터울 후 4급 常	두터울 厚는 '언덕[厂]과 두껍다'의 뜻을 결합한 글자[會意] 甲文字에서 厚는 언덕 아래 바위를 두껍게 쌓은 모양을 나타냈다. 이런 자형에서 '두텁다'의 뜻이 나왔다.	濃厚(농후) ① 빛깔이 진하거나 짙음 ② 어떤 경향(傾向)이나 기색(氣色) 따위가 뚜렷함 厚待(후대) 후하게 대접(待接)함 또는 그러한 대접(待接) 厚生(후생) 살림을 안정(安定)시키거나 넉넉하도록 하는 일				
侯 제후 후 3급 常	제후 侯는 화살[矢]과 과녁[侯]의 뜻을 결합한 문자[會意] 甲文字에서 侯는 侯의 변형자로 화살이 목표에 다다른 상태를 나타냈다. 이런 자형에서 '과녁'의 뜻이 나왔다. 후에 전성되어 '제후'의 뜻으로 쓰인다.	諸侯(제후) 봉건시대에 일정한 영토(領土)를 가지고 그 영내(領內)의 인민(人民)을 지배(支配)하는 권력(權力)을 가진 사람 侯爵(후작) 오등작(五等爵)(다섯 작위(爵位)) 중(中)의 둘째 작위(爵位)				
後 뒤 후 7급 常	나중 後는 자축거리다[彳]와 작다[幺], 그리고 천천히 걷다[夂]의 뜻을 결합한 글자[會意] 金文字에서 後는 작은 발걸음으로 자축거리며 앞으로 나아가지 못하는 것을 나타냈다. 이런 자형에서 '뒤지다'의 뜻이 나왔다.	以後(이후) 이다음 後遺症(후유증) 병을 앓고 난 뒤에도 남아 있는 병환 午後(오후) 정오(正午)로부터 밤 열두 시까지의 동안 後續(후속) 뒤를 이어 계속(繼續)됨				
喉 목구멍 후 2급	뜻을 나타내는 입구(口→입, 먹다, 말하다)部와 음(音)을 나타내는 侯(후)로 이루어짐. 咽喉(인후), 목구멍의 뜻.	喉頭(후두) 인두. 목구멍, 기관(氣管)의 앞 끝 부분 咽喉(인후) 목구멍. 식도와 기도를 통하는 입속 깊숙한 곳				
候 기후 후 4급 常	기후 候는 사람[亻]의 뜻과 과녁 후(侯)의 음 및 뜻을 결합한 글자[形聲] 小篆字에서 候는 사람이 활을 쏠 때 과녁을 잘 살피는 것을 나타냈다. 이런 자형에서 '조짐', '살피다'의 뜻이 나왔다. 전성되어 '기후'의 뜻으로 쓰인다.	候補(후보) 어떤 직위나 신분을 얻으려고 일정한 자격을 갖추어 나섬 徵候(징후) 어떤 일이 일어날 조짐(兆朕) 氣候(기후) 날씨의 현상 症候群(증후군) 원인이 명확하지 아니하거나 단일하지 아니한 병적인 증상들을 통틀어 이르는 말				
后 임금 후 2급	사람이 몸을 펴고 있는 모양의 后(후)와 구멍을 뜻하는 口(구)로 이루어짐. 사람의 몸 뒤에 있는 구멍, 똥구멍의 뜻. 나중에 단순(丹脣)히 뒤의 뜻이 됨. 황후의 뜻도 있음.	皇后(황후) 황제(黃帝)의 정궁(正宮) 母后(모후) 임금의 어머니				
吼 울부짖을 후 1급	뜻을 나타내는 입구(口→입, 먹다, 말하다)部와 음(音)을 나타내는 孔(공)으로 이루어짐.	獅子吼(사자후) 사자의 울부짖음이라는 뜻 河東獅子吼(하동사자후): 황하 하, 동녘 동, 사자 사, 아들 자, 울부짖을 후. 黃河(황하)의 東岸(동안)에서 獅子(사자)가 으르렁거린다는 뜻으로, 아내가 사나와 남편에게 큰 소리로 욕설을 함을 이름.				
嗅 맡을 후 1급	냄새를 맡는 뜻의 부수를 제외한 글자 臭(후)와 鼻(비)로 이루어진 글자. 나중에 鼻(비)를 콧구멍을 뜻하는 口(입구(口→입, 먹다, 말하다)部)로 바꾼 글자.	嗅覺(후각) 냄새를 맡는 감각 嗅葉(후엽) 뇌(腦)의 앞 끝에 있는 주머니 모양의 돌기(突起). 여기에서 후신경(嗅神經)이 나옴				
朽 썩을 후 1급	뜻을 나타내는 나무목(木→나무)部와 음(音)을 나타내는 부수를 제외한 글자 丂(교)로 이루어짐.	老朽(노후) (어떤 물체(物體)나 시설(施設) 등(等)이) 오래되고 낡아 사용(使用)하기 어려운 상태(狀態)에 있음 不朽(불후) 썩어 없어지지 않음				

逅 만날 후 1급	뜻을 나타내는 책받침(辶(=辵)→쉬엄쉬엄 가다)部와 음(음)을 나타내는 后(후)가 합하여 이루어짐.	邂逅(해후) 우연히 만남	
訓 가르칠 훈 6급　常	훈계할 訓은 말씀[言]과 내[川]의 뜻을 결합한 글자[會意] 金文字에서 訓은 시냇물이 흐르듯 순리적으로 가르치는 것을 나타냈다. 이런 자형에서 '훈계하다'의 뜻이 나왔다.	訓鍊(훈련) 익숙하도록 가르치거나 되풀이하여 연습하는 일 敎訓(교훈) 가르치고 깨우침, 타이름, 훈계(訓戒)함 訓民正音(훈민정음) 조선 세종대왕이 창제(創製)한 우리 나라의 글자	
勳 공 훈 2급	힘력(力→팔의 모양→힘써 일을 하다)과 임금의 뜻을 나타내기 위한 熏(훈)으로 이루어짐. 임금을 위하여 '봉직(奉職)하다'의 뜻, 전(轉)하여, 임금을 위하여 수행(遂行)한 행위를 뜻함.	勳章(훈장) 나라에 훈공(勳功)이 있는 이에게 내려 주는 휘장(徽章) 報勳(보훈) 공훈(功勳)에 보답(報答)함	
壎 질 나팔 훈 2급	뜻을 나타내는 흙토(土→흙)部와 음(음)을 나타내는 熏(훈)이 합하여 이루어짐.	壎篪相和(훈지상화) 질 나팔 훈, 피리 지, 서로 상, 화할 화. 형은 질 나팔을 불고 아우는 이에 和答(화답)하여 저를 분다. 壎(훈)은 흙으로 만들어 소리가 외치는 소리 같고, 篪(지)는 대로 만든 횡적의 일종. 兄弟(형제)가 서로 和睦(화목)함을 이름. 출전 詩經(시경) 小雅(소아)	
熏 불길 훈 2급	屮(초=위로 올라가는 모양)와 黑(흑)의 합자(合字). 검은 연기가 올라감의 뜻.	熏香(훈향) 태워서 향기(香氣)를 내는 향료(香料) 熏劑(훈제) 훈제(燻製). 소금에 절인 물고기나 짐승 고기 따위를 그슬어, 건조(乾燥)시킴과 동시(同時)에 그 연기(煙氣)의 성분(成分)을 흡수(吸收)시킨 식품(食品).	
薰 향풀 훈 2급	초두머리(艹(=屮)→풀, 풀의 싹)와 연기나 향내(香−)가 들어차 있는 뜻의 熏(훈)으로 이루어지며, 향내(香−)를 좋게 하는 풀의 뜻, 전(轉)하여 '좋은 냄새가 나다'의 뜻.	薰薰(훈훈) 날씨나 온도(溫度)가 견디기에 알맞을 정도(程度)로 더움 薰育(훈육) 훈도하여 키움	
暈 무리 훈 1급	뜻을 나타내는 날일(日→해)部와 음(음)을 나타내는 軍(군)으로 이루어짐.	眩暈(현훈) 정신(精神)이 어찔어찔 어지러움. 현기증(眩氣症)	
喧 지껄일 훤 1급	뜻을 나타내는 입구(口→입, 먹다, 말하다)部와 음(음)을 나타내는 宣(선)으로 이루어짐.	喧騷(훤소) 요란(擾亂)하고 소란(騷亂)스러움 喧譁(훤화) 시끄럽게 떠듦	
毁 헐 훼 3급　常	헐 毁는 흙[土]의 뜻과 그릇 臼의 음 및 뜻을 결합한 글자[形聲] 金文字에서 毁는 흙으로 만든 그릇을 연장으로 부수는 것을 나타냈다. 이런 자형에서 '헐다'의 뜻이 나왔다.	毁損(훼손) 체면(體面)·명예(名譽)를 손상(損傷)함 貶毁(폄훼) 남을 깎아 내리고 헐뜯음 毁謗(훼방) 남을 헐뜯어 비방(誹謗)함	
卉 풀 훼 1급	여러 풀의 뜻, 卉(十을 세 개 겹친 글자)의 속자(俗字).	花卉(화훼) 꽃을 보기 위해 심는 풀과 나무 또는, 관상(觀賞)·장식(裝飾)·미화용 등(等)으로 재배(栽培)하는 식물	

한자	자원 풀이	용례		
喙 부리 훼 1급	뜻을 나타내는 입구(口→입, 먹다, 말하다)部와 음(音)을 나타내는 彖(단)으로 이루어짐.	喙長三尺(훼장삼척) 허물이 드러나서 감추려 해도 감출 수가 없음을 이르는 말		
揮 휘두를 휘 4급 常	휘두를 揮는 손[扌]의 뜻과 군사 군(軍)의 음 및 뜻을 결합한 글자[形聲] 小篆字에서 揮는 장수가 손을 들어 군사들에게 지시하는 것을 나타냈다. 이런 자형에서 '지휘하다'의 뜻이 나왔다.	發揮(발휘) 재능(才能), 힘 따위를 떨쳐서 드러냄 指揮(지휘) 어떤 행동(行動)을 통솔(統率)하는 것 揮發油(휘발유) 끓는점이 30~200℃인 휘발성 경질 석유 제품 揮毫(휘호) 붓을 휘두른다는 뜻		
輝 빛날 휘 3급 常	빛날 輝는 빛[光]과 군사[軍]의 뜻을 결합한 글자[會意] 甲文字에서 輝는 어두운 밤에 군막 앞에서 불을 피워 주위를 밝게 비추는 것을 나타냈다. 이런 자형에서 '빛나다'의 뜻이 나왔다.	輝煌(휘황) 광채(光彩)가 눈부시게 빛남 輝煌燦爛(휘황찬란) 광채(光彩)가 나서 눈부시게 번쩍임		
彙 무리 휘 1급	터진가로 왈(彑=彐→돼지 머리, 고슴도치 머리)과 胃(위)의 생략형이 합하여 이루어짐. 털이 긴 짐승의 일종, 그 짐승은 무리를 이루어 산다고 함.	語彙(어휘) 낱말을 간단(簡單)한 풀이를 붙이어 순서(順序) 대로 벌여 놓은 것		
徽 아름다울 휘 2급	표지(標識)를 뜻하는 微(징·치)의 생략형인 실사(糸→실타래)를 제외한 나머지 글자와 음(音)을 나타내는 실사(糸→사, 휘)로 이루어진 글자. 계집녀(女→여자(女子))部+尾(미=이름답다)와 통용.	徽章(휘장) 신분(身分)·직무(職務) 또는 명예(名譽)를 나타내기 위(爲)하여 옷이나 모자 따위에 붙이는 표장(表章) 徽號(휘호) 지난날, 왕비(王妃)가 죽은 뒤에 시호(諡號)와 함께 내리던 존호(尊號)를 이르던 말		
諱 숨길 휘 1급	뜻을 나타내는 말씀언(言→말하다)部와 음(音)을 나타내는 韋(위)로 이루어짐.	避諱(피휘) 임금의 이름자(字)를 다른 글자(字)로 바꿔 쓰는 일 忌諱(기휘) 임금이나 존귀한 사람의 이름자를 피해 바꿔 씀		
麾 기 휘 1급	뜻을 나타내는 엄호밑(广→집)部와 음(音)을 나타내는 手(수)를 바탕으로 靡(미)로 이루어짐. 手(수)가 毛(모)로 변한 글자.	指麾(지휘) 어떤 목적(目的)을 효과적(效果的)으로 이루기 위(爲)하여 단체(團體)의 행동(行動)을 통솔(統率)하는 것 麾下(휘하) 주장(主將)의 지휘(指揮) 아래		
休 쉴 휴 7급 常	쉴 休는 사람[亻]과 나무[木]의 뜻을 결합한 글자[會意] 甲文字에서 休는 사람이 일을 멈추고 나무에 기대고 있는 모습을 나타냈다. 이런 자형에서 '쉬다', '그치다'의 뜻이 나왔다.	休暇(휴가) 일정 기간(期間) 동안 쉬는 일 休息(휴식) 하던 일을 멈추고 잠깐 동안 쉼 連休(연휴) 휴일(休日)이 겹침		
携 이끌 휴 3급 常	이끌 携는 손[扌]의 뜻과 두견새 휴(雟)의 음 및 뜻을 결합한 글자[形聲] 小篆字에서 携는 攜의 변형자로 다른 둥지에서 자라는 두견새를 손으로 보살피는 것을 나타냈다. 이런 자형에서 '이끌다'의 뜻이 나왔다.	携帶(휴대) 물건을 손에 들거나 몸에 지님 提携(제휴) 공동(共同)의 목적(目的)을 위(爲)하여 서로 도움		
烋 아름다울 휴 2급	뜻을 나타내는 연화발(灬(=火)→불꽃)部와 음(音)을 나타내는 休(휴)로 이루어짐.	烋烋(휴휴) 아름답고 착한 모양, 선미(善美)한 모양		

恤 불쌍할 휼 1급	뜻을 나타내는 심방변(忄(=心, 㣺)→마음, 심장)部와 음(音)을 나타내는 血(혈)로 이루어짐.	救恤(구휼) 빈민(貧民)이나 이재민(罹災民) 등(等)에게 금품(金品)을 주어 구조(救助)함 矜恤(긍휼) 가엾게 여겨서 돕는 것	
凶 흉할 흉 5급 常	흉할 凶은 함정에 빠져들어 간 상태를 가리킨 글자[指事] 金文字에서 凶은 움푹한 함정에 빠진 것을 나타냈다. 이런 자형에서 '흉하다', '해치다'의 뜻이 나왔다.	吉凶(길흉) 좋은 일과 언짢은 일 凶器(흉기) 사람을 죽이거나 해치는 데 쓰는 연장 豊凶(풍흉) 풍년(豊年)과 흉년(凶年)	
胸 가슴 흉 준3급 常	가슴 胸은 몸[月]의 뜻과 가슴 흉(匈)의 음 및 뜻을 결합한 글자[形聲] 小篆字에서 胸은 몸속의 심장을 감싼 것을 나타냈다. 이런 자형에서 '가슴'의 뜻이 나왔다.	胸骨(흉골) 가슴 한복판에 있어서 좌우 갈빗대와 잇닿은 뼈	
兇 흉악할 흉 1급	뜻을 나타내는 어진사람인발(儿→사람의 다리 모양)部와 음(音)을 나타내는 凶(흉)이 합하여 이루어짐.	元兇(원흉) 못된 짓을 한 사람의 우두머리 兇惡(흉악) 음흉(陰凶)하고 모진 성질(性質)이나 짓	
匈 오랑캐 흉 2급	뜻을 나타내는 쌀포몸(勹→싸다)部와 음(音)을 나타내는 凶(흉)이 합하여 이루어짐.	匈奴(흉노) 기원전 4세기에서 1세기 사이에 몽고(蒙古) 지방(地方)에서 세력(勢力)을 떨쳤던 유목(遊牧) 민족(民族)	
洶 용솟음칠 흉 1급	뜻을 나타내는 삼수변(氵(=水, 氺)→물)部와 음(音)을 나타내는 匈(흉)이 합하여 이루어짐.	洶洶(흉흉) 분위기가 술렁술렁하여 매우 어수선함	
黑 검을 흑 5급 常	검을 黑은 창과 불꽃(炎)의 뜻을 결합한 글자[會意] 金文字에서 黑은 타오르는 불꽃이 굴뚝을 지나가 그을린 것을 나타냈다. 이런 자형에서 '검다'의 뜻이 나왔다.	黑白(흑백) 검은빛과 흰빛 暗黑(암흑) 캄캄함 近墨者黑(근묵자흑) 먹을 가까이하면 검어진다는 뜻으로, 나쁜 사람을 가까이하면 그 버릇에 물들기 쉽다는 말	
欣 기쁠 흔 1급	뜻을 나타내는 하품흠방(欠→하품하는 모양)部와 음(音)을 나타내는 동시(同時)에 함께 웃음소리를 나타내기 위한 斤(근)으로 이루어지며, 입을 열고 웃으며 즐거워하는 뜻.	欣快(흔쾌) 마음에 기쁘고도 통쾌(痛快)함 欣然(흔연) 기쁘거나 반가워 기분이 좋은 모양	
痕 흔적 흔 1급	뜻을 나타내는 병질엄(疒→병, 병상에 드러누운 모양)部와 음(音)을 나타내는 艮(간)으로 이루어짐.	痕迹(흔적) 뒤에 남은 자취나 자국 傷痕(상흔) 상처(傷處)가 난 흔적(痕跡·痕迹)	
欠 하품 흠 1급	缺(결)의 약자(略字). 사람이 크게 하품하는 모양을 본뜬 글자.	欠缺(흠결) 일정한 수효(數爻)에서 부족(不足)이 생김	

한자	자원	용례		
歆 흠향할 흠 1급	뜻을 나타내는 하품흠방(欠→하품하는 모양)部와 음(音)을 나타내는 音(음)이 합하여 이루어짐.	歆饗(흠향) 신명(神明)이 제물(祭物)을 받음		
欽 공경할 흠 2급	뜻을 나타내는 쇠금(金→광물·금속날붙이)部와 음(音)을 나타내는 金(금)으로 이루어짐.	欽慕(흠모) 기쁜 마음으로 사모(思慕)함		
吸 마실 흡 준4급 | 常	숨쉴 吸은 입[口]의 뜻과 미칠 급(及)의 음 및 뜻을 결합한 글자[形聲] 小篆字에서 吸은 입으로 들이쉬는 숨이 깊숙이 미치는 것을 나타냈다. 이런 자형에서 '숨 쉬다'의 뜻이 나왔다.	吸收(흡수) 빨아서 거두어들임 吸煙(흡연) 담배를 피우는 것 呼吸(호흡) 사람이나 동물(動物)이 코 또는 입으로 공기(空氣)를 들이마시고 내쉬는 기운(氣運)		
恰 흡사할 흡 1급	뜻을 나타내는 심방변(忄(=心, 㣺)→마음, 심장)部와 음(音)을 나타내는 合(합)으로 이루어짐.	恰似(흡사) 거의 같음, 비슷함		
洽 흡족할 흡 1급	뜻을 나타내는 삼수변(氵(=水, 氺)→물)部와 음(音)을 나타내는 合(합)으로 이루어짐.	未洽(미흡) 아직 넉넉하지 못함 洽足(흡족) 아주 넉넉함, 두루 퍼져서 조금도 모자람이 없음		
興 일어날 흥 준4급 | 常	일어날 興은 마주 들다와 같다[同]의 뜻을 결합한 글자[會意] 甲文字에서 興은 네 손으로 물건을 함께 드는 것을 나타냈다. 이런 자형에서 '일으키다'의 뜻이 나왔다.	興奮(흥분) 어떤 자극(刺戟)으로 감정(感情)이 북받쳐 일어남 興味(흥미) 흥을 느끼는 재미 振興(진흥) 침체(沈滯)된 상태(狀態)에서 떨쳐 일으킴		
希 바랄 희 준4급 | 常	바랄 希는 갈포로 성글게 짠 천을 가리키는 글자[指事] 小篆字에서 希는 고대에 여자들이 머리를 가리기 위해 희귀한 갈포로 엇갈려 짠 수건을 나타냈다. 이런 자형에서 '드물다'의 뜻이 나왔다. 후에 전성되어 '바라다'의 뜻으로 쓰인다.	希望(희망) 앞일에 대하여 기대(期待)를 가지고 바람		
喜 기쁠 희 4급 | 常	기쁠 喜는 북과 입[口]의 뜻을 결합한 글자[會意] 甲文字에서 喜는 북을 치고 입으로 노래하는 것을 나타냈다. 이런 자형에서 '기쁘다'의 뜻이 나왔다.	歡喜(환희) 매우 즐거움 喜悅(희열) 기쁘고 즐거움 喜悲(희비) 기쁨과 슬픔		
稀 드물 희 준3급 | 常	드물 稀는 벼[禾]의 뜻과 성길 희(希)의 음 및 뜻을 결합한 글자[形聲] 小篆字에서 稀는 논에 벼가 드문드문 자라는 것을 나타냈다. 이런 자형에서 '드물다'의 뜻이 나왔다.	稀薄(희박) 농도(濃度)나 밀도(密度)가 엷거나 낮음, 일이 그렇게 될 희망(希望)이나 가망(可望)이 적음 稀代(희대) 세상(世上)에 드물어 흔히 없음 稀貴(희귀) 드물어 매우 귀함 稀釋(희석) 몹시 묽게 섞어 타거나 풂		
熙 빛날 희 2급	뜻을 나타내는 연화발(灬(=火)→불꽃)部와 음(音)을 나타내는 부수를 제외한 글자 巸(희)로 이루어짐. '빛나다'의 뜻, 음을 빌려 '좋아하다'의 뜻에 쓰임.	徐熙(서희) 고려 초기 정치가(政治家)·외교가(外交家), 자는 염윤(廉允). 성종 12년(993) 거란이 침입하였을 때에, 적장 소손녕과 담판하고 유리한 강화를 맺었으며, 이듬해에는 여진을 몰아냄		

<table>
<tr>
<td>噫
한숨 쉴 희
2급</td>
<td>뜻을 나타내는 입구(口→입, 먹다, 말하다)部와 음(音)을 나타내는 意(의→희는 변음(變音))로 이루어짐.</td>
<td>噫鳴(희오) 슬피 탄식(歎息)하고 괴로워하는 모양</td>
<td></td>
</tr>
<tr>
<td>戲
놀이 희
준3급 常</td>
<td>놀 戱는 그릇 희(虛)의 음 및 뜻과 창(戈)의 뜻을 결합한 글자[形聲]
金文字에서 戱는 범 문양의 그릇에 음식을 벌여 놓고 제사 지내기 전에 창을 들고 춤추는 의식을 나타냈다. 이런 자형에서 '놀다'의 뜻이 나왔다.</td>
<td>戲弄(희롱) 말이나 행동(行動)으로 실없이 놀리는 짓
遊戲(유희) 일정한 방법(方法)에 의(依)하여 재미있게 노는 운동(運動)</td>
<td></td>
</tr>
<tr>
<td>姬
계집 희
2급</td>
<td>뜻을 나타내는 계집녀(女→여자)와 음(音)을 나타내는 姬(이·애에서 女를 뺀 나머지 글자)로 이루어짐. 姬(희)는 본래(本來)는 주민족의 성(姓)이었으나 나중에 부인(婦人)의 미칭(美稱)으로 쓰임.</td>
<td>舞姬(무희) 춤을 잘 추거나 또는 춤추는 일을 업(業)으로 삼는 여자</td>
<td></td>
</tr>
<tr>
<td>嬉
아름다울 희
2급</td>
<td>뜻을 나타내는 계집녀(女→여자(女子))部와 음(音)을 나타내는 喜(희)가 합하여 이루어짐.</td>
<td>嬉笑(희소) 실없이 웃음 또는 그런 웃음</td>
<td></td>
</tr>
<tr>
<td>熹
빛날 희
2급</td>
<td>뜻을 나타내는 연화발(灬(=火)→불꽃)部와 음(音)을 나타내는 喜(희)가 합하여 이루어짐.</td>
<td>朱熹(주희) 중국(中國) 남송(南宋)의 철학자(哲學者). '주자(朱子)'라고 높여 이르며, 학문을 주자학이라고 함</td>
<td></td>
</tr>
<tr>
<td>羲
복희씨 희
2급</td>
<td>뜻을 나타내는 양양(羊→양)部와 음(音)을 나타내는 義(의)로 이루어짐.</td>
<td>伏羲(복희) 중국 고대 전설상의 제왕</td>
<td></td>
</tr>
<tr>
<td>犠
희생 희
1급</td>
<td>뜻을 나타내는 소우(牛(=牛)→소)部와 음(音)을 나타내는 義(희)가 합하여 이루어짐.</td>
<td>犧牲(희생) 천지종묘(天地宗廟) 제사(祭祀) 때 제물로 치는 산짐승을 일컫는 말</td>
<td></td>
</tr>
<tr>
<td>禧
복 희
2급</td>
<td>僖(희)와 동자(同字). 뜻을 나타내는 보일시(示(=礻)→보이다, 신)部와 음(音)을 나타내는 동시(同時)에 '기뻐하다'의 뜻을 가진 熙(희)로 이루어짐. 신이 주시는 즐거운 것, '행복'의 뜻.</td>
<td>鴻禧(홍희) 큰 행운</td>
<td></td>
</tr>
<tr>
<td>詰
물을 힐
1급</td>
<td>뜻을 나타내는 말씀언(言→말하다)部와 음(音)을 나타내는 吉(길)의 잔음이 합하여 이루어짐.</td>
<td>詰難(힐난) 힐문(詰問)하여 비난(非難)함
詰責(힐책) 잘못을 따져서 꾸짖음</td>
<td></td>
</tr>
</table>

저자 약력 ──────────────────────────────────────

신윤실
명지고 국사교사

박정선
명지고 윤리교사

조기형
명지고 한문교사
『고사명언 화전 600』
『새천년형 천자문』

1급에서 8급까지 漢字能力檢定試驗

한자능력검정시험
한방에
3500

초 판 인 쇄 | 2010년 10월 29일
초 판 발 행 | 2010년 10월 29일

엮 은 이 | 신윤실, 박정선, 조기형
펴 낸 이 | 채종준
펴 낸 곳 | 한국학술정보㈜
주   소 | 경기도 파주시 교하읍 문발리 파주출판문화정보산업단지 513-5
전   화 | 031) 908-3181(대표)
팩   스 | 031) 908-3189
홈 페 이 지 | http://ebook.kstudy.com
E-mail | 출판사업부 publish@kstudy.com
등   록 | 제일산-115호(2000. 6. 19)

ISBN   978-89-268-1584-7 13150 (Paper Book)
         978-89-268-1585-4 18150 (e-Book)

여담 BOOKS 는 한국학술정보(주)의 지식실용서 브랜드입니다.